教育部经济管理类主干课程教材

会计与财务系列

Intermediate Financial Accounting

中级财务会计

（第3版）

▸▸赵建勇　编著

中国人民大学出版社
·北京·

序

中级财务会计是高等院校会计学专业的核心专业必修课。我本人在上海财经大学任教时也曾常年教授过该门课程，并与我的导师娄尔行先生和石成岳先生一起编写过一本《中级财务会计》教材。该教材列入上海财经大学会计系列教材，当初被国家教委和财政部指定推荐为与国际接轨的会计教材。之后，我还为中国注册会计师协会在全国高校开设的注册会计师专门化专业主编过一本《中级财务会计》教材。中级财务会计课程的内容非常丰富，是会计学专业学生需要认真学好的一门专业课程，也是会计学专业学生在走向专业工作岗位后非常有用的一门课程，还是其他经济管理专业学生了解会计基本理论、准则和方法、充实经济管理知识的一门重要课程。

上海财经大学会计学院赵建勇教授长期从事中级财务会计课程的教学工作。在教学过程中，他不断总结教学经验，吸收新的专业知识，在2013年编著出版了《中级财务会计》，并在上海财经大学作为该专业课程的教材使用。该版教材以我国2006年首次发布的与国际财务报告准则实质趋同的整套企业会计准则体系为基础，结合财务会计的基本理论和基本方法，采用传统的中级财务会计教材体例编写而成。2014年，为适应我国进一步发展市场经济的需要，我国修订或新制定了包含基本准则在内的9项企业会计准则。赵建勇老师于2015年及时修订出版了《中级财务会计（第2版）》，教材内容与时俱进，满足了学生学习新知识的需要。2017年至2019年11月，为不断适应我国市场经济发展的需要，保持我国企业会计准则与国际财务报告准则的持续实质趋同，我国又修订或新制定了收入、金融工具确认和计量、租赁、非货币性资产交换等10项企业会计准则。中级财务会计教材又面临重大修订。赵建勇老师及时跟进，花了大量的时间和精力，修订出版了《中级财务会计（第3版）》，以满足学校教学的实际需要。学生将继续从中受益。

纵观全书，该教材具有如下两个明显的特点：

第一，该教材以我国最新制定发布的企业会计准则为最基本的内容，同时结合其他相关财税法规作适当展开。会计准则是会计理论和会计实务相结合的产物，是会计理论在会计实务中的应用，也是会计实务在会计理论层面上的抽象和提升。会计准则既是一门通俗的会计理论，也是一种规范的会计实务。同时，会计准则具有在实务中强制执行的特点，属于会计法规的范畴。目前，国内外大多数优秀中级财务会计教材都围绕会计准则的内容，在理论和实务层面适当展开。赵建勇老师编著的《中级财务会计（第3版）》，对我国最新制定发布的企业会计准则作了重点内容的介绍和阐释，同时结合我国公司法、证券法、税法等相关财税法规作了适当展开，会计重点突出，又与相关财税知识有机结合。

第二，该教材的核算举例和练习题内容丰富。会计准则对会计实务的规范通常比较原则，同时也会配备一些示范举例。这一方面是考虑到比较原则的规范可以覆盖更多的实务内容，另一方面是考虑到实务千变万化，示例举不胜举。但教材有所不同。教材的使用者主要是学生，不是实务工作者，也不是法规制定者。学生对教材的内容几乎从白纸开始。在介绍完基本概念、基本理论和基本原则之后，配备丰富的举例说明有利于学生掌握基本概念和基本理论，了解会计实务，从而更好地掌握中级财务会计及其相关会计准则的知识。同时，做练习也是掌握中级财务会计知识过程中不可或缺的重要环节。在这一点上，会计与数学具有相似之处。

目前，我在上海财经大学为会计学专业博士研究生开设“会计准则与经济后果：理论与制度分析”课程。该课程由会计准则的历史演进、会计准则概念框架、重大会计准则三大部分组成，围绕制定和实施美国会计准则、国际会计准则和中国会计准则中面临的重大原则之争展开。该课程的内容与中级财务会计课程的内容非常相关。赵建勇老师也来听课，参与讨论相关财务会计问题。我曾与他讨论过，由于中级财务会计内容非常丰富，教材可以考虑分上下两册来编写。上册为常规内容，下册为复杂内容。后来考虑到目前学校专业课时有限，从实际出发编写了现在这本《中级财务会计》教材。

我国改革开放后，由上海财经大学娄尔行教授主编的上海财经大学会计系列教材之一《中级财务会计》，由厦门大学葛家澍教授和杜兴强教授主编的《中级财务会计学》（上、下册），曾影响无数会计学子。在国外，美国北伊利诺伊大学基索（Kieso）教授等编写的《中级会计学》（Intermediate Accounting）久负盛名，被会计界人士称为“通向会计职业的必经之路”。该教材分成美国公认会计原则版本和国际财务报告准则版本两个版本，广为流传。其中，美国公认会计原则版本曾被中国人民大学出版社作为经典会计教材引进英文版版权，在国内出版发行；同时，两个版本还被中国人民大学出版社作为经典会计译丛引进中文翻译版版权，译成中文在国内出版发行。目前，无论是从国际影响还是从国内实际需要来看，我国都确实需要几本高质量的中级财务会计教材。相应教材应当立足中国、放眼世界，内容充实、配套资料齐全，读后既让学生掌握知识又让学生得到启发，并能够让学生举一反三，提高学习和思维的能力。赵建勇老师编著的这本《中级财务会计》教材，朝着此方向做了一次努力。

我们一直深切感到，教学质量的关键在师资，而判断师资队伍的素质，教学内容是主要的衡量标准之一。教材规定了教学内容，是教师授课取材之源，也是学生求知复习之本。不问教学内容，不提供教学范本，空喊培养师资，于事无补。丢开教材，欲求提高教学质量，不啻缘木而求鱼。赵建勇老师近年来致力于中级财务会计教材建设，编写出了较高质量的中级财务会计教材。作为我指导毕业的博士研究生，他请我为教材作序，我欣然答应。在此，我作为上一代会计工作者，希望目前正在教授中级财务会计课程的老师们，认真按照教育部近年来提出的淘汰“水课”、打造“金课”的要求，将中级财务会计课程建设成为一门“金课”，不负学生求知求学之期望，为国家培养未来会计栋梁之材做出应有的贡献。

本书是赵建勇老师数十年教学研究的结晶，也是他取得博士学位整20年的无与伦比的纪念品。

张为国

上海财经大学特聘教授

国际会计准则理事会前理事

中国证监会前首席会计师兼国际部主任

上海财经大学前会计学系主任

前　言

财务会计按照循序渐进的内容结构通常可分为基础会计（或称会计学原理、初级会计）、中级财务会计和高级财务会计。其中，基础会计讲述会计学的一般原理或基本概念、基本技术和基本方法，是财务会计的入门课程。中级财务会计是在基础会计的基础上，以一个企业或公司的各种典型经济业务为例，全面系统地介绍会计处理的技术、方法及其理论解释，具体包括会计确认、计量和报告等方面的内容。高级财务会计在中级财务会计的基础上，主要介绍企业集团合并财务报表的编制及其他财务会计专题。可见，中级财务会计在财务会计体系中起着承上启下的重要作用，其内容详细、具体，并且理论与实务紧密结合，通常被称为财务会计体系中的“圣经”。

本教材以我国现行企业会计准则为依据，同时参考现行注册会计师全国统一考试以及会计专业技术资格全国统一考试的要求，按照中级财务会计课程的常见内容结构编写而成。本教材在编写过程中的指导思想是：追求卓越，编写出一本高质量的中级财务会计教材。编写时具体遵循如下基本原则：

一是理论和实务相结合。财务会计既深深扎根于经济制度，又作为一门相对独立的学科发展。财务会计理论来源于财务会计实务，同时又可以用来指导财务会计实务。目前，我国已经初步形成了一套既与国际会计原则趋同、又与我国经济制度相适应的财务会计基本理论。它可以用来指导现行财务会计实务。将理论与实务紧密结合在一起，财务会计才会具有生命力。

二是内容由浅入深。财务会计的内容，有些比较简单，属于最常见的内容，如从银行提取现金、以应付票据购买原材料等业务及其会计处理；有些比较复杂，是企业业务复杂化和会计核算要求予以配套等的结果，如企业发行可转换债券、对职工进行股份支付等业务及其会计处理方法。为使读者能够逐步进入较为复杂的内容，本教材在介绍相应内容时，先介绍比较简单的内容，再逐步进入较为复杂的内容。这符合人们接受知识的一般过程。

三是讲述通俗易懂。财务会计的内容具有较多的专业成分，但与人们对日常事务的理解还是有很多共同之处的。除此之外，财务会计对不同业务内容的处理方法可能存在差异，但其中还是存在不少共同的基本理论或相似的基本解释。使用通俗易懂的方法来介绍财务会计的内容，可以使读者更加容易理解财务会计的内容，同时，也可以使读者更加融会贯通地掌握财务会计的知识。

四是例题全面具体。财务会计是一门务实性很强的学科。掌握财务会计基本理论和实务处理的重要方法是举例说明。目前，示范举例也是我国企业会计准则的重要内容。本教材在介绍相应的内容时，在介绍了基本概念以及确认和计量的基本要求后，都配备了相应的举例说明。相应内容的例题全面且具体。

本教材根据财政部2006年制定发布的企业会计准则及其应用指南以及2008年和2010年编辑出版的企业会计准则讲解，于2013年出版第1版。2014年，财政部根据经济业务不断发展的情况以及实际会计工作的需要修订发布以及新制定发布了长期股权投资、职工薪酬、财务报表列报、金融工具列报、公允价值计量等8项具体会计准则，并且修订发布了企业会计准则的基本准则。本教材及时跟进，修订出版了第2版，以满足广大读者及时了解和学习新知识的需要。本教材2015年获得上海财经大学优秀教材一等奖。

与第2版相比，第3版教材的主要变化如下：

1. 全面按照新准则及其他相关规定修订相应内容。为适应市场经济发展的需要，切实解决我国企业相关会计实务问题，保持我国企业会计准则与国际财务报告准则的持续全面趋同，2017年，财政部修订发布和新制定发布《企业会计准则第14号——收入》《企业会计准则第16号——政府补助》《企业会计准则第22号——金融工具确认和计量》《企业会计准则第37号——金融工具列报》《企业会计准则第42号——持有待售的非流动资产、处置组和终止经营》等7项企业会计准则，2018年又制定发布了以上企业会计准则的应用指南。2018年和2019年，财政部又制定发布了《企业会计准则第21号——租赁》《企业会计准则第7号——非货币性资产交换》等多项企业会计准则，并制定发布了有关准则的应用指南。2018年和2019年，为适应企业执行新会计准则的需要，财政部分别发布了《关于修订印发2018年度一般企业财务报表格式的通知》《关于修订印发2019年度一般企业财务报表格式的通知》。此外，2016年，为规范增值税会计处理，财政部印发《增值税会计处理规定》。第3版全面按照以上相关企业会计准则及其他相关规定修订了相应内容，使教材的内容全面反映最新会计及其他相关财税法规的要求以及最新学术研究成果。

2. 全面充实各章练习题的内容。做练习是掌握财务会计知识的基本方法之一。第3版全面充实了各章正文之后的练习题，使练习题内容可以覆盖各章的全部主要内容和知识要点。同时，有些练习题还安排了一些具有挑战性的内容，供教师和学生进行研讨。所有练习题都配备了答案，在学习指导书中提供，供教师和学生参考。

本教材由上海财经大学会计学院教授赵建勇博士编著。在编写过程中，上海财经大学特聘教授、中国证监会前首席会计师、国际会计准则委员会前理事、上海财经大学前会计学系主任张为国博士在上海财经大学为博士生开设的“会计准则与经济后果：理论与制度分析”课程，为作者提供了很多启发，也为提高本教材的编写质量发挥了非常重要的作用。本教材在上海财经大学已经使用了近10年。上海财经大学会计学院中级财务会计课程组的任课老师朱红军、何贤杰、叶建芳、储一昀、侯青川、牛建军、王翼虹、李悦华等，无论是在提供材料还是在讨论问题等方面，都为提高本教材的编写质量做出了很大贡献。财政部企业会计准则咨询委员会咨询委员、上海财经大学会计学院刘浩教授曾多次与作者深入讨论企业会计准则的问题，让作者受益匪浅。中国人民大学出版社财会分社的编辑陈永凤女士对本书的出版一直给予积极的支持和鼓励并提供大力的帮助，这才使本书得以修订完成并交付出版。在此，作者向以上各位同仁表示由衷的感谢。

本教材可供高等院校会计学专业的学生使用，也可供高等院校其他经济与管理专业的学生、MBA学员、MPAcc学员或其他学校的学生使用。在职财会人员在业余专业进修提高时也可使用本教材。

尽管作者在高等学校从事中级财务会计课程的教学工作已经有20多年了，在教学过程中也积累了一些教学经验，但由于财务会计知识日新月异，新知识层出不穷，同时也由于作者的学识和时间的限制，本教材仍可能会存在不足或疏漏，恳请读者以任何方式随时向作者提出批评和建议，或与作者进行交流和讨论。作者将始终关注我国企业会计的改革进程，并将最新的改革成果纳入教材中，使本教材的内容始终保持与时俱进，为广大读者提供最好的服务。电子邮件可发送至作者的如下邮箱：jyzhao@mail.shufe.edu.cn。

本教材配有学习指导书、教学大纲和教学课件，对教材的主要内容提供学习指导，并为教材中的练习题提供答案，欢迎教师和学生使用，也欢迎广大读者提出宝贵意见。

赵建勇

上海财经大学会计学院

目　录

第1篇　总　论

第2篇　资　产

第3篇 负债和所有者权益

第4篇　收入、费用和利润

第5篇　会计调整和财务报告

第 1 篇

总 论

第一章

总　论

第一节　财务会计概念

一、财务会计的基本概念

财务会计是以货币作为主要计量单位，对一个单位的经济活动进行连续、系统、全面的记录、核算、反映、监督和报告的一种经济管理工作和专门技术方法。财务会计的基本概念内涵可以分别从如下两个方面来理解。

1. 财务会计是财务会计工作、财务会计方法和财务会计人员的统一

从工作内容上讲，财务会计是一种经济管理工作，它对一个单位的资金活动或财务活动的内容进行经济管理。例如，对一个企业使用银行存款购入货品的业务进行内容审核和管理。从工作方法上讲，财务会计又是一种专门技术方法，它所采用的记录、核算、反映和报告的方法都有专门的技术规定或要求。例如，财务会计应当采用国际通行的借贷记账法作为记录经济业务的专门技术方法。再如，一个企业购入货品的入账价值应当等于购买价格加上诸如运输装卸等采购费用。财务会计的工作具体是由财务会计人员按照相关的财务会计规范去操作的，因此，财务会计也可以指财务会计人员。财务会计是财务会计工作、财务会计方法和财务会计人员的统一。

2. 财务会计是管理活动、信息系统和计量技术的统一

说财务会计是一种管理活动，是因为财务会计管理着一个单位的资金活动或财务活动。例如，通过编制工资单等凭证管理工资支付的资金活动。说财务会计是一种信息系统，是因为财务会计提供一个单位全面而又系统的财务信息。例如，财务会计通过对日常经济业务的记录和汇总，最终编制出财务报表。其中，会计凭证、会计账簿和财务会计报表之间，以及诸如资产负债表、利润表、现金流量表等财务会计报表之间，都构成了一个完整的信息系统。说财务会计是一种计量技术，是因为财务会计对各项经济业务都需要使用货币作为统一的量度，采用专门的计量方法进行计量。例如，企业发出货品时销售成本的计量，可以采用先进先出法或加权平均法等。财务会计工作中同时包含着管理活动、信息系统和计量技术的成分。因此，财务会计又是管理活动、信息系统和计量技术的统一。

二、财务会计的主要特征

财务会计和管理会计是现代企业会计的两大组成部分。财务会计属于传统意义上的会计，与后来发展起来的管理会计相比，财务会计具有如下主要特征。

1. 财务会计主要是对外报告会计

财务会计的主要任务是向外部信息使用者提供以前经营管理决策实际财务结果的信息，如向投资者、债权人等提供本年利润、年末资产负债金额等信息，以供外部信息使用者作出投资和信贷等相关经济决策。管理会计的主要任务是向内部管理层提供未来经营管理决策可能产生的财务结果的信息，如向管理当局提供未来项目投资的可能投资回报率、投资回收期等信息，以供内部管理层作出是否进行项目投资等相关经济决策。

2. 财务会计需要遵照规定的程序和规范进行操作和处理

财务会计需要遵循规定的会计处理程序，按照会计规范的要求，对经济业务进行会计处理。例如，财务会计需要遵循从凭证到账簿，再从账簿到报表的会计处理程序；财务会计还需要按照会计准则或会计制度的规定，对诸如存货、固定资产、应付账款等经济业务进行会计处理。管理会计通常没有规定的会计处理程序，也没有要求按照执行的会计规范。管理会计提供的信息只要能满足内部管理层作出经济决策的需要即可。

三、财务会计的作用

财务会计的作用是在向信息使用者传递财务会计信息后，信息使用者通过使用财务会计信息并作出相应决策的过程中表现出来的，主要表现在以下几个方面。

1. 作为单位与外部信息使用者进行沟通与交流的渠道和载体

企业与投资者、债权人等外部信息使用者需要经常保持沟通与交流。只有这样，投资者、债权人等外部信息使用者才能了解企业，评价企业的经营管理绩效，并作出投资或贷款等经济决策。财务会计通过向投资者、债权人等外部信息使用者提供财务会计信息，可以达成企业与外部信息使用者之间进行有效的沟通与交流。例如，企业向投资者和债权人提供的资产负债表和利润表，可以帮助投资者和债权人了解企业的财务状况和经营成果；反之，投资者和债权人如果需要了解企业的财务状况和经营成果，可以去阅读企业向其提供的资产负债表和利润表。财务会计报告是企业与外部信息使用者之间进行有效沟通与交流的载体和媒介。

2. 作为外部信息使用者考核单位经济管理责任履行情况和作出经济决策的依据

企业的投资者和债权人等外部信息使用者在向企业提供财务资源时，期望企业能够充分利用所获得的财务资源，取得相应的经济效益，并在此基础上向其提供相应的经济回报。作为获得财务资源方的企业，也相应地有责任对所获得的财务资源履行经济管理责任，达到预期的经济目标。企业财务会计向投资者和债权人等外部信息使用者提供的财务会计信息，是投资者和债权人等外部信息使用者考核企业经济管理责任履行情况，并在此基础上作出相应经济决策的重要依据。例如，投资者和债权人通过使用企业财务会计提供的净资产收益率、流动比率等财务指标，可以考核企业管理层的经济管理成绩和财务状况情况，并在此基础上作出是否对企业进行投资、是否需要更换企业管理层、是否给企业贷款等经济决策。

3. 为单位管理层加强经济管理、提高经济效益服务

财务会计尽管主要面向投资者和债权人等外部信息使用者，但财务会计提供的信息通常也可以为企业管理层加强经济管理、提高经济效益服务。例如，企业管理层通过阅读财务会计信息，可以了解企业以往经济活动的情况，找出存在的问题，制定改进措施，加强内部经济管理；还可以预测未来经济活动的走向，制定企业发展规划，提高经济效益。财务会计除了具有如实反映和严格监督企业经济活动的职能外，还具有参加企业经营管理活动的职能。

四、财务会计理论和财务会计实务

财务会计是一门实务性很强的学科。在长期的实务发展过程中，财务会计形成了一套与实务相匹配的理论。财务会计是财务会计理论和财务会计实务的统一。

1. 财务会计理论来源于经济环境和财务会计实务，并用来指导财务会计实务

一般来说，理论来源于环境和实务，并用来指导实务。财务会计也是如此。例如，财务会计目标是财务会计理论体系中的重要组成部分。它决定了财务会计信息的主要使用者及其信息需求、财务会计应当提供什么信息来满足主要信息使用者的信息需求等财务会计重要问题。近年来，我国企业改革不断深入，证券市场不断发展，企业产权和投资主体日益多元化，机构投资者和其他投资者日益壮大。为满足各种投资者对企业财务会计信息的需求，我国将投资者作为企业财务会计信息的首要使用者，并由此来安排财务会计实务中应当提供的主要财务会计信息。再如，随着市场经济的深入发展，企业资产和负债证券化日益普及，证券公开交易市场日益活跃，企业与证券相关的资产和负债的公允市价越来越可以可靠地确定。为进一步提高财务会计信息的相关性质量要求，我国将公允价值计量方法引入财务会计可选计量方法。

一般认为，财务会计基本理论可以由财务会计基本假设、财务会计目标、财务会计信息质量要求、财务会计要素及其确认和计量原则等内容组成。

2. 财务会计实务不断发展，并推动财务会计理论进一步发展

随着我国经济的迅速发展，财务会计实务层出不穷，并由此推动财务会计理论进一步发展。例如，附有销售退回条款的收入业务、投资性房地产业务、企业年金基金业务等，推动了收入确认原则、资产计量原则、会计主体理论等财务会计理论的进一步发展。

现行财务会计理论基本上可以满足解释和指导财务会计实务的实际需求。现行财务会计实务不断丰富和完善着财务会计理论的内容。财务会计理论与财务会计实务始终处在相互促进、共同发展的统一体之中。

五、中级财务会计和高级财务会计

由于财务会计的内容非常丰富，因此，财务会计课程通常区分成中级财务会计和高级财务会计两部分内容或两门课程。中级财务会计和高级财务会计在组成内容上没有绝对的区分。尽管如此，两者之间通常还是存在着相对的内容划分标准。一般来说，财务会计中具有通用性、普遍性特征的内容纳入中级财务会计，财务会计中具有专题性、特殊性特征的内容纳入高级财务会计。

通常情况下，中级财务会计以一个公司组织为例，阐述资产、负债、所有者权益、收入、费用和利润六大会计要素中常见经济业务的财务会计核算方法及其基本理论解释。例如，中级财务会计阐述一个公司组织中现金的收入和支出业务、应收账款的发生和收回以及坏账业务、存货的购入和领出或销售以及盘盈盘亏业务、固定资产的取得和折旧计提业务、短期借款的取得和偿还业务、应付账款的发生和支付业务、应付职工薪酬的应计和支付业务、应交税费的计算和缴纳业务、所有者投资业务等常见经济业务的会计核算方法及其基本理论解释。公司财务会计报告是公司财务会计的最终产品。公司是现代企业组织形式中的典型代表。公司财务会计的内容对诸如合伙企业、个人独资企业等其他企业组织形式，乃至政府和非营利组织等社会组织具有普遍的参考价值。

高级财务会计的专题和特殊内容通常包括企业合并会计、企业集团合并财务会计报表的编制、外币业务会计、企业分部报告、企业债务重组和破产清算会计、企业分支机构会计、合伙企业会计等。

第二节 财务会计目标

一、财务会计目标的基本概念

财务会计是一个信息系统，其提供的一系列信息最终以财务会计报告作为主要载体。因此，财务会计目标也称财务会计报告目标，或简称财务报告目标。

财务会计目标是财务会计最终期望能够达到的效果，它主要涉及财务会计信息的主要使用者及其信息需求，以及财务会计应当提供哪些信息以满足信息使用者的相关需要等方面的内容。

财务会计目标在财务会计理论体系和实务工作中占据重要位置。它是构建财务会计理论体系中诸如财务会计信息质量要求、财务会计要素及其确认和计量原则、财务会计报告要求等内容的逻辑起点，从而也是财务会计实务工作中的高层次指导思想。

二、财务会计信息的使用者及其信息需求

（一）财务会计信息的使用者

现代企业制度强调所有权与经营权的分离。企业的所有者即投资者向企业投入资本，委托企业的经营者有效运作资本，为其创造财富。企业的投资者与经营者之间存在着委托与受托的责任关系。投资者出于关心投入资本是否得到保值和增值的目的，需要经常了解企业的经营情况和财务会计信息，并在此基础上判断企业管理层对投入资本受托责任的履行情况，及时作出是否增加投资、出售投资、转换经营方向、撤换企业经理等有关决策。投资者是企业资本的提供者，没有投资者也就没有了企业。同时，投资者又是企业风险的最后承担者，以及企业利益的最终享有者，他们与企业的经济利益关系最为密切，因而最关心企业的经营情况和财务会计信息。为此，投资者是企业财务会计信息的最主要使用者。随着我国企业改革的不断深入，大量社会资本

投入企业，保护投资者利益的客观社会要求日显突出。将投资者作为企业财务会计信息的最主要使用者，与切实保护投资者利益的客观社会要求是相适应的。

除投资者外，企业财务会计信息的使用者还有债权人、政府及其有关部门和社会公众等。债权人在向企业进行贷款或赊销商品等业务过程中，形成向企业收回贷款或收取赊销货款的权利。他们与企业之间形成债权债务关系。他们出于关心贷款或赊销货款能否收回或收到的目的，需要了解企业的经营情况和财务会计信息，并在此基础上作出是否给企业贷款或赊销货品等经济决策。政府是整个社会的管理者，政府的经济管理部门承担着管理社会经济事务的责任。政府及其有关部门通常关心社会经济结构是否合理、社会经济资源分配是否公平、市场经济秩序是否有序、社会经济发展方式是否科学等问题。他们需要企业财务会计信息，然后对这些信息进行统计分析，并在此基础上制定灵活而有针对性的宏观经济政策，从而达到不断促进社会经济又好又快发展的目的。社会公众也是企业财务会计信息的使用者。他们通常关心企业的发展，并由此给社会经济的发展带来的贡献，如就业方便、消费经济实惠等。

我国《企业会计准则——基本准则》第四条规定：财务会计报告使用者包括投资者、债权人、政府及其有关部门和社会公众等。

（二）财务会计信息使用者的信息需求

财务会计信息使用者的信息需求决定了财务会计需要提供什么信息。换言之，财务会计是按需定产的，即按照实际需要决定生产什么信息产品。

由于投资者是财务会计最主要的信息使用者，因此，财务会计信息使用者的信息需求首先需要考虑投资者的信息需求。投资者向企业投入资本，委托企业管理层经营管理投入资本。投入资本价值的保值和增值以及使资本价值最大化是投资者追求的目标。资本价值最大化是资本与生俱来的天性。因此，投资者需要与企业资本价值保值和增值相关的财务会计信息。企业的盈利归投资者所有，可以增加投资者投入资本的价值，也可以反映企业管理层经营管理投入资本的成绩。为此，投资者需要财务会计提供有关企业盈利的信息。利润表即成为企业的一张主要财务会计报表。企业财务状况的好坏决定着企业是否具有盈利的潜力或持续盈利的能力。为此，投资者需要财务会计提供有关企业财务状况的信息。资产负债表即成为企业的另一张主要财务会计报表。现代投资者越来越重视企业的财务状况，即重视企业盈利的潜力或持续盈利的能力，而不仅仅看企业当年的盈利数额。因此，资产负债表越来越重要。投资者在作投资决策时通常都会衡量未来现金流入的数额、时间和风险。只有有现金流入，盈利才有意义。如果没有现金流入，盈利只停留在账簿上，并不能为投资者带来现实的经济利益。由于财务会计采用权责发生制会计基础，因此，利润表中反映的盈利并不能代表现金流入的数额。由此，现金流量表应运而生，成为企业的又一张主要财务会计报表。

债权人、政府及其有关部门和社会公众等财务会计信息使用者的信息需求虽然各具特点，但他们对企业的信息需求与投资者对企业的信息需求存在着许多共同的内容。例如，债权人出于收回或收到债权的目的需要企业偿债能力的信息，投资者出于保持企业财务状况良好从而具有持续盈利潜力的目的也需要企业偿债能力的信息。再如，投资者出于资本保值和增值的目的需要企业盈利能力的信息，债权人出于收回或收到债权的目的也需要企业盈利能力的信息。因为企业的盈利能力决定了企业的偿债能力，尤其是偿还长期债务的能力。还如，政府及其有关部门需要企业盈利能力和偿债能力的信息，从而了解社会经济结构、经济增长方式、经济安全程度等信息，进而作出相关的宏观经济决策。当然，债权人、政府及其有关部门和社会公众等财务会计信息的使用者也会有一些特殊的信息需求。例如，政府及其有关部门需要企业社会责任履行情况、环境保护情况等信息，社会公众需要企业产品质量情况、质量保证等信息。投资者、债权人、政府及其有关部门和社会公众等财务会计信息使用者的共同和特殊信息需求，共同构成了财务会计信息使用者的信息需要。

三、财务会计应当提供的信息

财务会计应当提供的信息以满足信息使用者的信息需求作为指导思想。根据以投资者为首要信息使用者的信息需求，财务会计应当提供有关企业财务状况、经营成果、现金流量的信息，相应的信息产品主要有资产负债表、利润表和现金流量表。小企业由于规模较小，业务比较简单，外部信息使用者的信息需求相对较低，为简化信息内容和形式，我国《企业会计准则——基本准则》第四十四条规定：小企业编制的会计报表可以不包括现金流量表。

除财务状况、经营成果和现金流量的信息外，财务会计还应当根据信息使用者的信息需求，选择提供所有者权益变动的信息。在我国，全面执行企业会计准则体系的企业，应当按照《企业会计准则第30号——财务报表列报》的要求，编制所有者权益变动表或股东权益变动表。

一般认为，财务会计提供的信息，如果能够满足投资者的信息需求，基本上也就能够满足债权人、政府及其有关部门和社会公众等其他信息使用者的大部分信息需求。尽管如此，财务会计仍然需要考虑提供诸如企业社会责任履行情况、环境保护情况、对地区社会发展和经济增长的贡献情况、产品质量及其保证情况等信息，以尽可能满足政府及其有关部门和社会公众等信息使用者的特殊信息需求。

我国《企业会计准则——基本准则》第四条规定：企业应当编制财务会计报告。财务会计报告的目标是向财务会计报告使用者提供与企业财务状况、经营成果和现金流量等有关的会计信息，反映企业管理层受托责任履行情况，有助于财务会计报告使用者作出经济决策。

第三节 财务会计假设和财务会计基础

一、财务会计假设

财务会计假设是对财务会计所处的空间和时间环境以及财务会计所使用的主要计量单位所作的合理假定或设定。它是为达到财务会计目标、开展财务会计工作而对环境和衡量物所作的设定，是财务会计确认、计量和报告的前提。

财务会计假设是在长期的财务会计实践中逐步形成的。它通常包括会计主体假设、持续经营假设、会计分期假设和货币计量假设等四个。

（一）会计主体假设

会计主体是指财务会计工作特定的空间范围。财务会计提供的信息应当是某个特定会计主体的信息，而不是另一个特定会计主体的信息。财务会计是为某个特定会计主体服务的。确定了会计主体，也就确定了财务会计提供信息的边界。通常情况下，一个企业就是一个会计主体。一个企业的财务会计信息独立于另一个企业的财务会计信息。

某个特定的会计主体除了需要与另一个特定的会计主体进行区分外，还需要与其投资者进行区分。企业与其投资者发生的经济业务，如收到投资者投入资本、向投资者分派股利等经济业务，企业应当将这些经济业务纳入企业会计主体中予以确认、计量和报告。但投资者发生的与企业无关的经济业务，如机构投资者支付本机构工作人员的工资、个人投资者购买日常生活用品等经济业务，企业就不应当将这些经济业务纳入企业会计主体中予以确认、计量和报告。

会计主体并不等于法律主体。一般来说，一个法律主体在各方面都承担独立的法律责任，它应当有独立完整的财务会计信息。因此，法律主体必然是会计主体。但会计主体不一定是法律主体。例如，一个企业通过购买另一个企业的大多数股权从而控制了另一个企业。此时，两个企业仍然都是法律主体，也都是会计主体。但由两个企业组成的企业联合体或企业集团可以不是一个法律主体，却是一个会计主体。控制企业即母公司应当将其本身的财务会计报表与其被控制企业即子公司的财务会计报表进行合并，编制一套反映企业集团整体财务状况、经营成果和现金流量信息的合并财务会计报表。再如，由企业管理的企业年金基金根据规定应当独立运行，并编制一套独立完整的财务会计报表，以反映其独立完整的财务会计信息。因此，由企业管理的企业年金基金尽管不是一个法律主体，但是一个会计主体。一般而言，法律主体注重独立的法律责任，会计主体注重经济实质和独立完整的财务会计信息系统。

我国《企业会计准则——基本准则》第五条规定：企业应当对其本身发生的交易或者事项进行会计确认、计量和报告。

（二）持续经营假设

持续经营假设是指企业在可以预见的未来将连续不断地经营下去，不会出现破产清算的情况。

企业在任何一个经营时点上，对于可预见未来的预计有两种可能：一是持续经营，二是破产清算。在任何一个经营时点上，当企业认为经营活动正在正常进行、内外部经济环境的变化不会对企业的未来发生毁灭性影响时，企业推测其会按照预定的目标持续不断地经营下去是一种合乎情理的假设。反之，此时推测企业将进入破产清算状态是一种不合乎情理的假设。尽管企业破产清算在现实经济生活中客观存在，但只要企业还在正常运行，就应当假设它会持续经营下去，即使暂时遇到财务困难或其他各种困难，也能最终克服困难，在市场经济中生存下来。

有了持续经营假设，企业的财务会计核算就可以按照常规的财务会计核算方法进行。例如，固定资产可以按照估计使用年限或正常服务潜力计提折旧，长期负债可以按照存续期间摊销筹资费用等。

当企业确实已经进入破产清算状态时，财务会计核算应当按照破产清算会计核算方法进行。例如，资产和负债等应当按照破产清算价值进行确认、计量和报告。

我国《企业会计准则——基本准则》第六条规定：企业会计确认、计量和报告应当以持续经营为前提。

（三）会计分期假设

会计分期假设是指将企业连续不断的生产经营活动划分为一个个连续的、长短相等的期间，并为每个期间编制财务会计报表，提供相对独立完整的财务会计信息。会计期间通常分为会计年度和会计中期。《中华人民共和国会计法》规定：会计年度自公历1月1日起至12月31日止。即会计年度按照公历的日历年度计算。会计中期是指短于一个会计年度的会计期间。例如，半年、一个季度、一个月份等。

企业的生产经营活动是持续不断地进行的。但投资者等财务会计信息的使用者需要及时了解企业的财务会计信息，并在此基础上及时作出相应的经济决策。为满足投资者等财务会计信息使用者及时了解企业财务会计信息的需要，财务会计需要将企业连续不断的生产经营活动人为地划分为一个个会计期间，并为每个会计期间编制财务会计报表，以供投资者等财务会计信息的使用者使用。将会计期间统一按照日历年度并按照连续、长短相等的方法进行划分，有利于财务会计信息使用者将同一企业不同时期的财务会计信息进行比较，以及将不同企业同一时期的财务会计信息进行比较，从而能够更好地帮助财务会计信息的使用者作出合理、正确的经济决策。

会计分期假设为财务会计带来了一些比较复杂的确认和计量等问题。例如，收入应当如何确认、费用应当如何分摊、前期差错应当如何更正等问题。尽管如此，分期提供财务会计信息的客观需要仍然是首先需要考虑并予以满足的。由此带来的一些比较复杂的确认和计量问题，可以通过不断完善财务会计技术方法得以有效解决。

我国《企业会计准则——基本准则》第七条规定：企业应当划分会计期间，分期结算账目和编制财务会计报告。

（四）货币计量假设

货币计量假设是指财务会计以货币作为主要计量单位对企业的生产经营活动进行记录、核算、反映和报告。

财务会计采用货币计量假设是由货币作为一般等价物的本质属性所决定的。首先，财务会计主要反映企业的价值运动，而不是主要反映企业的实物运动。因此，诸如重量单位的公斤、长度单位的厘米、数量单位的件等都不是首选主要计量单位。其次，以货币来计量企业生产经营活动过程中的各项经济业务，由此得到的数量信息可以在单一的价值基础上进行相加或相减等运算，从而使得财务会计信息既可以非常详细，如购买原材料发生的运费等，又可以高度综合，如资产总额、净资产利润率等，进而大大提高了财务会计信息的决策有用性。

货币计量假设并不排斥财务会计可以使用除货币以外的其他计量单位作为辅助计量单位。例如，财务会计也使用件、台等辅助计量单位来反映存货、固定资产等资产种类的信息。除此之外，财务会计对于那些难以用包括货币在内的计量单位进行衡量的事物或事件，如企业的经营战略、管理思想、研发能力、市场前景等，也可能会作为补充信息列入财务会计报告，供财务会计信息使用者在作出经济决策时参考。

我国《企业会计准则——基本准则》第八条规定：企业会计应当以货币计量。

二、财务会计基础

财务会计基础也称财务会计确认、计量和报告基础。企业财务会计确认、计量和报告应当以权责发生制为基础。在权责发生制基础下，凡是当期已经实现的收入和已经发生或者应当负担的费用，无论款项在当期是否已经收到或者已经支付，都应当作为当期的收入和费用予以确认、计量和报告。反之，凡是当期尚未实现和尚未发生或者不应当负担的收入和费用，即使款项在当期已经收到或者已经支付，也不应当作为当期的收入和费用予以确认、计量和报告。简言之，权责发生制基础以是否应当归属于当期作为标准来确认、计量和报告收入和费用。

例如，企业销售一批产品，款项尚未收到。此时，尽管款项尚未收到，但由于企业已经获得了索取货款的权利，即有权向购货单位索取货款，购销双方的责任和权利已经发生，企业应当确认产品销售收入。再如，企业固定资产的价值在使用过程中逐渐转移。尽管企业在使用固定资产的过程中并没有支付相应的取得款项，但相应的费用随着固定资产价值的转移已经发生，企业应当通过计提固定资产折旧的方式确认相应的折旧费用。企业财务会计以权责发生制为基础进行确认、计量和报告，由此反映出的企业的财务状况和经营成果比较真实和公允。

权责发生制基础与收付实现制基础相对应。在收付实现制基础下，凡是当期收到的款项都作为收入予以确认和报告，凡是当期支付的款项都作为费用予以确认和报告。收付实现制基础尽管在财务会计处理上比较简单，但它不能如实反映企业权利和责任的取得或发生情况，由此反映出的企业的财务状况和经营成果也会失真和有失公允。

我国《企业会计准则——基本准则》第九条规定：企业应当以权责发生制为基础进行会计确认、计量和报告。

第四节 财务会计信息质量要求

一、财务会计信息质量要求的基本概念

财务会计信息质量要求是指财务会计向信息使用者提供的财务会计信息应当达到的质量标准，或者应当具备的质量特征。财务会计信息属于信息产品，其质量是否达到要求的标准，或者其质量的高低直接影响信息使用者能否作出合理、正确的经济决策。

财务会计信息的质量要求有首要质量要求和次级质量要求之分。首要质量要求是指财务会计信息应当达到的基本质量要求，一般包括可靠性、相关性、可理解性和可比性。次级质量要求是对首要质量要求的补充和完善，一般包括实质重于形式、重要性、谨慎性和及时性。财务会计信息如果同时达到了首要质量要求和次级质量要求，就属于高质量的财务会计信息。

二、财务会计信息的首要质量要求

（一）可靠性

可靠性是指财务会计信息如实反映了经济业务的实质内容。可靠的财务会计信息

与虚假的财务会计信息形成对立。虚假的财务会计信息不仅不能帮助投资者等财务会计信息使用者作出合理、正确的经济决策，而且会误导投资者等财务会计信息使用者，使其作出不合理、不正确的经济决策，导致严重的经济和社会后果。为此，财务会计信息必须确保真实可靠。

为确保财务会计信息达到可靠性的质量要求，财务会计应当以实际发生的经济业务为依据进行确认、计量和报告，而不可以将虚拟的或尚未发生的经济业务纳入财务会计报告。例如，不可以将未来尚未发生的产品销售业务作为本期销售收入予以确认。财务会计还应当全面、客观地反映经济业务的内容，而不可以片面、不符合事实真相地反映经济业务的内容。除此之外，财务会计在确认、计量和报告已经发生的经济业务时，应当站在中立的立场上。既不能偏向于企业管理层，也不能偏向于投资者或其他财务会计信息使用者。财务会计不可以为了迎合企业管理层的需要，或者为了迎合投资者或其他财务会计信息使用者的需要，而反过来通过选择会计方法，甚至通过扭曲经济业务的方法，来编造出相应的财务会计信息。

我国《企业会计准则——基本准则》第十二条规定：企业会计应当以实际发生的交易或事项为依据进行会计确认、计量和报告，如实反映符合确认和计量要求的各项会计要素及其他相关信息，保证会计信息真实可靠、内容完整。

（二）相关性

相关性是指财务会计信息与投资者等财务会计信息使用者的经济决策相关。与投资者等财务会计信息使用者决策无关的财务会计信息是没有用的财务会计信息，从而也是没有达到质量要求的财务会计信息。

相关的财务会计信息应当能够帮助信息使用者正确评价其过去作出的经济决策。财务会计信息使用者过去作出的经济决策，经过一段时间的实践，必然会有一个结果。例如，经过调整经营战略，盈利水平是否有所提高等。财务会计信息应当能够对信息使用者过去作出的经济决策有一个信息反馈或者信息证实。相关的财务会计信息还应当能够帮助信息使用者正确评价企业现在的财务状况，进而正确预测企业未来的财务状况、经营成果和现金流量。企业要持续经营下去，并在未来取得更好的发展，需要对现在的财务状况作出正确的评价，并对未来的财务状况、经营成果和现金流量作出正确的预测。财务会计信息应当能够帮助信息使用者正确评价现在，并正确预测未来，从而能够帮助信息使用者作出正确的经济决策。例如，财务会计将企业的资产和负债按流动性区分为流动资产和长期资产以及流动负债和长期负债，将企业的利润区分为营业利润、利润总额和净利润等，都有利于提高财务会计信息在评价现在、预测未来过程中的价值。

我国《企业会计准则——基本准则》第十三条规定：企业提供的会计信息应当与财务会计报告使用者的经济决策需要相关，有助于财务会计报告使用者对企业过去、现在或者未来的情况作出评价或者预测。

（三）可理解性

可理解性是指财务会计信息易于为投资者等信息使用者理解。财务会计信息只有易于为投资者等信息使用者理解，才能被其使用，实现决策有用性的目标。

可理解的财务会计信息应当概念清楚明确并通俗易懂。例如，存货和固定资产应当有明确的概念和区分界线，并且应当容易为投资者等信息使用者普遍理解其内涵和内容。可理解的财务会计信息还应当在财务会计报告中列示清晰明了。例如，企业资产负债表中的资产通常按照流动性分别列示流动资产和非流动资产，在具体列示了流动资产和非流动资产项目后，分别加出流动资产合计和非流动资产合计。企业资产负债表中负债的列示方法与上述资产的列示方法相同。资产负债表中的资产加出一个合计数，负债和所有者权益也加出一个合计数。这样，投资者等信息使用者便可一目了然地了解到企业的资产构成、资金结构等重要信息。

可理解性除了要求财务会计信息本身通俗易懂、清晰明了外，也假设投资者等信息使用者具有相应的企业经营管理常识和财务会计专业知识。只要财务会计与其信息使用者共同努力，财务会计就能与其信息使用者拥有共同的会计这门商业语言。

我国《企业会计准则——基本准则》第十四条规定：企业提供的会计信息应当清晰明了，便于财务会计报告使用者理解和使用。

（四）可比性

可比性是指财务会计信息之间可以相互比较，包括同一企业不同时期的财务会计信息之间可以相互比较和不同企业同一时期的财务会计信息可以相互比较。可比的财务会计信息将大大增加其决策有用性。

同一企业不同时期的财务会计信息之间要实现可以相互比较，就需要企业在不同时期对于同样的经济业务采用前后一致的财务会计处理方法。不同企业同一时期的财务会计信息要实现可以相互比较，就要求不同企业对于同样的经济业务采用统一的财务会计处理方法。

同一企业在不同时期对于同样的经济业务应当采用前后一致的财务会计处理方法，并不意味着企业不可以根据经济环境的变化采用新的财务会计处理方法。不同企业对于同样的经济业务应当采用统一的财务会计处理方法，也并不意味着不同企业对于同样的经济业务不可以选择使用可选财务会计处理方法。一般来说，只要企业认为新的财务会计处理方法可以提供更加可靠和相关的财务会计信息，企业就可以更改原来采用的财务会计处理方法，而采用新的财务会计处理方法。同样，只要企业认为可选财务会计处理方法中的某种方法更加适合本企业，企业就可以不必顾及其他企业选择何种可选财务会计处理方法，而选择更加适合本企业的财务会计处理方法。为确保企业选择财务会计处理方法的合理性，提高财务会计信息的可比性质量，企业在改变或者选择使用可选财务会计处理方法时，都应当在财务会计报告中作出明确的理由说明。

我国《企业会计准则——基本准则》第十五条规定：企业提供的会计信息应当具有可比性。同一企业不同时期发生的相同或者相似的交易或者事项，应当采用一致的会计政策，不得随意变更。确需变更的，应当在附注中说明。不同企业发生的相同或者相似的交易或者事项，应当采用规定的会计政策，确保会计信息口径一致、相互可比。

三、财务会计信息的次级质量要求

（一）实质重于形式

实质重于形式是指财务会计确认、计量和报告更加看重经济业务的经济实质，而不是更加看重经济业务的法律形式。

经济业务的经济实质和法律形式在大多数情况下是相互一致的。但有时也会存在不相一致的情况。例如，企业租入固定资产的业务，在法律形式上企业不拥有租入固定资产的所有权，但在财务会计确认、计量和报告上，企业可以将租入的固定资产视同自有固定资产一样进行确认、计量和报告。再如，企业销售商品的业务，在法律形式上不区分是否附有销售退回条款，均按照销售价格计算确认应交增值税税额，在实际发生销售退回时再冲减应交增值税税额；但在会计处理上需要区分是否附有销售退回条款，对于附有销售退回条款的销售商品业务，销售商品时可以按照销售价格减去估计销售退回后的金额计算确认销售商品收入，而对于估计的销售退回金额则可以作为预计负债核算。按照实质重于形式的质量要求提供的财务会计信息，比纯粹按照法律形式提供的财务会计信息，对于投资者等财务会计信息使用者作出合理正确的经济决策更加相关，从而更加具有实用价值。

我国《企业会计准则——基本准则》第十六条规定：企业应当按照交易或者事项的经济实质进行会计确认、计量和报告，不应仅以交易或者事项的法律形式为依据。

（二）重要性

重要性是指企业对于重要的财务会计信息应当进行重点确认、计量和报告，对于不重要的财务会计信息则可以采用简化的方式进行确认、计量和报告。

企业的财务会计信息非常繁杂。但并不是每一项具体的财务会计信息对投资者等信息使用者都具有同等重要的经济决策参考价值。如果将所有的财务会计信息都不分重要与否地全部呈现给投资者等信息使用者，这必将会影响投资者等信息使用者迅速关注到重要的财务会计信息，从而也必将会在整体上影响到财务会计信息的决策有用性。

各项财务会计信息重要与否依赖于财务会计人员的职业判断。原则上来说，如果没有重点报告某项信息会导致投资者等信息使用者难以作出合理正确的经济决策，甚至作出错误的经济决策，该项信息就是重要的信息。反之，如果没有重点报告某项信息不会导致投资者等信息使用者难以作出合理正确的经济决策，甚至作出错误的经济决策，该项信息就不是重要的信息。不重要的财务会计信息可以采用简单的确认和计量方法，并采用合并、不放在显著位置等方式进行报告，从而不影响投资者等信息使用者阅读重要的财务会计信息。财务会计人员通常可以使用金额和性质的标准来判断某项财务会计信息是否重要。例如，某项固定资产发生的一笔维修费用尽管可以对该项固定资产产生较长时间的影响，但由于该笔维修费用金额不太，可以考虑不必在若干个会计期间进行分摊，而在发生时一次计入当期损益。

我国《企业会计准则——基本准则》第十七条规定：企业提供的会计信息应当反映与企业财务状况、经营成果和现金流量等有关的所有重要交易或者事项。

（三）谨慎性

谨慎性是指财务会计信息应当基于谨慎或者稳健的基础之上，而不应当基于盲目乐观的基础之上。谨慎的财务会计信息不应当高估资产或者收益、低估负债或者费用。

在市场经济环境中，企业的未来发展存在着许多不确定性。谨慎的财务会计信息可以让投资者等信息使用者更加关注企业未来发展过程中可能存在的风险和不利因素，从而可以帮助投资者等信息使用者作出更加合理、积极而又稳妥的经济决策，进而更加有利于企业的长久发展。财务会计对应收账款计提坏账准备、对附有产品质量保证的销售计提产品质量保证费用、对期末存货采用成本与可变现净值孰低计价等，都是谨慎性质量要求在实务中的具体应用。

谨慎性质量要求应当以不损害可靠性质量要求为前提。如果财务会计信息过低估计了资产或者收益、过高估计了负债或者费用，那么，这样的财务会计信息就不符合可靠性这一财务会计信息的首要质量要求，从而也不能达到财务会计信息决策有用性的目的。

我国《企业会计准则——基本准则》第十八条规定：企业对交易或者事项进行会计确认、计量和报告应当保持应有的谨慎，不应高估资产或者收益、低估负债或者费用。

（四）及时性

及时性是指财务会计信息应当及时反映经济业务或会计事项，并及时向信息使用者报告。

财务会计信息具有时效性。一旦时过境迁，即使非常可靠，也会因为已经与决策无关从而失去了决策有用性。根据及时性质量要求，财务会计人员对于已经发生的经济业务或者会计事项，应当及时收集有关的财务会计凭证，据以作出相应的财务会计处理，并及时将财务会计处理的结果向投资者等信息使用者提供。

及时性质量要求需要财务会计人员在可靠性与相关性之间作出一个平衡。一般来说，及时的财务会计信息可能会由于暂时还没有获得所有的会计凭证或者暂时采用了简易的财务会计方法等原因而存在一些估计成分，因此，可靠性可能会受到一定的影响。可靠的财务会计信息可能会由于需要等到获得所有的会计凭证或者采用更加准确的财务会计方法等原因而不能及时向信息使用者提供，因此，相关性可能会受到一定的影响。因此，及时性质量要求既可以是相关性质量要求的一个附带要求，也会受到可靠性质量要求的制约。财务会计人员在满足及时性质量要求的过程中，需要同时考虑满足可靠性和相关性这两个首要质量要求，并在其中寻找到最合适的平衡点，从而最大限度地提高财务会计信息的决策有用性。

我国《企业会计准则——基本准则》第十九条规定：企业对于已经发生的交易或者事项，应当及时进行会计确认、计量和报告，不得提前或者延后。

第五节 财务会计要素及其确认和计量原则

一、财务会计要素

（一）财务会计要素的基本概念

财务会计要素是指根据不同种类财务会计信息的经济特征对财务会计信息所作的基本分类，它是构筑财务会计主要信息产品即财务报表的大类组件。企业财务会计的要素由资产、负债、所有者权益、收入、费用和利润等六个组成。其中，资产、负债和所有者权益三个要素侧重反映企业的财务状况，并由此构筑资产负债表，其平衡关系为：资产－负债＝所有者权益。收入、费用和利润三个要素侧重反映企业的经营成果，并由此构筑利润表，其内在联系为：收入－费用＝利润。利润要素构成所有者权益要素的一部分。

设置财务会计要素并确定各要素之间的平衡关系或内在联系，可以使财务会计信息更加系统、科学和严密，从而可以为投资者等信息使用者提供更加系统、有用的财务会计信息。

（二）反映企业财务状况的财务会计要素

1. 资产

资产是指企业过去的交易或者事项形成的、由企业拥有或者控制的、预期会给企业带来经济利益的资源。由此，资产的本质是一种资源，它具有如下主要特征：

（1）预期会给企业带来经济利益。这是指资产作为企业的一种资源，应具有直接或者间接导致现金和现金等价物流入企业的潜力。例如，应收账款之所以是资产，是因为企业在未来可以由此收到现金或者现金等价物。如果企业确定某笔应收账款在未来已经不可能由此导致现金或者现金等价物流入企业，那么，该笔应收账款就不再是企业的资产，企业应当在账上注销该笔应收账款，并相应确认应收账款坏账损失。再如，固定资产之所以是资产，是因为企业可以通过使用固定资产来从事生产经营活动，并由此通过对外销售商品或提供服务等方式收到现金或者现金等价物。如果企业确定某项固定资产在未来已经不再能用来从事生产经营活动，由此也不再能通过对外销售商品或提供服务等方式导致现金或者现金等价物流入企业，那么，该项固定资产就不再是企业的资产，企业应当在账上注销该项固定资产，并相应确认固定资产清理损益。企业在确定某项资产已经失去直接或者间接导致现金和现金等价物流入企业的潜力之前，表明该项资产仍然具有直接或者间接导致现金和现金等价物流入企业的潜力，企业不应随意将其注销。

（2）由企业拥有或者控制。这是指资产作为企业的一种资源，应归企业所有，或者虽然不归企业所有，但由企业控制。在判断某项资源是不是企业的资产时，所有权通常是首先需要考虑的因素。企业对某项资产具有所有权，表示企业可以排他性地从该项资产上获得经济利益。例如，某项库存商品之所以是资产，是因为企业可以排他性地享有该项库存商品的销售收入。在有些情况下，企业虽然不享有某项资源的所有权，但企业能够控制该项资源，并由此能够控制由该项资源带来的经济利益，该项资源也是企业的资产。例如，租入固定资产，企业能够控制该项资源，又能够控制由该项资源所能带来的经济利益，因此，尽管企业对该项资源不具有所有权，但也将它视为企业的资产。

（3）由过去的交易或者事项形成。这是指资产作为企业的一种资源，应当是由过去已经发生的交易或者事项形成的，而不可以由预期在未来发生的交易或者事项而形成。其中，过去已经发生的交易或者事项包括购买、生产、建造行为或其他交易或者事项。例如，某项原材料之所以是资产，是因为企业已经发生了购买该项原材料的交易。如果企业只是有意要购买某项原材料，或者企业已经将购买某项原材料列入了未来采购计划，该项原材料就不是企业的资产。

2. 负债

负债是指企业过去的交易或者事项形成的、预期会导致经济利益流出企业的现时义务。由此，负债的本质是一种现时义务，即企业在现行条件下已经承担的义务，它具有如下主要特征：

（1）预期会导致经济利益流出企业。这是指负债作为企业的一种现时义务，需要企业在未来予以偿付，从而将导致经济利益流出企业。例如，企业在购买货品中形成的应付账款、在与银行的信贷业务中形成的银行借款、在经营活动中形成的应交税费等，都预期会导致经济利益流出企业。即企业在正常情况下需要在未来偿还或者支付这些应付账款、银行借款和应交税费。再如，企业在产品销售协议中附带的售后保修协议，也预期会导致经济利益流出企业。即企业销售产品后，一旦出现产品质量问题，就有义务提供免费修理服务。在以上例子中，前者属于企业的法定义务，后者属于企业的推定义务。负债概念中的现时义务既包括现时法定义务，也包括现时推定义务。同样在上例中，前者导致经济利益流出企业的形式一般是现金、银行存款等货币资金，后者导致经济利益流出企业的形式一般是提供服务、消耗原材料等。导致经济利益流出企业的形式还可以有将负债转为资本，即以企业的实收资本或股份偿付负债等。

（2）由过去的交易或者事项形成。这是指负债作为企业的一种现时义务，应当是由过去的交易或者事项形成的，未来发生的交易或者事项形成的义务不是企业的现时义务，因而也不会形成企业的负债。例如，企业在未来将签订的购货合同不会形成企业的负债。

3. 所有者权益

所有者权益是指企业资产扣除负债后由所有者享有的剩余权益。公司的所有者权益称为股东权益。

所有者权益的主要特征是：它是一种剩余权益，并且由所有者享有。即它是企业的资产扣除债权人权益后由所有者享有的剩余部分的权益。所有者权益的概念，既反映了所有者在企业中可以享有的权益情况，又体现了首先需要保护债权人权益的理念。

所有者权益的最初来源是所有者的投资。之后，经营者通过经营实现的盈利或者发生的亏损会增加或者减少所有者权益的数额。在所有者权益的组成结构中，所有者投入的资本与经营者实现的留存利润需要加以区分。

（三）反映企业经营成果的财务会计要素

1. 收入

收入是指企业在日常活动中形成的、会导致所有者权益增加的、与所有者投入资本无关的经济利益的总流入。收入作为企业经济利益的总流入，具有如下主要特征：

（1）在日常活动中形成。这是指收入应当在企业的经常性活动及其相关活动中形成，而不是在企业的偶尔或者非常规性活动中形成。企业的经常性活动是企业为实现其经营目标而持续不断开展的业务活动。例如，工业企业制造并销售产品的活动、商业企业销售商品的活动、建造企业建造建筑物的活动、服务企业提供专业服务的活动等，都属于各自企业的经常性活动，是各自企业的日常活动。企业在非日常活动中形成的经济利益流入属于企业的利得，而不是收入。例如，企业发生的财产盘盈、取得的捐赠等属于企业的利得，而不是收入。

（2）会导致所有者权益增加。这是指由收入形成的经济利益流入会增加所有者权益的数额。例如，企业在销售商品或产品活动中形成的现金或应收款项等会导致所有者权益增加，从而是企业的收入；但企业在向银行借款活动中形成的借入款项不会导致所有者权益增加，从而不是企业的收入，而是企业的负债。

（3）与所有者投入资本无关。这是指由收入形成的经济利益流入并不是由所有者投入资本所带来的。所有者向企业投入资本也可以形成企业的经济利益流入，但这种经济利益流入直接增加所有者权益，或归入所有者权益会计要素，而不归入收入。例如，所有者以银行存款向企业投资，企业的实收资本或股本增加，但收入不增加。

2. 费用

费用是指企业在日常活动中发生的、会导致所有者权益减少的、与向所有者分配利润无关的经济利益的总流出。费用作为企业经济利益的总流出，具有如下主要特征：

（1）在日常活动中发生。这是指费用应当在企业的经常性活动及其相关活动中发生，而不是在企业的偶尔或者非常规性活动中发生。费用特征中的日常活动概念与收入特征中的日常活动概念相一致。费用的种类通常包括销售成本、管理费用、财务费用、销售费用等。企业在非日常活动中发生的经济利益流出属于企业的损失，而不是费用。例如，企业的公益性对外捐赠支出、因自然灾害而发生的非流动资产毁损报废等发生的经济利益流出属于企业的损失，而不是费用。

（2）会导致所有者权益减少。这是指由费用带来的经济利益流出会减少所有者权益的数额。例如，企业在日常活动中发生的销售成本、管理费用等会导致所有者权益减少，从而是企业的费用；但企业在日常活动中发生的以银行存款偿还应付账款的业务，或者原材料投入产品生产的业务等，不会导致所有者权益的减少，因此，不是企业的费用，而是企业负债的减少，或者企业内部资产形式的转换。

（3）与向所有者分配利润无关。这是指由费用带来的经济利益流出与企业向所有者分配利润的业务没有关系。企业向所有者分配利润也可以形成企业的经济利益流出，但这种经济利益流出直接减少所有者权益，或归入所有者权益会计要素，而不归入费用。例如，企业以银行存款向股东分派股利，企业的留存利润减少，但费用不增加。

3. 利润

利润是指企业在一定会计期间的经营成果。它包括收入减去费用后的净额、直接计入当期利润的利得和损失等。利润的反面是亏损，或者负利润。

利润的主要特征是：它是收入减去费用后的净额，因此是一个差额的概念；它区分日常活动形成的经营成果和非日常活动形成的经营成果，即日常活动形成的经营成果以收入减去费用后的净额反映，非日常活动形成的经营成果以直接计入当期利润的利得和损失反映。由于利润综合地反映了企业在一定会计期间的经营成果，因此，它通常是评价企业管理层经营业绩并作出有关经济决策的重要指标。

一般情况下，利润会增加所有者权益，亏损会减少所有者权益。利润的数额构成所有者权益数额的一部分。

我国《企业会计准则——基本准则》第十条规定：企业应当按照交易或者事项的经济特征确定会计要素。会计要素包括资产、负债、所有者权益、收入、费用和利润。

二、财务会计要素确认和计量原则

（一）财务会计要素确认原则

财务会计要素确认是指将经济业务或者会计事项记录在资产、负债、所有者权益、收入、费用或利润等财务会计要素中的行为或者过程。财务会计要素的确认应当在同时满足以下条件时才可以进行：

（1）符合财务会计要素的概念或定义。即只有符合财务会计要素概念或定义的经济业务或者会计事项才可以在财务会计要素中予以确认。例如，要将应收账款、存货等确认为企业的资产，它们应当符合资产的概念或定义。对于不符合或者不再符合资产的概念或定义的应收账款、存货等，不可以或不再可以将它们确认为企业的资产。例如，某项存货已经毁损，预期不再会给企业带来经济利益，企业应当及时将它转销，不再确认为存货资产。

（2）经济利益很可能流入或流出企业。即对于资产要素而言，只有有关的经济利益很可能流入企业，才可以予以确认；对于负债要素而言，只有有关的经济利益很可能流出企业，才可以予以确认；对于收入要素而言，只有有关的经济利益很可能流入企业，从而导致企业资产增加或者负债减少，才可以予以确认；对于费用要素而言，只有有关的经济利益很可能流出企业，并导致资产减少或者负债增加，才可以予以确认。所有者权益要素的确认取决于资产和负债要素的确认。利润要素的确认取决于收入和费用要素以及直接计入当期利润的利得和损失的确认。

（3）金额能够可靠计量。即财务会计要素在确认时，其金额应当能够取得并能够可靠计量。对于资产要素而言，作为一种资源，其成本或者价值应当能够可靠地计量。对于负债要素而言，作为一种现时义务，其未来流出的经济利益的金额应当能够可靠地计量。对于所有者权益要素而言，其金额的计量取决于资产和负债要素的计量。对于收入要素而言，经济利益的流入金额应当能够可靠地计量。对于费用要素而言，经济利益的流出金额应当能够可靠地计量。对于利润要素而言，其金额的计量取决于收入、费用以及直接计入当期利润的利得和损失的计量。

（二）财务会计要素计量原则

1. 财务会计要素计量属性

财务会计要素计量是指确定资产、负债、所有者权益、收入、费用和利润等财务会计要素金额的行为或者过程。财务会计要素计量与财务会计要素确认之间存在着密切的关系。即财务会计要素确认应当满足金额能够可靠计量的条件，财务会计要素计量只有在财务会计要素可以确认时才有意义。财务会计要素计量可以采用的计量属性即可以采用的金额确定基础主要有如下几种：

（1）历史成本。历史成本也称实际成本。在历史成本计量下，资产按照购置时支付的现金或者现金等价物的金额，或者按照购置资产时所付出的对价的公允价值计量。负债按照因承担现时义务而实际收到的款项或者资产的金额，或者承担现时义务的合同金额，或者按照日常活动中为偿还负债预期需要支付的现金或者现金等价物的金额计量。历史成本是一种投入成本，即以企业投入的金额来计量资产和负债。

（2）重置成本。重置成本也称现行成本。在重置成本计量下，资产按照现在购买相同或者相似资产所需支付的现金或者现金等价物的金额计量。负债按照现在偿付该项债务所需支付的现金或者现金等价物的金额计量。如同历史成本，重置成本也是一种投入成本。

(3) 可变现净值。在可变现净值计量下，资产按照其正常对外销售所能收到现金或者现金等价物的金额扣减该资产至完工时估计将要发生的成本、估计的销售费用以及相关税费后的金额计量。可变现净值是一种产出价值，即以企业可以获得的价值来计量资产。

(4) 现值。在现值计量下，资产按照预计从其持续使用和最终处置中所产生的未来净现金流入量的折现金额计量。负债按照预计期限内需要偿还的未来净现金流出量的折现金额计量。如同可变现净值，现值也是一种产出价值。

(5) 公允价值。在公允价值计量下，资产和负债按照市场参与者在计量日发生的有序交易中，出售一项资产所能收到或者转移一项负债所需支付的价格计量。如同可变现净值和现值，公允价值也属于产出价值或者脱手价格。公允价值与可变现净值、现值属于类似但不完全相同的计量属性。公允价值强调市场参与者和有序交易，因此，公允价值是基于市场的计量，而不是特定主体的计量。可变现净值和现值包含了企业基于自身角度的判断和估计，因而不是完全以市场为基础的计量。我国《企业会计准则第39号——公允价值计量》应用指南指出：企业应当从市场参与者角度计量相关资产或负债的公允价值，而不应考虑企业自身持有资产、清偿或者以其他方式履行负债的意图和能力。在企业取得资产或者承担负债的交易中，交易价格是取得该项资产所支付或者承担该项负债所收到的价格，即进入价格。公允价值是出售该项资产所能收到或者转移该项负债所需支付的价格，即脱手价格。

我国《企业会计准则第39号——公允价值计量》第十八条规定：企业以公允价值计量资产或负债，使用的估值技术主要包括市场法、收益法和成本法。企业应当使用与其中一种或多种估值技术相一致的方法计量公允价值。其中，市场法是利用相同或类似的资产、负债或资产和负债组合的价格以及其他相关市场交易信息进行估值的技术。收益法是将未来金额转换成单一现值的估值技术，具体还可以有现金流量折现法、期权定价模型等估值方法。成本法是反映当前要求重置相关资产服务能力所需金额（通常指现行重置成本）的估值技术。《企业会计准则第39号——公允价值计量》应用指南指出：相关资产或负债存在活跃市场公开报价的，企业应当优先使用该报价确定该资产或负债的公允价值。

在以上财务会计要素计量属性中，历史成本与公允价值是相对而言的。在经济业务发生当时，历史成本等于公允价值。随着时间的推移和经济环境的变化，历史成本可能会逐渐偏离公允价值，从而形成新的公允价值。随着时间的推移，之前形成的公允价值将被更新的公允价值所替代。如此一直延续和更替下去，直至相应的资产和负债被出售、处置或清偿。

以上财务会计要素计量属性侧重于资产和负债要素的计量。由于收入和费用通常表现为资产和负债的增加或者减少，因此，以上财务会计要素计量属性同样适用于收入和费用要素的计量。

2. 财务会计要素计量属性应用原则

在财务会计要素计量属性中，历史成本由于其存在客观的交易或者事项，因此，其金额相对比较具有可靠性。但历史成本的交易或者事项是过去的交易或者事项，随着时间的推移和环境的变化，其金额相对比较缺乏相关性。公允价值与历史成本相反。即公允价值由于反映现行价值或脱手价格，因此，其金额相对比较具有相关性。但公允价值由于存在或者可能存在人为估值的因素，因此，其金额相对比较缺乏可靠性。财务会计信息的质量要求需要同时考虑可靠性和相关性。一般而言，相关性应当以可靠性为前提，可靠性也离不开相关性。

随着我国证券市场的不断发展，越来越多的股票、债券、基金等金融产品公开上市交易。与此相关的金融产品的公允价值越来越可以在活跃市场中随时得到可靠计量，向投资者等信息使用者随时提供既可靠又相关的财务会计信息越来越成为可能。由此，公允价值计量属性的应用条件越来越成熟，并且在实务中也越来越多地得到使用。尽管如此，企业仍然存在不少诸如存货、固定资产、无形资产、应付账款、长期应付款等不易随时找到活跃、公开交易市场的资产和负债种类。这些资产和负债种类如果随意采用估值的方法确定其公允价值，可能会使公允价值的计量金额不可靠，甚至出现人为操纵利润的情况。为确保财务会计信息的真实可靠，并在此前提下尽量提高财务会计信息的相关程度，企业在应用财务会计要素计量属性时，应当遵循只有在公允价值能够可靠计量时才使用公允价值计量属性，否则应当使用历史成本计量属性的原则。

我国《企业会计准则——基本准则》第四十三条规定：企业在对会计要素进行计量时，一般应当采用历史成本，采用重置成本、可变现净值、现值、公允价值计量的，应当保证所确定的会计要素金额能够取得并可靠计量。

第六节 财务会计报告

一、财务会计报告的基本概念

财务会计报告也简称为财务报告，是指企业对外提供的反映企业某一特定日期的财务状况和某一期间的经营成果、现金流量等会计信息的文件。财务会计报告是企业财务会计工作的最终产品，是企业正式的财务会计信息文件，它具有如下主要特征：

（1）主要对外提供。财务会计报告主要向投资者、债权人等外部信息使用者提供，满足投资者、债权人等外部信息使用者的信息需求。专门供企业内部管理层使用的财务会计信息文件不是企业的财务会计报告。

（2）反映企业全貌。财务会计报告应当全面完整地反映企业的财务情况以及与财务情况相关的其他情况，主要包括在某一特定日期的财务状况、在某一特定期间的经营成果和现金流量以及其他诸如企业社会责任的履行情况、发展前景、发生的重大事件等情况。财务会计报告以披露财务信息为核心，同时，也披露有关的非财务信息。仅反映企业某一方面情况的财务会计信息文件不是企业的财务会计报告。

（3）信息完整系统。财务会计报告中的各种信息构成一个完整的信息系统。其中，反映财务状况的信息、反映经营成果的信息、反映现金流量的信息之间都存在着相互的内在联系，财务信息与非财务信息之间也存在着内在的关系。零散又不具有系统性的财务会计信息文件不是企业的财务会计报告。

（4）主要反映经营活动结果。财务会计报告中反映的财务会计信息主要反映企业在过去一段时间内开展生产经营活动在财务方面形成的结果。主要反映企业未来发展规划、经营预算、盈利前景等信息的文件不是企业的财务会计报告。

根据相关规定，企业应当定期编制财务会计报告。

二、财务会计报告的内容构成

财务会计报告由财务会计报表和其他应当在财务会计报告中披露的相关信息和资料构成。

（一）财务会计报表

财务会计报表是以表格的形式反映企业财务会计信息的文件。企业财务会计报表的种类主要包括：

（1）资产负债表。这是指反映企业在某一特定日期的财务状况的财务会计报表。

（2）利润表。这是指反映企业在某一特定期间的经营成果的财务会计报表。

（3）现金流量表。这是指反映企业在某一特定期间的现金和现金等价物流入和流出的财务会计报表。

（4）所有者权益变动表。这是指反映企业在某一特定期间所有者权益增减变动情况及其结果的财务会计报表。

财务会计报表附注是财务会计报表的有机组成部分。财务会计报表附注是对在财务会计报表中列示项目所作的进一步说明，以及对未能在财务会计报表中列示项目的说明等。

财务会计报表是财务会计报告的核心内容。

（二）其他相关信息和资料

除财务会计报表外，企业还应当在财务会计报告中披露其他相关信息和资料。其他相关信息和资料可以是财务方面的信息和资料，也可以是非财务方面的信息和资料。例如，企业可以在其他相关信息和资料中披露盈利预测、可持续发展潜力、行业比较、环境保护、重大并购重组事件等信息和资料。企业应当根据有关法律法规的规定和外部信息使用者的信息需求等来确定其他相关信息和资料的内容。企业还可以自愿在其他相关信息和资料中披露有关的信息和资料。

第七节 财务会计规范

一、财务会计规范的基本概念和作用

（一）财务会计规范的基本概念

财务会计规范是指对财务会计工作、财务会计人员和财务会计方法等财务会计涉及的各个方面所作的法律、行政法规、部门规章和其他各种规定的总称。由于财务会计小则涉及投资者等信息使用者的经济利益，大则涉及社会经济资源配置、市场经济秩序甚至社会经济的发展，因此，财务会计需要在严格的规范中运行。财务会计规范对财务会计涉及的各个方面具有强制的约束力。

财务会计规范是财务会计理论与财务会计实务的统一。即财务会计规范既包含有相应的财务会计理论，又直接面向财务会计实务。它处在财务会计理论与财务会计实务的融合点上，是财务会计的重要组成部分。

（二）财务会计规范的作用

财务会计规范在财务会计中是不可或缺的重要内容，它涉及财务会计的各个方面。财务会计规范的作用主要表现在如下几个方面：

（1）使财务会计有章可循。财务会计涉及的很多方面都具有较大的操作弹性。例如，财务会计人员和企业经营管理人员对财务会计提供的信息分别应当承担什么责任、财务会计应当提供什么信息产品以及应当如何提供这些信息产品、财务会计对各种具体的经济业务或会计事项应当如何进行核算和反映等。对于财务会计涉及的众多方面，如果不加以规范，财务会计将无法正常运行。财务会计规范为财务会计的正常运行提供了可供遵循的规章和方法。

（2）使相关各方对财务会计信息可以有一个共同的理解。财务会计具有一定的专业性。财务会计法规，尤其是财务会计准则法规，对财务会计信息的含义，尤其是对一些财务会计专业名词的含义进行的界定，使得作为提供信息的财务会计人员与作为使用信息的投资者等对财务会计信息的理解有了一个共同的基础。投资者等信息使用者可以根据财务会计规范中对财务会计信息的解释去理解财务会计信息的含义。注册会计师可以根据财务会计规范中对提供的财务会计信息的质量要求对财务会计信息的质量进行鉴证。

（3）使不符合规范要求的行为和方法可以得到纠正。财务会计规范既具有示范性，也具有强制力。强制力保证了财务会计规范的权威性，从而使财务会计规范区别于一般的财务会计理论、财务会计道德等概念和范畴。

二、财务会计规范的体系构成

我国的财务会计规范体系主要由会计法、企业会计准则、上市公司信息披露文告等构成。其中，会计法属于法律规范，企业会计准则和上市公司信息披露规范等属于部门规章和规范性文件。

（一）会计法

《会计法》全称《中华人民共和国会计法》。新中国成立后，我国《会计法》于1985年首次颁布施行，并于1993年、1999年和2017年分别作了三次修订。现行《会计法》共七章五十二条，分别从会计核算、会计监督、会计机构和会计人员、法律责任等方面对各种主要会计行为及其应当承担的法律责任进行了明确的规范。

《会计法》在财务会计规范体系中居于核心地位。

（二）企业会计准则

新中国成立后，我国于1992年首次颁布《企业会计准则》。2006年，财政部对1992年颁布的《企业会计准则》进行了修订，并在此基础上重新颁布了《企业会计准则——基本准则》。与此同时，财政部又颁布了《企业会计准则第1号——存货》《企业会计准则第2号——长期股权投资》《企业会计准则第3号——投资性房地产》《企业会计准则第4号——固定资产》等38项具体会计准则，并颁布了相应的《企业会计准则——应用指南》。由此，我国企业会计准则体系初步形成。颁布的相应企业会计准则自2007年1月1日起施行。

2014年，为适应我国市场经济发展的需要，保持我国企业会计准则与国际财务报告准则的持续趋同，财政部对《企业会计准则第2号——长期股权投资》《企业会计准则第9号——职工薪酬》《企业会计准则第30号——财务报表列报》等5项具体会计准则进行了修订。同时，还新制定了《企业会计准则第39号——公允价值计量》等3项具体会计准则。同年，财政部还对《企业会计准则——基本准则》进行了部分修改。修订、修改或新制定的企业会计准则均于2014年开始实施。由此，我国企业会计准则得到了一次与时俱进的发展。

2017年，财政部对《企业会计准则第14号——收入》《企业会计准则第16号——政府补助》《企业会计准则第22号——金融工具确认和计量》等6项具体会计准则进行了修订。同时，还新制定了《企业会计准则第42号——持有待售的非流动资产、处置组和终止经营》1项具体会计准则。这些修订或新制定的企业会计准则，有些自2017年开始实施，有些自2018年开始分步实施。2018年，财政部制定颁布了上述7项具体会计准则的应用指南。

2018年至2019年，财政部对《企业会计准则第21号——租赁》《企业会计准则第7号——非货币性资产交换》等多项具体会计准则进行了修订。

经过不断的修订、修改或新制定企业会计准则，我国企业会计准则较好地适应了我国市场经济发展的需要，并与国际财务报告准则保持着持续趋同。

《企业会计准则》对企业财务会计中涉及的确认、计量和报告等业务处理问题进行了明确的规范。《企业会计准则》构成财务会计规范中的基本内容。

根据我国财政部2010年印发的《中国企业会计准则与国际财务报告准则持续趋同路线图》，中国企业会计准则已于2005年实现了与国际财务报告准则的趋同。发布《中国企业会计准则与国际财务报告准则持续趋同路线图》，旨在实现中国企业会计准则与国际财务报告准则的持续趋同。目前，国际会计准则理事会（IASB）是国际财务报告准则（IFRS）的制定机构。

目前，我国企业会计准则体系由基本准则、具体准则和应用指南等部分构成。基本准则作为概念框架，明确会计确认、计量和报告的基本要求，指导具体准则的制定。具体准则主要规范企业发生的各类交易事项会计确认、计量和报告的具体要求。应用指南主要对具体准则涉及的有关重点难点问题提供释例和操作性指引。

根据我国现行企业会计准则，一般企业可供选择使用的会计科目如表1-1所示。

表1-1 一般企业会计科目表

顺序号	会计科目编号	会计科目名称
		一、资产类
1	1001	库存现金
2	1002	银行存款
3	1012	其他货币资金

续表

顺序号	会计科目编号	会计科目名称
4	1101	交易性金融资产
5	1121	应收票据
6	1122	应收账款
7	1123	预付账款
8	1131	应收股利
9	1132	应收利息
10	1221	其他应收款
11	1231	坏账准备
12		合同资产
13		合同资产减值准备
14		合同履约成本
15		合同履约成本减值准备
16	1321	受托代销商品
17	1401	材料采购
18	1402	在途物资
19	1403	原材料
20	1404	材料成本差异
21	1405	库存商品
22	1406	发出商品
23	1407	商品进销差价
24	1408	委托加工物资
25	1411	周转材料
26	1471	存货跌价准备
27		应收退货成本
28	1481	持有待售资产
29	1482	持有待售资产减值准备
30	1501	债权投资
31	1502	债权投资减值准备
32	1503	其他债权投资
33	1504	其他权益工具投资
34	1511	长期股权投资
35	1512	长期股权投资减值准备
36	1521	投资性房地产
37	1531	长期应收款
38	1532	未实现融资收益
39	1601	固定资产
40	1602	累计折旧
41	1603	固定资产减值准备
42	1604	在建工程
43		在建工程减值准备
44	1605	工程物资
45		工程物资减值准备

续表

顺序号	会计科目编号	会计科目名称
46	1606	固定资产清理
47		使用权资产
48		使用权资产累计折旧
49		使用权资产减值准备
50	1701	无形资产
51	1702	累计摊销
52	1703	无形资产减值准备
53	1711	商誉
54	1801	长期待摊费用
55	1811	递延所得税资产
56	1901	待处理财产损溢
		二、负债类
57	2001	短期借款
58	2101	交易性金融负债
59	2201	应付票据
60	2202	应付账款
61	2203	预收账款
62	2211	应付职工薪酬
63	2221	应交税费
64	2231	应付利息
65	2232	应付股利
66	2241	其他应付款
67	2245	持有待售负债
68	2314	受托代销商品款
69	2401	递延收益
70		合同负债
71	2501	长期借款
72	2502	应付债券
73		租赁负债
74	2701	长期应付款
75	2702	未确认融资费用
76	2711	专项应付款
77	2801	预计负债
78	2901	递延所得税负债
		三、共同类
79	3101	衍生工具
80		合同结算
		四、所有者权益类
81	4001	实收资本（或：股本）
82	4002	资本公积
83	4101	盈余公积
84	4103	本年利润

续表

顺序号	会计科目编号	会计科目名称
85	4104	利润分配
86	4201	库存股
87	4301	其他综合收益
88	4401	其他权益工具
		五、成本类
89	5001	生产成本
90	5101	制造费用
91	5201	劳务成本
92	5301	研发支出
		六、损益类
93	6001	主营业务收入
94	6051	其他业务收入
95	6101	公允价值变动损益
96	6111	投资收益
97	6115	资产处置损益
98	6117	其他收益
99	6301	营业外收入
100	6401	主营业务成本
101	6402	其他业务成本
102	6403	税金及附加
103	6601	销售费用
104	6602	管理费用
105	6603	财务费用
106	6701	资产减值损失
107	6702	信用减值损失
108	6711	营业外支出
109	6801	所得税费用
110	6901	以前年度损益调整

现行企业会计准则为商业银行、保险公司和证券公司等金融企业设置了相应特殊业务的会计科目，供其选择使用。

根据我国企业会计准则的规定，企业在不违反会计准则中确认、计量和报告规定的前提下，可以根据本单位的实际情况自行增设、分拆、合并会计科目。企业不存在的交易或者事项，可以不设置相关的会计科目。对于明细科目，企业可以比照总分类科目的设置方法自行设置。会计科目编号供企业填制会计凭证、登记会计账簿、查阅会计账目、采用会计软件系统参考，企业可结合实际情况自行确定会计科目编号。在表1-1中，资产类科目中的“合同资产”“合同履约成本”“应收退货成本”科目、负债类科目中的“合同负债”科目为2018年新增会计科目，企业会计准则未对其确定统一科目编号。

（三）上市公司信息披露规范

上市公司通过公开发行股票募集资金，并在证券交易所上市。上市公司的运行应当遵循《中华人民共和国公司法》《中华人民共和国证券法》等相关法律规范的规定。上市公司的信息披露规范与否，对资本市场能否健康发展影响重大。上市公司的具体信息披露要求应当遵循中国证券监督管理委员会颁布的《公开发行证券的公司信息披露内容与格式准则》《公开发行证券的公司信息披露编报规则》等相关规定。《公开发行证券的公司信息披露内容与格式准则》对上市公司的招股说明书、股票上市公告书、年度报告、中期报告等内容进行规范。其中，年度报告涉及与公司情况相关的各个方面，包括重要提示、公司简介与主要财务指标、公司业务摘要、经营情况讨论与分析、重要事项、股东变动及股东情况、董事、监事、高级管理人员和员工情况、公司治理情况、公司债券相关情况、财务报告、备查文件目录等内容。上市公司财务报表的编制应当遵循《企业会计准则》及中国证监会颁布的相关信息披露规范的规定。

思考题

1. 什么是财务会计？如何理解财务会计基本概念的内涵？

2. 财务会计的作用主要表现在哪些方面？

3. 财务会计信息的使用者有哪些？他们需要什么财务会计信息？财务会计应当提供什么财务会计信息？

4. 如何理解财务会计信息的可靠性和相关性质量要求？

5. 什么是财务会计要素的确认？财务会计要素的确认应当满足什么条件？

6. 什么是财务会计要素的计量？财务会计要素有哪几种主要的计量属性？各自是什么含义？

7. 我国企业会计准则体系是如何构成的？

第2篇

资　产

第二章

货币资金和应收款项

第一节 货币资金

一、货币资金的概念和种类

货币资金是指企业拥有的以货币形态存在的资产，是企业金融资产的一个种类。在企业的各种资产种类中，货币资金具有最强的流动性和普遍的可接受性的特点。货币资金可以随时直接投入流通，用于购买货品、偿付债务等目的。

货币资金是通用的交换媒介，也是衡量企业其他各种资产和负债的尺度。企业在生产经营过程中经常会收到货币资金，如销售产品、接受投资、取得借款等。企业对于收到的货币资金应当妥善保管，以备使用。企业在生产经营过程中也经常需要使用货币资金，如购买原材料、支付工资、缴纳税金、支付利息和股利等。企业在使用货币资金时，应当按照有关的规定有计划地进行使用，以使货币资金的使用达到相应的经济效益。

企业应当确保持有一定数量的货币资金，以免影响生产经营活动的正常进行。与此同时，企业也不能持有过量的货币资金，因为纯粹持有货币资金并不能为企业带来经营收益。货币资金只有投入生产经营活动，才能创造更多的价值。企业经营管理人员应当将货币资金控制在一个合适的数量上。

投资者、债权人等对企业货币资金的数额也非常关心。这是因为企业货币资金的数额是衡量企业偿债能力、股利支付能力等的重要指标。货币资金在企业的资产负债表中通常需要进行单独列示和反映。

由于货币资金具有最强的流动性和普遍的可接受性的特点，企业的货币资金比较容易出现被挪用、占用甚至被侵吞、盗窃等情况。为此，企业应当按照货币资金管理的有关规定加强对货币资金的管理，以避免发生不必要的货币资金的损失。

货币资金按照存放地点和用途可以分为库存现金、银行存款和其他货币资金三个种类。

二、库存现金

（一）库存现金的概念

库存现金也简称现金，它是指企业存放在财会部门、由出纳人员保管的货币资金。

库存现金是所有资产种类中流动性最强的资产。它可以随时转换为诸如存货、固定资产等其他种类的资产，也可以随时转化为差旅费、修理费等各种费用，还可以随时转销掉应付工资、其他应付款等各种负债。库存现金也可以随时存入银行，用以增加银行存款。

由于库存现金可以随时投入各种用途，企业应当按照现金管理的有关规定，加强对库存现金的管理，并正确组织库存现金的核算。

（二）库存现金的管理

库存现金管理的有关内容应当遵照国务院发布的《现金管理暂行条例》的规定执行。

1. 库存现金限额管理

按照规定，库存现金实行限额管理。库存现金的限额是指单位可以持有库存现金的最高数额。库存现金的限额由单位开户银行根据实际需要进行核定，一般根据单位3～5天日常零星开支的需要核定。边远地区或交通不发达地区可以按照多于5天但最多不超过15天的日常零星开支需要核定。库存现金限额一旦核定，单位必须严格将库存现金的数额控制在限额范围内。超过限额的部分，单位应当于当日终了前存入开户银行。如果情况发生变化，由此需要增加或者减少库存现金限额，单位应当向开户银行提出申请，由开户银行审核确定。

库存现金实行限额管理，一方面可以降低库存现金管理的成本和风险，另一方面也可以通过要求单位使用银行转账来加强对单位货币资金收支的控制。

2. 库存现金使用范围管理

库存现金应当在规定的范围内使用。库存现金的具体使用范围为：

（1）职工工资、津贴；

（2）个人劳动报酬；

（3）根据国家规定颁发给个人的科学技术、文化艺术、体育等各种奖金；

（4）各种劳保、福利费用以及国家规定的对个人的其他支出；

（5）向个人收购农副产品和其他物资的价款；

（6）出差人员必须随身携带的差旅费；

（7）结算起点以下的零星开支；

（8）中国人民银行确定需要支付现金的其他支出。

在以上库存现金的具体使用范围中，结算起点的调整由中国人民银行确定，报国务院备案。单位对于不符合库存现金规定使用范围的支付款项，不可以使用库存现金进行支付，而应当通过开户银行办理银行转账支付。

3. 库存现金收支管理

库存现金收支应当按照规定进行办理。这些规定的内容主要为：

（1）现金收入应当于当日送存开户银行。当日送存开户银行确有困难的，由开户银行确定送存时间。

（2）现金支出可以从单位库存现金限额中进行支付，也可以从银行提取现金后支付，但不可以从现金收入中直接支付，即不可以坐支现金。特殊情况确需坐支现金的，应当报开户银行审核批准，由开户银行确定坐支现金的限额和使用范围。坐支现金的单位应当定期向开户银行报告坐支现金的金额和使用情况。

(3) 单位从开户银行提取现金时，应当如实写明提取现金的用途，由单位财会部门负责人签字盖章，并经开户银行审核批准后从开户银行提取现金。

(4) 因生产或市场急需、抢险救灾等特殊情况必须使用现金的，单位应向开户银行提出申请，由单位财会部门负责人签字盖章，并经开户银行审核批准后从开户银行提取现金。

为加强库存现金收支管理，单位应当建立和完善详细的内部控制制度，使库存现金的收支处于规范运行和严格受控的状态。

4. 库存现金其他管理要求

除以上库存现金的管理要求外，库存现金管理还应当遵循其他相关管理要求。例如，不可以用不符合财务会计制度规定的凭证顶替库存现金，即不可以白条顶库；不可以利用银行存款账户替其他单位或个人存入或支取现金；不可以将单位的现金收入以个人储蓄方式存入开户银行；不可以保留账外公款，即不得设置小金库；不可以相互借用现金；不可以编造用途套取现金等。

单位违反有关库存现金管理要求的，开户银行依据中国人民银行的规定，可以给予警告、罚款、暂停贷款、停止现金支付等处罚。

（三）库存现金的核算

1. 库存现金日常收支的核算

为核算库存现金的业务，企业应设置“库存现金”总账科目。企业因从银行提取现金等而增加库存现金时，借记该科目，贷记“银行存款”“营业外收入”等科目。企业因将库存现金存入银行等而减少库存现金时，借记“银行存款”“管理费用”“其他应收款”等科目，贷记该科目。该科目期末借方余额反映企业持有的库存现金数。

例 2-1

甲公司 20×1 年 7 月 5 日以库存现金向出差人员王明预支差旅费 400 元。甲公司应编制如下会计分录：

借：其他应收款——王明　　400
　贷：库存现金　　400

例 2-2

甲公司 20×1 年 7 月 6 日以库存现金支付管理部门办公费用 350 元。甲公司应编制如下会计分录：

借：管理费用　　350
　贷：库存现金　　350

例 2-3

甲公司 20×1 年 7 月 10 日销售废旧物资取得零星库存现金收入 120 元。甲公司应编制如下会计分录：

借：库存现金　　120
　贷：营业外收入　　120

例2-4

甲公司20×1年7月22日从银行提取现金500元。甲公司应编制如下会计分录：

借：库存现金　500
　贷：银行存款　500

例2-5

甲公司20×1年7月28日将收到的库存现金480元存入开户银行。甲公司应编制如下会计分录：

借：银行存款　480
　贷：库存现金　480

2. 库存现金清查的核算

库存现金清查包括每日终了出纳人员对库存现金的清查和专门清查小组定期或不定期对库存现金的清查。库存现金清查的方法主要是对库存现金进行实地盘点，并在此基础上编制库存现金盘点报告，将实地盘存数与账面结存数进行核对。如果实地盘存数与账面结存数不相符合，即出现库存现金短缺或溢余。有待查明原因的库存现金短缺或溢余，应先通过“待处理财产损溢”科目核算。待查明原因并按照管理权限批准后，分别按照情况作如下处理：对于库存现金的短缺，属于由责任人或保险公司赔偿的部分计入其他应收款，属于无法查明原因的部分计入管理费用；对于库存现金的溢余，属于应支付给有关单位或个人的部分计入其他应付款，属于无法查明原因的部分计入营业外收入。

例2-6

甲公司20×1年7月15日对库存现金进行清查，发现库存现金短缺230元，原因待查。甲公司应编制如下会计分录：

借：待处理财产损溢　230
　贷：库存现金　230

例2-7

承例2-6，甲公司20×1年7月18日查明，7月15日库存现金清查时发现的现金短缺230元，其中，属于出纳人员责任造成的短缺150元，其余80元属于无法查明原因的短缺。经批准，150元短缺应由责任人赔偿，80元短缺计入管理费用。甲公司应编制如下会计分录：

借：其他应收款　150
　　管理费用　80
　贷：待处理财产损溢　230

例2-8

甲公司20×1年8月22日对库存现金进行清查，发现库存现金溢余120元，原因待查。甲公司应编制如下会计分录：

借：库存现金　120
　贷：待处理财产损溢　120

例 2-9

承例 2-8，甲公司 20×1 年 8 月 26 日确定，8 月 22 日库存现金清查时发现的现金溢余 120 元属于无法查明原因的溢余，经批准计入营业外收入。甲公司应编制如下会计分录：

借：待处理财产损溢	120	
贷：营业外收入		120

3. 备用金的核算

备用金是企业财会部门预付给企业内部其他有关部门供其零星开支使用的款项。设置备用金的目的，一方面可以方便企业内部有关部门对零星开支现金的需求，另一方面也可以简化财会部门对日常零星库存现金开支的核算。企业内部有关部门对零星现金开支有经常性需求的，诸如企业管理部门、采购部门、销售部门、生产车间等部门，经批准，财会部门可以考虑为其设置备用金。备用金的核算可以通过单独设置“备用金”总账科目进行。

例 2-10

甲公司经研究决定为生产车间设置备用金，20×1 年 7 月 10 日财会部门以库存现金向生产车间预付备用金 600 元。甲公司应编制如下会计分录：

借：备用金——生产车间	600	
贷：库存现金		600

例 2-11

承例 2-10，甲公司生产车间备用金管理人员于 20×1 年 7 月 20 日向财会部门报销报刊订阅费、市内交通费等备用金零星开支共计 380 元。财会部门经审核以库存现金向生产车间补足相应的备用金数额。甲公司应编制如下会计分录：

借：制造费用	380	
贷：库存现金		380

例 2-12

承例 2-11，甲公司经研究决定，将生产车间的备用金数额从原来的 600 元降低至 500 元。20×1 年 7 月 30 日，生产车间备用金管理人员向财会部门报销日常办公用品购置费等备用金开支共计 450 元。财会部门经审核以库存现金 350 元向其补充备用金数额，差额 100 元（600－500）作为降低备用金数额处理。甲公司应编制如下会计分录：

借：制造费用	450	
贷：库存现金		350
备用金——生产车间		100

备用金业务不多的企业，可以不单独设置“备用金”总账科目，相应业务可以通过“其他应收款”总账科目核算。

4. 库存现金日记账

为全面、连续地反映库存现金的收入、支出和结存情况，企业需要对库存现金进行序时核算。具体方法为设置库存现金日记账，由出纳人员根据审核无误的库存现金收付款凭证，按照库存现金收支业务发生的时间顺序进行序时登记，并于每日终了时结出库存现金账面结存数额。库存现金账面结存数额应当与库存现金实地盘点数额进行核对，做到账款相符。月份终了，库存现金日记账的账面结存数额应当与库存现金总分类账户的账面结存数额进行核对，做到账账相符。

库存现金日记账一般采用三栏式格式，具体可如表2-1所示。

表2-1 现金日记账

单位：元

20×1年		凭证种类与编号	摘要	对应科目	收入	支出	结存
月	日						
6	1		期初余额				840
	1	现付1	预付差旅费	其他应收款		200	640
	1	现付2	支付办公费	管理费用		360	280
	1	银付1	从银行提取现金	银行存款	500		780
			本日合计		500	560	780

三、银行存款

（一）银行存款的概念

银行存款是指企业存放在开户银行或其他金融机构中的货币资金。企业的各种货币资金来源，除了按规定可以留存于企业的现金之外，都应当存入银行或其他金融机构，增加企业的银行存款。企业的各种货币资金使用，除了按规定可以使用现金支付之外，都应当通过开户银行使用银行存款支付，减少企业的银行存款。由于库存现金的使用范围和数额存在严格的限制条件，企业大多数货币资金的结算都使用银行存款。

企业的诸如银行汇票存款、信用卡存款等不属于企业的银行存款，而属于企业的其他货币资金。

与库存现金一样，银行存款是流动性很强的资产。不仅如此，银行存款涉及的金额通常也比较大。因此，企业应当按照有关规定加强对银行存款的管理，并正确组织银行存款的核算。

（二）银行存款的管理

1. 银行存款账户的开立和使用

企业银行存款账户的开立和使用应当遵循中国人民银行颁布的《人民币银行结算账户管理办法》和《支付结算办法》等相关规章制度的规定。按照有关规定，企业应当在银行开立银行存款账户，用以办理现金存入、现金支取以及转账结算等业务。

按照规定，企业的银行存款账户依据其用途不同可分为基本存款账户、一般存款账户、专用存款账户和临时存款账户四个种类。其中，基本存款账户是企业因办理日常转账结算和现金收付需要而开立的银行结算账户。基本存款账户是企业的主办账户。企业日常经营活动的资金收付及其工资、奖金和现金的支取，应当通过基本存款账户办理。一般存款账户是企业因借款或其他结算需要，在基本存款账户开户银行以外的银行营业机构开立的银行结算账户。一般存款账户用于办理借款转存、借款归还和其他结算的资金收付。企业可以通过一般存款账户办理现金缴存，但不能办理现金支取。专用存款账户是企业对其特定用途资金进行专项管理和使用而开立的银行结算账户，如企业可以为基本建设资金、附属的非独立核算单位或派出机构、工会组织等开立专用存款账户。专用存款账户用于办理各项专用资金的收付。临时存款账户是企业因临时需要并在规定期限内使用而开立的银行结算账户，如企业可以为设立的临时机构、异地临时经营活动开立临时存款账户。临时存款账户用于办理临时机构以及企业临时经营活动发生的资金收付。

按照规定，企业只能在银行开立一个基本存款账户。企业申请开立银行结算账户时，应填制开户申请书，并出具企业法人营业执照等有关证明材料。经相关审查和核准程序后，银行为企业办理开户手续。银行为企业开立银行结算账户时，双方需要签订银行结算账户管理协议，明确双方的权利和义务。企业开立银行存款账户后，应严格遵守银行存款账户使用的各项规定。例如，企业不得出租、出借银行结算账户，不得利用银行结算账户套取银行信用等。

2. 银行转账结算方式

银行转账结算是指企业之间的款项收付通过开户银行进行转账而不是直接使用现金的货币资金结算行为。根据中国人民银行颁布的《支付结算办法》等有关规定，企业的银行转账结算方式有如下种类：

（1）银行汇票。银行汇票是出票银行签发的，由其在见票时按照实际结算金额无条件支付给收款人或者持票人的票据。企业的各种款项结算均可以使用银行汇票。银行汇票的提示付款期限为自出票日起 1 个月内。超过提示付款期限的，银行不予受理。银行汇票的实际结算金额低于出票金额的，差额由出票银行退回给企业。银行汇票可以背书转让。

（2）银行本票。银行本票是银行签发的，承诺自己在见票时无条件支付确定的金额给收款人或者持票人的票据。企业在同一票据交换区域需要支付各种款项，均可以使用银行本票。银行本票分为不定额本票和定额本票两种。其中，定额银行本票面额为 1 000 元、5 000 元、10 000 元和 50 000 元。银行本票的提示付款期限为自出票日起最长不得超过 2 个月内。银行本票可以背书转让。

（3）支票。支票是出票人签发的，委托办理支票存款业务的银行在见票时无条件支付确定的金额给收款人或者持票人的票据。企业在同一票据交换区域的各种款项结算，均可以使用支票。支票分为现金支票、转账支票和普通支票。其中，现金支票只能用于支取现金；转账支票只能用于转账；普通支票可以用于支取现金，也可以用于转账，但在普通支票左上角划两条平行线的，只能用于转账，不能支取现金。企业签发现金支票和用于支取现金的普通支票，必须符合国家现金管理的规定。企业在签发支票时，签发金额不能超过银行存款的数额，以免签发空头支票。支票的提示付款期限为自出票日起 10 日内。

（4）商业汇票。商业汇票是出票人签发的，委托付款人在指定日期无条件支付确定的金额给收款人或者持票人的票据。企业之间必须具有真实的交易关系或债权债务关系，才能使用商业汇票。商业汇票的付款人为承兑人。按照承兑人的不同，商业汇票分为商业承兑汇票和银行承兑汇票。商业承兑汇票由银行以外的付款人承兑。银行承兑汇票由银行承兑。商业承兑汇票可以由付款人签发并承兑，也可以由收款人签发交由付款人承兑。银行承兑汇票应由在承兑银行开立存款账户的存款人签发。商业汇票的付款期限最长不超过 6 个月。商业汇票的提示付款期限为自汇票到期日起 10 日内。持票人应在提示付款期限内通过开户银行委托收款或直接向付款人提示付款。持票人超过提示付款期限提示付款的，持票人开户银行不予受理。商业汇票的持票人可持未到期的商业汇票向银行申请贴现，取得贴现资金。

以上银行汇票、银行本票、支票和商业汇票转账结算方式可通称为票据结算方式。《中华人民共和国票据法》将票据分为汇票、本票和支票三个种类。

（5）信用卡。信用卡是指商业银行向个人和单位发行的，凭以向特约单位购物、消费和向银行存取现金，且具有消费信用的特制载体卡片。信用卡按使用对象分为单位卡和个人卡；按信誉等级分为金卡和普通卡。单位卡账户的资金一律从其基本存款账户转账存入，不得交存现金，不得将销货收入的款项存入其账户。单位卡一律不得支取现金。单位卡不得用于100 000元以上的商品交易、劳务供应款项的结算。信用卡允许善意透支，但透支不能超过最高限额，透支期限最长为60天，持卡人需要向银行支付透支利息。持卡人使用信用卡不得发生恶意透支。持卡人不需要继续使用信用卡时，应持信用卡主动到发卡银行办理销户。销户时，单位卡账户余额转入其基本存款账户，不能提取现金。

（6）汇兑。汇兑是汇款人委托银行将其款项支付给收款人的结算方式。企业各种款项的结算，均可使用汇兑结算方式。汇兑分为信汇、电汇两种。其中，信汇是指委托银行通过邮寄方式将款项划给收款人，电汇是指委托银行通过电报方式将款项划给收款人。

（7）委托收款。委托收款是收款人委托银行向付款人收取款项的结算方式。单位和个人凭已承兑商业汇票、债券、存单等付款人债务证明办理款项的结算，可以使用委托收款结算方式。委托收款在同城、异地均可以使用。委托收款结算款项的划回方式，分邮寄和电报两种，由收款人选用。

（8）托收承付。托收承付是根据购销合同由收款人发货后委托银行向异地付款人收取款项，由付款人向银行承认付款的结算方式。使用托收承付结算方式的收款单位和付款单位，必须是国有企业、供销合作社以及经营管理较好，并经开户银行审查同意的城乡集体所有制工业企业。办理托收承付结算的款项，必须是商品交易，以及因商品交易而产生的劳务供应的款项。托收承付结算每笔的金额起点为10 000元。托收承付结算款项的划回方法，分邮寄和电报两种，由收款人选用。

（9）信用证。信用证是指开证银行依照申请人的申请开出的以银行信用为基础的保证付款文件。企业委托银行办理信用证时，需要向银行提交信用证委托书，并需要在银行存入相应的信用证保证金。信用证只能用于转账结算，不能支取现金。

（10）电子支付。电子支付是以电子数据为载体，以金融电子化网络为基础，通过计算机网络系统以及通信信息系统等以传输电子信息的方式实现支付功能的一种新型支付方式。与传统支付方式相比，电子支付具有如下显著特点：①虚拟性。传统支付方式是通过现金的流转、票据的转让、银行的汇兑等物理实体形态完成支付。电子支付则是通过电子数字化形态进行款项支付。②开放性。传统支付方式是在一个以银行为核心的较为封闭的系统中运用。电子支付的传递通道是互联网或通信网络等开放性的系统平台。③快捷性。传统支付使用的是信件、电报、传真等传统媒介。电子支付使用的是先进的网络和通信等手段，相对不受时空限制，方便、快捷、高效、经济。近年来，我国的电子支付持续保持迅速发展态势，应用非常广泛，支付方式也不断创新。根据发起电子支付指令的电子终端不同，电子支付可以分为网上支付、电话支付、移动支付、销售点终端交易、自动柜员机交易等类型。目前，中国人民银行网上支付跨行清算系统已经建成运行。

（三）银行存款的核算

1. 银行存款的总分类核算

为总括地反映和监督银行存款的收入、支出和结存情况，企业需要对银行存款进行总分类核算。银行存款的总分类核算通过设置“银行存款”总分类科目进行。该科目核算以摊余成本计量的、企业存入银行或其他金融机构的各种款项。企业因收到应收账款等而增加银行存款时，借记该科目，贷记“应收账款”“主营业务收入”“库存现金”等科目。企业因支付应付账款等而减少银行存款时，借记“应付账款”“管理费用”“原材料”等科目，贷记该科目。该科目期末借方余额反映企业银行存款的实存数。

例 2-13

甲公司 20×1 年 7 月 15 日开户银行收到一笔应收账款，金额为 43 000 元。甲公司应编制如下会计分录：

借：银行存款　　43 000

　贷：应收账款　　43 000

例 2-14

甲公司 20×1 年 7 月 18 日以银行存款支付一笔管理费用，金额为 16 000 元。甲公司应编制如下会计分录：

借：管理费用　　16 000

　贷：银行存款　　16 000

例 2-15

甲公司 20×1 年 7 月 26 日开户银行收到一笔预收账款，按销售合同约定用以订购本公司的产品，金额为 21 000 元。甲公司应编制如下会计分录：

借：银行存款　　21 000

　贷：合同负债　　21 000

例 2-16

甲公司 20×1 年 7 月 29 日以银行存款支付一笔应付账款，金额为 35 000 元。甲公司应编制如下会计分录：

借：应付账款　　35 000

　贷：银行存款　　35 000

2. 银行存款日记账

为全面、连续地反映银行存款的收入、支出和结存情况，企业需要对银行存款进行序时核算。具体方法为设置银行存款日记账，由出纳人员根据审核无误的银行存款收付款凭证，按照银行存款收支业务发生的时间顺序进行序时登记，并于每日终了时结出银行存款账面结存数额。银行存款账面结存数额应当与银行定期寄来的银行对账单进行核对，做到账款相符。月份终了，银行存款日记账的账面结存数额应当与银行存款总分类账户的账面结存数额进行核对，做到账账相符。企业可以按开户银行和其他金融机构、存款种类等分别设置几本银行存款日记账。

与库存现金日记账一样，银行存款日记账也一般采用三栏式格式，具体可如表2-2所示。

表2-2 银行存款日记账 单位：元

20×1年		凭证种类与编号	摘要	对应科目	收入	支出	结存
月	日						
6	1		期初余额				150 000
	8	银付1	购买办公设备	固定资产		42 000	108 000
	12	银收1	收回货款	应收账款	77 000		185 000
	23	银付2	支付货款	应付账款		90 000	95 000
	25	现付8	将现金存入银行	库存现金	800		95 800
	28	银收2	销售货品	主营业务收入	5 400		101 200
			本月合计		83 200	132 000	101 200

（四）银行存款余额的核对和调节

企业的银行存款日记账详细记录了企业每日的银行存款收入、支出和结存情况。与此同时，企业的开户银行也对企业每日银行存款的收入、支出和结存情况予以详细记录。为确保企业银行存款记录的正确性，企业与银行需要定期对有关银行存款的记录进行核对，至少每月核对一次。企业在对银行存款的记录进行核对时，企业银行存款日记账上的存款余额与银行寄来的银行对账单上的存款余额可能会出现不一致的情况。其原因主要有两个，一是存在记账错误，二是存在未达账项。

企业如果发现银行存款日记账上的记录存在错误，应当及时予以更正。企业如果发现银行对账单上的记录存在错误，应当及时与开户银行取得联系，请开户银行查实后予以更正。未达账项是指企业或银行一方已登记入账，另一方尚未登记入账的款项。形成未达账项的原因，主要是有关银行结算的凭证在企业和银行间的传递时间上存在差异，以及由此形成的企业和银行对于银行存款在入账时间上存在差异。例如，企业在开出支票购买货品后，即凭支票存根记录银行存款减少。但此时支票持有人可能还没有到银行去兑现支票，因此，银行尚未记录企业银行存款减少。未达账项通常有下列四种情况：一是企业已收款入账，而银行尚未收款入账；二是企业已付款入账，而银行尚未付款入账；三是银行已收款入账，而企业尚未收款入账；四是银行已付款入账，而企业尚未付款入账。对于未达账项，企业应当通过编制银行存款余额调节表调节相符。

例2-17

甲公司20×1年7月31日银行存款日记账上的存款余额为154 000元，银行转来的对账单上的存款余额为162 000元。经逐笔查核，发现存在如下未达账项：

（1）企业委托银行收取的款项7 900元，银行已经收妥并已经入账，但企业尚未收到银行的收账通知，因而尚未入账。

（2）企业开出的转账支票6 000元已经作为减少银行存款入账，但支票持有人尚未到银行兑现，因而银行尚未记录企业银行存款的减少。

(3) 银行代企业支付的款项 2 500 元，银行已经付出并已经入账，但企业尚未收到银行的付账通知，因而尚未入账。

(4) 企业存入银行的转账支票 2 500 元，企业已经作为增加银行存款入账，但银行尚未办妥转账收款手续，因而尚未入账。

(5) 银行代扣企业借款利息 100 元，银行已经作为减少企业银行存款入账，但企业尚未收到银行付账通知，因而尚未入账。

(6) 银行已经将企业银行存款的利息收入 300 元作为增加企业银行存款入账，但企业尚未收到银行收账通知，因而尚未入账。

(7) 银行将企业存入的款项 1 100 元误记入另外一个企业的银行存款账户。

根据以上资料，甲公司可编制银行存款余额调节表，具体可如表 2-3 所示。在银行存款余额调节表中，调节后银行存款余额表示如果有关结算凭证都已经到达，有关记账差错都已经更正，企业实际拥有的银行存款的数额。

表 2-3　银行存款余额调节表

20×1 年 7 月 31 日　　单位：元

项目	金额	项目	金额
企业银行存款日记账余额	154 000	银行对账单余额	162 000
加：银行已收款入账，而企业尚未收款入账的款项		加：企业已收款入账，而银行尚未收款入账的款项	
(1) 企业委托银行收款	7 900	(1) 企业存入转账支票	2 500
(2) 银行转入存款利息	300	(2) 银行误记企业存款	1 100
减：银行已付款入账，而企业尚未付款入账的款项		减：企业已付款入账，而银行尚未付款入账的款项	
(1) 银行代企业付款	2 500	(1) 未兑现企业转账支票	6 000
(2) 银行代扣借款利息	100		
调节后银行存款余额	159 600	调节后银行存款余额	159 600

银行存款余额调节表是用来核对企业对银行存款的记录与开户银行对企业银行存款的记录是否相符，并在此基础上确定企业调节后银行存款实际余额的，它不是企业编制会计分录的依据。对于未达账项，企业需要等到有关结算凭证到达后，再据以作出账务处理。

四、其他货币资金

(一) 其他货币资金的概念和种类

其他货币资金是指除库存现金和银行存款之外的其他各种货币资金，主要包括银行汇票存款、银行本票存款、信用卡存款、信用证保证金存款、存出投资款和外埠存款等种类。其中，银行汇票存款是指企业为了取得银行汇票而按规定存入银行的款项。银行本票存款是指企业为取得银行本票而按规定存入银行的款项。信用卡存款是指企业为了取得信用卡而按规定存入银行的款项。信用证保证金存款是指企业为了取得信用证而按规定存入银行的款项。存出投资款是指企业已存入证券公司但尚未进行短期投资的款项。外埠存款是指企业到外地进行临时或零星采购时汇往采购地银行开立采购专户的款项。

其他货币资金是企业货币资金的一个种类，它与库存现金和银行存款这两种货币资金一样具有可以用来实现支付的职能。由于其他货币资金的存在形态和支付方式比较特殊，因此，其他货币资金需要进行单独管理和核算。

（二）其他货币资金的核算

1. 银行汇票存款的核算

为核算其他货币资金的业务，企业应设置“其他货币资金”总账科目。该科目核算以摊余成本计量的、企业的银行汇票存款、银行本票存款、信用卡存款、信用证保证金存款、存出投资款、外埠存款等其他货币资金。企业因取得银行汇票等而增加其他货币资金时，借记该科目，贷记“银行存款”科目。企业因使用银行汇票等而减少其他货币资金时，借记“原材料”“库存商品”等科目，贷记该科目。该科目期末借方余额反映其他货币资金的实有数。银行汇票存款的核算通过在“其他货币资金”总账科目下设置“银行汇票”明细科目进行。银行汇票存款的核算内容主要包括办理银行汇票存款、以银行汇票购买货品或支付费用、收取银行汇票多余款项、转回银行汇票全部款项等。

例 2-18

甲公司20×1年7月12日向开户银行申请办理银行汇票，将20 000元银行存款转存为银行汇票存款。甲公司应编制如下会计分录：

借：其他货币资金——银行汇票	20 000	
贷：银行存款		20 000

例 2-19

承例2-18，甲公司20×1年7月14日持面值为20 000元的银行汇票购买一批原材料，原材料价款15 000元，增值税税额1 950元（15 000×13%），原材料已验收入库。甲公司应编制如下会计分录：

借：原材料	15 000	
应交税费——应交增值税（进项税额）	1 950	
贷：其他货币资金——银行汇票		16 950

根据我国现行增值税法规的规定，增值税一般纳税人销售货物适用的标准税率为13%。

例 2-20

承例2-19，甲公司20×1年7月16日收到银行退回的银行汇票多余款项3 050元（20 000－16 950）。甲公司应编制如下会计分录：

借：银行存款	3 050	
贷：其他货币资金——银行汇票		3 050

2. 银行本票存款的核算

银行本票存款的核算通过在“其他货币资金”总账科目下设置“银行本票”明细科目进行。银行本票存款的核算内容主要包括办理银行本票存款、以银行本票购买货品或支付费用、转回银行本票全部款项等。

例 2-21

甲公司 20×1 年 8 月 5 日向开户银行申请办理定额银行本票 10 000 元，将相应数额的银行存款转存为银行本票存款。甲公司应编制如下会计分录：

借：其他货币资金——银行本票	10 000	
贷：银行存款		10 000

例 2-22

承例 2-21，甲公司 20×1 年 8 月 6 日持面值为 10 000 元的定额银行本票购买一批库存商品，库存商品价款 8 000 元，增值税税额 1 040 元（8 000×13%），库存商品已验收入库。同时，收到销货单位支票一张，金额 960 元（10 000－8 000－1 040），以结清银行本票面值与实际交易金额之间的差额。甲公司将支票存入开户银行。甲公司应编制如下会计分录：

（1）以银行本票购买库存商品时。

借：库存商品	8 000	
应交税费——应交增值税（进项税额）	1 040	
贷：其他货币资金——银行本票		9 040

（2）将支票存入银行时。

借：银行存款	960	
贷：其他货币资金——银行本票		960

与银行汇票不同，银行对银行本票实行全额结算。银行本票的面值与实际交易金额之间的差额，由企业采用支票或其他结算方式自行结清。

3. 信用卡存款的核算

信用卡存款的核算通过在“其他货币资金”总账科目下设置“信用卡存款”明细科目进行。信用卡存款的核算内容主要包括办理信用卡存款、以信用卡购买货品或支付费用、收取信用卡存款利息等。

例 2-23

甲公司 20×1 年 7 月 5 日将银行存款 40 000 元转存入信用卡账户。甲公司应编制如下会计分录：

借：其他货币资金——信用卡存款	40 000	
贷：银行存款		40 000

例 2-24

承例 2-23，甲公司 20×1 年 7 月 28 日以信用卡支付管理费用 3 500 元。甲公司应编制如下会计分录：

借：管理费用	3 500	
贷：其他货币资金——信用卡存款		3 500

例 2-25

承例 2-24，甲公司 20×1 年 9 月 30 日收到信用卡存款利息 380 元。甲公司应编制如下会计分录：

借：其他货币资金——信用卡存款	380	
贷：财务费用		380

4. 信用证保证金存款的核算

信用证保证金存款的核算通过在“其他货币资金”总账科目下设置“信用证保证金”明细科目进行。信用证保证金存款的核算内容主要包括办理信用证保证金存款、以信用证保证金存款购买货品等。

例 2-26

甲公司 20×1 年 7 月 10 日向银行申请开具信用证，向银行缴纳信用证保证金 80 000 元。甲公司应编制如下会计分录：

借：其他货币资金——信用证保证金	80 000	
贷：银行存款		80 000

例 2-27

承例 2-26，甲公司 20×1 年 7 月 15 日收到银行转来的销货单位信用证结算凭证以及所附发票账单等凭证，企业购买货品的价款 60 000 元，增值税税额 7 800 元（60 000×13%），款项共计 67 800 元（60 000＋7 800）已经全部付清，货品已经验收入库。甲公司应编制如下会计分录：

借：库存商品	60 000	
应交税费——应交增值税（进项税额）	7 800	
贷：其他货币资金——信用证保证金		67 800

例 2-28

承例 2-27，甲公司 20×1 年 7 月 18 日银行存款账户收到退回的信用证保证金余款 12 200 元（80 000－67 800）。甲公司应编制如下会计分录：

借：银行存款	12 200	
贷：其他货币资金——信用证保证金		12 200

5. 存出投资款的核算

存出投资款的核算通过在“其他货币资金”总账科目下设置“存出投资款”明细科目进行。存出投资款的核算内容主要包括将款项存入证券公司、以存入证券公司的款项进行短期投资等。

例 2-29

甲公司 20×1 年 6 月 22 日将银行存款 85 000 元划入某证券公司，准备进行短期投资。甲公司应编制如下会计分录：

借：其他货币资金——存出投资款	85 000	
贷：银行存款		85 000

例 2-30

承例 2-29，甲公司 20×1 年 6 月 29 日以存出投资款 78 000 元购买股票进行短期投资，相应的短期投资作为交易性金融资产核算。甲公司应编制如下会计分录：

借：交易性金融资产	78 000	
贷：其他货币资金——存出投资款		78 000

6. 外埠存款的核算

外埠存款的核算通过在“其他货币资金”总账科目下设置“外埠存款”明细科目

进行。外埠存款的核算内容主要包括将银行存款转存至外埠存款专户、以外埠存款购买货品、结清外埠存款专户等。

例 2-31

甲公司 20×1 年 7 月 5 日在外埠开立临时采购账户，委托银行将 100 000 元汇入外埠临时采购账户。甲公司应编制如下会计分录：

借：其他货币资金——外埠存款　　100 000

　贷：银行存款　　100 000

例 2-32

承例 2-31，甲公司采购员 20×1 年 7 月 9 日以外埠存款购买一批原材料，原材料价款 70 000 元，增值税税额 9 100 元（70 000×13%），原材料已验收入库。甲公司应编制如下会计分录：

借：原材料　　70 000

　　应交税费——应交增值税（进项税额）　　9 100

　贷：其他货币资金——外埠存款　　79 100

例 2-33

承例 2-32，甲公司 20×1 年 7 月 14 日采购活动结束，多余外埠存款 20 900 元（100 000—79 100）转回至基本存款账户。甲公司应编制如下会计分录：

借：银行存款　　20 900

　贷：其他货币资金——外埠存款　　20 900

外埠临时采购专户一般实行半封闭式管理，即只付不收，付完清户。除采购员的差旅费可以支取少量现金外，其他一律实行转账支付。

第二节　应收款项

一、应收款项的概念和种类

应收款项是指企业在日常生产经营活动中形成的应予收取但尚未收到的款项。应收款项形成的原因主要是赊销商品、赊账提供劳务等，它是市场经济中商业信用的表现形式。应收款项是企业的待结算债权，不断处在发生、收回、又发生、又收回的过程中，具有较强的流动性，是企业的一项重要的流动资产。

应收款项的种类主要有应收票据、应收账款、预付账款和其他应收款等。其中，应收票据、应收账款、其他应收款属于企业的金融资产，它们代表企业从其他方收取现金或其他金融资产的合同权利；预付账款也可以称为预付款项，它不是企业的金融资产，因为它产生的未来经济利益是商品或服务，不是收取现金或其他金融资产的权利。企业应当正确区分应收款项的有关种类，对不同种类的应收款项实行分别核算和分类管理，以分别反映不同种类应收款项的发生和收回等情况，有针对性地加强对不同种类应收款项的管理，切实保护应收款项这类资产的安全完整。

二、应收票据

（一）应收票据的概念和种类

1. 应收票据的概念

应收票据是指企业持有的尚未到期或尚未兑现的商业汇票。银行汇票、银行本票和支票也是企业的票据，但它们是见票即付的票据，或是即期票据，没有到期日，其性质如同货币资金。因此，它们不属于企业应收票据的内容。应收票据是企业尚未到期的债权。

在我国，商业汇票的付款期限最长不超过6个月。因此，应收票据是企业的一种流动资产，或是企业的一种短期债权。

2. 应收票据的种类

应收票据按照不同的标准可以分成不同的种类。应收票据按照商业汇票承兑人的不同可分为银行承兑汇票和商业承兑汇票。其中，银行承兑汇票的承兑人是银行，商业承兑汇票的承兑人是付款人。银行承兑汇票是一种银行信用，承兑银行在票据到期日或到期后的见票当日支付票据款项，企业收回债权的风险很小。商业承兑汇票是一种商业信用，付款人在票据到期日或到期后的见票日如果银行存款不足以支付票据款项，银行不承担付款责任，由交易双方或收付双方自行处理。

应收票据按照商业汇票是否附带利息可分为不带息商业汇票和带息商业汇票。其中，不带息商业汇票是指票据款项按票据面值进行结算的商业汇票。带息商业汇票是指票据款项按票据面值加上票据到期利息进行结算的商业汇票。带息商业汇票在票面上注明利率，除特别说明外，注明的利率均为年利率。

应收票据按照商业汇票是否带有追索权可分为带追索权的商业汇票和不带追索权的商业汇票。其中，带追索权的商业汇票是指应收票据的受让方在应收票据遭到拒付时有权向应收票据的转让方索取票款的商业汇票。追索权产生于应收票据的转让或向银行贴现。商业承兑汇票在向他人背书转让或向银行申请贴现时，取得应收票据的一方通常对应收票据具有追索权。银行承兑汇票由于由承兑银行到期保证支付，取得应收票据的一方在票据到期时收回债权不会有什么问题，因此，一般不会产生追索权的问题。

不同种类的应收票据在会计核算和反映的内容和方法上也有些差异。

（二）应收票据的取得

应收票据的核算内容包括应收票据从取得开始到票据款项全部收回为止的业务过程中各个主要业务环节的经济业务内容。其中主要包括应收票据的取得、持有期间的利息收入、到期收回款项、贴现和转让等经济业务内容。

应收票据的核算通过设置“应收票据”总账科目进行。该科目核算以摊余成本计量的，企业因销售商品、提供劳务等而收到的商业汇票，包括银行承兑汇票和商业承兑汇票。企业因取得商业汇票而增加应收票据时，借记该科目，贷记“主营业务收入”“应收账款”等科目。企业因收回商业汇票款项等减少应收票据时，借记“银行存款”“原材料”“应收账款”等科目，贷记该科目。该科目期末借方余额反映企业持有的商业汇票的票面金额。该科目可按开出、承兑商业汇票的单位进行明细核算。

应收票据在取得时通常按照票据面值计价入账，而不考虑货币的时间价值，即不将应收票据按照未来收款额经折现后的现值计价入账。在我国，应收票据的最长收回期限不超过6个月。因此，应收票据的未来收款额与票据面值之间的差额不会太大。为简化会计核算，根据重要性原则，应收票据在取得时通常按照商业汇票的面值计价入账。应收票据可以在销售货品时取得，也可以在销售货品后抵充应收账款时取得，还可以在原应收票据到期日重新续开商业汇票时取得。不同时间和原因取得的商业汇票，在核算时，“应收票据”总账科目的对应科目有所不同。

例2-34

甲公司20×1年3月5日向乙公司销售商品一批，货款为100 000元，增值税税额为13 000元（100 000×13%），同日收到乙公司为此开出并承兑的一张商业汇票，票据面值为113 000元（100 000+13 000）。甲公司应编制如下会计分录：

借：应收票据　113 000
　贷：主营业务收入　100 000
　　　应交税费——应交增值税（销项税额）　13 000

例2-35

甲公司20×1年4月4日收到乙公司交来的一张商业汇票，票据面值为34 000元，以抵充甲公司应收乙公司相应数额的应收账款。甲公司应编制如下会计分录：

借：应收票据　34 000
　贷：应收账款　34 000

例2-36

20×1年5月10日，甲公司应收乙公司的一张商业承兑汇票到期，票据面值为58 000元。由于乙公司资金紧张，经协商，甲公司同意乙公司续开一张相同面值的银行承兑商业汇票，以抵充甲公司应收乙公司的那张到期商业承兑汇票。同日，甲公司收到乙公司为此续开的一张银行承兑汇票，面值为58 000元。甲公司应编制如下会计分录：

借：应收票据　58 000
　贷：应收票据　58 000

本例中，甲公司应当在应收票据备查登记簿中注销原先的那张商业承兑汇票，重新登记新取得的一张银行承兑汇票。

（三）应收票据持有期间的利息收入

带息商业汇票在票面上注明利率，票据到期时按照票据面值和实际利息进行结算。企业在持有带息商业汇票期间，尽管暂时不能收到利息，但应当按照权责发生制的要求，在会计期末对应收票据的利息收入进行应计，作应收利息的会计处理。

例2-37

甲公司20×1年12月31日持有一张带息商业汇票，票据面值为20 000元，票据票面年利率为4%，出票日期是当年10月1日，票据期限为5个月。20×1年12月31日，该带息商业汇票含应计利息200元（20 000×4%×3/12）。甲公司应编制如下会计分录：

借：应收利息 200

贷：财务费用 200

带息商业汇票一般在年末需要应计利息。至于在季末和月末是否需要应计利息，则可以视情况而定。如果利息数额较大，对财务成果有较大影响，应当考虑应计利息。反之，可以考虑不应计利息。

（四）应收票据到期收回款项

应收票据有明确的到期日。应收票据具体到期日的计算视商业汇票注明期限方法的不同而有所不同。如果商业汇票按月注明期限，那么，商业汇票的具体到期日为若干月份后的出票日那一天。例如，出票日为20×1年6月5日、期限为3个月的商业汇票，其到期日为20×1年9月5日。如果商业汇票按天注明期限，那么，商业汇票的具体到期日为出票日后具体天数的那一天。例如，出票日为20×1年6月5日、期限为90天的商业汇票，其到期日为20×1年9月3日。

应收票据到期收回款项的数额视商业汇票是不带息汇票还是带息汇票而有所不同。如果商业汇票是不带息汇票，那么，应收票据到期收回款项的数额即是票据面值。如果商业汇票是带息汇票，那么，应收票据到期收回款项的数额应当是票据面值加上票据到期利息。票据到期利息应当按照票据面值乘以票面利率计算。商业汇票的面值加上到期利息也称为票据到期值。

应收票据到期收回款项的可能性视商业汇票是银行承兑汇票还是商业承兑汇票而有所不同。如果商业汇票是银行承兑汇票，那么，应收票据到期收回款项不会存在问题。如果商业汇票是商业承兑汇票，那么，应收票据到期能否收回款项存在一定的不确定性。如果票据承兑人因财务困难等原因，其届时的银行存款不足以支付票据到期款项，企业有权继续向票据承兑人追索已经到期或者已经超过到期日的票据款项。

企业对于即将到期的商业汇票，应当提前通知开户银行，委托开户银行办理托收业务。待开户银行通知款项收妥时，作出相应的会计处理。

例2-38

甲公司20×1年9月5日持有的一张不带息商业汇票到期，收回票据款项34 000元。甲公司应编制如下会计分录：

借：银行存款 34 000

贷：应收票据 34 000

例2-39

甲公司20×1年9月3日持有的一张3个月期限的带息商业汇票到期，票据面值20 000元，票面年利率6%，票据到期利息300元（20 000×6%×3/12），该票据在持有期间没有计提过利息，票据款项20 300元（20 000+300）已经收妥。甲公司应编制如下会计分录：

借：银行存款 20 300

贷：应收票据 20 000

财务费用 300

例 2-40

沿用例 2-39 的资料，假设甲公司收到银行退票，原因是付款人发生财务困难，其银行存款账户资金不足，无力偿付票据款项。甲公司应编制如下会计分录：

（1）将应收票据转销至应收账款时。

借：应收账款　20 000

　贷：应收票据　20 000

（2）确认应收利息时。

借：应收利息　300

　贷：财务费用　300

本例中，企业将应收票据的到期款项转入应收账款和应收利息中，表示企业将继续行使款项追索权。这种情况只会出现在商业承兑汇票中。之后的款项结算，由票据款项收付双方自行解决，银行不承担付款责任。

（五）应收票据贴现

应收票据贴现是指企业将未到期的商业汇票背书后送交银行，从银行取得相应数额贴现款项的票据行为。背书是指企业在商业汇票的背面签章以表示权利转让的行为。企业持应收票据到银行申请贴现的目的，主要是及时取得生产经营活动所需的资金。应收票据贴现是企业融通资金的一种方式。

企业在向银行申请应收票据贴现时，银行需要按照规定的贴现率，从票据到期值中扣除一定数额的贴现息，然后，将票据到期值减去贴现息后的差额向企业支付贴现款项。企业在发生应收票据贴现业务时需要使用的主要计算公式有：

票据到期值＝票据面值＋票据到期利息

票据到期利息＝票据面值×票据到期月数×票面利率/12

　　　　　　＝票据面值×票据到期天数×票面利率/360

贴现息＝票据到期值×日贴现率×票据贴现天数

贴现款＝票据到期值－贴现息

在以上计算公式中，票据贴现天数是指票据贴现日至票据到期日的天数。显然，票据贴现天数越长，即企业越早向银行申请贴现，银行扣除的贴现息越大，企业得到的贴现款项越小。企业持商业汇票向银行申请贴现时，无论商业汇票的期限是按月表示的还是按天表示的，银行在计算贴现息时，一般都按票据贴现天数计算。相应地，银行的贴现率也需要换算为日贴现率或天贴现率。另外，商业汇票的票面利率与贴现率是两个不同的概念。其中，票面利率用以计算票据的利息，贴现率用以计算银行扣除的贴现息。

例 2-41

甲公司 20×1 年 8 月 5 日持一张银行承兑汇票向开户银行申请贴现。该银行承兑汇票的到期日为 20×1 年 9 月 4 日，面值为 50 000 元，不附带利息。银行贴现年利率为 9%，银行扣除的贴现息为 375 元（50 000×9%×30/360），甲公司获得的贴现款为 49 625 元（50 000－375）。甲公司应编制如下会计分录：

借：银行存款　　49 625
　　财务费用　　375
　贷：应收票据　　50 000

本例中，企业向开户银行申请贴现的商业汇票是银行承兑汇票。因此，开户银行到时收回票据款项不会有什么问题，企业也不会承担连带偿付责任。如果企业向开户银行申请贴现的商业汇票是商业承兑汇票，那么，开户银行存在到时收不回票据款项的可能性，企业为此也将承担连带偿付责任。此时，企业暂时还不能在账面上销记应收票据，企业从开户银行获得的贴现款应当暂时作为开户银行给企业的短期贷款处理。

例2-42

沿用例2-41的资料，假设甲公司向开户银行申请贴现的商业汇票是商业承兑汇票，甲公司应编制如下会计分录：

借：银行存款　　49 625
　贷：短期借款　　49 625

例2-43

承例2-42，假设开户银行于20×1年9月4日收到到期商业承兑汇票的款项，甲公司相应地也解除连带偿付责任。甲公司应编制如下会计分录：

借：短期借款　　49 625
　　财务费用　　375
　贷：应收票据　　50 000

贴现的商业承兑汇票如果银行到时不能收到相应的票据款项，银行将从贴现企业的银行存款账户中扣除相应的票据到期款项，或者作为给企业新的短期贷款处理。企业应当继续向商业承兑汇票的承兑人追索票据款项。

（六）应收票据转让

企业持有的商业汇票可以通过背书的方式向其他单位进行转让。企业转让商业汇票主要是为了获得所需要的材料物资。企业转让的商业汇票如果是银行承兑汇票，企业在转让票据后，对票据的偿付不会存在连带责任。企业转让的商业汇票如果是商业承兑汇票，企业在转让票据后，对票据的偿付承担连带责任。

例2-44

甲公司20×1年4月6日转让一张面值为4 500元的不带息银行承兑汇票，以获得生产经营活动所需的一批原材料，该批原材料的价款为5 000元，增值税税额为650元（5 000×13%），差额1 150元（5 650－4 500）以银行存款支付，原材料已验收入库。甲公司应编制如下会计分录：

借：原材料　　5 000
　　应交税费——应交增值税（进项税额）　　650
　贷：应收票据　　4 500
　　　银行存款　　1 150

企业在转让带息商业汇票时，应当先对应收票据计提利息，然后，将应收利息连同票据面值一同转让。当转让的商业汇票款项大于所获得的原材料价款和增值税税额时，企业会收到相应差额的银行存款。

（七）应收票据备查登记簿

企业应设置应收票据备查登记簿，逐笔登记商业汇票的种类、号数、出票日、票面金额、票面利率、交易合同号、付款人、承兑人、背书人、到期日、背书转让日、贴现日、贴现率、贴现净额，以及收款日、收回金额、退票情况等资料。商业汇票到期结清票款或退票后，在备查登记簿中应予注销。

三、应收账款

（一）应收账款的概念

应收账款是指企业在生产经营活动中因销售商品、提供劳务等而形成的应向购货单位或接受劳务单位收取的款项。企业在销售商品过程中代购货单位垫付的包装费、运杂费等也属于应收账款的范围。

在会计实务中，企业的应收账款有其特定的范围。首先，应收账款是企业在生产经营活动中形成的应收款项。企业在非生产经营活动中形成的应收款项不属于应收账款的范围。例如，企业的应收职工欠款、应收保险公司保险赔款、应收债务人的利息、应收已宣告分派的股利等，分别属于企业的其他应收款、应收利息、应收股利等，而不属于企业的应收账款。其次，企业在生产经营活动中采用商业汇票结算方式形成的应收款项不属于应收账款，而属于应收票据。再次，应收账款属于企业的短期债权，是企业的流动资产，企业在生产经营活动中形成的超过 1 年的应收分期销货款属于企业的长期应收款，而不属于应收账款。

（二）应收账款的发生

应收账款的核算内容包括应收账款从发生或形成开始到款项全部收回为止的业务过程中各个主要业务环节的经济业务内容。其中主要包括应收账款的发生或形成、到期收回款项、进行融资等经济业务内容。

应收账款的核算通过设置“应收账款”总账科目进行。该科目核算以摊余成本计量的，企业因销售商品、提供劳务等日常活动应收取的款项。企业因销售商品、提供劳务等而增加应收账款时，借记该科目，贷记“主营业务收入”等科目。企业因收回应收账款等而减少应收账款时，借记“银行存款”等科目，贷记该科目。该科目期末借方余额反映企业尚未收回的应收账款数。该科目可按债务人进行明细核算。

应收账款在发生或形成时通常按照销售发票的金额计价入账，不考虑货币的时间价值。在向客户提供现金折扣的情况下，应当考虑现金折扣对应收账款可收回金额的影响。现金折扣是指企业为鼓励购货方尽早偿付款项而给予其在销售价格基础上的一定比率的扣减数。例如，购货方如果在 10 天内偿付款项，销货方可以给予其销售价格 2%的折扣；购货方如果在 20 天内偿付款项，销货方可以给予其销售价格 1%的折扣。现金折扣通常使用符号“2/10，1/20，n/30”表示。其中，“n/30”表示 30 天内偿付款项无现金折扣。提供销货现金折扣是企业为尽早收回应收账款而采用的一种理财方法。

在向客户提供现金折扣的情况下，销售合同中约定的对价金额即销售发票的金额是可变的。如果客户在折扣期内付款，企业收回的应收账款金额就会小于合同约定的对价金额；如果客户超过折扣期付款，企业收回的应收账款金额就会等于合同约定的对价金额。企业应当在应收账款发生时，对之后可能收回的金额即可变对价进行估计，并按照最可能发生的金额确认应收账款。

例 2-45

甲公司 20×1 年 6 月 22 日向乙公司销售商品一批，销售价格为 20 000 元，增值税税额为 2 600 元（20 000×13%），款项尚未收到，合同规定的付款条件为 2/10，即 10 天内偿付款项，给予销售价格 2%的现金折扣。甲公司估计乙公司能够在 10 天内付款并取得现金折扣 400 元（20 000×2%），甲公司由此取得的销售商品收入金额为19 600 元（20 000－400）。甲公司应编制如下会计分录：

借：应收账款　　22 200
　　贷：主营业务收入　　19 600
　　　　应交税费——应交增值税（销项税额）　　2 600

企业应当在现金折扣期内对客户偿付款项的可能性进行评估。当客户偿付款项的可能性发生变化时，应当调整之前确认的应收账款的金额，并相应调整收入的金额。

例 2-46

承例 2-45，甲公司 20×1 年 6 月 30 日对乙公司是否能够在现金折扣期内偿付款项进行重新评估，认为乙公司已经不可能在现金折扣期内偿付款项。因此，甲公司对之前确认的应收账款金额进行调整，增加应收账款金额 400 元。甲公司应编制如下会计分录：

借：应收账款　　400
　　贷：主营业务收入　　400

现金折扣的业务会影响应收账款的确认金额。但按照税法的规定，现金折扣的业务不会影响应交增值税的数额。企业应当严格遵守税法的规定，不能随意调整应交增值税的数额。

企业在销售商品时，通常还会给购货方提供商业折扣。商业折扣是指销售企业以商品价目单中所列销售价格为基础给予购货方一定比率的折扣数。例如，如果购货方购买 10 件商品，销售企业将给予价目单上所列价格 5%的折扣。销货企业向购货方提供商业折扣，主要是为了提高销售数量、适应销售季节变化、满足消费心理等。商业折扣对应收账款的入账价值没有影响。应收账款的入账价值以实际达成的销售价格为基础。

（三）应收账款的收回

应收账款收回时应当相应地减少应收账款的数额。

例 2-47

承例 2-45，甲公司于 20×1 年 6 月 28 日收回全部销货款项。此时，收回款项的日期还在现金折扣期限内，收回款项共计 22 200 元。甲公司应编制如下会计分录：

借：银行存款　　22 200
　　贷：应收账款　　22 200

例 2－48

承例 2－46，甲公司于 20×1 年 7 月 16 日收回全部销货款项。此时，收回款项的日期已经超过现金折扣期限，收回款项共计 22 600 元（22 200＋400）。甲公司应编制如下会计分录：

借：银行存款　22 600
　贷：应收账款　22 600

（四）应收账款融资

应收账款是企业的一项金融资产。企业可以以应收账款作为抵押向银行或非银行金融机构申请借款，从而形成应收账款抵借的经济业务。企业也可以将应收账款出售给银行或非银行金融机构，并从银行或非银行金融机构获得出售价款，从而形成应收账款让售的经济业务。应收账款的抵借和让售是企业应收账款融资的主要方式。企业以应收账款进行融资的主要目的，是为了及时满足生产经营活动对资金的需求。

1. 应收账款抵借

企业在向银行或非银行金融机构申请应收账款抵借时，应收账款仅作为一项抵押财产，相应的收款权利仍然保留在抵借企业。因此，企业应当仍然保留应收账款的账面记录。一般情况下，企业应收账款抵借的限额在应收账款金额的 30%～80%之间。限额以外的部分主要用以满足银行或非银行金融机构控制贷款风险的需要。

例 2－49

甲公司 20×1 年 6 月 10 日以应收账款 30 000 元向银行申请取得 60%的短期借款 18 000 元（30 000×60%），借款日利率为 0.4‰。甲公司应编制如下会计分录：

借：银行存款　18 000
　贷：短期借款　18 000

例 2－50

承例 2－49，甲公司于 20×1 年 6 月 25 日收回应收账款 30 000 元。同日，归还应收账款抵押借款本金 18 000 元和借款利息 108 元（18 000×15×0.4‰）。甲公司应编制如下会计分录：

（1）收回应收账款时。

借：银行存款　30 000
　贷：应收账款　30 000

（2）归还抵押借款时。

借：短期借款　18 000
　　财务费用　108
　贷：银行存款　18 108

2. 应收账款让售

企业在向银行或非银行金融机构申请应收账款让售时，让售合同中可以规定银行或非银行金融机构对于企业让售的应收账款具有追索权或者不具有追索权。如果银行或非银行金融机构对于企业让售的应收账款具有追索权，即如果银行或非银行金融机构到时不能收到应收账款的款项，其有权向让售企业追索相应的款项，那么，企业在让售应收账款时还不能从账面上注销应收账款，相应的会计处理与应收账款抵借相似。如果银行或非银行金融机构对于企业让售的应收账款不具有追索权，即如果银行或非银行金融机构到时不能收到应收账款的款项，其无权向让售企业追索相应的款项，那么，企业在让售应收账款时应当从账面上注销应收账款。在应收账款让售业务中，银行或非银行金融机构为应付在收取应收账款过程中可能存在的诸如销售退回等风险，通常会按照应收账款总额的一定比率扣留相应的数额。待其收到相应的应收账款数额后，再将扣留款返还给让售企业。在实务中，扣留款的比率一般不超过应收账款总额的20%。

例2-51

甲公司20×1年5月20日由于急需资金，将一笔应收账款26 000元让售给乙银行。让售合同规定，此次让售为无追索权让售，让售价格为22 000元，银行扣留款为2 600元，甲公司实际收到款项19 400元（22 000－2 600）。甲公司应编制如下会计分录：

借：银行存款	19 400	
其他应收款	2 600	
财务费用	4 000	
贷：应收账款		26 000

例2-52

承例2-51，乙银行于20×1年6月30日全额收到应收账款。同日，将应收账款让售扣留款2 600元返还给甲公司。甲公司应编制如下会计分录：

借：银行存款	2 600	
贷：其他应收款		2 600

如果银行在收取应收账款的过程中发生销货退回的业务，银行将从应收账款让售扣留款中扣除相应的数额，然后将剩余数额返还给让售企业。

四、预付账款和其他应收款

（一）预付账款

1. 预付账款的概念

预付账款是指企业按照购货合同或劳务合同的规定预先支付给货品或劳务供应商的款项。与应收账款一样，预付账款也是企业在生产经营活动中形成的短期债权。预付账款与应收账款的主要区别是：应收账款是企业在销售货品中形成的，预付账款是企业在购买货品中形成的；应收账款将导致企业收到货币资金，预付账款将导致企业收到货品或劳务。由于预付账款与应收账款存在以上主要区别，因此，预付账款与应收账款分别属于两个不同的短期债权种类。应收账款属于企业的金融资产，预付账款不属于企业的金融资产。

2. 预付账款的核算

预付账款的核算通过设置“预付账款”总账科目进行。企业因预付购货款等而增加预付账款时，借记该科目，贷记“银行存款”等科目。企业因收到货品等而减少预付账款时，借记“原材料”“库存商品”等科目，贷记该科目。该科目期末借方余额反映企业已经预付的款项数，期末如为贷方余额，反映企业需要补付的款项数。企业进行在建工程业务过程中预付的工程价款，也在该科目中核算。该科目可按供货单位进行明细核算。

例2-53

甲公司20×1年7月5日向乙公司订购一批货品，为此预付款项25 000元。甲公司应编制如下会计分录：

借：预付账款　25 000
　贷：银行存款　25 000

例2-54

承例2-53，甲公司20×1年7月24日收到向乙公司订购的货品，货品价款30 000元，增值税税额3 900元（30 000×13%），货品已验收入库，作为原材料存货。同日，甲公司向乙公司补付货款8 900元（33 900—25 000）。甲公司应编制如下会计分录：

（1）收到订购的货品时。

借：原材料　30 000
　　应交税费——应交增值税（进项税额）　3 900
　贷：预付账款　33 900

（2）补付货款时。

借：预付账款　8 900
　贷：银行存款　8 900

预付款项业务不多的企业，也可以不设置"预付账款"科目，而将预付款项的业务纳入"应付账款"科目核算。但在编制财务报表时，企业仍然需要将预付账款和应付账款分别在财务报表中列示。

（二）其他应收款

其他应收款是指企业除应收票据、应收账款、预付账款、应收利息、应收股利、长期应收款等以外的其他各种应收和暂付款项。其他应收款的例子如应收各种赔款和罚款、应向职工收取的各种垫付款项等。其他应收款属于企业的金融资产。

其他应收款的核算通过设置"其他应收款"总账科目进行。该科目核算分类为以摊余成本计量的企业除存出保证金、应收票据、应收账款、预付账款、应收股利、应收利息、长期应收款等经营活动以外的其他各种应收、暂付的款项。企业发生其他各种应收款项时，借记该科目，贷记"银行存款""待处理财产损溢"等科目。企业收回或转销其他各种应收款项时，借记"银行存款""管理费用"等科目，贷记该科目。该科目期末借方余额反映企业尚未收回的其他应收款项数额。该科目可按对方单位或个人进行明细核算。

例2-55

甲公司20×1年7月8日库存原材料因发生水灾而招致意外损失，经保险公司确认，可获得理赔款项3 400元，理赔款项尚未收到。甲公司应编制如下会计分录：

借：其他应收款　3 400
　贷：待处理财产损溢　3 400

例 2－56

承例 2－55，甲公司 20×1 年 7 月 14 日收到保险公司的理赔款项 3 400 元。甲公司应编制如下会计分录：

借：银行存款　　3 400

　贷：其他应收款　　3 400

我国《企业会计准则第 22 号——金融工具确认和计量》规定，企业应当根据其管理金融资产的业务模式和金融资产的合同现金流量特征，将金融资产划分为以下三类：(1) 以摊余成本计量的金融资产；(2) 以公允价值计量且其变动计入其他综合收益的金融资产；(3) 以公允价值计量且其变动计入当期损益的金融资产。根据规定，企业应收款项中的"应收票据""应收账款"和"其他应收款"科目均核算分类为以摊余成本计量的相应金融资产。企业正常商业往来形成的具有一定信用期限的应收账款，如果企业拟根据应收账款的合同现金流量收取现金，且不打算提前处置应收账款，则该应收账款可以分类为以摊余成本计量的金融资产。

应收账款有时也会分类为以公允价值计量且其变动计入其他综合收益的金融资产。例如，甲公司在销售中通常会给予客户一定期间的信用期。为了盘活存量资产，提高资金使用效率，甲公司与银行签订应收账款无追索权保付代理（简称"保理"）总协议，银行向甲公司一次性授信 15 000 000 元人民币，甲公司可以在需要时随时向银行出售应收账款。历史上甲公司频繁向银行出售应收账款，且出售金额重大，相关出售满足金融资产终止确认的规定。本例中，应收账款的业务模式符合既以收取合同现金流量为目标又以出售该金融资产为目标，且该应收账款符合本金加利息的合同现金流量特征，因此应当分类为以公允价值计量且其变动计入其他综合收益的金融资产。在企业的资产负债表中，不同种类的金融资产通常需要分别列报。

有关金融资产的详细内容将在专门章节中介绍。

五、应收款项减值

（一）应收款项减值的概念和计量

企业的各项应收款项可能会由于债务人发生严重财务困难、破产、死亡、拒付、违约等原因而无法收回。企业无法收回的应收款项形成企业的坏账。应收款项发生坏账使得应收款项的价值降低，从而形成应收款项减值。应收款项坏账给企业带来的损失可称为坏账损失，它是企业信用减值损失的一个种类。应收款项发生坏账是企业商业信用失败的一种表现，是现实经济社会中客观存在的一种情况。

企业应当定期或者至少在每年年末对各种应收款项进行全面检查，以确定各种应收款项可以收回的可能性。当有客观证据证明有关的应收款项已经发生减值的，应当将相应应收款项的账面价值降低至预计未来可收回金额的现值。在计算预计未来可收回金额的现值时，应当选择一个合适的折现利率，如选择相应应收款项发生时的实际利率或合同规定的实际利率。由于应收款项中的应收账款、其他应收款等都是企业的短期债权，因此，如果预计未来可以收回金额的实际数值与预计未来可收回金额的折现数值相差不大，也可以不对预计未来可以收回金额的实际数值进行折现，而直接将应收款项的账面价值降低至预计未来可收回金额的实际数值。

企业可以采用估计坏账率的方法来确定应收款项坏账损失。估计坏账率是指企业估计的坏账损失占应收款项数额的百分比。估计坏账率可以针对单项应收款项进行估计，也可以针对所有应收款项进行估计。通常情况下，企业对于单项金额重大的应收款项应当进行单独的减值测试，或单独估计坏账率。估计坏账率也可以针对应收款项欠账时间的长短即账龄的长短进行估计。一般情况下，账龄越长的应收款项，其坏账的可能性越大，估计坏账率也就越大。企业在估计应收款项的坏账率时，应当综合地考虑以往的实际经验、债务人目前的信用情况和财务状况、外部经济环境的变化情况、行业惯例等因素，尽可能地将坏账率估计得比较贴近实际。企业既不可以故意高估坏账率，以提取秘密准备金，也不可以故意低估坏账率，更不可以随意不估计坏账率。企业估计坏账的方法一旦确定，不可以随意改变，并应当在财务报表附注中予以披露。企业在确定了估计的坏账损失后，应当计提坏账准备，作出相应的会计处理。

企业估计应收款项坏账损失的方法主要有应收款项余额百分比法和应收款项账龄分析法两种。在应收款项余额百分比法下，企业在估计应收款项坏账损失时，以“应收账款”等总账科目的借方余额为基础，采用一个综合的坏账率进行计算。在应收款项账龄分析法下，企业在估计应收款项坏账损失时，以有关应收款项的账龄为基础，分别采用不同的坏账率进行计算。应收款项计提了坏账准备后，应收款项的账面余额减去计提的坏账准备后的余额称为应收款项净值或应收款项账面价值。企业应当以应收款项净值作为应收款项的报告价值，即资产负债表中应收款项项目的列报金额应当是应收款项净值，而不是应收款项的账面余额。应收款项的账面余额通常指有关应收款项总账科目的余额，如“应收账款”总账科目的余额。

按照我国《企业会计准则第 22 号——金融工具确认和计量》的规定，对于由收入交易形成的应收账款，企业应当始终按照相当于整个存续期内预期信用损失的金额计量其损失准备。

（二）应收款项减值的核算

应收款项减值的核算一般应当采用备抵法。在备抵法下，企业应当设置“坏账准备”总账科目。该科目核算企业以摊余成本计量的应收款项等金融资产以预期信用损失为基础计提的损失准备。企业计提坏账准备时，借记“信用减值损失”科目，贷记该科目。企业冲销以前年度多计提的坏账准备以及确认应收款项坏账时，借记该科目，贷记“信用减值损失”“应收账款”等科目。该科目期末贷方余额反映企业已经计提但尚未转销的坏账准备数。该科目可按应收款项的类别进行明细核算。

1. 应收款项余额百分比法

例 2-57

甲公司 20×1 年 12 月 31 日首次对应收账款计提坏账准备。此时，“应收账款”总账科目的借方余额为 100 000 元，公司考虑各种因素后估计的综合坏账率为 4%，估计坏账损失为 4 000 元（100 000×4%）。甲公司应编制如下会计分录：

借：信用减值损失	4 000	
贷：坏账准备		4 000

本例中，20×1年12月31日，甲公司应收账款的账面余额为100 000元，应收账款的账面净值或账面价值为96 000元（100 000－4 000），即“应收账款”总账科目的借方余额100 000元减去相应“坏账准备”科目的贷方余额4 000元后的差额。甲公司应当以应收账款的账面净值96 000元作为报告价值，列入资产负债表的应收款项项目中。

“坏账准备”科目是诸如“应收账款”等应收款项科目的备抵科目，其作用是将“应收账款”等应收款项科目的账面余额通过单独调整和独立反映的方式，降低至账面净值或账面价值，使相应应收款项的账面净值或账面价值反映其预计未来可收回金额的现值，并将相应应收款项的账面净值或账面价值作为报告价值列入财务报表，向财务报表使用者进行报告。

例2-58

承例2-57，甲公司于20×2年3月8日由于欠账单位宣告破产，其财产不足以清偿本公司相应的应收账款2 300元，从而确认相应数额的应收账款坏账。甲公司应编制如下会计分录：

借：坏账准备　　2 300

　　贷：应收账款　　2 300

本例中，由于甲公司在20×1年末已经计提了应收账款坏账准备，并将计提的坏账准备计入了20×1年的费用，因此20×2年实际发生应收账款坏账时不再确认费用，而是转销20×1年末计提的坏账准备。经过转销，“坏账准备”科目的余额为贷方1 700元（4 000－2 300），反映上年末计提、本年尚未实际发生的坏账准备数额。如果“坏账准备”科目出现借方余额，反映本年实际发生的坏账损失数大于上年末计提的坏账准备数。将“坏账准备”科目的贷方余额与借方发生额进行比较，可以反映企业估计坏账的准确性。

例2-59

承例2-58，甲公司在20×2年间还发生了一些应收账款取得和转销的经济业务。至20×2年12月31日，甲公司“应收账款”总账科目的借方余额为120 000元，“坏账准备”总账科目的贷方余额为400元。甲公司估计的坏账率仍为4%。此时，甲公司“坏账准备”总账科目的应有贷方余额为4 800元（120 000×4%），应补计提坏账准备的数额为4 400元（4 800－400）。甲公司应编制如下会计分录：

借：信用减值损失　　4 400

　　贷：坏账准备　　4 400

在应收账款坏账准备的计提业务中，企业每年年末“坏账准备”总账科目的贷方余额，应当等于年末“应收账款”总账科目的借方余额乘以估计的坏账率。在年度中间或者年度末，“坏账准备”总账科目如果出现贷方余额，表示企业在当年实际发生的坏账损失数额小于上年末估计的坏账损失数额；“坏账准备”总账科目如果出现借方余额，表示企业在当年实际发生的坏账损失数额大于上年末估计的坏账损失数额。在年度终了，如果“坏账准备”总账科目的贷方余额大于应计提的坏账准备的数额，表示企业以前年度已经计提了过多的坏账损失，企业应编制的会计分录为借记“坏账准备”科目，贷记“信用减值损失”科目。

例 2-60

承例 2-59，甲公司于 20×3 年 9 月 10 日收回在 20×2 年末曾经确认为坏账的一笔应收账款 1 600 元，原因是欠账人已经走出财务困境，有能力偿还本公司的该笔应收账款了。甲公司应编制如下会计分录：

（1）恢复应收账款时。

借：应收账款　1 600

　贷：坏账准备　1 600

（2）收回应收账款时。

借：银行存款　1 600

　贷：应收账款　1 600

甲公司也可以将以上两笔会计分录合并编制为如下一笔会计分录：

借：银行存款　1 600

　贷：坏账准备　1 600

2. 应收款项账龄分析法

例 2-61

甲公司 20×2 年 12 月 31 日与应收账款相关的“坏账准备”总账科目的借方余额为 300 元，甲公司采用账龄分析法计算应收账款坏账损失，具体计算情况如表 2-4 所示。

表 2-4　应收账款坏账损失计算表

20×2 年 12 月 31 日　　单位：元

应收账款账龄	应收账款金额	估计坏账率（%）	估计坏账损失
未到期	50 000	0.5	250
过期 1 个月	46 000	1	460
过期 2 个月	32 000	2	640
过期 3 个月	18 000	2.5	450
过期 3 个月以上	10 000	4	400
合计	156 000		2 200

根据表 2-4 的计算结果，甲公司应计提的坏账损失为 2 500 元（2 200+300）。甲公司应编制如下会计分录：

借：信用减值损失　2 500

　贷：坏账准备　2 500

如果企业的历史经验表明不同细分客户群体发生损失的情况存在显著差异，那么企业应当对客户群体进行恰当的分组，并在分组基础上运用应收款项账龄分析法计算应收款项预期信用损失。企业可用于对应收款项进行分组的标准可能包括地理区域、产品类型、客户评级、担保物、客户类型等。

以上应收款项余额百分比法和应收款项账龄分析法都是企业用来估计应收款项坏账损失的可选方法。企业应收款项减值的核算除了有备抵法外，还有直接转销法。在直接转销法下，企业不对应收款项的坏账进行估计，待确认应收款项已经成为坏账时，直接将其转销，借记“信用减值损失”科目，贷记“应收账款”等科目。直接转销法尽管会计处理比较简单，但它不符合收入与费用配比的原则，也不符合权责发生制会计核算基础的基本要求。除此之外，我国《企业会计准则第22号——金融工具确认和计量》要求对包含应收款项在内的所有金融资产采用预期信用损失法计提减值准备，即减值准备的计提不以减值的实际发生为前提，而是以未来可能的违约事件造成的损失的期望值来计量。因此，实务中不采用直接转销法来处理应收款项减值的业务。应收款项余额百分比法和应收款项账龄分析法是企业在计量金融资产预期信用损失时，针对应收款项减值业务而运用的简便方法。

企业在对应收款项减值进行核算时，对于不能收回的应收票据，可以先将其转入应收账款，然后，再按应收账款进行减值核算；对于不能收回的预付账款，可以先将其转入其他应收款，然后，再按其他应收款进行减值核算。这样，企业大量的应收款项减值核算将主要集中在对应收账款和其他应收款减值的核算，尤其是对应收账款减值的核算。

思考题

1. 什么是企业的货币资金？企业的货币资金有什么主要的特点？按照存放地点和用途，企业的货币资金可以分为哪几个种类？
2. 企业库存现金收支管理的要求主要有哪些？
3. 现行银行转账结算方式主要有哪几个种类？
4. 企业的其他货币资金主要包括哪些种类？
5. 什么是企业的应收款项？企业的应收款项主要包括哪些种类？
6. 企业应收票据核算的内容主要有哪些？
7. 什么是企业的应收款项减值？企业应当如何核算应收款项的坏账准备？

练习题

练习一

一、目的：练习库存现金和银行存款的核算。

二、资料：甲公司20×1年4月发生如下经济业务：

(1) 2日，从银行提取现金800元，以备日常开支。

(2) 5日，以现金支票500元向采购部门拨付一次性备用金即不定额备用金，供其零星开支使用。

(3) 8日，以库存现金350元补足生产车间报销的定额备用金。

(4) 12日，以库存现金支付管理部门的办公费用280元。

(5) 15日，采购部门报销不定额备用金360元。

(6) 16日，对库存现金进行盘点，盘盈库存现金480元，无法查明原因，经批准转入营业外收入。同日，将盘盈的该笔现金存入银行。

(7) 18日，购买一批原材料，原材料价款10 000元，增值税税额1 300元，款项合计11 300元（10 000+1 300）以银行存款支付，原材料已验收入库。

(8) 19日，开户银行收到一笔应收账款，金额为3 500元。

(9) 27日，对库存现金进行清查，发现库存现金短缺30元，原因待查。

(10) 29日，库存现金清查时发现的现金短缺30元属于无法查明原因的短缺。经批准，计入管理费用。

三、要求：根据以上经济业务，为甲公司编制有关的会计分录。

练习二

一、目的：练习其他货币资金的核算。

二、资料：甲公司20×1年5月发生如下经济业务：

(1) 21日，向开户银行申请办理银行汇票，将18 000元银行存款转存为银行汇票存款。

(2) 23日，持面值为18 000元的银行汇票购买一批原材料，原材料价款15 000元，增值税税额1 950元（15 000×13%），原材料已验收入库。

(3) 26日，将银行存款8 800元划入某证券公司，准备进行短期投资。

(4) 30日，收到银行收款通知，收到银行汇票的多余退款1 050元（18 000－15 000－1 950）。

三、要求：根据以上经济业务，为甲公司编制有关的会计分录。

练习三

一、目的：练习应收票据的核算。

二、资料：甲公司20×1年至20×2年发生如下经济业务：

(1) 20×1年3月6日，向乙公司销售商品一批，货款为200 000元，增值税税额为26 000元，同日收到一张由乙公司签发的商业承兑汇票，该商业承兑汇票的面值为226 000元，不附带利息，付款期限为2个月。

(2) 20×1年5月6日，由乙公司签发的商业承兑汇票到期。由于乙公司发生财务困难，暂时先偿付票据款项210 000元，余款16 000元（226 000－210 000）待以后财务情况好转后立即支付。

(3) 20×1年11月1日，收到丙公司交来的一张银行承兑汇票，票据面值为100 000元，附带年利率为6%，付款期限为6个月，以抵充甲公司应收丙公司相应数额的应收账款。

(4) 20×1年12月31日，对丙公司交来的带息银行承兑汇票计提2个月的应计利息。

(5) 20×2年3月26日，由于急需资金，将持有的丙公司交来的银行承兑汇票向开户银行申请贴现。银行的年贴现利率为8%。

三、要求：根据以上经济业务，为甲公司编制有关的会计分录。

练习四

一、目的：练习应收账款和坏账准备的核算。

二、资料：甲公司20×1年的有关资料如下：

1. 20×1年初的有关资料

(1)“应收账款”总账科目借方余额500 000元。

(2) 与应收账款相联系的“坏账准备”科目贷方余额10 000元。

甲公司采用应收款项余额百分比法计算应收账款预期信用损失。

2. 20×1年间发生的经济业务

（1）3月15日，向乙公司销售商品一批，销售价款100 000元，增值税税额13 000元，款项尚未收到，销货现金折扣条件为：1/20，n/30。甲公司估计乙公司不能在现金折扣期内支付款项。

（2）4月20日，应收丙公司的不带息商业承兑汇票到期，由于丙公司临时发生财务困难，暂时难以支付票据款项，甲公司将面值为106 000元的票据款项转入应收账款。

（3）4月25日，以应向乙公司收取的账款113 000元向银行申请抵借，银行决定按照应收账款金额的70%给公司发放贷款，贷款日利率为0.5‰，款项79 100元（113 000×70%）已经存入公司开户银行。

（4）6月4日，收到应收乙公司的账款101 700元，其中，90 000元为商品售价款，11 700元为增值税税额。由于已经超过现金折扣期限，因此，乙公司已经不能享受支付款项的现金折扣优惠。另外10 000元（100 000－90 000）的商品售价款因质量问题发生销货退回，相应的增值税税额为1 300元。当日，公司以收到的应收账款偿还从银行申请取得的抵押借款79 100元，并支付相应的借款利息。

（5）8月10日，由于欠账单位丁公司宣告破产，其财产不足以清偿本公司相应的应收账款4 200元，将相应的应收账款确认为坏账。

（6）9月25日，去年确认为坏账的一笔应收账款得到回收，金额为21 000元。

3. 20×1年末计提坏账准备前的有关资料

（1）“应收账款”总账科目借方余额800 000元。

（2）与应收账款相联系的“坏账准备”科目贷方余额1 000元。

（3）应收账款的估计坏账率采用与去年末相同的估计坏账率。

三、要求：根据以上资料，为甲公司编制有关的会计分录。同时，为甲公司计算20×1年末应收账款的净值。

练习五

一、目的：练习预付账款和其他应收款的核算。

二、资料：甲公司20×1年7月发生如下经济业务：

（1）2日，根据购销合同向乙公司预付购买一批原材料的款项4 000元，款项以银行存款支付。

（2）8日，向乙公司购买的一批原材料已经到达并验收入库，原材料价款5 000元，增值税税额650元。

（3）12日，以银行存款向乙公司支付全部剩余购货款项1 650元（5 650－4 000）。

（4）19日，在材料采购运输过程中发生材料意外毁损，按保险合同的规定，保险公司应赔偿相应的损失3 500元，保险赔款尚未收到。暂不考虑增值税的因素。

（5）25日，收到保险公司的理赔款项3 500元。

（6）28日，以银行存款预付在建工程的价款26 000元。

（7）31日，原材料库存盘点时发现盘亏2件A材料，每件A材料的单价为30元，共盘亏价值60元（2×30）。经查明，A材料的盘亏主要是由仓库保管人员失职造成的，应责成其赔偿50元，其余10元计入管理费用。暂不考虑增值税的因素。

三、要求：根据以上经济业务，为甲公司编制有关的会计分录。

第三章

存　　货

第一节　存货的概念和种类

一、存货的概念

存货是指企业在日常活动中持有以备出售的产成品或商品、处于生产过程中的在产品、在生产过程或提供劳务过程中耗用的材料和物料等。简言之，存货是企业存放在仓库、车间等地点的货品，这些货品主要是为了对外出售，也可以自己使用。

与企业的其他资产种类相比，存货具有如下主要特征：

(1) 存货具有实物形态，是企业的有形资产，它有别于企业的应收款项结算资产，与货币资金也不相同，与企业的专利权、商标权等无形资产更有明显的区别。

(2) 企业持有存货的目的主要是为了出售，如产成品或商品可以直接出售，在产品在生产完工后出售，原材料投入生产形成产成品后出售，由此，它有别于企业的固定资产和在建工程，也不同于企业的工程物资。

(3) 存货在使用后可能会改变原来的物质形态，如原材料的物质形态融入了产成品的物质形态，由此，它区别于企业的固定资产。

(4) 存货属于非货币性资产，它的价值会随着市场供求关系等因素的改变而发生变动，也会由于超过保质期限等因素而遭受损失，它有别于货币资金和应收款项这类货币数量固定或可收到的货币数量固定的货币性资产。

存货属于企业的流动资产，它不断地处在购置或生产、出售或消耗，然后再购置或生产、再出售或消耗的循环过程中。存货一般在一年内被出售或消耗，从而转换为其他种类的资产，具有较强的流动性。

二、存货的种类

存货存在不同的种类。不同种类的存货，由于其经济内容或来源渠道的不同，管理要求和会计核算方法也不尽相同。对存货进行科学的分类，有利于如实反映各类存货的经济业务实质，对存货实施分类管理。

(一) 按照经济内容分

存货按照经济内容或经济用途通常可以分为如下主要种类：

（1）原材料。这是指企业在生产过程中经加工改变其形态或性质并构成产品主要实体的各种原料及主要材料、辅助材料、外购半成品、包装材料、燃料、修理用备件等。

（2）在产品。这是指企业正处在生产加工过程中的尚未完工或尚未验收入库的产品。

（3）半成品。这是指经过一定生产过程并已检验合格交付半成品仓库保管，但尚未制造完工成为产成品，仍需要进一步加工的中间产品。

（4）库存商品。这是指企业库存的各种可供对外销售或交付订货单位的商品或货品。库存商品在工业企业中也称产成品，是指企业已经生产制造完成并已验收入库，可以对外销售或可以交付订货单位的产品。在工业企业中，企业接受来料加工的代制品，在代为制造完工并验收入库后，也视同企业的产成品。库存商品在商品流通企业中也称为商品，是指企业外购或委托加工完成并验收入库，可用于对外销售的货品或商品。

（5）周转材料。这是指企业能够多次使用，但不符合固定资产标准的材料，主要包括诸如桶、箱等包装物以及诸如工具、管理用具、玻璃器皿等低值易耗品。

（6）委托加工物资。这是指企业委托外单位加工的各种材料、商品等物资。委托加工物资从原材料、库存商品等存货种类中转出，形成一个独立的存货种类。

（二）按来源渠道分

存货按照来源渠道通常可以分为如下主要种类：

（1）外购存货。这是指企业通过向外部购买的渠道取得的存货，如工业企业外购的原材料、商品流通企业外购的商品等。

（2）自制存货。这是指企业通过自己制造的渠道取得的存货，如工业企业自制的产成品等。

（3）委托外单位加工完成的存货。这是指企业通过委托外单位加工的渠道取得的存货。

（4）投资者投入的存货。这是指企业通过投资者投入的渠道取得的存货。

（5）接受捐赠的存货。这是指企业通过捐赠者捐赠的渠道取得的存货。

第二节 原材料

原材料是存货中常见的一个种类。原材料的日常业务可以按实际成本核算，也可以按计划成本核算。两种核算方法存在较大的差别，企业应当根据自身生产经营活动的特点和原材料的管理要求，选择使用按实际成本核算的方法或按计划成本核算的方法。

一、按实际成本核算

原材料的日常业务按实际成本核算，表示原材料的取得或收入、原材料发出以及结存都以实际成本为基础进行核算。

（一）原材料的取得

1. 原材料取得时的入账价值

企业在取得原材料时，应当按照原材料的实际取得成本计价入账。企业取得原材料的主要渠道是外购。企业外购原材料的实际成本也称为采购成本，它是指企业的原材料从采购到入库前所发生的全部合理支出，其中主要包括购买价款、相关税费、运输费、装卸费、包装费、保险费和其他可归属于原材料采购成本的费用。在企业外购原材料的采购成本中，购买价款通常构成采购成本的最主要部分，它是指企业购入原材料的发票账单上列明的价格，但不包括按规定可以抵扣的增值税税额。相关税费如消费税、进口关税、不能抵扣的增值税进项税额、教育费附加等。按照规定可以抵扣的增值税进项税额不包括在采购成本中，而单独作为应交税费的减少处理。其他可归属于原材料采购成本的费用如采购过程中发生的仓储费、运输途中的合理损耗、入库前的挑选整理费用等。

企业在外购原材料的过程中发生的各项采购成本，能分清负担对象的，应直接计入相关原材料的采购成本；不能分清负担对象的，应选择合理的分配方法，分配计入相关原材料的采购成本。分配的方法通常包括按所购原材料的重量或采购价格的比例进行分配。

对于采购过程中发生的原材料毁损、短缺等，除合理的损耗应作为原材料的采购成本处理外，其他的毁损和短缺应区别不同的情况进行会计处理。具体来说，对于应从供货单位、外部运输机构等收回的原材料短缺或其他赔款，应当冲减原材料的采购成本；对于因遭受意外灾害而发生的损失和尚待查明原因的途中损耗，不增加原材料的采购成本，应暂作为待处理财产损溢进行核算，待查明原因按照管理权限报经批准后计入管理费用或营业外支出。

企业自制的原材料应当按照制造成本法确定的制造成本计价入账，即按照制造过程中发生的直接材料、直接人工和制造费用计价入账。企业通过委托外单位加工完成的原材料，其实际成本包括耗用的原材料或半成品、加工费、装卸费、保险费、往返运输费和相关税费等。企业通过投资者投入渠道取得的原材料应当按照投资合同约定的价值，或者按照原材料的公允价值计价入账。企业通过接受捐赠渠道取得的原材料应当按照捐赠者提供的有关凭据中标明的价值，或者按照原材料的公允价值计价入账。

2. 核算科目的设置

原材料按实际成本核算时，企业应当设置“原材料”和“在途物资”总账科目。其中，“原材料”总账科目核算企业库存各种原材料的实际成本。该科目借方登记因外购等原因而形成的原材料的增加数，贷方登记因发出等原因而形成的原材料的减少数，期末借方余额反映企业库存原材料的实际成本数。该科目可按原材料的保管地点、原材料的类别、品种和规格等进行明细核算。

“在途物资”总账科目核算企业已经购买但原材料尚在运输途中或尚未验收入库的在途原材料的实际成本。该科目借方登记因外购原材料而形成的在途原材料的增加数，贷方登记因验收入库而形成的在途原材料的减少数，期末借方余额反映企业已经购买但尚未验收入库的在途原材料的实际采购成本数。该科目可按供应单位和物资品种进行明细核算。

3. 原材料已经验收入库，同时结算凭证已经到达

企业在购买原材料时，原材料的运输与有关结算凭证的传递都需要时间，两者到达企业的时间可能一致，也可能有先有后。不同情况下的会计处理存在一些差异。

在原材料已经验收入库，同时结算凭证也已经到达的情况下，企业应当根据原材料验收入库凭证、购货发票等有关结算凭证，借记“原材料”“应交税费”等科目，贷记“银行存款”“应付票据”“其他货币资金”“应付账款”等科目。

例3-1

甲公司20×1年3月3日购入一批原材料，原材料价款20 000元，增值税税额2 600元（20 000×13%），购货发票等有关结算凭证已经到达，款项通过开出一张面值为22 600元的商业汇票承诺支付，原材料已验收入库。甲公司应编制如下会计分录：

借：原材料　　20 000
　　应交税费——应交增值税（进项税额）　　2 600
　贷：应付票据　　22 600

本例中，如果企业通过开出转账支票、汇兑等方式直接以银行存款支付款项，会计分录中应当贷记“银行存款”科目；如果企业以银行本票、银行汇票来支付款项，会计分录中应当贷记“其他货币资金”科目；如果企业以赊购的方式或者纯粹以商业信用的方式购买原材料，会计分录中应当贷记“应付账款”科目。

4. 原材料尚未验收入库，结算凭证已经到达

在原材料尚未验收入库，结算凭证已经到达的情况下，企业应当根据购货发票等有关结算凭证，借记“在途物资”“应交税费”等科目，贷记“银行存款”“应付票据”“其他货币资金”“应付账款”等科目。待原材料到达并验收入库后，再根据原材料验收入库凭证，借记“原材料”科目，贷记“在途物资”科目。

例3-2

甲公司20×1年4月5日购入一批原材料，购货发票等有关结算凭证已经到达，原材料价款100 000元，相应的增值税税额13 000元（100 000×13%），运输途中的保险费用1 500元，对方代垫包装费用、装卸费和仓储费共计1 200元，以上款项合计115 700元（100 000+13 000+1 500+1 200）均已经通过银行转账支付，原材料尚在运输途中。本次购入原材料的采购成本为102 700元（100 000+1 500+1 200）。暂不考虑与代垫包装费、装卸费、仓储费以及运输途中的保险费等经济业务相关的应交税费因素。甲公司应编制如下会计分录：

借：在途物资　　102 700
　　应交税费——应交增值税（进项税额）　　13 000
　贷：银行存款　　115 700

例3-3

承例3-2，甲公司于20×1年4月12日收到购入的相应原材料，原材料已经验收入库。甲公司应编制如下会计分录：

借：原材料　　102 700
　贷：在途物资　　102 700

5. 原材料已经验收入库，结算凭证尚未到达

在原材料已经验收入库，结算凭证尚未到达的情况下，如果原材料验收入库的日期不在会计期末，那么，企业可以暂时不作会计处理，将相应的原材料验收入库凭证单独保存。待有关的结算凭证到达后，企业再根据原材料验收入库凭证、购货发票等有关结算凭证，作出相应的会计处理。此时，相应的会计处理如同原材料已经验收入库、同时结算凭证已经到达的情况。如果原材料验收入库的日期在会计期末，或者企业等到会计期末仍然没有收到有关的结算凭证，那么，企业应当按照已经验收入库的原材料的暂估价，借记“原材料”科目，贷记“应付账款”科目。待下一个会计期初，再冲回以上会计分录，借记“应付账款”科目，贷记“原材料”科目。

例 3-4

甲公司 20×1 年 5 月 28 日收到一批购买的原材料，原材料已经验收入库，但相应的购货发票等结算凭证尚未收到。

本例中，甲公司可以暂时不编制会计分录。

例 3-5

承例 3-4，甲公司于 20×1 年 5 月 31 日有关的购货发票等结算凭证仍然没有收到。甲公司按照已经验收入库的原材料的暂估价值 41 000 元编制如下会计分录：

借：原材料　　41 000
　贷：应付账款　　41 000

例 3-6

承例 3-5，甲公司于 20×1 年 6 月 1 日冲回上月末按暂估价值 41 000 元计价入账的原材料，编制如下会计分录：

借：应付账款　　41 000
　贷：原材料　　41 000

例 3-7

承例 3-6，甲公司于 20×1 年 6 月 3 日收到购买原材料的购货发票等相关结算凭证。有关凭证显示，该批原材料的价款为 40 000 元，相应的增值税税额为 5 200 元（40 000×13%）；对方代垫运输费用为 1 000 元，由专门运输公司开具的货物运输业增值税专用发票上注明的相应增值税税额为 90 元（1 000×9%）。本次外购原材料的采购成本为 41 000 元（40 000+1 000），准予抵扣的增值税进项税额为 5 290 元（5 200+90）。甲公司以银行存款支付以上所有款项 46 290 元（40 000+5 200+1 000+90）。甲公司应编制如下会计分录：

借：原材料　　41 000
　　应交税费——应交增值税（进项税额）　　5 290
　贷：银行存款　　46 290

我国现行增值税法规规定，增值税一般纳税人的标准税率为 13%。交通运输业提供交通运输服务适用低税率 9%。

6. 存在现金折扣的原材料赊购

企业在赊购原材料时，可能会在赊购合同中约定购货现金折扣。购货现金折扣与销货现金折扣相对应，它是指企业如果在折扣期限内付款，可以享受发票金额一定比率的折扣。我国《企业会计准则第1号——存货》及其应用指南对于购货现金折扣的会计处理方法没有给出明确的具体规定。国际会计准则理事会制定发布的《国际会计准则第2号——存货》要求现金折扣应当从存货成本中扣除，国际财务报告解释委员会也确定存货成本应扣除所收到的现金折扣。目前，国际会计准则理事会制定发布的准则不再称国际会计准则，而改称国际财务报告准则。

例3-8

甲公司20×1年7月2日赊购一批原材料，原材料价款10 000元，增值税税额1 300元（10 000×13%），赊购合同约定的现金折扣条件为2/10，n/30，即10天内付款可以取得原材料购买价款2%的现金折扣，30天内付款需要按照购买价款全额支付。原材料已经验收入库，同时结算凭证已经到达。甲公司应编制如下会计分录：

借：原材料	10 000	
应交税费——应交增值税（进项税额）	1 300	
贷：应付账款		11 300

例3-9

承例3-8，甲公司于20×1年7月10日以银行存款支付了购买原材料的全部价款11 100元（10 000×98%+1 300），相应取得现金折扣200元（10 000−9 800）。甲公司应编制如下会计分录：

借：应付账款	11 300	
贷：银行存款		11 100
原材料		200

如同销货现金折扣，购货现金折扣通常也只针对购买价款，而不针对增值税税额。增值税税额应当严格按照税法的规定计算并进行相应的会计处理。根据税法规定，现金折扣不得从销售额中扣除，因此，不会减少增值税税额。

例3-10

承例3-8，假设甲公司于20×1年7月18日以银行存款支付了购买原材料的全部价款11 300元。由于已经超过现金折扣期限，甲公司没有取得相应的现金折扣。甲公司应编制如下会计分录：

借：应付账款	11 300	
贷：银行存款		11 300

在存在现金折扣的原材料赊购业务中，对于购货现金折扣的会计处理方法存在不同的看法。除了以上将取得的现金折扣从原材料成本中进行扣除外，也有观点认为应当将取得的现金折扣作为财务费用的减少处理，即将取得的现金折扣作为融资活动中取得的利息收入处理，并且认为这样的处理方法有利于反映企业财务管理的绩效。除此之外，还有观点认为可能取得的现金折扣在一开始就作为原材料成本的减少处理，即原材料在一开始就按照购买价款扣除现金折扣后的净额计价入账。之后丧失的现金折扣作为财务费用的增加处理，或者再去调整增加原材料的账面价值。

7. 原材料采购过程中发生的损耗

原材料在采购过程中由于各种原因可能会发生一定的损耗。对于合理损耗或定额内损耗，按其实际损耗成本计入入库原材料的采购成本，即入库原材料的实际采购成本总额不变，但单位成本可能上升。对于不合理损耗或超定额损耗，根据应由保险公司、运输机构或其他过失人赔偿的金额，借记“其他应收款”科目，根据不能获得补偿的金额，借记“管理费用”“营业外支出”等科目，根据实际损耗金额，贷记“在途物资”科目。尚未明确损耗原因的，应根据实际损耗金额，借记“待处理财产损溢”科目，贷记“在途物资”科目；待查明原因后，根据具体损耗原因，借记“管理费用”“营业外支出”等科目，贷记“待处理财产损溢”科目。

例3-11

甲公司20×1年7月10日按单价100元从供货商乙公司购入10 000件原材料，购货发票等有关结算凭证已经到达，原材料价款1 000 000元（10 000×100），相应的增值税税额130 000元（1 000 000×13%），以上款项合计1 130 000元（1 000 000＋130 000）均已通过银行转账支付，原材料尚未到达甲公司。根据购货合同约定，该批原材料由乙公司负责运送至甲公司，甲公司允许有1%的合理损耗100件，超过合理损耗100件的部分，除非由自然灾害等特殊原因造成，否则应由乙公司作出全额赔偿。原材料经过一段时间的运输后于20×1年7月22日到达甲公司。甲公司在对该批原材料验收时发现，250件原材料发生毁损，无法再使用，原因待查，其余9 750件（10 000－250）原材料验收入库。20×1年7月25日，甲公司查明原材料发生毁损的原因系乙公司装卸、运输不当造成，超过合理损耗的部分150件（250－100）应由乙公司作出全额赔偿，甲公司已经支付的相应增值税税额1 950元（150×100×13%），乙公司应当退还给甲公司。甲公司应编制如下会计分录：

（1）20×1年7月10日，购买原材料时。

借：在途物资　1 000 000
　　应交税费——应交增值税（进项税额）　130 000
　贷：银行存款　1 130 000

（2）20×1年7月22日，原材料到达并验收时。

毁损原材料的成本＝250×100＝25 000(元)
定额内损耗原材料成本＝100×100＝10 000(元)
超定额损耗原材料成本＝150×100＝15 000(元)
入库原材料的总成本＝9 750×100＋10 000＝985 000(元)
入库原材料的单位成本＝985 000/9 750＝101(元)
待处理财产损溢＝1 950＋15 000＝16 950(元)

借：待处理财产损溢　16 950
　　原材料　985 000
　贷：在途物资　1 000 000
　　　应交税费——应交增值税（进项税额转出）　1 950

（3）20×1年7月25日，原材料毁损查明原因时。

借：其他应收款　16 950
　贷：待处理财产损溢　16 950

根据税法的规定，非正常损失的购进货物，其增值税进项税额不得从销项税额中抵扣。因此，非正常毁损原材料的进项税额应当进行转出。

（二）原材料的发出

1. 发出原材料实际成本的计量

企业发出原材料时，发出原材料实际成本的计量可以有先进先出法、移动加权平均法、月末一次加权平均法和个别计价法等方法。企业应当根据原材料实物流转方式、原材料实际管理需要等合理选择相应的计量方法，以合理确定原材料的发出成本。

（1）先进先出法。先进先出法是指以先取得的原材料先发出这样一种原材料成本流转顺序为前提，对发出原材料的实际成本以及剩余库存原材料的实际成本进行计价的一种方法。在先进先出法下，原材料在取得时依取得的时间顺序予以记录和排列，在发出时依取得的时间顺序将先取得的原材料先转销，据此来确定发出原材料的实际成本和剩余库存原材料的实际成本。先进先出法下的成本流转顺序与实物流转顺序相一致。

例3-12

甲公司20×1年5月有关原材料按照先进先出法计价的情况如表3-1所示。

表3-1 原材料明细账

（先进先出法）

金额单位：元

数量单位：件

20×1年		摘要	收入			发出			结存		
月	日		数量	单价	金额	数量	单价	金额	数量	单价	金额
5	1	期初余额							180	10	1 800
	6	购入	120	11	1 320				180 120	10 11	1 800 1 320
	12	发出				180 20	10 11	1 800 220	100	11	1 100
	23	购入	140	12	1 680				100 140	11 12	1 100 1 680
	28	发出				80	11	880	20 140	11 12	220 1 680
	31	本期合计	260		3 000	280		2 900	20 140	11 12	220 1 680

在表3-1中，在20×1年5月6日购入原材料后，结存原材料由两个原材料层或两个存货层组成。第一层的原材料是期初留下的原材料（180件），第二层的原材料是5月6日购入的原材料（120件）。20×1年5月12日发出原材料时，首先发出的是第一层的原材料，即期初留下的原材料，然后才发出第二层的原材料，即5月6日购入的原材料。5月12日发出原材料后，结存的原材料是第二层的原材料，即5月6日购入的原材料。

在先进先出法下，由于采用先取得或先收入的原材料先转销、后取得或后收入的原材料后转销的做法，因此，转销的原材料成本为较先取得的原材料成本，结存的原材料成本为最近取得的原材料成本。在物价持续上涨的情况下，采用先进先出法计算出来的原材料发出成本较低，原材料结存成本接近市价。在先进先出法下，企业可以随时计算出发出原材料的实际成本和结存原材料的实际成本。但这种方法计算比较烦琐，工作量比较大。在物价持续上涨的情况下，原材料的发出成本也会低估，由此，相应的本期利润也会高估。

（2）移动加权平均法。移动加权平均法是指以每次取得原材料的实际成本加上原有库存原材料的实际成本，除以每次取得原材料的数量加上原有库存原材料的数量，据以计算出移动加权平均单价，并以此来计算在下次取得原材料前各次发出原材料实际成本以及之后相应库存原材料实际成本的一种方法。有关计算公式如下：

$$\text{移动加权平均单价}=\frac{\text{原有库存原材料的实际成本}+\text{本次取得原材料的实际成本}}{\text{原有库存原材料的数量}+\text{本次取得原材料的数量}}$$

$$\begin{array}{c}\text{本次发出原材料的}\\\text{实际成本}\end{array}=\begin{array}{c}\text{本次发出原材料的}\\\text{数量}\end{array}\times\begin{array}{c}\text{本次发出原材料前}\\\text{原材料的移动加权平均单价}\end{array}$$

$$\begin{array}{c}\text{本次发出原材料后库存}\\\text{原材料的实际成本}\end{array}=\begin{array}{c}\text{本次发出原材料后的}\\\text{库存原材料数量}\end{array}\times\begin{array}{c}\text{本次发出原材料前原材料的}\\\text{移动加权平均单价}\end{array}$$

例 3-13

甲公司 20×1 年 5 月有关原材料按照移动加权平均法计价的情况如表 3-2 所示。

表 3-2 原材料明细账

（移动加权平均法）

金额单位：元
数量单位：件

20×1年		摘要	收入			发出			结存		
月	日		数量	单价	金额	数量	单价	金额	数量	单价	金额
5	1	期初余额							180	10	1 800
	6	购入	120	11	1 320				300	10.40	3 120
	12	发出				200	10.40	2 080	100	10.40	1 040
	23	购入	140	12	1 680				240	11.33	2 720
	28	发出				80		907	160	11.33	1 813
	31	本期合计	260		3 000	280		2 987	160	11.33	1 813

在表 3-2 中，在 20×1 年 5 月 6 日购入原材料后，需要计算新的移动加权平均单价 10.40 元［(1 800+1 320)/(180+120)］。5 月 12 日发出原材料时，剩余库存原材料的实际成本应当等于剩余库存原材料的数量（100 件）乘以新的移动加权平均单价（10.40 元），发出原材料的实际成本可以用新的加权平均单价（10.40 元）乘以发出的数量（200 件）计算求得，也可以用发出前库存原材料的实际成本（3 120 元）减去发出后剩余库存原材料的实际成本（1 040 元）计算求得。如果移动加权平均单价是一个除尽的数字，那么，以上两种方法计算出来的发出原材料的实际成本是一样的。如果移动加权平均单价是一个除不尽的数字，或者移动加权平均单价存在小数点保留的情况，那么，以上两种方法计算出来的发出原材料的实际成本就会不一样。此时，发出原材料的实际成本应当使用以上第二种方法进行计算，即用发出前库存原材料的实际成本减去发出后剩余库存原材料的实际成本计算。只有这样，期初原材料成本加上本期购进原材料成本等于本期发出原材料成本加上期末原材料成本的等式才能成立，而这是原材料成本的基本等式。

在移动加权平均法下，由于每次发出原材料时，发出原材料实际成本和剩余库存原材料实际成本的计算中都综合地考虑了原材料购入价格的变动因素，因此，相应实际成本的数据比较客观。在移动加权平均法下，企业也可以随时获得发出原材料的实际成本和剩余库存原材料的实际成本，从而有利于企业加强对原材料实际成本的控制。但由于移动加权平均法在每购入一次原材料时都需要单独计算一次移动加权平均单价，因此，相应的计算工作量比较大，在原材料收发业务频繁的企业，计算工作量尤其大。

(3) 月末一次加权平均法。月末一次加权平均法是指以本月合计取得原材料的实际成本加上月初库存原材料的实际成本，除以本月合计取得原材料的数量加上月初库存原材料的数量，据以计算出月份加权平均单价，并以此来计算月份发出原材料实际成本和月末库存原材料实际成本的一种方法。有关计算公式如下：

$$\text{月份加权平均单价}=\frac{\text{月初库存原材料的实际成本}+\text{本月取得原材料的实际成本}}{\text{月初库存原材料的数量}+\text{本月取得原材料的数量}}$$

本月发出原材料的实际成本＝本月发出原材料的数量×月份加权平均单价

月末库存原材料的实际成本＝月末库存原材料数量×月份加权平均单价

例 3-14

甲公司 20×1 年 5 月有关原材料按照月末一次加权平均法计价的情况如表 3-3 所示。

表 3-3 原材料明细账

（月末一次加权平均法）

金额单位：元
数量单位：件

20×1年		摘要	收入			发出			结存		
月	日		数量	单价	金额	数量	单价	金额	数量	单价	金额
5	1	期初余额							180	10	1 800
	6	购入	120	11	1 320				300		
	12	发出				200			100		
	23	购入	140	12	1 680				240		
	28	发出				80			160		
	31	本期合计	260		3 000	280		3 054	160	10.91	1 746

在表 3-3 中，企业在月末时才计算月份加权平均单价 10.91 元［(1 800＋3 000)/(180＋260)］。然后，再以月份加权平均单价乘以月末原材料结存数量（160 件）得出月末原材料的实际成本（1 746 元）。本月发出原材料的实际成本可以用本月发出原材料的数量（280 件）乘以月份加权平均单价计算得到，也可以用月初原材料的实际成本（1 800 元）加上本月购入原材料的实际成本（3 000 元）再减去月末原材料的实际成本（1 746 元）计算得到。

与移动加权平均法一样，月末一次加权平均法在计算发出原材料和月末原材料的实际成本时，由于采用了加权平均单价，因此，相应的实际成本数字比较客观。但在月末一次加权平均法下，企业在平时不能获得发出原材料的实际成本和剩余库存原材料的实际成本，这种方法不利于企业对原材料实际成本的日常控制。

(4) 个别计价法。个别计价法，也称个别认定法、具体辨认法或分批实际法，是指对发出的原材料和剩余库存的原材料分别进行具体辨认，并在此基础上以其实际的取得成本作为发出原材料的实际成本和剩余库存原材料的实际成本的一种方法。在个别计价法下，原材料的实物流转与成本流转达到了完全一致。

例 3-15

甲公司 20×1 年 5 月有关原材料按照个别计价法计价的情况如表 3-4 所示。

表 3-4 原材料明细账

（个别计价法）

金额单位：元
数量单位：件

20×1 年		摘要	收入			发出			结存		
月	日		数量	单价	金额	数量	单价	金额	数量	单价	金额
5	1	期初余额							180	10	1 800
	6	购入	120	11	1 320				180 120	10 11	1 800 1 320
	12	发出				100 100	10 11	1 000 1 100	80 20	10 11	800 220
	23	购入	140	12	1 680				80 20 140	10 11 12	800 220 1 680
	28	发出				80	12	960	80 20 60	10 11 12	800 220 720
	31	本期合计	260		3 000	280		3 060	80 20 60	10 11 12	800 220 720

在表 3-4 中，假设 5 月 12 日发出的 200 件原材料中，经过个别辨认，100 件属于期初的原材料，另外 100 件属于 5 月 6 日购入的原材料，它们的实际成本分别为 1 000 元（100×10）和 1 100 元（100×11）。因此，此次发出原材料的实际成本为 2 100 元（1 000+1 100）。5 月 12 日发出原材料后剩余的原材料，经过个别辨认，80 件属于期初的原材料，另外 20 件属于 5 月 6 日购入的原材料，它们的实际成本分别为 800 元（80×10）和 220 元（20×11）。因此，此次发出原材料后剩余库存原材料的实际成本为 1 020 元（800+220）。再假设 5 月 28 日发出的原材料 80 件，经过个别辨认，全部属于 5 月 23 日购入的原材料，其实际成本为 960 元（80×12）。5 月 28 日发出原材料后剩余的原材料，经过个别辨认，80 件属于期初的原材料，20 件属于 5 月 6 日购入的原材料，另外 60 件属于 5 月 23 日购入的原材料，它们的实际成本分别为 800 元（80×10）、220 元（20×11）和 720 元（60×12）。因此，此次发出原材料后剩余库存原材料的实际成本为 1 740 元（800+220+720）。

由于个别计价法采用个别辨认或具体辨认、分批辨认的方法，因此，与先进先出法、移动加权平均法、月末一次加权平均法相比，个别计价法计量出来的原材料实际成本，包括发出原材料的实际成本和库存原材料的实际成本，都最为准确。但个别计价法在具体辨认原材料的批次时，相应的工作量比较大，有时辨认起来可能也比较麻烦。不过，在计算机信息系统日益广泛地应用于原材料日常业务记录的情况下，个别计价法在应用时的具体困难也会逐渐变小。

企业发出原材料实际成本的计量方法除了可以有先进先出法、移动加权平均法、月末一次加权平均法和个别计价法外，还可以有后进先出法。后进先出法是指以后取得的原材料先发出这样一种原材料成本流转顺序为前提，对发出原材料的实际成本以及剩余库存原材料的实际成本进行计价的一种方法。在后进先出法下，期末原材料的实际成本是以前期间购入的原材料的实际成本，与现行市价存在一定的差距，而且时间越长，差距越大。另外，后进先出法的成本流转顺序与实物流转顺序相反。我国现行企业会计准则不允许企业使用后进先出法。

我国《企业会计准则第1号——存货》第十四条规定：企业应当采用先进先出法、加权平均法或者个别计价法确定发出存货的实际成本。

2. 核算科目的设置和核算举例

为核算发出原材料的业务，企业应当设置“原材料”总账科目。在实际成本法下，企业发出原材料时，按照发出原材料的实际成本借记“生产成本”“制造费用”“销售费用”“管理费用”等科目，贷记该科目。也即原材料既可以供生产车间生产产品使用，也可以供生产车间、行政管理部门和销售部门等作为日常办公用品使用。生产产品使用的原材料和日常办公使用的办公用品通常都在“原材料”科目中核算。

例3-16

甲公司20×1年5月末使用月末一次加权平均法结转发出原材料的实际成本3 054元。根据领料单以及由此编制的发料凭证汇总表，并根据相应的原材料明细账，经计算，5月份，公司的生产车间领用原材料1 964元，车间管理部门领用原材料654元，行政管理部门领用原材料436元。甲公司应编制如下会计分录：

借：生产成本	1 964	
制造费用	654	
管理费用	436	
贷：原材料		3 054

本例中，由于企业使用月末一次加权平均法结转发出原材料的实际成本，因此，企业只有在月末才能计算出发出原材料的实际成本，也只有在月末才能编制结转发出原材料实际成本的会计分录。事实上，即使企业使用诸如先进先出法、移动加权平均法、个别计价法计算发出原材料的实际成本，从而在每次发出原材料时都可以及时计算出发出原材料的实际成本，企业也可以出于简化会计核算的目的，在月末经汇总后一次性编制结转发出原材料实际成本的会计分录。

企业在确定发出原材料的实际成本时，可以选择使用先进先出法、移动加权平均法、月末一次加权平均法和个别计价法。方法一旦选定，不能随意改变。如确需改变，应在财务会计报表附注中予以说明。

二、按计划成本核算

（一）计划成本法的基本原理

原材料的日常核算可以以实际成本为基础，也可以以计划成本为基础。如果原材料的日常核算以计划成本为基础，那么，原材料日常的取得或收入、发出和结存都以计划成本予以记录。原材料在取得时的实际成本与计划成本的差异通过材料成本差异予以单独记录。会计期末，材料成本差异通过计算材料成本差异率的方法分摊计入发出原材料的计划成本和结存原材料的计划成本，从而将发出原材料和结存原材料的计划成本调整成为实际成本。从本质上说，原材料按计划成本核算的这种方法即原材料的计划成本法，和原材料按实际成本核算的方法，都属于原材料以实际成本为基础的核算方法。只是在计划成本法下，原材料的实际成本被拆分成计划成本和计划成本差异两个部分。按照企业会计准则的规定，企业纳入财务会计报表中的原材料发出成本和期末库存原材料成本都应当是以实际成本为基础的成本数额，而不可以是计划成本数。

原材料按计划成本核算方法下的主要计算公式有：

$$\text{原材料的实际成本}-\text{原材料的计划成本}=\text{材料成本差异}$$

$$\begin{array}{c}\text{本期材料}\\ \text{成本差异率}\end{array}=\frac{\text{期初结存原材料的成本差异}+\text{本期购入原材料的成本差异}}{\text{期初结存原材料的计划成本}+\text{本期购入原材料的计划成本}}\times 100\%$$

$$\begin{array}{c}\text{本期发出原材料应分摊的}\\ \text{成本差异}\end{array}=\begin{array}{c}\text{本期发出原材料的}\\ \text{计划成本}\end{array}\times\begin{array}{c}\text{本期材料成本}\\ \text{差异率}\end{array}$$

$$\begin{array}{c}\text{期末库存原材料}\\ \text{应分摊的成本差异}\end{array}=\left(\begin{array}{c}\text{期初结存原材料的}\\ \text{成本差异}\end{array}+\begin{array}{c}\text{本期购入原材料的}\\ \text{成本差异}\end{array}\right)-\begin{array}{c}\text{本期发出原材料}\\ \text{应分摊的成本差异}\end{array}$$

$$\begin{array}{c}\text{本期发出原材料的}\\ \text{实际成本}\end{array}=\begin{array}{c}\text{本期发出原材料的}\\ \text{计划成本}\end{array}\pm\begin{array}{c}\text{本期发出原材料应分摊的}\\ \text{成本差异}\end{array}$$

$$\begin{array}{c}\text{期末库存原材料的}\\ \text{实际成本}\end{array}=\begin{array}{c}\text{期末库存原材料的}\\ \text{计划成本}\end{array}\pm\begin{array}{c}\text{期末库存原材料应分摊的}\\ \text{成本差异}\end{array}$$

在计划成本法下，企业在采购原材料时，如果实际成本大于计划成本，表示采购超支；如果实际成本小于计划成本，表示采购节约。由此，使用计划成本法有利于企业考核原材料采购部门的采购成绩，防止采购浪费。在计划成本法下，由于原材料的日常核算采用一个固定的计划成本，从而不需要计算诸如移动加权平均单价，也不需要辨别发出原材料的先后顺序或单独批次，因此，日常核算工作比较简便。对于计划管理基础较好的企业，原材料的日常核算可以考虑以计划成本为基础。

原材料采用计划成本法进行日常核算的有效性，在很大程度上取决于计划成本数字确定得是否合理。企业应当根据市场供求关系及其相关因素合理确定原材料的计划成本，使原材料的计划成本尽可能接近实际成本。计划成本一旦确定，除非特殊情况，在一个会计年度内一般不予改变。

（二）原材料的取得和发出

1. 核算科目的设置

在计划成本法下，原材料的核算需要设置“原材料”“材料采购”“材料成本差异”等总账科目。其中，“原材料”总账科目核算企业库存各种原材料的计划成本。企业购入并验收入库原材料时，按入库原材料的计划成本借记该科目，按入库原材料的实际成本贷记“材料采购”科目，按入库原材料的实际成本与计划成本的差异，借记或贷记“材料成本差异”科目。生产经营领用原材料时，按领用原材料的计划成本借记“生产成本”“制造费用”“管理费用”等科目，贷记“原材料”科目。该科目期末借方余额反映企业库存原材料的计划成本。该科目可按原材料的保管地点、原材料的类别、品种和规格等进行明细核算。“原材料”科目是实际成本法和计划成本法下共同使用的会计科目。

“材料采购”总账科目核算企业购入原材料的实际成本。企业购入原材料时，按购入原材料的实际成本借记该科目，按实际支付或应支付的金额贷记“银行存款”“其他货币资金”“应付票据”“应付账款”“预付账款”等科目。企业验收入库原材料时，按入库原材料的计划成本借记“原材料”科目，按入库原材料的实际成本贷记该科目，按入库原材料的实际成本与计划成本的差异，借记或贷记“材料成本差异”科目。该科目期末借方余额反映企业在途原材料的采购成本。该科目可按供应单位和原材料品种进行明细核算。

“材料成本差异”总账科目核算企业库存原材料的实际成本与计划成本的差异。当入库原材料的实际成本大于计划成本时，借记该科目和“原材料”科目，贷记“材料采购”科目。当入库原材料的实际成本小于计划成本时，借记“原材料”科目，贷记该科目和“材料采购”科目。期末结转发出原材料应负担的材料成本差异时，对于实际成本大于计划成本的差异，借记“生产成本”“制造费用”“管理费用”等科目，贷记该科目；对于实际成本小于计划成本的差异，借记该科目，贷记“生产成本”“制造费用”“管理费用”等科目。该科目期末借方余额反映企业库存原材料的实际成本大于计划成本的差异；贷方余额反映企业库存原材料的实际成本小于计划成本的差异。该科目可按原材料类别进行明细核算。

为简化原材料的日常核算，在平时原材料验收入库时，企业也可以按原材料的计划成本借记“原材料”科目，贷记“材料采购”科目。待月末对月份内的材料采购成本差异作一次性结转时，对于月份内采购成本的超支数额，借记“材料成本差异”科目，贷记“材料采购”科目；对于月份内采购成本的节约数额，借记“材料采购”科目，贷记“材料成本差异”科目。在平时原材料验收入库时，企业还可以不作会计分录。待月末对月份内入库原材料的计划成本作一次性计算后，按月份内入库原材料的计划成本，借记“原材料”科目，贷记“材料采购”科目，然后，对于原材料采购成本的节约数或超支数，再作出相应的会计处理。

在计划成本法下，由于原材料的计划成本是固定的，因此，原材料明细账中的金额，包括收入栏目的金额、发出栏目的金额和结存栏目的金额，都可以根据原材料的计划单价乘以入库数量计算得到。原材料明细账的登记工作比较简单。

2. 原材料的取得

例3-17

甲公司20×1年6月2日购入一批原材料，原材料价款20 000元，增值税税额2 600元（20 000×13%），原材料尚未验收入库，购货发票等结算账单已经收到，款项合计22 600元（20 000+2 600）以银行存款支付。该批原材料的计划成本为22 000元。甲公司应编制如下会计分录：

借：材料采购	20 000	
应交税费——应交增值税（进项税额）	2 600	
贷：银行存款		22 600

例3-18

承例3-17，甲公司于20×1年6月7日将购入的原材料验收入库。甲公司应编制如下会计分录：

借：原材料	22 000	
贷：材料采购		20 000
材料成本差异		2 000

在例 3－17 和例 3－18 中，甲公司本次的原材料采购为节约，“材料成本差异”科目表现为贷方余额。

例 3－19

甲公司 20×1 年 7 月 10 日以商业汇票支付方式购入一批原材料，原材料价款 10 000 元，增值税税额 1 300 元（10 000×13%），原材料于购入当日验收入库。该批原材料的计划成本为 9 000 元。甲公司应编制如下会计分录：

（1）购入原材料时。

借：材料采购 10 000
　　应交税费——应交增值税（进项税额） 1 300
　贷：应付票据 11 300

（2）原材料验收入库时。

借：原材料 9 000
　　材料成本差异 1 000
　贷：材料采购 10 000

本例中，尽管企业购入的原材料于当日验收入库，为如实反映原材料的采购业务和采购的实际成本，原材料采购的业务仍然需要通过“材料采购”科目进行核算。甲公司本次的原材料采购为超支，“材料成本差异”科目表现为借方余额。

例 3－20

甲公司 20×1 年 8 月 29 日购入一批原材料，该批原材料已验收入库，购货发票等结算凭证尚未收到，款项尚未支付。该批原材料的计划成本为 5 500 元。

本例中，对于该笔购入原材料的业务，甲公司可以暂时不作会计处理。

例 3－21

承例 3－20，甲公司于 20×1 年 8 月 31 日仍然没有收到购入原材料的购货发票等结算凭证。甲公司按该批原材料的计划成本编制如下会计分录：

借：原材料 5 500
　贷：应付账款 5 500

例 3－22

承例 3－21，甲公司于 20×1 年 9 月 1 日冲回 8 月 31 日对尚未收到购货发票等结算凭证的入库原材料所编制的会计分录。甲公司应编制如下会计分录：

借：应付账款 5 500
　贷：原材料 5 500

例 3－23

承例 3－22，甲公司于 20×1 年 9 月 2 日收到已经验收入库的原材料的购货发票等结算凭证。有关凭证显示，该批原材料的实际价款为 5 000 元，增值税税额为 650 元（5 000×13%），甲公司以银行存款支付相应的全部款项 5 650 元（5 000＋650）。甲公司应编制如下会计分录：

借：材料采购 5 000
　　应交税费——应交增值税（进项税额） 650
　贷：银行存款 5 650

本例中，企业可以暂时不编制借记“原材料”科目，贷记“材料采购”“材料成本差异”科目的会计分录。等到月末对入库原材料的有关凭证进行汇总并分别计算出入库原材料的实际成本和计划成本合计数，并据此一次性确定月份内原材料采购的节约数或者超支数后，再一次性编制借记“原材料”科目，贷记“材料采购”“材料成本差异”科目的会计分录，或者借记“原材料”“材料成本差异”科目，贷记“材料采购”科目的会计分录。

例 3-24

甲公司 20×1 年 10 月 29 日购入一批原材料，原材料价款 4 000 元，增值税税额 520 元（4 000×13%），原材料尚未验收入库，购货发票等结算账单已经收到，款项尚未支付。该批原材料的计划成本为 3 800 元。甲公司应编制如下会计分录：

借：材料采购　4 000
　　应交税费——应交增值税（进项税额）　520
　贷：应付账款　4 520

本例中，甲公司购入的该批原材料如果在 10 月 31 日仍然尚在运输途中或者没有验收入库，甲公司不作任何会计分录。对于该批原材料来说，采购的实际成本为 4 000 元，计划成本尚未登记入账，因此，在账面上也暂时不反映材料成本差异。如果企业采用月末一次结转材料成本差异的方法，结转的材料成本差异中应当不包括以上尚未验收入库的原材料的材料成本差异数。企业只有对已经验收入库并且已经收到购货发票等结算账单的原材料，才入账登记其实际成本、计划成本和材料成本差异，并据此计算材料成本差异率。

3. 原材料的发出

例 3-25

甲公司 20×1 年 5 月 12 日生产车间领用一批原材料，该批原材料的计划成本为 15 000 元；车间管理部门领用一批原材料，该批原材料的计划成本为 6 000 元。甲公司应编制如下会计分录：

借：生产成本　15 000
　　制造费用　6 000
　贷：原材料　21 000

本例中，“生产成本”“制造费用”总账科目中记录的都是原材料的计划成本数。这些数字只能作为一种临时的记录，需要在月末将其调整为实际成本的数字后才能进入财务会计报表。甲公司在日常发出原材料时，也可以不编制会计分录。等到月末对发出的原材料进行汇总计算后，再一次性编制相应的会计分录。

（三）期末材料成本差异的分摊

例 3-26

甲公司 20×1 年 5 月 31 日根据“发料凭证汇总表”等有关凭证汇总的 5 月份发出原材料的计划成本情况为：生产车间领用 50 000 元，车间管理部门领用 10 000 元，公司行政管理部门领用 6 000 元。甲公司应编制如下会计分录：

借：生产成本 50 000

　　制造费用 10 000

　　管理费用 6 000

　贷：原材料 66 000

例 3-27

承例 3-26，甲公司于20×1年5月31日对发出原材料和库存原材料分摊和结转材料成本差异。有关资料为：月初原材料的计划成本为12 000元，月初原材料的材料成本差异为节约1 000元；本月购入原材料的计划成本为60 000元，本月购入原材料的实际成本为62 440元，本月购入原材料的材料成本差异为超支2 440元（62 440－60 000）；本月材料成本差异率为2%［即（2 440－1 000）/(12 000＋60 000)］，具体为超支差异率；本月发出原材料应当负担的材料成本差异为1 320元（66 000×2%），差异种类为超支，具体负担情况为：生产成本1 000元（50 000×2%），制造费用200元（10 000×2%），管理费用120元（6 000×2%）。根据以上资料，甲公司应编制如下会计分录：

借：生产成本 1 000

　　制造费用 200

　　管理费用 120

　贷：材料成本差异 1 320

本例中，月末原材料的计划成本为6 000元（12 000＋60 000－66 000）。材料成本差异经分摊后，月末材料成本差异为超支120元（－1 000＋2 440－1 320）。月末原材料的实际成本为6 120元（6 000＋120）。

根据企业会计准则的规定，企业材料成本差异的分摊应当按月进行，不可以在季末或年末一次计算和分摊。

第三节 库存商品

库存商品是存货中另一个常见的种类。库存商品可以按实际成本核算，也可以按计划成本核算，还可以按售价金额核算。

一、按实际成本核算

库存商品按实际成本核算是指库存商品的取得或收入、发出和结存都按照进价基础即实际成本基础进行核算。

（一）库存商品的取得

1. 库存商品取得时的入账价值

库存商品既包括工业企业中的产成品，也包括商品流通企业中的商品。工业企业中的产成品和商品流通企业中的商品，由于它们的取得方式不一样，在取得时入账价值的确定方法也不一样。

工业企业中的产成品，其入账价值是企业的生产成本，其中包括直接材料、直接人工和制造费用。企业的行政管理费用不计入产成品成本，而计入当期损益。商品流通企业中的商品，其入账价值的确定方法与原材料入账价值的确定方法相似，即是其采购成本，其中包括商品的购入价格和诸如运输费、包装费、保险费等进货费用。商品流通企业对于进货费用也可以先进行归集，待期末再根据商品的存销情况进行分摊。应当由已销商品负担的进货费用计入主营业务成本，进而计入当期损益；应当由未销商品负担的进货费用计入期末商品成本。商品流通企业采购商品的进货费用金额较小的，可以在发生时直接计入当期销售费用。

2. 核算科目的设置

库存商品按实际成本核算时，企业应当设置“库存商品”和“在途物资”总账科目。其中，“库存商品”总账科目核算企业库存各种产成品和商品的实际成本。该科目借方登记因生产完工、外购等原因而形成的库存商品的增加数，贷方登记因对外销售等原因而形成的库存商品的减少数，期末借方余额反映企业库存商品的实际成本数。该科目可按库存商品的种类、品种和规格等进行明细核算。“在途物资”总账科目的使用方法已在以上原材料按实际成本核算中涉及。应用在库存商品中时，该科目适用于商品流通企业中的商品外购业务。

3. 产成品的取得

工业企业在产成品生产完工并验收入库后，应当根据产品成本计算单等有关凭证，借记“库存商品”科目，贷记“生产成本”科目。

例3-28

甲公司20×1年5月31日对本月份生产完工并验收入库的产成品计算出实际生产成本为36 800元。甲公司应编制如下会计分录：

借：库存商品	36 800	
贷：生产成本		36 800

工业企业在平时验收入库产成品时，由于制造费用尚未分摊，产成品成本尚未计算出来，因此，可以暂时不编制会计分录，只登记验收入库产成品的数量。待月末分摊制造费用并计算出验收入库产成品的实际成本后，再编制相应的会计分录。

4. 商品的取得

商品流通企业取得商品时的各种情况如同以上企业取得原材料时的各种情况，如商品和结算凭证同时到达、结算凭证已到但商品尚在运输途中、商品已验收入库但结算凭证尚未到达等情况。商品流通企业各种情况下取得商品时的会计核算方法与以上企业在相应情况下取得原材料时的会计核算方法相同，只是会计科目选用“库存商品”总账科目，而不是“原材料”总账科目。

例3-29

甲公司20×1年6月25日购入商品一批，商品价款30 000元，增值税税额3 900元（30 000×13%），购货发票等结算凭证已经到达，款项合计33 900元（30 000＋3 900）以银行存款支付，商品已验收入库。甲公司应编制如下会计分录：

借：库存商品	30 000	
应交税费——应交增值税（进项税额）	3 900	
贷：银行存款		33 900

例 3-30

甲公司 20×1 年 7 月 10 日购入商品一批，商品价款 40 000 元，相应的增值税税额 5 200 元（40 000×13%），购货发票等结算凭证已经到达，相应款项结算采用商业汇票结算方式，开出并承兑的商业汇票面值为 45 200 元（40 000+5 200），商品尚在运输途中。甲公司以银行存款向供货企业支付由其代垫的商品打包费、商品运输途中的仓储费和装卸搬运费共计 1 500 元。本次外购商品的采购成本为 41 500 元（40 000+1 500）。暂不考虑与商品打包费、商品运输途中的仓储费和装卸搬运费等相关的应交税费因素。甲公司应编制如下会计分录：

借：在途物资 41 500
　　应交税费——应交增值税（进项税额） 5 200
　贷：应付票据 45 200
　　　银行存款 1 500

例 3-31

承例 3-30，甲公司于 20×1 年 7 月 15 日收到购买的商品，并将商品验收入库。甲公司应编制如下会计分录：

借：库存商品 41 500
　贷：在途物资 41 500

（二）库存商品的发出

1. 发出库存商品实际成本的计量

库存商品在按实际成本核算时，企业发出库存商品实际成本的计量方法与以上企业发出原材料实际成本的计量方法相同，即也可以选择使用先进先出法、移动加权平均法、月末一次加权平均法和个别计价法。计量方法一旦选定，不能随意改变。

2. 核算科目的设置和核算举例

为核算发出库存商品的业务，企业应当设置“库存商品”总账科目。在实际成本法下，企业发出库存商品时，按照发出库存商品的实际成本借记“主营业务成本”科目，贷记该科目。即企业发出库存商品将导致企业主营业务成本的增加。作为库存商品核算的存货，其持有的主要目的是对外销售，而不是本企业自己使用或对其进行加工。这是库存商品存货和原材料存货的主要区别。

例 3-32

甲公司 20×1 年 8 月 4 日销售一批库存商品，根据计算，其实际成本为 8 500 元。甲公司应编制如下会计分录：

借：主营业务成本 8 500
　贷：库存商品 8 500

对库存商品来说，其发出的主要原因是对外销售，这与原材料发出的主要原因是生产经营部门领用有所不同。企业在销售库存商品时，库存商品的对外售价形成销售收入或主营业务收入，库存商品的实际成本形成销售成本或主营业务成本。如果企业采用月末一次加权平均法，那么，企业在平时发出库存商品时，可以在库存商品明细账中只登记数量不登记金额，待月末计算出发出库存商品的实际成本时，再一次性结转发出库存商品的实际成本。即使是采用先进先出法、移动加权平均法或个别计价法，企业对于平时发出库存商品的实际成本也可以暂时不作会计处理，等到月末计算出月份内发出库存商品实际成本的合计数时，再一次性作出会计处理。

二、按计划成本核算

库存商品按计划成本核算主要应用于工业企业产成品成本的核算。产成品在按计划成本核算时，可以单独设置“产品成本差异”总账科目。该科目的使用方法可以比照“材料成本差异”总账科目。产成品在按计划成本核算的方法下，“库存商品”总账科目反映企业收入、发出和结存的库存商品的计划成本数。企业在验收入库产成品时，按照产成品的计划成本借记“库存商品”科目，按照产成品的实际生产成本贷记“生产成本”科目，按照产成品的计划成本与实际成本的差额借记或贷记“产品成本差异”科目。企业在发出产成品时，按照产成品的计划成本借记“主营业务成本”科目，贷记“库存商品”科目。企业在月末分摊产成品成本差异时，对于应由已售产成品负担的超支数额，借记“主营业务成本”科目，贷记“产品成本差异”科目；对于应由已售产成品负担的节约数额，借记“产品成本差异”科目，贷记“主营业务成本”科目。期末产成品的实际成本应当等于“库存商品”科目的借方余额加上“产品成本差异”科目的借方余额即超支数额，或者减去“产品成本差异”科目的贷方余额即节约数额。企业资产负债表中的库存商品数额应当按照实际成本反映。

例3-33

甲公司20×1年6月30日生产完工一批产成品，计划成本为6 400元，经计算，实际成本为6 300元。甲公司应编制如下会计分录：

借：库存商品　　6 400
　贷：生产成本　　6 300
　　　产品成本差异　　100

例3-34

甲公司20×1年7月8日销售一批产成品，计划成本为5 800元。甲公司应编制如下会计分录：

借：主营业务成本　　5 800
　贷：库存商品　　5 800

企业在平时销售产成品时，也可以不编制结转产成品计划成本的会计分录，而只在产成品明细账中登记产成品的销售数量。待期末计算出本会计期间内销售产成品的计划成本合计数后，再一次性结转销售产成品的计划成本。

例3-35

甲公司20×1年7月31日分摊产成品计划成本差异，其中，本月份内销售产成品应负担的成本差异为节约400元。甲公司应编制如下会计分录：

借：产品成本差异　　400
　贷：主营业务成本　　400

产成品种类较多的工业企业，产成品按计划成本核算可以简化产成品业务的日常核算。由于产成品生产成本的超支或者节约与原材料采购成本的超支或者节约相关，因此，在用产成品生产成本的超支或者节约数额去考核企业生产车间的工作成绩时，还应当作具体的分析。

三、按售价金额核算

（一）售价金额法的基本原理

库存商品的售价金额法主要适用于商品流通企业，如百货公司、超市等。在售价金额法下，库存商品在购入时按照预设的售价或商品销售标价进行记录，进价或实际采购成本与售价的差额作为商品进销差价单独记录。库存商品在出售时减少库存商品的售价。期末持有的库存商品，首先计算其售价，然后通过计算商品进销差价率，将商品进销差价在已售商品和未售商品之间进行分摊后，再将期末持有的库存商品从售价调整为进价。按照企业会计准则的规定，列入财务会计报表中的期末库存商品以及本期商品销售成本，都应当调整为进价或实际成本的数额。

库存商品按售价金额核算方法下的主要计算公式有：

$$\text{库存商品售价}-\text{库存商品进价}=\text{商品进销差价}$$

$$\text{本期商品进销差价率}=\frac{\text{期初库存商品进销差价}+\text{本期购入商品进销差价}}{\text{期初库存商品售价}+\text{本期购入商品售价}}\times 100\%$$

$$\text{本期销售商品应分摊的商品进销差价}=\text{本期商品销售收入}\times\text{本期商品进销差价率}$$

$$\text{本期销售商品的实际成本}=\text{本期商品销售收入}-\text{本期销售商品应分摊的商品进销差价}$$

$$\text{期末库存商品的实际成本}=\text{期初库存商品的实际成本}+\text{本期购入商品的实际成本}-\text{本期销售商品的实际成本}$$

在诸如百货公司、超市等商品流通企业，库存商品在采购后大多直接上架并贴上售价标签。这些库存商品事实上同时实行进价和售价的双重管理。进销差价是未实现的毛利。在这类商品流通企业，期末持有的库存商品通常可以比较方便地通过累加商品售价获得。这类商品流通企业由于其商品的种类、品种、规格等繁多，因此，要采用实际成本的方法来核算每种库存商品的收入、发出和结存通常比较麻烦。售价金额法在这类商品流通企业得到了广泛的应用。

（二）库存商品的取得和发出

1. 核算科目的设置

在售价金额法下，库存商品的核算需要设置“库存商品”“商品进销差价”等总账科目。其中，“库存商品”总账科目核算库存各种商品的售价。企业购入商品时，按商品的售价借记该科目，按商品的进价贷记“银行存款”“应付票据”“在途物资”等科目，按商品售价与进价的差额贷记“商品进销差价”科目。企业发出商品时，按发出商品的售价借记“主营业务成本”科目，贷记“库存商品”科目。该科目期末借方余额反映企业库存商品的售价。该科目可按库存商品的种类、品种和规格等进行明细核算。

“商品进销差价”总账科目核算库存各种商品的售价与进价之间的差额。企业购入商品时，按商品的售价借记“库存商品”科目，按商品的进价贷记“银行存款”“应付票据”“在途物资”等科目，按商品售价与进价的差额贷记该科目。企业期末或月末分摊已售商品的进销差价时，借记“商品进销差价”科目，贷记“主营业务成本”科目。该科目期末贷方余额反映企业库存商品的进销差价。该科目可按商品的类别或实物管理负责人进行明细核算。

2. 库存商品的取得

例3-36

甲公司20×1年7月5日购买商品一批，商品价款20 000元，增值税税额2 600元（20 000×13%），商品已验收入库，款项合计22 600元（20 000+2 600）以银行存款支付，该批商品购入后即上架对外销售，售价为28 000元。甲公司应编制如下会计分录：

借：库存商品　　28 000
　　应交税费——应交增值税（进项税额）　　2 600
　贷：银行存款　　22 600
　　　商品进销差价　　8 000

3. 库存商品的发出

例3-37

甲公司20×1年7月31日按照已售商品的售价结转商品销售成本。该月份商品售价即取得的主营业务收入合计60 000元。甲公司应编制如下会计分录：

借：主营业务成本　　60 000
　贷：库存商品　　60 000

本例中，主营业务成本是按商品售价反映的，即在数额上等于主营业务收入。月末，通过对商品进销差价的分摊，主营业务成本将调整为实际成本。

（三）期末商品进销差价的分摊

例3-38

承例3-37，甲公司20×1年7月31日结转已售商品的进销差价。有关资料为：月初库存商品的售价金额为10 000元，月初商品进销差价的金额为4 000元，月初库存商品的实际成本为6 000元（10 000－4 000）；本月购入商品的售价金额为70 000元，本月购入商品的进销差价为24 000元，本月购入商品的实际成本为46 000元（70 000－24 000）；本月商品销售收入为60 000元。根据以上资料，本月商品进销差价率为35%［即（4 000+24 000）/(10 000+70 000)］，本月已售商品应分摊的进销差价为21 000元（60 000×35%）。甲公司应编制如下会计分录：

借：商品进销差价　　21 000
　贷：主营业务成本　　21 000

在例3-37和例3-38中，经调整，按实际成本反映的本月主营业务成本为39 000元（60 000－21 000）；按实际成本反映的期末库存商品为13 000元（6 000+46 000－39 000）。

第四节 其他存货

一、周转材料

（一）周转材料的概念和种类

周转材料是企业拥有的可以周转使用的材料，主要包括包装物和低值易耗品等种类。其中，包装物用于包装企业的库存商品，如包装用的桶、箱、袋等；低值易耗品是指价值较低且又容易损耗的物品，一般划分为一般工具、专用工具、管理用具、玻璃器皿等种类。周转材料通常可以是存货中的一个独立的种类，它们不同于原材料，也不同于库存商品。周转材料通常可以多次反复使用，但在单位价值等方面又达不到固定资产的标准。

（二）周转材料的计价

周转材料可以按照实际成本计价，也可以按照计划成本计价。周转材料按实际成本计价和按计划成本计价的方法，可以比照以上原材料按实际成本计价和按计划成本计价的方法。由于周转材料通常可以多次反复周转使用，因此，周转材料在发出时的成本转销方法具有一定的特殊性。周转材料在发出时的成本转销方法一般有一次转销法、分次转销法和五五摊销法。其中，一次转销法是指周转材料在发出时一次转销其全部成本数额的一种方法；分次转销法是指周转材料按使用次数逐次转销其全部成本数额的一种方法；五五摊销法是指周转材料在发出时和报废时分别转销其50%成本数额的一种方法。通常情况下，如果周转材料的金额较小、耐用期间不长，企业可以选择使用一次转销法；如果周转材料的金额较大、耐用期间较长，企业可以选择使用分次转销法或五五摊销法。

（三）周转材料的核算

1. 核算科目的设置

为核算周转材料的业务，企业需要设置“周转材料”总账科目。该科目核算企业周转材料的实际成本或计划成本。企业购入或自制完成周转材料时，借记该科目，贷记“银行存款”“应付票据”“生产成本”“在途物资”等科目。有关部门领用周转材料时，如果使用一次转销法，借记“生产成本”“管理费用”“销售费用”等科目，贷记该科目；如果使用分次转销法或五五摊销法，借记该科目（在用），贷记该科目（在库）。在分次转销法或五五摊销法下，企业转销或摊销周转材料成本时，借记“生产成本”“管理费用”“销售费用”等科目，贷记该科目（摊销）；企业报废周转材料时，借记该科目（摊销），贷记该科目（在用）。该科目可按周转材料的种类进行明细核算。在分次转销法或五五摊销法下，该科目在周转材料的种类下可分别设置“在库”“在用”和“摊销”明细科目进行明细核算。该科目期末借方余额反映企业在库周转材料的实际成本或计划成本以及在用周转材料的摊余成本。

如果企业的包装物和低值易耗品数量较多、金额较大，企业也可以分别设置“包装物”“低值易耗品”总账科目，以利于对包装物和低值易耗品这两类主要的周转材料进行单独核算和管理。

2. 包装物核算举例

例3-39

甲公司20×1年5月12日自制完成一批包装物，实际成本为4 800元，包装物已验收入库。甲公司应编制如下会计分录：

借：周转材料——包装物 4 800
　贷：生产成本 4 800

例3-40

甲公司销售部门20×1年5月18日从仓库领用一批包装物，用于包装本企业生产的产成品，并随同产成品一起对外销售，不单独计价。经计算，该批包装物的实际成本为1 600元。甲公司应编制如下会计分录：

借：销售费用 1 600
　贷：周转材料——包装物 1 600

例3-41

沿用例3-40的资料，如果销售部门领用的该批包装物实行单独计价对外销售的方法，单独售价为2 000元，增值税税额为260元（2 000×13%），款项合计2 260元（2 000+260）已存入开户银行。甲公司应编制如下会计分录：

（1）销售包装物时。

借：银行存款 2 260
　贷：其他业务收入 2 000
　　　应交税费——应交增值税（销项税额） 260

（2）结转包装物成本时。

借：其他业务成本 1 600
　贷：周转材料——包装物 1 600

包装物除了可以由销售部门领用、用于包装库存商品外，还可以由生产车间领用、用于包装产成品并成为产成品的组成部分。包装物还可以用以对外出租或出借。包装物不同的业务内容，会计核算方法也存在差异。另外，包装库存商品用的纸、绳等通常不属于周转材料中的包装物，而属于原材料中的包装材料，在领用时一次转销其成本数额。也即包装物和包装材料分别属于不同种类的存货。

3. 低值易耗品核算举例

例3-42

甲公司20×1年6月20日购入一批低值易耗品，低值易耗品价款8 000元，增值税税额1 040元（8 000×13%），款项合计9 040元（8 000+1 040）以银行存款支付，低值易耗品已验收入库，甲公司采用五五摊销法转销低值易耗品的实际成本。甲公司应编制如下会计分录：

借：周转材料——低值易耗品（在库） 8 000
　　应交税费——应交增值税（进项税额） 1 040
　贷：银行存款 9 040

例 3－43

甲公司行政管理部门于 20×1 年 6 月 28 日从仓库领用一批低值易耗品，该批低值易耗品的实际成本为 2 000 元，甲公司采用五五摊销法转销该批低值易耗品的实际成本 1 000 元（2 000/2）。甲公司应编制如下会计分录：

（1）领用低值易耗品时。

借：周转材料——低值易耗品（在用） 2 000
　贷：周转材料——低值易耗品（在库） 2 000

（2）转销低值易耗品 50% 成本数额时。

借：管理费用 1 000
　贷：周转材料——低值易耗品（摊销） 1 000

例 3－44

承例 3－43，甲公司 20×1 年 10 月 15 日经批准报废 6 月 28 日行政管理部门领用的该批低值易耗品，报废的该批低值易耗品无残值。甲公司转销该批低值易耗品的剩余成本数额 1 000 元（2 000/2），并转销全部在用低值易耗品的成本数额 2 000 元。甲公司应编制如下会计分录：

（1）转销低值易耗品剩余 50% 成本数额时。

借：管理费用 1 000
　贷：周转材料——低值易耗品（摊销） 1 000

（2）转销全部在用低值易耗品成本数额时。

借：周转材料——低值易耗品（摊销） 2 000
　贷：周转材料——低值易耗品（在用） 2 000

例 3－45

沿用例 3－43 的资料，如果甲公司采用一次转销法转销该批低值易耗品的实际成本 2 000 元，甲公司应编制如下会计分录：

借：管理费用 2 000
　贷：周转材料——低值易耗品 2 000

在例 3－43 至例 3－45 中，如果低值易耗品可以多次反复使用，而且金额也比较大，企业一般应当选择分次转销法或五五摊销法摊销其成本数额。采用分次转销法或五五摊销法转销低值易耗品的成本数额，与采用一次转销法相比，尽管会计处理比较复杂，但成本的分摊更加合理，而且分次转销法的合理性还大于五五摊销法。除此之外，采用一次摊销法摊销低值易耗品的成本，由于低值易耗品在发出时在账面上就被全部注销，因此，也不利于低值易耗品的会计控制。在一次转销法下，为加强实物管理，企业在发出低值易耗品时，应当对发出低值易耗品的相应情况在备查账簿中进行登记。

二、委托加工物资

（一）委托加工物资的计价

委托加工物资的成本包括发给受托单位加工的原材料、库存商品等物资的成本，以及支付给受托单位的加工费、支付的运杂费、税金等费用。委托加工物资可以按实际成本核算，也可以按计划成本或售价金额核算，其核算的基本方法与原材料、库存商品相似。

（二）委托加工物资的核算

为核算委托加工物资的业务，企业需要设置“委托加工物资”总账科目。该科目核算委托加工物资的实际成本。企业发给外单位加工的物资时，按实际成本借记该科目，贷记“原材料”“库存商品”等科目；发出的原材料或库存商品按计划成本或售价金额核算的，还应同时结转材料成本差异或商品进销差价。企业可以采用上期材料成本差异率或商品进销差价率计算本期应分摊的材料成本差异或商品进销差价。企业支付加工费、运杂费等时，借记该科目，贷记“银行存款”等科目。委托加工物资加工完成并验收入库时，按加工完成并验收入库物资的实际成本借记“原材料”“库存商品”等科目，贷记该科目；按计划成本或售价金额核算的，按计划成本或售价金额借记“原材料”“库存商品”等科目，按实际成本贷记该科目，按实际成本与计划成本或售价金额之间的差额借记或贷记“材料成本差异”或贷记“商品进销差价”科目。该科目期末借方余额反映企业委托外单位加工尚未完成物资的实际成本。该科目可按加工合同、受托加工单位以及加工物资的品种等进行明细核算。

例3-46

甲公司20×1年7月5日向乙公司发出一批原材料，委托乙公司加工成一批周转材料。发出原材料的实际成本为20 000元。甲公司以银行存款支付原材料的运杂费1 000元。暂不考虑与运杂费相关的应交税费因素。甲公司应编制如下会计分录：

（1）发出原材料时。

借：委托加工物资	20 000	
贷：原材料		20 000

（2）支付运杂费时。

借：委托加工物资	1 000	
贷：银行存款		1 000

例3-47

承例3-46，甲公司于20×1年8月28日向受托加工单位乙公司支付委托加工费用3 500元及其相应的增值税税额455元（3 500×13%），款项以银行存款3 955元（3 500+455）支付；同时，收回加工物资。加工完成物资即周转材料的实际成本为24 500元（20 000+1 000+3 500）。甲公司应编制如下会计分录：

（1）支付加工费用时。

借：委托加工物资	3 500	
应交税费——应交增值税（进项税额）	455	
贷：银行存款		3 955

（2）收回委托加工物资时。

借：周转材料	24 500	
贷：委托加工物资		24 500

根据增值税法规的规定，一般纳税人提供加工劳务属于增值税的征税范围，适用

的增值税税率为13%。

例3-48

沿用例3-46和例3-47的资料，如果甲公司发出原材料委托外单位加工成一批商品，那么，甲公司收回加工完成的商品时，应编制如下会计分录：

借：库存商品 24 500

  贷：委托加工物资 24 500

三、在产品

在产品是企业尚处在加工过程中的产品，其成本的内容包含直接材料、直接人工和制造费用。其中，直接材料是指直接用于产品生产的原材料、周转材料等，直接人工是指直接从事产品生产的职工薪酬，制造费用是指为生产产品而发生的各项间接费用。直接人工和制造费用通常可合称为加工成本，即原材料在加工过程中发生的追加费用。直接材料和直接人工也可合称为直接生产成本或直接费用，制造费用也可称为间接费用。

为核算在产品的业务，企业需要设置“生产成本”总账科目。企业发生各项直接生产成本时，借记该科目，贷记“原材料”“库存现金”“银行存款”“应付职工薪酬”等科目。企业期末分配制造费用时，借记该科目，贷记“制造费用”科目。企业生产完成并验收入库产成品时，借记“库存商品”科目，贷记该科目。该科目期末借方余额反映企业尚未加工完成的在产品成本。

例3-49

甲公司生产车间20×1年8月5日从仓库领用原材料直接用于产品生产，原材料实际成本为6 500元。甲公司应编制如下会计分录：

借：生产成本 6 500

  贷：原材料 6 500

例3-50

甲公司20×1年8月31日应计生产车间直接从事产品生产的职工薪酬19 700元。甲公司应编制如下会计分录：

借：生产成本 19 700

  贷：应付职工薪酬 19 700

例3-51

甲公司20×1年8月31日分配并结转制造费用6 600元。甲公司应编制如下会计分录：

借：生产成本 6 600

  贷：制造费用 6 600

四、发出商品

发出商品是指企业已经发出但尚不满足收入确认条件的商品，如发出的委托代销商品等。企业发出商品时，由于不满足收入确认的条件，不能确认收入。由于企业不能确认收入，相应地也不能将发出的商品转销为成本。此时，企业发出的商品可以归入发出商品这一存货种类，以利于对这一种类的存货进行单独反映和控制。发出商品可以按照实际成本、计划成本或售价金额进行核算。

为核算发出商品的业务，企业需要设置“发出商品”总账科目。企业发出尚不满足收入确认条件的商品时，按照发出商品的实际成本或计划成本或售价金额借记该科目，贷记“库存商品”科目。发出商品满足收入确认的条件时，借记“应收账款”“银行存款”等科目，贷记“主营业务收入”等科目；同时，借记“主营业务成本”科目，贷记该科目；采用计划成本或售价金额核算的，还应结转应分摊的产品成本差异或商品进销差价。该科目期末借方余额反映企业发出商品的实际成本或计划成本或售价金额。该科目可按购货单位、商品类别或品种进行明细核算。

例 3-52

甲公司 20×1 年 8 月 20 日委托乙公司代销一批库存商品，该批库存商品的实际成本为 30 000 元。双方合同约定，此次委托代销业务采用支付手续费的方式进行，乙公司应当按照 40 000 元的固定售价对外销售，甲公司按乙公司实际取得的售价收入向其支付 5%的代销手续费。甲公司于代销合同签订当日向乙公司发出库存商品。甲公司应编制如下会计分录：

借：发出商品	30 000	
贷：库存商品		30 000

例 3-53

承例 3-52，甲公司 20×1 年 9 月 10 日收到乙公司交来的代销清单，乙公司已经将受托代销的该批库存商品全部按照规定的固定价格 40 000 元对外出售，相应的增值税税额为 5 200 元（40 000×13%）。甲公司当即确认应支付给乙公司的代销手续费 2 000 元（40 000×5%）。暂不考虑代销手续费的增值税税额。甲公司应编制如下会计分录：

(1) 收到代销清单并确认收入时。

借：应收账款	45 200	
贷：主营业务收入		40 000
应交税费——应交增值税（销项税额）		5 200

(2) 收到代销清单并结转成本时。

借：主营业务成本	30 000	
贷：发出商品		30 000

(3) 结算代销手续费时。

借：销售费用	2 000	
贷：应收账款		2 000

在例 3-52 和例 3-53 中，甲公司和乙公司采用的委托代销方式为支付代销手续费的方式。甲公司和乙公司还可以采用其他委托代销方式。例如，甲公司委托乙公司代销一批库存商品，双方合同约定，乙公司可以自主决定受托代销商品的对外售价；乙公司在将库存商品对外出售后，向甲公司返还固定售价金额 38 000 元；乙公司如果无法将受托代销商品按高于 38 000 元的价格对外出售，可以将受托代销商品退还给甲公司。在这种情况下，甲公司在将库存商品发给乙公司时，仍然将发出的

库存商品作为发出商品处理。乙公司如果以 42 000 元的价格将受托代销商品对外出售，甲公司可以获得 38 000 元的主营业务收入，乙公司可以获得 4 000 元（42 000－38 000）的代销收入。

第五节　存货清查和存货估价

一、存货清查

（一）存货清查的意义

存货清查是指通过对存货进行实地盘点，然后将实地盘点的结果与账面记录的结果进行核对，从而确定存货实存数与账面结存数是否相符的一种专门方法。

企业的存货由于种类繁多、收发频繁，在日常收发过程中可能会出现记录差错、计量差错的情况。企业的存货还可能会由于自然损耗、变质或者被贪污、盗窃等原因而造成实地盘点结果与账面记录结果不相一致。为确保存货的安全完整，企业需要对存货进行定期或者不定期的清查。对于在清查过程中发现的存货盘盈、盘亏和毁损等情况应当予以记录，并认真查找原因，按照管理权限和相关的规定作出相应的处理。企业至少应当在会计年度结束前对存货进行一次全面的清查，并对清查结果作出相应的会计处理，以确保存货的账面记录与实地盘点结果相符。根据企业会计准则的规定，存货清查过程中发现的盘盈、盘亏和毁损等情况应查明原因，在会计期末结账前处理完毕。

（二）存货清查结果的会计处理

1. 会计科目的设置

为如实反映存货清查过程中发现的盘盈、盘亏和毁损及其处理的业务，企业需要设置“待处理财产损溢”总账科目。该科目借方登记存货的盘亏和毁损数额以及盘盈的转销数额，贷方登记存货的盘盈数额以及盘亏和毁损的转销数额。企业存货的盘盈、盘亏和毁损情况在会计期末结账前处理完毕后，该科目应无余额。该科目可按盘盈盘亏的资产种类和项目进行明细核算。

2. 存货盘盈的会计处理

企业盘盈原材料、库存商品等存货时，借记“原材料”“库存商品”等科目，贷记“待处理财产损溢”科目；按管理权限报经批准后，借记“待处理财产损溢”科目，贷记“管理费用”“营业外收入”等科目。

例 3－54

甲公司 20×1 年 7 月 29 日盘盈原材料 5 件，重置成本共计为 100 元。甲公司应编制如下会计分录：

借：原材料	100	
贷：待处理财产损溢		100

例3-55

承例3-54，甲公司20×1年7月31日查明，盘盈的5件原材料属于收发计量方面的差错，经批准作为减少企业管理费用处理。甲公司应编制如下会计分录：

借：待处理财产损溢	100	
贷：管理费用		100

3. 存货盘亏和毁损的会计处理

企业发现盘亏或毁损原材料、库存商品等存货时，借记“待处理财产损溢”科目，贷记“原材料”“库存商品”等科目。待查明原因并报经批准后作出如下处理：验收入库的残料，记入“原材料”等科目；应由保险公司或责任人赔偿的赔款，记入“其他应收款”科目；扣除残料和赔款后的净损失，属于一般经营损失的部分，记入“管理费用”科目，属于非常损失的部分，记入“营业外支出”科目。相应的会计分录为借记“原材料”“其他应收款”“管理费用”“营业外支出”等科目，贷记“待处理财产损溢”科目。

例3-56

甲公司20×1年8月28日盘亏库存商品13件，每件实际成本为20元，实际成本共计260元（13×20），原因待查。甲公司应编制如下会计分录：

借：待处理财产损溢	260	
贷：库存商品		260

例3-57

承例3-56，甲公司20×1年8月31日查明，盘亏的13件库存商品中，5件100元（5×20）由仓库保管员失职造成，按规定由其个人赔偿，其余8件160元（8×20）属于一般经营损失，经批准计入管理费用。暂不考虑非正常损失库存商品应转出的增值税进项税额因素。甲公司应编制如下会计分录：

借：其他应收款	100	
管理费用	160	
贷：待处理财产损溢		260

例3-58

甲公司20×1年5月12日由于火灾的原因毁损一批原材料，毁损原材料的实际成本为6 900元。甲公司应编制如下会计分录：

借：待处理财产损溢	6 900	
贷：原材料		6 900

例3-59

承例3-58，甲公司20×1年5月14日确认部分毁损原材料的残料价值1 500元，同时按保险合同规定确认可以从保险公司获得赔偿3 300元。暂不考虑原材料非正常损失涉及的增值税税额调整因素。本次火灾造成的原材料净损失2 100元（6 900－1 500－3 300）。在报经有关权力部门批准后，甲公司应编制如下会计分录：

借：原材料	1 500	
其他应收款	3 300	
营业外支出	2 100	
贷：待处理财产损溢		6 900

在例 3－56 至例 3－59 中，如果企业的原材料或库存商品采用计划成本或售价金额核算的方法，企业在贷记“原材料”或“库存商品”科目时，还应当结转盘亏或毁损原材料或库存商品的材料成本差异或商品进销差价。另外，企业盘亏或毁损原材料或库存商品的业务如果涉及增值税的，还应当作增值税业务的相关处理。根据增值税相关法规的规定，企业非正常损失的存货，其相应的增值税进项税额不能从销项税额中抵扣。由此，非正常损失的存货，其损失的数额应当包括损失存货的实际成本和相应的增值税进项税额两部分。

二、存货估价

（一）毛利率法

存货除了可以按实际成本、计划成本和售价金额进行日常核算外，有时还可以使用估价的方法来估计其成本数额。常用的存货估价方法有毛利率法和零售价格法。其中，毛利率法是指使用前期的实际毛利率或本期的估计毛利率，通过本期已实现的销售收入来推算本期已发生的销售成本，进而推算出本期期末存货成本的一种方法。在使用毛利率法估计存货成本时，使用的主要公式如下：

销售毛利＝销售收入－销售成本

$$毛利率=\frac{销售毛利}{销售收入}\times 100\%$$

本期估计的销售毛利＝本期已实现的销售收入×估计的毛利率

本期估计的销售成本＝本期已实现的销售收入－本期估计的销售毛利

本期可供销售的存货成本＝期初存货成本＋本期购货成本

本期估计的期末存货成本＝本期可供销售的存货成本－本期估计的销售成本

例 3－60

甲公司 20×1 年 7 月 1 日存货成本 20 000 元，7 月份购入存货成本 80 000 元，7 月份实现商品销售收入 120 000 元，上季度销售毛利率 25%。根据以上资料，甲公司计算 7 月份估计销售成本和 7 月 31 日存货成本的情况如下：

7 月份估计的销售毛利＝120 000×25%＝30 000(元)

7 月份估计的销售成本＝120 000－30 000＝90 000(元)

7 月份可供销售的存货成本＝20 000＋80 000＝100 000(元)

7 月末估计的存货成本＝100 000－90 000＝10 000(元)

使用毛利率法估计存货成本的准确性，取决于选用的估计毛利率是否贴近本期实际毛利率。在大多数情况下，企业上个季度的毛利率与本月份的毛利率不会相差很大。因此，使用上个季度的毛利率来估计本月份的存货成本，估计出来的存货成本具有一定的准确性。尽管如此，用毛利率法计算出来的存货成本仍然只是一个估计的数额。企业应当在每个季度末，使用先进先出法、加权平均法等存货计价方法对季末存货成本作一次准确的计量，并按准确计量的结果对相应的存货成本数额作一次调整。同时，再计算出该季度的实际毛利率，供下一季度计算月份存货销售成本和月末存货成本时使用。

毛利率法主要适用于商业企业，尤其是商业批发企业。在商业企业中，商品种类繁多，如果对每个种类的商品都按实际成本进行核算，工作量将非常大。毛利率法在很大程度上可以简化商业企业对库存商品的日常核算。由于商业企业不同种类商品的毛利率可能会存在差异，因此，商业企业在具体应用毛利率法时，可以针对不同种类的商品分别估计其成本数额。这样，可以进一步提高商品存货估计成本数额的准确性。

毛利率法还可以应用于存货发生意外毁损时对毁损存货成本数额的估计。例如，某企业20×1年6月18日因突发水灾而导致仓库的存货发生意外毁损。由于该企业采用月末一次加权平均法计量存货成本数额，因此，存货发生意外毁损时在账面上并不能直接得到库存存货的成本数额。但在存货发生意外毁损时，本月份至此已经实现的销售收入、可供销售的存货成本等数据都可以直接在账面上计算获得。此时，企业可以使用毛利率法来估计存货意外毁损发生时库存存货的成本数额。企业通过毛利率法估计出来的存货意外毁损成本数额，是企业向保险公司索取相应保险赔偿的依据。

（二）零售价格法

零售价格法是指使用存货成本占零售价格的比率，将期末存货零售价格换算成为成本数额的一种方法。零售价格法下的常用计算公式有：

$$成本售价率=\frac{期初存货成本+本期购入存货成本}{期初存货售价+本期购入存货售价}\times100\%$$

期末存货售价总额＝本期可供销售的存货售价总额－本期已售存货的售价总额

期末存货成本＝期末存货售价总额×成本售价率

本期销售成本＝期初存货成本＋本期购入存货成本－期末存货成本

例3-61

甲公司20×1年8月初存货成本为32 000元，零售价格为40 000元。8月份购入存货成本为56 000元，零售价格为70 000元。8月份实现的销售收入为95 000元。根据以上资料，甲公司8月末的存货成本计算如下：

$$成本售价率=\frac{32\,000+56\,000}{40\,000+70\,000}\times100\%=80\%$$

8月末存货总售价＝40 000＋70 000－95 000＝15 000(元)

8月末存货成本＝15 000×80%＝12 000(元)

8月份销售成本＝32 000＋56 000－12 000＝76 000(元)

在零售价格法下，存货需要同时记录成本和零售价格。只有这样，才能计算出成本占零售价格的比率，并以此将存货的零售价格转换成成本数额。

零售价格法主要适用于零售商业企业。在零售商业企业中，库存商品在购入后即确定零售价格。库存商品的价值中可以同时存在购入成本的记录和零售价格的记录，成本与零售价格的比率可以方便地计算出来。期末库存商品的零售价格也可以比较方便地通过可售商品的零售价格减去销售收入计算出来。由此，使用成本与零售价格的比率乘以期末库存商品的零售价格，即可以得到期末库存商品的成本数额。而在零售商业企业中，由于商品的种类繁多，如果对每个类别的商品都采用先进先出法、加权平均法等实际成本计量的方法，工作量是非常大的。而采用零售价格法，相应的工作量可以减少很多。

零售价格法与前面介绍的售价金额法实质上是同一种方法。可以认为，前面介绍的售价金额法是一种具体的会计处理方法，即如何对相应的经济业务作出会计处理。这里介绍的零售价格法是一种具体的会计计算方法，即如何将期末库存商品的售价金额转换成为成本数额。

第六节 存货的期末计量

一、存货期末计量的方法

按照企业会计准则的规定，资产负债表日，存货应当按照成本与可变现净值孰低计量。按此规定，企业在对期末存货进行计量时，首先需要分别确定存货的成本数额和可变现净值，然后，将成本数额与可变现净值进行比较，取其低者确定其报告价值，即在资产负债表的存货项目中列报的数额，存货成本高于其可变现净值的数额确认为存货跌价损失或存货减值损失。这种期末存货的计量方法称为存货的成本与可变现净值孰低法，它是会计的稳健原则在存货计量上的具体应用。

企业通常应当按照单个存货项目计提存货跌价准备。在企业采用计算机信息系统进行会计处理的情况下，完全有可能做到按单个存货项目计提存货跌价准备。在这种方式下，企业应当将每个存货项目的成本与其可变现净值逐一进行比较，按较低者计量存货，并且按成本高于可变现净值的差额计提存货跌价准备。这就要求企业应当根据管理要求和存货的特点，明确规定存货项目的确定标准。比如，将某一型号和规格的材料作为一个存货项目，将某一品牌和规格的商品作为一个存货项目。

对于数量繁多、单价较低的存货，企业可以按存货类别计提存货跌价准备，即将存货类别的成本总额与其可变现净值总额进行比较，每个存货类别均取较低者确定存货期末价值。

二、存货跌价损失的确定

存货成本与可变现净值孰低中的成本是指存货的实际成本。如果企业平时对存货的计量采用了计划成本法或售价金额法等简便方法，期末需要将存货调整为以实际成本为基础的成本数额。存货成本与可变现净值孰低中的可变现净值，需要区分不同的情况进行确定。通常情况下，需要按企业持有存货的目的进行区分，将存货区分为出售目的的存货和加工目的的存货。将存货按照持有目的进行分类，可以更加合理地确定存货的可变现净值。存货可变现净值的特征表现为存货的预计未来净现金流量，而不是存货的售价或合同价。

（一）出售目的存货跌价损失的确定

出售目的的存货主要包括库存商品，也可能会包括不再准备耗用的原材料。出售目的的存货需要再区分为无销售合同的存货和有销售合同的存货。

1. 无销售合同出售目的的存货跌价损失的确定

对于出售目的且无销售合同的存货，其可变现净值应当等于一般销售价格或市场销售价格减去估计的销售费用和相关税费后的金额。其中，一般销售价格或市场销售价格、估计的销售费用、相关税费的数额等都需要有确凿的证据为之证明。例如，一般销售价格的数额应当有库存商品的市场销售价格、与库存商品类似商品的市场销售价格、销货方提供的有关资料等为之证明；估计的销售费用也应当有以前类似情况下的实际销售费用、现行有关销售费用的实际报价等为之证明。企业不能随意估计库存商品的一般销售价格、销售费用等数据。

无销售合同出售目的存货的可变现净值和跌价损失的主要计算公式如下：

存货可变现净值＝估计的市场销售价格－估计的销售费用和相关税费

存货跌价损失＝存货实际成本－存货可变现净值

例 3-62

甲公司 20×1 年 12 月 31 日库存商品存货的实际成本为 38 000 元，市场销售价格为 38 300 元，估计的销售运费等销售费用为 200 元，估计的消费税等相关税费为 500 元。公司的库存商品没有与其他单位签订过销售合同，由此也没有合同约定的销售价格。根据以上资料，甲公司计算期末库存商品存货的可变现净值和跌价损失如下：

库存商品存货的可变现净值＝38 300－200－500＝37 600(元)

库存商品存货的跌价损失＝38 000－37 600＝400(元)

本例中，甲公司 20×1 年 12 月 31 日列入资产负债表中存货项目的库存商品存货数额应当是其可变现净值 37 600 元，而不是其实际成本 38 000 元。对于库存商品存货的跌价损失 400 元，甲公司应当单独确认，并作出相应的会计处理。

例 3-63

沿用例 3-62 的资料，如果甲公司 20×1 年 12 月 31 日库存商品存货的市场销售价格为 45 000 元，那么，甲公司计算期末库存商品存货的可变现净值和跌价损失如下：

库存商品存货的可变现净值＝45 000－200－500＝44 300(元)

库存商品存货的跌价损失＝0(可变现净值 44 300 元＞实际成本 38 000 元)

本例中，甲公司 20×1 年 12 月 31 日列入资产负债表中存货项目的库存商品存货数额仍然是其实际成本 38 000 元，而不是其可变现净值 44 300 元。

根据企业会计准则的规定，企业通常应当按单个存货项目计提存货跌价准备。对于数量繁多、单价较低的存货，可以按照存货类别计提存货跌价准备。按此规定，企业在计算期末存货可变现净值时，一般应当按单个存货项目进行计算；数量繁多、单价较低的存货，可以按照存货类别进行计算。

2. 有销售合同出售目的存货跌价损失的确定

有销售合同出售目的存货的可变现净值，应当以销售合同中约定的价格即合同价格为基础来确定，即应当等于合同价格减去估计的销售费用和相关税费后的金额。对于有销售合同出售目的的存货，市场销售价格已经不能作为其确定可变现净值的基础。

有销售合同出售目的存货的可变现净值和跌价损失的主要计算公式如下：

存货可变现净值＝合同约定的销售价格－估计的销售费用和相关税费

存货跌价损失＝存货实际成本－存货可变现净值

例 3-64

甲公司 20×1 年 7 月 3 日与乙公司签订了一份不可撤销合同。合同约定，甲公司于 20×2 年 1 月 20 日向乙公司提供 A 种库存商品 120 件，单位销售价格为 80 元，销售价格合计为 9 600 元（120×80）。20×1 年 12 月 31 日，甲公司拥有 A 种库存商品 100 件，实际单位成本为 79 元，实际成本合计为 7 900 元（100×79）；估计市场销售价格为每件 90 元，估计市场销售价格合计为 9 000 元（100×90）；估计销售费用和相关税费分别为 180 元和 120 元。根据以上资料，甲公司计算期末库存商品存货的可变现净值和存货跌价损失如下：

库存商品存货的可变现净值＝100×80－180－120＝7 700(元)

库存商品存货的跌价损失＝7 900－7 700＝200(元)

本例中，甲公司应当以合同约定的单位销售价格 80 元为基础来计算确定期末 A 种库存商品的可变现净值，而不能以市场单位销售价格 90 元为基础来计算确定期末 A 种库存商品的可变现净值。甲公司 20×1 年末应确认 A 种库存商品存货跌价损失 200 元，资产负债表中的存货应以可变现净值 7 700 元反映。

例 3-65

沿用例 3-64 的资料，如果甲公司 20×1 年 12 月 31 日拥有 A 种库存商品 150 件，那么，其中的 120 件应当以合同约定的价格 80 元为基础来计算确定其可变现净值，另外 30 件（150－120）应当以估计的市场销售价格 90 元为基础来计算确定其可变现净值。150 件库存商品的实际成本为 11 850 元（150×79）。甲公司计算期末库存商品存货的可变现净值和存货跌价损失如下：

库存商品存货的可变现净值＝120×80＋30×90－180－120＝12 000(元)

库存商品存货的跌价损失＝0(可变现净值 12 000 元＞实际成本 11 850 元)

本例中，甲公司不需要对 A 种库存商品存货计提跌价准备，资产负债表中的库存商品存货以实际成本 11 850 元反映。

根据企业会计准则的规定，企业持有存货的数量多于销售合同订购数量的，超出部分的存货的可变现净值应以一般销售价格为基础计算。

（二）加工目的存货跌价损失的确定

加工目的的存货主要包括原材料、在产品、委托加工物资等。加工目的存货在计算确定其跌价损失时，可变现净值应当以加工目的存货最终加工完成的产成品存货的对外销售价格为基础来计算确定，而不能以加工目的存货的直接对外销售价格为基础来确定。加工目的存货的最终价值体现在用其生产的产成品的价值上，而不是体现在其本身的价值上。如果用加工目的存货加工完成的产成品的估计可变现净值高于产成品的估计实际生产成本，那么，即使加工目的存货本身的市场销售价格低于其实际采购或生产成本，企业也不确认加工目的存货减值或跌价损失。

以原材料为例，加工目的存货在确定其跌价损失时使用的主要计算公式如下：

原材料存货可变现净值＝加工完成相应产成品存货的估计市场销售价格－至加工完成产成品估计尚需发生的生产成本

— 估计相应产成品的
销售费用和相关税费

原材料存货跌价损失＝原材料存货实际成本－原材料存货可变现净值

例3-66

甲公司20×1年12月31日库存原材料的账面实际成本为26 000元，市场销售价格为25 000元。使用这些库存原材料加工完成的相应产成品的实际生产成本估计为44 000元，即将这些原材料加工成相应的产成品尚需投入成本18 000元（44 000－26 000）。由于原材料价格的下跌，用这些原材料生产的相应产成品的市场销售价格也下跌至43 800元，产成品估计销售费用和相关税费合计为500元。相应产成品的估计可变现净值为43 300元（43 800－500），小于其估计实际成本44 000元。根据以上资料，甲公司计算原材料存货的可变现净值和存货跌价损失如下：

原材料存货可变现净值＝43 800－18 000－500＝25 300(元)

原材料存货跌价损失＝26 000－25 300＝700(元)

本例中，原材料存货应以经计算的可变现净值25 300元列入资产负债表的存货项目中，而不能以其直接对外销售的价格25 000元列入资产负债表的存货项目中。

例3-67

沿用例3-66的资料，如果甲公司使用这些原材料生产的相应产成品的市场销售价格为44 600元，那么，相应产成品的估计可变现净值为44 100元（44 600－500），大于其估计实际生产成本44 000元。此时，甲公司原材料市场销售价格的下跌(26 000－25 000＝1 000元）并没有导致相应产成品的可变现净值低于其实际生产成本，甲公司不对原材料存货计提存货跌价准备，即原材料存货仍然以其实际成本26 000元列入资产负债表中的存货项目。

三、存货跌价损失的会计处理

（一）存货跌价准备的计提

为核算存货跌价损失，企业需要设置“存货跌价准备”总账科目。企业在资产负债表日发生存货减值或跌价损失时，借记“资产减值损失”科目，贷记该科目。该科目期末贷方余额反映企业已计提但尚未转销的存货跌价准备。该科目可按存货项目或类别进行明细核算。

例3-68

甲公司20×1年12月31日库存商品存货的实际成本为65 000元，可变现净值为63 000元，库存商品存货发生跌价损失2 000元（65 000－63 000）。期初“存货跌价准备”科目的贷方余额为0。甲公司应编制如下会计分录：

借：资产减值损失	2 000	
贷：存货跌价准备		2 000

本例中，20×1年12月31日，甲公司库存商品的账面余额为65 000元，库存商品的账面净值或账面价值为63 000元（65 000－2 000），即“库存商品”总账科目的借

方余额 65 000 元减去相应“存货跌价准备”科目的贷方余额 2 000 元后的差额。甲公司应当以库存商品的账面净值 63 000 元作为报告价值，列入资产负债表的存货项目中。

如同“坏账准备”科目是诸如“应收账款”等应收款项科目的备抵科目，“存货跌价准备”科目是诸如“库存商品”等存货科目的备抵科目，其作用是将“库存商品”等存货科目的账面余额通过单独调整和独立反映的方式，降低至可变现净值或账面净值，使相应存货的账面净值反映其可变现净值，并将相应存货的账面净值或账面价值作为报告价值列入财务报表，向财务报表使用者进行报告。

本例中，存货减值或跌价损失是企业资产减值损失的一个种类。与应收款项减值或坏账损失不同，应收款项减值或坏账损失是企业信用减值损失的一个种类。资产减值损失和信用减值损失都属于企业的当期费用，它们都减少企业的本年利润。

（二）存货跌价准备的转回

企业在资产负债表日对存货计提了跌价准备后，如果发现以前引起存货跌价的因素已经消失，相应存货的跌价损失得到了恢复，应当对以前计提的存货跌价损失予以转回。企业转回存货跌价损失时，借记“存货跌价准备”科目，贷记“资产减值损失”科目。

例 3-69

承例 3-68，甲公司 20×2 年 12 月 31 日库存商品存货的实际成本为 84 000 元，可变现净值为 83 500 元，库存商品存货的实际成本大于可变现净值 500 元（84 000－83 500）。由于库存商品存货的“存货跌价准备”科目已经有期初贷方余额 2 000 元，因此，库存商品存货的跌价恢复了 1 500 元（2 000－500）。甲公司应编制如下会计分录：

借：存货跌价准备	1 500	
贷：资产减值损失		1 500

在例 3-68 和例 3-69 中，20×1 年末，“存货跌价准备”科目有贷方余额 2 000 元，反映此时存货的实际成本高于可变现净值 2 000 元；20×2 年末，“存货跌价准备”科目经转回一部分后有贷方余额 500 元，反映此时存货的实际成本高于可变现净值 500 元。“存货跌价准备”科目的贷方余额始终应当反映资产负债表日存货的实际成本高于可变现净值的数额。当资产负债表日存货的实际成本低于可变现净值时，表示存货的跌价损失已经全部恢复，企业应当将“存货跌价准备”科目的贷方余额转销为 0。对于存货实际成本低于其可变现净值的部分，即对于存货的涨价部分，企业不能进行确认。

例 3-70

沿用例 3-69 的资料，如果甲公司 20×2 年 12 月 31 日库存商品存货的实际成本为 82 500 元，此时，实际成本低于可变现净值 83 500 元，库存商品存货的跌价损失已经全部得到恢复。甲公司应编制如下会计分录：

借：存货跌价准备	2 000	
贷：资产减值损失		2 000

本例中，甲公司对于库存商品存货的涨价数额 1 000 元（83 500－82 500）不能进行确认。

（三）存货跌价准备的结转

对于计提了存货跌价准备的存货，企业在发出并结转成本时，应当同时结转计提的存货跌价准备。企业在结转存货跌价准备时，借记“存货跌价准备”科目，贷记“主营业务成本”“生产成本”等科目。

例3-71

承例3-69，甲公司于20×3年间将20×2年末持有的实际成本为84 000元的库存商品存货全部对外出售，出售价格为88 000元，相应的增值税税额为11 440元（88 000×13%），款项合计99 440元（88 000+11 440）已存入开户银行。甲公司应编制如下会计分录：

（1）销售库存商品并确认收入时。

借：银行存款	99 440	
贷：主营业务收入		88 000
应交税费——应交增值税（销项税额）		11 440

（2）结转已售商品成本时。

借：主营业务成本	84 000	
贷：库存商品		84 000

（3）结转已售商品存货跌价准备时。

借：存货跌价准备	500	
贷：主营业务成本		500

甲公司也可以将以上第（2）和第（3）笔会计分录合并编制如下：

借：主营业务成本	83 500	
存货跌价准备	500	
贷：库存商品		84 000

本例中，甲公司由于已经将计提了存货跌价准备500元（2 000－1 500）的库存商品存货全部对外出售，因此，相应的存货跌价准备500元也应当全部结转。结转后，“存货跌价准备”科目的贷方余额为0，“主营业务成本”科目的借方余额为83 500元（84 000－500）。如果甲公司对外出售了部分库存商品存货，“存货跌价准备”科目的贷方余额应当按比例进行部分结转。

思考题

1. 什么是存货？与企业的其他资产种类相比，存货具有哪些主要特征？
2. 存货按照经济内容通常可以分为哪些主要的种类？
3. 原材料存货的采购成本应当如何确定？
4. 在按实际成本核算的方法下，企业在原材料发出时可以采用的计量方法有哪几种？它们各有什么特点？
5. 在计划成本法下，企业应当如何计算本期材料成本差异率、本期发出原材料应分摊的成本差异、本期发出原材料的实际成本和期末库存原材料的实际成本？

6. 工业企业中的产成品和商品流通企业中的商品都属于库存商品，它们在取得时入账价值的确定方法有什么不同？

7. “材料成本差异”科目和“商品进销差价”科目的核算内容有什么不同？“材料采购”科目和“在途物资”科目的核算内容有什么不同？

8. 周转材料与原材料在会计核算方法上有什么不同？

9. 存货估价的毛利率法是如何对存货进行估价的？

10. 企业应当如何确定存货跌价损失？又应当如何核算存货跌价损失？

练习题

练习一

一、目的：练习实际成本核算方法下原材料存货业务的核算。

二、资料：甲公司原材料存货按实际成本核算，20×1年5月有关资料如下：

1. 5月初，“原材料”科目借方余额4 000元，数量为100件，单位成本为40元。原材料发出的核算采用月末一次加权平均法。

2. 5月份发生如下经济业务：

(1) 2日，购入一批原材料，单价40元，数量500件，价款合计20 000元，增值税税额2 600元，购货发票等有关结算凭证已经到达，运输途中的保险费用318元，对方代垫包装费用100元，以上款项均已通过银行转账支付，原材料尚在运输途中。暂不考虑与包装费、保险费相关的税费因素。

(2) 5日，2日购入的原材料验收入库，验收入库数量498件。另外2件属于运输途中的合理损耗。

(3) 6日，生产车间领用原材料380件，车间管理部门领用原材料20件，分别用于生产产品和车间日常管理。

(4) 8日，赊购原材料一批，单价50元，数量200件，价款合计10 000元，增值税税额1 300元。付款条件为：2/10，n/30，即10天内付款可以取得2%的现金折扣，30内付款需全额付款。赊购协议约定，甲公司在现金折扣期内部分付款，也可以取得相应的现金折扣。原材料已验收入库。

(5) 28日，以银行存款8 000元支付8日赊购原材料的部分应付账款。由于已经超过现金折扣期，因此没有取得现金折扣。

(6) 30日，公司行政管理部门领用原材料10件，用于公司日常行政管理。

(7) 31日，汇总并结转发出原材料的成本。生产车间领用原材料380件，车间管理部门领用原材料20件，公司行政管理部门领用原材料10件。

(8) 31日，盘亏原材料5件，数额以盘亏前月末一次加权平均单价为基础计价。经查，盘亏原材料5件中3件属于保管不当造成，应由保管人员赔偿；2件属于公司经营管理不善造成，或属于一般经营损失，经批准计入管理费用。同时，按规定转出全部5件原材料的增值税进项税额。增值税税率为13%。

三、要求：根据以上资料，为甲公司编制有关的会计分录。同时，计算月末原材料存货的实际成本。（原材料单价小数点后保留2位，原材料金额保留整数。）

练习二

一、目的：练习计划成本核算方法下原材料存货业务的核算。

二、资料：甲公司原材料存货按计划成本核算，20×1年5月有关资料如下：

1. 5月初，“原材料”科目借方余额4 200元，数量为100件，计划单位成本为42元。“材料成本差异”科目贷方余额200元。原材料存货的实际成本为4 000元（4 200－200）。

2. 5月份发生如下经济业务：

沿用以上练习一的资料。其中，月末盘亏原材料的数额按分摊成本差异后的实际单位成本计价。

三、要求：根据以上资料，为甲公司编制有关的会计分录。同时，计算月末原材料存货的实际成本。（材料成本差异率百分比小数点后保留2位，金额保留整数。）

练习三

一、目的：练习售价金额核算方法下库存商品存货业务的核算。

二、资料：甲公司库存商品存货按售价金额核算，20×1年6月有关资料如下：

1. 6月初，“库存商品”科目借方余额60 000元，数量为1 000件，计划单位售价为60元。“商品进销差价”科目贷方余额24 000元。库存商品存货的实际成本为36 000元（60 000－24 000）。

2. 6月份发生如下经济业务：

(1) 5日，购入商品一批，数量400件，购入单价35元，商品价款合计14 000元，相应增值税税额1 820元（14 000×13%）。发生商品运输费用100元，相应的增值税税额9元（100×9%）。有关结算凭证已经到达，款项以银行存款支付，商品尚在运输途中。

(2) 7日，5日购入的库存商品全部到达并通过验收，验收后直接上架对外销售，确定的销售单价为60元。

(3) 16日，销售库存商品一批，数量800件，实际销售单价60元，销售价款合计48 000元（800×60），相应增值税税额6 240元。销售款项已经收到，并存入银行。

(4) 25日，购入商品一批，数量500件，购入单价38元，商品价款合计19 000元（500×38），相应增值税税额2 470元。商品已收到，并已经上架对外销售，对外销售单价为60元。相应款项以商业汇票结算方式进行结算。

(5) 26日，为促进销售、增加销量，将库存商品的单位售价降低至56元，即每件商品降价4元（60－56），降价率为6.67%。

(6) 28日，销售库存商品一批，数量200件，实际销售单价56元，销售价款合计11 200元（56×200），相应增值税税额1 456元。销售款项尚未收到。

(7) 30日，结转本月商品的销售成本，并结转已销商品应分摊的进销差价。

三、要求：根据以上资料，为甲公司编制有关的会计分录。同时，计算月末库存商品存货的实际成本。（商品进销差价率百分数小数点后保留2位，金额保留整数。）

练习四

一、目的：练习委托加工物资和周转材料存货的核算。

二、资料：甲公司 20×1 年 7 月发生如下经济业务：

（1）3 日，购入一批原材料，价款合计 4 000 元，增值税税额 520 元（4 000×13%），款项尚未支付，结算凭证已经到达，原材料尚在运输途中。付款条件为：2/10,n/30，即 10 天内付款可以取得 2% 的现金折扣，30 天内付款需全额付款。现金折扣付款条件仅针对原材料价款，不适用于增值税税额。

（2）6 日，以银行存款支付 3 日购入原材料的全部价款和增值税税额，取得现金折扣 80 元（4 000×2%）。甲公司将取得的现金折扣作为存货成本的扣除项目处理。原材料仍在运输途中。

（3）8 日，以上 3 日购入的原材料验收入库。

（4）13 日，发出一批原材料，实际成本为 3 600 元。同时，以银行存款向运输机构支付发出原材料的运输费用 100 元及其相应的增值税税额 9 元（100×9%）。发出的原材料用于委托外单位加工成一批包装物，数量为 100 个。该批包装物采用实际成本核算。

（5）22 日，以上 13 日委托外单位加工的一批包装物全部加工完成，以银行存款支付加工费用 800 元及其相应的增值税税额 104 元（800×13%）。同时，以银行存款支付对方代垫运回运输费用 200 元及其相应增值税税额 18 元（200×9%）。包装物验收入库，甲公司对该批包装物采用五五摊销法摊销其实际成本。

（6）24 日，销售部门领用一批 22 日验收入库的包装物，领用数量 50 个，用于周转使用。

（7）29 日，以上 24 日销售部门领用的 50 个包装物中，10 个已经无法再使用，经批准予以报废，报废包装物的残值合计为 50 元，已作为原材料验收入库，留待以后对外出售或用于其他用途。其他 40 个（50—10）包装物仍在使用。

三、要求：根据以上资料，为甲公司编制有关的会计分录。

练习五

一、目的：练习存货估价的毛利率法及其相应业务的核算。

二、资料：甲公司 20×1 年 7 月发生如下经济业务：

1. 18 日发生水灾，商品仓库中的库存商品存货发生重大损失，但具体损失的数额难以从账面直接获得。经整理，截至水灾发生日，相关资料如下：

（1）月初库存商品存货成本为 25 000 元。

（2）本月购入库存商品成本为 87 000 元。

（3）本月商品销售收入 126 000 元。

（4）水灾造成 1/2 的库存商品受损，另外 1/2 的库存商品没有受损。

（5）抢救出的受损库存商品存货，估计可变现净值为 5 000 元。

（6）上季度库存商品销售毛利率为 40%，本月份的市场销售形势与上季度相似。

甲公司使用毛利率法估计本次由水灾引起的库存商品存货损失数额，并以此作为向保险公司申请理赔和向过失人取得赔偿的依据。

2. 23 日，经保险公司确认，保险公司同意赔偿甲公司计算的库存商品存货损失数额的 70%。

3. 24 日，甲公司经调查认为，库存商品仓库保管员存在一定的保管不善责任，应向公司赔偿 200 元。

4. 25日，将受损库存商品对外出售，取得出售收入5 000元，款项存入银行。同日，经公司权力机构批准，甲公司将本次库存商品存货损失净额转入营业外支出。

5. 26日，收到保险公司23日确认的理赔数额，款项已存入开户银行。

6. 31日，经采用实际成本基础对本月库存商品存货进行核算，本月18日水灾发生时库存商品存货的实际成本数额为36 360元。调整估计存货损失数额与实际存货损失数额之间的差额，经批准，将该差额调整本月之前确认的营业外支出的数额。

三、要求：根据以上经济业务，为甲公司编制有关的会计分录。同时，计算本次水灾造成的库存商品存货实际损失数额。暂不考虑相关税费的影响。

练习六

一、目的：练习存货的期末计量和核算。

二、资料：甲公司20×1年至20×2年存货的有关资料如下：

1. 20×1年1月1日，存货的有关资料

(1)“存货跌价准备——库存商品存货”科目贷方余额400元。

(2) 原材料存货没有发生减值。

2. 20×1年12月31日，存货的有关资料

(1) 原材料存货数量400件，单位成本20元，总成本8 000元。这些原材料估计可以加工成产成品数量80台。加工成产成品存货的估计单位成本为每台155元，估计售价为每台154元，估计销售费用和相关税费合计为160元。

(2) 库存商品存货数量200台，单位成本155元，总成本31 000元。这些库存商品存货均没有签订过销售合同。估计售价为每台154元，估计销售费用和相关税费合计为400元。

3. 20×2年12月31日，存货的有关资料

(1) 20×1年末的库存商品存货200台中，有100台已经实现对外销售。结转相应的销售成本，并结转相应的存货跌价准备。

(2) 原材料存货数量200件，单位成本20元，总成本4 000元。这些原材料估计可以加工成产成品数量40台。加工成产成品存货的估计单位成本为每台152元，估计售价为每台160元，估计销售费用和相关税费合计为80元。

(3) 库存商品存货数量300台，单位成本152元，总成本45 600元。其中，100台库存商品存货签订有销售合同，合同约定的销售价格为158元；其余200台库存商品没有签订销售合同，市场销售价格为每台160元。全部库存商品的估计销售费用和相关税费合计为600元。

三、要求：根据以上资料，分别为甲公司编制原材料存货和库存商品存货跌价业务的会计分录。同时，分别为甲公司计算20×1年末和20×2年末资产负债表中存货项目的报告价值。

第四章

金融资产

第一节　金融资产的概念和种类

一、金融资产的概念

金融资产是金融工具的一个种类。其中，金融工具是指形成一方的金融资产并形成其他方的金融负债或权益工具的合同。合同的形式多种多样，可以采用书面形式，也可以不采用书面形式。实务中的金融工具合同通常采用书面形式。非合同的资产和负债不属于金融工具。例如，应交所得税是企业按照税收法规规定承担的义务，不是以合同为基础的义务，因此不符合金融工具的定义。一般来说，金融工具包括金融资产、金融负债和权益工具。

按照我国《企业会计准则第 22 号——金融工具确认和计量》的规定，金融资产是指企业持有的现金、其他方的权益工具以及符合下列条件之一的资产：

（1）从其他方收取现金或其他金融资产的合同权利。例如，企业的银行存款、应收账款、应收票据等均属于金融资产。预付账款不是金融资产，因为其产生的未来经济利益是商品或服务，不是收取现金或其他金融资产的权利。

（2）在潜在有利条件下，与其他方交换金融资产或金融负债的合同权利。例如，企业购入的看涨期权或看跌期权等衍生金融工具。

（3）将来须用或可用企业自身权益工具进行结算的非衍生工具合同，且企业根据该合同将收到可变数量的自身权益工具。

（4）将来须用或可用企业自身权益工具进行结算的衍生工具合同，但以固定数量的自身权益工具交换固定金额的现金或其他金融资产的衍生工具合同除外。

例 4－1

20×1 年 1 月 31 日，丙上市公司的股票价格为 113 元。甲企业与乙企业签订 6 个月后结算的期权合同。合同规定，甲企业以每股 4 元的期权费买入 6 个月后执行价格为 115 元的丙公司股票的看涨期权。20×1 年 7 月 31 日，如果丙公司股票的价格高于 115 元，则行权对甲企业有利，甲企业将选择执行该期权。

本例中，甲企业享有在潜在有利条件下与乙企业交换金融资产的合同权利，应当确认一项衍生金融资产。该期权合同属于衍生金融工具，合同中被交换的股票和现金属于基础金融工具。如果甲企业与乙企业签订的期权合同是以现金换取债券，那么，合同中被交换的债券和现金属于基础金融工具，而期权合同本身属于衍生金融工具。债券和股票是常见的基础金融工具。期权、远期合同是常见的衍生金融工具。本章主要介绍由基础金融工具形成的金融资产。衍生金融工具的内容通常在高级财务会计中详细介绍。

企业成为金融工具合同的一方时，应当确认一项金融资产或金融负债。企业收取金融资产现金流量的合同权利终止时，相应的金融资产应当终止确认，即企业应当将之前确认的金融资产从其资产负债表中转出。

金融资产是企业资产的重要组成部分，一般具有货币性、流通性、风险性、收益性等特征。

二、金融资产的种类

金融资产的分类是金融资产确认和计量的基础。金融资产的种类很多，按照不同的角度，可以做出不同的分类。

（一）按照经济内容分类

按照经济内容，金融资产可分为货币资金、应收账款、应收票据、股权投资、债权投资等。金融资产按照经济内容分类是最基本的分类，有利于财务报告使用者了解企业金融资产的具体经济内容。

由于货币资金和应收账款、应收票据等应收款项已在相关章节中专门介绍，因此，本章重点阐述股权投资、债权投资等金融资产。又由于股权投资中的长期股权投资具有长期持有和权益性投资的特征，通常作为需要单独考察的投资种类来看待，并已在相关章节中专门介绍，因此，本章不再专门阐述长期股权投资。事实上，在我国现行企业会计准则体系中，金融工具的确认和计量以及长期股权投资的核算也分别由《企业会计准则第22号——金融工具确认和计量》《企业会计准则第2号——长期股权投资》进行规范。

因此，本章将重点阐述一般企业除长期股权投资之外的股权投资和债权投资。

（二）按照计量方法分类

按照计量方法，金融资产可分为按成本计量的金融资产和按公允价值计量的金融资产。其中，成本包括历史成本和摊余成本。历史成本是初始确认金融资产时的入账成本。摊余成本是金融资产的后续计量成本，是在历史成本基础上加上或减去累计摊销额之后形成的计量结果。公允价值是指市场参与者在计量日发生的有序交易中出售一项金融资产所能收到的价格。金融资产的公允价值通常表现为市场交易价格。

金融资产按照计量方法分类，有利于财务报告使用者了解企业金融资产的价值信息。

（三）按照公允价值变动是否计入当期损益分类

对于按公允价值计量的金融资产，按照公允价值变动是否计入当期损益，相应的金融资产可分为公允价值变动计入当期损益的金融资产和公允价值变动不计入当期损益的金融资产。其中，公允价值变动计入当期损益的金融资产，将金融资产公允价值的变动通过公允价值变动损益计入企业的当期利润总额。公允价值变动不计入当期损益的金融资产通常称为公允价值变动计入其他综合收益的金融资产。其中，其他综合收益不计入当期利润总额，属于所有者权益类项目。

（四）按照现行企业会计准则的分类

按照现行《企业会计准则第22号——金融工具确认和计量》的规定，企业应当根据其管理金融资产的业务模式和金融资产的合同现金流量特征，将金融资产划分为以下三类：（1）以摊余成本计量的金融资产；（2）以公允价值计量且其变动计入其他综合收益的金融资产；（3）以公允价值计量且其变动计入当期损益的金融资产。根据规定，上述分类一经确定，不得随意变更。现行企业会计准则对金融资产采用了以计量方法为基础的综合分类方法。

1. 企业管理金融资产的业务模式

企业管理金融资产的业务模式是指企业如何管理其金融资产以产生现金流量。业务模式决定企业所管理金融资产现金流量的来源是收取合同现金流量、出售金融资产还是两者兼有。企业应当以企业关键管理人员决定的对金融资产进行管理的特定业务目标为基础，确定管理金融资产的业务模式。

（1）以收取合同现金流量为目标的业务模式。在这种业务模式下，企业管理金融资产旨在通过在金融资产存续期内收取合同付款来实现现金流量，而不是通过持有并出售金融资产产生整体回报。

尽管企业持有金融资产是以收取合同现金流量为目标，但是企业无须将所有此类金融资产持有至到期。因此，即使企业出售金融资产或者预计未来会出售金融资产，此类金融资产的业务模式仍然可能是以收取合同现金流量为目标。企业在评估金融资产是否属于该业务模式时，应当考虑此前出售此类资产的原因、时间、频率和出售的价值，以及对未来出售的预期。但是，此前出售资产的事实只是为企业提供相关依据，而不能决定业务模式。

在以收取合同现金流量为目标的业务模式下，金融资产的信用质量影响着企业收取合同现金流量的能力。为减少信用恶化所导致的潜在信用损失而进行的风险管理活动与以收取合同现金流量为目标的业务模式并不矛盾。因此，即使企业在金融资产的信用风险增加时为减少信用损失而将其出售，金融资产的业务模式仍然可能是以收取合同现金流量为目标的业务模式。

如果企业在金融资产到期日前出售金融资产，即使与信用风险管理活动无关，在出售只是偶然发生（即使价值重大），或者单独及汇总而言出售的价值非常小（即使频繁发生）的情况下，金融资产的业务模式仍然可能是以收取合同现金流量为目标。如果企业能够解释出售的原因并且证明出售并不反映业务模式的改变，出售频率或者出售价值在特定时期内增加不一定与以收取合同现金流量为目标的业务模式相矛盾。此外，如果出售发生在金融资产临近到期时，且出售所得接近待收取的剩余合同现金流量，金融资产的业务模式仍然可能是以收取合同现金流量为目标。

（2）同时以收取合同现金流量和出售金融资产为目标的业务模式。在这种业务模式下，企业的关键管理人员认为收取合同现金流量和出售金融资产对于实现其管理目标而言都是不可或缺的。例如，企业的管理目标是管理日常流动性需求同时维持特定的收益率，或将金融资产的存续期与相关负债的存续期进行匹配。

与以收取合同现金流量为目标的业务模式相比，此业务模式涉及的出售通常频率更高、金额更大。因为出售金融资产是此业务模式的目标之一。

（3）其他业务模式。如果企业管理金融资产的业务模式不是以收取合同现金流量为目标，也不是同时以收取合同现金流量和出售金融资产为目标，那么，该企业管理金融资产的业务模式是其他业务模式。例如，企业持有金融资产的目的是交易性的，或者基于金融资产的公允价值作出决策并对其进行管理。在这种情况下，企业管理金融资产的目标是通过出售金融资产以实现现金流量。即使企业在持有金融资产的过程中会收取合同现金流量，企业管理金融资产的业务模式也不是同时以收取合同现金流量和出售金融资产为目标，因为收取合同现金流量对实现该业务模式目标来说只是附带性质的活动。

企业管理金融资产的业务模式并非企业自愿指定，而是一种客观事实，通常可以从企业为实现其目标而开展的特定活动中得以反映。企业应当考虑在业务模式评估日可获得的所有相关证据，包括企业评价和向关键管理人员报告金融资产业绩的方式、影响金融资产业绩的风险及其管理方式以及相关业务管理人员获得报酬的方式等。例如，相关业务管理人员获得报酬的方式是基于所管理资产的公允价值，还是所收取的合同现金流量等。

2. 金融资产的合同现金流量特征

金融资产的合同现金流量特征是指金融工具合同约定的、反映相关金融资产经济特征的现金流量属性。根据《企业会计准则第22号——金融工具确认和计量》的规定，分类为以摊余成本计量的金融资产和以公允价值计量且其变动计入其他综合收益的金融资产，其合同现金流量特征应当与基本借贷安排相一致，即相关金融资产在特定日期产生的合同现金流量仅为对本金和以未偿付本金金额为基础的利息的支付。这种合同现金流量特征可简称为本金加利息的合同现金流量特征。无论金融资产的法律形式是否为一项贷款，都可能是一项基本借贷安排。

在本金加利息的合同现金流量特征中，本金是指金融资产在初始确认时的公允价值，本金金额可能因提前还款等原因在金融资产的存续期内发生变动。利息包括对货币时间价值、与特定时期未偿付本金金额相关的信用风险以及其他基本借贷风险、成本和利润的对价。

在基本借贷安排中，利息的构成要素中最重要的通常是货币时间价值和信用风险的对价。其中，货币时间价值是利息要素中仅因为时间流逝而提供对价的部分，不包括为所持有金融资产的其他风险或成本提供的对价。利息还可包括与特定时期内持有的金融资产相关的其他基本借贷风险和成本的对价，其中，其他基本借贷风险如流动性风险，成本如管理费用等。此外，利息也可包括与基本借贷安排相一致的利润率。

如果金融资产合同中包含与基本借贷安排无关的合同现金流量风险敞口或波动性敞口的条款，如包含权益价格或商品价格变动敞口的条款，则此类合同不符合本金加利息的合同现金流量特征。例如，甲企业持有一项可转换成固定数量的发行人权益工具的债券，则该债券不符合本金加利息的合同现金流量特征，因为其回报与发行人的权益价值挂钩。

例 4-2

甲企业持有一项具有固定到期日且支付浮动市场利率的债券。合同规定了利率浮动的上限。

对于固定利率或浮动利率特征的金融工具，只要利息反映了对货币时间价值、与特定时期未偿付本金金额相关的信用风险以及其他基本借贷风险、成本和利润的对价，则其符合本金加利息的合同现金流量特征。本例中，合同条款设定利率上限，可以看做固定利率和浮动利率相结合的工具，通过合同设定利率上限可能降低合同现金流量的波动性。

在实务中，浮动利率可能与通货膨胀指数挂钩，此时，利率反映的是考虑通货膨胀影响的真实利率，浮动的利率实质上是将货币时间价值重设为当期水平，利息金额是以未偿付本金金额为基础的货币时间价值的对价。浮动利率也可能与债务人拖欠款项的金额挂钩。例如，合同规定当债务人拖欠的款项达到特定金额时，利率将重设为较高利率。考虑到根据累计拖欠的金额调整利率可能是为了反映信用风险的增加，因此，债务人拖欠的款项达到特定金额时利率上浮的情形也可能符合本金加利息的合同现金流量特征。

第二节 债权投资

一、债权投资的概念

在金融资产的会计核算中，债权投资用以反映企业以摊余成本计量的金融资产。金融资产同时符合下列条件的，应当分类为以摊余成本计量的金融资产：

（1）企业管理该金融资产的业务模式是以收取合同现金流量为目标；

（2）该金融资产的合同条款规定，在特定日期产生的现金流量仅为对本金和以未偿付本金金额为基础的利息的支付。

例如，普通债券的合同现金流量是到期收回本金及按约定利率在合同期间按时收取固定或浮动利息。在没有其他特殊安排的情况下，普通债券通常可能符合本金加利息的合同现金流量特征。如果企业管理该债券的业务模式是以收取合同现金流量为目标，则该债券可以分类为以摊余成本计量的金融资产。

二、债权投资的初始计量

企业初始确认金融资产，应当按照公允价值计量。对于债权投资，相关交易费用应当计入初始确认金额。

金融资产初始确认时的公允价值通常指交易价格，即所支付对价的公允价值。但是，如果支付的对价的一部分并非针对该金融资产，该金融资产的公允价值应根据估值技术进行估计。例如，一项不带息的长期贷款公允价值的估计数是以信用等级相当的类似金融工具的当前市场利率，对所有未来现金收款额折现所得出的现值。

交易费用是指可直接归属于购买金融资产的增量费用。增量费用是指企业没有发生购买金融资产的情形就不会发生的费用，包括支付给代理机构、咨询公司、券商、证券交易所、政府有关部门等的手续费、佣金、相关税费以及其他必要支出，不包括债券溢价、折价、内部管理成本和持有成本等与交易不直接相关的费用。

企业取得金融资产所支付的价款中包含的已宣告但尚未发放的利息或现金股利，应当单独确认为应收项目处理。

为核算债权投资的业务，企业应设置“债权投资”总账科目。该科目核算企业以摊余成本计量的债权投资的账面余额。该科目可按债权投资的类别和品种，分别“成本”“利息调整”“应计利息”等进行明细核算。企业在取得债权投资时，按该投资的面值借记“债权投资——成本”科目，按支付价款中包含的已到付息期但尚未领取的利息借记“应收利息”科目，按实际支付的价款贷记“银行存款”等科目，按其差额借记或贷记“债权投资——利息调整”科目。

1. 溢价购入债券

例4-3

甲公司20×1年1月1日支付包含交易费用在内的价款合计14 600 000元，从证券交易所购入乙公司同日发行的5年期公司债券12 500份，债券票面价值总额为12 500 000元，票面年利率为9.4%，于年末支付本年度债券利息，每年支付的利息数额为1 175 000元（12 500 000×9.4%），本金在债券到期时一次偿还。甲公司根据其管理该债券的业务模式和该债券的合同现金流量特征，将该债券分类为以摊余成本计量的金融资产。假定不考虑其他相关税费的影响。甲公司应编制如下会计分录：

借：债权投资——成本	12 500 000	
——利息调整	2 100 000	
贷：银行存款		14 600 000

本例中，债权投资在取得时的账面价值或初始确认金额为14 600 000元，其与债券票面价值或债券面值12 500 000元之间的差额2 100 000元（14 600 000－12 500 000）记入“债权投资”总账科目的“利息调整”明细科目中。由于债权投资的初始确认金额高于债券票面价值，“利息调整”明细科目出现借方余额，表明债券的票面利率高于实际利率，企业溢价购入债券。

2. 折价购入债券

例4-4

甲公司20×1年1月1日支付包含交易费用在内的价款合计11 200 000元，从证券交易所购入乙公司同日发行的5年期公司债券12 500份，债券票面价值总额为12 500 000元，票面年利率为4.72%，于年末支付本年度债券利息，每年支付的利息数额为590 000元（12 500 000×4.72%），本金在债券到期时一次偿还。合同约定，该债券的发行方在遇到特定情况时可以将债券赎回，且不需要为提前赎回支付额外款项。甲公司在购买该债券时，预计发行方不会提前赎回。甲公司根据其管理该债券的业务模式和该债券的合同现金流量特征，将该债券分类为以摊余成本计量的金融资产。假定不考虑其他相关税费的影响。甲公司应编制如下会计分录：

借：债权投资——成本	12 500 000	
贷：银行存款		11 200 000
债权投资——利息调整		1 300 000

本例中，债权投资在取得时的账面价值或初始确认金额为 11 200 000 元，其与债券票面价值或债券面值 12 500 000 元之间的差额 1 300 000 元（12 500 000－11 200 000）记入“债权投资”总账科目的“利息调整”明细科目中。由于债权投资的初始确认金额低于债券票面价值，“利息调整”明细科目出现贷方余额，表明债券的票面利率低于实际利率，企业折价购入债券。

3. 面值购入债券

例 4－5

甲公司 20×1 年 1 月 1 日支付包含交易费用在内的价款合计 12 500 000 元，从证券交易所购入乙公司同日发行的 5 年期公司债券 12 500 份，债券票面价值总额为 12 500 000 元，票面年利率为 6.6%，于年末支付本年度债券利息，每年支付的利息数额为 825 000 元（12 500 000×6.6%），本金在债券到期时一次偿还。甲公司根据其管理该债券的业务模式和该债券的合同现金流量特征，将该债券分类为以摊余成本计量的金融资产。假定不考虑其他相关税费的影响。甲公司应编制如下会计分录：

借：债权投资——成本	12 500 000	
贷：银行存款		12 500 000

本例中，债权投资在取得时的账面价值或初始确认金额为 12 500 000 元，与债券票面价值或债券面值相等。由于债权投资的初始确认金额等于债券票面价值，因此不存在利息调整，表明债券的票面利率等于实际利率，企业面值购入债券。

三、债权投资的后续计量

债权投资在初始确认后应当按照摊余成本进行后续计量。金融资产的摊余成本应当以该金融资产的初始确认金额经下列调整后确定：（1）扣除已偿还的本金；（2）加上或减去采用实际利率法将该初始确认金额与到期日金额之间的差额进行摊销形成的累计摊销额；（3）扣除计提的累计信用减值准备。其中，实际利率法是指计算金融资产的摊余成本以及将利息收入分摊计入各会计期间的方法。

实际利率是指将金融资产在预计存续期的估计未来现金流量折现为该金融资产账面余额所使用的利率。其中，金融资产账面余额不考虑减值。在确定实际利率时，应当在考虑金融资产所有合同条款的基础上估计预期现金流量，但不应当考虑预期信用损失。金融资产所有合同条款包括提前还款、展期、看涨期权或其他类似期权等。企业通常能够可靠估计金融资产的现金流量和预计存续期。

企业与交易对手方修改或重新议定合同，未导致金融资产终止确认，但导致合同现金流量发生变化的，或者企业修正了对合同现金流量的估计的，应当重新计算该金融资产的账面余额，并将相关利得或损失计入当期损益。重新计算的该金融资产的账面余额，应当根据将重新议定或修改的合同现金流量按金融资产的原实际利率折现的现值确定。对于修改或重新议定合同所产生的所有成本或费用，如评估借款人财务状况、评估并记录各类担保、议定金融工具合同条款、编制和处理相关文件等活动过程中产生的有关成本或费用，企业应当调整修改后的金融资产账面价值，并在修改后金融资产的剩余期限内摊销。

企业在资产负债表日，如果债权投资为分期付息、到期一次还本债券的，应按债券票面利率计算确定的应收未收利息，借记“应收利息”科目，按债权投资摊余成本和实际利率计算确定的利息收入，贷记“投资收益”科目，按其差额，借记或贷记“债权投资——利息调整”科目。如果债权投资为到期一次还本付息债券的，应按债券票面利率计算确定的应收未收利息，借记“债权投资——应计利息”科目，按债权投资摊余成本和实际利率计算确定的利息收入，贷记“投资收益”科目，按其差额，借记或贷记“债权投资——利息调整”科目。

1. 溢价购入债券摊余成本的计算

例4-6

承例4-3，甲公司计算该债券的实际利率r如下：

$$1\,175\,000\times(P/A,5,r)+12\,500\,000\times(P/F,5,r)=14\,600\,000$$

式中，$(P/A,5,r)$表示5期、每期利率为r的年金现值系数；$(P/F,5,r)$表示5期、每期利率为r的复利现值系数。该债券存续5年内，甲公司收到的现金流量的现值，应当等于购入债券时支付的价款合计数或债权投资的账面价值。只有这样，此次交易才是公平交易。采用插值法，计算实际利率r如下：

$$\begin{aligned}5\%\text{利率下现金流量的现值}&=1\,175\,000\times4.329\,5+12\,500\,000\times0.783\,5\\&=14\,880\,913(\text{元})\end{aligned}$$

$$\begin{aligned}6\%\text{利率下现金流量的现值}&=1\,175\,000\times4.212\,4+12\,500\,000\times0.747\,3\\&=14\,290\,820(\text{元})\end{aligned}$$

由于购入债券的初始确认金额为14 600 000元，因此，实际利率r在5%～6%之间。

$$\frac{6\%-5\%}{14\,290\,820-14\,880\,913}=\frac{6\%-r}{14\,290\,820-14\,600\,000}$$

$$r=5.48\%$$

甲公司在购买乙公司债券并确定实际利率后，可编制投资收益和摊余成本计算表，如表4-1所示。

表4-1 投资收益和摊余成本计算表 单位：元

日期	应收利息 (a)=12 500 000×9.4%	投资收益 (b)=期初(d)×5.48%	利息调整摊销 (c)=(a)-(b)	摊余成本 (d)=期初(d)-(c)
20×1年1月1日				14 600 000
20×1年12月31日	1 175 000	800 080	374 920	14 225 080
20×2年12月31日	1 175 000	779 534	395 466	13 829 614
20×3年12月31日	1 175 000	757 863	417 137	13 412 477
20×4年12月31日	1 175 000	735 004	439 996	12 972 481
20×5年12月31日	1 175 000	702 519*	472 481*	12 500 000
合计	5 875 000	3 775 000	2 100 000	

*含尾差调整。

根据表4-1，甲公司应编制如下会计分录：

(1) 20×1年12月31日，确认投资收益并收到利息收入时。

借：应收利息　　1 175 000

　贷：投资收益　　800 080

　　　债权投资——利息调整　　374 920

同时，

借：银行存款　　1 175 000

　　贷：应收利息　　1 175 000

（2）20×2 年 12 月 31 日，确认投资收益并收到利息收入时。

借：应收利息　　1 175 000

　　贷：投资收益　　779 534

　　　　债权投资——利息调整　　395 466

同时，

借：银行存款　　1 175 000

　　贷：应收利息　　1 175 000

20×3 年至 20×5 年的 12 月 31 日，甲公司编制的会计分录可参照 20×1 年 12 月 31 日和 20×2 年 12 月 31 日编制的会计分录。

2. 折价购入债券摊余成本的计算

例 4-7

承例 4-4，甲公司计算该债券的实际利率 r 如下：

$$590\,000\times(P/A,5,r)+12\,500\,000\times(P/F,5,r)=11\,200\,000$$

式中，$(P/A, 5, r)$ 表示 5 期、每期利率为 r 的年金现值系数；$(P/F, 5, r)$ 表示 5 期、每期利率为 r 的复利现值系数。采用插值法，计算实际利率 r 如下：

$$\begin{aligned}7\%\text{利率下现金流量的现值}&=590\,000\times4.100\,2+12\,500\,000\times0.713\,0\\&=11\,331\,618(\text{元})\\8\%\text{利率下现金流量的现值}&=590\,000\times3.992\,7+12\,500\,000\times0.680\,6\\&=10\,863\,193(\text{元})\end{aligned}$$

由于购入债券的初始确认金额为 11 200 000 元，因此，实际利率 r 在 7%～8%之间。

$$\frac{8\%-7\%}{10\,863\,193-11\,331\,618}=\frac{8\%-r}{10\,863\,193-11\,200\,000}$$

$$r=7.28\%$$

甲公司在购买乙公司债券并确定实际利率后，可编制投资收益和摊余成本计算表，如表 4-2 所示。

表 4-2　投资收益和摊余成本计算表　　单位：元

日期	应收利息 (a)=12 500 000×4.72%	投资收益 (b)=期初(d)×7.28%	利息调整摊销 (c)=(b)-(a)	摊余成本 (d)=期初(d)+(c)
20×1 年 1 月 1 日				11 200 000
20×1 年 12 月 31 日	590 000	815 360	225 360	11 425 360
20×2 年 12 月 31 日	590 000	831 766	241 766	11 667 126
20×3 年 12 月 31 日	590 000	849 367	259 367	11 926 493
20×4 年 12 月 31 日	590 000	868 249	278 249	12 204 742
20×5 年 12 月 31 日	590 000	885 258*	295 258*	12 500 000
合计	2 950 000	4 250 000	1 300 000	

*含尾差调整。

根据表4-2，甲公司应编制如下会计分录：

(1) 20×1年12月31日，确认投资收益并收到利息收入时。

借：应收利息　590 000

　　债权投资——利息调整　225 360

　贷：投资收益　815 360

同时，

借：银行存款　590 000

　贷：应收利息　590 000

(2) 20×2年12月31日，确认投资收益并收到利息收入时。

借：应收利息　590 000

　　债权投资——利息调整　241 766

　贷：投资收益　831 766

同时，

借：银行存款　590 000

　贷：应收利息　590 000

20×3年至20×5年的12月31日，甲公司编制的会计分录可参照20×1年12月31日和20×2年12月31日编制的会计分录。

3. 面值购入债券摊余成本的计算

例4-8

承例4-5，甲公司计算该债券的实际利率 r 如下：

$$12\,500\,000\times 6.6\%\times(P/A,5,r)+12\,500\,000\times(P/F,5,r)=12\,500\,000$$

$$6.6\%\times(P/A,5,r)=1-(P/F,5,r)$$

$$6.6\%\times[1-(1+r)^{-5}]/r=1-(1+r)^{-5}$$

$$r=6.6\%$$

式中，$(P/A,\ 5,\ r)$ 表示5期、每期利率为 r 的年金现值系数；$(P/F,\ 5,\ r)$ 表示5期、每期利率为 r 的复利现值系数。

甲公司在购买乙公司债券并确定实际利率后，可编制投资收益和摊余成本计算表，如表4-3所示。

表4-3　投资收益和摊余成本计算表　　单位：元

日期	应收利息 (a)＝12 500 000×6.6%	投资收益 (b)＝期初(d)×6.6%	摊余成本 (d)＝期初(d)
20×1年1月1日			12 500 000
20×1年12月31日	825 000	825 000	12 500 000
20×2年12月31日	825 000	825 000	12 500 000
20×3年12月31日	825 000	825 000	12 500 000
20×4年12月31日	825 000	825 000	12 500 000
20×5年12月31日	825 000	825 000	12 500 000
合计	4 125 000	4 125 000	

根据表4-3，甲公司20×1年12月31日应编制如下会计分录：

借：应收利息　　825 000

　贷：投资收益　　825 000

同时，

借：银行存款　　825 000

　贷：应收利息　　825 000

20×2 年至 20×5 年的 12 月 31 日，甲公司编制的会计分录如同 20×1 年 12 月 31 日编制的会计分录。

4. 一次还本付息债券摊余成本的计算

例 4-9

承例 4-5，假设甲公司购买的乙公司债券不是分次付息，而是到期一次还本付息，且利息不以复利计算，则甲公司计算该债券的实际利率 r 如下：

$$(12\,500\,000+825\,000\times5)\times(P/F,5,r)=12\,500\,000$$

式中，$(P/F,5,r)$ 表示 5 期、每期利率为 r 的复利现值系数。采用插值法，计算实际利率 r 如下：

5%利率下现金流量的现值＝16 625 000×0.783 5＝13 025 688(元)

6%利率下现金流量的现值＝16 625 000×0.747 3＝12 423 863(元)

由于购入债券的初始确认金额为 12 500 000 元，因此，实际利率 r 在 5%～6% 之间。

$$\frac{6\%-5\%}{12\,423\,863-13\,025\,688}=\frac{6\%-r}{12\,423\,863-12\,500\,000}$$

$$r=5.87\%$$

甲公司在购买乙公司债券并确定实际利率后，可编制投资收益和摊余成本计算表，如表 4-4 所示。

表 4-4 投资收益和摊余成本计算表　　单位：元

日期	债权投资——应计利息 (a)=12 500 000×6.6%	债权投资——利息调整 (b)=(a)−(c)	投资收益 (c)=期初(e)×5.87%	现金流入 (d)	摊余成本 (e)=期初(e)+(c)−(d)
20×1年1月1日					12 500 000
20×1年12月31日	825 000	91 250	733 750	0	13 233 750
20×2年12月31日	825 000	48 179	776 821	0	14 010 571
20×3年12月31日	825 000	2 579	822 421	0	14 832 992
20×4年12月31日	825 000	−45 697	870 697	0	15 703 689
20×5年12月31日	825 000	−96 311	921 311*	4 125 000	12 500 000
合计	4 125 000	0	4 125 000	4 125 000	

* 含尾差调整。

根据表 4-4，甲公司应编制如下会计分录：

(1) 20×1 年 1 月 1 日，购入债券时。

借：债权投资——成本　　12 500 000

　贷：银行存款　　12 500 000

(2) 20×1 年 12 月 31 日，确认投资收益时。

借：债权投资——应计利息　　825 000

　贷：投资收益　　733 750

　　　债权投资——利息调整　　91 250

20×2 年至 20×5 年的 12 月 31 日，甲公司编制的会计分录可参照 20×1 年 12 月 31 日编制的会计分录。

四、债权投资的到期收回

债权投资到期时，相应的利息调整数额应当已经全部摊销，收回债权投资本金时，借记“银行存款”科目，贷记“债权投资——成本”科目。对于一次还本付息债权投资，借记“银行存款”科目，贷记“债权投资——成本”“债权投资——应计利息”科目。

例 4-10

承例 4-6，甲公司 20×5 年 12 月 31 日收回乙公司债券到期本金 12 500 000 元，款项已存入银行。甲公司应编制如下会计分录：

借：银行存款　　12 500 000

　贷：债权投资——成本　　12 500 000

例 4-11

承例 4-9，甲公司 20×5 年 12 月 31 日收回乙公司债券到期本金 12 500 000 元和应计利息 4 125 000 元，款项已存入银行。甲公司应编制如下会计分录：

借：银行存款　　16 625 000

　贷：债权投资——成本　　12 500 000

　　　　　　　——应计利息　　4 125 000

五、债权投资的提前赎回和出售

（一）债权投资的提前赎回

例 4-12

沿用例 4-7 的资料，假定 20×3 年 1 月 1 日甲公司预计本金中的 2 500 000 元将会在该年末被乙公司提前赎回，而其余 10 000 000 元（12 500 000－2 500 000）将于到期日收回。甲公司应当调整 20×3 年初的摊余成本，调整数额计入当期损益。调整摊余成本时，采用最初确定的实际利率 7.28%。甲公司计算 20×3 年初经调整的债权投资摊余成本如下：

20×4 年和 20×5 年的应收利息＝10 000 000×4.72%＝472 000(元)

$$20\times3\text{年初的摊余成本}=(2\,500\,000+590\,000)\times(1+7.28\%)^{-1}+472\,000\times(1+7.28\%)^{-2}+(10\,000\,000+472\,000)\times(1+7.28\%)^{-3}=11\,771\,940(\text{元})$$

式中，$(1+7.28\%)^{-1}$为1期、每期利率7.28%的复利现值系数；$(1+7.28\%)^{-2}$为2期、每期利率7.28%的复利现值系数；$(1+7.28\%)^{-3}$为3期、每期利率7.28%的复利现值系数。

甲公司于20×3年1月1日可调整重编投资收益和摊余成本计算表，如表4-5所示。

表4-5 投资收益和摊余成本计算表 单位：元

日期	应收利息 (a)=12 500 000×4.72%	投资收益 (b)=期初(d)×7.28%	利息调整摊销 (c)=(b)-(a)	摊余成本 (d)=期初(d)+(c)
20×1年1月1日				11 200 000
20×1年12月31日	590 000	815 360	225 360	11 425 360
20×2年12月31日	590 000	831 766	241 766	11 667 126
调整利得				104 814
20×3年1月1日				11 771 940
20×3年12月31日	590 000	856 997	266 997	12 038 937
(提前赎回)				-2 500 000
摊余成本				9 538 937
20×4年12月31日	472 000	694 435	222 435	9 761 372
20×5年12月31日	472 000	710 628	238 628	10 000 000
合计	2 714 000	3 909 186	1 195 186	
调整利得		104 814	104 814	
总计		4 014 000	1 300 000	

在表4-5中，20×3年1月1日调整后债权投资摊余成本与20×2年12月31日原债权投资摊余成本的差额为104 814元（11 771 940-11 667 126），该调整利得计入当期损益。假定20×3年12月31日乙公司赎回债券2 500 000元。

甲公司应编制如下会计分录：

(1) 20×3年1月1日，调整债权投资期初账面余额时。

借：债权投资——利息调整 104 814

  贷：投资收益 104 814

(2) 20×3年12月31日，赎回本金、确认投资收益时。

借：银行存款 2 500 000

  贷：债权投资——成本 2 500 000

同时，

借：应收利息 590 000

  债权投资——利息调整 266 997

  贷：投资收益 856 997

借：银行存款　590 000

　贷：应收利息　590 000

（3）20×4 年 12 月 31 日，确认投资收益时。

借：应收利息　472 000

　　债权投资——利息调整　222 435

　贷：投资收益　694 435

借：银行存款　472 000

　贷：应收利息　472 000

（4）20×5 年 12 月 31 日，确认投资收益并收回债券本金时。

借：应收利息　472 000

　　债权投资——利息调整　238 628

　贷：投资收益　710 628

借：银行存款　472 000

　贷：应收利息　472 000

同时，

借：银行存款　10 000 000

　贷：债权投资——成本　10 000 000

至此，债券本金 12 500 000 元（10 000 000＋2 500 000）全部收回，利息调整 1 300 000 元（1 195 186＋104 814）全部摊销完毕。本次债券投资共获得投资收益 4 014 000 元（3 909 186＋104 814）。

（二）债权投资的出售

企业出售债权投资时，应按实际收到的金额，借记“银行存款”等科目，按其账面余额，贷记“债权投资——成本、应计利息”科目，贷记或借记“债权投资——利息调整”科目，按其差额，贷记或借记“投资收益”科目。

例 4-13

沿用例 4-7 的资料，假定 20×3 年 12 月 31 日甲公司在收取了当年度乙公司债券利息后，出于风险管理等目的对外出售 500 份乙公司债券，出售债券的面值合计为 500 000 元，出售价格为 485 000 元。此次债券出售并不改变甲公司管理乙公司债券的业务模式，即甲公司持有乙公司债券仍然以收取合同现金流量为目标。出售 500 份乙公司债券后，甲公司在 20×4 年和 20×5 年可取得的债券利息收入均调整为 566 400 元（12 000 000×4.72%），到期可收回债券本金调整为 12 000 000 元(12 500 000－500 000)。甲公司计算 20×3 年 12 月 31 日经调整的债权投资摊余成本如下：

$$\text{20×3 年末的摊余成本} = 566\,400\times(1+7.28\%)^{-1}+(566\,400+12\,000\,000)\times(1+7.28\%)^{-2}$$

$$=11\,446\,725(\text{元})$$

式中，$(1+7.28\%)^{-1}$ 为 1 期、每期利率 7.28% 的复利现值系数；$(1+7.28\%)^{-2}$ 为 2 期、每期利率 7.28% 的复利现值系数。

甲公司于 20×3 年 12 月 31 日可调整重编投资收益和摊余成本计算表，如表 4-6 所示。

表 4-6　投资收益和摊余成本计算表　　单位：元

日期	应收利息 (a)=12 500 000 ×4.72%	投资收益 (b)=期初(d) ×7.28%	利息调整摊销 (c)=(b)-(a)	摊余成本 (d)=期初(d) +(c)
20×1年1月1日				11 200 000
20×1年12月31日	590 000	815 360	225 360	11 425 360
20×2年12月31日	590 000	831 766	241 766	11 667 126
20×3年12月31日	590 000	849 367	259 367	11 926 493
(出售)				-500 000
调整利得				20 232
摊余成本				11 446 725
20×4年12月31日	566 400	833 322	266 922	11 713 647
20×5年12月31日	566 400	852 753*	286 353*	12 000 000
合计	2 902 800	4 182 568	1 279 768	
调整利得		20 232	20 232	
总计		4 202 800	1 300 000	

* 含尾差调整。

根据表 4-6，甲公司计算摊余成本调整利得为 20 232 元 [11 446 725-(11 926 493-500 000)]，该调整利得计入当期损益。

甲公司应编制如下会计分录：

(1) 20×3 年 12 月 31 日，调整债权投资期初账面余额时。

借：债权投资——利息调整　　20 232

　贷：投资收益　　20 232

(2) 20×3 年 12 月 31 日，出售债券时。

借：银行存款　　485 000

　　投资收益　　15 000

　贷：债权投资——成本　　500 000

甲公司也可以将以上两笔会计分录可合编成如下一笔会计分录：

借：银行存款　　485 000

　　债权投资——利息调整　　20 232

　贷：债权投资——成本　　500 000

　　　投资收益　　5 232

(3) 20×4 年 12 月 31 日，确认投资收益时。

借：应收利息　　566 400

　　债权投资——利息调整　　266 922

　贷：投资收益　　833 322

借：银行存款　　566 400

　贷：应收利息　　566 400

(4) 20×5 年 12 月 31 日，确认投资收益并收回债券本金时。

借：应收利息　566 400
　　债权投资——利息调整　286 353
　贷：投资收益　852 753
借：银行存款　566 400
　贷：应收利息　566 400

同时，

借：银行存款　12 000 000
　贷：债权投资——成本　12 000 000

至此，债券本金12 500 000元（12 000 000＋500 000）全部收回，利息调整1 300 000元（1 279 768＋20 232）全部摊销完毕。本次债券投资共获得投资收益4 202 800元（4 182 568＋20 232）。

六、浮动利率债权投资和实际利率的改变

（一）面值购入债券

对于浮动利率金融资产，为反映市场利率波动而对现金流量定期重估将改变实际利率。如果浮动利率金融资产的初始确认金额等于到期日应收本金的金额，则未来利息付款额的重估通常不会对该资产的账面价值产生重大影响。

例4－14

沿用例4－5的资料，假定合同约定，该债券发行后每年年初按照市场利率调整票面利率，并在年末按照年初经调整的债券票面利率支付债券利息，即该债券采用按市场利率进行调整的浮动利率支付利息。在这种情况下，尽管甲公司需要定期重估未来现金流量，但由于该金融资产的初始确认金额等于到期日应收本金的金额，因此，该金融资产的账面价值始终保持不变，即为12 500 000元，该金融资产的实际利率随债券票面利率的调整而调整，并始终等于债券票面利率。假定20×2年1月1日该债券的票面利率调整为6.8%，20×3年1月1日该债券的票面利率调整为6.4%。甲公司20×2年12月31日计算确定的当年投资收益为850 000元（12 500 000×6.8%），20×3年12月31日计算确定的当年投资收益为800 000元（12 500 000×6.4%）。甲公司应编制如下会计分录：

（1）20×1年1月1日，购入债券时。

借：债权投资——成本　12 500 000
　贷：银行存款　12 500 000

（2）20×1年12月31日，确认投资收益时。

借：应收利息　825 000
　贷：投资收益　825 000

同时，

借：银行存款　825 000
　贷：应收利息　825 000

（3）20×2年12月31日，确认投资收益时。

借：应收利息 850 000

贷：投资收益 850 000

同时，

借：银行存款 850 000

贷：应收利息 850 000

（4）20×3 年 12 月 31 日，确认投资收益时。

借：应收利息 800 000

贷：投资收益 800 000

同时，

借：银行存款 800 000

贷：应收利息 800 000

本例中，甲公司债权投资的账面价值在每年重新估计未来现金流量和实际利率的过程中保持不变。

（二）溢价或折价购入债券

如果浮动利率金融资产是以溢价或折价购入的，那么，溢价或折价的摊销应当根据其性质及其与市场利率的关系，分别在截至下一个重新定价日的期间内摊销，或者在金融资产预计存续期内摊销。

1. 溢价或折价在截至下一个利率重设日的期间内摊销

如果浮动利率金融资产的溢价或折价反映了该金融资产自上一个付息日起应计的利息，或自浮动利率重设为市场利率起市场利率所发生的变化，那么该溢价或折价应当在截至下一个利率重设日的期间内进行摊销。因为在利率重设日，该溢价或折价所涉及的变量（即利率）将按市场利率重新定价，因此该溢价或折价与截至下一个利率重设日的期间相关。在这种情况下，下一重新定价日，该金融资产的公允价值即为其票面价值。

例 4-15

20×1 年 5 月 15 日，甲公司以 9 925 元的价格购买了面值为 10 000 元的 5 年期浮动利率债券。该债券按季度支付利息，利率按市场利率确定，具体为按 3 个月期银行同业折借利率加 50 个基点（即加 0.5%）确定。最近一次利率重设日为 20×1 年 3 月 31 日，该日的市场利率为 4.5%，以此确定 20×1 年 6 月 30 日应支付的债券利息为 450 元（10 000×4.5%）。甲公司 20×1 年 5 月 15 日购买债券时的购买价格，由购买当日的市场利率和按 20×1 年 3 月 31 日重设的债券利息支付利率 4.5%计算的债券利息共同决定。因此，甲公司购买该债券时形成的 75 元（10 000−9 925）债券折价，反映了自浮动利率重设为市场利率起市场利率所发生的变化。由于债券折价交易，因此购买债券时的市场利率应高于上一利率重设日的市场利率。甲公司将此次债券投资归类为以摊余成本计量的金融资产。

本例中，75 元的债券折价应当在截至下一个利率重设日，即截至 20×1 年 6 月 30 日的期间内进行摊销。折价摊销后，该债券投资的公允价值为债券面值 10 000 元。假定 20×1 年 6 月 30 日该债券利率重设日的市场利率为 4.6%，以此确定 20×1 年 9 月 30 日应支付的债券利息为 460 元（10 000×4.6%）。

甲公司应编制如下会计分录：

(1) 20×1年5月15日，购入债券时。

借：债权投资——成本　10 000
　贷：银行存款　9 925
　　债权投资——利息调整　75

(2) 20×1年6月30日，确认投资收益并摊销利息调整时。

借：应收利息　450
　债权投资——利息调整　75
　贷：投资收益　525

同时，

借：银行存款　450
　贷：应收利息　450

(3) 20×1年9月30日，确认投资收益时。

借：应收利息　460
　贷：投资收益　460

同时，

借：银行存款　460
　贷：应收利息　460

2. 溢价或折价在金融资产预计存续期内摊销

如果浮动利率金融资产的溢价或折价源自对该金融资产浮动利率中信用利差的变化，或无须重设为市场利率的其他变量，那么该溢价或折价应当在该金融资产的预计存续期内摊销。在这种情况下，下一个利率重设日并非是整个金融资产基于市场的重新定价日，因为浮动利率并未因所发行的特定金融工具信用价差的变动而进行调整。

例4-16

乙公司发行一批债券，该批债券期限为20年，按季度支付利息，采用浮动利率，具体为现行3个月期的银行同业折借利率加1%。该债券利率反映了与乙公司债券发行相关的基于市场的收益率。债券发行之后，乙公司信用恶化导致信用等级下降。20×1年6月5日，甲公司以95 000元的价格购买了乙公司面值为100 000元的债券，并将其归类为以摊余成本计量的金融资产。甲公司本次折价购入债券，折价金额为5 000元(100 000−95 000)。假定该债券折价全部源自对该金融资产浮动利率中信用利差的变化，即与市场利率本身发生的变化无关。

本例中，5 000元的债券折价应当在债券预计存续期内摊销，而不是在截至下一个利率重设日的期间内摊销，因为信用降低并未对浮动利率形成调整。甲公司应当计算债券折价内含的实际利率，并在债券预计存续期内采用实际利率法摊销该债券折价。债券折价摊销金额调整各期投资收益。

浮动利率债权投资的未来现金流量是可确定但非固定的，因此，需要定期重新估计未来现金流量，以反映市场利率波动对投资实际收益的影响。相比较而言，固定利率债权投资的未来现金流量是可确定且固定的，因此，不需要定期重新估计未来现金流量，投资实际收益率在投资存续期限内保持不变。

第三节　其他债权投资

一、其他债权投资的概念

在金融资产的会计核算中，其他债权投资用以反映企业以公允价值计量且其变动计入其他综合收益的金融资产。金融资产同时符合下列条件的，应当分类为以公允价值计量且其变动计入其他综合收益的金融资产：

（1）企业管理该金融资产的业务模式既以收取合同现金流量为目标，又以出售该金融资产为目标；

（2）该金融资产的合同条款规定，在特定日期产生的现金流量仅为对本金和以未偿付本金金额为基础的利息的支付。

其他债权投资与债权投资相比，两者在金融资产的合同现金流量特征方面相同，在企业管理金融资产的业务模式方面有所不同。即在金融资产的合同现金流量特征方面，两者都是在特定日期产生的现金流量仅为对本金和以未偿付本金金额为基础的利息的支付。在企业管理金融资产的业务模式方面，债权投资是以收取合同现金流量为目标；其他债权投资是既以收取合同现金流量为目标，又以出售该金融资产为目标。

二、其他债权投资的初始计量

其他债权投资的初始计量方法与债权投资相同，即在初始确认时，都应当按照公允价值计量，相关交易费用都应当计入初始确认金额。

为核算其他债权投资的业务，企业应设置“其他债权投资”总账科目。该科目核算企业按规定分类为以公允价值计量且其变动计入其他综合收益的金融资产。该科目可按金融资产的类别和品种，分别“成本”“利息调整”“公允价值变动”等进行明细核算。企业在取得其他债权投资时，按该投资的面值借记“其他债权投资——成本”科目，按支付价款中包含的已到付息期但尚未领取的利息，借记“应收利息”科目，按实际支付的价款，贷记“银行存款”等科目，按其差额借记或贷记“其他债权投资——利息调整”科目。

例 4-17

沿用例 4-3 的资料，假定甲公司 20×1 年 1 月 1 日溢价购入乙公司债券后，根据其管理该债券的业务模式和该债券的合同现金流量特征，将该债券分类为以公允价值计量且其变动计入其他综合收益的金融资产。甲公司应编制如下会计分录：

借：其他债权投资——成本	12 500 000	
——利息调整	2 100 000	
贷：银行存款		14 600 000

本例中，甲公司溢价购入乙公司债券。甲公司折价购入或面值购入债券业务的核算方法，与溢价购入债券相似，此处不再举例说明，具体也可参阅债权投资相应业务

的核算方法。

三、其他债权投资的后续计量

其他债权投资在初始确认后应当以公允价值进行后续计量。根据规定，其他债权投资初始确认后产生的利得或损失，除减值损失或利得外，均应当计入其他综合收益，直至该金融资产终止确认或被重分类。但是采用实际利率法计算的该金融资产的利息应当计入当期损益。该类金融资产计入各期损益的金额应当与视同其一直按摊余成本计量而计入各期损益的金额相等。

企业在资产负债表日，如果其他债权投资为分期付息、到期一次还本债券的，应按债券票面利率计算确定的应收未收利息，借记“应收利息”科目，按其他债权投资摊余成本和实际利率计算确定的利息收入，贷记“投资收益”科目，按其差额，借记或贷记“其他债权投资——利息调整”科目。如果其他债权投资为到期一次还本付息债券的，应按债券票面利率计算确定的应收未收利息，借记“其他债权投资——应计利息”科目，按其他债权投资摊余成本和实际利率计算确定的利息收入，贷记“投资收益”科目，按其差额，借记或贷记“其他债权投资——利息调整”科目。

资产负债表日，企业持有的其他债权投资的公允价值高于其账面价值的，应按其差额，借记“其他债权投资——公允价值变动”科目，贷记“其他综合收益——其他债权投资公允价值变动”科目；企业持有的其他债权投资的公允价值低于其账面价值的，应按其差额，借记“其他综合收益——其他债权投资公允价值变动”科目，贷记“其他债权投资——公允价值变动”科目。

例4-18

沿用例4-17的资料，假定其他有关资料如下：

(1) 20×1年12月31日，乙公司债券的公允价值为14 228 800元。

(2) 20×2年12月31日，乙公司债券的公允价值为13 848 600元。

(3) 20×3年12月31日，乙公司债券的公允价值为13 426 520元。

(4) 20×4年12月31日，乙公司债券的公允价值为12 998 600元。

以上乙公司债券的公允价值中均不含利息。

甲公司计算该债券的实际利率 r 为5.48%。甲公司在购买乙公司债券并确定实际利率后，可编制投资收益和摊余成本计算表，如表4-1所示，并可编制公允价值变动计算表，如表4-7所示。

表4-7 公允价值变动计算表 单位：元

日期	摊余成本 (d)	公允价值 (e)	公允价值变动额 (f)＝(e)－(d) －期初(g)	公允价值变动累计金额 (g)＝期初(g)＋(f)
20×1年1月1日	14 600 000	14 600 000	0	0
20×1年12月31日	14 225 080	14 228 800	3 720	3 720
20×2年12月31日	13 829 614	13 848 600	15 266	18 986
20×3年12月31日	13 412 477	13 426 520	－4 943	14 043
20×4年12月31日	12 972 481	12 998 600	12 076	26 119
合计			26 119	26 119

根据表 4-1 和表 4-7，甲公司应编制如下会计分录：

(1) 20×1 年 12 月 31 日，确认投资收益和公允价值变动时。

借：应收利息	1 175 000	
贷：投资收益		800 080
其他债权投资——利息调整		374 920
借：银行存款	1 175 000	
贷：应收利息		1 175 000

同时，

借：其他债权投资——公允价值变动	3 720	
贷：其他综合收益——其他债权投资公允价值变动		3 720

(2) 20×2 年 12 月 31 日，确认投资收益和公允价值变动时。

借：应收利息	1 175 000	
贷：投资收益		779 534
其他债权投资——利息调整		395 466
借：银行存款	1 175 000	
贷：应收利息		1 175 000

同时，

借：其他债权投资——公允价值变动	15 266	
贷：其他综合收益——其他债权投资公允价值变动		15 266

(3) 20×3 年 12 月 31 日，确认投资收益和公允价值变动时。

借：应收利息	1 175 000	
贷：投资收益		757 863
其他债权投资——利息调整		417 137
借：银行存款	1 175 000	
贷：应收利息		1 175 000

同时，

借：其他综合收益——其他债权投资公允价值变动	4 943	
贷：其他债权投资——公允价值变动		4 943

(4) 20×4 年 12 月 31 日，确认投资收益和公允价值变动时。

借：应收利息	1 175 000	
贷：投资收益		735 004
其他债权投资——利息调整		439 996
借：银行存款	1 175 000	
贷：应收利息		1 175 000

同时，

借：其他债权投资——公允价值变动	12 076	
贷：其他综合收益——其他债权投资公允价值变动		12 076

四、其他债权投资的出售

其他债权投资出售或终止确认时，之前计入其他综合收益的累计利得或损失应当从其他综合收益中转出，计入当期损益。

企业出售其他债权投资时，应按实际收到的金额，借记“银行存款”等科目，按其账面余额，贷记“其他债权投资——成本、应计利息”科目，借记或贷记“其他债权投资——公允价值变动、利息调整”科目，按应从其他综合收益中转出的公允价值累计变动数额，借记或贷记“其他综合收益——其他债权投资公允价值变动”科目，按其差额，贷记或借记“投资收益”科目。

例4-19

沿用例4-18的资料，假定20×5年2月10日甲公司对外出售了全部乙公司债券，取得出售价款13 012 600元。甲公司应编制如下会计分录：

借：银行存款	13 012 600	
贷：其他债权投资——成本		12 500 000
——利息调整		472 481
——公允价值变动		26 119
投资收益		14 000

同时，

借：其他综合收益——其他债权投资公允价值变动	26 119	
贷：投资收益		26 119

甲公司也可以将以上两笔会计分录进行合并，编制如下一笔会计分录：

借：银行存款	13 012 600	
其他综合收益——其他债权投资公允价值变动	26 119	
贷：其他债权投资——成本		12 500 000
——利息调整		472 481
——公允价值变动		26 119
投资收益		40 119

甲公司20×5年2月10日出售乙公司债券获得投资收益40 119元。本次债券投资共获得投资收益3 112 600元（800 080＋779 534＋757 863＋735 004＋40 119）。

第四节　交易性金融资产

一、交易性金融资产的概念

在金融资产的会计核算中，交易性金融资产用以反映企业分类为以公允价值计量且其变动计入当期损益的金融资产。企业分类为以摊余成本计量的金融资产和以公允价值计量且其变动计入其他综合收益的金融资产之外的金融资产，应当分类为以公允价值计量且其变动计入当期损益的金融资产。例如，企业常见的下列投资产品通常应当分类为以公允价值计量且其变动计入当期损益的金融资产：

（1）股票。股票的合同现金流量源自收取被投资企业未来股利分配以及其清算时获得剩余收益的权利。由于股利及获得剩余收益的权利均不符合以上金融资产合同现金流量特征中有关金融资产本金和利息的定义，因此，股票不符合本金加利息的合同现金流量特征。在不考虑按照相关规定进行特殊指定的情况下，企业持有的股票应当分类为以公允价值计量且其变动计入当期损益的金融资产。

（2）基金。常见的股票型基金、债券型基金、货币基金或混合基金，通常投资于动态管理的资产组合，投资者从该类投资中所取得的现金流量既包括投资期间基础资产产生的合同现金流量，也包括处置基础资产的现金流量。基金一般情况下不符合本金加利息的合同现金流量特征。企业持有的基金通常应当分类为以公允价值计量且其变动计入当期损益的金融资产。

（3）可转换债券。可转换债券除按一般债权类投资的特性到期收回本金、获取约定利息或收益外，还嵌入了一项转股权。通过嵌入衍生工具，企业获得的收益在基本借贷安排的基础上，会产生基于其他因素变动的不确定性。企业持有的可转换债券按规定不进行转股权单独分拆，而是将可转换债券作为一个整体进行评估。由于可转换债券不符合本金加利息的合同现金流量特征，企业持有的可转换债券投资应当分类为以公允价值计量且其变动计入当期损益的金融资产。

二、交易性金融资产的初始计量

企业初始确认金融资产，应当按照公允价值计量。对于交易性金融资产，相关交易费用应当直接计入当期损益。对于其他类别的金融资产，相关交易费用应当计入初始确认金额。

为核算交易性金融资产的业务，企业应设置“交易性金融资产”总账科目。该科目核算企业分类为以公允价值计量且其变动计入当期损益的金融资产。该科目可按金融资产的类别和品种，分别“成本”“公允价值变动”等进行明细核算。企业在取得交易性金融资产时，应按交易性金融资产的公允价值借记“交易性金融资产——成本”科目，按发生的交易费用借记“投资收益”科目，按已到付息期但尚未领取的利息或已宣告但尚未发放的现金股利，借记“应收利息”或“应收股利”科目，按实际支付的金额贷记“银行存款”等科目。

1. 股票投资

例 4-20

甲公司 20×1 年 5 月 25 日从证券交易市场购入乙公司股票 1 000 000 股，占乙公司有表决权股份的 0.5%。购入时，乙公司股票每股市价 15 元，股票价款合计为 15 000 000 元（1 000 000×15），其中包含已宣告但尚未发放的现金股利每股 0.5 元，内含股利共计 500 000 元（1 000 000×0.5）。甲公司另外以银行存款支付相关交易费用 25 000 元。甲公司根据其管理该股票的业务模式和该股票的合同现金流量特征，将该股票分类为以公允价值计量且其变动计入当期损益的金融资产。甲公司应编制如下会计分录：

借：交易性金融资产——成本	14 500 000	
应收股利	500 000	
投资收益	25 000	
贷：银行存款		15 025 000

企业在取得交易性金融资产时发生的交易费用不计入交易性金融资产的成本，而计入投资收益，即直接计入当期损益。

2. 债券投资

例 4－21

甲公司 20×1 年 1 月 1 日从二级市场购入乙公司债券，支付价款合计 1 050 000 元，其中包含已到付息期但尚未领取的利息 20 000 元，另发生交易费用 22 000 元。该债券面值 1 000 000 元，剩余期限为 2 年，票面年利率为 4%，每半年末付息一次，半年的利息金额为 20 000 元（1 000 000×4%/2）。该债券的合同现金流量特征满足仅为对本金和以未偿付本金金额为基础的利息的支付。甲公司根据其管理该债券的业务模式和该债券的合同现金流量特征，将该债券分类为以公允价值计量且其变动计入当期损益的金融资产。甲公司应编制如下会计分录：

借：交易性金融资产——成本	1 030 000	
应收利息	20 000	
投资收益	22 000	
贷：银行存款		1 072 000

企业购入交易性金融资产时，公允价值的金额全部记入“交易性金融资产——成本”科目中。

三、交易性金融资产的后续计量

交易性金融资产在初始确认后应当以公允价值进行后续计量，由公允价值变动产生的利得或损失应当计入当期损益。

按照规定，企业只有在同时符合下列条件时，才能确认股利收入并计入当期损益：（1）企业收取股利的权利已经确立；（2）与股利相关的经济利益很可能流入企业；（3）股利的金额能够可靠计量。

企业在持有交易性金融资产期间，被投资单位宣告发放现金股利时，或在资产负债表日按分期付息、到期一次还本债券投资的票面利率计算利息时，应当借记“应收股利”或“应收利息”科目，贷记“投资收益”科目。资产负债表日，交易性金融资产的公允价值高于其账面余额的差额，应当借记“交易性金融资产——公允价值变动”科目，贷记“公允价值变动损益”科目；公允价值低于其账面余额的差额，做相反的会计分录。

1. 股票投资

例 4－22

沿用例 4－20 的资料，假定其他有关资料如下：

（1）20×1 年 5 月 30 日，甲公司收到购入乙公司股票时的内含股利 500 000 元。

（2）20×1 年 6 月 30 日，乙公司股票的市价为每股 18 元，1 000 000 股股票的市价合计为 18 000 000 元，比购入时确认的成本数额上升 3 500 000 元（18 000 000—14 500 000）。

（3）20×1 年 12 月 31 日，甲公司仍持有乙公司股票，当日该股票市价为每股 16 元，1 000 000 股股票的市价合计为 16 000 000 元，比 20×1 年 6 月 30 日的市价下跌 2 000 000 元（18 000 000—16 000 000）。

（4）20×2 年 3 月 5 日，乙公司宣告发放现金股利每股 0.25 元，甲公司获得相应的应收股利权利 250 000 元（1 000 000×0.25）。

(5) 20×2 年 3 月 11 日，甲公司收到乙公司 3 月 5 日宣告发放的现金股利 250 000 元。

根据以上经济业务，甲公司应编制如下会计分录：

(1) 20×1 年 5 月 30 日，收到股利时。

借：银行存款　　500 000

　贷：应收股利　　500 000

(2) 20×1 年 6 月 30 日，确认股票价格上升时。

借：交易性金融资产——公允价值变动　　3 500 000

　贷：公允价值变动损益　　3 500 000

(3) 20×1 年 12 月 31 日，确认股票价格下跌时。

借：公允价值变动损益　　2 000 000

　贷：交易性金融资产——公允价值变动　　2 000 000

(4) 20×2 年 3 月 5 日，乙公司宣告发放现金股利时。

借：应收股利　　250 000

　贷：投资收益　　250 000

(5) 20×2 年 3 月 11 日，收到现金股利时。

借：银行存款　　250 000

　贷：应收股利　　250 000

2. 债券投资

例 4 - 23

沿用例 4 - 21 的资料，假定其他有关资料如下：

(1) 20×1 年 1 月 5 日，甲公司收到购入乙公司债券时的内含利息 20 000 元。

(2) 20×1 年 6 月 30 日，乙公司债券的市价为 1 045 000 元，比购入时确认的成本数额上升 15 000 元 (1 045 000−1 030 000)。债券市价中不包含半年的利息 20 000 元。确认半年的债券应收利息 20 000 元。

(3) 20×1 年 7 月 3 日，收到乙公司上半年债券利息 20 000 元。

(4) 20×1 年 12 月 31 日，甲公司仍持有乙公司债券，当日该债券市价为 1 040 000 元，比 20×1 年 6 月 30 日的市价下跌 5 000 元 (1 045 000−1 040 000)。债券市价中不包含半年的利息 20 000 元。确认半年的债券应收利息 20 000 元。

(5) 20×2 年 1 月 5 日，收到乙公司上一年度下半年债券利息 20 000 元。

根据以上经济业务，甲公司应编制如下会计分录：

(1) 20×1 年 1 月 5 日，收到债券内含利息时。

借：银行存款　　20 000

　贷：应收利息　　20 000

(2) 20×1 年 6 月 30 日，确认债券市价上升和应收利息时。

借：交易性金融资产——公允价值变动　　15 000

　贷：公允价值变动损益　　15 000

同时，

借：应收利息　　20 000

　贷：投资收益　　20 000

(3) 20×1 年 7 月 3 日，收到债券利息时。

借：银行存款　20 000

　贷：应收利息　20 000

(4) 20×1 年 12 月 31 日，确认债券市价下跌和应收利息时。

借：公允价值变动损益　5 000

　贷：交易性金融资产——公允价值变动　5 000

同时，

借：应收利息　20 000

　贷：投资收益　20 000

(5) 20×2 年 1 月 5 日，收到债券利息时。

借：银行存款　20 000

　贷：应收利息　20 000

四、交易性金融资产的出售

企业出售交易性金融资产时，应当按照交易性金融资产的出售价格借记“银行存款”等科目，按照交易性金融资产的账面余额贷记“交易性金融资产”科目，按照交易性金融资产的出售价格与账面余额的差额借记或贷记“投资收益”科目。

1. 股票投资的出售

例 4-24

沿用例 4-22 的资料，假定 20×2 年 4 月 8 日甲公司以每股 20 元的价格出售持有的乙公司全部股票，收到出售价款合计 20 000 000 元（1 000 000×20）。甲公司应编制如下会计分录：

借：银行存款　20 000 000

　贷：交易性金融资产——成本　14 500 000

　　　　　　　　　　——公允价值变动　1 500 000

　　投资收益　4 000 000

2. 债券投资的出售

例 4-25

沿用例 4-23 的资料，假定 20×2 年 3 月 6 日甲公司通过二级市场出售持有的乙公司全部债券，收到出售价款合计 1 036 000 元。甲公司应编制如下会计分录：

借：银行存款　1 036 000

　　投资收益　4 000

　贷：交易性金融资产——成本　1 030 000

　　　　　　　　　　——公允价值变动　10 000

五、公允价值计量选择权和交易性金融资产的指定

根据规定，在初始确认时，如果能够消除或显著减少会计错配，提供更加相关的会计信息，企业可以将金融资产指定为以公允价值计量且其变动计入当期损益的金融资产。该指定一经作出，不得撤销。

例如，甲公司购买了一项固定利率金融资产，相应资金通过发行一批固定利率债

券筹得，由此形成一项金融负债。该金融资产和金融负债受相同利率风险的影响，从而使其公允价值产生能够相互抵销的相反变动。甲公司根据管理金融资产的业务模式和金融资产的合同现金流量特征，将购买的金融资产分类为以公允价值计量且其变动计入其他综合收益的金融资产。与此同时，甲公司将发行的固定利率债券以摊余成本计量。甲公司这样处理导致了会计错配，即相关的金融资产或金融负债的会计处理相互之间出现不一致。此时，甲公司如果将以上金融资产和金融负债同时指定为以公允价值计量且其变动计入当期损益，那么这种会计错配就能够消除，财务报表将会提供更加相关的信息。会计错配发生在经济上相关，即共享同一风险的资产和负债的会计处理不一致时。使用公允价值计量选择权可消除共享同一风险的金融资产和金融负债在计量时的差异，使其相互之间自然抵销。在公允价值计量选择权下，资产或负债的公允价值的整体变动将计入当期损益。

根据规定，企业持有的指定为以公允价值计量且其变动计入当期损益的金融资产，可在"交易性金融资产"总账科目下单独设置"指定类"明细科目进行核算。

第五节 其他权益工具投资

一、其他权益工具投资的概念

在金融资产的会计核算中，其他权益工具投资用以反映企业指定为以公允价值计量且其变动计入其他综合收益的金融资产。

权益工具投资一般不符合本金加利息的合同现金流量特征，因此应当分类为以公允价值计量且其变动计入当期损益的金融资产。然而在初始确认时，企业可以将非交易性权益工具投资指定为以公允价值计量且其变动计入其他综合收益的金融资产，并按照相关规定确认股利收入。该指定一经作出，不得撤销。企业投资其他上市公司股票或者非上市公司股权的，都可能属于这种情形。

1. 非交易性的界定

金融资产满足下列条件之一的，表明企业持有该金融资产的目的是交易性的：

（1）取得相关金融资产的目的主要是近期出售。例如，企业以赚取差价为目的从二级市场购入的股票、债券和基金等。

（2）相关金融资产在初始确认时属于集中管理的可辨认金融资产组合的一部分，且有客观证据表明近期实际存在短期获利模式。在这种情况下，即使组合中有某个组成项目持有的期限稍长也不受影响。

（3）相关金融资产属于衍生工具。

只有不符合上述条件的非交易性权益工具投资，才可以指定为以公允价值计量且其变动计入其他综合收益的金融资产。

2. 权益工具投资的界定

权益工具是指能证明拥有某个企业在扣除所有负债后的资产中的剩余权益的合同。例如，普通股对于发行方而言，满足权益工具的定义；对于投资方而言，则属于权益工具投资。

二、其他权益工具投资的基本会计处理原则

根据规定，初始确认时，企业可基于单项非交易性权益工具投资，将其指定为以公允价值计量且其变动计入其他综合收益的金融资产，其公允价值的后续变动计入其他综合收益，不需计提减值准备。除了获得的股利收入按规定计入当期损益外，其他相关的利得和损失均应当计入其他综合收益，且后续不得转入损益。当金融资产终止确认时，之前计入其他综合收益的累计利得或损失应当从其他综合收益转出，计入留存收益。

为核算其他权益工具投资的业务，企业应设置“其他权益工具投资”总账科目。该科目核算企业指定为以公允价值计量且其变动计入其他综合收益的非交易性权益工具投资。该科目可按其他权益工具投资的类别和品种，分别“成本”“公允价值变动”等进行明细核算。

例4-26

沿用例4-20、例4-22和例4-24的资料，假定甲公司20×1年5月25日从证券交易市场购入乙公司股票时，将该股票投资确定为非交易性权益工具投资，并将其指定为以公允价值计量且其变动计入其他综合收益的金融资产。20×2年6月28日，甲公司以每股20元的价格出售持有的乙公司全部股票，收到出售价款合计20 000 000元。甲公司按净利润的10%提取法定盈余公积。其他资料不变。甲公司应编制如下会计分录：

(1) 20×1年5月25日，购入乙公司股票时。

借：其他权益工具投资——成本　14 525 000

　　应收股利　500 000

　贷：银行存款　15 025 000

企业在初始确认其他权益工具投资时，应当按照公允价值计量，发生的相关交易费用应当计入初始确认金额，具体应当计入其他权益工具投资的成本。

(2) 20×1年5月30日，收到股利时。

借：银行存款　500 000

　贷：应收股利　500 000

(3) 20×1年6月30日，确认股票价格上升时。

股票价格比购入时确认的成本数上升的数额＝18 000 000－14 525 000
＝3 475 000(元)

借：其他权益工具投资——公允价值变动　3 475 000

　贷：其他综合收益——其他权益工具投资公允价值变动　3 475 000

(4) 20×1年12月31日，确认股票价格下跌时。

借：其他综合收益——其他权益工具投资公允价值变动　2 000 000

　贷：其他权益工具投资——公允价值变动　2 000 000

(5) 20×2年3月5日，乙公司宣告发放现金股利时。

借：应收股利　250 000

　贷：投资收益　250 000

(6) 20×2 年 3 月 11 日，收到现金股利时。

借：银行存款	250 000	
贷：应收股利		250 000

(7) 20×2 年 6 月 28 日，出售乙公司全部股票时。

由累计其他综合收益转出而需调整的留存收益＝3 475 000－2 000 000
＝1 475 000(元)

由此需要调整的盈余公积＝1 475 000×10%＝147 500(元)

由出售股票价格大于其他权益工具投资账面余额而需调整的留存收益＝20 000 000－(14 525 000＋1 475 000)
＝4 000 000(元)

由此需要调整的盈余公积＝4 000 000×10%＝400 000(元)

借：其他综合收益——其他权益工具投资公允价值变动	1 475 000	
贷：盈余公积——法定盈余公积		147 500
利润分配——未分配利润		1 327 500

同时，

借：银行存款	20 000 000	
贷：其他权益工具投资——成本		14 525 000
——公允价值变动		1 475 000
盈余公积——法定盈余公积		400 000
利润分配——未分配利润		3 600 000

甲公司也可以将以上两笔会计分录进行合并，编制如下一笔会计分录：

借：银行存款	20 000 000	
其他综合收益——其他权益工具投资公允价值变动	1 475 000	
贷：其他权益工具投资——成本		14 525 000
——公允价值变动		1 475 000
盈余公积——法定盈余公积		547 500
利润分配——未分配利润		4 927 500

第六节　金融资产的减值

一、预期信用损失法

按照规定，金融资产计提减值应当采用预期信用损失法。在预期信用损失法下，减值准备的计提不以减值的实际发生为前提，而是以未来可能的违约事件造成的损失的期望值来计量当期应当确认的减值准备。

预期信用损失是指以发生违约的风险为权重的金融工具信用损失的加权平均值。其中，发生违约的风险可以理解为发生违约的概率；信用损失是指企业根据合同应收的现金流量与预期能收到的现金流量之间的差额的现值。企业根据合同应收的现金流量与预期能收到的现金流量之间的差额可称为现金流缺口。根据现值的定义，即使企业能够全额收回合同约定的金额，但如果收款时间晚于合同规定的时间，也会产生信用损失。

根据规定，企业可以将金融资产发生信用减值的过程分为如下三个阶段，对于不同阶段的金融资产的减值可以有不同的会计处理方法：

（1）信用风险自初始确认后未显著增加。该阶段为第一阶段。对于处于该阶段的金融资产，企业应当按照未来12个月的预期信用损失计量损失准备，并按照其账面余额和实际利率计算利息收入。其中，账面余额为未扣除减值准备的数额。未来12个月内预期信用损失，是指因资产负债表日后12个月内可能发生的金融工具违约事件而导致的预期信用损失，是整个存续期预期信用损失的一部分。

（2）信用风险自初始确认后已显著增加但尚未发生信用减值。该阶段为第二阶段。对于处于该阶段的金融资产，企业应当按照该金融资产整个存续期的预期信用损失计量损失准备，并按其账面余额和实际利率计算利息收入。其中，整个存续期预期信用损失，是指因金融工具整个预计存续期内所有可能发生的违约事件而导致的预期信用损失。

（3）初始确认后发生信用减值。该阶段为第三阶段。对于处于该阶段的金融资产，企业应当按照该金融资产整个存续期的预期信用损失计量损失准备，但对利息收入的计算不同于处于前两个阶段的金融资产。对于已发生信用减值的金融资产，企业应当按其摊余成本和实际利率计算利息收入。其中，摊余成本为账面余额减去已计提的减值准备后的数额，也即账面价值。

二、对信用风险显著增加的评估

企业应当在资产负债表日评估金融资产信用风险自初始确认后是否已显著增加。这里的信用风险，是指发生违约的概率。

（一）判断标准

企业应当通过比较金融资产在初始确认时所确定的预计存续期内的违约概率和该金融资产在资产负债表日所确定的预计存续期内的违约概率，来判断金融资产信用风险是否显著增加。这里的违约概率是指在某一时点上所确定的未来期间发生违约的概率，而不是在该时点发生违约的概率。

因为预计存续期与违约风险之间的复杂关系，企业在对信用风险的变化进行评估时，不能简单地比较违约风险随时间推移的绝对变化。例如，一项预计存续期为10年的金融资产在初始确认时确定的违约概率，与后来预计存续期仅剩5年时确定的违约概率相同，则可能表明其信用风险已经增加。因为一般而言，在信用风险不变的情况下，金融资产的存续期越长，则违约概率越高。随着存续期的消减，违约概率一般也逐渐降低。但对于仅在临近到期日才具有重大付款义务的金融资产而言，发生违约的概率不一定随时间的推移而降低。

实务中，企业可以用未来12个月内发生违约风险的变化作为整个存续期内发生违约风险变化的合理估计，以确定自初始确认后信用风险是否已显著增加。但是，在某些情形下可能并不适合使用未来12个月内发生违约风险的变化来确定是否应当确认整个存续期预期信用损失。例如，合同现金流在预计存续期内不均匀分布，其在未来12

个月内没有现金流等。

对于初始确认后信用风险变化的显著性，应当在与初始确认时确定的违约概率相比较的基础上进行考虑。

（二）评估信用风险变化所考虑的因素

在确定金融资产的信用风险水平时，企业应当考虑以合理成本即可获得的、可能影响金融资产风险的、合理且有依据的信息。

企业在评估中可能需要考虑的因素有很多。这些因素包括：

（1）信用风险变化所导致的内部价格指标的显著变化。例如，同一金融工具或具有相同条款及相同交易对手的类似金融工具，在最近期间发行时的信用利差相对于过去发行时的变化。

（2）若现有金融工具在报告日作为新金融工具发行，该金融工具的利率或其他条款将发生的显著变化。

（3）同一金融工具或具有相同预计存续期的类似金融工具的信用风险的外部市场指标的显著变化。这些指标包括信用利差、针对借款人的信用违约互换价格、金融资产的公允价值小于其摊余成本的时间长短和程度等。

（4）金融工具外部信用评级实际或预期的显著变化。

（5）借款人经营成果实际或预期的显著变化。例如，借款人收入或毛利率下降，经营风险增加，营运资金短缺，流动比率下降，管理出现问题等。

（6）借款人所处的监管、经济或技术环境的显著不利变化。例如，技术变革导致对借款人产品的需求下降。

（7）作为债务抵押的担保物价值的显著变化。例如，如果房价下降导致担保物价值下跌，则借款人可能会有更大动机拖欠抵押贷款。

（8）逾期信息等。

在某些情形下，企业通过获得的定性和非统计定量信息，而无须统计模型或信用评级流程处理有关信息，就可以确定金融资产的信用风险是否已显著增加。但在另一些情形下，企业可能需要考虑源自统计模型或信用评级流程的信息。

（三）逾期与信用风险显著增加

金融资产发生逾期，是指交易对手未按合同规定时间支付约定的款项，既包括本金不能按时足额支付的情况，也包括利息不能按时足额支付的情况。

逾期是金融资产信用风险显著增加的常见结果。因此，逾期可能被作为信用风险显著增加的标志。但是，信用风险显著增加作为逾期的主要原因，通常先于逾期发生。企业只有在难以获得前瞻性信息，从而无法在逾期发生前确定信用风险显著增加的情况下，才能以逾期的发生来确定信用风险的显著增加。如果以合理成本即可获得合理且有依据的前瞻性信息，企业在确定信用风险是否显著增加时，不得仅依赖逾期信息。

根据规定，无论企业采用何种方式评估信用风险是否显著增加，如果合同付款逾期超过 30 日，则通常可以推定金融资产的信用风险显著增加，除非企业以合理成本即可获得合理且有依据的信息，证明即使逾期超过 30 日，信用风险仍未显著增加。例如，如果未能及时付款是由于管理上的疏忽而并非借款人本身的财务困难所致。企业通常应当在金融资产逾期前确认整个存续期内的预期信用损失。因此，如果企业在逾期超过30日前可以确定信用风险显著增加，那么不得适用上述推定。

总之，企业确定信用风险显著增加的时点应当早于实际发生减值的时点，这是预期信用损失法的应有之义。

（四）逾期与违约

企业在确定信用风险时所采用的违约定义，应当与其内部基于信用风险管理目的而采用的违约定义保持一致，并在必要时考虑其他定性指标，例如借款合同对债务人财务指标做出的限制性条款。

实务中，一些企业以逾期达到一定天数作为违约的标准。企业可以根据所处环境和债务工具特点对构成违约的逾期天数做出定义。但是，如果一项金融工具逾期超过90日，则企业应当推定该金融工具已发生违约，除非企业有合理且有依据的信息，表明以更长的逾期时间作为违约标准更为恰当。企业应当对所有相关金融工具一致地适用上述关于违约的规定，除非有证据表明对特定金融工具采用不同的违约标准更为恰当。

通常情况下，在金融资产发生信用减值或者违约之前，信用风险都将显著增加。因此，企业在评估金融资产自初始确认后信用风险是否显著增加时，不能基于在报告日金融资产发生违约的证据。

（五）特殊情形

企业应当在资产负债表日评估金融资产信用风险自初始确认后是否已显著增加，这是企业应当遵循的一般原则。但出于简化会计处理、兼顾现行实务的考虑，我国现行企业会计准则对属于较低信用风险的金融工具，将其作为特殊情形，规定了其特殊的处理方法。根据规定，对于较低信用风险的金融工具，企业无须就金融资产初始确认时的信用风险与资产负债表日的信用风险进行比较分析。

如果企业确定金融工具的违约风险较低，借款人在短期内履行其支付合同现金流量义务的能力很强，并且即使较长时期内经济形势和经营环境存在不利变化，也不一定会降低借款人履行其支付合同现金流量义务的能力，那么，该金融资产可被视为具有较低的信用风险。例如，企业在具有较高信用评级的商业银行的定期存款可能被视为具有较低的信用风险。如果一项金融工具具有“投资级”以上的外部信用评级，则该金融工具可能被视为具有较低信用风险。

对于在资产负债表日具有较低信用风险的金融资产，企业可以不用将其在资产负债表日的信用风险与初始确认时的信用风险进行比较，而直接做出该金融资产的信用风险自初始确认后未显著增加的假定。企业对这种简化处理有选择权。

（六）信用风险评估示例

例4-27

乙公司是一家上市公司，其资本结构中唯一的债务是一项五年期的公开发行的债券。根据该债券募集合同的规定，乙公司不能进一步举债。乙公司按季度向其股东发布报告。甲公司是该债券众多投资方之一。甲公司在初始确认该债券投资时认为，债券的违约风险较低，并且乙公司在短期内具有较强的偿债能力；长期来看，经济形势和经营环境存在发生不利变化的可能，但未必一定导致乙公司偿付该债券的能力的降低。因此，甲公司对该债券的内部信用评级等同于国际信用评级的投资级。

在资产负债表日，甲公司对于该债券信用风险的担忧，主要是乙公司营业额所面临的持续压力，这种压力有可能导致乙公司经营活动现金流量下降。因为甲公司仅为乙公司的债券投资人，仅能依赖公开的年报和中期报告，无法取得进一步的非公开信用风险信息，所以其对信用风险变化的评估全部取决于乙公司的公告和其他公开信息，包括评级机构发布的消息和新闻中提到的相关信息。

本例中，甲公司希望对该债券投资采用低信用风险简化处理。因此，在报告日，甲公司使用所有以合理成本即可获得的、合理且有依据的信息，评估该债券是否属于低信用风险。在这一评估中，甲公司对该债券的内部信用评级进行了重新评估，并认为该债券不再等同于外部信用评级中的投资级债券，理由如下：

（1）乙公司的最新季报显示，其营业收入同比下降20%，营业利润同比下降12%。

（2）评级机构对于乙公司的盈利预告做出负面反应，并对其信用级别进行复核以确定是否需要将其由投资级降至非投资级。不过，在报告日，外部信用风险评级暂时保持不变。

（3）该债券的价格显著下跌，导致到期收益率增高。甲公司认为，该债券价格的下跌是由乙公司信用风险增加引起的。因为甲公司发现，市场环境并未改变，如基准利率、流动性等未发生变化，与其同行业企业所发行债券的价格比较可知，该债券价格的下跌可能是乙公司特有因素所导致的，而不是其他一般信用风险指标导致的。

尽管乙公司目前尚能履行合同义务进行偿付，但其所处的不利经济形势和经营环境导致了重大不确定因素，增加了该债券的违约风险。鉴于上述原因，甲公司认为，该债券在资产负债表日不再属于只具有较低信用风险的金融资产。因此，甲公司决定评估该债券自初始确认后信用风险是否已显著增加。经过评估，甲公司认为，该债券的信用风险自初始确认后已显著增加。

三、预期信用损失的计量

根据规定，金融资产预期信用损失是以违约概率为权重的、金融资产现金流缺口的现值的加权平均值。其中，合同现金流量与预期收到的现金流量之间的差额为现金流缺口。这一定义说明了预期信用损失的基本计算方法。

（一）金融资产预期信用损失的基本计算方法

对于金融资产，信用损失应为下列两者差额的现值：（1）企业依照合同应收取的合同现金流量；（2）企业预期能收到的现金流量。

对于购买时未发生信用减值、但在后续资产负债表日已发生信用减值的金融资产，企业在计量其预期信用损失时，应当基于该金融资产的账面余额与按该金融资产原实际利率折现的预计未来现金流量的现值之间的差额。

企业应当以概率加权平均为基础对预期信用损失进行计量。企业对预期信用损失的计量应当反映发生信用损失的各种可能性，但不必识别所有可能的情形。

（二）折现率

企业应当采用相关金融资产初始确认时确定的实际利率或其近似值，将现金流缺口折现为资产负债表日的现值，而不是预计违约日或其他日期的现值。如果金融工具具有浮动利率，那么企业应当采用当前实际利率，即最近一次利率重设后的实际利率，对现金流缺口进行折现。

（三）预期信用损失的概率加权属性

企业对预期信用损失的估计是概率加权的结果，应当始终反映发生信用损失的可能性以及不发生信用损失的可能性，而不是仅对最坏或最好的情形做出估计。

实务中，这一要求可能并不需要企业开展复杂的分析。在某些情形下，运用相对简单的模型可能足以满足上述要求，而不需要使用大量具体的情景模拟。例如，一个较大的具有共同风险特征的金融工具组合，如小额贷款等，其平均信用损失可能是概率加权金额的合理估计值。而在其他情形下，企业可能需要识别关于现金流量金额、时间分布以及各种结果估计概率的具体数值。在这种情形下，预期信用损失应当至少反映发生信用损失和不发生信用损失两种可能性，即企业需要估计发生信用损失的概率和金额。

（四）计量中采集和使用的信息

根据规定，企业对金融资产预期信用损失的计量方法，应当反映能够以合理成本即可获取的、合理且有依据的、关于过去事项、当前状况以及未来经济状况预测的信息。换言之，企业应当采集上述信息，作为金融资产预期信用损失计量的依据。

企业所采集和使用的信息应当既包含与借款人特定因素相关的信息，又包含反映总体经济状况和趋势的信息。企业可同时使用内部和外部的各种数据来源，包括：关于信用损失的企业内部历史经验、其他企业的信用损失经验、外部评级、外部报告和外部统计数据等。

历史信息是企业计量预期信用损失的重要基准。某些情形下，未经调整的历史信息可能是最佳的合理且有依据的信息。而其他情形下，企业可能需要使用当期数据对历史数据进行调整，以反映当前状况和未来预测的影响，并剔除与未来现金流量不相关的历史因素的影响。

企业对预期信用损失的估计，应当反映相关可观察数据的变化并与其保持方向一致。例如，就业率、房价、商品价格的变化可能导致一项或一组金融资产信用损失的变化。企业应当定期复核用于估计预期信用损失的可观察数据，以减少估计值与实际信用损失之间的差异。

在考虑前瞻性信息时，企业通常不需要对很远的未来做出详细估计，而只需要根据现有资料对未来情况进行推断。

（五）估计预期信用损失的期间

估计预期信用损失的期间是指相关金融资产可能发生的现金流缺口所属的期间。企业计量预期信用损失的最长期限应当为企业面临信用风险的最长合同期限，其中包括由于续约选择权可能延续的合同期限。

估计预期信用损失的期间，与金融资产是否按整个存续期内预期信用损失金额计量损失准备是两个不同概念。企业在计量金融资产预期信用损失准备时，12个月内预期信用损失是指因资产负债表日后12个月内可能发生的违约事件而导致的金融资产在整个存续期内现金流缺口的加权平均现值，而非发生在 12 个月内的现金流缺口的加权平均现值。例如，企业预计一项剩余存续期为 3 年的债务工具在未来 12 个月内将发生债务重组，重组将对该工具整个存续期内的合同现金流量进行调整，则所有合同现金流量的调整，无论归属在哪个期间，都属于计算 12 个月内预期信用损失的考虑范围。

（六）预期信用损失计量示例

例 4-28

甲公司以 1 000 000 元购买了 10 年期分期还本债券。考虑到对具有相似信用风险的其他金融工具的预期、债券发行人的信用风险以及未来 12 个月的经济形势前景，甲公司估计初始确认时，该债券在后续 12 个月内的违约概率为 0.5%。此外，为确定自初始确认后信用风险是否已显著增加，甲公司还认定未来 12 个月的违约概率变动，合理近似于整个存续期的违约概率变动。

在初始确认后首个资产负债表日，甲公司预计未来 12 个月的违约概率无变化，因此认为自初始确认后信用风险并无显著增加。甲公司预计，如果该债券违约，将会损失账面余额的 25%，即违约损失率为 25%。

本例中，甲公司按照未来 12 个月的违约概率 0.5%计量未来 12 个月的预期信用损失，并据此相应确认损失准备。因此，在该资产负债表日，12 个月内的预期信用损失为 1 250 元（1 000 000×0.5%×25%）。

四、金融资产减值和利息收入的计算

（一）未发生信用减值的资产

对于处于信用减值第一和第二阶段的金融资产，企业应当按照该金融资产的账面余额乘以实际利率的金额确定其利息收入。

（二）已发生信用减值的资产

当对金融资产预期未来现金流量具有不利影响的一项或多项事件发生时，该金融资产成为已发生信用减值的金融资产。金融资产已发生信用减值的证据包括下列可观察信息：

（1）发行方或债务人发生重大财务困难；

（2）债务人违反合同，如偿付利息或本金违约或逾期等；

（3）债权人出于与债务人财务困难有关的经济或合同考虑，给予债务人在任何其他情况下都不会做出的让步；

（4）债务人很可能破产或进行其他财务重组；

（5）发行方或债务人财务困难导致该金融资产的活跃市场消失；

（6）以大幅折扣购买一项金融资产，该折扣反映了发生信用损失的事实。

金融资产发生信用减值，有可能是多个事件的共同作用所致，未必是可单独识别的事件所致。

对于购买时未发生信用减值但在后续期间发生信用减值的金融资产，企业应当在发生减值的后续期间，按照该金融资产的摊余成本乘以实际利率的金额确定其利息收入。初始确认时确定的实际利率，不因减值的发生而变化。

五、金融资产减值的会计处理

（一）核算科目的设置和使用

1. 核算科目的设置

为核算金融资产减值的业务，企业应设置“信用减值损失”“债权投资减值准备”“其他综合收益——信用减值准备”等科目。其中，“信用减值损失”总账科目核算企业按要求计提的各项金融工具减值准备所形成的预期信用损失。“债权投资减值准备”总账科目核算企业以摊余成本计量的债权投资以预期信用损失为基础计提的损失准备。“其他综合收益——信用减值准备”科目核算企业分类为以公允价值计量且其变动计入其他综合收益的金融资产以预期信用损失为基础计提的损失准备。

2. 减值准备的计提和转回

企业应当在资产负债表日计算金融资产的预期信用损失。如果该预期信用损失大于该金融资产当前减值准备的账面金额，企业应当将其差额确认为减值损失，借记“信用减值损失”科目，根据金融资产的种类，贷记“债权投资减值准备”“其他综合收益——信用减值准备”等科目。如果资产负债表日计算的预期信用损失小于该金融资产当前减值准备的账面金额，则应当将差额确认为减值利得，做相反的会计分录。

3. 已发生信用损失金融资产的核销

企业实际发生信用损失，认定相关金融资产无法收回，经批准予以核销的，应当根据批准的核销金额，借记“债权投资减值准备”“其他综合收益——信用减值准备”等科目，贷记“债权投资”“其他债权投资”等资产科目。若核销金额大于已计提的损失准备，还应按其差额借记“信用减值损失”科目。

（二）金融资产减值的会计处理举例

1. 债权投资减值的会计处理举例

例4-29

沿用例4-3的资料，假定甲公司20×1年1月1日溢价购入乙公司债券后发生如下经济业务：

20×1年12月31日，乙公司按约支付利息。甲公司评估认为，该债券投资信用风险自初始确认以来未显著增加，并计算其未来12个月预期信用损失为175 000元。

20×2年12月31日，乙公司按约支付利息。甲公司评估认为，该债券投资信用风险自初始确认以来已经显著增加，并计算剩余存续期预期信用损失为750 000元。

20×3年6月30日，甲公司了解到乙公司面临重大财务困难，认定该债券投资已发生减值。同日，甲公司计算剩余存续期预期信用损失为1 500 000元。

20×3年12月31日，乙公司未按约支付利息。甲公司计算剩余存续期预期信用损失为2 500 000元。

20×4年6月30日，甲公司计算剩余存续期预期信用损失为3 250 000元。同日，甲公司将该债券投资全部对外出售给丙资产管理公司，出售价格为11 660 000元。

根据以上相关资料，甲公司应编制如下会计分录：

（1）20×1年1月1日，购入乙公司债券时。

借：债权投资——成本 12 500 000
——利息调整 2 100 000
贷：银行存款 14 600 000

20×1 年 1 月 1 日债权投资的账面余额＝该日债权投资的摊余成本
＝14 600 000(元)

(2) 20×1 年 12 月 31 日，计算投资收益、收到利息收入并计提减值准备时。

应收利息＝期初债券面值×票面利率
＝12 500 000×9.4%＝1 175 000(元)

利息收入＝期初账面余额×实际利率
＝14 600 000×5.48%＝800 080(元)

利息调整摊销＝1 175 000－800 080＝374 920(元)

借：应收利息 1 175 000
贷：投资收益 800 080
债权投资——利息调整 374 920

借：银行存款 1 175 000
贷：应收利息 1 175 000

同时，

借：信用减值损失 175 000
贷：债权投资减值准备 175 000

20×1 年 12 月 31 日债权投资的账面余额＝14 600 000－374 920
＝14 225 080(元)

20×1 年 12 月 31 日债权投资的摊余成本＝14 225 080－175 000
＝14 050 080(元)

其中，175 000 元为未发生信用减值。

(3) 20×2 年 12 月 31 日，计算投资收益、收到利息收入并补提减值准备时。

应收利息＝期初债券面值×票面利率
＝12 500 000×9.4%＝1 175 000(元)

利息收入＝期初账面余额×实际利率
＝14 225 080×5.48%＝779 534(元)

利息调整摊销＝1 175 000－779 534＝395 466(元)

补提的减值准备＝750 000－175 000＝575 000(元)

借：应收利息 1 175 000
贷：投资收益 779 534
债权投资——利息调整 395 466

借：银行存款 1 175 000
贷：应收利息 1 175 000

同时，

借：信用减值损失 575 000
贷：债权投资减值准备 575 000

20×2 年 12 月 31 日债权投资的账面余额＝14 225 080－395 466
＝13 829 614(元)

20×2 年 12 月 31 日债权投资的摊余成本＝13 829 614－750 000
＝13 079 614(元)

其中，750 000 元为未发生信用减值。

(4) 20×3 年 6 月 30 日，确认实际减值前投资收益并补提减值准备时。

半年的实际利率＝$(1+5.48\%)^{0.5}-1=2.703\,5\%$

半年的投资收益＝期初账面余额×实际利率
＝13 829 614×2.703 5%＝373 884(元)

半年的名义利率＝$(1+9.4\%)^{0.5}-1=4.594\,5\%$

半年的应收利息＝期初债券面值×名义利率
＝12 500 000×4.594 5%
＝574 313(元)

半年的利息调整摊销＝574 313－373 884＝200 429(元)

补提的减值准备＝1 500 000－750 000＝750 000(元)

借：应收利息　574 313
　贷：投资收益　373 884
　　债权投资——利息调整　200 429

同时，

借：信用减值损失　750 000
　贷：债权投资减值准备　750 000

其中，半年的实际利率计算公式 $[(1+5.48\%)^{0.5}-1]$ 可以通过以下计算得以核实：

半年的投资收益＝期初账面余额×半年的实际利率

20×3 年一年的投资收益(13 829 614×5.48%)＝半年的投资收益×2＋半年的投资收益×半年的实际利率
＝半年的投资收益×(2＋半年的实际利率)
＝$13\,829\,614\times[(1+5.48\%)^{0.5}-1]\times[2+(1+5.48\%)^{0.5}-1]$
＝757 863(元)

同样，半年的名义利率计算公式 $[(1+9.4\%)^{0.5}-1]$ 也可以通过以下计算方法得以核实：

20×3 年一年的应收利息(12 500 000×9.4%)＝$12\,500\,000\times[(1+9.4\%)^{0.5}-1]\times[2+(1+9.4\%)^{0.5}-1]$
＝1 175 000(元)

20×3 年 6 月 30 日债权投资的账面余额＝13 829 614－200 429
＝13 629 185(元)

20×3 年 6 月 30 日累计应收未收利息＝574 313(元)

20×3 年 6 月 30 日债权投资的摊余成本＝13 629 185＋574 313－1 500 000
＝12 703 498(元)

其中，1 500 000 元为已发生信用减值。

(5) 20×3 年 12 月 31 日，确认实际减值后的投资收益并补提减值准备时。

半年的实际利率＝(1＋5.48%)$^{0.5}$－1＝2.703 5%

半年的投资收益＝(期初账面余额＋期初累计应收未收利息－期初累计已发生信用减值)×实际利率

＝期初摊余成本×实际利率

＝12 703 498×2.703 5%＝343 439(元)

半年的名义利率＝(1＋9.4%)$^{0.5}$－1＝4.594 5%

半年的应收利息＝(期初债券面值＋期初累计应收未收利息－期初累计已发生信用减值)×名义利率

＝(12 500 000＋574 313－1 500 000)×4.594 5%

＝531 782(元)

半年的利息调整摊销＝531 782－343 439＝188 343(元)

补提的减值准备＝2 500 000－1 500 000＝1 000 000(元)

借：应收利息	531 782	
贷：投资收益		343 439
债权投资——利息调整		188 343

同时，

借：信用减值损失	1 000 000	
贷：债权投资减值准备		1 000 000

20×3 年 12 月 31 日债权投资的账面余额＝13 629 185－188 343＝13 440 842(元)

20×3 年 12 月 31 日累计应收未收利息＝574 313＋531 782＝1 106 095(元)

20×3 年 12 月 31 日债权投资的摊余成本＝13 440 842＋1 106 095－2 500 000

＝12 046 937(元)

其中，2 500 000 元为已发生信用减值。

(6) 20×4 年 6 月 30 日，确认投资收益、补提减值准备并出售债券投资时。

半年的实际利率＝(1＋5.48%)$^{0.5}$－1＝2.703 5%

半年的投资收益＝(期初账面余额＋期初累计应收未收利息－期初累计已发生信用减值)×实际利率

＝期初摊余成本×实际利率

＝12 046 937×2.703 5%＝325 689(元)

半年的名义利率＝(1＋9.4%)$^{0.5}$－1＝4.594 5%

半年的应收利息＝(期初债券面值＋期初累计应收未收利息－期初累计已发生信用减值)×名义利率

＝(12 500 000＋1 106 095－2 500 000)×4.594 5%

＝510 270(元)

半年的利息调整摊销＝510 270－325 689＝184 581(元)

补提的减值准备＝3 250 000－2 500 000＝750 000(元)

借：应收利息 510 270
　贷：投资收益 325 689
　　债权投资——利息调整 184 581
借：信用减值损失 750 000
　贷：债权投资减值准备 750 000

20×4年6月30日债权投资的账面余额＝13 440 842－184 581＝13 256 261(元)

20×4年6月30日累计应收未收利息＝1 106 095＋510 270＝1 616 365(元)

20×4年6月30日债权投资的摊余成本＝13 256 261＋1 616 365－3 250 000
＝11 622 626(元)

其中，3 250 000元为已发生信用减值。

待摊销利息调整＝2 100 000－1 343 739＝756 261(元)

借：银行存款 11 660 000
　债权投资减值准备 3 250 000
　贷：债权投资——成本 12 500 000
　　——利息调整 756 261
　　应收利息 1 616 365
　　投资收益 37 374

至此，甲公司债权投资摊余成本11 622 626元（12 500 000＋756 261＋1 616 365－3 250 000）全部转销。甲公司本次债权投资共获得投资收益2 660 000元（2 622 626＋37 374）。该投资收益金额也可以通过以下计算得以核实：

出售所得＋信用减值准备＝初始购入时的支出－已收到的利息＋投资收益

投资收益＝(11 660 000＋3 250 000)－(14 600 000－2 350 000)
＝2 660 000(元)

甲公司编制的投资收益和摊余成本计算表如表4-8所示。

表4-8 投资收益和摊余成本计算表 单位：元

日期	应收利息 (a)＝(12 500 000＋期初累计应收未收利息－期初累计已发生减值)×9.4%(或4.594 5%)	投资收益 (b)＝期初(d)×5.48%(或2.703 5%)	利息调整摊销 (c)＝(a)－(b)	账面余额［摊余成本］(d)＝期初(d)－(c)［(d)＋累计应收未收利息－累计减值］
20×1年1月1日				14 600 000
20×1年12月31日	1 175 000	800 080	374 920	14 225 080
(累计未发生减值)				－175 000
摊余成本				14 050 080

续表

日期	应收利息 (a)=(12 500 000+期初累计应收未收利息－期初累计已发生减值)×9.4%(或4.594 5%)	投资收益 (b)=期初(d)×5.48%(或2.703 5%)	利息调整摊销 (c)=(a)－(b)	账面余额［摊余成本］(d)=期初(d)－(c)［(d)+累计应收未收利息－累计减值］
20×2年12月31日	1 175 000	779 534	395 466	13 829 614
(累计未发生减值)				－750 000
摊余成本				13 079 614
20×3年6月30日	574 313*	373 884	200 429	13 629 185
累计应收未收利息				574 313
(累计已发生减值)				－1 500 000
摊余成本				12 703 498
20×3年12月31日	531 782*	343 439	188 343	13 440 842
累计应收未收利息				1 106 095
(累计已发生减值)				－2 500 000
摊余成本				12 046 937
20×4年6月30日	510 270*	325 689	184 581	13 256 261
累计应收未收利息				1 616 365
(累计已发生减值)				－3 250 000
摊余成本				11 622 626
合计	3 966 365	2 622 626	1 343 739	
已收利息	2 350 000			
出售收益		37 374		
出售转销			756 261	
总计		2 660 000	2 100 000	

*应收未收利息。

例4-30

沿用例4-29的资料，20×4年6月30日，丙资产管理公司以11 500 000元的价格从甲公司购入乙公司债券。根据所掌握的情况，丙资产管理公司将购入的乙公司债券认定为已发生信用减值的金融资产，并预计该债券投资的未来现金流量为：20×5年12月31日现金流入6 880 000元；20×6年6月30日现金流入5 880 000元。丙资产管理公司以摊余成本计量该债券投资。

20×4年12月31日，乙公司未按约支付利息，丙资产管理公司对该债券投资回收金额和回收时间的预期未发生改变，即预期信用损失变动为零。

20×5年12月31日，丙资产管理公司收到乙公司还款6 880 000元，对该债券投资后续回收金额和回收时间的预期未发生改变。

20×6年6月30日，丙资产管理公司收到乙公司还款5 900 000元。该债券合同终止。

本例中，丙资产管理公司购入的乙公司债券属于在购入或源生时已发生信用减值的金融资产。根据规定，在这种情况下，丙资产管理公司在购入金融资产时，需要计算该金融资产经信用调整的实际利率，并且自初始确认起，应当按照该金融资产的摊余成本乘以经信用调整的实际利率的金额确定其利息收入。其中，经信用调整的实际利率是指将购入或源生的已发生信用减值的金融资产在预计存续期的估计未来现金流量，折现为该金融资产摊余成本的利率。

20×4年6月30日，丙资产管理公司购入乙公司债券时计算该债券投资经信用调整的实际利率 r 如下：

$$6\,880\,000\times(P/F,1.5,r)+5\,880\,000\times(P/F,2,r)=11\,500\,000$$

式中，$(P/F,1.5,r)$ 表示1.5期、每期利率为 r 的复利现值系数；$(P/F,2,r)$ 表示2期、每期利率为 r 的复利现值系数。采用插值法，计算经信用调整的实际利率 r 如下：

6%利率下的现金流量现值＝11 537 374（元）
7%利率下的现金流量现值＝11 351 845（元）

由于购入债券的初始确认金额为11 500 000元，因此，经信用调整的实际利率 r 在6%～7%之间。

$$\frac{7\%-6\%}{11\,351\,845-11\,537\,374}=\frac{7\%-r}{11\,351\,845-11\,500\,000}$$

$$r=6.201\,4\%$$

经信用调整的半年期实际利率＝$(1+6.201\,4\%)^{0.5}-1=3.054\,1\%$

丙资产管理公司编制的投资收益和摊余成本计算表如表4-9所示。

表4-9 投资收益和摊余成本计算表 单位：元

日期	应计利息 (a)＝期初(c)×6.201 4% (或3.054 1%)	还款 (b)	摊余成本 (c)＝期初(c) ＋(a)－(b)
20×4年6月30日			11 500 000
20×4年12月31日	351 222		11 851 222
20×5年12月31日	734 942	6 880 000	5 706 164
20×6年6月30日	173 836*	5 880 000	0
合计	1 260 000	12 760 000	

*含尾差调整。

根据以上相关资料，丙资产管理公司应编制如下会计分录：

(1) 20×4年6月30日，购入乙公司债券时。

借：债权投资——本金 11 500 000
　贷：银行存款 11 500 000

(2) 20×4年12月31日，确认投资收益时。

借：债权投资——应计利息 351 222
　贷：投资收益 351 222

(3) 20×5年12月31日，确认投资收益并收到还款时。

转销的应计利息＝351 222＋734 942＝1 086 164(元)

转销的本金＝6 880 000－1 086 164＝5 793 836(元)

借：债权投资——应计利息 734 942

贷：投资收益 734 942

同时，

借：银行存款 6 880 000

贷：债权投资——本金 5 793 836

——应计利息 1 086 164

(4) 20×6 年 6 月 30 日，确认投资收益并收到还款时。

借：债权投资——应计利息 173 836

贷：投资收益 173 836

同时，

借：银行存款 5 900 000

贷：债权投资——本金 5 706 164

——应计利息 173 836

信用减值损失（利得） 20 000

2. 其他债权投资减值的会计处理举例

例 4－31

沿用例 4－17 和例 4－18 的资料，假定甲公司 20×1 年 1 月 1 日溢价购入乙公司债券后发生如下经济业务：

20×1 年 12 月 31 日，乙公司按约支付利息。甲公司评估认为，该债券投资信用风险自初始确认以来未显著增加，并计算其未来 12 个月预期信用损失为 175 000 元。当日，该债券投资的公允价值为 14 228 800 元。

20×2 年 12 月 31 日，乙公司按约支付利息。甲公司评估认为，该债券投资信用风险自初始确认以来已经显著增加，并计算剩余存续期预期信用损失为 750 000 元。当日，该债券投资的公允价值为 13 848 600 元。

20×3 年 12 月 31 日，乙公司未按约支付利息。甲公司了解到乙公司面临重大财务困难，认定该债券投资已发生减值。同日，甲公司计算剩余存续期预期信用损失为 1 600 000 元。当日，该债券投资的公允价值为 12 856 500 元。

20×4 年 12 月 31 日，乙公司未按约支付利息。甲公司计算该债券投资剩余存续期预期信用损失为 2 400 000 元。当日，该债券投资的公允价值为 12 880 000 元。

20×5 年 1 月 1 日，甲公司将该债券投资全部对外出售，出售价格为当日的公允价值 12 880 000 元。

根据以上相关资料，甲公司应编制如下会计分录：

(1) 20×1 年 1 月 1 日，购入乙公司债券时。

借：其他债权投资——成本 12 500 000

——利息调整 2 100 000

贷：银行存款 14 600 000

20×1 年 1 月 1 日其他债权投资的账面余额 = 该日其他债权投资的摊余成本

=12 500 000+2 100 000=14 600 000(元)

(2) 20×1 年 12 月 31 日，确认投资收益、公允价值变动并计提信用减值准备时。

投资收益=期初账面余额×实际利率

=14 600 000×5.48%=800 080(元)

应收利息=期初债券面值×票面利率

=12 500 000×9.4%=1 175 000(元)

借：应收利息	1 175 000	
贷：投资收益		800 080
其他债权投资——利息调整		374 920
借：银行存款	1 175 000	
贷：应收利息		1 175 000
借：其他债权投资——公允价值变动	3 720	
贷：其他综合收益——其他债权投资公允价值变动		3 720

同时，

借：信用减值损失	175 000	
贷：其他综合收益——信用减值准备		175 000

20×1 年 12 月 31 日其他债权投资的账面余额 =14 600 000−374 920=14 225 080(元)

20×1 年 12 月 31 日其他债权投资的摊余成本 =14 225 080−175 000=14 050 080(元)

其中，175 000 元为未发生信用减值。

(3) 20×2 年 12 月 31 日，确认投资收益、公允价值变动并补提信用减值准备时。

投资收益=期初账面余额×实际利率

=14 225 080×5.48%=779 534(元)

应收利息=期初债券面值×票面利率

=12 500 000×9.4%=1 175 000(元)

信用减值损失增加数=750 000−175 000=575 000(元)

借：应收利息	1 175 000	
贷：投资收益		779 534
其他债权投资——利息调整		395 466
借：银行存款	1 175 000	
贷：应收利息		1 175 000
借：其他债权投资——公允价值变动	15 266	
贷：其他综合收益——其他债权投资公允价值变动		15 266

同时，

借：信用减值损失	575 000	
贷：其他综合收益——信用减值准备		575 000

$$\begin{array}{l}20\times2\text{ 年 }12\text{ 月 }31\text{ 日}\\ \text{其他债权投资的账面余额}\end{array}=14\ 225\ 080-395\ 466=13\ 829\ 614(\text{元})$$

$$\begin{array}{l}20\times2\text{ 年 }12\text{ 月 }31\text{ 日}\\ \text{其他债权投资的摊余成本}\end{array}=13\ 829\ 614-750\ 000=13\ 079\ 614(\text{元})$$

其中，750 000 元为未发生信用减值。

(4) 20×3 年 12 月 31 日，确认投资收益、公允价值变动并补提信用减值准备时。

投资收益＝期初账面余额×实际利率

＝13 829 614×5.48%＝757 863(元)

应收利息＝期初债券面值×票面利率

＝12 500 000×9.4%＝1 175 000(元)

信用减值损失增加数＝1 600 000－750 000＝850 000(元)

借：应收利息	1 175 000	
贷：投资收益		757 863
其他债权投资——利息调整		417 137
借：其他综合收益——其他债权投资公允价值变动	1 749 963	
贷：其他债权投资——公允价值变动		1 749 963

同时，

借：信用减值损失	850 000	
贷：其他综合收益——信用减值准备		850 000

$$\begin{array}{l}20\times3\text{ 年 }12\text{ 月 }31\text{ 日}\\ \text{其他债权投资的账面余额}\end{array}=13\ 829\ 614-417\ 137=13\ 412\ 477(\text{元})$$

20×3 年 12 月 31 日累计应收未收利息＝1 175 000(元)

$$\begin{array}{l}20\times3\text{ 年 }12\text{ 月 }31\text{ 日}\\ \text{其他债权投资的账面余额}\end{array}+\begin{array}{l}\text{累计应收}\\ \text{未收利息}\end{array}=13\ 412\ 477+1\ 175\ 000$$

$$=14\ 587\ 477(\text{元})$$

$$\begin{array}{l}20\times3\text{ 年 }12\text{ 月 }31\text{ 日}\\ \text{其他债权投资的摊余成本}\end{array}=14\ 587\ 477-1\ 600\ 000=12\ 987\ 477(\text{元})$$

其中，1 600 000 元为已发生信用减值。

(5) 20×4 年 12 月 31 日，确认投资收益、公允价值变动并补提信用减值准备时。

投资收益＝(期初账面余额＋期初累计应收未收利息－期初累计已发生信用减值)×实际利率

＝期初摊余成本×实际利率

＝12 987 477×5.48%＝711 714(元)

应收利息＝(期初债券面值＋期初累计应收未收利息－期初累计已发生信用减值)×票面利率

＝(12 500 000＋1 175 000－1 600 000)×9.4%＝1 135 050(元)

利息调整摊销＝1 135 050－711 714＝423 336(元)

信用减值损失增加数＝2 400 000－1 600 000＝800 000(元)

借：应收利息　1 135 050
　贷：投资收益　711 714
　　其他债权投资——利息调整　423 336
借：其他综合收益——其他债权投资公允价值变动　688 214
　贷：其他债权投资——公允价值变动　688 214

同时，

借：信用减值损失　800 000
　贷：其他综合收益——信用减值准备　800 000

20×4年12月31日其他债权投资的账面余额＝13 412 477－423 336＝12 989 141(元)

20×4年12月31日累计应收未收利息＝1 175 000＋1 135 050＝2 310 050(元)

20×4年12月31日其他债权投资的账面余额＋累计应收未收利息＝12 989 141＋2 310 050＝15 299 191(元)

20×4年12月31日其他债权投资的摊余成本＝15 299 191－2 400 000＝12 899 191(元)

其中，2 400 000元为已发生信用减值。

(6) 20×5年1月1日，出售乙公司债券时。

转销的利息调整＝2 100 000－1 610 859＝489 141(元)

转销的公允价值变动＝2 419 191(元)

转销的信用减值准备＝2 400 000(元)

转销的应收未收利息＝1 175 000＋1 135 050＝2 310 050(元)

借：银行存款　12 880 000
　其他综合收益——信用减值准备　2 400 000
　其他债权投资——公允价值变动　2 419 191
　贷：其他债权投资——成本　12 500 000
　　　——利息调整　489 141
　　应收利息　2 310 050
　　投资收益　2 400 000

同时，

借：投资收益　2 419 191
　贷：其他综合收益——其他债权投资公允价值变动　2 419 191

甲公司也可以将以上两笔会计分录进行合并，编制如下一笔会计分录：

借：银行存款　12 880 000
　其他综合收益——信用减值准备　2 400 000
　其他债权投资——公允价值变动　2 419 191
　投资收益　19 191

贷：其他债权投资——成本　12 500 000

　　　　　　　　——利息调整　489 141

　　其他综合收益——其他债权投资公允价值变动　2 419 191

　　应收利息　2 310 050

至此，甲公司其他债权投资摊余成本 12 899 191 元（12 500 000＋489 141＋2 310 050－2 400 000）全部转销，公允价值变动 2 419 191 元的记录也全部转销。甲公司本次其他债权投资共获得投资收益 3 030 000 元（3 049 191－19 191）。该投资收益金额也可以通过以下计算得以核实：

出售所得＋信用减值准备＝初始购入时的支出－已收到的利息＋投资收益

投资收益＝(12 880 000＋2 400 000)－(14 600 000－2 350 000)

＝3 030 000(元)

甲公司编制的投资收益和摊余成本计算表可如表 4－10 所示，编制的公允价值变动计算表可如表 4－11 所示。

表 4－10　投资收益和摊余成本计算表　　单位：元

日期	应收利息 (a)＝(12 500 000＋期初累计应收未收利息－期初累计已发生减值)×9.4%	投资收益 (b)＝期初(d)×5.48%	利息调整摊销 (c)＝(a)－(b)	账面余额［摊余成本］ (d)＝期初(d)－(c) ［(d)＋累计应收未收利息－累计减值］
20×1年1月1日				14 600 000
20×1年12月31日	1 175 000	800 080	374 920	14 225 080
(累计未发生减值)				－175 000
摊余成本				14 050 080
20×2年12月31日	1 175 000	779 534	395 466	13 829 614
(累计未发生减值)				－750 000
摊余成本				13 079 614
20×3年12月31日	1 175 000*	757 863	417 137	13 412 477
累计应收未收利息				1 175 000
(累计已发生减值)				－1 600 000
摊余成本				12 987 477
20×4年12月31日	1 135 050*	711 714	423 336	12 989 141
累计应收未收利息				2 310 050
(累计已发生减值)				－2 400 000
摊余成本				12 899 191
合计	4 660 050	3 049 191	1 610 859	
其中：已收利息	2 350 000			
20×5年1月1日				
出售损失		－19 191		
出售转销			489 141	
总计		3 030 000	2 100 000	

*应收未收利息。

表4-11　公允价值变动计算表　　　单位：元

日期	账面余额＋累计应收未收利息(d)	公允价值(e)	公允价值变动额(f)＝(e)－(d)－期初(g)	公允价值变动累计金额(g)＝期初(g)＋(f)
20×1年1月1日	14 600 000	14 600 000	0	0
20×1年12月31日	14 225 080	14 228 800	3 720	3 720
20×2年12月31日	13 829 614	13 848 600	15 266	18 986
20×3年12月31日	14 587 477	12 856 500	－1 749 963	－1 730 977
20×4年12月31日	15 299 191	12 880 000	－688 214	－2 419 191
合计			－2 419 191	

债权投资减值和其他债权投资减值在会计处理方法上不完全相同。尽管由债权投资减值和其他债权投资减值而形成的损失都确认为信用减值损失，并列入利润表，作为企业净利润的减少，但债权投资减值通过“债权投资减值准备”科目核算，其他债权投资减值通过“其他综合收益——信用减值准备”科目核算，“债权投资减值准备”作为“债权投资”资产的减少列入资产负债表，而“其他综合收益——信用减值准备”列入利润表，作为企业其他综合收益的增加。因此，债权投资减值和其他债权投资减值都减少企业的净利润，但债权投资减值还减少企业的综合收益，而其他债权投资减值不减少企业的综合收益。另外，债权投资减值减少企业的资产数额，但其他债权投资减值不减少企业的资产数额。

根据规定，其他权益工具投资不计提减值准备，交易性金融资产也不计提减值准备。

第七节　金融资产的重分类

一、金融资产重分类的原则

企业改变其管理金融资产的业务模式时，应当按照规定对所有受影响的相关金融资产进行重分类。

企业对金融资产进行重分类，应当自重分类日起采用未来适用法进行相关会计处理，不得对以前已经确认的利得、损失或利息进行追溯调整。重分类日是指导致企业对金融资产进行重分类的业务模式发生变更后的首个报告期间的第一天。例如，甲上市公司决定于20×2年3月22日改变其管理某金融资产的业务模式，则重分类日为20×2年4月1日，即下一个季度会计期间的期初。再如，甲上市公司决定于20×2年10月15日改变其管理某金融资产的业务模式，则重分类日为20×3年1月1日。

企业管理金融资产业务模式的变更是一种极其少见的情形。该变更源自外部或内部的变化，必须由企业的高级管理层进行决策，且其必须对企业的经营非常重要，并能够向外部各方证实。因此，只有当企业开始或终止某项对其经营影响重大的活动时，例如当企业收购、处置或终止某一业务线时，其管理金融资产的业务模式才会发生变更。

根据规定，如果企业管理金融资产的业务模式没有发生变更，而金融资产的条款发生变更但未导致终止确认的，不允许重分类。如果金融资产条款发生变更导致金融资产终止确认的，不涉及重分类问题，企业应当终止确认原金融资产，同时按照变更后的条款确认一项新金融资产。

二、金融资产重分类的计量

（一）以摊余成本计量的金融资产的重分类

1. 债权投资重分类为交易性金融资产

企业将一项以摊余成本计量的金融资产重分类为以公允价值计量且其变动计入当期损益的金融资产的，应当按照该资产在重分类日的公允价值进行计量。原账面价值与公允价值之间的差额计入当期损益。

例 4－32

沿用例 4－29 的资料，假定甲公司 20×2 年 11 月 15 日变更了其管理该债券投资的业务模式，其变更符合重分类的要求，因此，甲公司于 20×3 年 1 月 1 日将该债券从以摊余成本计量重分类为以公允价值计量且其变动计入当期损益。20×3 年 1 月 1 日，该债券的公允价值为 13 848 600 元，已确认的减值准备为 750 000 元，待转销的利息调整为 1 329 614 元（417 137＋439 996＋472 481）。甲公司应编制如下会计分录：

借：交易性金融资产——成本	13 848 600	
债权投资减值准备	750 000	
贷：债权投资——成本		12 500 000
——利息调整		1 329 614
公允价值变动损益		768 986

本例中，该债券投资在重分类日的原账面价值为 13 079 614 元（12 500 000＋2 100 000－374 920－395 466－750 000）。原账面价值与公允价值的差额 768 986 元（13 848 600－13 079 614）计入当期损益。

2. 债权投资重分类为其他债权投资

企业将一项以摊余成本计量的金融资产重分类为以公允价值计量且其变动计入其他综合收益的金融资产的，应当按照该资产在重分类日的公允价值进行计量。原账面价值与公允价值之间的差额计入其他综合收益。该金融资产重分类不影响其实际利率和预期信用损失的计量。

例 4－33

沿用例 4－32 的资料，假定甲公司于 20×3 年 1 月 1 日将该债券从以摊余成本计量重分类为以公允价值计量且其变动计入其他综合收益。甲公司应编制如下会计分录：

借：其他债权投资——成本	12 500 000	
——利息调整	1 329 614	
——公允价值变动	18 986	
债权投资减值准备	750 000	
贷：债权投资——成本		12 500 000
——利息调整		1 329 614

其他综合收益——其他债权投资公允价值变动 18 986
——信用减值准备 750 000

本例中，该债券投资在重分类日原账面价值与公允价值的差额计入了其他综合收益，金额为768 986元（18 986+750 000），其中，18 986元计入其他债权投资公允价值变动，750 000元计入信用减值准备。

（二）以公允价值计量且其变动计入其他综合收益的金融资产的重分类

1. 其他债权投资重分类为债权投资

企业将一项以公允价值计量且其变动计入其他综合收益的金融资产重分类为以摊余成本计量的金融资产的，应当将之前计入其他综合收益的累计利得或损失转出，调整该金融资产在重分类日的公允价值，并以调整后的金额作为新的账面价值，即视同该金融资产一直以摊余成本计量。该金融资产重分类不影响其实际利率和预期信用损失的计量。

例4-34

沿用例4-31的资料，假定甲公司20×2年11月15日变更了其管理该债券投资的业务模式，其变更符合重分类的要求，因此，甲公司于20×3年1月1日将该债券从以公允价值计量且其变动计入其他综合收益重分类为以摊余成本计量。20×3年1月1日，该债券的公允价值为13 848 600元，已确认的减值准备为750 000元，待转销的利息调整为1 329 614元（417 137+439 996+472 481）。甲公司应编制如下会计分录：

借：债权投资——成本 12 500 000
——利息调整 1 329 614
其他综合收益——其他债权投资公允价值变动 18 986
——信用减值准备 750 000
贷：其他债权投资——成本 12 500 000
——利息调整 1 329 614
——公允价值变动 18 986
债权投资减值准备 750 000

本例中，甲公司记录的其他债权投资公允价值13 848 600元（12 500 000+1 329 614+18 986）和记录在其他综合收益中的其他债权投资信用减值准备750 000元全部转销。

2. 其他债权投资重分类为交易性金融资产

企业将一项以公允价值计量且其变动计入其他综合收益的金融资产重分类为以公允价值计量且其变动计入当期损益的金融资产的，应当继续以公允价值计量该金融资产。同时，企业应当将之前计入其他综合收益的累计利得或损失从其他综合收益转入当期损益。

例4-35

沿用例4-34的资料，假定甲公司于20×3年1月1日将该债券从以公允价值计量且其变动计入其他综合收益重分类为以公允价值计量且其变动计入当期损益。甲公司应编制如下会计分录：

借：交易性金融资产——成本　13 848 600
　　其他综合收益——其他债权投资公允价值变动　18 986
　　　　　　　——信用减值准备　750 000
　贷：其他债权投资——成本　12 500 000
　　　　　　　——利息调整　1 329 614
　　　　　　　——公允价值变动　18 986
　　公允价值变动损益　768 986

本例中，甲公司将之前计入其他综合收益的累计利得 768 986 元（18 986＋750 000）转入当期损益。

（三）以公允价值计量且其变动计入当期损益的金融资产的重分类

1. 交易性金融资产重分类为债权投资

企业将一项以公允价值计量且其变动计入当期损益的金融资产重分类为以摊余成本计量的金融资产的，应当以其在重分类日的公允价值作为新的账面余额。

例 4－36

沿用例 4－21 和例 4－23 的资料，假定甲公司 20×1 年 5 月 15 日变更了其管理该债券投资的业务模式，其变更符合重分类的要求，因此，甲公司于 20×1 年 7 月 1 日将该债券从以公允价值计量且其变动计入当期损益重分类为以摊余成本计量。假定 20×1年 7 月 1 日该债券的公允价值为 1 045 000 元。甲公司应编制如下会计分录：

借：债权投资——成本　1 000 000
　　　　　——利息调整　45 000
　贷：交易性金融资产——成本　1 030 000
　　　　　　　——公允价值变动　15 000

本例中，甲公司在重分类日债权投资的账面余额 1 045 000 元（1 000 000＋45 000）为其所持有债券的公允价值。

2. 交易性金融资产重分类为其他债权投资

企业将一项以公允价值计量且其变动计入当期损益的金融资产重分类为以公允价值计量且其变动计入其他综合收益的金融资产的，应当继续以公允价值计量该金融资产。

例 4－37

沿用例 4－36 的资料，假定甲公司于 20×1 年 7 月 1 日将该债券从以公允价值计量且其变动计入当期损益重分类为以公允价值计量且其变动计入其他综合收益。甲公司应编制如下会计分录：

借：其他债权投资——成本　1 000 000
　　　　　　——利息调整　45 000
　贷：交易性金融资产——成本　1 030 000
　　　　　　　——公允价值变动　15 000

对以公允价值计量且其变动计入当期损益的金融资产进行重分类的，企业应当根据该金融资产在重分类日的公允价值确定其实际利率。同时，企业应当自重分类日起对该金融资产按规定计提减值准备，并将重分类日视为该金融资产的初始确认日。

思考题

1. 按照我国现行企业会计准则的规定，金融资产划分为哪三个种类？

2. 企业管理金融资产的业务模式可分为哪几个种类？

3. 金融资产在同时符合什么条件时，应当分类为以摊余成本计量的金融资产？

4. 企业在初始确认金融资产时，应当如何计量？

5. 企业应当如何确定金融资产的摊余成本？

6. 金融资产在同时符合什么条件时，应当分类为以公允价值计量且其变动计入其他综合收益的金融资产？

7. 企业分类为以摊余成本计量的金融资产和以公允价值计量且其变动计入其他综合收益的金融资产之外的金融资产，应当分类为什么种类的金融资产？

8. 在金融资产的会计核算中，其他权益工具投资用以反映什么内容？

9. 按照规定，金融资产应当采用什么方法计提减值？

10. 企业可以将金融资产发生信用减值的过程分为哪三个阶段？在不同的阶段，利息收入应当如何计算？

练习题

练习一

一、目的：练习面值取得债权投资的核算。

二、资料：甲公司20×1年1月1日支付包含交易费用在内的价款合计1 000 000元，从证券交易所购入乙公司同日发行的5年期公司债券1 000份，债券票面价值总额为1 000 000元，票面年利率为6.54%，于年末支付本年度债券利息，本金在债券到期时一次偿还。甲公司根据其管理该债券的业务模式和该债券的合同现金流量特征，将该债券分类为以摊余成本计量的金融资产。甲公司每年年末按时收到债券利息，到期收回债券本金1 000 000元。假定不考虑其他相关税费的影响。

三、要求：根据以上经济业务，为甲公司编制有关的会计分录。

练习二

一、目的：练习折价取得债权投资的核算。

二、资料：甲公司20×1年1月1日支付包含交易费用在内的价款合计950 000元，从证券交易所购入乙公司同日发行的5年期公司债券1 000份，债券票面价值总额为1 000 000元，票面年利率为6.32%，于年末支付本年度债券利息，本金在债券到期时一次偿还。甲公司根据其管理该债券的业务模式和该债券的合同现金流量特征，将该债券分类为以摊余成本计量的金融资产。甲公司每年年末按时收到债券利息，到期收回债券本金1 000 000元。假定不考虑其他相关税费的影响。

三、要求：根据以上经济业务，为甲公司编制有关的会计分录。

练习三

一、目的：练习其他债权投资的核算。

二、资料：沿用练习二的资料，假定甲公司根据其管理该债券的业务模式和该债券的合同现金流量特征，将该债券分类为以公允价值计量且其变动计入其他综合收益的金融资产。其他有关资料如下：

（1）20×1年12月31日，乙公司债券的公允价值为963 800元。

（2）20×2年12月31日，乙公司债券的公允价值为968 600元。

（3）20×3年12月31日，乙公司债券的公允价值为988 520元。

（4）20×4年2月25日，对外出售全部乙公司债券，出售价格为998 000元。

以上乙公司债券的公允价值中均不含利息。

三、要求：根据以上经济业务，为甲公司编制有关的会计分录。

练习四

一、目的：练习交易性金融资产的核算。

二、资料：甲公司20×1年5月10日从证券交易市场购入乙公司股票1 000 000股，占乙公司有表决权股份的0.5%。购入时，乙公司股票每股市价18元，股票价款合计为18 000 000元（1 000 000×18）。购入乙公司股票时，甲公司另外以银行存款支付相关交易费用31 000元。甲公司根据其管理该股票的业务模式和该股票的合同现金流量特征，将该股票分类为以公允价值计量且其变动计入当期损益的金融资产。其他有关资料如下：

（1）20×1年6月30日，乙公司股票的市价为每股20元。

（2）20×1年7月5日，乙公司宣告发放现金股利每股0.15元。

（3）20×1年7月11日，甲公司收到乙公司7月5日宣告发放的现金股利。

（4）20×1年8月8日，甲公司以每股21元的价格出售持有的乙公司全部股票，收到出售价款合计21 000 000元（1 000 000×21）。

三、要求：根据以上经济业务，为甲公司编制有关的会计分录。

练习五

一、目的：练习其他权益工具投资的核算。

二、资料：甲公司20×1年5月10日从证券交易市场购入乙公司股票1 000 000股，占乙公司有表决权股份的1.5%。购入时，乙公司股票每股市价15元，股票价款合计为15 000 000元（1 000 000×15），其中包含乙公司已宣告但尚未发放的现金股利每股0.1元。购入乙公司股票时，甲公司另外以银行存款支付相关交易费用28 000元。甲公司购入乙公司股票时，将该股票投资确定为非交易性权益工具投资，并将其指定为以公允价值计量且其变动计入其他综合收益的金融资产。其他有关资料如下：

（1）20×1年5月16日，收到购入乙公司股票时乙公司已宣告但尚未发放的现金股利。

（2）20×1年6月30日，乙公司股票的市价为每股16元。

（3）20×1年12月31日，乙公司股票的市价为每股22元。

（4）20×2年4月5日，乙公司宣告发放现金股利每股0.20元。

（5）20×2年4月10日，甲公司收到乙公司4月5日宣告发放的现金股利。

（6）20×2年6月30日，乙公司股票的市价为每股19元。

(7) 20×2 年 12 月 31 日，乙公司股票的市价为每股 21 元。

(8) 20×3 年 3 月 8 日，甲公司以每股 23 元的价格出售持有的乙公司全部股票，收到出售价款合计 23 000 000 元（1 000 000×23）。

甲公司按净利润的 10%提取法定盈余公积。

三、要求：根据以上经济业务，为甲公司编制有关的会计分录。

练习六

一、目的：练习债权投资减值的核算。

二、资料：沿用本章练习一的资料，假定甲公司 20×1 年 1 月 1 日面值购入乙公司债券后发生如下经济业务：

(1) 20×1 年 12 月 31 日，乙公司按约支付利息。甲公司评估认为，该债券投资信用风险自初始确认以来未显著增加，并计算其未来 12 个月预期信用损失为 8 000 元。

(2) 20×2 年 12 月 31 日，乙公司按约支付利息。甲公司评估认为，该债券投资信用风险自初始确认以来已经显著增加，并计算剩余存续期预期信用损失为 13 000 元。

(3) 20×3 年 12 月 31 日，乙公司按约支付利息。由于乙公司积极开拓市场，经营情况明显好转，甲公司评估认为，该债券投资信用风险自初始确认以来未显著增加，并计算其未来 12 个月预期信用损失为 10 000 元。即甲公司从上一年度按照整个存续期预期信用损失计量损失准备转为当年按照未来 12 个月预期信用损失计量损失准备。

(4) 20×4 年 12 月 31 日，乙公司按约支付利息。由于外部环境的变化，乙公司面临重大财务困难，甲公司评估认为，该债券投资已发生减值，甲公司计算该债券投资剩余存续期预期信用损失为 19 000 元。

(5) 20×5 年 12 月 31 日，乙公司按约支付利息，但仅偿还了本金 980 000 元，剩余本金 20 000 元（1 000 000－980 000）无力偿还，债券合同终止。甲公司经批准核销已发生信用损失的债权投资 20 000 元。

三、要求：根据以上经济业务，为甲公司编制有关的会计分录。

练习七

一、目的：练习债权投资合同修改的核算。

二、资料：沿用本章练习题六的资料，假定 20×5 年 12 月 31 日，乙公司未按约支付利息，并仅偿还了本金 960 000 元，剩余本金 40 000 元（1 000 000－960 000）由于资金困难没有按时偿还。甲公司与乙公司经协商修改债券合同，甲公司允许乙公司延期半年偿还部分债券款项。根据修改条款，乙公司应于 20×6 年 6 月 30 日偿还剩余债券款项 25 000 元，之后，债券合同终止。本次债券合同修改并未导致金融资产终止确认。20×6 年 6 月 30 日，乙公司按期偿还剩余债券款项 25 000 元，债券合同终止。其他资料不变。

三、要求：根据以上经济业务，为甲公司编制有关的会计分录。

练习八

一、目的：练习其他债权投资减值的核算。

二、资料：沿用本章练习二的资料，假定甲公司根据其管理该债券的业务模式和该债券的合同现金流量特征，将该债券分类为以公允价值计量且其变动计入其他综合收益的金融资产。其他有关资料如下：

(1) 20×1 年 12 月 31 日，乙公司按约支付利息。甲公司评估认为，该债券投资信用风险自初始确认以来未显著增加，并计算其未来 12 个月预期信用损失为 5 000 元。当日，该债券投资的公允价值为 963 800 元。

(2) 20×2 年 12 月 31 日，乙公司按约支付利息。甲公司评估认为，该债券投资信用风险自初始确认以来已经显著增加，并计算剩余存续期预期信用损失为 9 000 元。当日，该债券投资的公允价值为 969 800 元。

(3) 20×3 年 12 月 31 日，乙公司未按约支付利息。甲公司了解到，由于外部环境的变化，乙公司面临重大财务困难，认定该债券投资已发生减值。甲公司计算该债券投资剩余存续期预期信用损失为 21 000 元。当日，该债券投资的公允价值为1 027 500 元。

(4) 20×4 年 12 月 31 日，乙公司未按约支付利息。甲公司计算该债券投资剩余存续期预期信用损失为 23 000 元。当日，该债券投资的公允价值为 1 094 000 元。

(5) 20×5 年 1 月 1 日，甲公司按照当日公允价值对外出售乙公司全部债券。假定当日公允价值等于 20×4 年 12 月 31 日的公允价值 1 094 000 元，并假定不考虑 20×5 年 1 月 1 日一天的应计利息，预期信用风险在一天内也没有发生变化。

三、要求：根据以上经济业务，为甲公司编制有关的会计分录。

练习九

一、目的：练习金融资产重分类的核算。

二、资料：沿用本章练习八的资料，假定甲公司 20×2 年 11 月 25 日变更了其管理该债券投资的业务模式，其变更符合重分类的要求，因此，甲公司于 20×3 年 1 月 1 日将该债券从以公允价值计量且其变动计入其他综合收益重分类为以公允价值计量且其变动计入当期损益。假定 20×3 年 1 月 1 日该债券投资的公允价值为 969 800 元。

三、要求：根据以上经济业务，为甲公司编制有关的会计分录。

第五章

长期股权投资

第一节　长期股权投资的概念

一、长期股权投资的概念和特征

长期股权投资是指企业对被投资单位实施控制或具有重大影响的权益性投资，以及对其合营企业的权益性投资。长期股权投资具有如下主要特征：

（1）从性质上看，它是权益性投资，从而区别于债权性投资，区别于金融资产中的债权投资和其他债权投资。

（2）从持有意图上看，企业准备长期持有，从而区别于金融资产中的交易性金融资产。

企业持有长期股权投资的目的，除了取得相应的投资收益外，更主要的是长期成为被投资企业的股东，通过控制、共同控制或影响被投资企业的财务和经营政策，从而从被投资企业的经营活动中获得长期的利益。

二、由长期股权投资形成的投资企业与被投资企业的关系

由长期股权投资形成的投资企业与被投资企业的关系，从投资企业角度来看，可分为控制、共同控制、重大影响等几个种类。各种类的具体情况如下：

（1）控制。这是指投资方拥有对被投资单位的权力，通过参与被投资单位的相关活动而享有可变回报，并且有能力运用对被投资单位的权力影响其回报金额。控制关系形成对子公司的投资。

（2）共同控制。这是指按照相关约定，对某项安排所共有的控制，并且该安排的相关活动必须经过分享控制权的参与方一致同意后才能决策。共同控制关系形成对合营企业的投资。

（3）重大影响。这是指对一个企业的财务和经营政策有参与决策的权力，但并不能够控制或者与其他方一起共同控制这些政策的制定。重大影响关系形成对联营企业的投资。

一般情况下，投资企业持有被投资企业50%以上的股份时，投资企业可以控制被投资企业。投资企业持有被投资企业20%～50%的股份时，投资企业对被投资企业具

有重大影响。

不同种类的长期股权投资关系，其会计处理方法也有所不同。

三、其他相关情况

根据我国《企业会计准则第 2 号——长期股权投资》的规定，风险投资机构、共同基金以及类似主体持有的、在初始确认时按照《企业会计准则第 22 号——金融工具确认和计量》的规定以公允价值计量且其变动计入当期损益的金融资产，投资性主体对不纳入合并财务报表的子公司的权益性投资，适用《企业会计准则第 22 号——金融工具确认和计量》，不作为长期股权投资处理。其中，风险投资机构将所筹集的风险资本投向那些具有巨大增长潜力的创业企业，并进行价值增值管理，之后，通过股权转让等方式退出所投资的创业企业，实现投资收益。投资性主体的唯一经营目的，是通过资本增值、投资收益或两者兼有而让投资者获得回报，该类主体或公司按照公允价值对几乎所有投资的业绩进行计量和评价。

另外，投资企业的权益性投资，如果对被投资单位不构成控制、共同控制或重大影响，不适用《企业会计准则第 2 号——长期股权投资》，而适用《企业会计准则第 22 号——金融工具确认和计量》。

企业应当正确划分权益性投资的种类，并按照相应的方法进行会计处理。

第二节 长期股权投资的初始计量

一、企业合并形成的长期股权投资

（一）同一控制下企业合并形成的长期股权投资

长期股权投资的初始计量即长期股权投资在取得时初始投资成本的确定，视企业合并形成的长期股权投资和除企业合并外形成的长期股权投资而有所不同。其中，企业合并形成的长期股权投资的初始计量，又视同一控制下企业合并形成的长期股权投资和非同一控制下企业合并形成的长期股权投资而有所不同。

企业合并是指将两个或两个以上单独的企业合并形成一个报告主体的交易或事项。企业合并的结果通常是一个企业取得了另一个企业的控制权。企业合并分为同一控制下的企业合并和非同一控制下的企业合并两大类型。其中，同一控制下的企业合并是指参与合并的企业在合并前后均受同一方或相同的多方最终控制且该控制并非为暂时的企业合并。能够对参加合并各方在合并前后均实施最终控制的一方通常是企业集团的母公司。

对于同一控制下的企业合并，从能够对参与合并各方在合并前后均实施最终控制的一方来看，最终控制方在企业合并前后能够控制的资产并没有发生变化。在这种情况下，合并方通过企业合并形成的长期股权投资，应当按照被合并方所有者权益在最终控制方合并财务报表中的账面价值的份额计量。合并方以支付现金、转让非现金资产或承担债务方式作为合并对价的，长期股权投资初始投资成本与支付的现金、转让的非现金资产以及所承担债务账面价值之间的差额，应当调整资本公积；资本公积不足冲减的，调整留存收益。合并方以发行权益性证券作为合并对价的，按照发行股份的面值总额作为股本，长期股权投资初始投资成本与所发行股份面值总额之间的差额，应当调整资本公积；资本公积不足冲减的，调整留存收益。同一控制下的企业合并，在合并日取得对其他参与合并企业控制权的一方为合并方，参与合并的其他企业为被合并方。

为核算长期股权投资业务，企业应设置“长期股权投资”总账科目。同一控制下企业合并形成的长期股权投资，合并方以支付现金、转让非现金资产或承担债务方式作为合并对价的，应在合并日按取得被合并方所有者权益在最终控制方合并财务报表中的账面价值的份额，借记该科目，按支付的合并对价的账面价值，贷记或借记有关资产、负债科目，按其差额，贷记“资本公积”科目；如为借方差额，借记“资本公积”科目，资本公积不足冲减的，应依次借记“盈余公积”“利润分配——未分配利润”科目。合并方以发行权益性证券作为合并对价的，应当在合并日按照被合并方所有者权益在最终控制方合并财务报表中的账面价值的份额，借记该科目，按照发行股份的面值总额，贷记“股本”科目，按其差额，贷记“资本公积”科目；如为借方差额，借记“资本公积”科目，资本公积不足冲减的，应依次借记“盈余公积”“利润分配——未分配利润”科目。该科目应当按被投资单位进行明细核算。

根据规定，在企业合并业务中，合并方或购买方为企业合并发生的审计、法律服务、评估咨询等中介费用以及其他相关管理费用，应当于发生时计入当期损益，不计入长期股权投资的初始投资成本。与发行权益性工具作为合并对价直接相关的交易费用，应当冲减资本公积，资本公积不足冲减的，依次冲减盈余公积和未分配利润。与发行债务性工具作为合并对价直接相关的交易费用，应当计入债务性工具的初始确认金额。

1. 以支付现金和转让非现金资产取得长期股权投资

例5-1

甲公司和乙公司同为AB公司控制的两个子公司。20×1年1月10日，甲公司与AB公司达成协议，甲公司以固定资产和银行存款作为合并对价，从AB公司换取乙公司60%的股权。甲公司投出固定资产的账面原价为450 000元，累计折旧为50 000元，账面净值为400 000元（450 000—50 000）；支付的银行存款为200 000元。甲公司实际取得乙公司的控制权，完成对乙公司的合并。合并当日，乙公司财务报表中净资产或所有者权益的账面价值为695 000元，AB公司合并财务报表中乙公司净资产或所有者权益的账面价值为780 000元；甲公司所有者权益中资本公积的数额为150 000元。不考虑相关税费等其他因素的影响。甲公司应编制如下会计分录：

（1）转销投出固定资产的账面价值时。

借：固定资产清理　　400 000
　　累计折旧　　50 000
　贷：固定资产　　450 000

（2）确认长期股权投资初始成本时。

借：长期股权投资　　468 000
　　资本公积　　132 000
　贷：固定资产清理　　400 000
　　　银行存款　　200 000

本例中，甲公司和乙公司在合并前都受 AB 公司的控制。甲公司在完成对乙公司的合并后，甲公司和乙公司仍然都受 AB 公司的最终控制。因此，甲公司投资乙公司的股权并完成对乙公司的合并属于同一控制下的企业合并。甲公司确认的长期股权投资的初始成本为乙公司在最终控制方 AB 公司合并财务报表中净资产或所有者权益账面价值的相应份额 468 000 元（780 000×60%）。企业合并完成后，甲公司所有者权益中资本公积的余额为 18 000 元（150 000－132 000）。

在财务会计中，合并财务报表是指反映母公司和其全部子公司形成的企业集团整体财务状况、经营成果和现金流量的财务报表。其中，母公司是指控制一个或一个以上企业等主体的主体；子公司是指被母公司控制的主体。合并财务报表由母公司编制。母公司应当以自身和其子公司的个别财务报表为基础，同时根据其他有关资料，编制企业集团的合并财务报表。

合并财务报表中子公司净资产的账面价值数额不一定等于其个别财务报表中净资产的账面价值数额。例如，母公司在编制合并财务报表时，需要统一子公司所采用的会计政策，使子公司采用的会计政策与母公司保持一致。子公司所采用的会计政策与母公司不一致的，应当按照母公司的会计政策对子公司财务报表进行必要的调整；或者要求子公司按照母公司的会计政策另行编报财务报表。除此之外，按照规定，同一控制下企业合并形成的长期股权投资，如果被合并方在被合并以前是最终控制方通过非同一控制下的企业合并所控制的，则合并方长期股权投资的初始投资成本还应包含相关的商誉金额。而被合并方个别财务报表中是不包含相关商誉的。在非同一控制下的企业合并中，商誉是指合并方长期股权投资的入账金额与合并方占被合并方资产和负债经公允价值调整后所有者权益金额份额的差额。例如，合并方长期股权投资的入账金额为 1 360 000 元，被合并方资产和负债经公允价值调整后所有者权益或净资产的金额为 1 500 000 元，合并方拥有被合并方 80%的股份，则商誉为 160 000 元（1 360 000－1 500 000×80%）。

2. 以发行权益性证券取得长期股权投资

例 5－2

沿用例 5－1 的资料，假设甲公司以发行每股面值为 1 元的 200 000 股普通股作为合并对价，从 AB 公司换取乙公司 60%的股权，其他资料不变。甲公司应编制如下会计分录：

借：长期股权投资	468 000	
贷：股本		200 000
资本公积		268 000

本例中，甲公司以发行权益性证券的方式完成对乙公司的合并。完成合并前后，甲公司和乙公司仍然都受 AB 公司的最终控制。长期股权投资的初始计量仍然为乙公司在最终控制方 AB 公司合并财务报表中净资产或所有者权益账面价值的相应份额 468 000 元（780 000×60%）。

同一控制下的企业合并，可以通过投资方一次购买被投资单位的股权完成，也可以通过投资方多次购买被投资单位的股权完成。投资方通过多次购买被投资单位股权完成企业合并的，例如投资方通过再次购买被投资单位的股权，从而将持股比例由原来的 25%提升为 55%，或者将持股比例由原来的 5%提升为 55%，长期股权投资的初始计量方法视不同的企业合并情况而有所不同。具体将在下面的长期股权投资核算方法的转换内容中阐述。

（二）非同一控制下企业合并形成的长期股权投资

非同一控制下的企业合并是指参与合并的各方在合并前后不受同一方或相同的多方最终控制的企业合并。相对于同一控制下的企业合并而言，非同一控制下的企业合并是合并各方通过市场进行公平交易的企业合并行为。由此形成的长期股权投资应当以公允价值为基础进行计量。具体来说，非同一控制下的企业合并中，购买方应当以确定的企业合并成本作为长期股权投资的初始投资成本。其中，企业合并成本包括购买方付出的资产、发生或承担的债务、发行的权益性工具或债务性工具的公允价值之和。根据规定，购买方为企业合并发生的审计、法律服务、评估咨询等中介费用以及其他相关管理费用，应于发生时计入当期损益；购买方作为合并对价发行的权益性工具或债务性工具的交易费用，应当计入权益性工具或债务性工具的初始确认金额。非同一控制下的企业合并，在购买日取得对其他参与合并企业控制权的一方为购买方，参与合并的其他企业为被购买方。购买体现了市场公平交易的性质以及以公允价值进行计量的合理性。

非同一控制下企业合并形成的长期股权投资，购买方以支付现金、转让非现金资产或承担债务方式等作为合并对价的，应在购买日按照确定的企业合并成本，借记“长期股权投资”科目，按付出的合并对价的账面价值，贷记或借记有关资产、负债科目，按其差额，贷记“主营业务收入”“资产处置损益”“投资收益”等科目或借记“资产处置损益”“主营业务成本”等科目。购买方以发行权益性证券作为合并对价的，应在购买日按照发行的权益性证券的公允价值，借记该科目，按照发行的权益性证券的面值总额，贷记“股本”科目，按其差额，贷记“资本公积”科目。购买方为企业合并发生的审计、法律服务、评估咨询等中介费用以及其他相关管理费用，应当于发生时借记“管理费用”科目，贷记“银行存款”等科目。

1. 以支付现金和转让非现金资产取得长期股权投资

例5-3

沿用例5-1的资料，假设甲公司与乙公司在合并前不存在任何关联方关系，甲公司通过市场购买取得乙公司60%的股权，投出固定资产的公允价值为380 000元，其他资料不变。甲公司应编制如下会计分录：

（1）转销投出固定资产的账面价值时。

借：固定资产清理	400 000	
累计折旧	50 000	
贷：固定资产		450 000

（2）确认长期股权投资初始成本时。

借：长期股权投资	580 000	
资产处置损益	20 000	
贷：固定资产清理		400 000
银行存款		200 000

本例中，甲公司和乙公司在合并前不存在任何关联方关系，它们之间的合并属于

非同一控制下的企业合并。甲公司确认的长期股权投资的初始成本为支付对价的公允价值 580 000 元（380 000+200 000）。甲公司投出固定资产的公允价值与账面价值的差额 20 000 元（400 000−380 000）计入资产处置损益。

2. 以发行权益性证券取得长期股权投资

例 5-4

沿用例 5-1 的资料，假设甲公司与乙公司在合并前不存在任何关联方关系，甲公司以发行每股面值为 1 元的 200 000 股普通股作为合并对价，通过市场公平交换取得乙公司 60%的股权，发行日甲公司普通股票的市价为每股 2.5 元，其他资料不变。甲公司应编制如下会计分录：

借：长期股权投资	500 000	
贷：股本		200 000
资本公积		300 000

本例中，甲公司和乙公司在合并前不存在任何关联方关系，它们之间的合并属于非同一控制下的企业合并。甲公司确认的长期股权投资的初始成本为支付对价的公允价值 500 000 元（200 000×2.5）。甲公司发行的股票的市价与面值的差额计入资本公积。

与同一控制下企业合并形成的长期股权投资一样，在非同一控制下的企业合并业务中，投资方也可以通过多次交易分步实现对被投资单位的控制。企业合并完成日，长期股权投资的初始计量方法也视不同的企业合并情况而有所不同。具体也将在下面的长期股权投资核算方法的转换内容中阐述。

二、除企业合并外形成的长期股权投资

长期股权投资可以通过不同的方式取得，除企业合并形成的长期股权投资外，通过其他方式取得的长期股权投资，应当按照以下要求确定初始投资成本。

（一）以支付现金和转让非现金资产取得长期股权投资

以支付现金取得的长期股权投资，应当按照实际支付的购买价款作为初始投资成本。初始投资成本包括与取得长期股权投资直接相关的费用、税金及其他必要支出，如购买过程中支付的手续费等必要支出。所支付价款中包含的被投资单位已宣告但尚未发放的现金股利或利润作为应收项目核算，不构成取得长期股权投资的成本。

通过非货币性资产交换方式取得的长期股权投资，其初始投资成本应当按照《企业会计准则第 7 号——非货币性资产交换》的有关规定确定。按照《企业会计准则第 7 号——非货币性资产交换》的规定，非货币性资产交换同时满足下列条件的，应当以公允价值为基础计量：（1）该项交换具有商业实质；（2）换入资产或换出资产的公允价值能够可靠地计量。不满足以上条件的非货币性资产交换，应当以账面价值为基础计量。

除企业合并外形成的长期股权投资，对于以支付现金、非现金资产等方式取得的长期股权投资，应按现金、非现金货币性资产的公允价值或按照《企业会计准则第 7 号——非货币性资产交换》的有关规定确定的初始投资成本，借记“长期股权投资”科目，贷记“银行存款”等科目，贷记或借记“资产处置损益”等处置非现金资产相

关的科目。

例5-5

甲公司于20×1年3月5日从公开市场上买入乙公司20%的股份，以银行存款支付价款234 000元。同时，甲公司在购买乙公司股份过程中还以银行存款支付了手续费等相关交易费用6 000元。甲公司在购买了乙公司的以上股份后，可以对乙公司的财务和经营政策施加重大影响。甲公司应编制如下会计分录：

借：长期股权投资　　240 000
　贷：银行存款　　240 000

本例中，甲公司在购买了乙公司20%的股份后，可以对乙公司的财务和经营政策施加重大影响，但还不能对乙公司的财务和经营政策实施控制。甲公司由此形成的长期股权投资不属于企业合并形成的长期股权投资，而属于除企业合并外形成的长期股权投资。甲公司确认的长期股权投资的初始成本为支付对价的公允价值240 000元（234 000+6 000）。

（二）以发行权益性证券取得长期股权投资

以发行权益性证券取得的长期股权投资，应当按照发行权益性证券的公允价值作为初始投资成本。其中不包括应自被投资单位收取的已宣告但尚未发放的现金股利或利润。为发行权益性证券支付给有关证券承销机构等的手续费、佣金等与证券发行直接相关的费用，不构成取得长期股权投资的成本。该部分费用应自所发行证券的溢价发行收入中扣除，溢价收入不足冲减的，应依次冲减盈余公积和未分配利润。

例5-6

甲公司于20×1年5月8日通过增发面值为1元的60 000股普通股股票取得乙公司25%的股份。该60 000股普通股股票的公允市价为150 000元。甲公司在增发以上普通股股票过程中向证券承销机构等支付了5 000元佣金和手续费。甲公司在取得了乙公司的以上股份后，可以根据持股比例派人参与乙公司的财务和经营决策，从而可以对乙公司的财务和经营决策施加重大影响。甲公司应编制如下会计分录：

借：长期股权投资　　150 000
　贷：股本　　60 000
　　　资本公积——股本溢价　　90 000

同时，

借：资本公积——股本溢价　　5 000
　贷：银行存款　　5 000

本例中，甲公司确认的长期股权投资的初始成本为增发的普通股股票的公允市价150 000元。甲公司向证券承销机构等支付的5 000元佣金和手续费应当冲减普通股股票的发行溢价，不计入长期股权投资的成本。

一般而言，投资者投入的长期股权投资应根据法律法规的要求进行评估作价，在公平交易当中，投资者投入的长期股权投资的公允价值，与所发行证券的公允价值不应存在重大差异。

根据规定，企业无论是以何种方式取得长期股权投资，取得投资时，对于支付的对价中包含的应享有被投资单位已经宣告但尚未发放的现金股利或利润，应确认为应收项目，记入“应收股利”科目，不构成取得长期股权投资的初始投资成本。

第三节　长期股权投资的后续计量

一、长期股权投资的成本法

企业在取得长期股权投资并进行初始计量入账后，长期股权投资后续计量的方法与长期股权投资形成的投资企业与被投资企业的关系相关。长期股权投资后续计量的方法有成本法和权益法两种。根据我国《企业会计准则第 2 号——长期股权投资》的规定，投资方能够对被投资单位实施控制的长期股权投资应当采用成本法核算。即投资企业对其子公司的长期股权投资，应当采用成本法进行会计核算。

长期股权投资会计处理的成本法是指长期股权投资以初始投资成本计量后，除非追加或收回投资，初始投资成本通常不予调整的方法，即长期股权投资以投资成本进行计价的方法。在成本法下，企业在持有长期股权投资期间，被投资单位宣告分派现金股利时，企业应当按照属于本企业的份额确认投资收益，借记“应收股利”科目，贷记“投资收益”科目。

例 5-7

甲公司于 20×1 年 5 月 15 日以 886 000 元购入乙公司 60%的股权，准备长期持有，归类为长期股权投资。甲公司在购入乙公司 60%的股权后，对乙公司的财务和经营政策实施控制，即乙公司为甲公司的子公司。20×2 年 3 月 23 日，乙公司宣告分派现金股利 240 000 元。甲公司按持股比例可分得 144 000 元（240 000×60%）。20×2 年 4 月 2 日，甲公司收到乙公司发放的现金股利 144 000 元。甲公司应编制如下会计分录：

（1）20×1 年 5 月 15 日，购入乙公司股权时。

借：长期股权投资	886 000	
贷：银行存款		886 000

（2）20×2 年 3 月 23 日，乙公司宣告分派现金股利时。

借：应收股利	144 000	
贷：投资收益		144 000

（3）20×2 年 4 月 2 日，收到乙公司分派的现金股利时。

借：银行存款	144 000	
贷：应收股利		144 000

本例中，甲公司应当采用成本法核算其对乙公司的长期股权投资，并将成本法下的核算结果列示在其个别财务报表中。在成本法下，甲公司对乙公司的长期股权投资以初始投资成本计量，乙公司宣告并分派现金股利不影响甲公司对乙公司的长期股权投资成本数额。甲公司在编制与乙公司的合并财务报表时，再按照权益法进行调整，以权益法下的核算结果列示在甲公司与乙公司的合并财务报表中。根据规定，投资方在判断对被投资单位是否具有控制时，应综合考虑直接持有的股权和通过子公司间接持有的股权。在个别财务报表中，投资方进行成本法核算时，应仅考虑直接持有的股

权份额。

成本法坚持了会计处理的历史成本原则。采用成本法的基本理由是：投资企业与被投资企业都是独立的法人，除非被投资企业宣告分派股利，被投资企业实现的利润只属于被投资企业，投资企业无法按比例分享。采用成本法的另一种解释是：它可以避免在子公司实际宣告发放现金股利或利润之前，母公司垫付资金发放现金股利或利润等情况，解决了原来权益法核算下投资收益不能足额收回导致超分配的问题。因为在权益法下，母公司将子公司的净利润确认为投资收益，从而计算进入母公司的本年利润，并以此作为发放现金股利或利润分配的依据。

二、长期股权投资的权益法

（一）长期股权投资权益法的概念和适用性

根据我国《企业会计准则第 2 号——长期股权投资》的规定，投资方对联营企业和合营企业的长期股权投资，应当采用权益法核算。即投资企业对被投资单位具有重大影响或形成共同控制的长期股权投资，应当采用权益法进行核算。

按照权益法核算的长期股权投资，一般会计处理为：

（1）初始投资或追加投资时，按照初始投资成本或追加投资的投资成本，增加长期股权投资的账面价值。

（2）比较初始投资成本与投资时应享有被投资单位可辨认净资产公允价值的份额，前者大于后者的，不调整长期股权投资的账面价值；前者小于后者的，应当按照两者之间的差额调增长期股权投资的账面价值，同时计入取得投资的当期损益。

（3）持有投资期间，随着被投资单位所有者权益的变动相应调整增加或减少长期股权投资的账面价值，并分别以下情况处理：对于被投资单位实现净损益和其他综合收益而产生的所有者权益的变动，投资方应当按照应享有的份额，增加或减少长期股权投资的账面价值，同时确认投资损益和其他综合收益；对于被投资单位宣告分派的利润或现金股利，投资方应当按照应分得的份额，相应减少长期股权投资的账面价值；对于被投资单位除净损益、其他综合收益以及利润分配以外的因素导致的其他所有者权益变动，相应调整长期股权投资的账面价值，同时确认资本公积。

在权益法下，投资方长期股权投资的账面价值与被投资单位所有者权益的金额及其增减变动相关联。被投资单位所有者权益增加，投资方长期股权投资的金额也增加；被投资单位所有者权益减少，投资方长期股权投资的金额也减少。由此，长期股权投资会计处理的权益法是指长期股权投资以初始投资成本计量后，按投资企业享有被投资单位所有者权益份额的变动对长期股权投资的账面价值进行调整的方法，即长期股权投资按享有被投资单位所有者权益份额进行计价的方法。

长期股权投资采用权益法核算的，“长期股权投资”总账科目应当分别“投资成本”“损益调整”“其他综合收益”“其他权益变动”进行明细核算。

（二）初始投资成本的调整

在权益法下，长期股权投资的初始投资成本大于投资时应享有被投资单位可辨认净资产公允价值份额的，不调整已确认的初始投资成本。长期股权投资的初始投资成本小于投资时应享有被投资单位可辨认净资产公允价值份额的，应调整增加长期股权投资的成本，按其差额，借记“长期股权投资——投资成本”科目，贷记“营业外收入”科目。

1. 初始投资成本大于投资时应享有被投资单位可辨认净资产公允价值的份额

例 5-8

甲公司于20×1年1月1日取得乙公司30%的股权，实际支付价款700 000元。甲公司由此可以派代表参加乙公司的财务和经营决策，可以对乙公司的财务和经营决策施加重大影响。该日，乙公司净资产账面价值为2 000 000元，乙公司各项可辨认资产和负债的公允价值与账面价值相等，即乙公司净资产的公允价值也为2 000 000元。甲公司长期股权投资的初始投资成本700 000元大于应享有乙公司可辨认净资产公允价值的相应份额600 000元（2 000 000×30%）。甲公司应编制如下会计分录：

借：长期股权投资——投资成本　700 000
　贷：银行存款　700 000

本例中，甲公司通过取得乙公司的股权从而可以对乙公司的财务和经营决策施加重大影响，乙公司为甲公司的联营企业，甲公司对乙公司的长期股权投资应当采用权益法进行核算。甲公司长期股权投资的初始投资成本大于应享有乙公司可辨认净资产公允价值的相应份额。这表明甲公司在取得乙公司股权时，乙公司存在没有作为资产确认的商誉。甲公司长期股权投资的初始投资成本大于应享有乙公司可辨认净资产公允价值的相应份额100 000元（700 000－600 000）不调整长期股权投资的初始投资成本700 000元。

2. 初始投资成本小于投资时应享有被投资单位可辨认净资产公允价值的份额

例 5-9

甲公司于20×1年1月1日取得乙公司30%的股权，实际支付价款700 000元。甲公司由此可以对乙公司的财务和经营决策施加重大影响。该日，乙公司净资产的账面价值为2 000 000元，公允价值为2 600 000元，即乙公司净资产的公允价值大于账面价值600 000元（2 600 000－2 000 000）。甲公司长期股权投资的初始投资成本700 000元小于应享有乙公司可辨认净资产公允价值的相应份额780 000元（2 600 000×30%），两者差额为80 000元（780 000－700 000）。甲公司应编制如下会计分录：

借：长期股权投资——投资成本　780 000
　贷：银行存款　700 000
　　　营业外收入　80 000

本例中，甲公司长期股权投资的初始投资成本小于应享有乙公司可辨认净资产公允价值的相应份额。这表明甲公司在取得乙公司股权时，乙公司作出了让步，甲公司获得了无偿经济利益流入。甲公司长期股权投资的初始投资成本小于应享有乙公司可辨认净资产公允价值的相应份额80 000元应当调整长期股权投资的初始投资成本700 000元。调整后的长期股权投资成本数为780 000元（700 000＋80 000）。这样处理后，甲公司长期股权投资的数额仍然等于乙公司可辨认净资产公允价值的30%。

在权益法下，长期股权投资经过初始投资成本的调整，其金额调整为拥有被投资单位净资产公允价值基础的相应份额，其中包含被投资单位可能存在的在其个别财务报表中未被确认的商誉。

（三）投资损益的确认

1. 被投资企业净利润的调整

在权益法下，投资企业取得长期股权投资后，应当按照应享有或应分担的被投资单位实现的净利润或净亏损的份额，确认投资损益并调整长期股权投资的账面价值。投资企业按照应享有的被投资单位实现的净利润的份额，借记“长期股权投资——损益调整”科目，贷记“投资收益”科目。被投资单位发生净亏损时，投资企业按照应分担的份额，做相反的会计分录，但“长期股权投资”科目的账面价值以减记至零为限。投资企业在确认应享有或应分担的被投资单位净利润或净亏损的份额时，应当以取得投资时被投资单位各项可辨认资产、负债的公允价值为基础，对被投资单位的净利润或净亏损进行调整后确认。

（1）被投资单位可辨认净资产账面价值与公允价值相等。在这种情况下，投资企业无须以取得投资时被投资单位各项可辨认资产、负债的公允价值为基础，对被投资单位的净利润或净亏损进行调整。

例5-10

沿用例5-8的资料，20×1年乙公司实现净利润150 000元。甲公司与乙公司采用相同的会计政策。甲公司应分享乙公司净利润的份额为45 000元（150 000×30%）。甲公司应编制如下会计分录：

借：长期股权投资——损益调整	45 000	
贷：投资收益		45 000

本例中，由于甲公司对乙公司投资时，乙公司净资产的账面价值与公允价值相等，因此，甲公司在确认对乙公司的投资收益时，不需要对乙公司报告的净利润再按照公允价值基础进行调整。从本例可以看出，权益法将甲公司与乙公司作为一个整体对待，即被投资企业实现的净利润，投资企业作为长期股权投资这一特定资产的增加处理，同时增加投资企业的投资收益，进而也增加投资企业的净利润。

按照规定，在权益法下，被投资单位采用的会计政策与投资方不一致的，应按投资方的会计政策对被投资单位的财务报表进行调整，在此基础上确定被投资单位的损益。在权益法下，投资方与被投资单位是作为一个整体来对待的。作为一个整体所产生的损益，应当在一致的会计政策基础上确定。

（2）被投资单位可辨认净资产账面价值与公允价值不等。在这种情况下，投资企业应当以取得投资时被投资单位各项可辨认资产、负债的公允价值为基础，对被投资单位的净利润或净亏损进行调整。

例5-11

沿用例5-9的资料，20×1年乙公司实现净利润150 000元。假设20×1年1月1日甲公司取得乙公司30%股权时，乙公司可辨认净资产账面价值与公允价值不等的具体情况如表5-1所示。在表5-1中，公允价值大于账面价值的差额为600 000元[4 000 000－(3 900 000－500 000)]。进一步假设表5-1中账面价值为400 000元的存货在20×1年间对外出售了80%；固定资产采用直线法计提折旧，没有残值。

表 5-1 乙公司可辨认净资产账面价值与公允价值不等的具体情况

20×1年1月1日 单位：元

项目	账面原价	已提折旧	公允价值	原预计使用年限	剩余使用年限
存货	400 000		424 000		
固定资产	3 500 000	500 000	3 576 000	14	12
合计	3 900 000	500 000	4 000 000		

根据以上资料，甲公司按照取得乙公司30%股权时乙公司可辨认净资产的公允价值调整乙公司20×1年度实现的净利润的情况为：

存货账面价值与公允价值的差额应调减的净利润 =(424 000－400 000)×80%＝19 200(元)

固定资产账面价值与公允价值的差额应调减的净利润 =(3 576 000/12)－(3 500 000/14)

＝48 000(元)

调整后的净利润＝150 000－19 200－48 000＝82 800(元)

甲公司应享有的乙公司净利润的份额＝82 800×30%＝24 840(元)

甲公司应编制如下会计分录：

借：长期股权投资——损益调整 24 840

贷：投资收益 24 840

本例中，经过这样的处理，甲公司长期股权投资的数额等于乙公司净资产按甲公司取得股权日的公允价值计算的数额的30%。在权益法下，投资企业的长期股权投资是以投资日被投资企业净资产的公允价值为基础计算的。

在权益法下，被投资单位利润表中的净利润是以其持有的资产、负债的账面价值为基础持续计量的，而投资方在取得投资时，是以被投资单位有关资产、负债的公允价值为基础确定投资成本的，取得投资后应确认的投资收益代表的是被投资单位资产、负债在公允价值计量的情况下在未来期间通过经营产生的损益中归属于投资方的部分。因此，投资方应当按照被投资单位资产、负债的公允价值基础对其报告的净利润进行调整，并以调整后的净利润确认相应的投资收益。

投资企业在下列情况下可以被投资单位的账面净利润为基础确认投资收益：一是投资单位无法合理确定取得投资时被投资单位各项可辨认资产等的公允价值；二是投资时被投资单位可辨认资产的公允价值与其账面价值相比，两者之间的差额不具有重要性的；三是其他原因导致无法取得被投资单位的有关资料，不能对被投资单位的净利润或净亏损进行调整的。投资企业应当在会计报表附注中说明以上不能以公允价值为基础调整被投资单位账面净利润的事实及其原因。

2. 未实现内部交易损益的抵销

投资企业取得长期股权投资后，投资企业与其联营企业或合营企业之间发生的交易属于内部交易。投资企业在确认长期股权投资以及投资收益的数额时，其与联营企业或合营企业之间的未实现内部交易损益应当予以抵销。

投资企业与其联营企业或合营企业之间的未实现内部交易损益可以由顺流交易产生，也可以由逆流交易产生。其中，顺流交易是指投资企业向其联营企业或合营企业出售资产的交易，逆流交易是联营企业或合营企业向投资企业出售资产的交易。在顺流交易中，投资企业向其联营企业或合营企业出售资产，如果联营企业或合营企业在会计年度内尚未将相应的资产对外部独立第三方出售，投资企业的账上就会存在未实现内部交易损益。在逆流交易中，联营企业或合营企业向其投资企业出售资产，如果投资企业在会计年度内尚未将相应的资产对外部独立第三方出售，联营企业或合营企业的账上就会存在未实现内部交易损益。未实现内部交易损益体现在投资企业或其联营企业、合营企业持有的资产账面价值中的，在计算确认投资损益时应予抵销。

在权益法下，对于未实现内部交易损益，投资企业应据以调整联营企业或合营企业实现的净利润，然后根据经调整后的净利润中享有的份额，借记“长期股权投资——损益调整”科目，贷记“投资收益”科目。投资企业也可以单独抵销未实现内部交易损益，根据未实现内部交易损益中属于投资企业的份额，借记“投资收益”科目，贷记“长期股权投资——损益调整”科目。

（1）存货逆流交易。在这种情况下，投资企业应当对被投资单位账上存在的存货未实现内部交易损益进行调整。

例5-12

甲公司于20×1年1月1日取得乙公司20%的股份，能够对乙公司施加重大影响。甲公司取得乙公司20%的股份时，乙公司各项可辨认资产和负债的账面价值与公允价值相等。20×1年9月10日，乙公司将一批库存商品出售给甲公司，该批库存商品的成本为45 000元，出售价格为65 000元，甲公司将该批商品作为存货入账。至20×1年12月31日，甲公司尚未对外部独立第三方出售该批商品。甲公司与乙公司在以前会计期间未发生过内部交易。乙公司20×1年度实现的净利润为360 000元。此时，如果将甲公司和乙公司视为一个经济整体，乙公司账上存在未实现内部交易损益20 000元（65 000－45 000），其中，归属于甲公司的部分为4 000元（20 000×20%）。甲公司应确认的投资损益数额为68 000元［(360 000－20 000)×20%］。甲公司应编制如下会计分录：

借：长期股权投资——损益调整　　68 000
　贷：投资收益　　68 000

甲公司也可以分别编制如下两笔会计分录：

借：长期股权投资——损益调整　　72 000
　贷：投资收益　　72 000

同时，

借：投资收益　　4 000
　贷：长期股权投资——损益调整　　4 000

其中，第一笔会计分录按乙公司实现净利润的份额确认投资收益72 000元（360 000×20%），同时调整长期股权投资的账面价值。第二笔会计分录抵销未实现内部交易损益中归属于投资企业的部分4 000元。

例5-13

承例5-12，甲公司于20×2年将从乙公司购入的65 000元存货全部对外部独立第三方出售。乙公司20×2年度实现的净利润为390 000元。此时，乙公司账上的未实现内部交易损益20 000元全部实现。甲公司应确认的投资损益为82 000元［(390 000+20 000)×20%］。甲公司应编制如下会计分录：

借：长期股权投资——损益调整　　82 000

　贷：投资收益　　82 000

例5－12和例5－13属于逆流交易。从例5－12和例5－13可以看出，权益法是将投资企业和被投资企业作为一个整体来看待的。被投资企业通过逆流交易的方式从投资企业获取的利润，其中按持股比例归属于投资企业的部分，投资企业不作为投资收益予以确认；按持股比例归属于其他投资者的部分，投资企业作为投资收益予以确认。投资企业通过向独立第三方出售从被投资企业购入的存货时，未实现内部交易损益实现。投资企业享有的相应份额确认为投资收益，同时调整长期股权投资的账面价值。

（2）存货顺流交易。在这种情况下，投资企业应当对本企业账上存在的存货未实现内部交易损益进行调整。

例5－14

沿用例5－12的资料，假设20×1年9月10日，甲公司将一批库存商品出售给乙公司，该批库存商品的成本为45 000元，出售价格为65 000元，乙公司将该批商品作为存货入账。至20×1年12月31日，乙公司尚未对外部独立第三方出售该批商品。乙公司20×1年度实现的净利润为320 000元。其他资料不变。此时，甲公司账上存在未实现内部交易损益20 000元（65 000－45 000），其中，归属于甲公司自身的部分为4 000元（20 000×20%），归属于乙公司其他投资方的部分为16 000元（20 000×80%）。甲公司应确认的投资损益数额为60 000元［(320 000－20 000)×20%］。甲公司应编制如下会计分录：

借：长期股权投资——损益调整　　60 000

　贷：投资收益　　60 000

本例属于顺流交易。甲公司从乙公司获取利润20 000元。从甲公司和乙公司作为一个经济整体来看，甲公司获取的该20 000元利润属于未实现内部交易损益。根据规定，甲公司确认的损益数额仅限于其中归属于乙公司其他投资者的部分16 000元，归属于甲公司自身的部分4 000元不予确认。

根据规定，投资方与其联营企业及合营企业之间发生的未实现内部交易损益，按照应享有的比例计算归属于投资方的部分，应当予以抵销，在此基础上确认相应的投资损益。投资方与其联营企业和合营企业之间的未实现内部交易损益，无论是逆流交易形成的还是顺流交易形成的，抵销的数额仅仅是投资方享有联营企业或合营企业的权益份额。

（3）固定资产内部交易。在这种情况下，投资企业应当对被投资单位账上或本企业账上存在的固定资产未实现内部交易损益进行调整。

例5－15

甲公司于20×1年1月1日取得乙公司20%的股份，能够对乙公司施加重大影响。甲公司取得乙公司20%的股份时，乙公司各项可辨认资产和负债的账面价值与公允价值相等。20×1年6月25日，甲公司将一件库存商品出售给乙公司，该件库存商品的成本为

55 000元，出售价格为85 000元，实现出售资产收益30 000元（85 000－55 000）。乙公司将该件商品作为固定资产入账，并投入管理部门使用。该件固定资产自20×1年7月起计提折旧，预计使用寿命10年，净残值为0。甲公司与乙公司在以前会计期间未发生过内部交易。乙公司20×1年度实现的净利润为260 000元。20×1年12月31日，甲公司应确认的投资损益数额为46 300元［(260 000－30 000＋30 000/10/2)×20%］，其中，1 500元（30 000/10/2）为20×1年度通过使用固定资产而实现的内部出售资产收益。甲公司应编制如下会计分录：

借：长期股权投资——损益调整	46 300	
贷：投资收益		46 300

本例中，甲公司与乙公司之间发生的未实现内部交易损益30 000元，通过乙公司对固定资产的使用而逐步实现，实现的数额表现为乙公司对固定资产计提的折旧。其中，按比例计算归属于甲公司的部分，甲公司在计算确认投资收益时应当予以调整。

按照相关规定，投资方与其联营企业和合营企业之间的未实现内部交易损益抵销与投资方与其子公司之间的未实现内部交易损益抵销有所不同。母子公司之间的未实现内部交易损益在合并财务报表中是全额抵销的，无论子公司是母公司的全资子公司还是非全资子公司，都是如此。而投资方与其联营企业和合营企业之间的未实现内部交易损益抵销，仅仅是投资方享有联营企业或合营企业的权益份额。

（四）被投资单位其他综合收益变动的处理

被投资单位其他综合收益发生变动的，投资方应当按照归属于本企业的部分，相应调整长期股权投资的账面价值，同时增加或减少其他综合收益。

例5-16

甲公司持有乙公司30%的股份，能够对乙公司施加重大影响，长期股权投资采用权益法核算。甲公司在对乙公司投资时，乙公司各项可辨认资产和负债的账面价值与公允价值相等。甲公司和乙公司采用相同的会计政策。乙公司20×1年度其他债权投资的公允价值上升30 000元，乙公司按规定将该公允价值的上升计入了其他综合收益，从而增加了乙公司的所有者权益。乙公司20×1年度实现的净利润为240 000元。甲公司应分享的乙公司其他综合收益的增加数额为9 000元（30 000×30%），应分享的乙公司实现的净利润的数额为72 000元（240 000×30%）。甲公司应编制如下会计分录：

借：长期股权投资——损益调整	72 000	
——其他综合收益	9 000	
贷：投资收益		72 000
其他综合收益		9 000

本例中，甲公司通过记录应分享的乙公司其他综合收益的增加数额，从而使得其对乙公司长期股权投资的数额保持在享有乙公司所有者权益相应份额的数额上。这是权益法所要求的。

（五）取得现金股利或利润的处理

在权益法下，投资企业在取得被投资单位宣告发放的现金股利或利润时，应冲减长期股权投资的账面价值，借记“应收股利”科目，贷记“长期股权投资——损益调整”科目。投资企业在实际收到现金股利或利润时，借记“银行存款”科目，贷记“应收股利”科目。

例 5－17

承例 5－12，乙公司于 20×2 年 3 月 25 日宣告发放现金股利 70 000 元，甲公司按持股比例取得现金股利 14 000 元（70 000×20%）。甲公司应编制如下会计分录：

借：应收股利　　14 000

　贷：长期股权投资——损益调整　　14 000

本例中，乙公司宣告分派现金股利将减少乙公司的所有者权益数额。甲公司在冲减了长期股权投资的账面价值后，长期股权投资的账面价值仍然按占有乙公司所有者权益的相应比例反映。

（六）超额亏损的处理

在权益法下，当被投资单位发生超额亏损时，投资企业应当按照下列顺序确认应分担的相应份额：首先，减记长期股权投资的账面价值。其次，在长期股权投资的账面价值减记至零的情况下，减记其他实质上构成对被投资单位净投资的长期权益账面价值，如长期应收款等。最后，在减记了长期股权投资、其他长期权益后，按照投资合同或协议的约定，投资企业仍需承担额外义务的，应按预计将承担义务的金额确认预计负债。在经过上述处理后，投资企业仍存在应分担的被投资单位的超额亏损，投资企业应在账外作备查登记，不再予以确认。由此，当被投资单位发生超额亏损时，投资企业应借记“投资收益”科目，按顺序贷记“长期股权投资”“长期应收款”“预计负债”等科目。

投资企业在确认了被投资单位的超额亏损后，被投资单位在以后期间实现盈利的，投资企业应按以上相反的顺序减记账外备查登记的金额、冲销预计负债、恢复其他长期权益和长期股权投资，同时确认投资收益。

根据规定，在投资企业需要减记的有关项目中，其他实质上构成对被投资单位净投资的长期权益通常是指长期应收项目，比如，投资方对被投资单位的长期债权，该债权没有明确的清收计划，且在可预见的未来期间不准备收回，因此，实质上构成对被投资单位的净投资。该类长期权益不包括投资方与被投资单位之间因销售商品、提供劳务等日常活动所产生的长期债权。

例 5－18

甲公司持有乙公司 40%的股份，能够对乙公司施加重大影响，长期股权投资采用权益法核算。甲公司在对乙公司投资时，乙公司各项可辨认资产和负债的账面价值与公允价值相等。甲公司和乙公司采用相同的会计政策。20×1 年 12 月 31 日，甲公司对乙公司的长期股权投资的账面价值为 256 000 元，其中，“长期股权投资——投资成本”科目借方余额 250 000 元，“长期股权投资——损益调整”科目借方余额 6 000 元。20×2 年度，由于市场环境发生变化，乙公司发生巨额亏损，当年亏损数额为 700 000 元。甲公司除对乙公司的长期股权投资外，没有其他长期权益，也没有其他额外义务。甲公司确认应分担的乙公司 20×2 年度的亏损数额为 256 000 元，超额部分 24 000 元

（700 000×40%−256 000）在账外作备查登记。甲公司应编制如下会计分录：

借：投资收益 256 000

　贷：长期股权投资——损益调整 256 000

本例中，甲公司确认乙公司超额亏损的数额以长期股权投资的账面价值256 000元为限。甲公司确认了乙公司的超额亏损后，“长期股权投资”总账科目的账面价值为0元（250 000+6 000−256 000）。

例5-19

承例5-18，乙公司于20×3年进行了资产重组，经营情况明显好转，当年获得净利润220 000元。甲公司确认应分享的乙公司20×3年度的净利润数额为64 000元（220 000×40%−24 000）。甲公司应编制如下会计分录：

借：长期股权投资——损益调整 64 000

　贷：投资收益 64 000

本例中，甲公司在确认应分享的乙公司20×3年度的净利润220 000元时，需要减记20×2年度账外备查登记的应分担亏损数额24 000元。

在例5-18和例5-19中，乙公司在20×2年和20×3年两年中共发生亏损480 000元（700 000−220 000）。甲公司在20×2年和20×3年两年中共调整长期股权投资的数额192 000元（256 000−64 000，或480 000×40%）。因此，从20×2年和20×3年两年的情况来看，甲公司调整的长期股权投资的数额，等于乙公司亏损合计数480 000元乘以甲公司分担的百分比40%。

（七）被投资单位除净损益、其他综合收益以及利润分配以外的所有者权益的其他变动

被投资单位除净损益、其他综合收益以及利润分配以外的所有者权益的其他变动，主要包括被投资单位接受其他股东的资本性投入、被投资单位发行可分离交易的可转换债券中包含的权益成分、以权益结算的股份支付、其他股东对被投资单位增资导致投资方持股比例变动等。投资方应按所持股权比例计算应享有的份额，调整长期股权投资的账面价值，同时计入资本公积的其他资本公积，并在备查簿中予以登记。即投资方应借记或贷记“长期股权投资——其他权益变动”科目，贷记或借记“资本公积——其他资本公积”科目。投资方在后续处置股权投资但对剩余股权仍采用权益法核算时，应按处置比例将这部分资本公积转入当期投资收益；对剩余股权终止权益法核算时，将这部分资本公积全部转入当期投资收益。

例5-20

甲公司、乙公司和丙公司于20×1年2月3日分别以银行存款300 000元、300 000元和400 000元出资成立AB公司，出资总额为1 000 000元（300 000+300 000+400 000），分别持有AB公司30%，30%和40%的股权。甲公司对AB公司具有重大影响，采用权益法核算相应的长期股权投资。AB公司自成立起至20×3年1月1日共实现净利润180 000元，除此之外，无其他影响净资产的事项。20×3年1月1日，经甲、乙、丙公司协商同意，新投资人丁公司以银行存款300 000元对AB公司增资，其中，250 000元确认为实收资本，50 000元（300 000−250 000）确认为资本公积。确认为资本公积的数额

50 000 元作为新投资人丁公司对原投资人甲、乙和丙公司作出的补偿。丁公司投资后，AB 公司实收资本数额共计 1 250 000 元（1 000 000＋250 000），甲、乙、丙和丁公司在 AB 公司中分别持有 24%（即 300 000/1 250 000）、24%（即 300 000/1 250 000）、32%（即 400 000/1 250 000）和 20%（即 250 000/1 250 000）的股权。甲公司仍然对 AB 公司施加重大影响，长期股权投资采用权益法核算。20×3 年 1 月 1 日新投资人丁公司投资入股时，甲公司应当对相关的业务作如下分析：

20×3 年 1 月 1 日新投资人丁公司投资前，AB 公司的净资产账面价值为 1 180 000 元（1 000 000＋180 000），甲公司享有的份额为 354 000 元（1 180 000×30%）。20×3 年 1 月 1 日新投资人丁公司投资后，AB 公司的净资产账面价值为 1 480 000 元（1 000 000＋180 000＋300 000），甲公司享有的份额为 355 200 元（1 480 000×24%）。甲公司享有的权益变动为增加 1 200 元（355 200－354 000），属于 AB 公司除净损益、其他综合收益和利润分配以外所有者权益的其他变动。甲公司应编制如下会计分录：

借：长期股权投资——其他权益变动　　1 200
　贷：资本公积——其他资本公积　　1 200

本例中，通过以上会计处理，长期股权投资的账面价值由原来的 354 000 元调整为 355 200 元，即调整为丁公司投资入股后甲公司享有 AB 公司净资产账面价值的份额。

（八）投资方持股比例增加但仍采用权益法核算的处理

投资方因增加投资等原因对被投资单位的持股比例增加，但被投资单位仍然是投资方的联营企业或合营企业时，投资方应当按照新的持股比例对股权投资继续采用权益法进行核算。在新增投资日，如果新增投资成本大于按新增持股比例计算的被投资单位可辨认净资产于新增投资日的公允价值份额，不调整长期股权投资成本；如果新增投资成本小于按新增持股比例计算的被投资单位可辨认净资产于新增投资日的公允价值份额，应按该差额，调整长期股权投资成本和营业外收入。进行上述调整时，应当综合考虑与原持有投资和追加投资相关的商誉或计入损益的金额。

例 5-21

甲公司于 20×1 年 1 月 1 日以银行存款 212 000 元向非关联方购买乙公司 20%的股权，能够对乙公司施加重大影响，长期股权投资采用权益法核算。当日，乙公司可辨认净资产的账面价值与公允价值相等，均为 985 000 元。20×1 年至 20×3 年，乙公司实现的净利润为 146 000 元，除此之外，无其他引起净资产发生变动的事项。20×4 年 1 月 1 日，甲公司以银行存款 114 000 元向另一非关联方购买乙公司 10%的股权，仍对乙公司施加重大影响，长期股权投资仍然采用权益法核算。当日，乙公司可辨认净资产的公允价值为 1 160 000 元。甲公司于 20×1 年 1 月 1 日第一次购买乙公司股权时，应编制如下会计分录：

借：长期股权投资——投资成本　　212 000
　贷：银行存款　　212 000

甲公司投资成本 212 000 元大于应享有乙公司可辨认净资产公允价值的份额 197 000 元（985 000×20%）的差额 15 000 元（212 000－197 000），为乙公司的商誉。

甲公司于 20×4 年 1 月 1 日第二次购买乙公司股权时，应享有乙公司可辨认净资产公允价值的份额为 116 000 元（1 160 000×10%）。甲公司支付对价的公允价值为

114 000元，小于应享有乙公司可辨认净资产公允价值的份额116 000元，两者的差额2 000元（116 000－114 000）为乙公司的负商誉。甲公司本应将第二次长期股权投资的成本调整为应享有乙公司可辨认净资产公允价值的份额116 000元，同时确认2 000元（116 000－114 000）的营业外收入，然而，由于甲公司在第一次对乙公司进行长期股权投资时确认了15 000元的正商誉，两次商誉综合考虑后的金额为正商誉13 000元（15 000－2 000），因此，甲公司在第二次购买乙公司股权时，长期股权投资的成本仍然按114 000元确认，即按实际支付对价的公允价值确认。甲公司于20×4年1月1日第二次购买乙公司股权时，应编制如下会计分录：

借：长期股权投资——投资成本　　114 000

　贷：银行存款　　114 000

甲公司应在备查簿中记录两次投资各自产生的商誉，以及第二次投资时综合考虑两次投资产生的商誉后的相关调整情况。

第四节　长期股权投资核算方法的转换

一、公允价值计量转权益法核算

投资方持有的对被投资单位的股权投资，如果不具有控制、共同控制或重大影响的，应当将其确认为金融资产，如确认为交易性金融资产、其他权益工具投资等，并按照《企业会计准则第22号——金融工具确认和计量》进行核算。之后，投资方因追加投资等原因导致持股比例上升，能够对被投资单位施加共同控制或重大影响的，相应的股权投资应当转按长期股权投资的权益法核算。按照规定，金融资产中涉及股权投资的交易性金融资产和其他权益工具投资，都按公允价值进行后续计量。

投资方在将原来按公允价值计量的有关股权投资转按长期股权投资的权益法核算时，首先，应当按照原股权投资的公允价值加上为取得新增股权而应支付对价的公允价值，作为改按权益法核算的初始投资成本。然后，按照与追加投资后全新的持股比例计算确定应享有被投资单位在追加日可辨认净资产公允价值的份额。最后，将上述计算取得的初始投资成本与之后计算取得的份额金额进行比较，如果前者大于后者，不调整长期股权的账面价值；如果前者小于后者，差额应调整增加长期股权投资的账面价值，并计入当期营业外收入。

例5－22

甲公司于20×1年1月10日取得乙公司10%的股权，对乙公司不具有控制、共同控制或重大影响，相应的股权投资作为其他权益工具投资核算，投资成本为220 000元。20×1年12月31日，甲公司持有的上述其他权益工具投资的公允价值上升为228 000元，上升数额8 000元（228 000－220 000）调整其他权益工具投资的账面价值，同时计入其他综合收益。20×2年3月2日，甲公司追加投资360 000元，又取得乙公司15%的股权。当日，乙公司可辨认净资产的公允价值总额为2 360 000元，甲公司持有的上述其他权益工具投资的公允价值上升为240 000元，即在20×1年12月31日的基础上又上升了12 000元（240 000－228 000）。此时，甲公司共取得了乙公司

25%（即10%+15%）的股权，能够对乙公司施加重大影响。甲公司按规定改用权益法核算相应的长期股权投资。甲公司按净利润的10%提取法定盈余公积。根据以上经济业务，由于追加投资，20×2年3月2日，甲公司确定长期股权投资的初始投资成本如下：

初始投资成本=240 000+360 000=600 000(元)

享有乙公司可辨认净资产公允价值的份额=2 360 000×25%=590 000(元)

由于初始投资成本600 000元大于享有乙公司可辨认净资产公允价值的份额590 000元，甲公司无须调整长期股权投资的初始投资成本。甲公司应编制如下会计分录：

借：长期股权投资——投资成本	600 000	
其他综合收益	8 000	
贷：银行存款		360 000
其他权益工具投资		228 000
盈余公积——法定盈余公积		2 000
利润分配——未分配利润		18 000

本例中，转出其他权益工具投资的账面价值为228 000元（220 000+8 000），至转换日其他权益工具投资公允价值累计变动20 000元（8 000+12 000）转入当期留存收益。

根据规定，在公允价值计量转权益法核算时，原持有的股权投资分类为其他权益工具投资的，其公允价值与账面价值之间的差额，以及原计入其他综合收益的累计公允价值变动，应当转入改按权益法核算当期的留存收益，不得计入当期损益。

二、公允价值计量或权益法核算转成本法核算

投资方原持有的对被投资单位不具有控制、共同控制或重大影响的作为其他权益工具投资等金融资产核算的权益性投资，或者原持有的对联营企业、合营企业的长期股权投资，因追加投资等原因，能够对被投资单位实施控制的，原按公允价值计量或权益法核算的权益性投资，应当转换成按成本法核算的长期股权投资。公允价值计量或权益法核算转成本法核算，属于由企业合并形成的长期股权投资的核算内容，需要区分同一控制和非同一控制两种情况做出不同的会计处理。

（一）同一控制下公允价值计量或权益法核算转成本法核算

根据相关规定，企业通过多次交易分步取得同一控制下被投资单位的股权，最终形成企业合并的，应当判断多次交易是否属于"一揽子交易"。所谓"一揽子交易"是指各项交易的条款、条件以及经济影响符合以下一种或多种情况的多次交易：(1) 这些交易是同时或者在考虑了彼此影响的情况下订立的；(2) 这些交易整体才能达成一项完整的商业结果；(3) 一项交易的发生取决于至少一项其他交易的发生；(4) 一项交易单独看是不经济的，但是和其他交易一并考虑时是经济的。属于"一揽子交易"的，合并方应当将各项交易作为一项取得控制权的交易进行会计处理。不属于"一揽子交易"的，取得控制权日，应按照以下步骤进行会计处理：

（1）确定同一控制下企业合并形成的长期股权投资的初始投资成本。在合并日，根据合并后应享有被合并方净资产在最终控制方合并财务报表中的账面价值的份额，确定长期股权投资的初始投资成本。

（2）长期股权投资初始投资成本与合并对价账面价值之间的差额的处理。合并日长期股权的初始投资成本，与达到合并前的长期股权投资账面价值加上合并日进一步取得股份新支付对价的账面价值之和的差额，调整资本公积，资本公积不足冲减的，冲减留存收益。

（3）合并日之前持有的股权投资，因采用权益法核算或按其他权益工具投资进行核算而确认的其他综合收益，暂不进行会计处理，直至处置该项投资时采用与被投资单位直接处置相关资产或负债相同的基础进行会计处理；因采用权益法核算而确认的被投资单位净资产中除净损益、其他综合收益和利润分配以外的所有者权益其他变动，暂不进行会计处理，直至处置该项投资时转入当期损益。其中，处置后的剩余股权按规定采用成本法或权益法核算的，其他综合收益和其他所有者权益应按比例结转，处置后的剩余股权改按其他权益工具投资等金融资产进行会计处理的，其他综合收益和其他所有者权益应全部结转。

1. 同一控制下权益法核算转成本法核算

例5-23

甲公司和乙公司同为AB公司控制的两个子公司。20×1年1月1日，甲公司取得乙公司25%的股份，实际支付款项280 000元，能够对乙公司施加重大影响，长期股权投资采用权益法核算。当日，乙公司可辨认净资产的账面价值与公允价值相等，均为960 000元。20×1年和20×2年度，乙公司共实现净利润40 000元，确认其他综合收益6 000元，无其他所有者权益变动。甲公司分别确认了“长期股权投资——损益调整”和“投资收益”10 000元（40 000×25%），以及“长期股权投资——其他综合收益”和“其他综合收益”1 500元（6 000×25%）。甲公司和乙公司没有发生内部交易的业务。20×3年1月1日，甲公司以定向增发62 000股普通股的方式又购买了乙公司30%的股份，甲公司增发股票的每股面值为1元，每股公允价值为5.5元。进一步取得投资后，甲公司拥有乙公司55%（即25%+30%）的股份，能够对乙公司实施控制，长期股权投资由原来按权益法核算转按成本法核算。当日，乙公司在最终控制方AB公司合并财务报表中的净资产的账面价值为1 200 000元。甲公司和乙公司采用的会计政策相同。甲公司和乙公司一直同受同一最终控制方AB公司的控制。上述交易不属于一揽子交易。甲公司计算20×3年1月1日企业合并日长期股权投资的初始投资成本及其与合并对价账面价值之间的差额如下：

长期股权投资的初始投资成本＝1 200 000×55%＝660 000(元)

原25%股份的账面价值＝280 000＋10 000＋1 500＝291 500(元)

追加投资30%股份所支付对价的账面价值＝62 000×1＝62 000(元)

合并对价的账面价值＝291 500＋62 000＝353 500(元)

长期股权投资的初始投资成本与合并对价账面价值之间的差额＝660 000－353 500＝306 500(元)

甲公司于20×3年1月1日企业合并日应编制如下会计分录：

借：长期股权投资　　660 000
　　贷：长期股权投资——投资成本　　280 000
　　　　　　　　　——损益调整　　10 000
　　　　　　　　　——其他综合收益　　1 500
　　　　股本　　62 000
　　　　资本公积　　306 500

甲公司原按权益法核算长期股权投资时确认的其他综合收益 1 500 元，在企业合并日不进行会计处理。

本例中，经过这样的会计处理，原权益法下“长期股权投资”科目的余额 291 500 元转销为 0，企业合并日成本法下长期股权投资的初始投资成本 660 000 元得到确认。长期股权投资的核算由原来的权益法转换成了成本法。

2. 同一控制下公允价值计量转成本法核算

例 5-24

甲公司和乙公司同为 AB 公司控制的两个子公司。20×1 年 1 月 1 日，甲公司取得乙公司 5%的股份，实际支付款项 56 000 元，对乙公司不具有控制、共同控制或重大影响，相应的股权投资作为其他权益工具投资核算。至 20×3 年 1 月 1 日，甲公司共确认该其他权益工具投资的公允价值变动为公允价值上升 4 500 元，具体记录在“其他权益工具投资——公允价值变动”和“其他综合收益”科目中。20×3 年 1 月 1 日，甲公司以定向增发 110 000 股普通股的方式又购买了乙公司 50%的股份，甲公司增发股票的每股面值为 1 元，每股公允价值为 5.5 元。进一步取得投资后，甲公司拥有乙公司 55%（即 5%+50%）的股份，能够对乙公司实施控制，相应的股权投资由原来按其他权益工具投资核算转按长期股权投资的成本法核算。当日，乙公司在最终控制方 AB 公司合并财务报表中的净资产的账面价值为 1 200 000 元。甲公司和乙公司采用的会计政策相同。甲公司和乙公司一直受同一最终控制方 AB 公司的控制。上述交易不属于一揽子交易。甲公司计算 20×3 年 1 月 1 日企业合并日长期股权投资的初始投资成本及其与合并对价账面价值之间的差额如下：

长期股权投资的初始投资成本=1 200 000×55%=660 000(元)
原 5%股份的账面价值=56 000+4 500=60 500(元)
追加投资 50%股份所支付对价的账面价值=110 000×1=110 000(元)
合并对价的账面价值=60 500+110 000=170 500(元)
长期股权投资的初始投资成本与合并对价账面价值之间的差额=660 000−170 500=489 500(元)

甲公司于 20×3 年 1 月 1 日企业合并日应编制如下会计分录：

借：长期股权投资　　660 000
　　贷：其他权益工具投资——成本　　56 000
　　　　　　　　　　　——公允价值变动　　4 500
　　　　股本　　110 000
　　　　资本公积　　489 500

甲公司原按公允价值计量核算其他权益工具投资时确认的其他综合收益 4 500 元，

在企业合并日不进行会计处理。

本例中，经过这样的会计处理，原按公允价值计量的“其他权益工具投资”科目的余额60 500元转销为0，企业合并日长期股权投资的初始投资成本660 000元得到确认。股权投资的核算由原按公允价值计量的其他权益工具投资核算方法转换成了长期股权投资按成本法核算的方法。

（二）非同一控制下公允价值计量或权益法核算转成本法核算

根据规定，企业通过多次交易分步实现非同一控制下企业合并的，合并企业应当按照原持有的股权投资的账面价值加上新增投资成本之和，作为改按成本法核算的初始投资成本。这与同一控制下的相应处理不同。

根据规定，企业合并日之前持有的股权投资采用权益法核算的，相关其他综合收益应当在处置该项投资时采用与被投资单位直接处置相关资产或负债相同的基础进行会计处理，因被投资方除净损益、其他综合收益和利润分配以外的其他所有者权益变动而确认的所有者权益，应当在处置该项投资时相应转入处置期间的当期损益。其中，处置后的剩余股权采用成本法或权益法核算的，其他综合收益和其他所有者权益应按比例结转，处置后的剩余股权改按其他权益工具投资等金融资产核算的，其他综合收益和其他所有者权益应全部结转。这与同一控制下的相应处理相同。

企业合并日之前持有的股权投资作为其他权益工具投资等金融资产核算的，原计入其他综合收益的累计公允价值变动应当全部转入改按成本法核算的当期留存收益，不得转入当期损益。这与同一控制下的相关处理不同。

1. 非同一控制下权益法核算转成本法核算

例5-25

甲公司于20×1年1月1日自非关联方处取得乙公司25%的股份，实际支付款项280 000元，能够对乙公司施加重大影响，长期股权投资采用权益法核算。当日，乙公司可辨认净资产的账面价值与公允价值相等，均为960 000元。20×1年和20×2年度，乙公司共实现净利润40 000元，确认其他综合收益6 000元，无其他所有者权益变动。甲公司分别确认了“长期股权投资——损益调整”和“投资收益”10 000元（40 000×25%），以及“长期股权投资——其他综合收益”和“其他综合收益”1 500元（6 000×25%）。甲公司与乙公司之间没有发生内部交易的业务。20×3年1月1日，甲公司以银行存款341 000元又购买了乙公司30%的股份。进一步取得投资后，甲公司拥有乙公司55%（即25%+30%）的股份，能够对乙公司实施控制，长期股权投资由原来按权益法核算转按成本法核算。当日，乙公司可辨认净资产的公允价值为1 125 000元。上述交易不属于一揽子交易。甲公司计算20×3年1月1日企业合并日长期股权投资的初始投资成本如下：

原25%股份的账面价值＝280 000＋10 000＋1 500＝291 500(元)

追加投资30%股份所支付对价的公允价值＝341 000(元)

长期股权投资的初始投资成本＝291 500＋341 000＝632 500(元)

甲公司于20×3年1月1日企业合并日应编制如下会计分录：

借：长期股权投资　　632 500

　贷：长期股权投资——投资成本　　280 000

　　　　　　　　——损益调整　　10 000

　　　　　　　　——其他综合收益　　1 500

　　　银行存款　　341 000

甲公司原按权益法核算长期股权投资时确认的其他综合收益 1 500 元，在企业合并日不进行会计处理。

本例中，经过这样的会计处理，原权益法下“长期股权投资”科目的余额 291 500 元转销为 0，企业合并日成本法下长期股权投资的初始投资成本 632 500 元得到确认。长期股权投资的核算由原来的权益法转换成了成本法。

2. 非同一控制下公允价值计量转成本法核算

例 5－26

甲公司与乙公司不存在关联方关系。20×1 年 1 月 1 日，甲公司取得乙公司 5%的股份，实际支付款项 56 000 元，对乙公司不具有控制、共同控制或重大影响，相应的股权投资作为其他权益工具投资核算。至 20×3 年 1 月 1 日，甲公司共确认该其他权益工具投资的公允价值变动为公允价值上升 4 500 元。20×3 年 1 月 1 日，甲公司以银行存款 605 000 元又购买了乙公司 50%的股份。进一步取得投资后，甲公司拥有乙公司 55%（即 5%＋50%）的股份，能够对乙公司实施控制，相应的股权投资由原来按其他权益工具投资核算转按长期股权投资的成本法核算。当日，乙公司在最终控制方 AB 公司合并财务报表中的净资产的账面价值为 1 200 000 元，乙公司可辨认净资产的公允价值为 1 205 000 元。上述交易不属于一揽子交易。甲公司按净利润的 10%提取法定盈余公积。甲公司计算 20×3 年 1 月 1 日企业合并日或企业购买日长期股权投资的初始投资成本如下：

原 5%股份的账面价值＝56 000＋4 500＝60 500（元）

追加投资 50%股份所支付对价的公允价值＝605 000（元）

长期股权投资的初始投资成本＝60 500＋605 000＝665 500（元）

甲公司于 20×3 年 1 月 1 日企业合并日应编制如下会计分录：

借：长期股权投资　　665 500

　贷：其他权益工具投资——成本　　56 000

　　　　　　　　　　——公允价值变动　　4 500

　　　银行存款　　605 000

同时，

借：其他综合收益　　4 500

　贷：盈余公积——法定盈余公积　　450

　　　利润分配——未分配利润　　4 050

甲公司原按公允价值计量核算其他权益工具投资时确认的其他综合收益 4 500 元，在企业合并日全部转入当期留存收益。

本例中，经过这样的会计处理，原按公允价值计量的“其他权益工具投资”科目的余额 60 500 元转销为 0，企业合并日长期股权投资的初始投资成本 665 500 元得到确认。股权投资的核算由原按公允价值计量的其他权益工具投资核算方法转换成了长期股权投资按成本法核算的方法。

三、权益法核算转公允价值计量

投资方原持有的对被投资单位具有共同控制或重大影响的长期股权投资，因部分处置等原因导致持股比例下降，不能再对被投资单位实施共同控制或重大影响的，应改按其他权益工具投资等金融资产对剩余股权投资进行会计处理，剩余股权投资在丧失共同控制或重大影响之日的公允价值与账面价值之间的差额计入当期损益。原采用权益法核算的相关其他综合收益应当在终止采用权益法核算时，采用与被投资单位直接处置相关资产或负债相同的基础进行会计处理，因被投资单位除净损益、其他综合收益和利润分配以外的其他所有者权益变动而确认的所有者权益，应当在终止采用权益法核算时全部转入当期损益。

例5-27

甲公司持有乙公司30%的有表决权股份，由此能够对乙公司的财务和经营政策施加重大影响。甲公司采用权益法核算相应的长期股权投资。20×1年7月5日，甲公司出售乙公司20%的股权，出售价格为570 000元。乙公司剩余10%股权的公允价值为285 000元。此时，甲公司长期股权投资的账面价值为840 000元，其中，投资成本780 000元，损益调整51 000元，其他综合收益9 000元。其中，其他综合收益9 000元均为权益法下可转损益的其他综合收益。出售投资后，甲公司仅持有乙公司10%（即30%－20%）的股权，无法再对乙公司的财务和经营政策施加重大影响，将剩余这部分股权投资转为其他权益工具投资核算。出售投资时，甲公司转销长期股权投资的账面价值560 000元（840 000×2/3），其中，投资成本520 000元（780 000×2/3），损益调整34 000元（51 000×2/3），其他综合收益6 000元（9 000×2/3）。剩余10%股权投资的账面价值为280 000元（840 000－560 000），其中，投资成本260 000元（780 000－520 000），损益调整17 000元（51 000－34 000），其他综合收益3 000元（9 000－6 000）。甲公司应编制如下会计分录：

（1）确认有关股权投资的处置损益时。

借：银行存款　　570 000

　贷：长期股权投资——投资成本　　520 000

　　　　　　　　——损益调整　　34 000

　　　　　　　　——其他综合收益　　6 000

　　投资收益　　10 000

（2）将原确认的其他综合收益全部转入当期损益时。

借：其他综合收益　　9 000

　贷：投资收益　　9 000

（3）确认其他权益工具投资金融资产时。

借：其他权益工具投资　　285 000

　贷：长期股权投资——投资成本　　260 000

　　　　　　　　——损益调整　　17 000

　　　　　　　　——其他综合收益　　3 000

　　投资收益　　5 000

本例中，经过这样的会计处理，原按权益法核算的“长期股权投资”科目的余额840 000元转销为0，作为其他权益工具投资核算的剩余股权投资的初始入账价值285 000元得到确认。相应的股权投资由原按权益法核算的长期股权投资转换成了按公允价值计量的其他权益工具投资。

四、成本法转权益法

因处置投资等原因导致对被投资单位由能够实施控制转为具有重大影响或者与其他投资方一起实施共同控制的，长期股权投资的核算应当由原来的成本法转换为权益法。

成本法转换为权益法时，首先，应按处置投资的比例结转应终止确认的长期股权投资成本。然后，比较剩余长期股权投资的成本与按照剩余持股比例计算原投资时应享有被投资单位可辨认净资产公允价值的份额，前者大于后者的，属于投资作价中体现的商誉部分，不调整长期股权投资的账面价值；前者小于后者的，在调整长期股权投资成本的同时，调整留存收益。

对于原取得投资至处置投资、转换为权益法核算这段时间被投资单位实现净损益中投资方应享有的份额，一方面应当调整长期股权投资的账面价值，同时，对于原取得投资时至处置投资当期期初被投资单位实现的净损益中应享有的份额，调整留存收益，对于处置投资当期期初至处置投资之日被投资单位实现的净损益中应享有的份额，调整当期损益；在被投资单位其他综合收益变动中应享有的份额，在调整长期股权投资账面价值的同时，应当计入其他综合收益；除净损益、其他综合收益和利润分配外的其他原因导致被投资单位其他所有者权益变动中应享有的份额，在调整长期股权投资账面价值的同时，应当计入资本公积中的其他资本公积。

长期股权投资自成本法转为权益法后，未来期间应当按照规定计算确认应享有被投资单位实现的净损益、其他综合收益和所有者权益其他变动的份额。

例 5-28

甲公司于20×1年1月1日取得乙公司60%的股权，投资成本为150 000元。当日，乙公司可辨认净资产的账面价值为240 000元，可辨认净资产的公允价值与账面价值相同。甲公司对乙公司实施控制，采用成本法核算相应的长期股权投资。甲公司按净利润的10%提取法定盈余公积。20×2年7月1日，甲公司处置投资，出售乙公司20%的股权，即出售持有乙公司1/3的股权，出售价格为66 000元。当日，乙公司可辨认净资产的公允价值为275 000元。甲公司出售乙公司20%的股权后，还持有乙公司40%（即60%－20%）的股权，能够对乙公司施加重大影响。甲公司改用权益法核算相应的长期股权投资。乙公司于20×1年实现净利润20 000元，未分派现金股利；20×2年上半年实现净利润10 000元，未分派现金股利。除实现的净利润外，乙公司未发生计入其他综合收益和其他资本公积的交易或事项。根据以上经济业务，由于处置投资，20×2年7月1日，甲公司在将成本法转换为权益法的过程中应作如下具体分析和会计处理：

（1）确认长期股权投资处置损益时。

处置长期股权投资的成本＝150 000/3＝50 000(元)
处置收益＝66 000－50 000＝16 000(元)

借：银行存款	66 000
贷：长期股权投资	50 000
投资收益	16 000

（2）确定是否需要对权益法下长期股权投资的成本进行调整时。

剩余长期股权投资的成本＝150 000－50 000＝100 000(元)

按剩余持股比例计算原投资时应享有被投资单位可辨认净资产公允价值的份额＝240 000×40%＝96 000(元)

由于剩余长期股权投资的成本大于按剩余持股比例计算原投资时应享有被投资单位可辨认净资产公允价值的份额，因此甲公司不需要对长期股权投资的成本进行调整。

（3）确认权益法下长期股权投资的损益调整数额时。

原取得投资日至处置投资日之间被投资单位实现的净利润＝20 000＋10 000＝30 000(元)

按处置投资后的持股比例40%调整长期股权投资中损益调整的数额＝30 000×40%＝12 000(元)

调整留存收益的数额(归属于原取得投资日至处置投资当期期初的损益调整)＝20 000×40%＝8 000(元)

调整盈余公积的数额＝8 000×10%＝800(元)

调整未分配利润的数额＝8 000－800＝7 200(元)

调整当期损益的数额(归属于处置投资当期期初至处置投资日的损益调整)＝10 000×40%＝4 000(元)

借：长期股权投资——损益调整	12 000
贷：盈余公积——法定盈余公积	800
利润分配——未分配利润	7 200
投资收益	4 000

本例中，经过以上会计处理，权益法下长期股权投资的初始入账价值为112 000元(100 000＋12 000)，其中，“长期股权投资——投资成本”100 000元（150 000－50 000)，“长期股权投资——损益调整”12 000元。该数额相当于甲公司在原投资时就采用权益法核算相应投资份额的结果。

五、成本法核算转公允价值计量

原持有的对被投资单位具有控制的长期股权投资，因部分处置等原因导致持股比例下降，不能再对被投资单位实施控制、共同控制或重大影响的，相应的股权投资应改按其他权益工具投资等金融资产进行核算，丧失控制之日，剩余股权投资的公允价值与账面价值之间的差额计入当期投资收益。

例5-29

甲公司于20×1年1月1日取得乙公司60%的股权，投资成本为150 000元。甲公司对乙公司实施控制，采用成本法核算相应的长期股权投资。20×2年7月1日，甲公司处置投资，出售乙公司50%的股权，即出售持有乙公司5/6的股权，出售价格为165 000元。甲公司出售乙公司50%的股权后，还持有乙公司10%（即60%－50%）的股权，无法再对乙公司实施控制，也不能对乙公司施加共同控制或重大影响。甲公司将剩余的股权投资改按其他权益工具投资核算。出售时，剩余股权投资的公允价值为33 000元。根据以上经济业务，由于处置投资，20×2年7月1日，甲公司在将长期股权投资的成本法转换为公允价值计量的其他权益工具投资核算方法时应编制如下会计分录：

（1）确认长期股权投资处置损益时。

处置长期股权投资的成本＝150 000×5/6＝125 000(元)

处置收益＝165 000－125 000＝40 000(元)

借：银行存款	165 000	
贷：长期股权投资		125 000
投资收益		40 000

（2）确认其他权益工具投资金融资产时。

其他权益工具投资的公允价值＝33 000(元)

原相应长期股权投资的账面价值＝150 000/6＝25 000(元)

计入当期投资收益的数额＝33 000－25 000＝8 000(元)

借：其他权益工具投资	33 000	
贷：长期股权投资		25 000
投资收益		8 000

本例中，经过以上会计处理，“长期股权投资”科目的余额150 000元转销为0。其他权益工具投资按取得时的公允价值33 000元计量。

第五节 长期股权投资的减值

一、资产减值迹象的判断

资产减值是指资产的可收回金额低于其账面价值。我国《企业会计准则第8号——资产减值》对下列非流动资产的减值会计问题进行了统一规范：（1）对子公司、联营企业和合营企业的长期股权投资；（2）采用成本模式进行后续计量的投资性房地产；（3）固定资产；（4）生产性生物资产；（5）无形资产；（6）商誉等。本部分涉及的资产减值内容统一适用于以上非流动资产的减值会计问题。

根据《企业会计准则第8号——资产减值》的规定：企业应当在资产负债表日判断资产是否存在可能发生减值的迹象。当发现资产确实存在减值的迹象时，企业应当进行减值测试，估计资产的可收回金额，并进一步决定是否需要确认资产减值损失。

企业在判断资产是否存在减值迹象时，可以从外部信息来源和内部信息来源两个方面加以判断。从外部信息来源来看，判断为资产存在减值迹象的信息来源可以有：资产的市价在当期大幅度下跌，其跌幅明显高于正常预期；资产所处的经济、技术或者法律等环境在当期或者在近期发生重大不利变化，导致资产可收回金额大幅度降低等。从内部信息来源来看，判断为资产存在减值迹象的信息来源可以有：资产已经陈旧、过时或者实体已损坏；资产已经或者将被闲置、终止使用或者提前处置；资产的经济绩效已经低于或者将低于预期，如资产所带来的净现金流量或实现的营业利润远远低于预计金额等。

资产是否存在减值迹象是资产是否需要进行减值测试的必要前提。企业在判断资产是否存在减值迹象时，应当根据实际情况来确定资产可能发生的减值迹象。

企业在判断资产减值迹象以决定是否需要估计资产可收回金额时，应当遵循重要性原则。例如，以前报告期间的计算结果表明，资产可收回金额远高于其账面价值，之后又没有发生消除这一差异的交易或者事项的，企业可以不需要重新估计该资产的可收回金额。

二、资产可收回金额的计量

（一）资产的公允价值减去处置费用后净额的确定

企业在估计资产的可收回金额时，应当以资产的公允价值减去处置费用后的净额与资产预计未来现金流量的现值两者之间的较高者来确定。前者是企业通过正常的出售获得收回金额，后者是企业通过正常的使用获得收回金额。一般认为，企业会以最佳效用原则来实现资产的价值，减少资产的减值损失。企业在估计资产的可收回金额时，原则上应当以单项资产为基础。如果单项资产的可收回金额难以估计，企业应当以该单项资产所属的资产组为基础估计该资产组的可收回金额。

企业在估计资产的公允价值减去处置费用后的净额时，应当按照下列顺序进行：

首先，应当根据公平交易中资产的销售协议价格减去可直接归属于该资产处置费用的金额确定。其中，公平交易中资产的销售协议价格最能代表资产的公允价值，而且其数额具有客观性；可直接归属于该资产的处置费用如与该资产处置有关的法律费用、相关税费、搬运费用等。这种方法是估计资产的公允价值减去处置费用后的净额的最佳方法，企业应当优先采用这一方法。

其次，在资产不存在销售协议但存在活跃市场的情况下，应当根据该资产的市场价格减去处置费用后的净额确定。其中，资产的市场价格通常应当按照资产的买方出价确定。如果难以获得买方出价的，企业可以以资产的最近交易价格作为确定市场价格的基础，但前提是在此期间，有关的经济、市场环境等没有发生重大变化。

最后，在既不存在资产销售协议又不存在资产活跃市场的情况下，企业应当以可获取的最佳信息为基础，估计资产的公允价值减去处置费用后的净额。其中，资产的公允价值是指市场参与者在计量日发生的有序交易中，出售一项资产所能收到或者转移一项负债所需支付的价格。

企业在按照上述要求仍然无法可靠估计资产的公允价值减去处置费用后的净额的，应当以该资产预计未来现金流量的现值作为其可收回金额。

（二）资产预计未来现金流量现值的确定

资产预计未来现金流量的现值，应当按照资产在持续使用过程中和最终处置时所产生的预计未来现金流量，选择恰当的折现率对其进行折现后的金额确定。

1. 资产未来现金流量的预计

企业在预计资产的未来现金流量时，应当以资产的当前状况为基础，对资产在剩余使用寿命内的整个经济状况作出最佳估计，并将对资产预计未来现金流量的估计建立在经企业管理层批准的最近财务预算或预测数据的基础上。出于数据可靠性和便于实际操作等方面的考虑，建立在财务预算或预测基础上的预计未来现金流量最多涵盖5年。企业在预计资产的未来现金流量时，其中不应当包括筹资活动产生的现金流入或者流出，因为筹资活动与经营活动的性质不同；同时也不应当包括与所得税收付有关的现金流量，原因是在计算预计资产未来现金流量现值时使用的折现率是建立在所得税前的基础上的。

2. 折现率的选择

企业在计算资产预计未来现金流量时选择使用的折现率，应当是反映当期市场货币时间价值和资产特定风险的税前利率。该折现率是企业在购置或者投资资产时所要求的必要报酬率。企业在预计资产的未来现金流量时已经对资产特定风险的影响作了调整的，在估计折现率时不再需要考虑资产的特定风险。如果用于估计折现率的基础是税后的，应当将其调整为税前的折现率，以便与资产未来现金流量的估计基础保持一致。

企业在确定折现率时，应当以资产的市场利率为依据。如果有关资产的市场利率无法获得，可以使用替代利率。企业在估计替代利率时，可以根据企业的加权平均资金成本、增量借款利率或者其他相关市场借款利率作适当调整后确定。企业在估计资产未来现金流量现值时，通常应当使用单一的折现率。

三、资产减值损失的确认

企业在计算确定了资产的可收回金额后，如果发现资产的可收回金额低于其账面价值，应当计提资产减值准备，确认资产减值损失，将资产的账面价值减记至可收回金额。为避免确认资产重估增值和操纵利润，同时也出于会计信息稳健原则的考虑，资产减值损失一经确认，在以后会计期间不能转回。企业需要等到以后会计期间发生报废、出售、对外投资等资产处置业务时，相应的资产减值准备才可予以转销。

四、长期股权投资减值损失的确认和会计处理

根据我国《企业会计准则第8号——资产减值》中对资产减值会计的统一要求，对于对子公司、联营企业和合营企业的长期股权投资，企业应当在每年年末对长期股权投资的账面价值进行检查确定。在此基础上，企业应当判断长期股权投资是否存在减值迹象。当发现长期股权投资确实存在减值迹象时，企业应当进行减值测试，估计长期股权投资的可收回金额。长期股权投资的可收回金额应当以长期股权投资公允价值减去处置费用后的净额与长期股权投资预计未来现金流量的现值两者之间的较高者来确定。如果长期股权投资的可收回金额低于其账面价值，企业应当计提长期股权投

资减值准备，确认长期股权投资减值损失。对于该类长期股权投资，减值损失一经确认，以后会计期间不能转回。

为核算长期股权投资减值的业务，企业应当设置“长期股权投资减值准备”总账科目。企业在资产负债表日确认长期股权投资减值损失时，借记“资产减值损失”科目，贷记该科目。企业在处置长期股权投资时，同时结转已计提的长期股权投资减值准备。该科目期末贷方余额，反映企业已计提但尚未转销的长期股权投资减值准备。该科目可按被投资单位进行明细核算。

例5-30

甲公司20×1年末对子公司的长期股权投资账面价值为358 000元。甲公司判断该长期股权投资存在减值迹象。经减值测试，该长期股权投资的可收回金额为324 000元，低于其账面价值的数额为34 000元（358 000－324 000）。甲公司以前没有对该长期股权投资计提过减值准备。甲公司应编制如下会计分录：

借：资产减值损失　　34 000

　贷：长期股权投资减值准备　　34 000

本例中，甲公司经过对长期股权投资计提减值准备，长期股权投资的账面价值变为324 000元（358 000－34 000）。如果该长期股权投资以后发生进一步减值的，应当继续计提减值准备。如果该长期股权投资以后发生减值恢复的，计提的减值准备和资产减值损失不能转回。

第六节　长期股权投资的处置

企业在持有长期股权投资的过程中，可能会由于种种原因而将持有的全部或部分长期股权投资予以处置。企业出售长期股权投资时，应相应结转与所售股权相对应的长期股权投资的账面价值，一般情况下，出售所得价款与处置长期股权投资账面价值之间的差额，应确认为处置损益。

企业在处置长期股权投资时，按照处置所得价款，借记“银行存款”等科目，原已计提减值准备的，借记“长期股权投资减值准备”科目，按照应结转与处置股权相对应的长期股权投资的账面余额，贷记“长期股权投资”科目，按尚未领取的现金股利或利润，贷记“应收股利”科目，按其差额，贷记或借记“投资收益”科目。

处置采用权益法核算的长期股权投资时，应当采用与被投资单位直接处置相关资产或负债相同的基础，对相关的其他综合收益进行会计处理。按照上述原则可以转入当期损益的其他综合收益，应按结转的长期股权投资的投资成本比例结转原记入“其他综合收益”科目的金额，借记或贷记“其他综合收益”科目，贷记或借记“投资收益”科目。

处置采用权益法核算的长期股权投资时，还应按结转的长期股权投资的投资成本比例结转原记入“资本公积——其他资本公积”科目的金额，借记或贷记“资本公积——其他资本公积”科目，贷记或借记“投资收益”科目。

例 5－31

甲公司原持有乙公司 40%的股权，采用权益法核算相应的长期股权投资。20×1 年 9 月 30 日，甲公司出售持有的乙公司 10%的股权，出售价格为 260 000 元。出售时，甲公司相应长期股权投资的账面价值总计为 880 000 元，其中，投资成本为 800 000 元，损益调整为 60 000 元，其他综合收益为 20 000 元。其中，其他综合收益 20 000 元全部为被投资单位的其他债权投资的累计公允价值变动，即为权益法下可转损益的其他综合收益。出售部分股权后，甲公司对剩余 30%（即 40%－10%）的股权仍然采用权益法核算。甲公司对此次长期股权投资的处置应作如下计算和会计处理：

（1）结转相应部分长期股权投资的账面价值时。

结转相应部分长期股权投资的账面价值＝880 000/4＝220 000(元)
结转投资成本＝800 000/4＝200 000(元)
结转损益调整＝60 000/4＝15 000(元)
结转其他综合收益＝20 000/4＝5 000(元)
确认投资收益＝260 000－200 000－15 000－5 000＝40 000(元)

借：银行存款	260 000	
贷：长期股权投资——投资成本		200 000
——损益调整		15 000
——其他综合收益		5 000
投资收益		40 000

（2）转出原计入其他综合收益的相应部分数额时。

转出原计入其他综合收益的相应部分＝20 000/4＝5 000(元)

借：其他综合收益	5 000	
贷：投资收益		5 000

本例中，甲公司出售了持有的部分乙公司股权，但剩余股权仍然采用长期股权投资的权益法核算。如果剩余股权转按其他权益工具投资核算，甲公司需要按照前面介绍的长期股权投资核算方法转换中权益法核算转公允价值计量的方法进行会计处理。如果甲公司出售了持有的全部乙公司股权，则应当结转全部长期股权投资的账面价值，其他相应会计处理方法如同以上出售部分乙公司股权。

由于处置被投资单位的部分股权，长期股权投资需要由成本法转换为权益法或者转按其他权益工具投资等金融资产核算的，相应的会计处理见前面介绍的长期股权投资核算方法的转换的相关内容。

思考题

1. 什么是长期股权投资？长期股权投资具有哪些主要特征？
2. 企业持有长期股权投资的目的是什么？
3. 由长期股权投资形成的投资企业与被投资企业的关系，从投资企业角度来看，可分为哪几个种类？

4. 对于同一控制下的企业合并，合并方通过企业合并形成的长期股权投资应当如何进行初始计量？

5. 对于非同一控制下的企业合并，合并方通过企业合并形成的长期股权投资应当如何进行初始计量？

6. 对于除企业合并外形成的长期股权投资，投资企业形成的长期股权投资应当如何进行初始计量？

7. 长期股权投资的后续计量方法有哪两种？各自适用于什么情况？

8. 什么是长期股权投资会计处理的成本法？采用成本法的基本理由是什么？

9. 什么是长期股权投资会计处理的权益法？权益法的一般会计处理是怎样的？

10. 投资方在将原来按公允价值计量的有关股权投资转按长期股权投资的权益法核算时，应当怎样进行会计处理？

11. 企业应当如何确认长期股权投资发生了减值损失？

练习题

练习一

一、目的：练习非同一控制下企业合并形成的长期股权投资的核算。

二、资料：甲公司20×1年发生如下经济业务：

(1) 1月10日，以银行存款购入乙公司52%的股权，购入价格为11 580 000元，由此能够对乙公司实施控制，相应的股权投资归类为长期股权投资，并采用成本法核算。甲公司与乙公司不存在任何关联方关系，即甲公司与乙公司的企业合并为非同一控制下的企业合并。为核实乙公司的资产价值，甲公司聘请资产评估机构对乙公司的资产进行评估，并以银行存款支付评估费用45 000元。

(2) 3月28日，乙公司宣告分派现金股利150 000元，甲公司按持股比例可分享相应的份额。

(3) 4月6日，收到乙公司3月28日宣告分派的现金股利。

(4) 5月3日，甲公司通过发行每股面值为1元的普通股股票300 000股，交换取得乙公司20%的股权。当日，甲公司普通股股票每股市价为15元。甲公司在发行以上普通股股票过程中向证券承销机构等支付了32 000元佣金和手续费，款项以银行存款支付。本次交换取得乙公司20%股权后，甲公司共拥有乙公司72%（即52%+20%）的股权，相应的长期股权投资仍然采用成本法核算。

(5) 8月15日，甲公司以一项固定资产交换取得乙公司8%的股权。该项固定资产的账面原价为1 880 000元，累计折旧为166 000元，账面净值为1 714 000元(1 880 000−166 000)，评估得出的公允价值为1 910 000元。甲公司在以该非现金资产交换取得乙公司股权的过程中，以银行存款支付了手续费等相关交易费用12 000元。本次交换取得乙公司8%的股权后，甲公司共拥有乙公司80%（即52%+20%+8%）的股权，相应的长期股权投资仍然采用成本法核算。

(6) 10月8日，乙公司宣告分派现金股利250 000元，甲公司按持股比例可分享相应的份额。

(7) 10月15日，收到乙公司10月8日宣告分派的现金股利。

三、要求： 根据以上经济业务，为甲公司编制有关的会计分录。

练习二

一、目的： 练习同一控制下企业合并形成的长期股权投资的核算。

二、资料： 沿用练习一的资料，假定甲公司20×1年1月10日以银行存款购入乙公司52%的股权时，甲公司和乙公司同为AB公司控制的两个子公司，合并前后均受AB公司控制。即甲公司与乙公司的企业合并属于同一控制下的企业合并。合并当日，AB公司合并财务报表中乙公司净资产的账面价值为20 600 000元，甲公司所有者权益中资本公积的数额为3 250 000元。其他资料不变。

三、要求： 根据以上经济业务，为甲公司编制有关的会计分录。

练习三

一、目的： 练习长期股权投资权益法的核算。

二、资料： 甲公司20×1年发生如下经济业务：

(1) 1月2日，取得乙公司40%的股权，实际支付股权价款650 000元，同时支付手续费等相关费用8 000元。当日，乙公司净资产的账面价值为1 500 000元，公允价值为1 600 000元。甲公司取得乙公司40%的股权后，能够对乙公司施加重大影响，相应的长期股权投资采用权益法核算。

(2) 9月28日，乙公司宣告分派现金股利18 000元，甲公司按持股比例可分享其中的相应份额。

(3) 10月6日，收到乙公司9月28日宣告分派的现金股利。

(4) 12月31日，乙公司当年实现净利润300 000元。确认对乙公司的投资收益。

(5) 12月31日，年初甲公司取得乙公司40%的股权时，可辨认净资产公允价值与账面价值差额100 000元（1 600 000－1 500 000）的具体情况为：固定资产账面原值800 000元，已提累计折旧240 000元，账面净值560 000元（800 000－240 000），乙公司估计使用年限10年；固定资产公允价值660 000元，甲公司估计剩余使用年限5年。固定资产采用直线法计提折旧，无残值，折旧数额计入管理费用。调整对乙公司的投资收益。

(6) 12月31日，甲公司当年销售给乙公司的一批存货，乙公司尚未对外售出。甲公司确认的相应销售收入为20 000元，结转的相应销售成本为15 000元，获得的内部交易利润为5 000元（20 000－15 000）。调整对乙公司的投资收益。

(7) 12月31日，乙公司当年因持有其他权益工具投资金融资产公允价值的降低而计入其他综合收益的金额为8 500元，即乙公司当年相应的其他综合收益减少8 500元。按持股比例相应调整长期股权投资的账面价值。

三、要求： 根据以上经济业务，为甲公司编制有关的会计分录。同时，计算20×1年12月31日长期股权投资的账面价值。

练习四

一、目的： 进一步练习长期股权投资权益法的核算。

二、资料： 承练习三的资料，甲公司20×2年至20×3年发生如下经济业务：

(1) 20×2年1月15日，被投资单位乙公司接受其他股东的资本性投入356 500元，使得甲公司在被投资单位乙公司中的股权份额由原来的40%降低为30%。甲公司仍然对乙公司施加重大影响，相应的长期股权投资仍然采用权益法核算。甲公司调整对乙公司长期股权投资的数额。

(2) 20×2年12月31日，乙公司当年实现净利润320 000元。乙公司当年将上一年度从甲公司购入的一批存货全部对外部独立第三方出售，上一年度内部交易利润5 000元实现。甲公司当年继续调整上一年度确认的乙公司可辨认净资产公允价值与账面价值的差额对乙公司净利润的影响数52 000元。确认对乙公司的投资损益以及长期股权投资的增减变动。

(3) 20×3年3月2日，以银行存款125 000元向非关联方购买乙公司5%的股权。之后，甲公司持有乙公司股权份额增加至35%（即30%+5%），仍对乙公司施加重大影响，相应的长期股权投资仍然采用权益法核算。当日，乙公司可辨认净资产的公允价值为2 540 000元。

三、要求：根据以上经济业务，为甲公司编制有关的会计分录。

练习五

一、目的：练习非同一控制下由增资引起的长期股权投资核算方法转换的会计处理。

二、资料：甲公司20×1年至20×2年发生如下经济业务：

(1) 20×1年1月10日，取得乙公司10%的股权，对乙公司不具有控制、共同控制或重大影响，相应的股权投资作为其他权益工具投资核算，投资成本为38 000元。20×1年12月31日，持有的上述其他权益工具投资的公允价值上升为40 000元，上升数额2 000元（40 000−38 000）调整其他权益工具投资的账面价值，同时计入其他综合收益。20×2年3月2日，甲公司追加投资66 000元，又取得乙公司15%的股权。当日，乙公司可辨认净资产的公允价值总额为398 000元，甲公司持有的上述其他权益工具投资的公允价值上升为44 000元，即在20×1年12月31日的基础上又上升了4 000元（44 000−40 000）。此时，甲公司共取得了乙公司25%（即10%+15%）的股权，能够对乙公司施加重大影响。甲公司按规定改用权益法核算相应的长期股权投资。甲公司按净利润的10%提取法定盈余公积。

(2) 20×2年7月1日，甲公司对乙公司追加投资170 000元，从非关联方取得了乙公司30%的股权。此时，甲公司共取得了乙公司55%（即25%+30%）的股权，由此可以对乙公司实施控制。甲公司按照规定将相应的长期股权投资的核算方法由权益法转换为成本法。20×2年7月1日，甲公司原持有的乙公司25%的股权的账面价值为140 000元，比20×2年3月2日取得25%股权时的投资成本110 000元增加30 000元（140 000−110 000），其中，属于损益调整增加的金额为25 000元，属于其他综合收益增加的金额为5 000元。甲公司的以上股权交易不构成一揽子交易。

三、要求：根据以上资料，为甲公司编制由增资引起的长期股权投资核算方法转换的会计分录。

练习六

一、目的：练习同一控制下由增资引起的长期股权投资核算方法转换的会计处理。

二、资料：沿用练习五的资料，假定甲公司和乙公司同为AB公司控制的两个子公司，合并前后均受AB公司最终控制。20×2年7月1日甲公司取得乙公司控制权时，乙公司在AB公司合并财务报表中的净资产账面价值为546 000元，甲公司的资本公积余额为22 300元。其他资料不变。

三、要求：根据以上资料，为甲公司编制由增资引起的长期股权投资核算方法转换的会计分录。

练习七

一、目的：练习由减资引起的长期股权投资核算方法转换的会计处理。

二、资料：甲公司20×1年至20×3年发生如下经济业务：

(1) 20×1年1月1日，甲公司取得乙公司60%的股权，确定的投资成本为1 500 000元。当日，乙公司可辨认净资产的账面价值为2 580 000元，可辨认净资产的公允价值与账面价值相同。甲公司对乙公司实施控制，采用成本法核算相应的长期股权投资。甲公司按净利润的10%提取法定盈余公积。20×2年7月1日，甲公司处置投资，出售乙公司20%的股权，即出售持有乙公司1/3的股权，出售价格为560 000元。当日，乙公司可辨认净资产的公允价值为2 850 000元。甲公司出售乙公司20%的股权后，还持有乙公司40%（即60%−20%）的股权，能够对乙公司施加重大影响。甲公司改用权益法核算相应的长期股权投资。乙公司于20×1年实现净利润200 000元，未分派现金股利；20×2年上半年宣告分派现金股利20 000元，股利已以现金支付，上半年实现净利润90 000元。除实现净利润和宣告分派现金股利外，乙公司未发生计入其他综合收益和其他资本公积的交易或事项。

(2) 20×3年1月5日，甲公司出售乙公司30%的股权，出售价格为870 000元。乙公司剩余10%（即40%−30%）股权的公允价值为290 000元。此时，甲公司长期股权投资的账面价值为1 172 000元，其中，投资成本1 032 000元，损益调整140 000元。出售投资后，甲公司仅持有乙公司10%的股权，无法再对乙公司的财务和经营政策施加重大影响，将剩余这部分股权投资转为其他权益工具投资核算。

三、要求：根据以上资料，为甲公司编制由减资引起的长期股权投资核算方法转换的会计分录。

练习八

一、目的：练习长期股权投资减值和处置的核算。

二、资料：甲公司20×1年至20×2年发生如下经济业务：

(1) 20×1年12月31日，对其子公司乙公司的长期股权投资账面价值为456 000元，均为投资成本，没有计提过减值准备。甲公司判断该长期股权投资存在减值迹象。经减值测试，该长期股权投资的可收回金额为423 000元，低于其账面价值456 000元。甲公司对相应的长期股权投资计提减值准备。

(2) 20×2年4月16日，甲公司将对乙公司的长期股权投资全部对外出售，出售价款为415 000元，款项存入开户银行。

三、要求：根据以上资料，为甲公司编制有关的会计分录。同时，计算20×1年末计提减值准备后长期股权投资的账面价值。

第六章

固定资产和使用权资产

第一节 固定资产的概念和种类

一、固定资产的概念

固定资产是指为生产商品、提供劳务、出租或经营管理而持有的，使用寿命超过一个会计年度的有形资产。固定资产是企业赖以生存的物质基础，是企业取得经济效益的源泉。固定资产具有如下主要特征：

（1）为生产商品、提供劳务、出租或经营管理而持有。企业持有固定资产的目的是为了生产商品、提供劳务、出租或经营管理的需要，而不是为了出售。因此，固定资产是企业的劳动工具，它不同于企业持有的以出售为目的的存货。企业持有的出租目的的固定资产，是指企业以经营租赁方式出租的机器设备类固定资产，不包括以经营租赁方式出租的房屋建筑物类固定资产，也不包括以融资租赁方式出租的固定资产。企业以经营方式出租的房屋建筑物类固定资产属于企业的投资性房地产，不属于企业的固定资产。企业以融资租赁方式出租的固定资产，不再属于出租企业的固定资产，而列入租入企业的固定资产。

（2）使用寿命超过一个会计年度。固定资产的使用寿命是指固定资产的预计可使用期间，或者固定资产的预计可生产产品或提供劳务的能力。通常情况下，预计可使用期间适用于房屋建筑物类固定资产。例如，某房屋建筑物预计可使用年限为 5 年。预计可生产产品或提供劳务的能力适用于机器设备类或交通运输工具类固定资产。例如，某机器设备可生产甲产品 5 000 件，某交通运输工具可行驶里程 10 000 公里等。使用寿命超过一个会计年度，表明固定资产属于企业的非流动资产。固定资产需要通过计提折旧的方式将其价值转移至产品或劳务成本或者费用中去。

（3）固定资产是有形资产。固定资产具有实物特征。这一实物特征使得固定资产可以与无形资产区分开来。有些无形资产尽管也符合固定资产的其他特征，如也是为生产商品、提供服务而持有，使用寿命也超过一个会计年度，但由于其没有实物特征，因而不属于固定资产。

我国《企业会计准则第 4 号——固定资产》规定，固定资产在同时满足下列两个条件时才能予以确认：一是与该固定资产有关的经济利益很可能流入企业；二是该固定资产的成本能够可靠地计量。在实务中，判断与固定资产有关的经济利益是否很可能流入企业，主要看与该固定资产所有权相关的风险和报酬是否转移到了企业。通常情况下，取得固定资产的所有权是判断与固定资产所有权相关的风险与报酬转移到企业的一个重要标志。成本能够可靠计量是所有资产确认的一项基本条件，固定资产的确认也是如此。企业在确定固定资产成本时必须取得确凿的证据。

二、固定资产的种类

（一）按经济作用分类

按照不同的分类标准，固定资产可以分成不同的种类。按照经济作用不同，固定资产可分为房屋与建筑物、机器设备、运输设备、动力传导设备、工具器具等种类。其中，机器设备、工具器具等固定资产直接参加劳动过程，起着将劳动者的劳动传导到劳动对象上去的作用。运输设备、动力传导设备等固定资产起到辅助生产的作用。房屋与建筑物作为生产经营的必要条件而存在，起到基础设施的作用。在以上固定资产的种类中，工具器具的单位价值应当达到一定的标准。如果单位价值比较低，工具器具应当归入存货类别，如归入存货中的包装物、低值易耗品等周转材料种类。

（二）按经济用途分类

按照经济用途不同，固定资产可分为生产经营用固定资产和非生产经营用固定资产。其中，生产经营用固定资产是指直接在生产经营过程中使用的固定资产，如生产车间和企业管理部门使用的机器设备、房屋和建筑物、运输设备等。非生产经营用固定资产是指不直接在生产经营过程中使用的固定资产，如职工食堂、宿舍、浴室等部门使用的房屋和建筑物、机器设备等。

（三）按使用情况分类

按照使用情况不同，固定资产可分为使用中固定资产、未使用固定资产、不需用固定资产和出租固定资产等种类。其中，使用中固定资产是指企业正在使用的固定资产。未使用固定资产是指企业尚未投入使用或暂停使用的固定资产。不需用固定资产是指企业不需要使用、准备处置的固定资产。出租固定资产是指企业以经营租赁方式出租的除房屋和建筑物以外的固定资产。

（四）综合运用各种标准的分类

企业应当根据实际情况，综合运用各种分类标准，对固定资产作出一个综合的分类。例如，将所有固定资产分成生产经营用固定资产、非生产经营用固定资产、出租固定资产、未使用固定资产、不需用固定资产等种类，在以上有关固定资产的种类下再分为房屋与建筑物、机器设备、运输设备、动力传导设备等种类。企业在对固定资产进行综合分类时，应当综合考虑固定资产的使用寿命和价值实现方式。对于有关整体固定资产的各组成部分，如果其具有不同的使用寿命或者以不同的方式为企业提供经济利益，由此也适用不同的折旧率或折旧方法，企业应当分别将各组成部分确认为单项固定资产，以满足价值管理或会计核算的需要。例如，飞机的引擎，如果其与飞机机身具有不同的使用寿命，适用不同的折旧率或折旧方法，那么，企业应当将其确认为单项固定资产。

在实务中，企业应当编制适合本企业的固定资产目录，其中列明各项固定资产的原始成本、使用年限、折旧方法、使用部门、存放地点等信息，为加强对固定资产的实物管理和价值管理提供必要的基础资料。

第二节 固定资产的取得

固定资产在取得时应当按照成本进行初始计量。其中，成本是指固定资产的取得成本，它包括企业在取得固定资产过程中为使固定资产达到预定可使用状态所发生的一切合理、必要的支出。在实务中，固定资产可以有不同的取得方式，如外购、自行建造、投资者投入、通过非货币性资产交换换入等，不同取得方式下的具体业务内容也不尽相同。因此，在不同的取得方式下，固定资产在取得时的成本构成内容也有所差别。

一、外购固定资产

（一）现购固定资产

企业外购固定资产可以采用现购或者分期付款购买等方式。无论是现购固定资产还是分期付款购买固定资产，外购固定资产的成本都包括购买价款、相关税费、装卸费、安装费和专业人员服务费等内容。如果企业以一笔款项购入多项没有单独标价的固定资产，那么，企业应当按照各项固定资产公允价值的比例对总成本进行分配，以分别确定各项固定资产的成本。

为核算固定资产的业务，企业应当设置“固定资产”总账科目。该科目核算企业持有的固定资产原价。企业购入不需要安装的固定资产时，按应计入固定资产成本的金额，借记该科目，按可以抵扣的增值税进项税额，借记“应交税费——应交增值税（进项税额）”科目，按实际支付的款项，贷记“银行存款”等科目。企业购入需要安装的固定资产，先记入“在建工程”科目，待达到预定可使用状态时再转入该科目。该科目可按固定资产的类别和项目进行明细核算。

1. 现购不需安装的固定资产

例6-1

甲公司于20×1年4月20日购入一台不需要安装的生产用机器设备，设备价款为200 000元，增值税专用发票上注明的增值税进项税额为26 000元（200 000×13%），购入机器设备时发生运输费1 000元，增值税专用发票上注明的增值税进项税额为90元（1 000×9%）。以上款项合计227 090元（226 000+1 090）以银行存款支付，机器设备已投入使用。甲公司应编制如下会计分录：

借：固定资产	201 000	
应交税费——应交增值税（进项税额）	26 090	
贷：银行存款		227 090

本例中，固定资产的初始入账成本为201 000元（200 000+1 000），可抵扣的增值

税进项税额合计为 26 090 元（26 000+90）。

2. 现购需要安装的固定资产

例 6-2

甲公司于 20×1 年 5 月 5 日购入一台需要安装的生产用机器设备，设备价款为 100 000 元，增值税专用发票上注明的增值税进项税额为 13 000 元（100 000×13%），款项合计 113 000 元（100 000+13 000）以银行存款支付。当年 5 月 12 日，甲公司采用出包安装的方式将该机器设备的安装工作交由专业安装单位进行安装，并以银行存款向安装单位支付安装费 1 200 元，机器设备投入使用。暂不考虑其他相关税费的因素。甲公司应编制如下会计分录：

（1）20×1 年 5 月 5 日，购入机器设备时。

借：在建工程　100 000
　　应交税费——应交增值税（进项税额）　13 000
　贷：银行存款　113 000

（2）20×1 年 5 月 12 日，支付机器设备安装费时。

借：在建工程　1 200
　贷：银行存款　1 200

（3）20×1 年 5 月 12 日，机器设备安装完成并投入使用时。

借：固定资产　101 200
　贷：在建工程　101 200

本例中，固定资产的初始入账成本为 101 200 元（100 000+1 200）。

3. 一揽子购入固定资产

例 6-3

甲公司于 20×1 年 7 月 8 日向乙公司一揽子购入房屋和机器设备，购入价款合计为 300 000 元。经评估，房屋的公允价值为 240 000 元，机器设备的公允价值为 80 000 元。甲公司将购入价款合计数在房屋和机器设备之间进行分配的情况如下：房屋类固定资产的成本总额分配比例为 75% [即 240 000/(240 000+80 000)]，房屋类固定资产的初始入账成本为 225 000 元（300 000×75%）；机器设备类固定资产的成本总额分配比例为 25% [即 80 000/(240 000+80 000)]，机器设备类固定资产的初始入账成本为 75 000 元（300 000×25%）。假定经税务机构认定，甲公司本次一揽子购入房屋和机器设备业务可抵扣的增值税税额为 30 000 元（225 000×9%+75 000×13%）。甲公司以银行存款支付购买价款和增值税税额合计 330 000 元（300 000+30 000）。甲公司应编制如下会计分录：

借：固定资产——房屋与建筑物　225 000
　　　　　　——机器设备　75 000
　　应交税费——应交增值税（进项税额）　30 000
　贷：银行存款　330 000

我国自 2019 年 4 月 1 日起，纳税人取得不动产或者不动产在建工程的增值税进项税额可以一次抵扣。而之前，相应的增值税进项税额需要分 2 年抵扣，其中，第 1 年抵扣比例为 60%，第 2 年抵扣比例为 40%。这是我国实行减税降费政策的一项具体措施。

事实上，我国自2019年4月1日起实行的13%和9%的增值税税率，在2018年5月1日至2019年3月31日期间分别为16%和10%，在2018年5月1日之前分别为17%和11%。这些都是我国近年来实行减税降费政策、进一步激发市场活力的具体措施。

（二）分期付款购买固定资产

企业在货币资金紧缺等情况下，可以采用分期付款方式购买固定资产。在分期付款购买方式下，企业的付款期限通常比较长，超过了正常的信用条件。在这种情况下，企业购买固定资产具有融资的性质，固定资产初始入账成本中的购买价款应当以各期实际付款额的现值之和来确定，而不能直接以各期实际付款额之和来确定。在确定各期实际付款额的现值时，使用的折现率应当是反映当前市场货币时间价值和延期付款债务特定风险的利率，也即市场利率。各期实际付款的数额之和与其现值的差额，先作为未确认融资费用予以记录，在固定资产达到预定可使用状态之前符合资本化条件的，应当通过在建工程计入固定资产成本，其余部分应当在信用期内确认为财务费用，计入当期损益。

企业分期付款购买固定资产的会计处理方法与现购固定资产的会计处理方法有所不同。企业分期付款购入固定资产时，按各期实际付款额的现值，借记“固定资产”或“在建工程”科目，按各期实际付款额之和，贷记“长期应付款”等科目，按其差额，借记“未确认融资费用”科目。企业按实际利率法分期摊销未确认融资费用时，借记“在建工程”“财务费用”等科目，贷记“未确认融资费用”科目。

1. 分期付款购买不需安装的固定资产

例6-4

甲公司于20×1年1月1日采用分期付款方式向乙公司购入一台不需要安装的机器设备，机器设备于当天投入使用。购买合同约定，甲公司于20×1年至20×3年每年年末向乙公司支付购买价款50 000元，3年实际支付价款合计150 000元（50 000×3）。甲公司购入机器设备时适用的年折现率为8%。此时，机器设备的初始入账成本为128 850元（50 000×0.925 9+50 000×0.857 3+50 000×0.793 8），各期实际付款的数额之和与其现值的差额为21 150元（150 000－128 850）。甲公司编制未确认融资费用分摊表如表6-1所示。

表6-1 未确认融资费用分摊表

20×1年1月1日　　单位：元

日期	实际分期付款额 (1)	确认的融资费用 (2)＝期初(4)×8%	应付本金减少额 (3)＝(1)－(2)	应付本金余额 (4)＝期初(4)－(3)
20×1年1月1日				128 850
20×1年12月31日	50 000	10 308	39 692	89 158
20×2年12月31日	50 000	7 133	42 867	46 291
20×3年12月31日	50 000	3 709*	46 291*	0
合计	150 000	21 150	128 850	

*含尾差调整。

假定不考虑增值税因素，甲公司应编制如下会计分录：

(1) 20×1 年 1 月 1 日，购入固定资产时。

借：固定资产　128 850

　　未确认融资费用　21 150

　贷：长期应付款　150 000

(2) 20×1 年 12 月 31 日，支付分期购买价款时。

借：长期应付款　50 000

　贷：银行存款　50 000

(3) 20×1 年 12 月 31 日，分摊未确认融资费用时。

借：财务费用　10 308

　贷：未确认融资费用　10 308

20×2 年 12 月 31 日和 20×3 年 12 月 31 日支付分期购买价款并分摊未确认融资费用时编制的会计分录，参照 20×1 年 12 月 31 日编制的会计分录。

本例中，“未确认融资费用”科目的借方余额，在与“长期应付款”科目的贷方余额相抵销后，列入资产负债表中的长期应付款项目。即资产负债表中的长期应付款项目，反映长期应付款的现值及其摊余成本。例如，20×1 年 12 月 31 日，甲公司资产负债表中长期应付款项目的列报金额为 89 158 元 [(150 000－50 000)－(21 150－10 308)]，而不是剩余各期实际付款额之和 100 000 元 (50 000＋50 000)。

2. 分期付款购买需要安装的固定资产

例 6-5

沿用例 6-4 的资料，假设甲公司向乙公司购入一台需要安装的机器设备，20×1 年 1 月 1 日，机器设备如期运抵甲公司并开始安装。20×1 年 12 月 31 日，机器设备达到预定可使用状态，发生安装费用 6 600 元，款项已用银行存款支付。其他资料不变。甲公司应编制如下会计分录：

(1) 20×1 年 1 月 1 日，购入机器设备时。

借：在建工程　128 850

　　未确认融资费用　21 150

　贷：长期应付款　150 000

(2) 20×1 年 12 月 31 日，支付分期购买价款时。

借：长期应付款　50 000

　贷：银行存款　50 000

(3) 20×1 年 12 月 31 日，分摊未确认融资费用时。

借：在建工程　10 308

　贷：未确认融资费用　10 308

20×1 年 1 月 1 日至 20×1 年 12 月 31 日为机器设备安装期间，未确认融资费用的分摊额符合资本化条件，应当计入固定资产成本。

(4) 20×1 年 12 月 31 日，支付机器设备安装费用时。

借：在建工程　6 600

　贷：银行存款　6 600

(5) 20×1 年 12 月 31 日，机器设备安装完成并达到可使用状态时。

固定资产的初始入账成本＝128 850＋10 308＋6 600＝145 758(元)

借：固定资产	145 758	
贷：在建工程		145 758

(6) 20×2 年 12 月 31 日，支付分期购买价款时。

借：长期应付款	50 000	
贷：银行存款		50 000

(7) 20×2 年 12 月 31 日，分摊未确认融资费用时。

借：财务费用	7 133	
贷：未确认融资费用		7 133

20×3 年 12 月 31 日支付分期购买价款并分摊未确认融资费用时编制的会计分录，参照 20×2 年 12 月 31 日编制的会计分录。

20×2 年 1 月 1 日至 20×3 年 12 月 31 日，该机器设备已经达到预定可使用状态，未确认融资费用的分摊额不再符合资本化条件，应当计入当期损益。

除以上分期付款购买固定资产通常具有融资性质外，企业一次性支付购买固定资产的价款，如果延期付款的时间超过了正常的信用条件，实质上具有融资性质的，相应固定资产的初始入账成本也应当以购买价款的现值为基础确定。如果企业在购买固定资产时，延期付款的时间不超过正常的信用条件，则属于通常情况下的赊购，固定资产的初始入账成本应当按照现购固定资产方式下的方法来确定，即以购买价款为基础确定。

二、自行建造固定资产

企业自行建造的固定资产，其初始入账成本应当包括固定资产建造期间发生的所有合理、必要的支出。企业自行建造固定资产可以包括自营建造固定资产和出包建造固定资产两种方式。两种方式下固定资产建造期间发生的支出内容有所不同。

（一）自营建造固定资产

自营建造固定资产是指企业自行组织工程物资采购、自行组织施工人员从事工程施工的固定资产建造方式。自营建造固定资产的成本包括工程物资成本、人工成本、相关税费、应予资本化的借款费用以及应分摊的间接费用等。

企业自营建造固定资产过程中工程物资的核算通过设置“工程物资”总账科目进行。该科目核算企业为在建工程准备的各种物资的成本，包括工程用材料、尚未安装的设备以及为生产准备的工具器具等。企业购入为工程准备的物资时，借记该科目，贷记“银行存款”“其他应付款”等科目。领用工程物资时，借记“在建工程”科目，贷记该科目。工程完工后将剩余的工程物资转作存货时，借记“原材料”等科目，贷记该科目。该科目期末借方余额，反映企业为在建工程准备的各种物资的成本。该科目可按“专用材料”“专用设备”“工器具”等进行明细核算。

为核算自行建造固定资产的业务，企业应当设置“在建工程”总账科目。该科目核算企业基建、更新改造等在建工程发生的支出。在自营建造固定资产方式下，在建工程领用工程物资、原材料或库存商品时，借记该科目，贷记“工程物资”“原材料”“库存商品”等科目。在建工程应负担的职工薪酬，借记该科目，贷记“应付职工薪酬”科目。企业辅助生产部门为工程提供的水、电、设备安装、修理、运输等劳务，借记该科目，贷记“生产成本——辅助生产成本”等科目。在建工程发生的借款费用满足借款费用资本化条件的，借记该科目，贷记“长期借款”“应付利息”等科目。工程建设期间发生的工程物资盘亏、报废及毁损净损失，计入工程成本，借记该科目，贷记“工程物资”科目；盘盈的工程物资或处置净收益，冲减工程成本，做相反的会计分录。工程完工、已领出的工程物资退回仓库时，借记“工程物资”科目，贷记该科目。在建工程达到预定可使用状态、结转在建工程成本时，借记“固定资产”科目，贷记该科目。该科目期末借方余额，反映企业尚未达到预定可使用状态的在建工程的成本。该科目可按“建筑工程”“安装工程”“在安装设备”“待摊支出”以及单项工程等进行明细核算。

例6-6

甲公司于20×1年1月至5月自营建造一座仓库。暂不考虑相关税费的因素，在此期间，甲公司发生的相应经济业务及其会计处理如下：

(1) 1月4日，购入工程物资，价款240 000元，款项以银行存款支付。

借：工程物资	240 000	
贷：银行存款		240 000

(2) 1月至4月，建造部门领用工程物资，实际成本为240 000元。

借：在建工程	240 000	
贷：工程物资		240 000

(3) 1月至5月，计提工程人员职工薪酬48 000元。

借：在建工程	48 000	
贷：应付职工薪酬		48 000

(4) 5月20日，工程建造完工，交付使用，工程成本合计为288 000元（240 000＋48 000）。

借：固定资产	288 000	
贷：在建工程		288 000

(二) 出包建造固定资产

出包建造固定资产是指企业将建造固定资产的任务出包给建造承包商，由建造承包商组织建造完成固定资产的固定资产建造方式。在出包建造固定资产方式下，企业通过招标方式确定建造承包商，并与建造承包商签订建造合同。在建造合同中，企业为建设单位，也即发包企业或发包方，负责筹集资金和组织管理工程建设的任务；建造承包商为施工单位，也即施工企业或承包方，负责建造完成固定资产的任务。企业自行建造固定资产通常采用出包的方式。

出包建造固定资产的成本由建造相应固定资产并使其达到预定可使用状态前所发生的必要支出构成，具体可以包括建筑工程支出、安装工程支出以及需要分摊计入各固定资产成本的待摊支出等内容。企业按建造合同的规定与建造承包商结算工程款项时，结算的工程价款计入在建工程成本。工程建造、安装过程中发生的人工费、材料费、机械使用费等费用由建造承包商核算，企业作为发包方不需要进行核算。企业在工程建造期间发生的待摊支出，如为建造工程发生的管理费、可行性研究费、临时设施费、公证费、监理费、符合资本化条件的借款费用、工程物资盘亏和毁损净损失等，先在在建工程的待摊支出中进行归集，工程完工后分摊计入有关单项固定资产的成本。

在出包建造固定资产方式下，企业与建造承包商结算工程款项时，借记“在建工程——建筑工程”“在建工程——安装工程”科目，贷记“银行存款”“预付账款”等科目。企业将需要安装的设备运抵现场交付安装时，借记“在建工程——在安装设备”科目，贷记“工程物资”科目。企业为建造固定资产发生待摊支出时，借记“在建工程——待摊支出”科目，贷记“银行存款”“应付职工薪酬”“长期借款”等科目。在建工程达到预定可使用状态，计算分配待摊支出时，借记“在建工程——建筑工程”“在建工程——安装工程”科目，贷记“在建工程——待摊支出”科目；按合同规定补付工程款项时，借记“在建工程——建筑工程”“在建工程——安装工程”科目，贷记“银行存款”科目；结转在建工程成本时，借记“固定资产”科目，贷记“在建工程——建筑工程”“在建工程——安装工程”科目。

例6-7

甲公司于20×1年4月至20×2年7月采用出包方式建造一个生产车间。该建造工程包括新建厂房和安装生产设备两个单项工程，整个工程出包给乙公司施工完成。假定不考虑增值税因素，在此期间，甲公司发生的相应经济业务及其会计处理如下：

(1) 20×1年4月2日，按建造合同约定向乙公司预付建筑工程款项20 000元，款项以银行存款支付。

借：预付账款　　20 000
　贷：银行存款　　20 000

(2) 20×1年10月30日，建筑工程完工50%，与乙公司结算建筑工程款项200 000元，扣除预付的建筑工程款项20 000元，将余款180 000元（200 000−20 000）以银行存款向乙公司支付。

借：在建工程——建筑工程——房屋与建筑物　　200 000
　贷：银行存款　　180 000
　　预付账款　　20 000

(3) 20×1年12月15日，购入需要安装的生产设备，款项160 000元以银行存款支付。

借：工程物资　　160 000
　贷：银行存款　　160 000

(4) 20×1年12月20日，将需要安装的生产设备运抵现场交付安装，生产设备的成本为160 000元。

借：在建工程——在安装设备——机器设备　　160 000
　贷：工程物资　　160 000

(5) 20×2年2月4日，生产设备安装完成，向乙公司支付安装费用20 000元，款项以银行存款支付。

借：在建工程——安装工程——机器设备　　20 000
　贷：银行存款　　20 000

(6) 20×1年4月至20×2年7月工程建造期间，发生工程管理费、可行性研究费、监理费等待摊支出共计58 000元，款项以银行存款支付。

借：在建工程——待摊支出　58 000

　　贷：银行存款　58 000

(7) 20×2 年 7 月 15 日，工程建造完工，验收合格，以银行存款向乙公司支付剩余建筑工程款项 200 000 元。

借：在建工程——建筑工程——房屋与建筑物　200 000

　　贷：银行存款　200 000

(8) 20×2 年 7 月 15 日，工程建造完工，分摊待摊支出 58 000 元。

$$待摊支出分摊率=\frac{待摊支出合计}{建筑工程成本+在安装设备成本+安装工程成本}\times 100\%$$

$$=\frac{58\,000}{400\,000+160\,000+20\,000}\times 100\%=10\%$$

建筑工程应分摊的待摊支出＝400 000×10%＝40 000(元)

在安装设备应分摊的待摊支出＝160 000×10%＝16 000(元)

安装工程应分摊的待摊支出＝20 000×10%＝2 000(元)

借：在建工程——建筑工程——房屋与建筑物　40 000

　　　　　　——在安装设备——机器设备　16 000

　　　　　　——安装工程——机器设备　2 000

　　贷：在建工程——待摊支出　58 000

(9) 20×2 年 7 月 15 日，工程建造完工，并达到可使用状态，结转工程成本。

房屋与建筑物成本＝400 000＋40 000＝440 000(元)

机器设备成本＝160 000＋20 000＋16 000＋2 000＝198 000(元)

借：固定资产——房屋与建筑物　440 000

　　　　　　——机器设备　198 000

　　贷：在建工程——建筑工程——房屋与建筑物　440 000

　　　　　　　　——在安装设备——机器设备　176 000

　　　　　　　　——安装工程——机器设备　22 000

(三) 借款费用资本化

企业在使用借款自行建造固定资产时，借款费用在符合资本化条件时，应当通过在建工程计入固定资产的成本。

借款费用符合资本化条件首先要求建造的固定资产符合相应的条件，即该建造的固定资产需要经过一个相当长的建造时间才能达到预定的可使用状态。相当长的建造时间通常要求 1 年或者 1 年以上。如果自行建造的固定资产在 1 年内就可以建造完工，那么，相应的借款费用就不符合资本化的条件，即不能计入固定资产的成本，而应当计入当期财务费用。

对于符合借款费用资本化条件的自行建造固定资产，借款费用应当在同时满足以下三个条件时开始资本化：一是资产支出已经发生，即企业已经发生了支付现金、转移非现金资产或者承担带息债务形式的支出；二是借款费用已经发生，即企业已经发生了因建造固定资产而专门借入款项的借款费用或者所占用一般借款的借款费用；三是为使固定资产达到预定可使用状态所必要的购建活动已经开始，即企业已经开始了固定资产的实体建造活动。

借款费用资本化期间，对于为建造固定资产而借入的专门借款，每期资本化的数额应当以专门借款当期实际发生的利息费用，减去将尚未动用的借款资金存入银行取得的利息收入或进行暂时性投资取得的投资收益后的金额确定。对于为建造固定资产而占用的一般借款，每期资本化的数额应当根据累计资产支出超过专门借款部分的资产支出加权平均数，乘以所占用一般借款的资本化率计算确定。

企业自行建造的固定资产已经达到预定可使用状态时，借款费用应当停止资本化。之后发生的借款费用应当确认为财务费用，计入当期损益。

企业自行建造的固定资产在相应的借款费用满足资本化条件时，按实际发生的借款费用，借记“在建工程——待摊支出”科目，贷记“长期借款”“应付利息”等科目。在建工程达到预定可使用状态、借款费用停止资本化时，按计算分配的累计借款费用，借记“在建工程——建筑工程”“在建工程——安装工程”科目，贷记“在建工程——待摊支出”科目。

1. 全部使用专门借款

例6-8

甲公司于20×1年1月1日开工建造一栋办公楼，工程建造采用出包方式，建造承包商为乙公司。建造合同约定，工程工期为1年零6个月，建造合同总价为600 000元，甲公司于20×1年1月1日和20×2年1月1日分别向乙公司支付工程建造款项400 000元和200 000元。甲公司为建造该办公楼于20×1年1月1日专门向银行借款650 000元，借款期限为5年，年利率为6%，借款利息于每年年底支付一次，本金到期一次偿还。甲公司将专门借款存入开户银行，存款年利率为2%。办公楼于20×2年6月30日按时建造完工，达到预定可使用状态。甲公司计算和分析办公楼建造过程中借款费用的金额及其会计处理如下：

(1) 20×1年的借款费用及其会计处理。

20×1年1月1日，发生资产支出400 000元，小于当日专门借款650 000元。20×1年的借款费用应当作资本化处理。

20×1年的借款费用＝650 000×6%＝39 000(元)

20×1年银行借款的存款利息＝(650 000－400 000)×2%＝5 000(元)

20×1年应予资本化的借款费用＝39 000－5 000＝34 000(元)

20×1年12月31日，甲公司应编制如下会计分录：

借：在建工程——待摊支出　　34 000
　　应收利息　　5 000
　贷：应付利息　　39 000

(2) 20×2年上半年的借款费用及其会计处理。

20×2年1月1日，发生资产支出200 000元，小于当日剩余专门借款250 000元(650 000－400 000)。20×2年上半年的借款费用应当作资本化处理。

20×2年上半年的借款费用＝650 000×6%/2＝19 500(元)

20×2年上半年银行借款的存款利息＝(250 000－200 000)×2%/2＝500(元)

20×2 年上半年应予资本化的借款费用＝19 500－500＝19 000(元)

20×2 年 6 月 30 日，甲公司应编制如下会计分录：

借：在建工程——待摊支出	19 000	
应收利息	500	
贷：应付利息		19 500

(3) 20×2 年下半年的借款费用及其会计处理。

20×2 年下半年，办公楼建造完工，借款费用应当作费用化处理。

20×2 年下半年的借款费用＝650 000×6%/2＝19 500(元)

20×2 年下半年银行借款的存款利息＝(250 000－200 000)×2%/2＝500(元)

20×2 年下半年应予费用化的借款费用＝19 500－500＝19 000(元)

20×2 年 12 月 31 日，甲公司应编制如下会计分录：

借：财务费用	19 000	
应收利息	500	
贷：应付利息		19 500

本例中，资产支出的数额没有超过专门借款的数额，因此，该办公楼的建造支出全部使用的是专门借款的资金。如果资产支出的数额超过了专门借款的数额，那么，超过部分使用一般借款的，相应的借款费用应当按照一般借款的资本化利率计算，并将相应的借款费用作资本化处理。

2. 全部使用一般借款

例 6-9

沿用例 6-8 的资料，假定甲公司建造办公楼没有专门借款，占用的都是一般借款。甲公司为建造办公楼占用的一般借款有两笔：一笔是向 A 银行的长期贷款 300 000 元，期限为 20×0 年 12 月 1 日至 20×3 年 11 月 30 日，年利率为 6%，按年支付利息；另一笔为发行的公司债券 800 000 元，于 20×0 年 1 月 1 日发行，期限为 5 年，年利率为 8%，按年支付利息。该两笔一般借款除了用于办公楼建造外，目前没有用于其他符合资本化条件的资产的购建或者生产活动。其他资料不变。甲公司计算和分析办公楼建造过程中借款费用的金额及其会计处理如下：

(1) 20×1 年的借款费用及其会计处理。

$$\text{一般借款的加权平均年利率(年资本化率)}=\frac{300\,000\times6\%+800\,000\times8\%}{300\,000+800\,000}=7.45\%$$

20×1 年累计资产支出加权平均数＝400 000×12/12＝400 000(元)

20×1 年为建造办公楼的借款利息资本化金额＝400 000×7.45%＝29 800(元)

20×1 年实际发生的一般借款利息费用＝300 000×6%＋800 000×8%＝82 000(元)

以上借款利息资本化金额 29 800 元不超过实际发生的一般借款利息费用 82 000 元，借款利息资本化金额 29 800 元可以资本化。

20×1年实际发生的一般借款利息费用计入当期损益的金额＝82 000－29 800＝52 200(元)

20×1年12月31日，甲公司应编制如下会计分录：

借：在建工程——待摊支出	29 800	
财务费用	52 200	
贷：应付利息		82 000

(2) 20×2年上半年的借款费用及其会计处理。

20×2年上半年累计资产支出加权平均数＝(400 000＋200 000)×6/12＝300 000(元)

20×2年上半年为建造办公楼的借款利息资本化金额＝300 000×7.45%＝22 350(元)

20×2年上半年实际发生的一般借款利息费用＝300 000×6%×6/12＋800 000×8%×6/12

＝41 000(元)

以上借款利息资本化金额22 350元不超过实际发生的一般借款利息费用41 000元，借款利息资本化金额22 350元可以资本化。

20×2年上半年实际发生的一般借款利息费用计入当期损益的金额＝41 000－22 350＝18 650(元)

20×2年6月30日，甲公司应编制如下会计分录：

借：在建工程——待摊支出	22 350	
财务费用	18 650	
贷：应付利息		41 000

根据规定，企业占用一般借款资金购建或者生产符合资本化条件的资产时，一般借款的借款费用资本化金额的确定应当与资产支出挂钩。这与专门借款利息费用资本化金额的计算方法有所不同。

根据我国《企业会计准则第17号——借款费用》的规定，在资本化期间内，每一会计期间的利息资本化金额不应当超过当期相关借款实际发生的利息金额。

3. 同时使用专门借款和一般借款

例6-10

沿用例6-8和例6-9的资料，假定甲公司为建造该办公楼于20×1年1月1日专门向银行借款450 000元。其他资料不变。甲公司计算和分析办公楼建造过程中借款费用的金额及其会计处理如下：

(1) 20×1年的借款费用及其会计处理。

在同时使用专门借款和一般借款的情况下，甲公司应当首先计算专门借款利息的资本化金额，然后计算所占用一般借款利息的资本化金额。

20×1年的专门借款费用＝450 000×6%＝27 000(元)

20×1年专门借款的存款利息＝(450 000－400 000)×2%＝1 000(元)

20×1年应予资本化的专门借款费用＝27 000－1 000＝26 000(元)

20×1 年未占用一般借款。

20×1 年 12 月 31 日，甲公司针对专门借款应编制如下会计分录：

借：在建工程——待摊支出	26 000	
应收利息	1 000	
贷：应付利息		27 000

甲公司针对一般借款还应当编制相应的会计分录，一般借款的借款费用应当全部计入财务费用。

(2) 20×2 年上半年的借款费用及其会计处理。

20×2 年上半年的专门借款费用＝450 000×6%/2＝13 500(元)

20×2 年上半年专门借款的存款利息＝0

20×2 年上半年应予资本化的专门借款费用＝13 500(元)

20×2 年上半年占用一般借款的资产支出加权平均数＝(200 000－50 000)×6/12＝75 000(元)

20×2 年上半年应予资产化的一般借款费用＝75 000×7.45%＝5 588(元)

20×2 年上半年应予资本化的借款费用合计＝13 500＋5 588＝19 088(元)

20×2 年上半年的实际借款费用合计＝(450 000×6%＋300 000×6%＋800 000×8%)/2
＝54 500(元)

20×2 年上半年实际发生的借款费用计入当期损益的金额＝54 500－19 088＝35 412(元)

20×1 年 12 月 31 日，甲公司应编制如下会计分录：

借：在建工程——待摊支出	19 088	
财务费用	35 412	
贷：应付利息		54 500

企业在确定每期利息资本化金额时，应当首先判断符合资本化条件的资产在购建或者生产过程中所占用的资金来源，并分别专门借款资金和一般借款资金，采用各自不同的方法计算确定应予资本化的借款利息费用金额，将借款利息费用资本化金额通过在建工程分摊计入相应固定资产的初始入账成本。

三、投资者投入固定资产

投资者投入的固定资产，其成本应当按照投资合同或协议中约定的价值确定，但合同或协议中约定的价值不公允的除外。在合同或协议中约定的价值不公允的情况下，投资者投入的固定资产应当按照其公允价值作为初始入账成本。

企业取得投资者投入的固定资产时，按照投资合同或协议中约定的价值，借记“固定资产”科目，按照其在注册资本或股本中所占的份额，贷记“实收资本”或“股本”科目，按其差额，贷记“资本公积”科目。

例 6－11

甲公司于 20×1 年 4 月 25 日收到乙公司投入一台设备，投资合同约定的公允价值为 200 000 元，应交增值税税额为 26 000 元（200 000×13%），折换甲公司每股面值为

1元的股票50 000股。该设备不需要安装，直接投入使用。甲公司应编制如下会计分录：

借：固定资产	200 000	
应交税费——应交增值税（进项税额）	26 000	
贷：股本		50 000
资本公积		176 000

本例中，按照增值税法规的规定，乙公司将一台设备作为投资提供给甲公司使用，作为视同销售货物，属于增值税征收范围。

四、非货币性资产交换取得的固定资产

企业除了可以通过以上外购、自行建造、投资者投入等方式取得固定资产外，还可以通过非货币性资产交换的方式取得固定资产。在非货币性资产交换方式下，企业以固定资产、无形资产、投资性房地产和长期股权投资等非货币性资产换入企业需要的固定资产。以非货币性资产交换方式取得固定资产是企业各种非货币性资产交换业务的一个种类。

（一）非货币性资产交换的概念

非货币性资产交换是指企业主要以固定资产、无形资产、投资性房地产和长期股权投资等非货币性资产进行的交换。该交换不涉及或只涉及少量的货币性资产，即补价。其中，货币性资产是指企业持有的货币资金和收取固定或可确定金额的货币资金的权利。非货币性资产是指货币性资产以外的资产。

企业在非货币性资产交换业务中，可能会涉及少量货币性资产，即补价，如以银行存款支付交换差价等，也可能不涉及任何货币性资产。认定涉及少量货币性资产的交换为非货币性资产交换，通常以补价占整个资产交换金额的比例低于25%作为参考。补价占整个资产交换金额的比例等于或高于25%时，不再视为非货币性资产交换，而视为以货币性资产取得非货币性资产，或以货币性资产购买非货币性资产。

（二）以公允价值为基础计量

企业的非货币性资产交换业务，视不同情况可以有以公允价值为基础计量和以账面价值为基础计量两种计量方法。

1. 以公允价值为基础计量的条件

根据《企业会计准则第7号——非货币性资产交换》的规定，非货币性资产交换同时满足下列条件的，应当以公允价值为基础计量：一是该项交换具有商业实质；二是换入资产或换出资产的公允价值能够可靠地计量。

企业在确定非货币性资产交换是否具有商业实质时，应当遵循实质重于形式的原则。如果换入的资产与企业的其他现有资产相结合能够产生更大的效用，从而导致企业受该换入资产影响产生的现金流量与换出资产明显不同，表明该项资产交换具有商业实质。企业的非货币性资产交换在满足下列条件之一时具有商业实质：一是换入资产的未来现金流量在风险、时间分布或金额方面与换出资产显著不同；二是使用换入资产所产生的预计未来现金流量现值与继续使用换出资产不同，且其差额与换入资产

和换出资产的公允价值相比是重大的。只有当换出资产和换入资产的预计未来现金流量或其现值存在较大差额时，才能表明两项资产的交换使企业的经济状况发生了明显的改变，相应的非货币性资产交换才具有商业实质。

换入或换出的非货币性资产在满足下列情形之一时，其公允价值视为能够可靠计量：一是换入或换出的非货币性资产存在活跃市场；二是换入或换出的非货币性资产虽不存在活跃市场，但同类或类似资产存在活跃市场；三是换入或换出的非货币性资产虽不存在同类或类似资产的可比市场交易，但换入或换出的非货币性资产可以采用估值技术确定其公允价值。在换入和换出非货币性资产的公允价值均能够可靠计量时，应当以换出资产的公允价值为基础计量，但有确凿证据表明换入资产的公允价值更加可靠的除外。在非货币性资产交换业务中，换出资产是企业为取得换入资产而放弃的对价。

2. 换入资产成本的初始计量

以公允价值为基础计量的非货币性资产交换，对于换入资产，应当以换出资产的公允价值和应支付的相关税费作为换入资产的成本进行初始计量。涉及支付补价的，以换出资产的公允价值加上支付补价的公允价值和应支付的相关税费，作为换入资产的成本。涉及收到补价的，以换出资产的公允价值减去收到补价的公允价值，加上应支付的相关税费，作为换入资产的成本。同时换入多项资产的，按照换入的金融资产以外的各项换入资产公允价值相对比例，将换出资产公允价值总额（涉及补价的，加上支付补价的公允价值或减去收到补价的公允价值）扣除换入金融资产公允价值后的净额进行分摊，以分摊至各项换入资产的金额，加上应支付的相关税费，作为各项换入资产的成本进行初始计量。

有确凿证据表明换入资产的公允价值更加可靠的，对于换入资产，应当以换入资产的公允价值和应支付的相关税费作为换入资产的初始计量金额。同时换入多项资产的，以各项换入资产的公允价值和应支付的相关税费作为各项换入资产的初始计量金额。

3. 换出资产和交换损益的处理

以公允价值为基础计量的非货币性资产交换，对于换出资产，应当在终止确认时，将换出资产的公允价值与其账面价值之间的差额计入当期损益。同时换出多项资产的，将各项换出资产的公允价值与其账面价值之间的差额，在各项换出资产终止确认时计入当期损益。

有确凿证据表明换入资产的公允价值更加可靠的，对于换出资产，应当在终止确认时，将换入资产的公允价值与换出资产账面价值之间的差额计入当期损益。涉及支付补价的，将换入资产的公允价值减去支付补价的公允价值，与换出资产账面价值之间的差额计入当期损益。涉及收到补价的，将换入资产的公允价值加上收到补价的公允价值，与换出资产账面价值之间的差额计入当期损益。同时换出多项资产的，按照各项换出资产的公允价值的相对比例，将换入资产的公允价值总额（涉及补价的，减去支付补价的公允价值或加上收到补价的公允价值）分摊至各项换出资产，分摊至各项换出资产的金额与各项换出资产账面价值之间的差额，在各项换出资产终止确认时计入当期损益。

企业采用非货币性资产交换换入或取得固定资产时，采用以公允价值为基础计量的，按照换入固定资产的初始计量成本，借记“固定资产”科目，按收到或支付的补价，借记或贷记“银行存款”科目，按换出固定资产或无形资产的公允价值与账面价值的差额，借记或贷记“资产处置损益”科目，按换出长期股权投资的公允价值与账面价值的差额，借记或贷记“投资收益”科目，按换出固定资产的账面价值，贷记“固定资产清理”科目，按换出长期股权投资、无形资产的账面余额，贷记“长期股权投资”“无形资产”科目，按换出无形资产计提的累计摊销，借记“累计摊销”科目。涉及增值税业务的，还应进行相应的处理。

例6-12

甲公司为适应业务发展的需要，20×1年5月15日以其持有的一项专利权与乙公司拥有的一台机器设备进行交换。交换后两公司对于换入资产仍供经营使用。在交换日，甲公司持有的专利权的账面原价为900 000元，已累计摊销150 000元，未计提减值准备，公允价值为800 000元；乙公司拥有的机器设备的账面原价为1 000 000元，已计提累计折旧300 000元，未计提减值准备，公允价值为755 000元；乙公司另外应以银行存款向甲公司支付补价45 000元（800 000－755 000）。甲公司和乙公司均为增值税一般纳税人，销售机器设备和专利权适用的增值税税率分别为13%和6%。甲公司与乙公司商定，由本次非货币性资产交换形成的应交增值税销项税额和进项税额，实行差额相抵后与补价45 000元一起，以银行存款结清。不考虑其他相关税费。在此次资产交换中，甲公司和乙公司分别对交换业务的分析和会计处理如下：

(1) 甲公司对交换业务的分析和会计处理。

因收到的补价占换出资产公允价值的比例＝（45 000/800 000）×100%＝5.6%＜25%，故此次交换属于非货币性资产交换。

甲公司以专利权交换机器设备。专利权这项无形资产和机器设备这项固定资产的未来现金流量在风险、时间分布、金额方面有显著不同，因而可判断两项资产的交换具有商业实质。同时，专利权和机器设备的公允价值均能够可靠地计量。因此，甲公司应当以公允价值为基础确定换入资产的成本，具体应当首先考虑使用换出资产的公允价值来计量换入资产的成本，并确认产生的损益。

甲公司计算确定的换入机器设备的初始入账成本为755 000元（800 000－45 000），换入机器设备应交增值税进项税额为98 150元（755 000×13%），换出专利权资产的账面价值为750 000元（900 000－150 000），换出专利权资产的公允价值与其账面价值的差额为50 000元（800 000－750 000），换出专利权应交增值税销项税额为48 000元（800 000×6%），应交增值税进项税额大于销项税额的差额为50 150元（98 150－48 000），甲公司以银行存款向乙公司支付结算差额5 150元（50 150－45 000）。

20×1年5月15日，甲公司应编制如下会计分录：

借：固定资产——机器设备	755 000	
应交税费——应交增值税（进项税额）	98 150	
累计摊销	150 000	
贷：无形资产——专利权		900 000
应交税费——应交增值税（销项税额）		48 000
资产处置损益		50 000
银行存款		5 150

增值税属于价外税，所以增值税不会影响货品的交易价格，也不会影响资产处置

损益的数额。

(2) 乙公司对交换业务的分析和会计处理。

因支付的补价占换入资产公允价值的比例＝(45 000/800 000)×100%＝5.6%＜25%，故此次交换属于非货币性资产交换。

基于以上与甲公司同样的分析，两项资产的交换具有商业实质。乙公司应当以公允价值为基础计量换入资产的成本。乙公司换入专利权的初始入账成本为 800 000 元(755 000＋45 000)。换出机器设备的公允价值大于账面价值的差额为 55 000 元(755 000－700 000)。

20×1 年 5 月 15 日，乙公司应编制如下会计分录：

借：固定资产清理	700 000	
累计折旧	300 000	
贷：固定资产		1 000 000

同时，

借：无形资产——专利权	800 000	
应交税费——应交增值税（进项税额）	48 000	
银行存款	5 150	
贷：固定资产清理		700 000
应交税费——应交增值税（销项税额）		98 150
资产处置损益		55 000

在企业的资产种类中，存货也属于非货币性资产，因为存货不能代表企业持有的可以收取固定或可确定金额的货币资金的权利。根据《企业会计准则第 7 号——非货币性资产交换》的规定，企业以存货换取客户的非货币性资产的，适用《企业会计准则第 14 号——收入》。企业以存货换取客户的非货币性资产的，应当确认销售商品收入，并结转销售商品成本。

（三）以账面价值为基础计量

1. 以账面价值为基础计量的条件

非货币性资产交换在不能同时满足以公允价值为基础计量的两个条件时，应当以账面价值为基础计量。具体来说，如果非货币性资产交换不具有商业实质，或者虽然具有商业实质，但换入和换出资产的公允价值都不能够可靠计量，那么，相应的非货币性资产交换不能以公允价值为基础计量，而应当以账面价值为基础计量。

2. 换入资产成本的初始计量

以账面价值为基础计量的非货币性资产交换，对于换入资产，企业应当以换出资产的账面价值和应支付的相关税费作为换入资产的初始计量金额。涉及支付补价的，以换出资产的账面价值，加上支付补价的账面价值和应支付的相关税费，作为换入资产的初始计量金额。涉及收到补价的，以换出资产的账面价值，减去收到补价的公允价值，加上应支付的相关税费，作为换入资产的初始计量金额。

同时换入多项资产的，应当按照各项换入资产的公允价值的相对比例，将换出资产的账面价值总额（涉及补价的，加上支付补价的账面价值或减去收到补价的公允价值）分摊至各项换入资产，加上应支付的相关税费，作为各项换入资产的初始计量金额。换入资产的公允价值不能够可靠计量的，可以按照各项换入资产的原账面价值的相对比例或其他合理的比例对换出资产的账面价值进行分摊。

3. 换出资产的处理

以账面价值为基础计量的非货币性资产交换，对于换出资产，无论是否涉及补价，终止确认时均不确认损益。

例6-13

甲公司因经营战略发生调整，20×1年11月12日以一项长期股权投资交换乙公司的一台机器设备。甲公司换出的长期股权投资在活跃市场中没有报价，公允价值不能够可靠计量，其账面价值为520 000元。乙公司换出的一台机器设备系当时专门定制的专用设备，交换日其公允价值不能够可靠计量，账面原价为980 000元，累计折旧为380 000元，账面净值为600 000元（980 000－380 000）。经双方协商，甲公司向乙公司支付补价30 000元，款项以银行存款支付。暂不考虑相关税费的因素。在此次资产交换中，甲公司和乙公司分别对交换业务的分析和会计处理如下：

（1）甲公司对交换业务的分析和会计处理。

因支付的补价占换入资产账面价值的比例＝30 000/600 000＝5%＜25%，故此次交换属于非货币性资产交换。由于两项资产的公允价值均不能够可靠计量，因此，甲公司应当以账面价值为基础计量换入机器设备的成本，具体应当以换出长期股权投资的账面价值为基础来计量换入机器设备的成本。甲公司确定的换入机器设备的初始入账成本为550 000元（520 000＋30 000）。甲公司应编制如下会计分录：

借：固定资产——机器设备	550 000	
贷：长期股权投资		520 000
银行存款		30 000

（2）乙公司对交换业务的分析和会计处理。

因收到的补价占换出资产账面价值的比例＝30 000/600 000＝5%＜25%，故此次交换属于非货币性资产交换。由于两项资产的公允价值均不能够可靠计量，因此，乙公司应当以账面价值为基础计量换入长期股权投资的成本，具体应当以换出机器设备的账面价值为基础来计量换入长期股权投资的成本。乙公司确定的换入长期股权投资的初始入账成本为570 000元（600 000－30 000）。乙公司应编制如下会计分录：

借：固定资产清理	600 000	
累计折旧	380 000	
贷：固定资产——机器设备		980 000

同时，

借：长期股权投资	570 000	
银行存款	30 000	
贷：固定资产清理		600 000

本例中，尽管甲公司支付了30 000元补价，但由于整个非货币性资产交换是以账面价值为基础计量的，支付补价方和收到补价方均不确认损益。对甲公司而言，换出资产是长期股权投资和银行存款，换入资产是固定资产，换入的固定资产成本等于换出资产的账面价值，即550 000元（520 000＋30 000）。在以账面价值为基础计量的情况下，发生的补价用来调整换入资产的成本。由于资产以账面价值为基础计量，因此

也就不存在公允价值与账面价值的差额，整个资产交换过程中也不确认损益。

一般来说，如果换入资产和换出资产的公允价值都不能可靠计量，该项非货币性资产交换通常不具有商业实质。因为在这种情况下，很难比较两项资产产生的未来现金流量在风险、时间分布和金额方面的差异，很难判断两项资产交换后对企业经济状况改变所起的不同效用。因而，此类资产交换通常不具有商业实质。

五、存在弃置费用的固定资产

特殊行业的特定固定资产，在确定其初始入账成本时，应当考虑弃置费用的因素。弃置费用通常是指根据国家法律和行政法规、国际公约等规定，企业承担的环境保护和生态恢复等义务所确定的支出，如有关企业承担的油气资产、核电站核设备等固定资产的弃置和环境恢复义务及其预计将发生的支出。企业在取得存在弃置费用的固定资产时，应当将未来预计发生的弃置费用，按照取得固定资产时的实际利率进行折现，并将折现后的现值计入固定资产的初始入账成本。由此，弃置费用通过逐年计提固定资产折旧的方式得到相应的积累和补偿。一般企业固定资产报废时发生的清理费用不属于弃置费用，应当在固定资产报废时作为固定资产的处置费用处理。

企业在取得存在弃置费用的固定资产时，应按预计弃置费用的现值，借记“固定资产”科目，贷记“预计负债”科目。在该项固定资产的使用寿命内，计算确定各期应负担的利息费用时，借记“财务费用”科目，贷记“预计负债”科目。

例 6-14

甲公司于 2×11 年 1 月 1 日购入一套需要安装的油气装置，实际支付购买价款 600 000 元。同日，甲公司发生安装费用 20 000 元，款项以银行存款支付，油气装置投入使用。该油气装置预计使用寿命为 20 年。由于该油气装置极具腐蚀性，对当地的生态环境将产生一定的影响，根据国家法律法规的规定，甲公司应当在该项油气装置使用期满后将其拆除，并对由此造成的环境污染进行整治，预计届时将发生相应的弃置费用 50 000 元。甲公司取得该项油气装置时，适用的折现率为 10%。假定不考虑相关税费，甲公司对该油气装置取得业务的分析和会计处理如下：

（1）计算固定资产的初始入账成本。

弃置费用的现值 $=50\ 000\times(P/F,10\%,20)=50\ 000\times0.148\ 6=7\ 430$（元）

固定资产的初始入账成本 $=600\ 000+20\ 000+7\ 430=627\ 430$（元）

甲公司于 2×11 年 1 月 1 日取得油气装置时，应编制如下会计分录：

借：在建工程　　600 000
　贷：银行存款　　600 000

甲公司于 2×11 年 1 月 1 日发生油气装置安装费用时，应编制如下会计分录：

借：在建工程　　20 000
　贷：银行存款　　20 000

甲公司于 2×11 年 1 月 1 日结转固定资产取得成本时，应编制如下会计分录：

借：固定资产　　627 430
　贷：在建工程　　620 000
　　　预计负债　　7 430

（2）计算弃置费用第1年和第2年应负担的利息费用。

弃置费用第1年应负担的利息费用＝7 430×10％＝743(元)

弃置费用第2年应负担的利息费用＝(7 430＋743)×10％＝817(元)

甲公司于2×11年12月31日应计第1年弃置费用的利息费用时，应编制如下会计分录：

借：财务费用　　743

　贷：预计负债　　743

甲公司于2×12年12月31日应计第2年弃置费用的利息费用时，应编制如下会计分录：

借：财务费用　　817

　贷：预计负债　　817

以后年度，甲公司应按照与以上第1年和第2年相同的方法计算弃置费用的利息费用。至2×30年12月31日即第20年油气装置报废、需要支付弃置费用时，“预计负债”账户的金额为最初预计的弃置费用50 000元。甲公司在实际使用弃置费用进行环境保护和生态恢复时，借记“预计负债”科目，贷记“银行存款”等科目。

第三节　固定资产的折旧和减值

一、固定资产的折旧

（一）固定资产折旧的概念

企业在取得固定资产后，应当对固定资产计提折旧。固定资产折旧是指在固定资产使用寿命内，按照确定的方法对应计折旧额进行的系统分摊。其中，应计折旧额是指应当计提折旧的固定资产的原价扣除其预计净残值后的金额。已计提减值准备的固定资产，还应当扣除已计提的固定资产减值准备累计金额。

固定资产具有使用寿命长、价值大的特点。固定资产随着在生产经营过程中的使用，其价值或服务潜力会逐渐降低。固定资产价值的转移需要通过逐年计提折旧的方法来确定。固定资产通过逐年计提折旧，其以初始入账成本为基础的价值以折旧费用的形式逐年转移计入产品生产成本或有关费用，并通过取得相应的收入得到补偿。对固定资产计提折旧，一方面可以通过采用合理系统的方法对固定资产的初始入账成本在固定资产的使用寿命内进行分配，另一方面也是正确计算企业各期经营成果的需要，即企业的经营损益应当是扣除了固定资产折旧费用后的经营损益。

企业对固定资产计提折旧不是对固定资产的重新计价。固定资产的初始入账成本一经确定，不能随意改变。

（二）影响固定资产折旧数额的因素

影响固定资产折旧的因素主要包括固定资产原价、固定资产预计净残值、固定资产使用寿命和固定资产已计提的减值准备等。

1. 固定资产原价

固定资产原价亦称固定资产原值，是指固定资产的成本，或固定资产的初始入账成本。固定资产初始入账成本的具体构成内容已如前述。显然，固定资产原价越大，折旧数额也越大。

2. 固定资产预计净残值

固定资产预计净残值是指假定固定资产预计使用寿命已满并处于使用寿命终了时的预期状态，企业目前从该项资产处置中获得的扣除预计处置费用后的金额。显然，固定资产预计净残值越大，折旧数额越小。也即固定资产预计净残值并非通过折旧的形式转移至产品成本或费用中去，而是单独作为固定资产处置损益处理。

企业在确定固定资产预计净残值时，应对未来固定资产处置过程中可能获得的处置收入以及可能发生的处置费用分别进行估计。在实务中，为简化处理，固定资产预计净残值通常按照固定资产原价乘以固定资产预计净残值率计算得到。固定资产预计净残值率是指固定资产预计净残值与固定资产原价的比率。

3. 固定资产使用寿命

固定资产使用寿命是指企业使用固定资产的预计期间，或者该固定资产所能生产产品或提供劳务的数量。显然，固定资产使用寿命越长，每个会计期间或者每单位产品或劳务分担的折旧数额越小。

企业在确定固定资产的使用寿命时，应当考虑以下因素：一是预计生产能力或实物产量。二是预计有形损耗和无形损耗。其中，有形损耗是指固定资产在使用过程中，由于正常使用和自然力的作用而引起的价值损耗，如机器设备在正常使用过程中发生的磨损，房屋建筑物在正常使用过程中受到的自然侵蚀等。无形损耗是指由于科学技术的进步和劳动生产率的提高而带来的固定资产价值上的损失，如因新技术的出现而使现有固定资产在技术水平上相对落后，因市场需求变化而使现有固定资产生产的产品相对过时等。三是法律或者类似规定对资产使用的限制。例如，有关法律法规对某些固定资产在使用到规定年限时实施强制报废的规定等。

企业应当根据固定资产的性质和使用情况，合理确定固定资产的使用寿命和预计净残值。固定资产的使用寿命和预计净残值一经确定，不能随意改变。

4. 固定资产已计提的减值准备

固定资产已计提的减值准备是指企业已计提的固定资产减值准备累计金额。固定资产在计提减值准备时，相应的资产减值损失作为费用计入当期损益。固定资产减值准备减少固定资产应计折旧的数额。因此，固定资产减值准备的数额越大，折旧数额越小。

（三）固定资产折旧范围

企业应当对所有的固定资产计提折旧。但在具体确定固定资产的折旧范围时，企业应注意以下几点：一是对于已经提足折旧的固定资产，不论能否继续使用，均不再计提折旧。所谓已经提足折旧，是指已经提足该项固定资产的应计折旧额。二是提前报废的固定资产不再补提折旧。三是固定资产应当按月计提折旧，并根据用途计入相关资产的成本或当期损益。

（四）固定资产折旧方法

固定资产折旧方法是指企业将固定资产应计折旧额在固定资产使用寿命内进行系统分摊的方法。企业应当根据与固定资产有关的经济利益预期实现方式，合理选择固定资产折旧方法。企业可以选用的固定资产折旧方法包括年限平均法、工作量法、双倍余额递减法和年数总和法等。

1. 年限平均法

年限平均法又称直线法，是指将固定资产的应计折旧额在固定资产的预计使用寿命内进行平均分摊的方法。在年限平均法下，固定资产在预计使用寿命内的各个会计期间，其折旧数额相同。年限平均法下折旧额的基本计算公式为：

$$\text{年折旧额}=\frac{\text{固定资产应计折旧额}}{\text{预计使用年限}}$$

$$=\frac{\text{固定资产原价}-\text{预计净残值}}{\text{预计使用年限}}$$

$$\text{月折旧额}=\frac{\text{年折旧额}}{12}$$

在实际工作中，固定资产的折旧额通常通过折旧率乘以固定资产原价计算得到。由此，年限平均法下折旧额的基本计算公式通常为：

$$\text{年折旧率}=\frac{1-\text{预计净残值率}}{\text{预计使用年限}}\times 100\%$$

$$\text{月折旧率}=\frac{\text{年折旧率}}{12}$$

$$\text{月折旧额}=\text{固定资产原价}\times\text{月折旧率}$$

在以上公式中：

$$\text{预计净残值率}=\frac{\text{预计净残值}}{\text{固定资产原价}}\times 100\%$$

例6－15

甲公司于20×1年1月1日通过自行建造方式建造完工一栋房屋，该房屋的初始入账成本为200 000元，预计使用年限为20年，预计净残值率为4%。在年限平均法下，甲公司计算该项固定资产的折旧额如下：

$$\text{年折旧率}=\frac{1-4\%}{20}\times 100\%=4.8\%$$

$$\text{月折旧率}=\frac{4.8\%}{12}=0.4\%$$

$$\text{月折旧额}=200\,000\times 0.4\%=800(\text{元})$$

固定资产使用年限平均法计提折旧，在方法上比较简便。与此同时，在固定资产各期负荷程度基本相同，固定资产为企业提供的经济利益各期基本相同，由此固定资产的折旧数额各期基本相同的情况下，固定资产使用年限平均法计提折旧也是合理的；反之，固定资产使用年限平均法计提折旧，计提的折旧数额与固定资产的损耗程度会不相符合，与固定资产为企业带来的经济利益也会不相配比。相比较而言，房屋建筑物类固定资产一般可以使用年限平均法计提折旧。

2. 工作量法

工作量法是指根据固定资产的实际工作量计算每期应计提折旧额的方法。其中，不同的固定资产，其工作量可以有不同的表现形式，如运输设备的工作量可以表现为运输里程，机器设备的工作量可以表现为产品产量、工作小时等。在工作量法下，固定资产的折旧额与固定资产的工作量直接挂钩，折旧额均匀地分配在单位工作量中。某一会计期间内固定资产的实际工作量越大，该期应计提的折旧额也就越大；反之亦然。因此，工作量法事实上也是一种直线法。工作量法下折旧额的基本计算公式为：

$$单位工作量折旧额=\frac{固定资产应计折旧额}{预计总工作量}=\frac{固定资产原价\times(1-预计净残值率)}{预计总工作量}$$

$$固定资产月折旧额=固定资产当月实际工作量\times单位工作量折旧额$$

例 6-16

甲公司拥有一台机器设备，原价为 80 000 元。该台机器设备预计可生产产品的产量为 10 000 个，预计净残值率为 5%。20×1 年 10 月，该机器设备实际生产产品的产量为 400 个。在工作量法下，甲公司计算该项固定资产在 20×1 年 10 月的折旧额如下：

$$单位工作量折旧额=\frac{80\,000\times(1-5\%)}{10\,000}=7.6(元/个)$$

$$20\times1年10月该项固定资产折旧额=400\times7.6=3\,040(元)$$

工作量法假设固定资产折旧的数额与固定资产的工作量直接相关。对于那些服务潜力随着完成工作量的增加而逐渐递减的固定资产，如运输设备、大型机床设备等，对其使用工作量法计提折旧是比较合适的。因为工作量法可以比较正确地反映该类固定资产服务潜力的递减情况，同时也可以使单位产品中负担的折旧费用数额比较均匀。

3. 双倍余额递减法

双倍余额递减法是指在不考虑固定资产预计净残值的情况下，以每期期初固定资产原价减去累计折旧后的金额即固定资产净值，乘以双倍的直线法折旧率来计算固定资产折旧的方法。由于每期期初固定资产原价减去累计折旧后的金额即固定资产净值逐期减少，因此，每期固定资产折旧的数额也逐期减少。在双倍余额递减法下，由于最初不考虑固定资产预计净残值的因素，因此，在计算固定资产折旧数额时，应当注意不能使固定资产净值低于预计净残值。通常情况下，在使用双倍余额递减法计算固定资产折旧时，在固定资产预计使用寿命到期前两年，将固定资产净值扣除预计净残值后的余额平均摊销，作为最后两年固定资产折旧的数额。双倍余额递减法下折旧额的计算公式为：

$$年折旧率=\frac{2}{预计使用年限}\times100\%$$

$$月折旧率=\frac{年折旧率}{12}$$

月折旧额＝(固定资产原价－累计折旧)×月折旧率
　　　　＝固定资产净值×月折旧率

例 6-17

甲公司拥有一台机器设备，原价为800 000元，预计使用年限为5年，预计净残值率为5%，预计净残值为40 000元（800 000×5%）。甲公司按双倍余额递减法对该台机器设备计提折旧，各年折旧额的计算如表6-2所示。

表 6-2　双倍余额递减法下各年折旧额计算表　　金额单位：元

年次	年折旧率 (1)＝2/5×100%	年折旧额 (2)＝期初(4)×(1)	累计折旧额 (3)＝期初(3)＋(2)	账面净值 (4)＝800 000－(3)
取得时				800 000
第1年	40%	320 000	320 000	480 000
第2年	40%	192 000	512 000	288 000
第3年	40%	115 200	627 200	172 800
第4年	—	66 400*	693 600	106 400
第5年	—	66 400*	760 000	40 000
合计		760 000		

* (172 800－40 000)/2＝66 400（元）

双倍余额递减法属于固定资产折旧方法中的加速折旧法。在加速折旧法下，固定资产在使用前期计提折旧的数额较多，在使用后期计提折旧的数额较少。这样，固定资产的成本在估计使用寿命内可以加快得到补偿。从固定资产的工作效率来看，固定资产在使用前期工作效率较高，所带来的经济利益也较多，在使用后期工作效率较低，所带来的经济利益也较少，因此，固定资产在使用前期多计提一些折旧，在使用后期少计提一些折旧，也是符合收入与费用的配比要求的。

4. 年数总和法

年数总和法，也称年限合计法，是指以固定资产原价减去预计净残值后的余额即应计折旧额，乘以一个以固定资产逐年尚可使用年限为分子，以固定资产预计可使用年限的逐年年数之和为分母的折旧率来计算各年折旧数额的方法。在年数总和法下，由于折旧率中的分母是一个固定的数字，而折旧率中的分子逐年递减，因此，折旧率逐年递减，固定资产折旧额也逐年递减。年数总和法下固定资产折旧额的计算公式如下：

$$年折旧率=\frac{尚可使用年限}{预计可使用年限的年数之和}\times 100\%$$

$$月折旧率=\frac{年折旧率}{12}$$

月折旧额＝(固定资产原价－预计净残值)×月折旧率
　　　　＝固定资产应计折旧额×月折旧率

例 6-18

甲公司拥有一台机器设备，原价为800 000元，预计使用年限为5年，预计净残值率为

5%，预计净残值为 40 000 元（800 000×5%），应计折旧额为 760 000 元（800 000－40 000）。甲公司按年数总和法对该台机器设备计提折旧，各年折旧额的计算如表 6－3 所示。

表 6－3　年数总和法下各年折旧额计算表　　金额单位：元

年次	尚可使用年限 (1)	年折旧率 (2)	年折旧额 (3)＝(2)×(5)	累计折旧额 (4)＝期初(4)＋(3)	应计折旧额 (5)＝760 000
取得时					760 000
第 1 年	5	5/15*	253 333	253 333	760 000
第 2 年	4	4/15	202 667	456 000	760 000
第 3 年	3	3/15	152 000	608 000	760 000
第 4 年	2	2/15	101 333	709 333	760 000
第 5 年	1	1/15	50 667	760 000	760 000

* 预计可使用年限的年数之和＝1＋2＋3＋4＋5＝15

年数总和法也属于加速折旧法。与双倍余额递减法相比，在年数总和法下，各年的折旧率逐年递减，但各年计算折旧的基数相同，即都是应计折旧额。在双倍余额递减法下，各年的折旧率相同，即都是直线法折旧率的 2 倍，但各年计算折旧的基数逐年递减，即为各年年初的固定资产账面净值。

企业选择不同的折旧方法，将会影响固定资产使用寿命内各会计期间的折旧费用。因此，固定资产的折旧方法一经选定，不能随意改变。

（五）固定资产折旧的会计处理

企业按月计提的固定资产折旧，应当根据固定资产的用途计入相关资产的成本或者当期损益。具体来说，企业基本生产车间固定资产的折旧，应当计入制造费用；管理部门固定资产的折旧，应当计入管理费用；销售部门固定资产的折旧，应当计入销售费用；自行建造固定资产过程中使用的固定资产，计提的折旧应当计入在建工程；经营出租固定资产的折旧，应当计入其他业务成本；未使用固定资产的折旧，应当计入管理费用。

为核算固定资产折旧的业务，企业应当设置“累计折旧”总账科目。企业按期计提固定资产折旧时，借记“制造费用”“销售费用”“管理费用”“在建工程”“其他业务成本”等科目，贷记该科目。企业处置固定资产并同时结转累计折旧时，借记“固定资产清理”科目和该科目，贷记“固定资产”科目。该科目期末贷方余额，反映企业固定资产的累计折旧数额。该科目可按固定资产的类别或项目进行明细核算。

例 6－19

甲公司于 20×1 年 10 月末计提该月份固定资产折旧合计 152 000 元，具体情况为：生产车间使用的固定资产计提折旧 95 000 元，管理部门使用的固定资产计提折旧 42 000 元，销售部门使用的固定资产计提折旧 15 000 元。甲公司应编制如下会计分录：

借：制造费用　　95 000
　　管理费用　　42 000
　　销售费用　　15 000
　贷：累计折旧　　152 000

二、固定资产的减值

我国《企业会计准则第8号——资产减值》对包括长期股权投资、固定资产、无形资产等非流动资产的减值会计作了统一规范。相关主要内容，可参阅前面长期股权投资减值的内容。根据统一要求，企业应当在每年年末对固定资产的账面价值进行检查确定。在此基础上，企业应当判断固定资产是否存在减值迹象。当发现固定资产确实存在减值迹象时，企业应当进行减值测试，估计固定资产的可收回金额。固定资产的可收回金额应当以固定资产的公允价值减去处置费用后的净额与固定资产预计未来现金流量的现值两者之间的较高者来确定。如果固定资产的可收回金额低于其账面价值，企业应当计提固定资产减值准备，确认固定资产减值损失。固定资产减值损失一经确认，以后会计期间不能转回。

为核算固定资产的减值损失和计提的资产减值准备，企业应当设置“固定资产减值准备”总账科目。企业在资产负债表日确认固定资产减值损失时，借记“资产减值损失”科目，贷记该科目。企业在处置固定资产时，同时结转已计提的固定资产减值准备。该科目期末贷方余额，反映企业已计提但尚未转销的固定资产减值准备。

例6-20

甲公司20×1年末某项固定资产的原价为265 000元，累计折旧为55 000元，账面价值为210 000元（265 000－55 000）。甲公司判断该项固定资产存在减值迹象。由于该项固定资产的公允价值减去处置费用后的净额难以确定，因此，甲公司决定以预计未来现金流量的现值作为其可收回金额。该项固定资产预计尚可使用年限为5年，适用的年折现率为12%，经管理层批准的预计未来现金流量分别为：20×2年62 000元，20×3年57 000元，20×4年51 000元，20×5年43 000元，20×6年40 000元。甲公司计算该项固定资产预计未来现金流量的现值如表6-4所示。

表6-4 预计未来现金流量的现值计算表 金额单位：元

年份	预计未来现金流量	折现率为12%的折现系数	预计未来现金流量的现值
20×2年	62 000	0.892 9	55 360
20×3年	57 000	0.797 2	45 440
20×4年	51 000	0.711 8	36 302
20×5年	43 000	0.635 5	27 327
20×6年	40 000	0.567 4	22 696
合计	253 000		187 125

根据以上有关资料，甲公司计算该项固定资产在20×1年末应计提的减值数额如下：

应计提的固定资产减值＝210 000－187 125＝22 875(元)

20×1年12月31日，甲公司应编制如下会计分录：

借：资产减值损失 22 875

　贷：固定资产减值准备 22 875

本例中，甲公司经过对固定资产计提减值准备，固定资产的账面价值变为187 125

元（265 000－55 000－22 875），即在存在固定资产减值的情况下，固定资产的账面价值或账面净值是固定资产原值减去累计折旧以及固定资产减值准备后的金额。以后年度，甲公司应当以该固定资产账面价值为基数，计提固定资产折旧。

第四节　固定资产的后续支出

固定资产的后续支出是指固定资产在使用过程中发生的更新改造支出、修理费用等。固定资产的后续支出按照支出是否计入固定资产成本可以分为资本化后续支出和费用化后续支出。

一、资本化后续支出

资本化后续支出是指固定资产在使用过程中发生的符合固定资产确认条件的后续支出。固定资产改建、扩建等更新改造发生的支出通常符合固定资产确认条件，属于资本化后续支出。企业在发生资本化后续支出时，一般应当先将相关固定资产的原价、已计提的累计折旧和减值准备予以转销，将固定资产的账面价值转入在建工程。固定资产转入在建工程后，不再计提折旧，发生的资本化后续支出在在建工程中累积。资本化后续支出完成、在建工程达到预定可使用状态时，企业应当将相应的在建工程再转入固定资产，并重新确定固定资产的原价、预计使用寿命、预计净残值和适用的折旧方法。在以后会计期间，企业应当按重新确定的固定资产原价、预计使用寿命、预计净残值和适用的折旧方法计提固定资产折旧。

企业在发生资本化后续支出时，如果涉及替换原固定资产的组成部分的，应当将原被替换的组成部分的账面价值予以扣除，将新替换上去的固定资产的组成部分计入固定资产成本。这些处理是为了避免将替换部分的成本和被替换部分的成本同时计入固定资产成本，导致固定资产成本重复计算。

固定资产发生的资本化后续支出通过"在建工程"总账科目进行核算。企业在将固定资产转入在建工程时，借记"在建工程""累计折旧"等科目，贷记"固定资产"科目。发生资本化后续支出时，借记"在建工程"科目，贷记"银行存款""工程物资"等科目。资本化后续支出完成、在建工程达到预定可使用状态时，借记"固定资产"科目，贷记"在建工程"科目。资本化后续支出过程中替换固定资产原组成部分时，借记"原材料""营业外支出"科目，贷记"在建工程"科目。

例 6－21

甲公司 20×5 年 7 月 1 日一台生产用的升降机出现故障，经检修发现其中的电动机磨损严重，需要更换。该升降机于 20×1 年 7 月 1 日购买，甲公司在购买时已将其整体作为一项固定资产进行了确认，原价为 620 000 元，预计净残值为 0，预计使用年限为 10 年，采用年限平均法计提折旧。20×1 年 7 月 1 日甲公司购买该升降机时，其中的电动机的市场价格为 124 000 元。为继续使用该升降机并提高工作效率，甲公司决定对该升降机进行改造，为此于 20×5 年 7 月 2 日购买了一台更大功率的电动机以替代原电动机。新购置电动机的价款为 120 000 元，增值税税额为 15 600 元（120 000×13%），款项合计 135 600 元（120 000＋15 600）已通过银行转账支付。20×5 年 7 月 3

日，甲公司相关部门领用新购置的电动机，委托专业电动机安装公司进行安装。20×5年7月4日，新电动机安装完成，甲公司以银行存款支付原电动机拆卸费和新电动机安装费共计5 000元，由此，升降机的改造任务完成并重新投入使用。甲公司从升降机上拆卸下来的原电动机予以报废，残值为0。甲公司此次机器设备的更新改造符合固定资产确认的条件，相应的支出属于资本化后续支出。

甲公司在20×5年该项机器设备更新改造过程中发生的经济业务及其相应的会计处理如下：

(1) 7月1日，将机器设备的账面价值转入在建工程时。

升降机已计提的累计折旧＝620 000×4/10＝248 000(元)

借：在建工程　372 000
　　累计折旧　248 000
　贷：固定资产　620 000

(2) 7月2日，购入更新改造用的工程物资时。

借：工程物资　120 000
　　应交税费——应交增值税（进项税额）　15 600
　贷：银行存款　135 600

(3) 7月3日，相关部门领用工程物资时。

借：在建工程　120 000
　贷：工程物资　120 000

(4) 7月4日，拆卸原零部件并报废时。

原零部件已计提的累计折旧＝124 000×4/10＝49 600(元)

原零部件报废损失＝124 000－49 600＝74 400(元)

借：营业外支出　74 400
　贷：在建工程　74 400

(5) 7月4日，支付拆卸和安装费用时。

借：在建工程　5 000
　贷：银行存款　5 000

(6) 7月4日，机器设备更新改造完成并投入使用时。

改造完成升降机的成本＝372 000＋120 000－74 400＋5 000＝422 600(元)

借：固定资产　422 600
　贷：在建工程　422 600

本例中，在20×5年7月4日以后的会计期间，甲公司应当按照重新确定的升降机的成本422 600元，对该升降机计提折旧。

二、费用化后续支出

费用化后续支出是指固定资产在使用过程中发生的不符合固定资产确认条件的后续支出。固定资产的日常维护或日常修理等支出通常不符合固定资产确认的条件，属于费用化后续支出。企业固定资产更新改造支出如果不满足固定资产的确认条件，也属于费用化后续支出。企业对固定资产进行定期检查发生的大修理费用，符合固定资产确认条件的部分，应当归入资本化后续支出；不符合固定资产确认条件的部分，属于费用化后续支出。

企业在固定资产使用过程中发生费用化后续支出时，应当将发生的费用化后续支出直接计入当期损益。根据我国企业会计准则的相关规定，企业生产车间和行政管理部门等发生的费用化后续支出应当计入管理费用，企业专设销售机构发生的费用化后续支出应当计入销售费用。

例 6-22

甲公司于 20×1 年 9 月 18 日对行政管理部门使用的机器设备进行日常维护，领用修理用配件 2 件，每件单位成本 160 元，修理用配件成本合计 320 元（160×2），同时，以银行存款支付其他修理费用 110 元。甲公司应编制如下会计分录：

借：管理费用	430	
贷：原材料		320
银行存款		110

第五节　固定资产的处置

一、固定资产处置的概念

固定资产处置是指企业因各种原因而安排固定资产退出生产经营活动的固定资产终止确认行为。按照我国《企业会计准则第 4 号——固定资产》的规定，固定资产满足下列条件之一的，应当予以终止确认：一是该固定资产处于处置状态；二是该固定资产预期通过使用或处置不能产生经济利益。

固定资产处置包括固定资产出售、报废、毁损、对外投资、非货币性资产交换换出等。当企业存在闲置多余的固定资产，或者某些固定资产已经不再适合现行生产经营活动的需要，企业可以将这些固定资产进行出售或转让，以免造成企业的资源浪费。当固定资产因使用寿命已满而不能继续使用，或者固定资产由于自然灾害或管理不善的原因而遭受毁损，企业应当将固定资产进行报废或作毁损处理。企业以固定资产对外投资、通过非货币性资产交换换出固定资产等都有其相应的经济原因。

二、固定资产处置的核算

（一）核算科目的设置

为核算固定资产处置的业务，企业应设置"固定资产清理"总账科目。该科目核算企业因出售、报废、毁损、对外投资、非货币性资产交换等原因而转出的固定资产价值以及在清理过程中发生的费用等。企业因出售、报废、毁损、对外投资、非货币性资产交换等原因而转出固定资产时，按该项固定资产的账面价值，借记"固定资产清理”科目，按已计提的累计折旧，借记“累计折旧”科目，按固定资产的账面原价，贷记“固定资产”科目。已计提减值准备的固定资产，同时还应结转“固定资产减值准备”科目。

企业在清理过程中发生应支付的相关税费和其他费用时，借记“固定资产清理”科目，贷记“银行存款”“应交税费”等科目。收回出售固定资产的价款、残料价值和变价收入时，借记“银行存款”“原材料”等科目，贷记“固定资产清理”“应交税费”科目。应收由保险公司或过失人赔偿的损失时，借记“其他应收款”等科目，贷记“固定资产清理”科目。

企业在固定资产清理完成时，对于固定资产清理的净损益，依据固定资产处置方式和原因的不同，分别适用不同的处理方法。因已丧失使用功能或因自然灾害发生毁损等原因而报废清理产生的利得或损失，应计入营业外收支。属于生产经营期间正常报废清理产生的处理净损失，作为处置非流动资产损失，借记“营业外支出”科目，贷记“固定资产清理”科目；属于生产经营期间由于自然灾害等非正常原因造成的，作为非常损失，借记“营业外支出”科目，贷记“固定资产清理”科目；如为净收益，借记“固定资产清理”科目，贷记“营业外收入”科目。

因出售、转让等原因产生的固定资产处置利得或损失，应计入资产处置损益。产生处置净损失的，借记“资产处置损益”科目，贷记“固定资产清理”科目；如为净收益，借记“固定资产清理”科目，贷记“资产处置损益”科目。

由于企业在不同交易中形成的非流动资产毁损报废利得和损失不能相互抵销，而应当分别在利润表的“营业外收入”项目和“营业外支出”项目进行填列报告，因此，对于在不同交易中形成的非流动资产毁损报废利得和损失，企业应当分别使用“营业外收入”科目和“营业外支出”科目进行日常核算。

（二）核算举例

1. 固定资产出售

例6-23

甲公司于20×1年10月15日出售一台不需用的机器设备，该机器设备原价为65 000元，已计提累计折旧33 000元，固定资产净值为32 000元（65 000－33 000），实际出售价格为38 000元，相应的增值税税额为4 940元（38 000×13%），款项合计42 940元（38 000＋4 940）已存入开户银行。甲公司应编制如下会计分录：

（1）将出售固定资产转入固定资产清理时。

借：固定资产清理	32 000	
累计折旧	33 000	
贷：固定资产		65 000

（2）收到出售固定资产的价款时。

借：银行存款	42 940	
贷：固定资产清理		38 000
应交税费——应交增值税（销项税额）		4 940

根据增值税法规的规定，增值税一般纳税人销售自己使用过的机器设备类固定资产，应当征收增值税。

(3) 结转出售固定资产实现的净收益时。

出售固定资产实现的净收益＝38 000－32 000＝6 000(元)

借：固定资产清理 6 000
　贷：资产处置损益 6 000

2. 固定资产报废

例 6－24

甲公司于 20×1 年 11 月 5 日报废一台使用期满的机器设备，该机器设备的原价为 240 000 元，已计提累计折旧 210 000 元，已计提减值准备 20 000 元，固定资产账面净值为 10 000 元（240 000－210 000－20 000）。报废时，获得残料变价收入 3 000 元，款项存入开户银行；同时，发生清理费用 1 000 元，以银行存款支付。暂不考虑相关税费的因素。甲公司应编制如下会计分录：

(1) 将报废固定资产转入固定资产清理时。

借：固定资产清理 10 000
　　累计折旧 210 000
　　固定资产减值准备 20 000
　贷：固定资产 240 000

(2) 收到出售固定资产残料的变价收入时。

借：银行存款 3 000
　贷：固定资产清理 3 000

(3) 支付固定资产清理费用时。

借：固定资产清理 1 000
　贷：银行存款 1 000

(4) 结转报废固定资产发生的净损失时。

报废固定资产发生的净损失＝10 000－3 000＋1 000＝8 000(元)

借：营业外支出 8 000
　贷：固定资产清理 8 000

3. 固定资产毁损

例 6－25

甲公司于 20×1 年 12 月 20 日遭受水灾，毁损一台机器设备，该机器设备的原价为 180 000 元，已计提累计折旧 40 000 元，固定资产账面净值为 140 000 元（180 000－40 000）。毁损残料估计价值 35 000 元，已办理入库手续。同时，以银行存款支付清理费用 2 000 元。经保险公司核定，可以获得保险赔偿 78 000 元，款项尚未收到。暂不考虑相关税费的因素。甲公司应编制如下会计分录：

(1) 将毁损固定资产转入固定资产清理时。

借：固定资产清理 140 000
　　累计折旧 40 000
　贷：固定资产 180 000

(2) 毁损固定资产的残料入库时。

借：原材料　　35 000
　　贷：固定资产清理　　35 000

（3）支付固定资产清理费用时。

借：固定资产清理　　2 000
　　贷：银行存款　　2 000

（4）确认应由保险公司赔偿的损失时。

借：其他应收款　　78 000
　　贷：固定资产清理　　78 000

（5）结转毁损固定资产发生的净损失时。

毁损固定资产发生的净损失＝140 000－35 000＋2 000－78 000＝29 000（元）

借：营业外支出　　29 000
　　贷：固定资产清理　　29 000

三、持有待售的固定资产

（一）持有待售非流动资产的概念

固定资产属于企业的非流动资产。根据我国《企业会计准则第42号——持有待售的非流动资产、处置组和终止经营》的规定，企业主要通过出售而非持续使用一项非流动资产或处置组收回其账面价值的，应当将其划分为持有待售类别。其中，出售包括具有商业实质的非货币性资产交换。处置组是指在一项交易中作为整体通过出售或其他方式一并处置的一组资产，以及在该交易中转让的与这些资产直接相关的负债。

非流动资产或处置组划分为持有待售类别，应当同时满足下列条件：一是根据类似交易中出售此类资产或处置组的惯例，在当前状况下即可立即出售；二是出售极可能发生，即企业已经就一项出售计划作出决议且获得确定的购买承诺，预计出售将在一年内完成。其中，确定的购买承诺是指企业与其他方签订的具有法律约束力的购买协议，该协议包含交易价格、时间和足够严厉的违约惩罚等重要条款，使协议出现重大调整或者撤销的可能性极小。

持有待售的非流动资产或处置组不再满足持有待售类别划分条件的，企业不应当继续将其划分为持有待售类别。

（二）持有待售非流动资产的计量

根据规定，企业将非流动资产或处置组首次划分为持有待售类别前，应当按照相关会计准则规定计量非流动资产或处置组中各项资产和负债的账面价值。

企业初始计量或在资产负债表日重新计量持有待售的非流动资产或处置组时，其账面价值高于公允价值减去出售费用后的净额的，应当将账面价值减记至公允价值减去出售费用后的净额，减记的金额确认为资产减值损失，计入当期损益，同时计提持有待售资产减值准备。对于取得日划分为持有待售类别的非流动资产或处置组，企业应当在初始计量时比较假定其不划分为持有待售类别情况下的初始计量金额和公允价值减去出售费用后的净额，以两者孰低计量。

后续资产负债表日持有待售的非流动资产公允价值减去出售费用后的净额增加的，

以前减记的金额应当予以恢复，并在划分为持有待售类别后确认的资产减值损失金额内转回，转回金额计入当期损益。划分为持有待售类别前确认的资产减值损失不得转回。

持有待售的非流动资产或处置组中的非流动资产不应计提折旧或摊销。

非流动资产或处置组因不再满足持有待售类别的划分条件而不再继续划分为持有待售类别或非流动资产从持有待售的处置组中移除时，应当按照以下两者孰低计量：(1) 划分为持有待售类别前的账面价值，按照假定不划分为持有待售类别情况下本应确认的折旧、摊销或减值等进行调整后的金额；(2) 可收回金额。

（三）持有待售非流动资产的核算

1. 核算科目的设置

为核算持有待售非流动资产的业务，企业应设置“持有待售资产”“持有待售资产减值准备”总账科目。其中，“持有待售资产”科目核算持有待售的非流动资产和持有待售的处置组中的资产。该科目按照资产类别进行明细核算。企业将相关非流动资产或处置组划分为持有待售类别时，按各类资产的账面价值或账面余额，借记该科目，按已计提的累计折旧、累计摊销等，借记“累计折旧”“累计摊销”等科目，按各项资产账面余额，贷记“固定资产”“无形资产”“长期股权投资”“应收账款”“商誉”等科目，有关资产已计提减值准备的，还应同时结转已计提的减值准备。该科目期末借方余额反映企业持有待售的非流动资产和持有待售的处置组中资产的账面余额。

“持有待售资产减值准备”科目核算持有待售的非流动资产和持有待售的处置组计提的允许转回的资产减值准备和商誉的减值准备。该科目按照资产类别进行明细核算。初始计量或资产负债表日，持有待售的非流动资产或处置组中的资产发生减值的，按应减记的金额，借记“资产减值损失”科目，贷记该科目。后续资产负债表日持有待售的非流动资产或处置组中的资产减值转回的，按允许转回的金额，借记该科目，贷记“资产减值损失”科目。该科目期末贷方余额，反映企业已计提但尚未转销的持有待售资产减值准备。

2. 核算举例

例 6－26

甲公司拥有一个销售门店，20×1 年 6 月 30 日，该门店的部分科目余额为：库存商品 300 000 元，固定资产 1 100 000 元，累计折旧 30 000 元，无形资产 950 000 元，累计摊销 14 000 元，应付账款 310 000 元。当日，甲公司与乙公司签订转让协议，将该门店资产和相关负债整体转让，但保留员工，转让初定价格为当日该门店的公允价值 1 760 000 元。假设该门店满足划分为持有待售类别的条件。甲公司预计为转让该门店还需支付律师和注册会计师专业咨询费共计 40 000 元。20×1 年 8 月 25 日，甲公司收到乙公司以银行存款预付的部分价款 500 000 元。20×1 年 9 月 20 日，该门店完成转让，甲公司以银行存款支付律师和注册会计师专业咨询费共计 38 000 元。当日，乙公司以银行存款支付剩余全部转让价款 1 260 000 元（1 760 000－500 000）。假定不考虑其他相关税费的影响。

根据以上资料，甲公司对持有待售的门店处置组业务的分析和会计处理如下：

(1) 20×1 年 6 月 30 日，将门店处置组划分为持有待售类别时。

固定资产账面价值＝1 100 000－30 000＝1 070 000(元)

无形资产账面价值＝950 000－14 000＝936 000(元)

借：持有待售资产——库存商品	300 000
——固定资产	1 070 000
——无形资产	936 000
累计折旧	30 000
累计摊销	14 000
贷：库存商品	300 000
固定资产	1 100 000
无形资产	950 000

同时，

借：应付账款	310 000
贷：持有待售负债——应付账款	310 000

(2) 20×1年6月30日，计算并计提持有待售资产减值准备时。

门店处置组的账面价值＝(300 000＋1 070 000＋936 000)－310 000＝1 996 000(元)

门店处置组的公允价值减去出售费用后的净额＝1 760 000－40 000＝1 720 000(元)

由于门店处置组的账面价值高于公允价值减去出售费用后的净额，甲公司应当以公允价值减去出售费用后的净额1 720 000元计量门店处置组，差额276 000元(1 996 000－1 720 000) 应当在非流动资产中的固定资产和无形资产之间按其账面价值比例进行分摊。

固定资产应分摊的差额＝[1 070 000/(1 070 000＋936 000)]×276 000
＝146 280(元)

无形资产应分摊的差额＝[936 000/(1 070 000＋936 000)]×276 000
＝129 720(元)

借：资产减值损失	276 000
贷：持有待售资产减值准备——固定资产	146 280
——无形资产	129 720

(3) 20×1年8月25日，收到乙公司预付的部分价款时。

借：银行存款	500 000
贷：预收账款	500 000

(4) 20×1年9月20日，支付律师和注册会计师咨询费时。

借：资产处置损益	38 000
贷：银行存款	38 000

(5) 20×1年9月20日，门店处置组转让完成时。

借：银行存款	1 260 000
预收账款	500 000
持有待售资产减值准备——固定资产	146 280
——无形资产	129 720
持有待售负债——应付账款	310 000

贷：持有待售资产——库存商品　300 000

　　　　　　　　——固定资产　1 070 000

　　　　　　　　——无形资产　936 000

　　资产处置损益　40 000

持有待售非流动资产的计量和核算规定主要适用于固定资产、无形资产、长期股权投资等非流动资产。企业在化解过剩产能的过程中，相关业务应当根据我国《企业会计准则第 42 号——持有待售的非流动资产、处置组和终止经营》的规定进行会计核算。对持有待售的非流动资产或处置组进行恰当的分类、计量和列报，对终止经营进行充分的信息披露，有助于财务报表使用者评估资产处置及终止经营的财务影响，判断未来现金流量的时间、金额和不确定性。根据现行相关规定，企业应当在财务报表中对持有待售资产、持有待售负债和终止经营净利润进行单独列报。

四、固定资产的盘盈盘亏

固定资产是一种单位价值较高、使用期限较长的有形资产。企业应当建立健全各种规章制度，加强对固定资产的管理。在实务中，对于管理规范的企业而言，固定资产发生盘盈盘亏的情况是比较少见的。企业应当定期或者至少在每年年末对固定资产进行一次全面的清查盘点。发现盘盈或者盘亏的固定资产，企业应当填制固定资产盘盈盘亏报告表，并按照规定的程序报批处理。同时，企业应当按照实际盘盈盘亏的情况，调整固定资产的账面记录，确保固定资产账实相符。

企业固定资产盘盈或者盘亏的业务通过“待处理财产损溢”总账科目进行核算。企业盘盈固定资产时，按照盘盈固定资产的重置成本，借记“固定资产”科目，贷记“待处理财产损溢”科目。经批准转销待处理盘盈固定资产时，应当将盘盈的固定资产作为以前年度损益调整项目处理，借记“待处理财产损溢”科目，贷记“以前年度损益调整”科目。企业盘亏固定资产时，按照盘亏固定资产的账面价值，借记“待处理财产损溢”科目，按已计提的累计折旧，借记“累计折旧”科目，按已计提的减值准备，借记“固定资产减值准备”科目，按固定资产原价，贷记“固定资产”科目。经批准转销待处理盘亏固定资产时，按可收回的保险赔偿或过失人赔偿数额，借记“其他应收款”科目，按应计入营业外支出的数额，借记“营业外支出”科目，贷记“待处理财产损溢”科目。

例 6－27

甲公司于 20×1 年 6 月 30 日进行财产清查时盘亏一台笔记本电脑，原价为 8 000 元，已计提折旧 5 000 元，账面净值为 3 000 元（8 000－5 000）。经批准，应由责任人赔偿 1 000 元，其余 2 000 元（8 000－5 000－1 000）转入营业外支出。暂不考虑相关税费的因素。甲公司应编制如下会计分录：

（1）盘亏固定资产时。

借：待处理财产损溢　3 000

　　累计折旧　5 000

　贷：固定资产　8 000

（2）报经批准转销待处理盘亏固定资产时。

借：营业外支出	2 000
其他应收款	1 000
贷：待处理财产损溢	3 000

第六节 使用权资产

一、使用权资产的概念

企业通过租赁取得的资产形成企业的使用权资产。租赁是指在一定期间内，出租人将资产的使用权让与承租人以获取对价的合同。租赁的主要特征是转移资产的使用权，而不是所有权。

在合同开始日，企业应当评估合同是否为租赁或者包含租赁。如果合同中一方让渡了在一定期间内控制一项或多项已识别资产使用的权利以换取对价，则该合同为租赁或者包含租赁。为确定合同是否让渡了在一定期间内控制已识别资产使用的权利，企业应当评估合同中客户是否有权获得在使用期间内因使用已识别资产所产生的几乎全部经济利益，并有权在该使用期间主导已识别资产的使用。已识别资产通常由合同明确指定，也可以在资产可供客户使用时隐性指定。

二、使用权资产的确认和初始计量

根据我国《企业会计准则第21号——租赁》的规定，在租赁期开始日，承租人应当对租赁确认使用权资产和租赁负债，但按照规定进行简化处理的短期租赁和低价值资产租赁除外。

（一）使用权资产

使用权资产是指承租人可在租赁期内使用租赁资产的权利。使用权资产应当按照成本进行初始计量。该成本包括：

（1）租赁负债的初始计量金额；

（2）在租赁期开始日或之前支付的租赁付款额；

（3）承租人发生的初始直接费用；

（4）承租人为拆卸及移除租赁资产、复原租赁资产所在场地或将租赁资产恢复至租赁条款约定状态预计将发生的成本。

其中，初始直接费用是指为达成租赁所发生的增量成本。增量成本是指若企业不取得该租赁，则不会发生的成本。

租赁期开始日是指出租人提供租赁资产使其可供承租人使用的起始日期。租赁期是指承租人有权使用租赁资产且不可撤销的期间。承租人有续租选择权，即有权选择续租该资产，且合理确定将行使该选择权的，租赁期还应当包含续租选择权涵盖的期间。

（二）租赁负债

租赁负债是指承租人尚未支付的租赁付款额。其中，租赁付款额是指承租人向出租人支付的与在租赁期内使用租赁资产的权利相关的款项，包括：

（1）固定付款额及实质固定付款额；

（2）取决于指数或比率的可变租赁付款额，该款项在初始计量时根据租赁期开始日的指数或比率确定；

（3）购买选择权的行权价格，前提是承租人合理确定将行使该选择权；

（4）行使终止租赁选择权需支付的款项，前提是租赁期反映出承租人将行使终止租赁选择权；

（5）根据承租人提供的担保余值预计应支付的款项。

其中，实质固定付款额是指在形式上可能包含变量但实质上无法避免的付款额。可变租赁付款额是指承租人为取得在租赁期内使用租赁资产的权利，向出租人支付的因租赁期开始日后的事实或情况发生变化而变动的款项。取决于指数或比率的可变租赁付款额包括与消费者价格指数挂钩的款项、与基准利率挂钩的款项和为反映市场租金费率变化而变动的款项等。

在租赁业务中，担保余值是指与出租人无关的一方向出租人提供担保，保证在租赁结束时租赁资产的价值至少为某指定的金额。未担保余额是指在租赁资产余值中，出租人无法保证能够实现或仅由与出租人有关的一方予以担保的部分。有时，租赁合同要求承租人或与其有关的第三方对租赁资产的余值进行担保，以促使承租人谨慎地使用租赁资产，减少出租人的风险和损失。租赁资产余值是指在租赁开始日估计的租赁期满时租赁资产的公允价值。

根据规定，租赁负债应当按照租赁开始日尚未支付的租赁付款额的现值进行初始计量。

在计算租赁付款额的现值时，承租人应当采用租赁内含利率作为折现率，无法确定租赁内含利率的，应当采用承租人增量借款利率作为折现率。其中，租赁内含利率是指使出租人的租赁收款额的现值与未担保余值的现值之和等于租赁资产公允价值与出租人的初始直接费用之和的利率。承租人增量借款利率是指承租人在类似经济环境下为获得与使用权资产价值接近的资产，在类似期间以类似抵押条件借入资金须支付的利率。

（三）核算举例

为核算使用权资产的业务，企业应设置“使用权资产”总账科目。该科目核算承租人持有的使用权资产的原价。该科目可按租赁资产的类别和项目进行明细核算。在租赁期开始日，承租人应当按成本借记该科目，按尚未支付的租赁付款额的现值贷记“租赁负债”科目；对于租赁期开始日之前支付租赁付款额的，贷记“预付账款”等科目；按发生的初始直接费用，贷记“银行存款”等科目；按预计将发生的为拆卸及移除租赁资产、复原租赁资产所在场地或将租赁资产恢复至租赁条款约定状态等成本的现值，贷记“预计负债”科目。该科目期末借方余额反映承租人使用权资产的原价。

例 6-28

甲公司于20×1年1月1日向乙公司租入一台全新的机器设备，该机器设备不需要安装，已运达甲公司并投入管理部门使用。租赁合同约定，租赁期为4年，租赁期内每年年末支付租金100 000元。甲公司在租赁业务过程中发生手续费、律师费、差旅费等直接费用2 000元，款项以银行存款支付。在本次机器设备租赁业务中，甲公司在计算租赁付款额的现值时，由于无法确定租赁内含利率，因此采用承租人增量借款利率作为折现率，确定的折现率为8%。根据承租人甲公司提供的担保余值，甲公司预计应支付的相应款项为0元，即甲公司估计在租赁结束时租赁资产的价值至少为担保余值，因此不需要因为达不到担保余值再额外支付款项。假定不考虑相关税费的因素。甲公司对租入机器设备业务的分析和计算如下：

（1）确定租赁负债的金额。

租赁开始日尚未支付的租赁付款额＝100 000×4＝400 000(元)

租赁开始日尚未支付的租赁付款额的现值(租赁负债)＝100 000×$(P/A,8\%,4)$

＝100 000×3.312 1＝331 210(元)

未确认融资费用＝400 000－331 210＝68 790(元)

（2）确定租入机器设备的初始入账成本。

租入机器设备的初始入账成本＝租赁开始日尚未支付的租赁付款额的现值＋初始直接费用

＝331 210＋2 000＝333 210(元)

20×1年1月1日，甲公司租入机器设备时应编制如下会计分录：

借：使用权资产——机器设备	333 210	
租赁负债——未确认融资费用	68 790	
贷：租赁负债——租赁付款额		400 000
银行存款		2 000

本例中，“租赁负债”总账科目的贷方发生额为331 210元（400 000－68 790），即为租赁开始日尚未支付的租赁付款额的现值。按照我国现行《企业会计准则第21号——租赁》及其应用指南的规定，“租赁负债”总账科目核算承租人尚未支付的租赁付款额的现值，该科目可分别设置“租赁付款额”“未确认融资费用”等明细科目，以分别反映相应的会计信息。

根据我国《企业会计准则第21号——租赁》的规定，对于短期租赁和低价值资产租赁，承租人可以选择不确认使用权资产和租赁负债。其中，短期租赁是指在租赁期开始日，租赁期不超过12个月的租赁。包含购买选择权的租赁不属于短期租赁。低价值资产租赁是指单项租赁资产为全新资产时价值较低的租赁。低价值资产租赁的判定仅与资产的绝对价值有关，不受承租人规模、性质或其他情况影响。

三、使用权资产的后续计量

（一）使用权资产

根据我国《企业会计准则第21号——租赁》的规定，在租赁期开始日后，承租人应当按照相关规定采用成本模式对使用权资产进行后续计量。

根据规定，承租人应当参照《企业会计准则第4号——固定资产》有关折旧的规定，对使用权资产计提折旧。承租人能够合理确定租赁期届满时取得租赁资产所有权的，应当在租赁资产剩余使用寿命内计提折旧。无法合理确定租赁期届满时能够取得租赁资产所有权的，应当在租赁期与租赁资产剩余使用寿命两者孰短的期间内计提折旧。承租人还应当按照《企业会计准则第 8 号——资产减值》的规定，确定使用权资产是否发生减值，并对已识别的减值损失进行会计处理。

根据我国《企业会计准则第 21 号——租赁》应用指南的规定，使用权资产通常应自租赁期开始的当月计提折旧，当月计提确有困难的，为便于实务操作，企业也可以选择自租赁期开始的下月计提折旧，但应对同类使用权资产采取相同的折旧政策。计提的折旧金额应根据使用权资产的用途，计入相关资产的成本或者当期损益。

（二）租赁负债

根据规定，承租人应当按照固定的周期性利率计算租赁负债在租赁期内各期间的利息费用，并计入当期损益。按照《企业会计准则第 17 号——借款费用》等其他准则规定应当计入资产成本的，利息费用应当计入相关资产的成本。

周期性利率是指租赁期开始日租赁负债初始计量时采用的折现率，或者租赁期开始日后由于有关情况发生变化而按规定采用的修订后的折现率。例如，根据规定，在租赁期开始日后，发生承租人可控范围内的重大事件或变化，承租人对租赁资产购买选择权的评估结果发生变化的，应当根据新的评估结果重新确定租赁付款额。在计算变动后租赁付款额的现值时，承租人应当采用剩余租赁期间的租赁内含利率作为修订后的折现率；无法确定剩余租赁期间的租赁内含利率的，应当采用重估日的承租人增量借款利率作为修订后的折现率。

根据规定，在租赁期开始日后，根据担保余值预计的应付金额发生变动，或者因用于确定租赁付款额的指数或比率变动而导致未来租赁付款额发生变动的，承租人应当按照变动后租赁付款额的现值重新计量租赁负债。在这些情形下，承租人采用的折现率不变；但是，租赁付款额的变动源自浮动利率变动的，使用修订后的折现率。

根据规定，在租赁期开始日后，承租人根据情况重新确定租赁付款额并重新计量租赁负债时，应当相应调整使用权资产的账面价值。未纳入租赁负债计量的可变租赁付款额，应当在实际发生时计入当期损益；按照《企业会计准则第 1 号——存货》等其他准则规定应当计入相关资产成本的，计入相关资产的成本。

（三）核算举例

1. 使用权资产

为核算使用权资产折旧的业务，企业应设置“使用权资产累计折旧”总账科目。该科目核算企业使用权资产的累计折旧。承租人通常应当自租赁期开始日起按月计提使用权资产的折旧，借记“主营业务成本”“制造费用”“销售费用”“管理费用”“研发支出”等科目，贷记该科目。当月计提确有困难的，也可从下月起计提折旧，并在附注中予以披露。因租赁范围缩小、租赁期缩短或转租等原因减记或终止确认使用权资产时，承租人应同时结转相应的使用权资产累计折旧。该科目期末贷方余额反映企业使用权资产的累计折旧数额。

为核算使用权资产的减值业务，企业应设置“使用权资产减值准备”总账科目。该科目核算企业使用权资产的减值准备。使用权资产发生减值的，按应减记的金额，借记“资产减值损失”科目，贷记该科目。因租赁范围缩小、租赁期缩短或转租等原因减记或终止确认使用权资产时，承租人应同时结转相应的使用权资产累计减值准备。使用权资产减值准备一旦计提，不得转回。该科目期末贷方余额反映企业使用权资产的累计减值准备金额。

例6-29

承例6-28，假定甲公司采用年限平均法对租入的机器设备计提折旧，每年计提的折旧额为83 303元（333 210/4）。20×1年12月31日，甲公司应编制如下会计分录：

借：管理费用　83 303

　贷：使用权资产累计折旧　83 303

20×2年至20×4年的12月31日，除非使用权资产的账面余额进行调整或者对使用权资产确认减值准备，甲公司计提使用权资产折旧时编制的会计分录如同20×1年12月31日编制的会计分录。

我国《企业会计准则第21号——租赁》规定，该准则适用于所有租赁，但特定指出的有关业务或项目除外。其中包括：承租人通过许可使用协议取得的电影、录像、剧本、文稿等版权、专利等项目的权利，以出让、划拨或转让方式取得的土地使用权，适用《企业会计准则第6号——无形资产》，不适用《企业会计准则第21号——租赁》。在我国，版权、专利权、土地使用权是企业的无形资产。在实务中，固定资产租赁业务较为常见。在会计处理上，固定资产计提累计折旧，无形资产计提累计摊销。

2. 租赁负债

承租人在确认租赁期内各个期间的利息时，应当借记“财务费用”“在建工程”等科目，贷记“租赁负债——未确认融资费用”科目。承租人支付租赁付款额时，应当借记“租赁负债——租赁付款额”科目，贷记“银行存款”等科目。“租赁负债”总账科目的期末贷方余额反映承租人尚未支付的租赁付款额的现值。

例6-30

承例6-28，甲公司在20×1年1月1日租入机器设备时，可编制租赁负债利息费用计算表如表6-5所示。

表6-5　租赁负债利息费用计算表

20×1年1月1日　　单位：元

日期	租赁付款额（实际支付租金额）(1)	确认的利息费用 (2)=期初(4)×8%	租赁负债（应付本金）减少额 (3)=(1)-(2)	租赁负债（应付本金）余额(4)=期初(4)-(3)
20×1年1月1日				331 210
20×1年12月31日	100 000	26 497	73 503	257 707
20×2年12月31日	100 000	20 617	79 383	178 324
20×3年12月31日	100 000	14 266	85 734	92 590
20×4年12月31日	100 000	7 410*	92 590*	0
合计	400 000	68 790	331 210	

*含尾差调整。

20×1年12月31日，甲公司确认当年利息费用并支付租赁付款额时应编制如下会计分录：

借：财务费用　　26 497

贷：租赁负债——未确认融资费用　　26 497

同时，

借：租赁负债——租赁付款额　　100 000

贷：银行存款　　100 000

20×2 年至 20×4 年的 12 月 31 日，除非租赁付款额发生变动从而对租赁负债进行重新计量，甲公司确认利息费用并支付租赁付款额时编制的会计分录如同 20×1 年 12 月 31 日编制的会计分录，各年金额采用表 6－5 中计算的金额。

根据规定，承租人应当在资产负债表中单独列示使用权资产和租赁负债。在资产负债表中，"使用权资产"项目反映资产负债表日承租人企业持有的使用权资产的期末账面价值。该项目应根据"使用权资产"科目的期末余额，减去"使用权资产累计折旧"和"使用权资产减值准备"科目的期末余额后的金额填列。

按照我国《企业会计准则第 21 号——租赁》的规定，出租人应当在租赁开始日将租赁分为融资租赁和经营租赁。其中，融资租赁是指实质上转移了与租赁资产所有权有关的几乎全部风险和报酬的租赁。其所有权最终可能转移，也可能不转移。经营租赁是指除融资租赁以外的其他租赁。通常分类为融资租赁的情形举例有：在租赁期届满时，租赁资产的所有权转移给承租人；资产的所有权虽然不转移，但租赁期占租赁资产使用寿命的大部分；在租赁开始日，租赁收款额的现值几乎相当于租赁资产的公允价值等。根据规定，在租赁期开始日，出租人应当对融资租赁确认应收融资租赁款，并终止确认融资租赁资产。出租人对经营租赁不终止确认租赁资产，并对经营租赁资产中的固定资产采用类似资产的折旧政策计提折旧，同时应当按规定确定经营租赁资产是否发生减值，并进行相应的会计处理。由此，在租赁业务中，承租人和出租人对租赁的分类是不同的，会计核算方法也相应存在差异。

思考题

1. 什么是固定资产？固定资产具有哪些主要特征？

2. 固定资产按照经济作用可以分成哪些种类？综合运用各种标准一般可以分成哪些种类？

3. 固定资产在取得时应当如何进行初始计量？

4. 简述不同取得方式下固定资产初始入账成本的构成内容。

5. 非货币性资产交换在满足什么条件时被认为具有商业实质？换入或换出的非货币性资产在满足什么情形时，其公允价值被视为能够可靠计量？

6. 什么是固定资产折旧？企业为什么要对固定资产计提折旧？影响固定资产折旧数额的因素主要包括哪些？

7. 企业可以选用的固定资产折旧方法有哪几种？各种折旧方法在计算固定资产折旧数额时有什么特点？

8. 什么是固定资产的资本化后续支出？企业应当如何核算固定资产的资本化后续支出？

9. 固定资产在满足什么条件时应当予以终止确认？企业应当如何核算固定资产的处置净损失或净收益？

10. 什么是使用权资产？企业应当如何对使用权资产进行初始计量和后续计量？

练习题

练习一

一、目的：练习现购固定资产的核算。

二、资料：甲公司20×1年发生如下经济业务：

(1) 2月10日，购入一台不需要安装的生产用机器设备，设备价款为100 000元，增值税专用发票上注明的增值税进项税额为13 000元，款项以银行存款支付，机器设备投入使用。

(2) 3月14日，购入一台需要安装的生产用机器设备，设备价款为500 000元，增值税专用发票上注明的增值税进项税额为65 000元。购入机器设备时发生运输费2 000元，相应的增值税进项税额为180元（2 000×9%）；同时，发生运输途中保险费1 000元。以上款项都以银行存款支付。

(3) 3月22日，以银行存款支付上述生产用机器设备的安装费2 240元，机器设备投入使用。

(4) 5月16日，一揽子购入两种不同型号且具有不同生产能力的机器设备，分别为A种机器设备和B种机器设备，购入价款合计为280 000元，增值税进项税额为36 400元，款项以银行存款支付。A种机器设备单独的公允价值为120 000元，B种机器设备单独的公允价值为180 000元。

三、要求：根据以上经济业务，为甲公司编制有关的会计分录。暂不考虑除购价和运输费外的其他相关税费。

练习二

一、目的：练习分期付款购买固定资产的核算。

二、资料：甲公司于20×1年1月1日采用分期付款方式向乙公司购入一台需要安装的大型机器设备，该机器设备于当天运抵甲公司并开始安装。购买合同约定，甲公司于20×1年1月1日购买机器设备时，支付购买价款100 000元；之后，在20×1年至20×3年的3年内每半年向乙公司支付购买价款100 000元，具体支付日期为每年的6月30日和12月31日。甲公司购买该机器设备实际需要支付价款合计700 000元（100 000+100 000×6）。甲公司购入机器设备时适用的半年折现率为5%。20×1年6月30日，该大型机器设备完成安装，达到预定可使用状态，甲公司以银行存款支付安装费用50 000元。

三、要求：根据以上经济业务，为甲公司编制有关的会计分录。暂不考虑其他相关税费的因素。

练习三

一、目的：练习自行建造固定资产的核算。

二、资料：甲公司于20×1年1月至20×2年7月采用出包方式建造一栋办公大楼。整个建造工程出包给乙公司施工完成，固定合同造价为 300 000 元。在此期间，甲公司发生如下经济业务：

(1) 20×1 年 1 月 1 日，为建造办公大楼向银行专门借款 300 000 元，借入款项存入开户银行，借款利率按市场利率确定为年利率 9%，借款年限为 5 年，每年年末支付一次利息，到期偿还借款本金。

(2) 20×1 年 2 月 1 日，按建造合同约定向乙公司预付 10%备料款 30 000 元，款项以银行存款支付。乙公司收到预付工程款项后，建造工程开始施工。

(3) 20×1 年 8 月 31 日，建造工程完工一半，与乙公司结算工程建造款项 150 000 元，扣除预付的工程建造款项 30 000 元，将余款 120 000 元以银行存款向乙公司支付。

(4) 20×1 年 12 月 31 日，结算专门借款的年利息费用。同时，结算专门借款的年存款利息收入，存款年利率为 4%。

(5) 20×2 年 7 月 31 日，工程建造完工，验收合格，以银行存款向乙公司支付剩余工程建造款项 150 000 元。

(6) 20×2 年 7 月 31 日，结算专门借款的利息费用。同时，结算专门借款的存款利息收入。

(7) 20×1 年 1 月至 20×2 年 7 月工程建造期间，发生工程管理费、可行性研究费、监理费等待摊支出共计 15 000 元，款项以银行存款支付。

(8) 20×2 年 7 月 31 日，工程建造完工，分摊结转待摊支出。

(9) 20×2 年 7 月 31 日，工程建造完工，并达到可使用状态，结转工程成本。

(10) 20×2 年 12 月 31 日，结算专门借款的利息费用。

(11) 20×3 年 12 月 31 日，结算专门借款的年利息费用。

三、要求：根据以上经济业务，为甲公司编制有关的会计分录。暂不考虑相关税费的因素。

练习四

一、目的：练习非货币性资产交换取得固定资产的核算。

二、资料：甲公司因拓展经营业务的需要，20×1 年 8 月 15 日以一项对丙公司的长期股权投资交换乙公司拥有的一栋营业用房屋及房屋中的部分机器设备。由于丙公司是上市公司，甲公司对丙公司的长期股权投资的公允价值能够可靠计量，当日的公允价值为 2 880 000 元。甲公司对丙公司的长期股权投资采用成本法核算，账面余额为 2 650 000 元，没有计提过减值准备。甲公司对换入的房屋和机器设备作为固定资产管理，在日常经营活动中使用。乙公司换出房屋的账面原价为 2 260 000 元，累计折旧为 185 000 元，账面价值为 2 075 000 元（2 260 000－185 000）；换出机器设备的账面原价为 950 000 元，累计折旧为 140 000 元，账面价值为 810 000 元（950 000－140 000）。经评估，乙公司拥有的房屋的公允价值为 2 380 000 元，机器设备的公允价值为 755 000 元，房屋的公允价值和机器设备的公允价值合计为 3 135 000 元（2 380 000＋755 000）。经协商，甲公司以银行存款向乙公司支付补价 100 000 元，即乙公司拥有的房屋和机器设备合并转让作价为 2 980 000 元（2 880 000＋100 000）。

三、要求：根据以上经济业务，分别为甲公司和乙公司编制有关的会计分录。甲公司对房屋与建筑物类固定资产和机器设备类固定资产分别核算。暂不考虑相关税费的因素。

练习五

一、目的：练习固定资产折旧的核算。

二、资料：甲公司于20×1年5月20日购入一台生产用机器设备，原价为600 000元，预计使用年限为5年，预计净残值率为4%，自20×1年6月起计提折旧。该台机器设备预计生产产品产量为50 000件，20×1年6月生产产品产量为1 000件。

三、要求：根据以上资料，分别采用年限平均法、工作量法、双倍余额递减法、年数总和法计算20×1年6月份该台机器设备应计提的折旧数额，并编制相应的会计分录。

练习六

一、目的：练习固定资产减值的核算。

二、资料：沿用以上练习五的资料，假定甲公司采用年限平均法对该机器设备计提折旧。20×2年12月31日，甲公司发现该机器设备存在减值迹象，进而对该机器设备进行减值测试。经过减值测试，甲公司采用公允价值减去处置费后的净额确定的该机器设备的可收回金额为412 000元。甲公司确认该机器设备发生减值损失，在计提了减值准备后，继续按原来确定的使用年限并继续使用年限平均法对该机器设备计提折旧。甲公司调整该机器设备的预计净残值为计提减值准备后重新确定的机器设备账面价值的3%。

三、要求：根据以上资料，为甲公司编制机器设备减值的会计分录，并编制20×3年1月份该机器设备计提折旧的会计分录。

练习七

一、目的：练习固定资产后续支出的核算。

二、资料：甲公司于20×1年1月1日购入一台机器设备，成本合计为400 000元。该机器设备中包含内置发动机一个，单独购入的市场价格为50 000元。甲公司将整台机器设备作为一项固定资产计价入账，内置发动机没有作为单项固定资产计价入账。该台机器设备预计使用年限为10年，预计净残值为0元，采用年限平均法计提折旧。20×5年1月1日，该机器设备出现故障，经检修发现内置发动机发生严重磨损，需要更换。甲公司决定更换一个更为先进的内置发动机，以提高整台机器设备的工作效率。甲公司确定此次内置发动机的更换属于固定资产的资本化后续支出。甲公司在20×5年更换内置发动机的过程中发生如下经济业务：

(1) 20×5年1月1日，整台机器设备停止使用，报废原来的内置发动机，等待更换新的内置发动机。原内置发动机的残值为0。

(2) 20×5年1月6日，购入一个新的更为先进的内置发动机，购入价格为60 000元，增值税进项税额为7 800元，款项以银行存款支付。

(3) 20×5年1月9日，将成本为60 000元的内置发动机安装进入机器设备，并以银行存款向专业安装人员支付内置发动机的安装费用400元，安装任务完成。暂不考虑与安装费用相关的税费因素。

(4) 20×5年1月9日，内置发动机更换后，机器设备重新投入使用。

三、要求：根据以上经济业务，为甲公司编制有关的会计分录。

练习八

一、目的：练习固定资产处置的核算。

二、资料：甲公司于20×1年11月出售一台不需用的机器设备，该机器设备的原价为220 000元，已计提累计折旧140 000元，已计提减值准备30 000元。甲公司在20×1年11月出售该台机器设备的过程中发生如下经济业务：

（1）11月4日，将待出售固定资产转入固定资产清理。

（2）11月7日，以银行存款支付固定资产清理费用2 000元。

（3）11月8日，出售固定资产，收到出售价款25 000元和相应的增值税税额3 250元，款项存入开户银行。

（4）11月8日，结转出售固定资产发生的净损益。

三、要求：根据以上经济业务，为甲公司编制有关的会计分录。

练习九

一、目的：练习使用权资产的核算。

二、资料：甲公司于20×1年1月1日向乙公司租入一套办公用房，供管理部门使用。租赁合同约定，租赁期为4年，租赁期内每年年初支付租金200 000元。甲公司租入办公用房时，以银行存款支付了租金200 000元。甲公司在租赁业务过程中发生手续费等相关直接费用2 000元，款项以银行存款支付。在本次办公用房租赁业务中，甲公司在计算租赁付款额的现值时确定的折现率为8%。甲公司对租入的办公用房采用年限平均法计提折旧。甲公司于20×2年、20×3年和20×4年的1月1日分别以银行存款支付了租金200 000元。

三、要求：根据以上资料，为甲公司编制有关的会计分录。不考虑相关税费的因素。

第七章

无形资产和投资性房地产

第一节　无形资产

一、无形资产的概念和种类

（一）无形资产的概念

无形资产是指企业拥有或者控制的没有实物形态的可辨认非货币性资产。与其他资产相比，无形资产具有以下主要特征：

（1）不具有实物形态。无形资产通常表现为某种权利或某项技术，如专利权、商标权、非专利技术等。与存货、固定资产等有形资产相比，无形资产没有实物形态。无形资产通常通过其所具有的特殊权利、技术优势等为企业带来未来经济利益，而诸如存货、固定资产等有形资产通常通过实物资产的转移、磨损等方式为企业带来经济利益。

（2）能为企业带来未来经济利益。能为企业带来未来经济利益是所有资产的共同本质特征，无形资产也不例外。无形资产产生的经济利益可能包括在由使用无形资产而增加或提高的销售商品收入、提供劳务收入中，也可能包括在由使用无形资产而减少或节约的成本中，或体现在获得的其他利益中。

（3）具有可辨认性。无形资产应当能够区别于其他资产而可以单独辨认，如企业持有的专利权、非专利技术、商标权、土地使用权、特许权等。满足下列条件之一的资产，应当认为其具有可辨认性：一是能够从企业中分离或者划分出来，并能够单独或者与相关合同、资产或负债一起，用于出售、转移、授予许可、租赁或者交换。二是源自合同性权利或其他法定权利，无论这些权利是否可以从企业或其他权利和义务中转移或者分离。如企业通过签订特许权合同而获得的特许使用权，通过法律程序申请获得的商标权、专利权等。商誉通常与企业整体价值联系在一起，其存在无法与企业整体相分离，因此，不具有可辨认性，不属于企业无形资产的范围。企业内部产生的品牌、报刊名等也不应确认为无形资产。

（4）属于非货币性资产。非货币性资产与货币性资产相对应。货币性资产是指企业持有的货币资金以及在未来可以收到固定或可确定货币金额的资产，如库存现金、银行存款、应收账款、应收票据等。非货币性资产是指除货币性资产以外的其他资产。非货币性资产的主要特点是其在未来不能收到固定或可确定的货币金额，即其在未来可以收到的货币金额具有不确定性。无形资产在未来能给企业带来的经济利益具有不确定性，它属于企业的非货币性资产。相比较而言，应收账款不具有实物形态，但它不属于无形资产，它是企业的货币性资产。

我国《企业会计准则第 6 号——无形资产》规定，无形资产在同时满足下列两个条件时才能予以确认：一是与该无形资产有关的经济利益很可能流入企业；二是该无形资产的成本能够可靠地计量。企业在判断无形资产产生的经济利益是否很可能流入时，应当对无形资产在预计使用寿命内可能存在的各种经济因素作出合理估计，并且应当有明确的证据支持。成本能够可靠计量是所有资产确认的一项基本条件，无形资产的确认也是如此。

（二）无形资产的种类

1. 按经济内容分类

无形资产按经济内容分类，可以分为专利权、非专利技术、商标权、著作权、特许权、土地使用权等种类。

（1）专利权。专利权是指国家专利主管机关依法授予发明创造专利申请人对其发明创造在法定期限内所享有的专有权利，包括发明专利权、实用新型专利权和外观设计专利权。专利权给予专利持有者独家使用或控制专利的特殊权利，专利持有者拥有的专利权受到国家法律保护。发明专利权的期限为 20 年，实用新型专利权和外观设计专利权的期限为 10 年，均自申请日起计算。

（2）非专利技术。非专利技术也称专有技术，是指先进的、未公开的、未申请专利的、可以带来经济效益的各种技术和诀窍。非专利技术一般包括工业专有技术、商业贸易专有技术、管理专有技术等种类。其中，工业专有技术如在生产上使用的具有保密性质的生产、装配、修理、工艺或加工方法的技术知识；商业贸易专有技术如具有保密性质的市场情报、原材料价格情报、客户和竞争对象的情况等有关知识；管理专有技术如组织的经营方式、管理方法、职工培训方法等保密知识。非专利技术不受法律保护。非专利技术的持有人依靠自我保密的方式来维持其独占性。非专利技术除了可以自己使用外，也可用于转让和投资。

（3）商标权。商标是用来辨认特定的商品或劳务的标记。商标权是指专门在某类指定的商品上使用特定的名称或图案的权利。商标经过注册登记，就可以获得法律上的保护。经过注册登记的商标为注册商标，商标注册人依法享有注册商标的专用权。商标可以转让，但受让人应当保证使用该注册商标的产品的质量。注册商标的有效期为 10 年，自核准注册之日起计算。注册商标有效期满，需要继续使用的，可以申请续展注册。每次续展注册的有效期为 10 年。

（4）著作权。著作权又称版权，是指作者对其创作的文学、科学和艺术作品依法享有的特殊权利。著作权包括作品署名权、发表权、修改权和保护作品完整权，还包括复制权、发行权、出租权、展览权、表演权、放映权、广播权、信息网络传播权、摄制权、改编权、翻译权、汇编权以及应当由著作权人享有的其他权利。著作权人包括作者和其他享有著作权的公民、法人或者其他组织。著作权属于作者，创作作品的公民是作者。由法人或者其他组织主持，代表法人或者其他组织意志创作，并由法人或者其他组织承担责任的作品，法人或者其他组织视为作者。作者的署名权、修改权、保护作品完整权的保护期不受限制。公民的作品，其发表权、复制权、发行权、出租权、展览权、表演权、放映权、广播权、信息网络传播权、摄制权、改编权、翻译权、汇编权以及应当由著作权人享有的其他权利的保护期，为作者终生及其死亡后50年。法人或其他组织的作品，其发表权、复制权、发行权、出租权、展览权、表演权、放映权、广播权、信息网络传播权、摄制权、改编权、翻译权、汇编权以及应当由著作权人享有的其他权利的保护期，为作品首次发表后50年。著作权受到法律保护。未经著作权人的许可，他人不得占有或使用其作品。

（5）特许权。特许权也称经营特许权、特许经营权或专营权，是指企业在某一地区经营或销售某种特定商品的权利，或者是指一家企业接受另一家企业使用其商标、商号、专利权、技术秘密等的权利。前者是由政府机构授权，准许企业在某一地区经营或销售某种特定商品，如水、电、邮电通讯等专营权，烟草专卖权等。后者是由企业间通过签订合同授权，准许一家企业使用另一家企业的商标、商号、专利权、技术秘密等，如连锁店分店使用总店的名称等。企业间通过签订合同授权，特许权转让人可以扩大产品销售，提高企业的知名度，并可以收取特许权转让费和使用费；特许权受让人可以利用特许权转让人的商标、技术秘密等特殊资产的价值获得比较可靠的经济利益。

（6）土地使用权。土地使用权是指国家准许企业或单位在一定期间内对国有土地享有开发、利用、经营的权利。根据我国土地管理法的规定，我国土地实行公有制，任何单位和个人不得侵占、买卖或者以其他形式非法转让。企业在购买土地使用权时发生的支出作为无形资产核算。但企业用于赚取租金或资本增值目的的土地不作为无形资产核算，而作为投资性房地产核算。

2. 按使用寿命分类

无形资产按使用寿命分类，可分为使用寿命有限的无形资产、使用寿命不确定的无形资产等种类。

（1）使用寿命有限的无形资产。使用寿命有限的无形资产是指可以使用的时间受到法规或合同限定的无形资产，如专利权、商标权、著作权、土地使用权等。使用寿命有限的无形资产，其成本应当在预计受益期内摊销。

（2）使用寿命不确定的无形资产。使用寿命不确定的无形资产是指可以使用的时间不受到法规或合同限定的无形资产，如非专利技术。这类无形资产的使用寿命取决于技术进步的快慢、技术保密的好坏等因素。当新的可替代技术出现时，旧的非专利技术自然贬值，甚至无价值可言。

3. 按取得渠道分类

无形资产按取得渠道或来源途径分类，可分为外来无形资产、自行研究开发无形资产等种类。

（1）外来无形资产。外来无形资产是指企业从外单位购入、接受投资者投入等渠道取得的无形资产。外来无形资产应当按照取得成本或评估价值计价入账。

（2）自行研究开发无形资产。自行研究开发无形资产也称内部研究开发无形资产，或称自创无形资产，是指企业通过自行研究和开发取得的无形资产。自行研究开发的无形资产，其成本应当在具体分析支出内容的基础上确定。

二、无形资产的取得

（一）外购无形资产

无形资产在取得时应当按照成本进行初始计量。外购无形资产的成本包括购买价款、相关税费以及直接归属于使该项资产达到预定用途所发生的其他支出。其中，直接归属于使该项资产达到预定用途所发生的其他支出包括使无形资产达到预定用途所发生的专业服务费用、测试无形资产是否能够正常发挥作用的费用等，但不包括企业为引入新产品而发生的宣传广告费用、管理费用和其他间接费用，以及企业在无形资产达到预定用途之后发生的有关费用。

企业购买无形资产的价款超过正常信用条件延期支付，实质上具有融资性质的，无形资产的初始入账成本应当以购买价款的现值为基础计算确定。实际支付价款与购买价款的现值之间的差额作为未确认融资费用予以确认，并在信用期内采用实际利率法进行摊销。摊销金额满足借款费用资本化条件的，计入无形资产的成本；不满足借款费用资本化条件的，作为财务费用计入当期损益。

企业外购房屋建筑物所支付的价款中同时包括土地使用权和房屋建筑物价值的，应当对实际支付的价款采用适当的分配方法在土地使用权与地上房屋建筑物之间进行合理的分配。其中，适当的分配方法如按土地使用权与地上房屋建筑物公允价值的比例进行分配的方法。如果确实无法在土地使用权与地上房屋建筑物之间进行合理分配的，应当全部作为固定资产进行核算。企业取得土地使用权后，用于自行开发建造厂房等地上房屋建筑物时，土地使用权与地上房屋建筑物分别进行单独核算，即土地使用权仍作为单独的无形资产核算。但房地产开发企业取得土地使用权后，用于建造对外出售的房屋建筑物时，相应的土地使用权应当计入所建造的房屋建筑物成本。

为核算无形资产的业务，企业应设置“无形资产”总账科目。该科目核算企业持有的无形资产的成本。企业外购无形资产时，按应计入无形资产成本的金额，借记该科目，贷记“银行存款”等科目。该科目可按无形资产项目进行明细核算。该科目期末借方余额，反映企业无形资产的成本。

1. 现购无形资产

例 7-1

甲公司于 20×1 年 12 月 2 日从乙公司购入一项专利权，价款为 125 000 元，相应的增值税税额为 7 500 元（125 000×6%），款项合计 132 500 元（125 000+7 500）以银行存款支付。同时，甲公司再以银行存款支付与该专利权有关的专业服务费用 5 000 元。暂不考虑其他相关税费因素。甲公司本次发生的银行存款支付合计数为 137 500 元（132 500+5 000）。甲公司估计，使用该专利技术后，公司的生产能力将显著提高，获利能力也将随之显著提高。购入的专利权达到预定用途。甲公司应编制如下会计分录：

借：无形资产——专利权	130 000
应交税费——应交增值税（进项税额）	7 500
贷：银行存款	137 500

本例中，无形资产的初始入账成本为购买价款与有关的专业服务费用之和，即为130 000元（125 000+5 000）。

根据增值税法规的规定，转让商标权、专利权、非专利技术、著作权等无形资产征收增值税，适用的增值税税率为6%。

2. 分期付款购买无形资产

例7-2

甲公司于20×1年1月1日从乙公司购入一项商标权。由于甲公司资金比较紧张，经与乙公司协商采用分期付款方式支付购买价款，每年年末支付购买价款10 000元，3年付清全部购买价款。甲公司购买商标权时，银行同期贷款利率为9%。甲公司采用该银行同期贷款利率作为折现率计算购入的商标权的价值。甲公司计算购入商标权的价值以及未确认融资费用如下：

购入的商标权的价值＝10 000×$(P/A,9\%,3)$

＝10 000×2.531 3＝25 313(元)

未确认融资费用＝实际支付的价款－购买价款的现值

＝3×10 000－25 313＝4 687(元)

暂不考虑相关税费的因素，20×1年1月1日，甲公司购入无形资产时应编制如下会计分录：

借：无形资产——商标权　　25 313

　　未确认融资费用　　4 687

　贷：长期应付款　　30 000

同时，甲公司应编制未确认融资费用分摊表，如表7-1所示。

表7-1　未确认融资费用分摊表

20×1年1月1日　　单位：元

日期	实际分期付款额 (1)	确认的融资费用 (2)＝期初(4)×9%	应付本金减少额 (3)＝(1)－(2)	应付本金余额 (4)＝期初(4)－(3)
20×1年1月1日				25 313
20×1年12月31日	10 000	2 278	7 722	17 591
20×2年12月31日	10 000	1 583	8 417	9 174
20×3年12月31日	10 000	826	9 174	0
合计	30 000	4 687	25 313	

20×1年12月31日，甲公司支付分期购买价款并分摊未确认融资费用时应编制如下会计分录：

借：长期应付款　　10 000

　贷：银行存款　　10 000

同时，

借：财务费用　　2 278

　贷：未确认融资费用　　2 278

20×2年12月31日和20×3年12月31日，甲公司支付分期购买价款并分摊未确认融资费用时编制的会计分录，可参照20×1年12月31日的会计分录。

（二）自行研究开发无形资产

企业自行研究开发无形资产应当区分研究阶段与开发阶段，并分别核算研究阶段的支出和开发阶段的支出。

1. 研究阶段支出的确认

研究是指为获取并理解新的科学或技术知识等而进行的独创性的有计划的调查。研究活动的例子包括：意在获取知识而进行的活动；研究成果或其他知识的应用研究、评价和最终选择；材料、设备、产品、工序、系统或服务替代品的研究等。研究阶段的活动具有探索性的特征。研究阶段的活动结束后，是否会转入开发阶段进行具有针对性的开发活动，并在此基础上形成能为企业带来未来经济利益的无形资产，具有很大的不确定性。研究阶段的活动一般不会形成阶段性应用成果。为此，研究阶段的支出一般不符合无形资产确认的条件，相应的支出应当在发生时全部费用化，计入当期损益。

2. 开发阶段支出的确认

开发是指在进行商业性生产或使用前，将研究成果或其他知识应用于某项计划或设计，以生产出新的或具有实质性改进的材料、装置、产品等。开发活动的例子包括：生产前或使用前的原型和模型的设计、建造和测试；不具有商业性生产经济规模的试生产设施的设计、建造和运营；新的或经改造的材料、设备、产品、工序、系统或服务所选定的替代品的设计、建造和测试等。

开发阶段是建立在研究阶段基础之上的，是在完成了研究阶段后的研发活动。开发阶段的活动具有针对性的特征。进入开发阶段的研发项目，最终形成一项能为企业带来未来经济利益的无形资产的可能性比较大。开发阶段的支出在同时满足下列条件时应当予以资本化并最终确认为无形资产：一是完成该无形资产以使其能够使用或出售在技术上具有可行性；二是具有完成该无形资产并使用或出售的意图；三是无形资产在未来存在产生经济利益的方式，包括能够证明运用该无形资产生产的产品存在市场或无形资产自身存在市场，无形资产将在内部使用的，应当能够证明其有用性；四是有足够的技术、财务资源和其他资源支持，以完成该无形资产的开发，并有能力使用或出售该无形资产；五是归属于该无形资产开发阶段的支出能够可靠计量。

3. 自行研究开发无形资产成本的计量

自行研究开发无形资产的成本仅包括开发阶段的支出，不包括研究阶段的支出。具体来说，自行研究开发无形资产的成本应当包括开发阶段开始并满足支出资本化条件后至无形资产达到预定用途前所发生的各种相关支出，如在开发无形资产时耗费的材料、劳务成本、注册费、使用其他专利权的摊销费、借款费用资本化的利息费用等。在无形资产开发过程中发生的一般管理费用、为运行无形资产而发生的培训支出等不计入无形资产成本。无形资产开发成功后，研究阶段已经费用化的支出不再调整计入无形资产成本。确实无法区分是属于研究阶段的支出还是属于开发阶段的支出，应当将发生的相应支出全部费用化，计入当期损益。

4. 自行研究开发无形资产的会计处理

为核算自行研究开发无形资产的业务，企业应设置“研发支出”总账科目。该科目可按研究开发项目，分别“费用化支出”“资本化支出”进行明细核算。企业自行研究开发无形资产发生的研发支出，不满足资本化条件的，借记“研发支出——费用化支出”科目，满足资本化条件的，借记“研发支出——资本化支出”科目，贷记“原材料”“银行存款”“应付职工薪酬”等科目。研究开发项目达到预定用途形成无形资产的，按“研发支出——资本化支出”科目的余额，借记“无形资产”科目，贷记“研发支出——资本化支出”科目。期末，将“研发支出——费用化支出”科目的余额转入“管理费用”科目时，借记“管理费用”科目，贷记“研发支出——费用化支出”科目。该科目期末借方余额反映企业正在进行无形资产研究开发项目满足资本化条件的支出。

例7-3

甲公司于20×1年5月12日经董事会批准开始研究开发某项新型非专利技术。截至20×1年8月31日，共发生研究阶段的支出36 000元，其中包括应付职工薪酬28 000元，以银行存款支付的其他费用8 000元。20×1年8月31日，经测试，该项研发活动完成了研究阶段。甲公司董事会经研究后认为，完成该项新型非专利技术并使其能够使用在技术上具有可行性，该非专利技术一旦开发成功，将降低公司的生产成本，为公司带来未来经济利益，并且公司也有足够的财务资源支持完成该项非专利技术的开发。自20×1年9月1日起，甲公司对该项新型非专利技术的研发活动进入开发阶段。截至20×1年12月31日，甲公司共发生开发阶段的支出118 000元，其中包括耗用的原材料费用45 000元，应付职工薪酬33 000元，计提的专用设备折旧费用24 000元，以银行存款支付的其他费用16 000元。20×2年1月1日至2月15日，甲公司共发生开发阶段的支出28 800元，其中包括耗用的原材料费用4 500元，应付职工薪酬12 000元，计提的专用设备折旧费用6 500元，以银行存款支付的其他费用5 800元。20×2年2月15日，经鉴定，该新型非专利技术达到预定用途。

根据以上经济业务，甲公司应编制如下会计分录：

(1) 20×1年5月12日至8月31日，发生研究阶段的支出时。

借：研发支出——费用化支出	36 000	
贷：应付职工薪酬		28 000
银行存款		8 000

(2) 20×1年9月1日至12月31日，发生开发阶段的支出时。

借：研发支出——资本化支出	118 000	
贷：原材料		45 000
应付职工薪酬		33 000
累计折旧		24 000
银行存款		16 000

(3) 20×1年12月31日，结转研究阶段的支出时。

借：管理费用	36 000	
贷：研发支出——费用化支出		36 000

(4) 20×2年1月1日至2月15日，发生开发阶段的支出时。

借：研发支出——资本化支出	28 800	
贷：原材料		4 500
应付职工薪酬		12 000

累计折旧		6 500
银行存款		5 800

(5) 20×2 年 2 月 15 日，非专利技术达到预定用途时。

无形资产成本＝118 000＋28 800＝146 800(元)

借：无形资产——非专利技术	146 800	
贷：研发支出——资本化支出		146 800

(三) 投资者投入无形资产

投资者投入的无形资产，其成本应当按照投资合同或协议中约定的价值确定，但合同或协议约定的价值不公允的除外。在合同或协议约定的价值不公允的情况下，投资者投入的无形资产应当按照其公允价值计价入账。

例 7－4

甲公司于 20×1 年 10 月 2 日接受投资者土地使用权投资，双方协议约定，该土地使用权的价值为 195 000 元，为该土地使用权当时的公允价值。甲公司将取得的土地使用权全部作为实收资本入账。暂不考虑相关税费的因素。甲公司应编制如下会计分录：

借：无形资产——土地使用权	195 000	
贷：实收资本		195 000

(四) 非货币性资产交换取得的无形资产

非货币性资产交换取得无形资产的业务与非货币性资产交换取得固定资产的业务相似。企业通过非货币性资产交换取得的无形资产，在同时满足交换具有商业实质以及换入的无形资产或换出的非货币性资产的公允价值能够可靠计量这两个条件时，其初始入账成本应当以公允价值为基础计量；在不能同时满足以上以公允价值为基础计量的两个条件时，取得的无形资产应当以账面价值为基础计量。

例 7－5

甲公司因经营战略转变，产品结构发生较大调整，20×1 年 7 月 5 日以一项正在建造过程中的建筑物交换乙公司拥有的高新机器设备及其配套的专利技术。甲公司在建工程的公允价值能够可靠计量，当日的公允价值为 3 255 000 元，其账面余额为 2 466 000 元。甲公司对换入的机器设备作为固定资产管理，对换入的专利技术作为无形资产管理，均在日常经营活动中使用。乙公司换出机器设备的账面原价为 2 210 000 元，累计折旧为 318 000 元，账面价值为 1 892 000 元 (2 210 000－318 000)，该机器设备的公允价值为 1 880 000 元；换出专利技术的账面原价为 1 360 000 元，累计摊销为 240 000 元，账面价值为 1 120 000 元 (1 360 000－240 000)，该专利技术的公允价值为 1 245 000 元。经协商，乙公司以银行存款向甲公司支付补价 90 000 元。暂不考虑相关税费的因素。甲公司和乙公司分别对本次非货币性资产交换业务的分析和会计处理如下：

(1) 甲公司的分析和会计处理。

因收到的补价占换出资产公允价值的比例＝(90 000/3 255 000)×100%＝2.8%＜25%，故此次交换属于非货币性资产交换。

对甲公司而言，换入的机器设备和专利技术的未来现金流量在风险、时间分布和金额方面与换出的在建工程显著不同。因而，可以判断此次资产交换具有商业实质。同时，机器设备和专利技术以及在建工程的公允价值均能够可靠计量。因此，甲公司应当以公允价值为基础确定换入资产的成本，并确认产生的损益。

换出资产公允价值总额＝3 255 000－90 000＝3 165 000(元)

换出资产公允价值总额分摊至机器设备的数额＝3 165 000×1 880 000/(1 880 000＋1 245 000)

＝3 165 000×60%＝1 899 000(元)

换出资产公允价值总额分摊至专利技术的数额＝3 165 000－1 899 000

＝1 266 000(元)

借：固定资产——机器设备	1 899 000	
无形资产——专利权	1 266 000	
银行存款	90 000	
贷：在建工程		2 466 000
资产处置损益		789 000

(2) 乙公司的分析和会计处理。

因支付的补价占换入资产公允价值的比例＝(90 000/3 255 000)×100%＝2.8%＜25%，故此次交换属于非货币性资产交换。

对乙公司而言，换入的在建工程的未来现金流量在风险、时间分布和金额方面与换出的机器设备和专利技术显著不同。因而，可以判断此次资产交换具有商业实质。同时，在建工程以及机器设备和专利技术的公允价值均能够可靠计量。因此，乙公司应当以公允价值为基础确定换入资产的成本，并确认产生的损益。

借：固定资产清理	1 892 000	
累计折旧	318 000	
贷：固定资产——机器设备		2 210 000

同时，

借：在建工程	3 255 000	
累计摊销	240 000	
贷：无形资产——专利权		1 360 000
固定资产清理		1 892 000
银行存款		90 000
资产处置损益		153 000

三、无形资产的摊销和减值

（一）无形资产的摊销

1. 估计无形资产使用寿命时应考虑的因素

无形资产的摊销以其使用寿命为基础。企业应当在取得无形资产时分析判断其使用寿命。无形资产的使用寿命为有限的，应当估计该使用寿命的年限或者构成使用寿命的产量等类似计量单位数量，并在使用寿命内对无形资产的成本进行摊销。无法预见无形资产为企业带来经济利益期限的，应当视为使用寿命不确定的无形资产。使用寿命不确定的无形资产，其成本不进行摊销，而采用资产减值的处理方法。

无形资产的使用寿命包括法定寿命和经济寿命两个方面。法定寿命是指法律法规或合同规定的使用寿命。例如，发明专利权的法定使用寿命为 20 年，实用新型专利权和外观设计专利权的法定使用寿命为 10 年，注册商标权的法定使用寿命为 10 年。经济寿命是指无形资产能为企业带来经济利益的使用寿命。受技术进步、市场竞争等因素的影响，无形资产的经济寿命往往短于其法定寿命。

企业在估计无形资产的经济寿命时通常应当考虑如下因素：该资产通常的产品寿命周期，以及可获得的类似资产使用寿命的信息；技术、工艺等方面的现实情况及对未来发展的估计；以该资产生产的产品或服务的市场需求情况；现在或潜在的竞争者预期采取的行动；为维持该资产产生未来经济利益的能力预期的维护支出及企业预计支付有关支出的能力；对该资产的控制期限，对该资产使用的法律限制或类似限制；与企业持有的其他资产使用寿命的关联性等。

2. 无形资产使用寿命的确定

企业在确定无形资产的使用寿命时，对于源自合同性权利或其他法定权利的无形资产，其使用寿命通常不应超过合同性权利或其他法定权利的期限。例如，企业取得一项发明专利权，法律保护期限为 20 年，企业确定的该项无形资产的使用寿命不应超过 20 年。如果企业预期使用有关无形资产的期限短于合同性权利或其他法定权利规定的期限，或者企业预计有关无形资产能给企业带来未来经济利益的期限短于合同性权利或其他法定权利规定的期限，那么，企业应当按照预期使用期限或预计能给企业带来未来经济利益的期限来确定无形资产的使用寿命。例如，企业取得一项发明专利权，法律保护期限为 20 年，企业预计使用该项发明专利权生产的产品在未来 12 年内能给企业带来经济利益，那么，该项发明专利权的使用寿命应确定为 12 年；如果有关第三方承诺将在 5 年后以其取得之日公允价值的 60%购买该项发明专利权，而企业也计划在 5 年内将其出售给该第三方，那么，该项发明专利权的使用寿命应确定为 5 年。

对于源自合同性权利或其他法定权利的无形资产，如果合同性权利或其他法定权利能够在到期时因续约等延续，并且企业获得相应权利的延续不需要付出重大成本时，续约期可以包括在无形资产的估计使用寿命中。如果企业在延续权利时付出的成本与相应的预期未来经济利益相比具有重要性时，那么，延续权利的活动在本质上属于企业重新获得了一项新的无形资产。

对于非源自合同性权利或其他法定权利的无形资产，或者合同或法律中没有明确规定使用寿命的无形资产，企业应当综合各方面的因素，采用各种方法估计其使用寿命，如聘请专家进行论证、与同行业的情况进行比较、参考企业的历史经验等。只有在经过努力仍然无法合理确定能为企业带来未来经济利益期限的无形资产，企业才能将其作为使用寿命不确定的无形资产。例如，企业取得了一项在过去几年中较为畅销产品的商标权。该商标权的剩余法定使用寿命还有 5 年。法定保护期满后，企业可以每 10 年以较低的手续费申请一次延期，企业有能力申请延期。有关调查表明，从产品生命周期、市场竞争等情况来看，该商标可以在未来不确定的时期内给企业带来现金流量。综合各方面的情况，该商标权可以判断为使用寿命不确定的无形资产。再如，企业通过拍卖的方式取得一项出租车运营许可权。根据规定，旧的出租车报废后，该运营许可权可用于新的出租车。企业在可以预计的未来将持续经营出租车行业。对于该运营许可权，企业在取得时难以可靠估计其能为企业带来未来经济利益的期限，因而可视为使用寿命不确定的无形资产。

3. 无形资产的摊销方法

使用寿命有限的无形资产应当在其使用寿命内采用系统合理的方法对其应摊销的金额进行摊销。其中，应摊销的金额是指无形资产的成本扣除残值后的金额。已计提减值准备的无形资产，还应扣除已计提的无形资产减值准备累计金额。使用寿命有限的无形资产，其残值一般应当视为零。

企业选择的无形资产的摊销方法，应当能够反映与该项无形资产有关的经济利益的预期实现方式。具体的摊销方法可以有直线法、产量法等。对于受技术更新影响较大的专利权、非专利技术等无形资产，可以采用类似固定资产加速折旧的方法进行摊销。经营特许权、专利权等无形资产如果存在产量限制的，应当采用产量法进行摊销。无法可靠确定经济利益预期实现方式的无形资产，应当采用直线法进行摊销。

4. 无形资产摊销的会计处理

无形资产的摊销金额一般应当计入当期损益。但如果某项无形资产专门用于生产某种产品或其他资产，其所包含的经济利益需要通过所生产的产品或其他资产得以实现的，那么，该项无形资产的摊销金额应当计入相应产品或其他资产的成本。例如，某项非专利技术专门用于生产某种产品，其所包含的经济利益需要通过销售生产的相应产品得以实现，那么，该项非专利技术的摊销金额应当计入相应产品的生产成本，具体可以通过计入制造费用的方式计入产品成本。

为核算无形资产的摊销业务，企业应设置“累计摊销”总账科目。企业按期计提无形资产摊销时，借记“管理费用”“其他业务成本”等科目，贷记该科目。企业处置无形资产时，结转计提的累计摊销。该科目期末贷方余额，反映企业计提的无形资产的累计摊销数额。该科目可按无形资产项目进行明细核算。

例7-6

甲公司于20×1年1月1日从乙公司购入一项商标权，以银行存款支付购买价款60 000元。该商标权的使用寿命为10年，以直线法摊销，每年摊销金额为6 000元(60 000/10)，摊销金额计入管理费用。20×1年12月31日，甲公司摊销商标权成本时应编制如下会计分录：

借：管理费用——商标权摊销	6 000	
贷：累计摊销		6 000

例7-7

甲公司于20×1年12月31日拥有一项专门用于生产某种产品的专利技术，取得成本为140 000元，采用直线法摊销，摊销金额计入制造费用。甲公司在取得该项专利技术时，其法定使用寿命即法律保护期限为14年，预计该项专利技术的经济使用寿命即可为甲公司带来未来经济利益的期限为10年。甲公司计算20×1年度该项专利技术的摊销数额为14 000元（140 000/10)。20×1年12月31日，甲公司应编制如下专利技术摊销的会计分录：

借：制造费用——专利权摊销 14 000

  贷：累计摊销 14 000

（二）无形资产的减值

企业持有的使用寿命不确定的无形资产，在持有期间不需要进行摊销。但企业至少应当在每年年度终了时对持有的使用寿命不确定的无形资产进行一次减值测试。如果减值测试结果为使用寿命不确定的无形资产的可收回金额低于其账面价值，则表明相应的无形资产已经发生减值，企业应当对其计提减值准备，确认无形资产减值损失。与固定资产计提减值准备的情况一样，无形资产减值损失一经确认，以后会计期间不能转回。

为核算无形资产计提减值准备的业务，企业应当设置“无形资产减值准备”总账科目。企业在资产负债表日确认无形资产减值损失时，借记“资产减值损失”科目，贷记该科目。企业在处置无形资产时，同时结转已计提的无形资产减值准备。该科目期末贷方余额，反映企业已计提但尚未转销的无形资产减值准备。该科目可按无形资产项目进行明细核算。

例 7－8

甲公司于20×1年3月15日从乙公司购入一项目前市场上较为畅销的产品的商标，购入价格为78 000元。该商标的法律保护年限还有6年。法律保护年限期满后，企业可以每10年申请一次延期，申请时只需要支付较低的手续费，企业有充分证据证明有能力申请延期。相关调查表明，根据产品生命周期、市场竞争等情况综合判断，该商标可以在未来不确定的时期内给企业带来经济利益。为此，企业将购入的该商标权作为使用寿命不确定的无形资产，在持有期间不进行摊销。20×1年12月31日，甲公司对持有的该商标权按照资产减值的方法进行测试，未发现该商标权发生减值。20×2年12月31日，甲公司继续对持有的该商标权进行减值测试，结果为该商标权的可收回金额为63 000元，表明该商标权已经发生减值，减值金额为15 000元（78 000－63 000）。20×2年12月31日，甲公司应编制如下计提无形资产减值准备的会计分录：

借：资产减值损失 15 000

  贷：无形资产减值准备 15 000

本例中，无形资产计提减值准备后，其账面价值为63 000元（78 000－15 000）。即对于使用寿命不确定的无形资产，在计提了减值准备的情况下，其账面价值为账面原值或成本减去减值准备后的差额。

四、无形资产的处置

（一）无形资产的出售

企业处置无形资产的方式可以有对外出售、对外出租、报废、对外捐赠等。企业出售无形资产，表示企业转让无形资产的所有权。企业出售无形资产时，应转销无形资产的账面余额，同时应结转计提的累计摊销和减值准备，取得的价款与无形资产账面价值的差额作为处置非流动资产利得或损失计入当期损益。相应的会计处理为：按实际收到的金额等，借记“银行存款”等科目，按已计提的累计摊销，借记“累计摊销”科目，按应支付的相关税费及其他费用，贷记“应交税费”“银行存款”等科目，按出售无形资产的账面余额，贷记“无形资产”科目，按其差额，贷记“资产处置损益”科目。

例7-9

甲公司于20×1年8月5日将拥有的某项专利技术出售给乙公司，该专利技术的成本为184 000元，已计提累计摊销56 000元，账面价值为128 000元（184 000－56 000），出售价款为150 000元，相应的增值税税额为9 000元（150 000×6%），款项合计159 000元（150 000＋9 000）已收到并存入银行。本次无形资产处置利得为22 000元（150 000－128 000）。甲公司应编制如下会计分录：

借：银行存款　　159 000
　　累计摊销　　56 000
　贷：无形资产——专利权　　184 000
　　　应交税费——应交增值税（销项税额）　　9 000
　　　资产处置损益　　22 000

（二）无形资产的出租

企业将拥有的无形资产出租给他人使用，表明企业让渡无形资产的使用权。企业出租无形资产的业务属于企业的其他业务活动，收取的租金应当计入其他业务收入，摊销的无形资产成本应当计入其他业务成本。相应的会计处理为：取得无形资产租金收入时，借记“银行存款”等科目，贷记“其他业务收入”科目；摊销无形资产成本时，借记“其他业务成本”科目，贷记“累计摊销”科目；计算应缴纳的增值税时，借记“银行存款”科目，贷记“应交税费”科目。

例7-10

甲公司于20×1年1月1日将拥有的某项专利技术出租给乙公司，该专利技术的成本为220 000元，摊销期限为10年，采用直线法摊销，每年摊销22 000元（220 000/10）。出租合同规定，乙公司每销售一件使用该专利技术生产的产品，应当向甲公司支付专利技术使用费100元。20×1年，乙公司共销售使用该专利技术生产的产品400件，以银行存款向甲公司支付了专利技术使用费40 000元（400×100）及其相应的增值税税额2 400元（40 000×6%）。甲公司已收到相应款项共计42 400元（40 000＋2 400）。甲公司应编制如下会计分录：

（1）20×1年间收到专利权使用费时。

借：银行存款　　42 400
　贷：其他业务收入　　40 000
　　　应交税费——应交增值税（销项税额）　　2 400

（2）20×1年末摊销专利技术成本时。

借：其他业务成本　　22 000
　贷：累计摊销　　22 000

（三）无形资产的报废

如果无形资产不再能为企业带来未来经济利益，例如，专利权、非专利技术等无形资产已经被新的技术所替代，那么，相应的无形资产就不再符合无形资产的定义，企业应当将其报废，转销其账面价值。无形资产报废时转销的账面价值应当计入当期损益。相应的会计处理为：按已计提的累计摊销，借记“累计摊销”科目，按已计提的减值准备，借记“无形资产减值准备”科目，按无形资产的账面余额，贷记“无形资产”科目，按其差额借记“营业外支出”科目。

例 7－11

甲公司于 20×1 年 9 月 30 日报废一项专利技术，原因是根据市场调查，该专利技术已经被更为先进的技术所替代，使用该专利技术生产的产品已经没有市场。该专利技术在报废时，账面余额为 90 000 元，已计提累计摊销 60 000 元，已计提减值准备 20 000 元，账面价值为 10 000 元（90 000－60 000－20 000）。甲公司应编制如下会计分录：

借：累计摊销　　60 000
　　无形资产减值准备　　20 000
　　营业外支出　　10 000
　贷：无形资产——专利权　　90 000

第二节　投资性房地产

一、投资性房地产的概念和范围

（一）投资性房地产的概念

投资性房地产是指企业为赚取租金或资本增值，或者两者兼有而持有的房地产。其中，房地产包括房屋和建筑物以及土地使用权。投资性房地产作为一个资产的种类，它具有如下主要特征：

（1）它是企业用于投资并以赚取租金或资本增值为目的的房地产，从而区别于企业用于其自身生产经营活动或用于对外销售目的的房地产。企业用于其自身生产经营活动目的的房屋和建筑物属于企业的固定资产，用于其自身生产经营活动目的的土地使用权属于企业的无形资产。对于房地产开发企业来说，开发完成并等待对外销售的房屋和建筑物属于企业的存货。

（2）它是企业的一种经营性活动。企业在投资性房地产上取得的租金收入或资本增值，是企业让渡资产使用权而取得的使用费收入或公允价值变动收益，它属于企业在开展经营活动过程中取得的收入。对大多数企业来说，在投资性房地产上取得的租金收入或资本增值计入企业的其他业务收入或公允价值变动损益。

（3）它应当能够单独计量和出售。我国《企业会计准则第 3 号——投资性房地产》规定，投资性房地产应当能够单独计量和出售。也就是说，如果用于赚取租金目的或资本增值目的的房地产不能够单独计量和出售，那么，这些房地产就不能作为投资性房地产予以确认，而应当作为固定资产或无形资产予以确认。如果某项房地产部分用于赚取租金或资本增值目的，部分用于生产商品、提供劳务或经营管理等方面的自用目的，那么，对于用于赚取租金或资本增值目的的那部分房地产，只有在能够单独计量和出售的情况下，才能确认为投资性房地产，否则，也应当确认为固定资产或无形资产。

企业将投资性房地产作为单独的一类资产进行核算和反映，将投资性房地产与企业自用的固定资产和无形资产进行区分，这样，企业持有的房屋建筑物以及土地使用权的用途和构成情况可以得到清晰的反映。

（二）投资性房地产的范围

企业投资性房地产的范围包括如下内容：

（1）已出租的土地使用权。这是指企业拥有的以经营租赁方式出租的土地使用权。企业计划出租但尚未出租的土地使用权不属于已出租的土地使用权。企业以经营租赁方式租入的土地使用权再转租给其他单位的，不属于已出租的土地使用权，也即不属于企业的投资性房地产。

（2）持有并准备增值后转让的土地使用权。这是指企业持有的、准备在增值后转让的土地使用权。例如，企业厂址搬迁，部分土地使用权停用，企业决定继续持有这部分土地使用权，待其增值后再转让以赚取增值收益。这部分土地使用权即属于企业持有并准备增值后转让的土地使用权，它属于企业的投资性房地产。按照国家规定认定的闲置土地，不属于持有并准备增值后转让的土地使用权。例如，企业依法取得土地使用权后，应当按照国有土地有偿使用合同或建设用地批准书规定的期限动工开发建设。未经有关部门同意，超过规定期限仍未动工开发建设的建设用地属于闲置土地，它不属于企业的投资性房地产。

（3）已出租的建筑物。这是指企业拥有产权并以经营租赁方式出租的房屋等建筑物。企业以经营租赁方式租入再转租给其他单位的建筑物，不属于已出租的建筑物，也即不属于企业的投资性房地产。例如，甲公司将一栋办公楼以经营租赁的方式出租给乙公司，租赁期限为5年。2年后，乙公司由于经营亏损，将该栋办公楼转租给丁公司，以赚取租金差价。在这种情况下，对于甲公司而言，该栋办公楼属于投资性房地产；但对于乙公司而言，该栋办公楼就不属于投资性房地产。通常情况下，对于企业持有的以备经营出租的空置建筑物，如果董事会或类似权力机构作出书面决议，明确表示将其用于经营出租，而且这种持有意图在短期内不会发生改变，那么，即使尚未与其他单位签订租赁协议，相应的空置建筑物也应视为企业的投资性房地产。另外，企业在经营出租建筑物时，租赁协议约定需要向承租人提供诸如日常维护、保安等辅助服务的，如果相应的辅助服务相对于整个租赁协议并不重大，那么，经营出租的建筑物仍应确认为投资性房地产。

企业自用的房地产以及房地产开发企业作为存货管理的房地产不属于投资性房地产的范围。

我国《企业会计准则第3号——投资性房地产》规定，投资性房地产在同时满足下列两个条件时才能予以确认：一是与该投资性房地产有关的经济利益很可能流入企业；二是该投资性房地产的成本能够可靠地计量。

二、投资性房地产的取得和后续支出

（一）投资性房地产的取得

投资性房地产在取得时应当按照成本进行初始计量。在不同的取得方式下，投资性房地产的成本构成有所不同。外购的投资性房地产，其成本由购买价款、相关税费和可直接归属于该资产的其他支出构成。自行建造的投资性房地产，其成本由建造该资产达到预定可使用状态前所发生的必要支出构成，如土地开发费、建筑成本、安装成本、应予资本化的借款费用、应予分摊的间接费用和支付的其他费用等。

为核算投资性房地产的业务，企业应设置"投资性房地产"总账科目。该总账科目可按投资性房地产的类别和项目进行明细核算。该总账科目的使用与企业在取得投资性房地产后采用的计量模式相关。企业在取得投资性房地产后按成本模式计量的，该总账科目反映企业拥有的投资性房地产的成本。企业在取得投资性房地产后按公允价值模式计量的，该总账科目应当分别设置"成本"和"公允价值变动"两个明细科目。其中，"投资性房地产——成本"科目反映企业拥有的投资性房地产的成本，"投资性房地产——公允价值变动"科目反映企业拥有的投资性房地产的公允价值变动。

1. 按成本模式计量

企业在取得投资性房地产后按成本模式计量的，在取得投资性房地产时，按应计入投资性房地产成本的金额，借记"投资性房地产"科目，贷记"银行存款""在建工程"等科目。

例 7-12

甲公司于20×1年10月6日购入一栋写字楼，购入价款为660 000元，款项以银行存款支付。甲公司购入该栋写字楼的目的是用于对外出租，并在购入当日与乙公司签订了经营租赁协议，将该栋写字楼出租给了乙公司。甲公司采用成本模式对该栋写字楼进行后续计量。暂不考虑相关税费的因素。甲公司在购入该栋写字楼并将其出租给乙公司时，应编制如下会计分录：

借：投资性房地产	660 000	
贷：银行存款		660 000

例 7-13

甲公司于20×1年1月25日购入一块土地的使用权，购入价款为450 000元。甲公司在购入该块土地的使用权后，开始在该块土地上建造一栋综合大楼，目的是用于对外出租。20×2年11月，甲公司预计建造的综合大楼即将完工，开始与多家单位商谈租赁事项。经过协商，甲公司与多家单位签订了租赁协议，商定在综合大楼建造完工时，甲公司即将该综合大楼以经营租赁的方式出租给有关单位。具体出租情况为：一楼和二楼出租给一家大型超市，三楼至六楼出租给乙公司，七楼和八楼出租给丙公司。甲公司为该栋综合大楼提供日常维护、保安等辅助服务，该辅助服务与整个租赁协议的内容相比并不重大。20×2年12月20日，综合大楼建造完工并交付使用，实际造价为980 000元。同日，经营租赁协议生效，有关单位开始租用该栋综合大楼。甲公司采用成本模式对该栋综合大楼进行后续计量。至20×2年12月，甲公司已经对购入的土地使用权计提了累计摊销22 000元。甲公司于20×2年12月20日综合大楼正式对外出租时，应编制如下会计分录：

(1) 将在建工程转入投资性房地产时。

借：投资性房地产——综合大楼 980 000
　贷：在建工程——综合大楼 980 000

(2) 将土地使用权无形资产转入投资性房地产时。

借：投资性房地产——土地使用权 450 000
　　累计摊销 22 000
　贷：无形资产——土地使用权 450 000
　　　投资性房地产累计折旧（摊销） 22 000

例7-14

沿用例7-13的资料，假设甲公司为房地产开发企业，那么，甲公司于20×2年12月20日综合大楼正式对外出租时，应编制如下会计分录：

借：投资性房地产——综合大楼 980 000
　贷：开发成本——综合大楼 980 000

同时，

借：投资性房地产——土地使用权 450 000
　　累计摊销 22 000
　贷：无形资产——土地使用权 450 000
　　　投资性房地产累计折旧（摊销） 22 000

本例中，“开发成本”总账科目核算房地产开发企业在进行房地产开发过程中发生的各项开发成本。房地产开发企业开发完成的准备对外销售的产品通常在“开发产品”总账科目中核算。

2. 按公允价值模式计量

企业在取得投资性房地产后按公允价值模式计量的，在取得投资性房地产时，按应计入投资性房地产成本的金额，借记“投资性房地产——成本”科目，贷记“银行存款”“在建工程”等科目。

例7-15

沿用例7-12的资料，假设甲公司采用公允价值模式对该栋写字楼进行后续计量，那么，甲公司在购入该栋写字楼并将其出租给乙公司时，应编制如下会计分录：

借：投资性房地产——成本 660 000
　贷：银行存款 660 000

本例中，由于甲公司采用公允价值模式对该栋写字数进行后续计量，因此，“投资性房地产”总账科目需要分别“成本”和“公允价值变动”进行明细核算。

（二）投资性房地产的后续支出

投资性房地产的后续支出是指企业对已经取得的投资性房地产进行改建、扩建、装修、维修等发生的支出。投资性房地产的后续支出按是否需要资本化可分为资本化后续支出和费用化后续支出。企业对投资性房地产进行改建扩建从而使其更加坚固耐用或可使用面积增加，或者对投资性房地产进行内部装潢装修从而使其室内使用环境或条件得到改善，相应的支出如果满足投资性房地产确认条件的，应当作资本化处理，增加投资性房地产的价值。企业对投资性房地产进行日常维护维修从而使其可以维持正常运行，相应的支出不满足投资性房地产确认条件的，应当作费用化处理，直接计入当期损益。

1. 资本化后续支出

企业对投资性房地产进行改建、扩建或装修等资本性支出的业务，如果改建、扩建或装修后的房地产仍然作为投资性房地产使用的，那么，改建、扩建或装修等资本性支出的业务仍然在“投资性房地产”总账科目中核算，即改建、扩建或装修过程中的投资性房地产仍然作为投资性房地产反映，不转出至其他资产类别。采用成本模式计量的，投资性房地产在转入改建、扩建或装修等业务时，按其账面价值，借记“投资性房地产——在建”“投资性房地产累计折旧（摊销）”等科目，贷记“投资性房地产”科目。发生改建、扩建或装修等资本化支出时，按实际发生的数额，借记“投资性房地产——在建”科目，贷记“银行存款”等科目。改建、扩建或装修等资本化支出业务完成时，按资本化支出的累计数额，借记“投资性房地产”科目，贷记“投资性房地产——在建”科目。投资性房地产转入在建后，不再计提折旧或进行摊销。

采用公允价值模式计量的，投资性房地产在转入改建、扩建或装修等业务时，按其账面价值，借记“投资性房地产——在建”科目，贷记“投资性房地产——成本”“投资性房地产——公允价值变动”等科目。发生改建、扩建或装修等资本化支出时，借记“投资性房地产——在建”科目，贷记“银行存款”等科目。改建、扩建或装修等资本化支出业务完成时，借记“投资性房地产——成本”科目，贷记“投资性房地产——在建”科目。

例 7-16

甲公司与乙公司的厂房租赁协议于20×1年3月31日到期。甲公司为提高租金数额，决定对收回的厂房进行改建扩建，改建扩建完成后将继续用于对外出租。该日，厂房的原价为350 000元，累计折旧为82 000元，账面净值为268 000元（350 000－82 000）。20×1年3月31日至10月31日间，甲公司共发生厂房改建扩建支出94 000元，款项以银行存款支付。厂房经过改建扩建，更加坚固耐用，相应的改扩建支出符合资本化支出的条件。20×1年10月31日，甲公司将改建扩建后的厂房以经营租赁的方式出租给丙公司。甲公司按规定将该厂房作为投资性房地产进行核算，并采用成本模式对该厂房进行后续计量。甲公司在该厂房改建扩建的过程中应编制如下会计分录：

(1) 20×1年3月31日，将厂房转入改建扩建时。

借：投资性房地产——在建　268 000

　　投资性房地产累计折旧（摊销）　82 000

　贷：投资性房地产　350 000

(2) 20×1年3月31日至10月31日间，发生改建扩建支出时。

借：投资性房地产——在建　94 000

　贷：银行存款　94 000

(3) 20×1年10月31日，改建扩建完成时。

借：投资性房地产　362 000

　贷：投资性房地产——在建　362 000

本例中，经过改建扩建，重新确定的投资性房地产的成本为362 000元（268 000+94 000）。

2. 费用化后续支出

企业在对投资性房地产进行日常维护维修等，发生不满足资本化条件的费用化支出时，按实际发生的支出数额，借记“其他业务成本”科目，贷记“银行存款”等科目。

例7-17

甲公司于20×1年12月3日对已出租的投资性房地产进行日常维护，共发生维护支出5 000元，款项以银行存款支付。该项维护支出不符合资本化后续支出的条件，作为费用化后续支出处理。甲公司应编制如下会计分录：

借：其他业务成本　　5 000

　贷：银行存款　　5 000

本例中，如果投资性房地产的业务为甲公司的主营业务，那么，发生的日常维护支出应当通过“主营业务成本”科目进行核算。

三、投资性房地产的后续计量

（一）按成本模式计量

企业在取得投资性房地产后，其后续计量可以有成本计量模式和公允价值计量模式两种计量模式。通常情况下，企业应当采用成本模式对投资性房地产进行后续计量。企业只有在满足特定的条件时，才可以采用公允价值模式对投资性房地产进行后续计量。同一企业只能选择一种后续计量模式对所有的投资性房地产进行后续计量，不能同时使用两种模式对投资性房地产进行后续计量。

企业在使用成本模式对投资性房地产进行后续计量时，应当按照与固定资产、无形资产等同样的方法对投资性房地产计提折旧或进行摊销。企业按期对投资性房地产计提折旧或进行摊销时，借记“其他业务成本”科目，贷记“投资性房地产累计折旧（摊销）”科目。企业在取得投资性房地产的租金收入时，借记“银行存款”“其他应收款”等科目，贷记“其他业务收入”等科目。投资性房地产发生减值时，企业应当按照与固定资产、无形资产等同样的方法对投资性房地产计提减值准备。企业对投资性房地产计提减值准备时，借记“资产减值损失”科目，贷记“投资性房地产减值准备”科目。与固定资产、无形资产等一样，投资性房地产在计提减值准备后，即使投资性房地产的可收回金额已经回升，计提的减值准备在以后期间也不能转回。

例7-18

甲公司于20×1年11月30日拥有一栋办公楼，成本为900 000元，估计使用寿命为20年，预计净残值为零，按照年限平均法计提折旧，每月计提折旧3 750元[900 000/(20×12)]。该栋办公楼已经以经营租赁的方式出租给了乙公司，确认为投资性房地产，并采用成本模式进行后续计量。按照租赁协议的规定，乙公司每月等额支付给甲公司租金5 000元。甲公司于20×1年11月30日收到该月份的租金5 000元及其相应的增值税税额450元（5 000×9%），款项合计5 450元（5 000+450）存入银行。20×1 年 11 月 30 日计提当月折旧后，该投资性房地产已累计计提折旧 135 000 元，没有计提过减值准备。根据以上资料，甲公司应编制如下有关收到租金和计提折旧的会计分录：

（1）20×1 年 11 月 30 日，收到投资性房地产的租金时。

借：银行存款	5 450	
贷：其他业务收入		5 000
应交税费——应交增值税（销项税额）		450

（2）20×1 年 11 月 30 日，计提投资性房地产的折旧时。

借：其他业务成本	3 750	
贷：投资性房地产累计折旧（摊销）		3 750

本例中，20×1 年 11 月 30 日甲公司计提投资性房地产折旧后，该投资性房地产的账面价值为 765 000 元（900 000－135 000）。在成本模式计量下，投资性房地产的账面价值是其成本减去累计折旧（摊销）和减值准备后的差额。如果投资性房地产的业务为甲公司的主营业务，那么，收到的租金应当记入“主营业务收入”科目，计提的折旧应当记入“主营业务成本”科目。

根据我国现行增值税法规的规定，纳税人销售不动产租赁服务，适用的增值税税率为 9%。

（二）按公允价值模式计量

企业只有在有确凿的证据表明其投资性房地产的公允价值能够持续可靠地取得的情况下，才可以对投资性房地产采用公允价值模式进行后续计量。企业一旦选择对某项投资性房地产采用公允价值模式进行后续计量，就应当对其所有的投资性房地产都采用公允价值模式进行后续计量。

企业对投资性房地产采用公允价值模式计量的，应当同时满足如下两个条件：一是投资性房地产所在地有活跃的房地产交易市场；二是企业能够从房地产交易市场上取得同类或类似房地产的市场价格及其他相关信息，从而对投资性房地产的公允价值作出合理的估计。在以上第二个条件中，同类或类似的房地产，对建筑物而言，是指所处地理位置或地理环境相同、性质相同、结构类型相同或相似、新旧程度相同或相似、可使用状况相同或相似的建筑物；对土地使用权而言，是指同一位置区域、所处地理环境相同或相似、可使用状况相同或相似的土地。在同时满足了以上两个条件后，企业在确定投资性房地产的公允价值时，应当参照活跃市场上同类或类似房地产的现行市场价格或市场公开报价；无法获得同类或类似房地产现行市场价格或市场公开报价的，应当参照活跃市场上同类或类似房地产的最近交易价格，并考虑交易情况、交易日期等因素，从而对投资性房地产的公允价值作出合理估计。

企业对投资性房地产使用公允价值模式进行后续计量的，投资性房地产不计提折旧或不进行摊销，而按照资产负债表日的公允价值进行计量，公允价值与账面价值的差额计入当期损益。资产负债表日，公允价值高于账面价值时，按其差额，借记“投资性房地产——公允价值变动”科目，贷记“公允价值变动损益”科目；公允价值低于账面价值时，按其差额，借记“公允价值变动损益”科目，贷记“投资性房地产——公允价值变动”科目。

例7-19

甲公司为房地产开发企业，20×1年6月正在开发建造一栋办公楼，目的是用于对外经营出租，估计于20×2年10月20日建造完工。20×2年6月25日，甲公司与乙公司签订租赁合同，双方约定在该办公楼建造完成时，甲公司以经营租赁的方式将该办公楼出租给乙公司。20×2年10月20日，办公楼按时建造完工，建造成本为890 000元，甲公司将该办公楼确认为投资性房地产。同日，乙公司按合同的规定开始租用该办公楼。由于该办公楼所在地区有活跃的房地产交易市场，甲公司可以在相应的房地产市场上取得同类或类似房地产的市场价格，甲公司认为该办公楼的公允价值可以持续可靠地获得，甲公司决定采用公允价值模式对该投资性房地产进行后续计量。20×2年12月31日，甲公司从所在地区房地产交易市场上获得的该办公楼的公允价值为910 000元。20×3年12月31日，甲公司从所在地区房地产交易市场上获得的该办公楼的公允价值为907 000元。

根据以上资料，甲公司应编制如下会计分录：

（1）20×2年10月20日，办公楼建造完工并对外出租时。

借：投资性房地产——成本　　890 000

　　贷：开发成本　　890 000

（2）20×2年12月31日，以公允价值为基础调整出租办公楼的账面价值时。

公允价值变动上升数＝910 000－890 000＝20 000(元)

借：投资性房地产——公允价值变动　　20 000

　　贷：公允价值变动损益　　20 000

（3）20×3年12月31日，以公允价值为基础调整出租办公楼的账面价值时。

公允价值变动下降数＝910 000－907 000＝3 000(元)

借：公允价值变动损益　　3 000

　　贷：投资性房地产——公允价值变动　　3 000

本例中，20×2年甲公司投资性房地产公允价值变动损益为收益20 000元。20×2年12月31日，经过调整，甲公司投资性房地产的账面价值为910 000元（890 000＋20 000），即为该日投资性房地产的公允价值。20×3年甲公司投资性房地产公允价值变动损益为损失3 000元。20×3年12月31日，经过调整，甲公司投资性房地产的账面价值为907 000元（910 000－3 000），即为该日投资性房地产的公允价值。

根据我国《企业会计准则第39号——公允价值计量》及其应用指南的相关规定，企业以公允价值计量非金融资产，应当考虑市场参与者将该资产用于最佳用途产生经济利益的能力，或者将该资产出售给能够用于最佳用途的其他市场参与者产生经济利益的能力。企业应当从市场参与者的角度确定非金融资产的最佳用途。通常情况下，企业对非金融资产的现行用途可以视为最佳用途，除非市场因素或者其他因素表明市场参与者按照其他用途使用该资产可以实现价值最大化。市场参与者以公允价值计量一项非金融资产时，通常会考虑该资产的地理位置和环境、使用功能、结构、新旧程度、可使用状况等。因此，企业计量其公允价值时，也应考虑这些特征，对类似资产的可观察市场价格或其他交易信息进行调整，以确定该资产的公允价值。

根据相关规定，相关资产存在活跃市场公开报价的，企业应当优先使用该报价确定该资产的公允价值。如果相关资产不存在活跃市场公开报价的，企业也可以使用收益法等估值技术来确定该资产的公允价值。因此，存在活跃市场公开报价是能够确定公允价值的重要依据，但不是必备条件。例如，甲公司采用公允价值模式对其拥有的投资性房地产进行后续计量。20×1 年 3 月，甲公司将其拥有的一栋写字楼用于出租。考虑到计量日前一段时间内不存在相同或类似写字楼在活跃市场的交易价格，但类似商业房地产的租赁市场非常活跃，甲公司决定采用收益法中的现金流量折现法估计该写字楼于 20×1 年 12 月 31 日的公允价值，即使用恰当的折现率，将未来预测期内的租金现金流量和该写字楼在预测期最后一年的余值折现到计量日的现值。

（三）后续计量模式的变更

企业对投资性房地产的后续计量模式一经确定，不能随意改变。只有在房地产市场比较成熟、投资性房地产能够满足按公允价值模式进行后续计量条件的，企业才可以将投资性房地产的后续计量模式从成本计量模式变更为公允价值计量模式。投资性房地产的后续计量模式从成本计量模式变更为公允价值计量模式应当作为会计政策的变更处理，即变更时公允价值与账面价值的差额应当追溯调整期初留存收益，不应当计入当期损益。已经采用公允价值模式对投资性房地产进行后续计量的，不得从公允价值计量模式变更为成本计量模式。

例 7-20

甲公司于 20×1 年 3 月 1 日购入一项投资性房地产，成本为 760 000 元，采用成本模式进行后续计量。20×2 年 7 月 1 日，该项投资性房地产计提累计折旧 60 000 元，账面价值为 700 000 元（760 000−60 000）。该日，甲公司拥有的该项投资性房地产满足采用公允价值进行后续计量的条件，甲公司决定将该项投资性房地产的后续计量模式从原来的成本模式变更为现在的公允价值模式。当日，该项投资性房地产的公允价值为 815 000 元。甲公司按税后利润的 10%提取法定盈余公积。甲公司除了该项投资性房地产外，没有其他投资性房地产。甲公司采用追溯调整法来处理本次会计政策变更。在追溯调整法下，甲公司应当将当前的会计核算结果调整为假定该项交易或事项在初次发生时即采用变更后的会计政策进行核算的结果。20×2 年 12 月 31 日，该项投资性房地产的公允价值为 828 000 元。暂不考虑本次会计政策变更的所得税影响数。

根据以上资料，甲公司 20×2 年 7 月 1 日变更投资性房地产后续计量模式以及 20×2 年 12 月 31 日投资性房地产公允价值变动时，应编制如下会计分录：

（1）20×2 年 7 月 1 日，投资性房地产从成本模式计量变更为公允价值模式计量时。

如果该项投资性房地产在最初取得时即采用公允价值模式进行后续计量，那么，相应的会计记录结果应当为："投资性房地产——成本" 760 000 元，"投资性房地产——公允价值变动" 55 000 元（815 000−760 000）。

应转销的当前对该项投资性房地产的会计记录结果："投资性房地产" 760 000 元，"投资性房地产累计折旧（摊销）" 60 000 元。

$$\begin{array}{c}\text{本次会计政策变更应当}\\\text{追溯调整期初留存收益的数额}\end{array}=815\,000-700\,000=115\,000(\text{元})$$

借：投资性房地产——成本 760 000
　　　　　　　——公允价值变动 55 000
　　投资性房地产累计折旧（摊销） 60 000
　贷：投资性房地产 760 000
　　　利润分配——未分配利润 115 000

甲公司也可以简单地编制如下会计分录：

借：投资性房地产——公允价值变动 55 000
　　投资性房地产累计折旧（摊销） 60 000
　贷：利润分配——未分配利润 115 000

同时，将原“投资性房地产”账户名称改为“投资性房地产——成本”。

(2) 20×2年7月1日，调整期初盈余公积和未分配利润的数额时。

调整盈余公积和未分配利润的数额＝115 000×10%＝11 500(元)

借：利润分配——未分配利润 11 500
　贷：盈余公积 11 500

后续计量模式变更时，投资性房地产的公允价值大于账面价值115 000元(815 000－700 000)。其中，11 500元（115 000×10%）调整增加期初盈余公积，剩余103 500元（115 000－11 500）调整增加期初未分配利润。会计政策变更时，公允价值与账面价值的差额不计入当期损益。

(3) 20×2年12月31日，确认投资性房地产公允价值变动时。

投资性房地产公允价值变动上升数＝828 000－815 000＝13 000(元)

借：投资性房地产——公允价值变动 13 000
　贷：公允价值变动损益 13 000

四、投资性房地产的转换

在投资性房地产的业务中，房地产的转换是指房地产因用途发生改变而对房地产进行的重新分类。按房地产用途改变的方向，投资性房地产的转换可分为投资性房地产转换为非投资性房地产以及非投资性房地产转换为投资性房地产两个种类。投资性房地产的转换应当要有确凿的证据为之证明。例如，企业董事会或类似权力机构就房地产用途的改变作出的书面决议，房地产用途改变的实际状况已经发生等。

（一）投资性房地产转换为非投资性房地产

投资性房地产转换为非投资性房地产的例子有：投资性房地产转换为自用房地产、房地产开发企业的投资性房地产转换为准备销售的开发产品或存货等。

1. 成本计量模式

企业在将投资性房地产转换为非投资性房地产时，成本计量模式下的核算方法与公允价值计量模式下的核算方法有所不同。在成本计量模式下，企业将投资性房地产转换为非投资性房地产时，应当按转换日投资性房地产的账面余额、计提的累计折旧或累计摊销等，借记“固定资产”“无形资产”“投资性房地产累计折旧（摊销）”等科目，贷记“投资性房地产”“累计折旧”“累计摊销”等科目。投资性房地产计提过减值准备的，还应当按计提的减值准备，借记“投资性房地产减值准备”科目，贷记“固定资产减值准备”“无形资产减值准备”等科目。

例 7－21

甲公司于 20×1 年 10 月 31 日拥有一项租期已满的投资性房地产，具体为一栋出租办公楼，董事会决定将该投资性房地产予以收回，改为由企业经营管理自用。该投资性房地产采用成本计量模式，收回日的账面价值为 623 000 元，其中，成本为 685 000 元，已计提累计折旧 62 000 元。甲公司应编制如下会计分录：

借：固定资产	685 000	
投资性房地产累计折旧（摊销）	62 000	
贷：投资性房地产		685 000
累计折旧		62 000

本例中，投资性房地产按成本模式进行后续计量，转换为非投资性房地产时，相应的非投资性房地产的入账价值为投资性房地产的成本和已计提的累计折旧或摊销的数额。

例 7－22

沿用例 7－21 的资料，假设甲公司为房地产开发企业，收回的投资性房地产改为准备对外出售。甲公司应编制如下会计分录：

借：开发产品	623 000	
投资性房地产累计折旧（摊销）	62 000	
贷：投资性房地产		685 000

本例中，开发产品为甲公司的存货，其成本数额为投资性房地产的账面价值 623 000 元（685 000－62 000）。

2. 公允价值计量模式

在公允价值计量模式下，企业将投资性房地产转换为非投资性房地产时，应当按转换日投资性房地产的公允价值，借记“固定资产”“无形资产”等科目，按投资性房地产的成本，贷记“投资性房地产——成本”科目，按投资性房地产的累计公允价值变动，贷记或借记“投资性房地产——公允价值变动”科目，按其差额，贷记或借记“公允价值变动损益”科目。

例 7－23

沿用例 7－21 的资料，假设该投资性房地产采用公允价值计量模式，收回日的公允价值为 698 000 元；收回日的账面余额为 696 000 元（685 000＋11 000），其中，成本为 685 000 元，公允价值变动为增值 11 000 元。此次投资性房地产的转换发生的转换损益为 2 000 元（698 000－696 000）。甲公司应编制如下会计分录：

借：固定资产	698 000	
贷：投资性房地产——成本		685 000
——公允价值变动		11 000
公允价值变动损益		2 000

本例中，投资性房地产按公允价值模式进行后续计量，转换为非投资性房地产时，相应的非投资性房地产的入账价值为投资性房地产的公允价值。

我国《企业会计准则第3号——投资性房地产》规定，采用公允价值模式计量的投资性房地产转换为自用房地产时，应当以其转换日的公允价值作为自用房地产的账面价值，公允价值与账面价值的差额计入当期损益。

（二）非投资性房地产转换为投资性房地产

非投资性房地产转换为投资性房地产的例子有：自用的房地产转换为以赚取租金或资本增值为目的的投资性房地产，房地产开发企业的开发产品或存货转换为投资性房地产等。

1. 成本计量模式

企业在将非投资性房地产转换为投资性房地产时，成本计量模式下的核算方法与公允价值计量模式下的核算方法有所不同。在成本计量模式下，企业将非投资性房地产转换为投资性房地产时，应当按转换日非投资性房地产的账面余额、计提的累计折旧或累计摊销等，借记“投资性房地产”“累计折旧”“累计摊销”等科目，贷记“固定资产”“无形资产”“投资性房地产累计折旧（摊销）”等科目。非投资性房地产计提过减值准备的，还应当按计提的减值准备，借记“固定资产减值准备”“无形资产减值准备”科目，贷记“投资性房地产减值准备”科目。

例7-24

甲公司于20×1年9月30日拥有一栋自用的厂房，由于企业经营转型，董事会决定将该厂房改变用途，用于整体对外经营出租，转作投资性房地产，并于同日与乙公司签订经营租赁合同。该厂房在出租日的账面价值为400 000元（550 000－150 000），其中，成本为550 000元，已计提累计折旧150 000元。甲公司决定采用成本模式对该投资性房地产进行后续计量。甲公司应编制如下会计分录：

借：投资性房地产	550 000	
累计折旧	150 000	
贷：固定资产		550 000
投资性房地产累计折旧（摊销）		150 000

本例中，投资性房地产采用成本模式进行后续计量，其入账价值以非投资性房地产在转换日的账面价值为基础。

2. 公允价值计量模式

在公允价值计量模式下，企业将非投资性房地产转换为投资性房地产时，应当按转换日非投资性房地产的公允价值，借记“投资性房地产——成本”科目，按非投资性房地产已计提的累计折旧或累计摊销，借记“累计折旧”“累计摊销”科目，计提过减值准备的，按已计提的减值准备，借记“固定资产减值准备”“无形资产减值准备”科目，按非投资性房地产的账面余额，贷记“固定资产”“无形资产”等科目，按非投资性房地产的公允价值小于账面价值的差额，借记“公允价值变动损益”科目，如果非投资性房地产的公允价值大于账面价值的，按其差额，贷记“其他综合收益”科目。因转换形成的其他综合收益，在投资性房地产处置时，转入当期损益。

在财务会计中，账面价值与账面余额通常是两个不同的概念。例如，固定资产的账面价值也称账面净值，它是固定资产的账面原价即成本减去累计折旧和减值准备后的差额。固定资产的账面余额是指“固定资产”总账科目的余额，也即固定资产的原值或成本数额。无形资产的情况也是一样。投资性房地产如果采用成本模式计量，情况也是一样；如果采用公允价值模式计量，则情况有所不同。在公允价值模式计量下，投资性房地产不计提折旧或摊销，在计算其账面价值时没有诸如累计折旧、累计摊销等备抵账户，因此，账面价值等于账面余额，即等于“投资性房地产”总账科目的余额，或等于投资性房地产的公允价值或成本与公允价值变动之和。

例 7-25

沿用例 7-24 的资料，假设该投资性房地产采用公允价值计量模式，出租日的公允价值为 460 000 元。20×1 年 12 月 31 日，该投资性房地产的公允价值为 478 000 元。甲公司应编制如下会计分录：

（1）20×1 年 9 月 30 日，将非投资性房地产转为投资性房地产时。

借：投资性房地产——成本	460 000	
累计折旧	150 000	
贷：固定资产		550 000
其他综合收益		60 000

（2）20×1 年 12 月 31 日，确认投资性房地产公允价值上升时。

投资性房地产公允价值上升数＝478 000－460 000＝18 000(元)

借：投资性房地产——公允价值变动	18 000	
贷：公允价值变动损益		18 000

本例中，投资性房地产采用公允价值模式进行后续计量，其入账价值以非投资性房地产在转换日的公允价值为基础。公允价值大于账面价值的差额计入其他综合收益。其他综合收益不计入当期损益。即非投资性房地产转换为投资性房地产时，公允价值大于账面价值的差额不增加本年利润的数额。

例 7-26

沿用例 7-24 的资料，假设该投资性房地产采用公允价值计量模式，出租日的公允价值为 386 000 元。20×1 年 12 月 31 日，该投资性房地产的公允价值为 384 000 元。甲公司应编制如下会计分录：

（1）20×1 年 9 月 30 日，将自用厂房对外经营出租时。

借：投资性房地产——成本	386 000	
累计折旧	150 000	
公允价值变动损益	14 000	
贷：固定资产		550 000

（2）20×1 年 12 月 31 日，确认对外经营出租厂房公允价值下跌时。

投资性房地产公允价值下跌数＝386 000－384 000＝2 000(元)

借：公允价值变动损益	2 000	
贷：投资性房地产——公允价值变动		2 000

本例中，投资性房地产采用公允价值模式进行后续计量，其入账价值以非投资性房地产在转换日的公允价值为基础。公允价值小于账面价值的差额通过公允价值变动损益计入当期损益。即非投资性房地产转换为投资性房地产时，公允价值小于账面价

值的差额将减少本年利润的数额。这与对公允价值大于账面价值的差额的处理方法不同。

我国《企业会计准则第 3 号——投资性房地产》规定，自用房地产或存货转换为采用公允价值模式计量的投资性房地产时，投资性房地产按照转换当日的公允价值计价，转换当日的公允价值小于原账面价值的，其差额计入当期损益；转换当日的公允价值大于原账面价值的，其差额计入所有者权益。

根据规定，在成本模式下，应当将房地产转换前的账面价值作为转换后的入账价值。

五、投资性房地产的处置

企业处置投资性房地产的方式可以有出售或转让、报废、通过非货币性资产交换换出等。企业在不准备继续持有投资性房地产时，可以采用对外出售或转让的方式，或者采用非货币性资产交换的方式将其予以处置。企业在投资性房地产的服务潜力已经耗尽，或者投资性房地产遭受意外毁损而不再能继续使用时，可以采用报废的方式将其予以处置。无论采用何种处置方式，企业在处置投资性房地产时，相应的投资性房地产应当终止确认，处置收入扣除投资性房地产的账面价值和相关税费后的金额计入当期损益。

（一）成本计量模式

在成本计量模式下，企业在处置投资性房地产时，应当按实际收到的金额，借记“银行存款”等科目，贷记“其他业务收入”科目；按投资性房地产的账面价值，借记“其他业务成本”科目，按投资性房地产的账面余额，贷记“投资性房地产”科目，按已计提的折旧或摊销，借记“投资性房地产累计折旧（摊销）”科目，计提过减值准备的，再按已计提的减值准备，借记“投资性房地产减值准备”科目。

例 7-27

甲公司于 20×1 年 10 月 15 日将一项租期已满的投资性房地产对外出售，价款 450 000 元，相应的增值税税额为 40 500 元（450 000×9%），款项合计 490 500（450 000+40 500）已存入银行。该投资性房地产采用成本计量模式，出售日的账面价值为 430 000 元（560 000－130 000），其中，成本为 560 000 元，累计折旧为 130 000 元。甲公司应编制如下会计分录：

（1）确认其他业务收入时。

借：银行存款 490 500

　　贷：其他业务收入 450 000

　　　　应交税费——应交增值税（销项税额） 40 500

（2）结转其他业务成本时。

借：其他业务成本 430 000

　　投资性房地产累计折旧（摊销） 130 000

　　贷：投资性房地产 560 000

本例中，甲公司出售投资性房地产获得的其他业务利润为 20 000 元（450 000－430 000）。

（二）公允价值计量模式

在公允价值计量模式下，企业在处置投资性房地产时，应当按实际收到的金额，借记“银行存款”等科目，贷记“其他业务收入”科目；按投资性房地产的账面余额，借记“其他业务成本”科目，按投资性房地产的成本，贷记“投资性房地产——成本”科目，按其累计公允价值变动，贷记或借记“投资性房地产——公允价值变动”科目；按投资性房地产累计公允价值的变动，借记或贷记“公允价值变动损益”科目，贷记或借记“其他业务收入”科目。投资性房地产在转换日存在计入其他综合收益金额的，按计入其他综合收益的金额，借记“其他综合收益”科目，贷记“其他业务收入”科目。

例 7-28

甲公司于 20×1 年 11 月 20 日将一项租期已满的投资性房地产对外出售，价款为 680 000 元，款项已存入银行。该项投资性房地产采用公允价值计量模式，出售日的账面余额为 660 000 元（620 000＋40 000），其中，成本为 620 000 元，公允价值累计变动为增加 40 000 元。该项投资性房地产由非投资性房地产转换形成，转换日非投资性房地产的账面价值为 608 000 元，计入其他综合收益的金额为 12 000 元（620 000－608 000）。假定不考虑相关税费的因素。甲公司应编制如下会计分录：

（1）确认出售价款收入时。

借：银行存款	680 000	
贷：其他业务收入		680 000

（2）转销投资性房地产账面价值时。

借：其他业务成本	660 000	
贷：投资性房地产——成本		620 000
——公允价值变动		40 000

（3）转出累计公允价值变动损益时。

借：公允价值变动损益	40 000	
贷：其他业务收入		40 000

（4）转出转换日计入其他综合收益的金额时。

借：其他综合收益	12 000	
贷：其他业务收入		12 000

本例中，甲公司出售投资性房地产共确认其他业务收入 732 000 元（680 000＋40 000＋12 000），确认其他业务成本 660 000 元（620 000＋40 000），获得的其他业务利润为 72 000 元（732 000－660 000）。该其他业务利润 72 000 元也可以通过出售价格 680 000 元减去“投资性房地产——成本”科目的余额 620 000 元，再加上转出的其他综合收益 12 000 元计算得到。由于转出的其他综合收益是转换日房地产公允价值大于账面价值的差额，因此，该其他业务利润 72 000 元也是该房地产的出售价格 680 000 元减去转换日原账面价值 608 000 元后的差额，它反映了该房地产在经营出租业务过程中获得的总利润。

本例中，甲公司出售投资性房地产对当年利润总额的影响为增加当年利润总额 32 000 元（680 000－660 000＋12 000）。甲公司持有该投资性房地产期间，投资性房地产公允价值累计变动数40 000元计入了持有期间的利润总额。出售时，将公允价值变动损益转出至其他业务收入，不影响当年利润总额，但可以通过其他业务收入减去其他业务成本简便地计算出投资性房地产在整个经营出租业务过程中实现的其他业务利润总额。同时，出售也可以代表累计公允价值变动实现为收入。作为比较，在公允价值计量模式下，投资性房地产转换为非投资性房地产时，累计公允价值变动不进行转出。投资性房地产转换为非投资性房地产不会形成收入，因此它不同于对外出售投资性房地产。

思考题

1. 什么是无形资产？它具有哪些主要特征？

2. 按经济内容分类，无形资产可分为哪些种类？各种类的无形资产分别是什么含义？

3. 无形资产在取得时应当如何计量？外购无形资产的成本应当如何确定？

4. 企业应当如何确认自行研究开发无形资产过程中发生的各种支出？

5. 企业在估计无形资产的使用寿命时应当考虑哪些因素？企业应当如何确定无形资产的使用寿命？

6. 企业对于可以合理估计使用寿命的无形资产和使用寿命不确定的无形资产在取得后的会计核算方法有什么不同？

7. 什么是投资性房地产？它具有哪些主要特征？

8. 投资性房地产在取得时应当如何计量？

9. 投资性房地产的后续计量有哪两种模式？企业应当如何选择使用两种计量模式？

10. 非投资性房地产转换为投资性房地产时，成本计量模式和公允价值计量模式的会计核算方法有什么不同？

练习题

练习一

一、目的：练习外购无形资产和投资者投入无形资产的核算。

二、资料：甲公司20×1年发生如下经济业务：

(1) 1月25日，从乙公司购入一项专利技术，以银行存款支付买价156 000元和相关增值税税额9 360元（156 000×6%）。

(2) 5月8日，从丙公司购入一栋房屋建筑物，购入价款为700 000元，其中包括土地使用权和土地上的房屋建筑物。甲公司购入该房屋建筑物是为了在生产经营过程中使用。购入房屋建筑物时，房屋建筑物本身的公允价值为468 000元，土地使用权的公允价值为252 000元。购入房屋建筑物时，支付的增值税税额为63 000元（700 000×9%）。

(3) 10月25日，接受丁公司商标权投资，双方协议价格即为公允价值，数额为302 000元，相应的增值税税额为18 120元（302 000×6%）。甲公司将丁公司的投资作为实收资本入账。甲公司认为，由于丁公司的商标已有较好的声誉，甲公司使用了丁公司的商标后，未来经济利益将有显著增加。

三、要求：根据以上经济业务，为甲公司编制有关的会计分录。

练习二

一、目的：练习自行研究开发取得无形资产的核算。

二、资料：甲公司20×1年至20×2年在研究开发某项非专利技术的过程中发生如下经济业务：

(1) 20×1年3月12日，甲公司决定对某项非专利技术开展研究活动。至20×1年9月3日，共发生研究阶段的支出131 000元，其中包括应付职工薪酬65 000元，专门设备的折旧费用45 000元，以银行存款支付的其他费用21 000元。

(2) 20×1年9月4日，研究阶段告一段落，经有关方面评估，相应的研究成果具有应用价值，甲公司决定对该相应的研究成果进行开发。至20×1年12月31日，在开发阶段共发生相应的支出388 000元，其中包括应付职工薪酬134 000元，专门设备的折旧费用121 000元，原材料费用88 000元，以银行存款支付的其他费用45 000元。至20×1年12月31日，开发活动仍然还在进行，尚未取得可以直接使用的无形资产。

(3) 20×1年12月31日，结转研发活动中的费用化支出131 000元。

(4) 20×2年1月1日至5月20日，在开发阶段共发生相应的支出583 000元，其中包括应付职工薪酬188 000元，专门设备的折旧费用157 000元，原材料费用122 000元，以银行存款支付的其他费用116 000元。

(5) 20×2年5月20日，开发阶段完成，经评估，相应的非专利技术达到预定用途，结转研发过程中的资本化支出。

三、要求：根据以上经济业务，为甲公司编制有关的会计分录。

练习三

一、目的：练习非货币性资产交换换入无形资产的核算。

二、资料：甲公司为适应业务发展的需要，20×1年6月15日以其生产的一批货品与乙公司拥有的一项专利权进行交换。甲公司换入的专利权作为无形资产供生产经营使用，乙公司换入的货品作为原材料供生产经营使用。在交换日，甲公司生产的货品的成本为420 000元，市场价格为623 000元；乙公司拥有的专利权的账面原价为750 000元，已计提累计摊销120 000元，未计提减值准备，账面价值为630 000元（750 000－120 000），公允价值为645 000元，公允价值高于账面价值的差额为15 000元（645 000－630 000）；甲公司另外应以银行存款向乙公司支付补价22 000元（645 000－623 000）。甲公司销售货品适用的增值税税率为13%，乙公司销售专利权适用的增值税税率为6%。甲公司和乙公司商定，由本次非货币性资产交换形成的增值税税额的差额，与应支付的补价一起，在交换时以银行存款结清。不考虑其他相关税费的因素。

三、要求：根据以上资料，分别为甲公司和乙公司编制有关的会计分录。

练习四

一、目的：练习无形资产摊销和减值的核算。

二、资料： 甲公司2×11年12月31日有关资料如下：

（1）2×08年1月1日取得的一项商标权，成本为50 000元，取得时确定的使用寿命为10年，采用直线法摊销，无残值，摊销金额计入管理费用。

（2）2×09年1月1取得的一项非专利技术，成本为200 000元，取得时确定的使用寿命为10年，采用直线法摊销，每年摊销20 000元（200 000/10），摊销金额计入制造费用。至2×10年12月31日，该非专利技术已累计摊销40 000元（20 000×2）。2×10年12月31日，由于科学技术的进步，该非专利技术估计剩余使用寿命为5年，即将在未来5年后不再能为企业带来经济利益。为此，甲公司决定自2×11年起，该非专利技术按新的使用寿命进行摊销。

（3）2×10年1月1日取得的一项专利技术，成本为150 000元。该专利技术的法律保护期限为10年。2×10年1月1日，乙公司承诺在3年后即2×13年1月1日以成本150 000元的60%的价格购买该专利技术。按照甲公司对该专利技术的使用计划，甲公司准备在3年后即2×13年1月1日以成本150 000元的60%的价格将该专利技术出售给乙公司。甲公司在持有该专利技术期间，采用直线法对其进行摊销，摊销金额计入管理费用。

（4）2×09年1月1日取得的一项土地使用权，成本为600 000元，使用年限为50年，无残值，采用直线法摊销，摊销金额计入管理费用。甲公司取得土地使用权后，在该土地上自行建造办公用房，用于开展生产经营活动。2×10年12月31日，办公用房建造完成，成本为900 000元，估计使用寿命为40年，净残值率为4%，采用直线法计提折旧，折旧费用计入管理费用。

（5）2×08年1月1日取得的一项特许经营权，成本为420 000元，使用寿命不确定。2×11年12月31日，该项特许经营权的账面价值为410 000元（420 000－10 000），其中，成本为420 000元，计提的减值准备为10 000元；该项特许经营权的公允价值为370 000元。

三、要求： 根据以上资料，为甲公司编制2×11年12月31日有关摊销无形资产或计提无形资产减值准备的会计分录。涉及计提固定资产折旧的，同时编制计提固定资产折旧的会计分录。

练习五

一、目的： 练习无形资产处置的核算。

二、资料： 甲公司2×11年发生如下经济业务：

（1）6月30日，拥有的一项商标权提前予以报废。该商标权的成本为285 000元，按直线法摊销，累计已摊销283 600元，无残值。

（2）7月15日，出售一项非专利技术，出售价款为169 000元，相应的增值税税额为10 140元（169 000×6%），款项合计179 140元（169 000＋10 140）已收到并存入银行。该非专利技术的成本为346 000元，已累计摊销金额123 000元，已计提的减值准备为62 000元。

（3）2×08年12月31日取得的一项专利技术，成本为150 000元。该专利技术的法律保护期限为10年。2×08年12月31日，乙公司承诺在3年后即2×11年12月31日以成本150 000元的60%的价格购买该专利技术。按照甲公司对该专利技术的使用计划，甲公司准备在3年后即2×11年12月31日以成本150 000元的60%的价格将该专利技术出售给乙公司。甲公司在持有该项专利技术期间，以 60 000 元（150 000×40%）作为应计提的摊销总额。2×11 年 12 月 31 日，甲公司按照计划将该专利技术出售给了乙公司，出售价款为 90 000 元（150 000×60%），相应的增值税税额为 5 400 元（90 000×6%），款项合计 95 400 元（90 000+5 400）已收到并存入银行。

三、要求：根据以上经济业务，为甲公司编制 2×11 年有关无形资产处置的会计分录。

练习六

一、目的：练习投资性房地产按成本模式进行后续计量的核算。

二、资料：甲公司 20×1 年至 20×8 年间发生如下经济业务：

（1）20×1 年 7 月 5 日，购入一块土地，购入价款为 600 000 元，款项以银行存款支付。购入土地后，开始在该土地上兴建两栋相同的厂房，以进一步扩大生产经营规模。

（2）20×2 年 12 月 31 日，两栋厂房建造完工，建造成本合计为 1 440 000 元，每栋厂房的实际造价均为 720 000 元。同日，一栋厂房以经营租赁的方式出租给乙公司，租赁期为 3 年，每年租金 62 000 元，乙公司应于每年 1 月 10 日支付全年租金，甲公司采用成本模式对出租的厂房进行后续计量；另一栋厂房按计划投入自用。结转完工厂房的实际成本；同时将相应部分的土地使用权 300 000 元（600 000/2）转入投资性房地产，并按成本模式进行后续计量。

（3）20×3 年 1 月 10 日，收到乙公司支付的当年厂房租金 62 000 元及其相应的增值税税额 5 580 元（62 000×9%），款项合计 67 580 元（62 000+5 580）已存入银行。

（4）20×3 年 12 月 31 日，计提当年投资性房地产的折旧和摊销，包括对投资性房地产中的厂房计提折旧，对投资性房地产中的土地使用权计提摊销。其中，厂房的使用寿命为 30 年，预计净残值为零，采用直线法计提折旧；土地使用权的使用寿命为 40 年，残值为零，采用直线法进行摊销。

（5）20×5 年 12 月 31 日，甲公司出租给乙公司厂房的租赁期到期，甲公司决定收回厂房并进行改建扩建，改建扩建完成后将继续用于对外出租。

（6）20×6 年 1 月 1 日至 12 月 31 日，甲公司通过对外发包的方式对收回的厂房进行改建扩建。20×6 年 12 月 31 日，改建扩建工程完工，甲公司以银行存款支付改建扩建工程款项共计 100 800 元。本次厂房改建扩建符合资本化支出的条件，甲公司结转改建扩建厂房完工成本。改建扩建后的厂房估计使用寿命为 32 年。

（7）20×7 年 1 月 1 日，甲公司将改建扩建完工的厂房经营出租给丙公司，租期为 2 年，每年租金 70 000 元，分别于 20×7 年 1 月 1 日和 20×8 年 1 月 1 日支付。出租当日，甲公司收到第一年租金 70 000 元及其相应的增值税税额 6 300 元（70 000×9%），款项合计 76 300 元（70 000+6 300）已存入银行。

（8）20×7 年 12 月 31 日，计提当年投资性房地产的折旧和摊销，包括对投资性房地产中的厂房计提折旧，对投资性房地产中的土地使用权计提摊销。其中，厂房的预计净残值为零，采用直线法计提折旧；土地使用权在厂房收回改建扩建期间不计提摊销，账面价值在剩余使用寿命内年采用直线法进行摊销，残值为零。

（9）20×8 年 12 月 31 日，甲公司与丙公司的厂房租赁合同到期。甲公司决定，收回投资性房地产，改为自己生产经营使用，以进一步增加自己生产经营的能力。

三、要求： 根据以上经济业务，为甲公司编制有关的会计分录。同时，分别为甲公司计算将厂房出租给乙公司和丙公司所获得的利润总额。甲公司销售不动产租赁服务适用的增值税税率为9%。

练习七

一、目的： 练习投资性房地产按公允价值模式进行后续计量的核算。

二、资料： 甲公司为一家房地产开发企业，20×1年5月1日开发完工一栋办公楼，成本为780 000元，等待对外销售。20×1年7月1日，该栋办公楼仍然没有完成对外销售，公允价值为880 000元，甲公司随即与乙公司签订租赁协议，以经营租赁的方式将办公楼出租给乙公司。租赁协议约定，乙公司每季度末向甲公司支付一次租金，季度租金为24 000元，租期为3年。甲公司采用公允价值模式对出租的办公楼进行后续计量。20×1年、20×2年和20×3年年末，该办公楼的公允价值分别为890 000元、940 000元和920 000元。20×4年7月1日，租期届满，经与乙公司协商，甲公司将该办公楼出售给了乙公司，出售价款为925 000元，款项已存入银行。暂不考虑相关税费的因素。

三、要求： 根据以上经济业务，为甲公司编制有关的会计分录。同时，计算20×1年至20×4年间该投资性房地产实现的利润总额。

第 3 篇

负债和所有者权益

第八章

流动负债

第一节　流动负债的概念和种类

一、流动负债的概念

负债是指由过去的交易或事项形成的、预期会导致经济利益流出企业的现时义务。负债按其偿还时间的长短可划分为流动负债和非流动负债两类。其中，流动负债是指将在一年或超过一年的一个营业周期内偿还的债务，非流动负债是指除流动负债以外的负债。

满足下列条件之一的负债属于流动负债：一是预计在一个正常经营周期中清偿；二是主要为交易目的而持有；三是自资产负债表日起一年内到期应予以清偿；四是企业无权自主地将清偿推迟至资产负债表日后一年以上。

将流动负债单独作为负债中的一个种类予以反映，主要目的是可以将其与流动资产进行比较，从而可以反映企业的短期偿债能力。

二、流动负债的种类

（一）按金额是否确定分类

按照不同的分类标准，流动负债可以作出不同的分类。流动负债按到期偿还金额是否确定可分为如下种类：

（1）金额确定的流动负债。这是指到期需要偿还的金额确定的流动负债。如短期借款、应付票据、应付账款、应付职工薪酬、应付利息、应付股利、应交税费、其他应付款等。

（2）金额需要估计的流动负债。这是指到期需要偿还的金额由企业先行进行估计的流动负债。如由估计产品质量保证而形成的预计负债等。

（二）按形成方式分类

流动负债按形成方式可分为如下种类：

（1）融资活动形成的流动负债。这是指企业通过从银行或其他金融机构等融资形成的流动负债。如短期借款、应付利息、应付股利等。

（2）营业活动形成的流动负债。这是指企业在正常生产经营活动过程中形成的流动负债。如应付票据、应付账款、预收账款、应付职工薪酬、应交税费、其他应付款等。

（三）按偿还对象分类

流动负债按偿还对象可分为如下种类：

（1）偿还给供应商的流动负债。这是指应当向货品或服务供应商偿还的流动负债。如应付票据、应付账款、预收账款等。

（2）偿还给职工的流动负债。这是指应当向企业职工偿还的流动负债。如应付职工薪酬等。

（3）偿还给国家或政府的流动负债。这是指应当向国家或政府偿还的流动负债。如应交税费等。

（4）偿还给投资者或信贷者的流动负债。这是指应当向投资者或信贷者偿还的流动负债。如应付股利、短期借款、应付利息等。

（四）按偿还手段分类

流动负债按偿还手段可分为如下种类：

（1）货币性流动负债。这是指需要以货币资金来偿还的流动负债。如短期借款、应付票据、应付账款、应付职工薪酬、应付利息、应付股利、应交税费、其他应付款等。

（2）非货币性流动负债。这是指不需要用货币资金来偿还的流动负债。如预收账款。

（五）按是否属于金融负债分类

流动负债按是否属于金融负债可分为如下种类：

（1）属于金融负债。如同金融资产，金融负债也是金融工具的一个种类。按照我国《企业会计准则第22号——金融工具确认和计量》的规定，金融负债是指符合相应条件的负债，这些条件包括：向其他方交付现金或其他金融资产的合同义务；在潜在不利条件下，与其他方交换金融资产或金融负债的合同义务等。常见的属于流动负债的金融负债如交易性金融负债、应付票据、应付账款、应付利息等。

（2）不属于金融负债。金融负债应当以合同为基础，因此，应交所得税不属于金融负债。预收账款也不属于金融负债，因为其导致的未来经济利益流出是商品或服务，而不是交付现金或其他金融资产的合同义务。

（六）按后续计量方法分类

流动负债按后续计量方法可分为如下种类：

（1）以摊余成本进行后续计量的流动负债。按照我国《企业会计准则第22号——金融工具确认和计量》的规定，金融负债的摊余成本应当以该金融负债的初始确认金额经下列调整确定：一是扣除已偿还的本金；二是加上或减去采用实际利率法将该初始确认金额与到期日金额之间的差额进行摊销形成的累计摊销额。大多数金融负债采用以摊余成本进行后续计量的方法。如流动负债中的应付票据、应付账款等。非流动负债中的长期借款、应付债券等通常也采用摊余成本进行后续计量。

（2）以公允价值进行后续计量的流动负债。这是指以公允价值进行后续计量，公允价值变动形成的利得或损失，除特殊规定外应当计入当期损益的流动负债。如交易性金融负债等。

以上对流动负债的分类是相对而言的。企业的一项流动负债具体属于哪个种类，应当通过对该项流动负债进行分析后才能得出。例如，应付职工薪酬中的货币性薪酬，如工资、奖金、津贴、补贴等，属于货币性流动负债；应付职工薪酬中的非货币性薪酬，如企业以自己的产品或外购商品发放给职工作为福利、免费向职工提供宿舍等，属于非货币性流动负债。另外，并不是所有的应付职工薪酬都属于流动负债。例如，应付职工薪酬中的辞退福利，其中将于资产负债表日起 12 个月之后支付的部分，不属于流动负债，而属于非流动负债。

第二节　短期借款和交易性金融负债

一、短期借款

短期借款是指企业向银行或其他金融机构等借入的期限在一年或一年以下的各种借款。企业借入短期借款的目的，通常是为了满足正常生产经营活动的需要。

在实际工作中，银行一般于每季度末向借款企业结算一次短期借款的利息。因此，企业通常在每月末应计一次短期借款的利息。短期借款的利息属于筹资费用，计入企业的财务费用。

为核算短期借款业务，企业应设置“短期借款”总账科目。企业借入各种短期借款时，借记“银行存款”科目，贷记该科目。资产负债表日应计短期借款利息时，借记“财务费用”科目，贷记“应付利息”科目。实际支付利息时，借记“应付利息”科目，贷记“银行存款”科目。短期借款到期偿还本金时，借记该科目，贷记“银行存款”科目。该科目可按借款种类、贷款人和币种进行明细核算。该科目期末贷方余额，反映企业尚未偿还的短期借款。

例 8-1

甲公司于 20×1 年 3 月 1 日向银行借入一笔短期借款 50 000 元，供开展日常生产经营活动使用，款项存入开户银行。借款协议约定，借款期限为 6 个月，每季度末收取一次利息，年利率为 6%，本金到期一次偿还。甲公司应编制如下会计分录：

（1）3 月 1 日，取得短期借款时。

借：银行存款　　50 000

　　贷：短期借款　　50 000

（2）3 月 31 日，支付 3 月份的借款月利息时。

支付的借款月利息＝50 000×6%/12＝250（元）

借：财务费用　　250

　　贷：银行存款　　250

(3) 4月30日、5月31日、6月30日，应计借款月利息时。

借：财务费用　250

　贷：应付利息　250

(4) 6月30日，支付第2季度借款利息时。

第2季度借款利息＝250×3＝750(元)

借：应付利息　750

　贷：银行存款　750

(5) 7月31日、8月31日，应计借款月利息时。

借：财务费用　250

　贷：应付利息　250

(6) 8月31日，支付7月和8月的借款利息，并偿还借款本金时。

7月和8月的借款利息合计＝250＋250＝500(元)

借：应付利息　500

　贷：银行存款　500

同时，

借：短期借款　50 000

　贷：银行存款　50 000

二、交易性金融负债

（一）交易性金融负债的概念

金融负债是负债的组成部分，主要包括短期借款、应付票据、应付账款、长期借款、应付债券等。我国《企业会计准则第22号——金融工具确认和计量》规定，以公允价值计量且其变动计入当期损益的金融负债，包括交易性金融负债和指定为以公允价值计量且其变动计入当期损益的金融负债。根据规定，金融负债满足下列条件之一的，表明企业承担该金融负债的目的是交易性的：

(1) 承担相关金融负债的目的主要是近期回购。例如，发行人根据债务工具的公允价值变动计划在近期回购的、有公开市场报价的债务工具。

(2) 相关金融负债在初始确认时属于集中管理的可辨认金融负债组合的一部分，且有客观证据表明近期实际存在短期获利模式。在这种情况下，即使组合中有某个组成项目持有的期限稍长也不受影响。

(3) 相关金融负债属于衍生工具。

交易性金融负债的例子如企业发行短期交易性债券，该种债券存在活跃交易市场，企业随时可以获得该种债券的公允价值，并且企业准备在近期内从活跃交易市场上以公允价值购回发行的该种债券。在此种情况下，交易性金融负债应当按照公允价值进行确认和计量，而不是按照金融工具合同约定的金额进行确认和计量。

通常情况下，企业在购买商品或提供服务过程中形成的应付票据、应付账款以及在融资过程中形成的短期借款、长期借款等，不属于以公允价值计量且其变动计入当期损益的金融负债，而属于以摊余成本计量的金融负债。

（二）交易性金融负债的核算

根据规定，企业初始确认金融负债，应当按照公允价值计量。对于以公允价值计量且其变动计入当期损益的金融负债，相关交易费用应当直接计入当期损益；对于其他类别的金融负债，相关交易费用应当计入初始确认金额。作为比较，金融负债的以上初始计量方法与金融资产的初始计量方法相同。交易性金融负债的会计核算方法与交易性金融资产的会计核算方法有很多相似之处。

为核算交易性金融负债的业务，企业应设置“交易性金融负债”总账科目。该科目核算企业承担的交易性金融负债。该科目可按金融负债类别，分别“本金”“公允价值变动”等进行明细核算。企业持有的指定以公允价值计量且其变动计入当期损益的金融负债可在该科目下单设“指定类”明细科目核算。该科目期末贷方余额反映企业承担的交易性金融负债的公允价值。

例8-2

甲公司20×1年7月1日经批准在全国银行间债券市场公开发行1 000 000元人民币短期融资券，期限为1年，票面年利率为5.58%，每张面值为100元，共发行10 000张，到期一次还本付息。所募集资金主要用于公司购买生产经营所需的原材料及配套件等。甲公司将该短期融资券指定为以公允价值计量且其变动计入当期损益的金融负债。20×1年12月31日，该短期融资券不含利息的市场价格为每张120元。20×2年6月30日，该短期融资券到期兑付完成。假定不考虑发行短期融资券相关的交易费用以及企业自身信用风险变动。根据以上资料，甲公司应编制如下会计分录：

（1）20×1年7月1日，发行短期融资券时。

借：银行存款　　1 000 000

　贷：交易性金融负债——本金　　1 000 000

（2）20×1年12月31日，确认短期融资券公允价值变动时。

公允价值变动损益＝1 000 000×20%＝200 000（元）

借：公允价值变动损益　　200 000

　贷：交易性金融负债——公允价值变动　　200 000

（3）20×1年12月31日，确认短期融资券利息费用时。

利息费用＝1 000 000×5.58%/2＝27 900（元）

借：财务费用　　27 900

　贷：应付利息　　27 900

（4）20×2年6月30日，确认短期融资券利息费用时。

利息费用＝1 000 000×5.58%/2＝27 900（元）

借：财务费用　　27 900

　贷：应付利息　　27 900

（5）20×2年6月30日，短期融资券到期兑付时。

借：交易性金融负债——本金　　1 000 000

　　　　　　　　——公允价值变动　　200 000

应付利息　　　　　　　　　　　　　55 800
贷：银行存款　　　　　　　　　　　　　1 055 800
公允价值变动损益　　　　　　　　　　　200 000

根据我国《企业会计准则第22号——金融工具确认和计量》及其应用指南的规定，企业将金融负债指定为以公允价值计量且其变动计入当期损益的金融负债的，该金融负债所产生的利得或损失应当按照下列规定进行处理：（1）由企业自身信用风险变动引起的该金融负债公允价值的变动金额，应当计入其他综合收益；（2）该金融负债的其他公允价值变动计入当期损益。该金融负债终止确认时，之前计入其他综合收益的累计利得或损失应当从其他综合收益中转出，计入留存收益。根据上述（1）的规定对该金融负债的自身信用风险变动的影响进行处理会造成或扩大损益中的会计错配的，企业应当将该金融负债的全部利得或损失，包括企业自身信用风险变动的影响金额，一并计入当期损益。

（三）公允价值计量选择权和交易性金融负债的指定

根据我国《企业会计准则第22号——金融工具确认和计量》的规定，在初始确认时，为了提供更相关的会计信息，企业可以将金融负债指定为以公允价值计量且其变动计入当期损益的金融负债，但该指定应满足下列条件之一：

（1）能够消除或显著减少会计错配。例如，根据企业会计准则的规定，有些金融资产被分类为以公允价值计量且其变动计入当期损益，但与之直接相关的金融负债却分类为以摊余成本计量，从而导致会计错配。如果将以上金融负债直接指定为以公允价值计量且其变动计入当期损益，那么这种会计错配就能够消除。

（2）根据正式书面文件载明的企业风险管理或投资策略，以公允价值为基础对金融负债组合或金融资产和金融负债组合进行管理和业绩评价，并在企业内部以此为基础向关键管理人员报告。此项条件强调的是企业日常管理和评价业绩的方式，而不是关注金融工具组合中各组成部分的性质。

根据规定，将一项金融资产、一项金融负债或者一组金融工具指定为以公允价值计量且其变动计入当期损益的，该指定一经作出，不得撤销。

第三节　应付及预收款项

应付及预收款项主要包括应付票据、应付账款和预收账款等，它们是企业在生产经营活动过程中形成的流动负债。

一、应付票据

（一）应付票据的概念

应付票据是指企业因购买材料、商品和接受劳务供应等而开出、承兑的商业汇票。按承兑人不同，商业汇票可分为商业承兑汇票和银行承兑汇票。按是否附带利息，商业汇票可分为带息商业汇票和不带息商业汇票。企业在将商业汇票向银行申请承兑时，需要向银行支付相应的银行承兑手续费。企业在偿付带息商业汇票时，需要同时支付商业汇票的票面金额和附带的票据利息。

由于商业汇票的付款期限最长不超过6个月，因此，应付票据是企业的一种流动负债。由于应付票据的偿付时间较短，其中体现的货币时间价值较小，因此，根据重要性原则，应付票据按商业汇票的票面金额计价入账。企业应付票据的业务内容与应收票据相对应。

（二）应付票据的核算

为核算应付票据的业务，企业应设置"应付票据"总账科目。该科目核算企业以摊余成本计量的购买材料、商品和接受劳务供应等而开出、承兑的商业汇票，包括银行承兑汇票和商业承兑汇票。企业开出、承兑商业汇票时，借记"材料采购""库存商品"等科目，贷记该科目。涉及增值税进项税额的，还应作相应的会计处理。支付银行承兑汇票的手续费时，借记"财务费用"科目，贷记"银行存款"科目。支付到期票款时，借记该科目，贷记"银行存款"科目。银行承兑汇票到期，企业无力支付票款的，将应付票据转入短期借款作为银行给企业的短期贷款处理，借记该科目，贷记"短期借款"科目。商业承兑汇票到期，企业无力支付的，将应付票据转入应付账款处理，借记该科目，贷记"应付账款"科目。到期无力支付的票据转账后，由交易双方协议解决。该科目可按债权人进行明细核算。该科目期末贷方余额，反映企业尚未到期的商业汇票的票面金额。

企业应当设置"应付票据备查簿"，详细登记商业汇票的种类、号数、出票日期、到期日、票面金额、交易合同号、收款人姓名或单位名称以及付款日期和金额等资料。应付票据到期结清时，在备查簿中应予注销。

1. 应付票据的开出和支付

例8-3

甲公司于20×1年5月1日从乙公司购买一批原材料，购买价款为200 000元，增值税专用发票上注明的增值税为26 000元（200 000×13%），原材料已验收入库。甲公司开出并承兑一张商业汇票，票据面值为226 000元（200 000+26 000），付款期限为3个月。20×1年7月31日，甲公司向乙公司支付到期应付票据的款项226 000元，款项以银行存款支付。甲公司应编制如下会计分录：

（1）20×1年5月1日，开出并承兑商业汇票时。

借：原材料	200 000	
应交税费——应交增值税（进项税额）	26 000	
贷：应付票据		226 000

（2）20×1年7月31日，支付到期应付票据款项时。

借：应付票据	226 000	
贷：银行存款		226 000

2. 无力支付到期商业承兑汇票票款

例8-4

沿用例8-3的资料，假设甲公司于20×1年7月31日应付票据到期时，无力向乙公司支付票款226 000元。甲公司应编制如下会计分录：

借：应付票据　226 000
　贷：应付账款　226 000

本例中，甲公司与乙公司应就相应货款的结算作进一步的协商，确定支付方式与支付金额。

3. 无力支付到期银行承兑汇票票款

例8-5

沿用例8-3的资料，假设甲公司将开出的商业汇票向银行申请承兑，同时，以银行存款向承兑银行支付相应的承兑手续费117元。甲公司应编制如下会计分录：

借：财务费用　117
　贷：银行存款　117

例8-6

沿用例8-5的资料，假设甲公司于20×1年7月31日应付票据到期时，无力向乙公司支付票款226 000元。甲公司应编制如下会计分录：

借：应付票据　226 000
　贷：短期借款　226 000

本例中，甲公司的货款已由承兑银行代为支付。甲公司应与承兑银行协商，及时向承兑银行偿还其向乙公司支付的货款。在甲公司与乙公司的货款结算业务中，显然银行承兑汇票的信用度高于商业承兑汇票。

4. 带息商业汇票

例8-7

甲公司于20×1年12月1日从乙公司购买一批原材料，购买价款为200 000元，增值税专用发票上注明的增值税为26 000元（200 000×13%），原材料已验收入库。甲公司开出并承兑一张商业汇票，票据面值为226 000元（200 000+26 000），付款期限为4个月，票面利率为5%。20×1年12月31日，甲公司应计12月份的票据利息。20×2年3月31日，甲公司以银行存款如数支付到期应付票据款项。甲公司应编制如下会计分录：

（1）20×1年12月1日，开出商业汇票时。

借：原材料　200 000
　　应交税费——应交增值税（进项税额）　26 000
　贷：应付票据　226 000

（2）20×1年12月31日，应计商业汇票的利息时。

商业汇票1个月的应付利息＝226 000×5%/12＝942(元)

借：财务费用　942
　贷：应付利息　942

（3）20×2年3月31日，偿付到期应付票据款项时。

商业汇票4个月的应付利息合计＝226 000×5%×4/12＝3 767(元)

商业汇票20×2年1～3月份的应付利息＝3 767－942＝2 825(元)

偿付的银行存款＝226 000＋3 767＝229 767(元)

借：财务费用	2 825	
贷：应付利息		2 825

同时，

借：应付票据	226 000	
应付利息	3 767	
贷：银行存款		229 767

二、应付账款

(一) 应付账款的概念

应付账款是指企业因购买材料、商品和接受劳务等经营活动而应支付但尚未支付的款项。应付账款一般应当在与所购买材料或商品所有权相关的风险和报酬已经转移，或者所购买的劳务已经接受时确认。在实际工作中，一般区分如下两种情况确定应付账款的入账时间：一是在购买的物资和相应的发票账单同时到达的情况下，待购买的物资验收入库后，再根据相应的发票账单等确认应付账款。这样处理主要是为了避免因验收入库的物资在数量或质量等方面可能与发票账单等存在差异，从而需要对已入账的应付账款再进行调整。二是在会计期末购买的物资仍然没有完成验收入库的情况下，或者是在会计期末虽然购买的物资已经完成验收入库，但相应的发票账单等仍然没有到达的情况下，先按估计数额确认购买的货品和相应的应付账款，待下月初再用红字予以冲回。这样处理主要是为了如实反映企业在会计期末应付账款这一流动负债确实存在这一客观事实。

应付账款应当按照到期应付金额计价入账，而不按到期应付金额的现值计价入账。如果企业在购买货品、接受劳务的过程中形成的应付账款存在现金折扣的，应付账款一般应当按照应付金额的总额计价入账，而不按照应付金额的总额扣除现金折扣后的净额计价入账。企业取得的现金折扣，在取得时计入存货价值，作为存货价值的减少处理。企业应付账款的业务内容与应收账款相对应，其核算方法与存货在取得时的核算方法相联系。

(二) 应付账款的核算

为核算应付账款的业务，企业应设置“应付账款”总账科目。该科目核算企业以摊余成本计量的因购买材料、商品和接受劳务供应等经营活动应支付的款项。企业购入材料、商品等验收入库但货款尚未支付时，借记“材料采购”“在途物资”等科目，贷记该科目。接受供应单位提供劳务、发生应付未付款项时，借记“生产成本”“管理费用”等科目，贷记该科目。发生应付账款时涉及增值税进项税额的，还应作相应的会计处理。支付应付账款时，借记该科目，贷记“银行存款”等科目。该科目可按债权人进行明细核算。该科目期末贷方余额反映企业尚未支付的应付账款余额。

例8-8

甲公司于20×1年11月20日从乙公司购买一批商品，购买价款为100 000元，增值税专用发票上注明的增值税为13 000元（100 000×13%），商品已验收入库，发票账单等已经到达，款项113 000元（100 000+13 000）尚未支付。20×1年12月2日，甲公司以银行存款偿付以上购买商品的应付账款113 000元。甲公司应编制如下会计分录：

(1) 20×1年11月20日，赊购商品并验收入库时。

借：库存商品	100 000	
应交税费——应交增值税（进项税额）	13 000	
贷：应付账款		113 000

(2) 20×1年12月2日，偿付应付账款时。

借：应付账款	113 000	
贷：银行存款		113 000

例8-9

沿用例8-8的资料，假设按照购货协议约定，甲公司在购货后15天内付清货款，可以获得购买价款1%的现金折扣1 000元（100 000×1%）。那么，甲公司在20×1年12月2日偿付应付账款时应编制如下会计分录：

支付的银行存款=100 000-1 000+13 000=112 000(元)

借：应付账款	113 000	
贷：银行存款		112 000
库存商品		1 000

如同应收账款的业务，现金折扣通常只针对购买价款，不针对应交增值税税额，即应交增值税税额通常不受现金折扣业务的影响。

三、预收账款

预收账款是指企业按照合同的约定向购货单位预收的款项。与应付账款不同的是，企业需要以货物而不是以货币资金来偿付预收账款。

为核算预收账款的业务，企业应设置“预收账款”总账科目。企业向购货单位预收款项时，借记“银行存款”等科目，贷记该科目。销售实现时，按实现的收入，借记该科目，贷记“主营业务收入”科目。涉及增值税销项税额的，还应作相应的会计处理。该科目可按购货单位进行明细核算。该科目期末贷方余额反映企业预收的款项；期末如为借方余额，反映企业尚未转销的款项。

预收账款业务不多的企业，可以不设置“预收账款”科目，相应的业务通过“应收账款”科目核算。

例8-10

甲公司于20×1年10月12日预收乙公司一笔货款，金额为50 000元，款项已存入银行。根据合同约定，甲公司于20×1年11月4日向乙公司销售一批商品，商品价款为100 000元，增值税销项税额为13 000元（100 000×13%），商品已运送乙公司。同年11月6日，甲公司收到乙公司支付的该批商品的剩余款项63 000元（50 000+13 000）。甲公司通过设置“预收账款”科目核算预收款项的业务。甲公司应编制如下会计分录：

(1) 20×1 年 10 月 12 日，预收货款时。

借：银行存款	50 000	
贷：预收账款		50 000

(2) 20×1 年 11 月 4 日，销售商品时。

借：预收账款	113 000	
贷：主营业务收入		100 000
应交税费——应交增值税（销项税额）		13 000

(3) 20×1 年 11 月 6 日，收到乙公司剩余货款时。

借：银行存款	63 000	
贷：预收账款		63 000

本例中，甲公司 20×1 年 10 月 12 日“预收账款”科目的余额在贷方，金额为 50 000 元，反映预收的款项；20×1 年 11 月 4 日“预收账款”科目的余额在借方，金额为 63 000 元（113 000－50 000），反映尚未转销的款项，性质如同应收账款；20×1 年 11 月 6 日，“预收账款”科目的余额为零，表示款项已经全部结清。

根据我国《企业会计准则第 14 号——收入》的规定，企业因转让商品收到的预收款适用该收入准则进行会计处理时，不再使用“预收账款”科目，而使用“合同负债”科目。相应内容将在收入章节介绍。

第四节　应付职工薪酬

一、应付职工薪酬的概念和种类

（一）应付职工薪酬的概念

职工薪酬是指企业为获得职工提供的服务或解除劳动关系而给予的各种形式的报酬或补偿。应付职工薪酬是指企业根据有关规定应支付给职工的各种薪酬。应付职工薪酬中的“职工”，其包含的范围比较宽泛，具体可以包括如下三类人员：一是与企业订立劳动合同的所有人员，包括全职、兼职和临时职工。二是未与企业订立劳动合同但由企业正式任命的人员，如董事会成员、监事会成员等。董事会成员、监事会成员为企业的战略发展提出建议、进行相关监督等。尽管有些董事会成员、监事会成员不是本企业的职工，未与企业订立劳动合同，但企业对其发放的津贴、补贴等报酬从性质上仍属于职工薪酬。三是在企业的计划和控制下，虽未与企业订立劳动合同或未由企业正式任命，但为企业提供与职工类似服务的人员。例如，企业与有关中介机构签订的劳务用工合同，虽然企业不直接与合同中的雇佣人员订立单项劳动合同，也不任命这些人员，但通过劳务用工合同，这些人员在企业相关人员的领导下，按照企业的计划和安排，为企业提供与本企业职工类似的服务。企业向这些劳务用工人员支付的薪酬也属于职工薪酬。

企业提供给职工配偶、子女、受赡养人、已故员工遗属及其他受益人等的福利，也属于职工薪酬。

职工薪酬全面完整地反映了企业发生的人工成本。

（二）应付职工薪酬的种类

按照我国《企业会计准则第9号——职工薪酬》的规定，职工薪酬包括短期薪酬、离职后福利、辞退福利和其他长期职工福利四个种类。

二、短期薪酬

（一）短期薪酬的概念和内容

短期薪酬是指企业在职工提供相关服务的年度报告期间结束后12个月内需要全部予以支付的职工薪酬，因解除与职工的劳动关系给予的补偿除外。短期薪酬具体包括如下内容：

（1）职工工资、奖金、津贴和补贴。这是指按照构成工资总额的计时工资、计件工资、支付给职工的超额劳动报酬等的劳动报酬，为补偿职工特殊或额外的劳动消耗和其他特殊原因支付给职工的津贴，以及为保证职工工资水平不受物价影响支付给职工的物价补贴等。其中，企业按照短期奖金计划向职工发放的奖金属于短期薪酬，按照长期奖金计划向职工发放的奖金属于其他长期职工福利。

（2）职工福利费。主要包括企业向职工提供的生活困难补助、丧葬补助费、抚恤费、职工异地安家费、防暑降温费等职工福利支出。

（3）医疗保险费、工伤保险费等社会保险费。这是指按国家规定的基准和比例计算，向社会保险经办机构缴存的相应社会保险费用。

根据我国现行社会保险制度，企业在按规定向社会保险经办机构缴纳了相应的社会保险费后，相应的社会保险费由社会保险经办机构负责向有关人员发放和保值增值。如果由相应的社会保险费用形成的保险基金届时没有足够的资金支付与当期和以前期间职工服务相关的所有职工福利，企业不再负有进一步缴纳相应费用的义务。这种社会保险费的提存计划称为设定提存计划。在设定提存计划下，企业提存的社会保险费一般应当在职工提供服务期末后的12个月内到期支付，因此，提存时形成的负债属于企业的流动负债，相应数额的计量不需要采用折现的方法。

（4）住房公积金。这是指企业按照国家规定的基准和比例计算，向住房公积金管理机构缴存的住房公积金。

（5）工会经费和职工教育经费。这是指企业为了改善职工文化生活，提高职工文化水平和业务素质，根据规定的基准和比例提取的应当用于开展工会活动和职工教育培训等方面的经费。

（6）短期带薪缺勤。这是指职工虽然缺勤但企业仍向其支付报酬的安排，包括年休假、病假、婚假、产假、丧假、探亲假等。长期带薪缺勤属于其他长期职工福利。

（7）短期利润分享计划。这是指因职工提供服务而与职工达成的基于利润或其他经营成果提供薪酬的协议。长期利润分享计划属于其他长期职工福利。

（8）其他短期薪酬。这是指除上述薪酬以外的其他为获得职工提供的服务而给予的短期薪酬。

（二）短期薪酬的核算

企业应当在职工为其提供服务的会计期间，按实际发生的短期薪酬确认为负债，并计入当期损益或相关资产成本。

企业应当按照职工提供服务的情况和有关的标准，按期计算相应应付职工薪酬的金额。如企业应当按照职工考勤的出勤情况、职工生产产品的产量情况、职工超额劳动的情况等计算应支付给职工的工资、奖金等职工薪酬，按照国家规定的基准和比例等计算应为职工支付的各种社会保险费、住房公积金等。之后，企业应当按照职工薪酬的受益对象将职工薪酬分别计入相关的资产成本或当期费用。具体处理为：对于应由生产产品、提供劳务负担的职工薪酬，计入产品成本或劳务成本；对于应由在建工程、无形资产负担的职工薪酬，计入在建工程或无形资产的成本；对于其他职工薪酬，如企业管理人员、董事会成员、销售部门人员等的职工薪酬，因难以确定直接对应的受益对象，计入当期损益。

为核算应付职工薪酬的业务，企业应设置“应付职工薪酬”总账科目。企业发生应付职工薪酬时，生产部门人员的职工薪酬，借记“生产成本”“制造费用”“劳务成本”等科目，贷记该科目；应由在建工程、研发支出负担的职工薪酬，借记“在建工程”“研发支出”等科目，贷记该科目；管理部门人员、销售人员的职工薪酬，借记“管理费用”“销售费用”科目，贷记该科目。企业发放货币性职工薪酬时，按应付职工薪酬的数额，借记“应付职工薪酬”科目，按实际发放职工薪酬的数额，贷记“库存现金”“银行存款”等科目，按应从应付职工薪酬中扣还的各种款项数额，贷记“应交税费——应交个人所得税”“其他应收款”等科目。该科目可按“工资”“职工福利”“社会保险费”“住房公积金”“工会经费”“职工教育经费”“非货币性福利”“累积带薪缺勤”“利润分享计划”等进行明细核算。该科目期末贷方余额，反映企业应付未付的职工薪酬。

1. 职工工资、奖金、津贴和补贴

企业发生的职工工资、奖金、津贴和补贴等短期薪酬，应当根据职工提供服务情况和工资标准等计算应计入职工薪酬的工资总额，并按照受益对象计入当期损益或相关资产成本。

例 8－11

甲公司于20×1年10月31日计算当月应付职工工资，编制的职工工资结算汇总表如表8－1所示。

表 8－1 职工工资结算汇总表

20×1年10月　　　　单位：元

	应付职工工资总额					代扣款项		实发工资
	计时工资	计件工资	奖金	津贴和补贴	合计	代扣个人所得税	代扣社会保险费和住房公积金等	
生产部门生产人员	140 000	32 000	25 000	3 000	200 000	3 500	65 000	131 500
生产部门管理人员	32 000		5 000	3 000	40 000	700	13 000	26 300

续表

	应付职工工资总额					代扣款项		实发工资
	计时工资	计件工资	奖金	津贴和补贴	合计	代扣个人所得税	代扣社会保险费和住房公积金等	
企业管理部门人员	26 000		2 000	2 000	30 000	500	9 750	19 750
专设销售机构人员	3 000		6 000	1 000	10 000	200	3 250	6 550
研发部门人员	15 000		2 000	3 000	20 000	400	6 500	13 100
合计	216 000	32 000	40 000	12 000	300 000	5 300	97 500	197 200

根据表8-1，甲公司应编制如下记录应付职工工资总额的会计分录：

借：生产成本　200 000
　　制造费用　40 000
　　管理费用　30 000
　　销售费用　10 000
　　研发支出　20 000
　贷：应付职工薪酬——工资　300 000

应付职工工资总额是企业计算应缴或应付各种社会保险费、住房公积金、工会经费、职工教育经费等的依据。在职工工资结算汇总表中，职工工资总额减去代扣个人所得税、代扣社会保险费和住房公积金等后的余额为公司实发工资的数额。公司职工按规定计算的应当缴纳的个人所得税和由职工个人负担的养老保险、医疗保险等社会保险费和住房公积金等，由公司代扣代缴。

例8-12

承例8-11，甲公司于20×1年11月5日发放职工工资。根据表8-1，甲公司在扣除了有关代扣款项后，实发工资数额197 200元通过银行转账向职工支付。同时，甲公司将代扣个人所得税5 300元转入“应交税费——应交个人所得税”科目，准备向税务机关缴纳；将代扣社会保险费和住房公积金97 500元转入“其他应付款”科目，准备向有关社会保险经办机构和住房公积金管理机构缴纳。甲公司应编制如下会计分录：

借：应付职工薪酬——工资　300 000
　贷：银行存款　197 200
　　　应交税费——应交个人所得税　5 300
　　　其他应付款　97 500

企业除了可以从职工工资总额中代扣代缴职工个人所得税以及由职工个人负担的各种社会保险费和住房公积金外，还可能会存在其他扣还款项，如扣还职工租住企业宿舍的房租等。这些因素都会减少企业实发工资的数额。

2. 社会保险费、住房公积金、工会经费和职工教育经费

企业为职工缴纳的医疗保险费、工伤保险费等社会保险费和住房公积金，以及按规定提取的工会经费和职工教育经费，应当在职工为其提供服务的会计期间，根据规定的计提基础和计提比例计算确定相应的职工薪酬金额，并确认相应的负债，按照受益对象计入当期损益或相关资产成本。

例 8-13

沿用例 8-11 的资料，甲公司于 20×1 年 10 月 31 日根据国家规定按职工工资总额的相应比例计提当月应付职工薪酬中的基本医疗保险费、住房公积金以及工会经费和职工教育经费，具体计提情况可如表 8-2 所示。

表 8-2 基本医疗保险费及其他应付职工薪酬计算表

20×1 年 10 月 单位：元

	工资总额	基本医疗保险费（10%）	住房公积金（10.5%）	工会经费（2%）	职工教育经费（1.5%）	合计
生产部门生产人员	200 000	20 000	21 000	4 000	3 000	48 000
生产部门管理人员	40 000	4 000	4 200	800	600	9 600
企业管理部门人员	30 000	3 000	3 150	600	450	7 200
专设销售机构人员	10 000	1 000	1 050	200	150	2 400
研发部门人员	20 000	2 000	2 100	400	300	4 800
合计	300 000	30 000	31 500	6 000	4 500	72 000

根据表 8-2，甲公司应编制如下会计分录：

借：生产成本 48 000
　　制造费用 9 600
　　管理费用 7 200
　　销售费用 2 400
　　研发支出 4 800
　贷：应付职工薪酬——社会保险费 30 000
　　　　　　　　——住房公积金 31 500
　　　　　　　　——工会经费 6 000
　　　　　　　　——职工教育经费 4 500

职工的养老保险、医疗保险都属于社会保险，但养老保险在单独的离职后福利中核算，不属于短期薪酬类别。

根据有关规定，职工的养老保险、医疗保险等社会保险费以及住房公积金，一部分由职工个人负担，一部分由企业负担。也即职工个人和企业应当分别按照一定的比例关系向相关机构缴纳款项。政府财政通常也向养老保险基金、医疗保险基金等社会保险基金提供补助款项。由政府相关机构管理的基本养老保险基金、基本医疗保险基金、住房公积金等实行专款专用。

为鼓励企业加大职工教育投入，根据财政部、国家税务总局关于企业职工教育经费税前扣除政策的相关规定，我国自 2018 年 1 月 1 日起，企业发生的职工教育经费支出，不超过工资薪金总额 8%的部分，准予在计算企业所得税应纳税所得额时扣除；超过部分，准予在以后纳税年度结转扣除。

例8-14

承例8-13，甲公司于20×1年11月28日向有关社会保险经办机构缴纳基本医疗保险费30 000元，同时，向住房公积金管理机构缴存住房公积金31 500元。以上款项合计61 500元（30 000+31 500）都通过银行转账支付。甲公司应编制如下会计分录：

借：应付职工薪酬——社会保险费	30 000	
——住房公积金	31 500	
贷：银行存款		61 500

例8-15

承例8-13，甲公司于20×1年11月3日以库存现金支付工会日常运作经费400元。甲公司应编制如下会计分录：

借：应付职工薪酬——工会经费	400	
贷：库存现金		400

例8-16

承例8-13，甲公司开展职工业务技能培训活动，于20×1年12月5日以银行存款支付职工教育经费3 800元。甲公司应编制如下会计分录：

借：应付职工薪酬——职工教育经费	3 800	
贷：银行存款		3 800

3. 职工福利费

企业发生的职工福利费，应当在实际发生时根据实际发生额计入当期损益或相关资产成本。企业在决定向职工发放福利费时，借记“生产成本”“制造费用”“管理费用”等科目，贷记“应付职工薪酬”科目。企业在向职工发放货币性福利费时，借记“应付职工薪酬”科目，贷记“库存现金”“银行存款”科目。

例8-17

甲公司于20×1年9月21日决定向全体职工发放国庆节假日生活福利费共计8 500元。其中，生产部门直接生产人员职工福利费5 500元，生产部门管理人员职工福利费1 500元，企业管理部门人员职工福利费750元，企业专设销售机构人员职工福利费250元，研发部门人员职工福利费500元。甲公司应编制如下会计分录：

借：生产成本	5 500	
制造费用	1 500	
管理费用	750	
销售费用	250	
研发支出	500	
贷：应付职工薪酬——职工福利		8 500

在实务中，职工福利一般包括发放给职工或为职工支付的如下各项现金补贴和非货币性集体福利：一是为职工卫生保健、生活等发放或支付的各项现金补贴和非货币性福利，如职工因公外地就医费用、职工疗养费用、体检费用、防暑降温费等；二是企业尚未分离的内设集体福利部门所发生的设备、设施和人员费用，如给职工食堂的补助等；三是发放给在职职工的生活困难补助以及按规定发放的其他职工福利支出，如职工异地安家费等。

例 8-18

承例 8-17，甲公司于 20×1 年 9 月 26 日向全体职工发放了国庆节假日生活福利费 8 500 元，款项以银行存款支付。甲公司应编制如下会计分录：

借：应付职工薪酬——职工福利　8 500
　贷：银行存款　8 500

4. 非货币性福利

企业的大多数短期薪酬属于货币性薪酬，如职工工资、奖金、津贴、补贴、职工福利费、各种社会保险费、住房公积金、工会经费和职工教育费等。有时，企业也会向职工发放非货币性福利。非货币性福利是指企业以自己的产品或外购商品发放给职工作为福利；或者企业提供给职工无偿使用自己拥有或者租入的资产，如企业提供给高级管理人员无偿使用自己拥有或者租入的住房、汽车等，为职工免费提供医疗保健服务等；或者企业向职工提供企业支付了一定补贴的商品或服务等，如以低于成本的价格向职工出售住房等。非货币性福利在职工薪酬中通常单独进行核算，以与货币性职工薪酬相区分。企业向职工提供非货币性福利的，应当按照公允价值计量。

（1）以企业的产品或外购商品发放给职工作为福利。企业以自产的产品作为非货币性福利提供给职工的，应当按照该产品的公允价值和相关税费确定职工薪酬金额，并计入当期损益或相关资产成本。企业以外购的商品作为非货币性福利提供给职工的，应当按照该商品的公允价值和相关税费确定职工薪酬的金额，并计入当期损益或相关资产成本。同时，对于以自产的产品作为非货币性福利提供给职工的，企业应按照与销售产品或商品同样的方法确认销售收入，结转销售成本。

企业在决定向职工发放自己的产品或外购商品作为职工薪酬内容时，借记“生产成本”“制造费用”“管理费用”等科目，贷记“应付职工薪酬”科目。发放自己的产品或外购商品时，借记“应付职工薪酬”科目，贷记“主营业务收入”科目，涉及增值税销项税额的，还应作相应的处理；同时，借记“主营业务成本”科目，贷记“库存商品”科目。

例 8-19

甲公司于 20×1 年 1 月 28 日决定，以其自己生产的一批产品发放给职工，作为节日的职工福利。该批产品的公允价值为 50 000 元，成本为 40 000 元。甲公司决定，50%的产品发放给生产部门的生产人员，30%的产品发放给生产部门的管理人员，20%的产品发放给企业管理部门人员。20×1 年 2 月 2 日，甲公司按批准的计划将该批产品发放给相应的职工。甲公司为增值税一般纳税人，适用的增值税税率为 13%。

根据以上资料，20×1 年 1 月 28 日，甲公司决定发放非货币性福利时应编制如下会计分录：

计入生产成本的非货币性福利＝50 000×50%＋50 000×50%×13%＝28 250(元)
计入制造费用的非货币性福利＝50 000×30%＋50 000×30%×13%＝16 950(元)
计入管理费用的非货币性福利＝50 000×20%＋50 000×20%×13%＝11 300(元)
非货币性福利合计＝28 250＋16 950＋11 300＝56 500(元)

借：生产成本　　28 250
　　制造费用　　16 950
　　管理费用　　11 300
　贷：应付职工薪酬——非货币性福利　　56 500

20×1年2月2日，甲公司实际发放非货币性福利时应编制如下会计分录：

借：应付职工薪酬——非货币性福利　　56 500
　贷：主营业务收入　　50 000
　　　应交税费——应交增值税（销项税额）　　6 500

同时，

借：主营业务成本　　40 000
　贷：库存商品　　40 000

企业向职工发放的非货币性职工薪酬，应当通过“应付职工薪酬”科目进行归集，以准确反映企业发生的职工薪酬数额。

（2）提供给职工无偿使用企业拥有或租入的资产。企业在提供给职工无偿使用自己拥有或者租入的资产时，如企业在提供给高级管理人员无偿使用自己拥有或者租入的住房时，应按照固定资产折旧的数额或相应资产租金的数额计算应付职工薪酬，并按受益对象将固定资产折旧或有关资产的租金等分别计入相关的资产成本或当期费用。难以确定受益对象的，直接计入当期损益。

企业按期计提无偿供职工使用的固定资产折旧时，借记“生产成本”“制造费用”“管理费用”等科目，贷记“应付职工薪酬”科目；同时，借记“应付职工薪酬”科目，贷记“累计折旧”科目。按期计算无偿供职工使用的资产租金时，借记“生产成本”“制造费用”“管理费用”等科目，贷记“应付职工薪酬”科目；确认应付或支付资产租金时，借记“应付职工薪酬”科目，贷记“其他应付款”“银行存款”等科目。

例8-20

甲公司为企业生产部门的生产人员提供职工集体宿舍，该职工集体宿舍为甲公司向乙房屋租赁公司租入，每月租金24 000元。同时，甲公司向企业高级管理人员免费提供轿车使用，提供的轿车每月折旧11 000元。甲公司于20×1年3月末计算应付非货币性职工薪酬时应编制如下会计分录：

借：生产成本　　24 000
　　管理费用　　11 000
　贷：应付职工薪酬——非货币性福利　　35 000

同时，

借：应付职工薪酬——非货币性福利　　35 000
　贷：其他应付款　　24 000
　　　累计折旧　　11 000

（3）向职工提供企业支付了一定补贴的商品或服务。企业在向职工提供企业支付了一定补贴的商品或服务时，如企业在以低于成本的价格向职工出售住房时，应根据企业与职工签订的合同条款的内容约定分别情况作如下处理：如果合同条款约定，企业在向职工提供了商品或服务后，职工应当为企业提供一定年限的服务，那么，企业应当将向职工提供商品或服务的价格与成本的差额作为长期待摊费用处理，并在职工应当为企业提供服务的年限内进行摊销；如果合同条款没有约定企业在向职工提供了商品或服务后，职工应当为企业提供一定年限的服务，也即企业将向职工提供商品或服务的价格与成本的差额作为对职工过去向企业提供服务的一种补偿，那么，企业应当将向职工提供商品或服务的价格与成本的差额直接计入当期损益。

企业在向职工提供企业支付了一定补贴的商品或服务时，如果职工应当为企业提供一定年限服务的，应按从职工处收到的价款，借记“银行存款”等科目，按向职工提供商品或服务的价格与成本的差额，借记“长期待摊费用”科目，按向职工提供商品或服务的成本，贷记“固定资产”等科目；分期摊销长期待摊费用并确认应付职工薪酬时，借记“生产成本”“制造费用”“管理费用”等科目，贷记“应付职工薪酬”科目；同时，借记“应付职工薪酬”科目，贷记“长期待摊费用”科目。如果职工不需要为企业提供一定年限服务的，应按从职工处收到的价款，借记“银行存款”等科目，按向职工提供商品或服务的价格与成本的差额，借记“生产成本”“制造费用”“管理费用”等科目，按向职工提供商品或服务的成本，贷记“应付职工薪酬”科目；同时，借记“应付职工薪酬”科目，贷记“固定资产”等科目。

例 8-21

甲公司于20×1年1月1日将购入的多套住房以低于购入的价款出售给企业急需的人才。该多套住房的购入价款为800 000元，向相关急需人才出售的价款为500 000元，出售价款低于购入价款或取得成本的数额为300 000元（800 000－500 000），出售价款已收到并存入银行。根据甲公司与相关人才签订的合同条款的约定，相关人才在取得了甲公司提供的住房后，应当连续为甲公司提供服务5年，否则，甲公司有权要求相关人才补足住房出售价格与取得成本的差额，并有权要求相关人才向甲公司支付相应数额的违约金。在以上相关急需人才中，一半人才在企业研发部门工作，另一半人才在企业行政管理部门工作，他们各自享受到一半的住房福利。暂不考虑相关税费的因素。

根据以上资料，20×1年1月1日，甲公司出售住房时应编制如下会计分录：

借：银行存款　　500 000
　　长期待摊费用　　300 000
　贷：固定资产　　800 000

20×1年12月31日，甲公司确认应付职工薪酬时应编制如下会计分录：

当年非货币性福利＝300 000/5＝60 000(元)
计入研发支出的非货币性福利＝60 000/2＝30 000(元)
计入管理费用的非货币性福利＝60 000/2＝30 000(元)

借：研发支出　　30 000
　　管理费用　　30 000
　贷：应付职工薪酬——非货币性福利　　60 000

同时，

借：应付职工薪酬——非货币性福利　　60 000
　贷：长期待摊费用　　60 000

20×2年至20×5年的12月31日，甲公司确认应付职工薪酬时编制的会计分录如同20×1年12月31日确认应付职工薪酬时编制的会计分录。

5. 短期带薪缺勤

带薪缺勤应当根据其性质和职工享有的权利，分为累积带薪缺勤和非累积带薪缺勤两类。企业应当对累积带薪缺勤和非累积带薪缺勤分别进行会计处理。如果带薪缺勤属于长期带薪缺勤的，企业应当将其作为其他长期职工福利处理。

（1）累积带薪缺勤及其会计处理。累积带薪缺勤是指带薪权利可以结转下期的带薪缺勤，即本期尚未用完的带薪缺勤权利可以在未来期间使用。企业应当在职工提供了服务从而增加了其未来享有的带薪缺勤权利时，确认与累积带薪缺勤相关的职工薪酬，并以累积未行使权利而增加的预期支付金额计量。企业在会计期末确认累积带薪缺勤时，借记“生产成本”“制造费用”“管理费用”等科目，贷记“应付职工薪酬”科目。

例8-22

甲公司共有1 000名职工，从20×1年1月1日起，该公司实行累积带薪缺勤制度。该制度规定，每个职工每年可享受5个工作日带薪年休假，未使用的年休假只能向后结转一个公历年度，超过1年未使用的权利作废，在职工离开企业时也无权获得现金支付；职工休年假时，首先使用当年可享受的权利，然后再从上年结转的带薪年休假中扣除。20×1年12月31日，该公司管理部门中有20名职工在20×1年只享用了4天的年休假，剩余1天（5−4）的年休假准备留在20×2年使用，即这20名管理部门职工在20×2年准备享用6天（5+1）的年休假。甲公司估计这20名管理部门职工在20×2年将享用20×1年结转下来的每人1天的年休假。这20名管理部门职工的每个工作日工资合计为17 500元。20×1年12月31日，甲公司应编制如下会计分录：

借：管理费用　　17 500

　贷：应付职工薪酬——累积带薪缺勤　　17 500

本例中，甲公司职工20×1年已休带薪年休假的，由于在休假期间照发工资，因此，相应的薪酬已经计入公司每月确认的薪酬金额中。与此同时，甲公司还需要预计职工20×1年享有但尚未使用的、预期将在下一年度使用的累积带薪缺勤，并将其计入当期损益或相关资产成本。

例8-23

承例8-22，假定甲公司这20名管理部门职工在20×2年均未享用20×1年结转下来的累积未使用带薪年休假，这些职工相应的累积未使用带薪年休假作废，甲公司应冲回上年度确认的相应职工薪酬。甲公司应编制如下会计分录：

借：应付职工薪酬——累积带薪缺勤　　17 500

　贷：管理费用　　17 500

本例中，如果甲公司这20名管理部门职工在20×2年均享用了20×1年结转下来的累积未使用带薪年休假，那么，甲公司20×2年确认的工资费用中应当扣除上年度已确认的累积带薪费用。也即在这种情况下，从20×1年和20×2年两年的情况看，甲公司这20名管理部门职工仍然总共获得了10天（5×2）的带薪休假薪酬；甲公司确认的这两年的职工薪酬费用总额不变。

（2）非累积带薪缺勤及其会计处理。非累积带薪缺勤是指带薪权利不能结转下期的带薪缺勤，本期尚未用完的带薪缺勤权利将予以取消，并且职工离开企业时也无权获得现金支付。我国企业职工休婚假、产假、丧假、探亲假、病假期间的工资通常属于非累积带薪缺勤。由于职工提供服务本身不能增加其能够享受的福利金额，企业在职工未缺勤时不应当计提相关费用和负债。企业应当在职工实际发生缺勤的会计期间确认与非累积带薪缺勤相关的职工薪酬。企业确认职工享有的与非累积带薪缺勤权利相关的薪酬，视同职工出勤确认的当期损益或相关资产成本。通常情况下，与非累积带薪缺勤相关的职工薪酬已经包括在企业每期向职工发放的工资等薪酬中，因此，不必额外作相应的会计处理。

6. 短期利润分享计划

企业制定有短期利润分享计划的，如当职工完成规定的业绩指标，或者在企业工作了特定期限后，能够享有按照企业净利润的一定比例计算的薪酬，企业应当对相应的短期利润分享计划进行相应的会计处理。

短期利润分享计划在同时满足下列条件时，企业应当确认相关的应付职工薪酬，并将相应的职工薪酬计入当期损益或相关资产成本：一是企业因过去事项导致现在具有支付职工薪酬的法定义务或推定义务；二是因利润分享计划所产生的应付职工薪酬义务金额能够可靠估计。属于下列三种情况之一的，视为应付职工薪酬义务金额能够可靠估计：一是在财务报告批准报出之前企业已确定应支付的薪酬金额；二是该利润分享计划的正式条款中包括确定薪酬金额的方式；三是过去的惯例为企业确定推定义务金额提供了明显证据。

如果企业预期在职工为其提供相关服务的年度报告期间结束后12个月内，不需要全部支付利润分享计划产生的应付职工薪酬，那么，该利润分享计划属于企业的其他长期职工福利，不属于企业的短期利润分享计划。企业根据经营业绩或职工贡献等情况提取的奖金属于奖金计划，应当比照短期利润分享计划进行处理。

例8－24

甲公司于20×1年初制定和实施了一项短期利润分享计划，以对公司管理层进行激励。该计划规定，公司全年的净利润指标为1 500 000元，如果在公司管理层的努力下完成的净利润超过1 500 000元，公司管理层将可以分享超过1 500 000元净利润指标部分的10%作为额外报酬。该额外报酬将在公司年度财务报告期间结束后的12个月内全部支付。至20×1年12月31日，甲公司全年实际完成净利润1 680 000元，超过净利润指标180 000元（1 680 000－1 500 000）。甲公司管理层按照利润分享计划可以分享净利润18 000元（180 000×10%），作为其额外的职工薪酬。甲公司估计未来一年中，公司管理层职工不会离职，从而不存在不能获得本次利润分享计划的可能性。即甲公司在未来一年中将全额支付18 000元的利润分享计划。20×1年12月31日，甲公司应编制如下会计分录：

借：管理费用	18 000	
贷：应付职工薪酬——利润分享计划		18 000

根据规定，企业在计量利润分享计划产生的应付职工薪酬时，应当反映职工因离职而没有得到利润分享计划支付的可能性。

三、离职后福利

（一）离职后福利的概念和内容

离职后福利是指企业为获得职工提供的服务而在职工退休或与企业解除劳动关系后，提供的各种形式的报酬和福利，属于短期报酬和辞退福利的除外。离职后福利包括退休福利及其他离职后福利。其中，退休福利如养老金和一次性的退休支付；其他离职后福利如离职后人寿保险和离职后医疗保障。

离职后福利计划是指企业与职工就离职后福利达成的协议，或者企业为向职工提供离职后福利制定的规章或办法等。离职后福利计划按照企业承担的风险和义务情况，可分为设定提存计划和设定受益计划。其中，设定提存计划是指企业向独立的基金缴存固定费用后，不再承担进一步支付义务的离职后福利计划。设定受益计划是指除设定提存计划以外的离职后福利计划。

（二）离职后福利的核算

企业应当在职工为企业提供服务的会计期间对养老金等离职后福利进行确认和计量。相应的会计分录为：借记“生产成本”“制造费用”“管理费用”等科目，贷记“应付职工薪酬”科目。企业支付离职后福利时，借记“应付职工薪酬”科目，贷记“银行存款”等科目。

企业应当按照企业承担的风险和义务情况，将离职后福利计划分类为设定提存计划和设定受益计划两种类型，并分别进行会计核算。

1. 设定提存计划下的离职后福利

在设定提存计划下，企业应当根据资产负债表日为换取职工在会计期间提供的服务而应向单独主体缴存的提存金，确认职工薪酬负债，并将相应的职工薪酬计入当期损益或相关资产成本。

例8-25

沿用例8-11的资料，甲公司于20×1年10月31日根据国家规定按职工工资总额的相应比例计提当月应付职工薪酬中的基本养老保险费，具体计提情况可如表8-3所示。

表8-3 养老保险费计算表

20×1年10月　　　　单位：元

	工资总额	基本养老保险费（16%）
生产部门生产人员	200 000	32000
生产部门管理人员	40 000	6 400
企业管理部门人员	30 000	4 800
专设销售机构人员	10 000	1 600
研发部门人员	20 000	3 200
合计	300 000	48 000

根据表 8－3，甲公司应编制如下会计分录：

借：生产成本	32 000	
制造费用	6 400	
管理费用	4 800	
销售费用	1 600	
研发支出	3 200	
贷：应付职工薪酬——社会保险费		48 000

设定提存计划下基本养老保险费的会计核算方法与基本医疗保险费的会计核算方法相同。但职工的基本养老保险费需要等到职工退休后才能领取，因此，属于离职后福利。

例 8－26

承例 8－25，甲公司于 20×1 年 11 月 28 日向有关社会保险经办机构缴纳职工基本养老保险费 48 000 元，款项通过银行转账支付。甲公司应编制如下会计分录：

借：应付职工薪酬——社会保险费	48 000	
贷：银行存款		48 000

我国 2019 年《政府工作报告》提出，明显降低企业社保缴费负担，下调城镇职工基本养老保险单位缴费比例，各地可降至 16%。

2. 设定受益计划下的离职后福利

设定受益计划与设定提存计划的区分，取决于离职后福利计划的主要条款和条件所包含的经济实质。在设定提存计划下，企业的义务以企业应向独立主体缴存的提存金金额为限，职工未来所能取得的离职后福利金额取决于向独立主体支付的提存金金额，以及提存金所产生的投资回报，从而精算风险和投资风险实质上要由职工来承担。在设定受益计划下，企业的义务是为现在及以前的职工提供约定的福利，并且精算风险和投资风险实质上由企业来承担。当企业负有下列义务时，该计划就是一项设定受益计划：计划福利公式不仅仅与提存金金额相关，且要求企业在资产不足以满足该公式的福利时提供进一步的提存金；或者通过计划间接地或直接地对提存金的特定回报作出担保。

设定受益计划可能是不注入资金的，或者可能全部或部分地由企业或职工向独立主体以缴纳提存金形式注入资金，并由该独立主体向职工支付福利。到期时已注资福利的支付不仅取决于独立主体的财务状况和投资业绩，而且取决于企业补偿独立主体资产不足的意愿和能力。企业实质上承担着与计划相关的精算风险和投资风险。因此，设定受益计划所确认的费用并不一定是本期应付的提存金金额。

（1）确定设定受益计划义务的现值和当期服务成本。企业应当根据预期累计福利单位法，采用无偏且相互一致的精算假设对有关人口统计变量和财务变量等作出估计，计量设定受益计划所产生的义务，并确定相关义务的归属期间。根据预期累计福利单位法，职工每提供一个期间的服务，就会增加一个单位的福利权利，企业应当对每个单位的福利权利进行单独计量，并将所有单位的福利权利累计形成最终义务。企业应当根据资产负债表日与设定受益计划义务期限和币种相匹配的国债或活跃市场上的高质量公司债券的市场收益率确定折现率，将设定受益计划所产生的义务予以折现，以确定设定受益计划义务的现值和当期服务成本。企业应当根据计划的福利公式将设定受益计划产生的福利义务归属于职工提供服务的期间，并计入当期损益或相关资产成本。

例 8-27

甲公司于20×1年1月1日设立了一项设定受益计划，并于当日开始实施。该设定受益计划规定：甲公司向管理部门职工提供统筹外补充退休金，这些职工在退休后每人每年可以额外获得120 000元退休金，直至去世；这些职工获得该额外退休金基于自该计划开始日起为公司提供的服务，而且应当自该设定受益计划开始日起一直为公司服务至退休。20×1年1月1日，公司符合该计划的职工人数为100人，平均年龄为40岁，退休年龄为60岁，还可以为公司服务20年（60—40）。假设这些管理部门职工在退休前无人离职，退休后平均剩余寿命为15年，适用的折现率为9%，并不考虑其他相关因素。该设定受益计划义务及其现值的计算可如表8-4所示。职工服务期间每期服务成本的计算可如表8-5所示。

表 8-4 设定受益计划义务及其现值计算表　　单位：万元

	退休后第1年	退休后第2年	退休后第3年	…	退休后第14年	退休后第15年
当年支付	1 200	1 200	1 200	…	1 200	1 200
折现率	9%	9%	9%	…	9%	9%
复利现值系数	0.917 4	0.841 7	0.772 2	…	0.299 2	0.274 5
退休时点现值	1 101	1 010	927	…	359	329
退休时点现值合计	9 673					

表 8-5 职工服务期间每期服务成本计算表　　单位：万元

服务年份	服务第1年	服务第2年	…	服务第19年	服务第20年
福利归属					
——以前年度	0	483.65		8 705.70	9 189.35
——当年（9 673/20）	483.65	483.65		483.65	483.65
——以前年度+当年	483.65	967.3	0	9 189.35	9 673
期初义务	0	94.07		7 327.43	8 430.60
利率		9%		9%	9%
利息		8.47		659.47	758.75
现值系数（年数依次为19，18，…）	0.194 5	0.212 0		0.917 4	
当期服务成本（483.65×现值系数）	94.07	102.53		443.7	483.65
期末义务（期初义务+利息+当期服务成本）	94.07	205.07		8 430.60	9 673

根据表8-5，甲公司20×1年12月31日即服务第1年末应编制如下会计分录：

借：管理费用　940 700

　贷：应付职工薪酬——补充退休金　940 700

20×2 年 12 月 31 日即服务第 2 年末应编制如下会计分录：

借：管理费用　1 025 300

　贷：应付职工薪酬——补充退休金　1 025 300

同时，

借：财务费用　84 700

　贷：应付职工薪酬——补充退休金　84 700

服务第 3 年至第 20 年末的会计分录依此类推。

例 8－28

承例 8－27，甲公司选择向独立主体注入资金的方式运行该设定受益计划义务，并于 20×2 年 1 月 5 日以银行存款向独立主体缴纳提存金 940 700 元。甲公司应编制如下会计分录：

借：应付职工薪酬——补充退休金　940 700

　贷：银行存款　940 700

（2）精算利得或损失。精算利得或损失是指由于精算假设和经验调整导致之前所计量的设定受益计划义务现值的增加或减少。企业未能预计的过高或过低的职工离职率、提前退休率、死亡率、过高或过低的薪酬、福利的增长以及折现率的变化等因素，将导致设定受益计划产生精算利得和损失。根据规定，精算利得或损失应当计入其他综合收益，并且在后续会计期间不允许转回损益，但企业可以在权益范围内转移这些在其他综合收益中确认的金额。

例 8－29

承例 8－27，甲公司在该计划开始后职工提供服务的第 3 年年末即 20×3 年年末重新计量该设定受益计划的净负债。甲公司发现，由于预期寿命等精算假设和经验调整导致该设定受益计划义务的现值增加，形成精算损失 122 000 元。20×3 年年末，甲公司应编制如下会计分录：

借：其他综合收益——设定受益计划精算损失　122 000

　贷：应付职工薪酬——补充退休金　122 000

本例中，职工预期寿命的延长会增加企业设定受益计划义务。如果职工离职率提高，则会减少企业设定受益计划义务。

设定受益计划净负债是指设定受益计划义务的现值减去设定受益计划资产公允价值所形成的赤字。如果形成盈余，则称为设定受益计划净资产。设定受益计划资产包括长期职工福利基金持有的资产、符合条件的保险单等，但不包括企业应付但尚未支付给独立主体的提存金。例如，为偿付设定受益计划负债，企业专门购置了国债，该国债即属于设定受益计划资产。由于国债的公允价值会发生增减变动，因此，设定受益计划净负债或净资产的数额也会发生增减变动。设定受益计划存在资产的，企业应当将设定受益计划义务的现值减去设定受益计划资产公允价值所形成的赤字或盈余确认为一项设定受益计划净负债或计划净资产。设定受益计划没有计划资产的，重新计量设定受益计划净负债或净资产所产生的变动仅包括精算利得或损失。

四、辞退福利

（一）辞退福利的概念和内容

辞退福利是指企业在职工劳动合同到期之前解除与职工的劳动关系，或者为鼓励职工自愿接受裁减而给予职工的补偿。

辞退福利按职工是否具有选择权可分为两种类型：一是在职工劳动合同尚未到期前，不论职工是否愿意，企业都决定解除与职工的劳动关系，并由此向辞退职工给予的补偿，即职工无选择权的辞退福利；二是在职工劳动合同尚未到期前，企业鼓励职工自愿接受裁减而给予的补偿，职工可以选择接受裁减，也可以选择继续在职，即职工有选择权的辞退福利。辞退福利通常采用在解除劳动关系时一次性向职工支付的补偿方式，也可以采用将职工工资支付到职工辞退后未来一定期间的补偿方式。企业与职工解除劳动关系的补偿计划或辞退福利计划应当经企业董事会或类似权力机构的批准。

企业应当根据辞退福利的定义和包括的内容，区分辞退福利与正常退休的养老金。辞退福利是在职工与企业签订的劳动合同到期前，企业根据法律与职工本人或职工代表（如工会）签订的协议，或者基于商业惯例，承诺当其提前终止对职工的雇佣关系时支付的补偿，引发补偿的事项是辞退，因此，企业应当在辞退职工时进行辞退福利的确认和计量。职工在正常退休时获得的养老金，是其与企业签订的劳动合同到期时，或者职工达到了国家规定的退休年龄时获得的退休后生活补偿金额，引发补偿的事项是职工在职时提供的服务，而不是退休本身，因此，企业应当在职工提供服务的会计期间进行养老金的确认和计量。职工在正常退休时获得的养老金属于离职后福利，不属于辞退福利。

另外，职工虽然没有与企业解除劳动合同，但未来不再为企业提供服务，不能为企业带来经济利益，企业承诺提供实质上具有辞退福利性质的经济补偿的，如发生“内退”的情况，在其正式退休日期之前应当比照辞退福利处理，在其正式退休日期之后应当按照离职后福利处理。

（二）辞退福利的核算

企业辞退福利应当在辞退福利计划开始生效时予以确认，其金额的计量视职工是否具有选择权而有所不同。对于职工无选择权的辞退福利，应付职工辞退福利的金额应根据辞退福利计划中拟解除劳动关系的职工数量、每位职工的辞退补偿数额等计算确定。对于职工有选择权的辞退福利，应付职工辞退福利的金额应根据预计将会自愿接受裁减计划或建议的职工数量、每位职工的辞退补偿数额等计算确定。对于职工有选择权的辞退福利，企业应当采用适当的方法，如采用发生概率等的方法，在辞退福利计划开始生效时，合理估计将会自愿接受裁减计划或建议的职工数量，以合理确定相应应付职工辞退福利的金额。辞退职工由于不再为企业带来未来经济利益，因此，辞退福利在应予计提时一次计入当期管理费用。

实施职工内部退休计划的，企业应当按照内退计划规定，将自职工停止提供服务日至正常退休期间，企业拟支付的内退职工工资和缴纳的社会保险费等，确认为应付职工薪酬，一次性计入当期损益，不能在职工内退后各期分期确认因支付内退职工工资和为其缴纳社会保险费等产生的义务。

企业对于辞退福利预期在其确认的年度报告期间期末后12个月内完全支付的辞退福利，应当适用短期薪酬的相关规定。企业对于辞退福利预期在年度报告期间期末后12个月内不能完全支付的辞退福利，应当适用其他长期职工福利的相关规定，即企业应当选择恰当的折现率，以折现后的金额计量应计入当期损益的辞退福利金额。

企业在重组过程中通常会发生辞退福利义务。企业的重组计划通常包括重组涉及的业务、主要地点、需要补偿的职工人数及其岗位性质、预计重组支出、计划实施时间等。

企业在确认因解除劳动关系而应给予职工的补偿即应付职工辞退福利时，借记“管理费用”科目，贷记“应付职工薪酬”科目。在向职工支付辞退福利时，借记“应付职工薪酬”科目，贷记“银行存款”“库存现金”等科目。

例 8-30

甲公司由于转产的需要，20×1年12月20日经董事会批准，计划于20×2年1月1日起实施鼓励职工自愿接受裁减的职工辞退补偿计划。根据该补偿计划，甲公司拟辞退职工100人，每位辞退职工将获得一次性经济补偿10 000元。甲公司已就该职工辞退计划与职工及其代表进行了有效沟通，并达成了一致意见。20×1年12月31日，甲公司经调查分析后估计将会有90名职工自愿接受该辞退补偿计划。甲公司该项辞退补偿计划按工作计划在20×2年一年内实施完毕。甲公司于20×1年12月31日应按估计辞退补偿数额编制如下会计分录：

应付职工辞退福利＝90×10 000＝900 000(元)

借：管理费用　　900 000

　贷：应付职工薪酬——辞退福利　　900 000

例 8-31

承例8-30，20×2年2月10日，有50名职工自愿接受辞退补偿计划，甲公司以银行存款向他们支付一次性经济补偿500 000元。甲公司应编制如下会计分录：

应付职工辞退福利＝50×10 000＝500 000(元)

借：应付职工薪酬——辞退福利　　500 000

　贷：银行存款　　500 000

五、其他长期职工福利

（一）其他长期职工福利的概念和内容

其他长期职工福利是指除短期薪酬、离职后福利、辞退福利之外所有的职工薪酬，包括长期带薪缺勤、长期残疾福利、长期利润分享计划等。

（二）其他长期职工福利的核算

企业向职工提供的其他长期职工福利，符合设定提存计划条件的，应当按照设定提存计划的有关规定进行会计处理；符合设定受益计划条件的，应当按照设定受益计划的有关规定，确认和计量其他长期职工福利净负债或净资产。在报告期末，企业应当将其他长期职工福利产生的职工薪酬成本确认为服务成本、其他长期职工福利净负债或净资产的利息净额、重新计量其他长期职工福利净负债或净资产所产生的变动三个组成项目，并将其总净额计入当期损益或相关资产成本。

长期残疾福利水平取决于职工提供服务期间长短的，企业应在职工提供服务的期间确认应付长期残疾福利义务，计量时应当考虑长期残疾福利支付的可能性和预期支付的期限；与职工提供服务期间长短无关的，企业应当在导致职工长期残疾的事件发生的当期确认应付长期残疾福利义务。

例8-32

甲公司于20×1年初为其管理人员制定和实施了一项递延奖金计划。根据该计划，甲公司将当年利润的3%提成作为奖金，但要在20×3年末才向仍然在职的管理人员发放。如果相关管理人员在20×3年末前离职，将不能获得该项奖金计划。20×1年甲公司实现利润1 000 000元。甲公司估计该递延奖金计划实施期间，相应的管理人员不会离职。暂不考虑其他相关因素。甲公司预计此项计划到期时需要支付的现金数额为30 000元（1 000 000×3%）。该项奖金计划符合设定受益计划条件。各年适用的折现率均为5%。按照预期累计福利单位法，归属于20×1年、20×2年和20×3年的福利均为10 000元（30 000/3）。该设定受益计划没有计划资产，也没有提存金缴存业务。20×3年12月31日，甲公司以银行存款向相关管理人员支付递延奖金计划30 000元。甲公司计算该奖金计划的当期服务成本、利息费用和期末义务的情况可如表8-6所示。

表8-6 职工服务期间每期服务成本、利息费用和期末义务计算表

20×1年末　　单位：元

服务年份	服务第1年	服务第2年	服务第3年
福利归属			
——以前年度	0	10 000	20 000
——当年（30 000/3）	10 000	10 000	10 000
——以前年度+当年	10 000	20 000	30 000
期初义务	0	9 070	19 048
利率	5%	5%	5%
利息		454	952
现值系数（年数依次为2、1）	0.9070	0.9524	
当期服务成本（10 000×现值系数）	9 070	9 524	10 000
期末义务（期初义务+利息+当期服务成本）	9 070	19 048	30 000

根据表8-6，甲公司20×1年12月31日即服务第1年末应编制如下会计分录：

借：管理费用　　9 070

　贷：应付职工薪酬——递延奖金计划　　9 070

20×2年12月31日即服务第2年末应编制如下会计分录：

借：管理费用　　9 524

　贷：应付职工薪酬——递延奖金计划　　9 524

同时，

借：财务费用 454

贷：应付职工薪酬——递延奖金计划 454

20×3 年 12 月 31 日即服务第 3 年末应编制如下会计分录：

借：管理费用 10 000

贷：应付职工薪酬——递延奖金计划 10 000

同时，

借：财务费用 952

贷：应付职工薪酬——递延奖金计划 952

甲公司于 20×3 年 12 月 31 日以银行存款 30 000 元向相关管理人员支付递延奖金计划时，应编制如下会计分录：

借：应付职工薪酬——递延奖金计划 30 000

贷：银行存款 30 000

递延奖金计划与补充退休金计划都可以采用设定受益计划的职工福利方式，并进行相应的会计核算。但递延奖金计划与补充退休金计划分别属于两个不同种类的福利薪酬。前者属于其他长期职工福利，后者属于离职后福利。

例 8-33

沿用例 8-32 的资料，假设甲公司 20×2 年有 10%的管理人员离职，这些管理人员在 20×3 年年末将不能拿到相应的递延奖金计划 3 000 元（30 000×10%）。20×3 年 12 月 31 日，甲公司以银行存款向相关管理人员支付递延奖金计划 27 000 元（30 000－3 000）。甲公司计算该奖金计划的当期服务成本、利息费用和期末义务的情况可如表 8-7 所示。

表 8-7 职工服务期间每期服务成本、利息费用和期末义务计算表

20×2 年末 单位：元

服务年份	服务第 1 年	服务第 2 年	服务第 3 年
福利归属			
——以前年度	0	10 000	18 500
——当年（30 000/3，17 000/2）	10 000	8 500	8 500
——以前年度＋当年	10 000	18 500	27 000
期初义务	0	9 070	17 619
利率	5%	5%	5%
利息		454	881
现值系数（年数依次为 2、1）	0.907 0	0.952 4	
当期服务成本（10 000 或 8 500×现值系数）	9 070	8 095	8 500
期末义务（期初义务＋利息＋当期服务成本）	9 070	17 619	27 000
上期计算的期末义务、到期实际期末义务		19 048	27 000
期末义务减少数		1 429	

根据表 8-6 和表 8-7，甲公司 20×1 年 12 月 31 日即服务第 1 年末应编制如下会计分录：

借：管理费用 9 070

贷：应付职工薪酬——递延奖金计划 9 070

20×2年12月31日即服务第2年末应编制如下会计分录：

借：管理费用 9 524

贷：应付职工薪酬——递延奖金计划 8 095

其他综合收益 1 429

同时，

借：财务费用 454

贷：应付职工薪酬——递延奖金计划 454

20×3年12月31日即服务第3年末应编制如下会计分录：

借：管理费用 8 500

贷：应付职工薪酬——递延奖金计划 8 500

同时，

借：财务费用 881

贷：应付职工薪酬——递延奖金计划 881

甲公司于20×3年12月31日以银行存款27 000元向相关管理人员支付递延奖金计划时，应编制如下会计分录：

借：应付职工薪酬——递延奖金计划 27 000

贷：银行存款 27 000

本例中，甲公司20×2年由于有管理人员离职，从而取得了精算利得1 429元，并对20×3年末的到期义务进行了重新计量。重新计量的到期义务由原来的30 000元变成了27 000元（30 000－3 000）。20×3年，甲公司没有发生其他影响期末净负债的重大交易或事项，实际期末净负债的数额与20×2年末重新计量的净负债数额没有发生增减变动。

根据规定，企业应当就至报告期末的任何重大交易及环境的其他重大变化进行调整，在每年年末进行复核。企业应当将重新计量设定受益计划净负债或净资产所产生的变动计入其他综合收益。

根据规定，在资产负债表中，企业应当根据应支付的职工薪酬负债流动性，对职工薪酬负债按照流动和非流动进行分类列报。短期薪酬、离职后福利中的设定提存计划负债、其他长期职工福利中的符合设定提存计划条件的负债、辞退福利中将于资产负债表日后12个月内支付的部分应当在资产负债表的流动负债项下“应付职工薪酬”项目中列示。辞退福利中将于资产负债表日起12个月之后支付的部分、离职后福利中设定受益计划净负债、其他长期职工福利中符合设定受益计划条件的净负债应当在资产负债表的非流动负债项下单独列示。

第五节 应交税费

企业在开展生产经营活动中应当按照税法和相关法规的规定向国家缴纳相应的税费，如增值税、消费税、所得税、资源税、房产税、车船税、城市维护建设税、教育费附加等。企业在形成应纳税义务时，应当确认应交税费。应交税费在尚未缴纳之前，形成企业的一项流动负债。

一、增值税

（一）增值税的概念和计算

1. 增值税的基本概念

增值税是以商品、劳务和服务在流转过程中产生的增值额作为计税依据而征收的一种流转税。按照我国增值税法规的规定，在我国境内销售货物或者提供加工、修理修配劳务，销售或者提供服务，销售无形资产、不动产以及进口货物的单位和个人，为增值税的纳税人。其中，货物是指有形动产，销售货物是指有偿转让货物的所有权。增值税纳税人按其经营规模和会计核算的健全程度分为一般纳税人和小规模纳税人两类，具体由主管税务机关认定。一般纳税人和小规模纳税人分别采用不同的应交增值税计算方法。

增值税可以有效地防止商品在流转过程中发生重复征税，具有税收中性、普遍征收、征收负担由最终消费者承担、实行税款抵扣制度、实行比例税率、实行价外税制度等特点。

2. 一般纳税人应交增值税的计算

（1）一般纳税人应交增值税的计算公式。一般纳税人应交增值税的计算方法采用购进扣税法，即先按当期销售额和适用税率计算出销项税额，然后对当期购进项目已经缴纳的税款进行抵扣，从而间接计算出对当期增值额部分的应纳税额。也即增值税一般纳税人销售货物、提供劳务和服务的应纳税额，应当等于当期销项税额抵扣当期进项税额后的余额。其计算公式如下：

当期应纳税额＝当期销项税额－当期进项税额
＝当期销售额×适用税率－当期进项税额

在以上计算公式中，销项税额是指纳税人销售货物、提供劳务或服务，按照销售额或提供劳务收入、提供服务收入和规定的税率计算并向购买方收取的增值税税额。在适用税率确定的情况下，当期销项税额的大小取决于当期销售额的大小。在增值税业务中，销售额是指纳税人销售货物或者提供劳务、提供服务向购买方收取的全部价款和价外费用。由于增值税采用价外计税方式，因此，销售额中不包括纳税人向购买方收取的销项税额。进项税额是指纳税人购进货物或者接受劳务、服务支付或者负担的增值税额。进项税额是与销项税额相对应的一个概念。即在开具增值税专用发票的情况下，销售方收取的销项税额就是购买方支付的进项税额。

（2）一般纳税人增值税税率。按照我国现行增值税法规的规定，增值税一般纳税人销售货物、劳务、有形动产租赁服务或者进口货物，除按规定适用低税率的外，税率为13%，这是增值税一般纳税人适用的标准税率。增值税一般纳税人销售交通运输、邮政、基础电信、建筑、不动产租赁服务，销售不动产，转让土地使用权，适用的税率为9%。增值税一般纳税人销售服务、无形资产，除另有规定外，适用的税率为6%。

（3）增值税专用发票及其他相关凭证。增值税一般纳税人在销售货物或者提供劳务、服务时均应开具增值税专用发票。增值税专用发票记载销售货物的售价、税率以及税额等。增值税专用发票不仅是销货方和购货方经济活动中重要的商业凭证，而且是销货方记录增值税销项税额和购货方记录增值税进项税额的重要凭证。商业企业一般纳税人零售食品、服装、化妆品等消费品，不得开具增值税专用发票。

企业进口货物应当缴纳增值税。进口货物缴纳的增值税根据从海关取得的海关进口增值税专用缴款书上注明的增值税税额，作为扣税和记账的依据。

（4）含税销售额和不含税销售额。在实际工作中，常常会出现一般纳税人将销售货物或者劳务、服务采用销售额和销项税额合并定价的方法。这样，就会形成含税销售额。但增值税是价外税，计算销项税额时的销售额是不含税销售额，销售额与销项税额应当分别反映。此时，一般纳税人应当将含税销售额换算为不含税销售额。换算公式如下：

销售额＝含税销售额/(1＋税率)

3. 小规模纳税人应交增值税的计算

小规模纳税人是指年销售额在规定标准以下，并且会计核算不健全，不能正确核算增值税销项税额、进项税额和应纳税额的增值税纳税人。小规模纳税人销售货物或者提供劳务、服务，实行按照销售额和征收率计算应纳税额的简易计税方法计税，并不得抵扣进项税额。其应纳税额的计算公式如下：

应纳税额＝销售额×征收率

在以上计算公式中，销售额是指不含税销售额，即不含增值税税额的销售额。这与一般纳税人在计算应纳税额时使用的销售额的概念相同。小规模纳税人适用的增值税税率称为征收率，除特别规定适用5%外，其他均为3%。我国增值税法规规定的小规模纳税人适用的3%的征收率，是结合一般纳税人增值税税收负担水平而设计的，其税收负担与一般纳税人基本一致。因此，小规模纳税人在计算增值税应纳税额时，不能再抵扣进项税额。

小规模纳税人在销售货物或者提供劳务、服务时，一般只能开具普通发票。小规模纳税人销售货品或者提供劳务、服务采用销售额和应纳税额合并定价方法的，应当将含税销售额换算成不含税销售额。换算公式如下：

销售额＝含税销售额/(1＋征收率)

小规模纳税人需要开具增值税专用发票的，可向主管税务机关申请代开。

小规模纳税人购入货物时，无论是否取得增值税专用发票，其支付的增值税税额均不确认为进项税额，也不能抵扣应纳税额，而应计入购入货物的成本。

根据我国财政部、国家税务总局有关统一增值税小规模纳税人标准的规定，自2018年5月1日起，增值税小规模纳税人标准为年应征增值税销售额500万元及以下。

4. 关于简易计税方法计税

根据我国现行增值税法规的规定，一般纳税人发生财政部和国家税务总局规定的特定应税销售行为，可以选择适用简易计税方法计税，但是不得抵扣进项税额。目前，相应的情况如自来水公司销售自来水、公共交通运输服务、仓储服务、文化体育服务、以清包工方式提供的建筑服务、提供非学历教育服务等。根据规定，小规模纳税人一律采用简易计税方法计税。一般纳税人发生应税销售行为按规定选择简易计税方法计税的，使用如同小规模纳税人使用的增值税征收率计算应纳增值税税额，即征收率一般为3%；应纳税额的计算公式以及含税销售额与不含税销售额的换算公式均如同以上小规模纳税人使用的相应计算或换算公式。

简易计税方法和一般计税方法相对应。即增值税纳税人除了规定采用或者可以选择适用简易计税方法计税外，其他均适用一般计税方法计税。

（二）一般纳税人增值税业务的核算

1. 采购商品和接受劳务或服务

企业各种应交税费的业务，通过设置“应交税费”总账科目进行核算。为核算应交增值税的业务，企业应在“应交税费”总账科目下设置“应交增值税”“未交增值税”“预交增值税”“待转销项税额”“待抵扣进项税额”“简易计算”“转让金融商品应交增值税”等明细科目，并在“应交增值税”明细科目中设置“进项税额”“销项税额”“进项税额转出”“已交税金”“转出未交增值税”“转出多交增值税”“销项税额抵减”等专栏。

企业采购商品或接受劳务、服务时，按应计入采购成本或费用的金额，借记“材料采购”“在途物资”“固定资产”“无形资产”“原材料”“库存商品”“委托加工物资”“管理费用”等科目，按增值税专用发票上注明的可抵扣的增值税税额，借记“应交税费——应交增值税（进项税额）”科目，按应付或实际支付的金额，贷记“应付账款”“应付票据”“银行存款”等科目。购入的货物发生退货时，作相反的会计分录。

“应交增值税”明细科目中的“进项税额”专栏记录一般纳税人购进货物、加工修理修配劳务、服务、无形资产或不动产而支付或负担的准予从当期销项税额中抵扣的增值税税额。

例8－34

甲公司为增值税一般纳税人，20×1年11月2日购入一批原材料，增值税专用发票上注明的原材料价款为20 000元，适用的增值税税率为13%，增值税税额为2 600元（20 000×13%），款项合计22 600元（20 000＋2 600）以银行存款支付，原材料尚未到达。甲公司采用计划成本法核算原材料的业务。甲公司应编制如下会计分录：

借：材料采购	20 000	
应交税费——应交增值税（进项税额）	2 600	
贷：银行存款		22 600

例8－35

甲公司为增值税一般纳税人，20×1年11月15日购入一台不需要安装的机器设备，增值税专用发票上注明的机器设备价款为100 000元，适用的增值税税率为13%，增值税税额为13 000元（100 000×13%），款项合计113 000元（100 000＋13 000）尚未支付，机器设备已经到达并投入使用。甲公司应编制如下会计分录：

借：固定资产	100 000	
应交税费——应交增值税（进项税额）	13 000	
贷：应付账款		113 000

我国自2009年1月1日起，实行增值税转型，即从生产型增值税转向消费型增值税。主要体现在购入的用于生产经营目的的固定资产，其中包含的增值税额可以在购入时作为进项税额一次扣除。

例8-36

甲公司为增值税一般纳税人，20×1年2月12日从乙公司购入一项非专利技术，购入价款为30 000元，相应的增值税税额为1 800元（30 000×6%），款项合计31 800元（30 000+1 800）以银行存款支付。购入的非专利技术已达到预定用途。甲公司应编制如下会计分录：

借：无形资产——非专利技术	30 000	
应交税费——应交增值税（进项税额）	1 800	
贷：银行存款		31 800

例8-37

沿用例8-34的资料，假设甲公司在购入原材料的过程中发生运输费用1 000元，相应的增值税税额为90元（1 000×9%），款项合计23 690元（20 000+2 600+1 000+90）以银行存款支付。那么，甲公司的原材料采购成本为21 000元（20 000+1 000），可以抵扣的增值税进项税额合计为2 690元（2 600+90）。甲公司应编制如下会计分录：

借：材料采购	21 000	
应交税费——应交增值税（进项税额）	2 690	
贷：银行存款		23 690

例8-38

甲公司为增值税一般纳税人，20×1年12月22日委托乙公司修理一台机器设备，增值税专用发票上注明的修理费用为10 000元，增值税税额为1 300元（10 000×13%），款项合计11 300元（10 000+1 300）以银行存款支付。该项修理费用不符合资本化后续支出的条件，甲公司将其作为费用化后续支出处理。甲公司应编制如下会计分录：

借：管理费用	10 000	
应交税费——应交增值税（进项税额）	1 300	
贷：银行存款		11 300

2. 销售商品和提供劳务或服务

企业销售商品或者提供劳务、服务时，应当按收入和应收取的增值税税额，借记“应收账款”“应收票据”“银行存款”等科目，按增值税专用发票上注明的增值税税额，贷记“应交税费——应交增值税（销项税额）”科目，按取得的收入金额，贷记“主营业务收入”“其他业务收入”“固定资产清理”等科目。发生销售退回时，作相反的会计分录。

“应交增值税”明细科目中的“销项税额”专栏记录一般纳税人销售货物、加工修理修配劳务、服务、无形资产或不动产应收取的增值税税额。

例8-39

甲公司为增值税一般纳税人，20×1年9月12日销售商品一批，价款400 000元，增值税专用发票上注明的增值税税额为 52 000 元（400 000×13%），款项合计 452 000 元（400 000+52 000）尚未收到。甲公司应编制如下会计分录：

借：应收账款　452 000
　贷：主营业务收入　400 000
　　应交税费——应交增值税（销项税额）　52 000

例 8-40

甲公司为增值税一般纳税人，20×1 年 9 月 12 日为乙公司代加工货品 200 个，每个收取加工费 100 元，加工费合计 20 000 元（200×100）。该加工业务适用的增值税税率为 13%，应向乙公司收取的增值税税额为 2 600 元（20 000×13%）。以上加工费和增值税税额合计 22 600 元（20 000+2 600）已收到，并存入银行。甲公司应编制如下会计分录：

借：银行存款　22 600
　贷：主营业务收入　20 000
　　应交税费——应交增值税（销项税额）　2 600

例 8-41

甲公司为增值税一般纳税人，20×1 年 3 月 2 日销售一项非专利技术，销售价格为 40 000 元，相应的增值税税额为 2 400 元（40 000×6%），款项合计 42 400 元(40 000+2 400）已收到并存入银行。该项非专利技术的成本为 35 000 元，没有计提过累计摊销和减值准备。甲公司应编制如下会计分录：

借：银行存款　42 400
　贷：无形资产——非专利技术　35 000
　　应交税费——应交增值税（销项税额）　2 400
　　资产处置损益　5 000

例 8-42

甲公司为增值税一般纳税人，20×1 年 5 月 1 日向客户销售了一张储值卡 10 000 元，客户可在甲公司使用该储值卡进行消费。截至当年 5 月 31 日，客户使用该储值卡消费了 4 000 元。甲公司使用“合同负债”科目核算销售储值卡的业务，适用的增值税税率为 13%。甲公司应编制如下会计分录：

（1）20×1 年 5 月 1 日，销售储值卡时。

合同负债(预收款项)=10 000÷(1+13%)=8 850(元)
待转销项税额=10 000−8 850=1 150(元)

借：银行存款　10 000
　贷：合同负债　8 850
　　应交税费——待转销项税额　1 150

（2）20×1 年 5 月 31 日，根据储值卡消费情况确认收入时。

待转销项税额转销数=4 000÷(1+13%)×13%=460(元)
主营业务收入=4 000−460=3 540(元)

借：合同负债　3 540
　应交税费——待转销项税额　460
　贷：主营业务收入　3 540
　　应交税费——应交增值税（销项税额）　460

根据财政部制定发布的《增值税会计处理规定》，按照国家统一的会计制度确认收入或利得的时点早于按照增值税制度确认增值税纳税义务发生时点的，应将相关销项税额记入“应交税费——待转销项税额”科目，待实际发生纳税义务时再转入“应交税费——应交增值税（销项税额）”科目。

根据规定，按照增值税制度确认增值税纳税义务发生时点早于按照国家统一的会计制度确认收入或利得的时点的，应将应纳增值税额，借记“应收账款”科目，贷记“应交税费——应交增值税（销项税额）”科目，按照国家统一的会计制度确认收入或利得时，应按扣除增值税销项税额后的金额确认收入。

3. 进项税额转出

按照我国增值税法规的有关规定，一般纳税人购进货物、加工修理修配劳务、服务、无形资产或不动产，用于简易计税方法计税项目、免征增值税项目、集体福利或个人消费等，其进项税额不得从销项税额中抵扣，相应的进项税额应当予以转出。因发生非正常损失或改变用途等，导致原已计入进项税额但按现行增值税制度规定不得从销项税额中抵扣的，相应的进项税额也应当予以转出。

企业发生原已计入进项税额、但按现行增值税制度规定不得从销项税额中抵扣的经济业务或事项时，借记“待处理财产损溢”“应付职工薪酬”“固定资产”“无形资产”等科目，贷记“应交税费——应交增值税（进项税额转出）”科目。

“应交增值税”明细科目中的“进项税额转出”专栏，记录一般纳税人购进货物、加工修理修配劳务、服务、无形资产或不动产等发生非正常损失以及其他原因而不应从销项税额中抵扣、按规定转出的进项税额。

例8-43

甲公司为增值税一般纳税人，20×1年4月28日购买一批日用商品发放给职工，作为迎接节日的职工福利。该批日用商品的购买价格为10 000元，相应的增值税税额为1 300元（10 000×13%），款项合计11 300元（10 000+1 300）以银行存款支付。该批日用商品的50%发放给生产部门的生产人员，30%发放给生产部门的管理人员，20%发放给企业管理部门人员。甲公司将购买的该批日用商品通过“原材料”科目核算。甲公司应编制如下会计分录：

（1）购买日用商品时。

借：原材料　10 000
　应交税费——应交增值税（进项税额）　1 300
　贷：银行存款　11 300

（2）计算分配非货币性福利时。

计入生产成本的非货币性福利＝11 300×50%＝5 650（元）
计入制造费用的非货币性福利＝11 300×30%＝3 390（元）
计入管理费用的非货币性福利＝11 300×20%＝2 260（元）

借：生产成本　　5 650
　　制造费用　　3 390
　　管理费用　　2 260
　贷：应付职工薪酬——非货币性福利　　11 300

（3）发放非货币性福利时。

借：应付职工薪酬——非货币性福利　　11 300
　贷：原材料　　10 000
　　　应交税费——应交增值税（进项税额转出）　　1 300

例 8-44

甲公司为增值税一般纳税人，20×1 年 8 月 15 日产成品仓库发生意外水灾，造成一批产成品发生毁损。经确认，该批毁损产成品的生产成本为 120 000 元，生产过程中所耗用的购进货物、劳务和交通运输服务的增值税进项税额为 10 400 元。甲公司应编制如下会计分录：

借：待处理财产损溢　　130 400
　贷：库存商品　　120 000
　　　应交税费——应交增值税（进项税额转出）　　10 400

根据我国增值税法规的相关规定，以下项目的进项税额不得从销项税额中抵扣：非正常损失的在产品、产成品所耗用的购进货物（不包括固定资产）、劳务和交通运输服务。

例 8-45

甲公司为增值税一般纳税人，20×1 年 3 月 5 日购入一台机器设备，该机器设备用于集体福利项目，购入价款为 50 000 元，增值税税额为 6 500 元（50 000×13%），款项合计 56 500 元（50 000+6 500）以银行存款支付，机器设备已交集体福利部门使用。甲公司应编制如下会计分录：

（1）购入机器设备时。

借：固定资产　　50 000
　　应交税费——应交增值税（进项税额）　　6 500
　贷：银行存款　　56 500

（2）机器设备交付集体福利部门使用时。

借：固定资产　　6 500
　贷：应交税费——应交增值税（进项税额转出）　　6 500

本例中，经过进项税额转出，集体福利部门使用的该机器设备的成本为 56 500 元（50 000+6 500）。

根据财政部制定发布的《增值税会计处理规定》，原不得抵扣且未抵扣进项税额的固定资产、无形资产等，因改变用途等用于允许抵扣进项税额的应税项目的，应按允许抵扣的进项税额，借记“应交税费——应交增值税（进项税额）”科目，贷记“固定资产”“无形资产”等科目。固定资产、无形资产等经上述调整后，应按调整后的账面价值在剩余尚可使用寿命内计提折旧或摊销。

4. 视同销售业务

企业的某些业务尽管从业务内容来看不是销售业务，但出于增值税征收的需要，将它们视同销售业务，纳入增值税的征收范围。根据我国增值税法规的相关规定，这些业务有：将货物交付其他单位或者个人代销；销售代销货物；将自产、委托加工的货物用于集体福利或者个人消费；将自产、委托加工或者购进的货物作为投资，提供给其他单位或者个体工商户；将自产、委托加工或者购进的货物分配给股东或者投资者；将自产、委托加工或者购进的货物无偿赠送给其他单位或个人等。这些业务如果在发生时不作为销售业务来看待，不确认增值税销项税额，那么，其之前确认的相应增值税进项税额就没有了与之配比的销项税额，从而成为一个纯抵扣的增值税进项税额。因此，在这些业务发生时，需要将它们作为销售业务来看待，确认相应的增值税销项税额。

例8-46

甲公司为增值税一般纳税人，20×1年6月15日将其拥有的一项专利技术用于对外长期投资，以换取乙公司相应份额的股份。换取股份后，甲公司可以对乙公司的财务和经营政策施加重大影响。该项专利技术的账面原价为800 000元，已计提累计摊销55 000元，未计提减值准备，账面价值为745 000元（800 000－55 000），公允价值为750 000元，资产处置收益为5 000元（750 000－745 000）。甲公司换出该专利技术适用的增值税税率为6%，相应的增值税税额为45 000元（750 000×6%），长期股权投资的入账金额为795 000元（750 000＋45 000）。不考虑其他相关税费。甲公司应编制如下会计分录：

借：长期股权投资	795 000	
累计摊销	55 000	
贷：无形资产——专利技术		800 000
应交税费——应交增值税（销项税额）		45 000
资产处置损益		5 000

本例中，作为比较，乙公司应编制如下会计分录：

借：无形资产——专利技术	750 000	
应交税费——应交增值税（进项税额）	45 000	
贷：实收资本		795 000

5. 进口货物应纳税额

企业进口货物应当向海关申报进口，办理有关报关手续，并缴纳相应的关税和增值税等税款。企业进口的货物，在出口国出口时并没有征收过关税和增值税、消费税等税款，货物在到达我国口岸时的价格基本就是到岸价格，即货物成交价格加上到岸前货物的包装费、运输费、保险费等费用，也即所谓的关税完税价格。如果此时不征关税、增值税和其他税收，则这些货物的税负与国内同等货物的税负就会相差很大。因此，进口货物在入境时需要计算并缴纳关税、增值税、消费税等税款。进口货物增值税组成计税价格和应纳税额的计算公式如下：

组成计税价格＝关税完税价格＋关税＋消费税

应纳税额＝组成计税价格×税率

进口货物的增值税税率与从国内购买货物的增值税税率相同。

根据我国现行增值税法规的有关规定，增值税一般纳税人进口货物取得的属于增值税扣税范围的海关进口增值税专用缴款书，需经税务机关稽核比对相符后，其增值税额方能作为进项税额在销项税额中抵扣。因此，纳税人应在“应交税费”总账科目下设置“待抵扣进项税额”明细科目，用于核算已申请稽核但尚未取得稽核相符结果的海关进口增值税专用缴款书上的进项税额。纳税人取得海关进口增值税专用缴款书后，应借记“应交税费——待抵扣进项税额”科目，贷记相关科目；稽核比对相符以及核查后允许抵扣的，应借记“应交税费——应交增值税（进项税额）”科目，贷记“应交税费——待抵扣进项税额”科目。经核查不得抵扣的进项税额，红字借记“应交税费——待抵扣进项税额”科目，红字贷记相关科目。

例 8-47

甲公司为增值税一般纳税人，20×1 年 5 月 18 日进口一批货物。该批货物在国外的买价为 400 000 元，运抵我国海关前发生的包装费、保险费、运杂费等费用共计 100 000 元。货物报关后，甲公司按规定缴纳了进口环节的增值税，并取得了海关开具的完税凭证，即海关进口增值税专用缴款书。20×1 年 5 月 26 日，经税务机关稽核比对相符，允许抵扣全部待抵扣进项税额。20×1 年 6 月 20 日，该批货物在我国国内全部实现销售，销售收入合计为 800 000 元。该批货物的进口关税税率为 15%，增值税税率为 13%。进口该批货物的相应款项均以银行存款支付。甲公司采用计划成本法核算存货业务。

根据以上资料，甲公司应编制如下会计分录：

（1）20×1 年 5 月 18 日，进口货物时。

关税的组成计税价格＝400 000＋100 000＝500 000(元)

应缴纳的进口关税＝500 000×15%＝75 000(元)

进口环节应纳增值税的组成计税价格＝500 000＋75 000＝575 000(元)

进口环节应缴纳的增值税税额＝575 000×13%＝74 750(元)

材料采购成本＝400 000＋100 000＋75 000＝575 000(元)

支付的银行存款＝575 000＋74 750＝649 750(元)

借：材料采购　575 000
　　应交税费——待抵扣进项税额　74 750
　贷：银行存款　649 750

（2）20×1 年 5 月 26 日，税务机关允许抵扣待抵扣进项税额时。

借：应交税费——应交增值税（进项税额）　74 750
　贷：应交税费——待抵扣进项税额　74 750

根据我国增值税法规的有关规定，纳税人出口货物，税率为零；但是，国务院另有规定的除外。

6. 缴纳增值税

企业根据当月“应交税费——应交增值税”科目的借贷方发生额，可以计算出当月应交增值税税额。企业当月应交增值税税额的计算公式如下：

应交增值税＝销项税额－(进项税额－进项税额转出)

企业当月“应交税费——应交增值税”科目的借贷方发生额，在“应交税费——应交增值税”明细分类账中可以得到清楚的反映。“应交税费——应交增值税”明细分类账的格式可如表 8-8 所示。

表 8-8 “应交税费——应交增值税”明细分类账

日期	摘要	借方			贷方			余额
		合计	进项税额	已交税金	合计	销项税额	进项税额转出	

一般纳税企业的增值税可以按日缴纳，也可以按月缴纳，具体纳税期限由主管税务机关根据纳税人应纳税额的大小分别核定。根据我国增值税法规的规定，纳税人以 1 个月为一个纳税期的，自期满之日起 15 日内申报纳税；以 1 日、3 日、5 日、10 日或者 15 日为一个纳税期的，自期满之日起 5 日内预缴税款，于次月 1 日起 15 日内申报纳税，并结清上月应纳税额。

企业当月缴纳当月的增值税时，借记“应交税费——应交增值税（已交税金）”科目，贷记“银行存款”科目。月份终了，计算出当月应交未交的增值税，将应交增值税转入未交增值税时，借记“应交税费——应交增值税（转出未交增值税）”科目，贷记“应交税费——未交增值税”科目；当月多交的增值税，借记“应交税费——未交增值税”科目，贷记“应交税费——应交增值税（转出多交增值税）”科目。当月缴纳以前各期未交增值税时，借记“应交税费——未交增值税”科目，贷记“银行存款”科目。经过结转后，月份终了，“应交税费——应交增值税”科目的借方余额，反映企业尚未抵扣的增值税；“应交税费——未交增值税”科目的贷方余额，反映企业应交未交的增值税；“应交税费——未交增值税”科目的借方余额，反映企业多交的增值税。在“应交税费”科目下分别设置“应交增值税”“未交增值税”明细科目来核算增值税的业务，其主要目的是分别反映增值税一般纳税人欠交增值税和待抵扣增值税的情况，确保企业及时足额上交增值税，避免企业用以前月份欠交的增值税抵扣以后月份未抵扣的增值税。

“应交增值税”明细科目中的“已交税金”专栏，记录一般纳税人当月已缴纳的应交增值税额。“应交增值税”明细科目中的“转出未交增值税”和“转出多交增值税”专栏，分别记录一般纳税人月度终了转出当月应交未交或多交的增值税额。

“未交增值税”明细科目核算一般纳税人月度终了从“应交增值税”或“预交增值税”明细科目转入当月应交未交、多交或预缴的增值税额，以及当月缴纳以前期间未交的增值税额。

例 8-48

甲公司为增值税一般纳税人，20×1 年 11 月 12 日缴纳当月增值税 200 000 元。20×1 年 11 月末有关应交增值税当月合计数的会计记录如下：进项税额合计 450 000 元，进项税额转出合计 32 000 元，销项税额合计 870 000 元。甲公司计算的当月应交增值税为 452 000 元［870 000－（450 000－32 000）］，扣除当月已交的增值税后，月末应交未交的当月增值税为 252 000 元（452 000－200 000）。20×1 年 11 月 30 日，甲公司将当月应交增值税转入未交增值税，待来月申报缴纳。20×1 年 12 月 4 日，甲公司以银行存款缴纳上月应交未交增值税 252 000 元。根据以上经济业务，甲公司应编制如下会计分录：

(1) 20×1 年 11 月 12 日，缴纳当月增值税时。

借：应交税费——应交增值税（已交税金） 200 000

贷：银行存款 200 000

(2) 20×1 年 11 月 30 日，将应交增值税转入未交增值税时。

借：应交税费——应交增值税（转出未交增值税） 252 000

贷：应交税费——未交增值税 252 000

(3) 20×1 年 12 月 4 日，缴纳上月未交增值税时。

借：应交税费——未交增值税 252 000

贷：银行存款 252 000

由于增值税实行购进扣税法，有时企业当期购进的货物很多，当期销售的货物却不多。这样，企业在计算当期应纳税额时，会出现当期销项税额小于当期进项税额的情况，即出现当期进项税额不足抵扣的情况。根据增值税法规的规定，当期进项税额不足抵扣的部分，可以结转下期继续抵扣。

7. 按差额确定销售额

根据我国现行增值税法规的有关规定，企业的有些业务采用差额确定销售额的方法。例如，一般纳税人提供客运场站服务，以其取得的全部价款和价外费用，扣除支付给承运方运费后的余额为销售额；纳税人提供旅游服务，可以选择以取得的全部价款和价外费用，扣除向旅游服务购买方收取并支付给其他单位或者个人的住宿费、餐饮费、交通费、签证费、门票费和支付给其他接团旅游企业的旅游费用后的余额为销售额；金融商品转让，按照卖出价扣除买入价后的余额为销售额等。

例 8-49

甲公司是旅游公司，属于增值税一般纳税人，选择差额征税的方式。20×1 年 8 月 5 日，甲公司向旅游服务购买方预收含税旅游服务价款 530 000 元，计划为其提供相应的旅游服务。20×1 年 8 月 28 日，甲公司按计划完成了向旅游服务购买方提供的旅游服务。在提供旅游服务的过程中，甲公司应支付给其他接团旅游企业的旅游费用和其他单位的相关费用为 424 000 元，其中因允许扣减销售额而减少的销项税额为 24 000 元。甲公司提供旅游服务适用的增值税税率为 6%。甲公司采用总额法确认收入，即以应向旅游服务购买方收取的价款总额为基础确认收入。甲公司应编制如下会计分录：

(1) 20×1 年 8 月 5 日，预收旅游服务价款时。

借：银行存款 530 000

贷：预收账款 530 000

(2) 20×1 年 8 月 28 日，提供完成旅游服务时。

销售额＝530 000/(1＋6%)＝500 000(元)

销项税额＝500 000×6%＝30 000(元)

扣减的销售额＝424 000－24 000＝400 000(元)

扣减的销项税额＝24 000(元)

借：预收账款 530 000

贷：主营业务收入 500 000

应交税费——应交增值税（销项税额） 30 000

同时，

借：主营业务成本　　400 000
　　应交税费——应交增值税（销项税额抵减）　　24 000
　贷：应付账款　　424 000

“应交增值税”明细科目中的“销项税额抵减”专栏，记录一般纳税人按照增值税法规的规定因扣减销售额而减少的销项税额。

本例中，如果甲公司采用净额法确认收入，即以应向旅游服务购买方收取的价款总额减去应支付给其他接团旅游企业的旅游费用和其他单位的相关费用后的净额为基础确认收入，那么，甲公司应编制如下会计分录：

(1) 20×1年8月5日，预收旅游服务价款时。

借：银行存款　　530 000
　贷：预收账款　　530 000

(2) 20×1年8月28日，提供完成旅游服务时。

销售额＝[530 000/(1＋6%)]－(424 000－24 000)
＝500 000－400 000＝100 000(元)

销项税额＝500 000×6%－24 000
＝30 000－24 000＝6 000(元)

借：预收账款　　530 000
　贷：主营业务收入　　100 000
　　　应交税费——应交增值税（销项税额）　　6 000
　　　应付账款　　424 000

例8-50

甲公司为增值税一般纳税人，20×1年4月5日从证券交易市场购入10 000股股票，每股购入价格为12元，购入价款合计为120 000元（10 000×12），款项以银行存款支付；购入股票时发生交易费用1 500元，相应的增值税税额为90元（1 500×6%），款项合计1 590元（1 500＋90）以银行存款支付。甲公司将购入的股票作为交易性金融资产处理。20×1年4月25日，甲公司将购入的10 000股股票全部对外出售，每股售价为16元，款项合计160 000元（10 000×16）存入银行。甲公司转让金融商品适用的增值税税率为6%。根据以上资料，甲公司应编制如下会计分录：

(1) 20×1年4月5日，购入股票时。

借：交易性金融资产——成本　　120 000
　贷：银行存款　　120 000

同时，

借：投资收益　　1 500
　　应交税费——应交增值税（进项税额）　　90
　贷：银行存款　　1 590

甲公司也可以将以上两笔会计分录进行合并，编制如下一笔会计分录：

支付的银行存款合计＝120 000＋1 500＋90＝121 590(元)

借：交易性金融资产——成本 120 000
　　投资收益 1 500
　　应交税费——应交增值税（进项税额） 90
　贷：银行存款 121 590

（2）20×1 年 4 月 25 日，出售股票时。

含税销售额＝160 000－120 000＝40 000(元)

转让金融商品应交增值税＝[40 000/(1＋6%)]×6%＝37 736×6%
＝2 264(元)

借：银行存款 160 000
　贷：交易性金融资产——成本 120 000
　　　投资收益 40 000

同时，

借：投资收益 2 264
　贷：应交税费——转让金融商品应交增值税 2 264

根据规定，转让金融商品出现的正负差，按盈亏相抵后的余额为销售额。若相抵后出现负差，可结转下一纳税期与下期转让金融商品销售额相抵，但年末时仍出现负差的，不得转入下一个会计年度。金融商品转让不得开具增值税专用发票。

"转让金融商品应交增值税"明细科目核算增值税纳税人转让金融商品发生的增值税额。

8. 预缴增值税

根据我国现行增值税法规的有关规定，企业的有些业务需要预缴增值税。企业按规定预缴增值税时，借记"应交税费——预交增值税"科目，贷记"银行存款"科目。月末企业将"预交增值税"明细科目余额转入"未交增值税"明细科目时，借记"应交税费——未交增值税"科目，贷记"应交税费——预交增值税"科目。房地产开发企业等在预缴增值税后，应直至纳税义务发生时方可从"应交税费——预交增值税"科目结转至"应交税费——未交增值税"科目。

例 8－51

甲公司是房地产开发公司，属于增值税一般纳税人。20×1 年 3 月 25 日，甲公司向客户预售房地产项目，收取的全额预售款为 5 450 000 元。该项目计划在 20×2 年 9 月交房。甲公司在收到预收款时按照 3%的预征率预缴增值税税款。20×2 年 9 月 15 日，甲公司按计划向客户交房。甲公司销售的该房地产项目适用一般计税方法计税，相应的增值税税率为 9%。甲公司销售的该房地产项目对应的向政府部门购入土地使用权的土地价款为 1 308 000 元。

根据我国现行增值税法规的有关规定，房地产开发企业中的一般纳税人采取预收款方式销售自行开发的房地产项目，应在收到预收款时按照 3%的预征率预缴增值税。房地产开发企业中的一般纳税人销售自行开发的房地产项目，适用一般计税方法计税的，按照取得的全部价款和价外费用，扣除当期销售房地产项目对应支付的土地价款后的余额计算销售额。其中，支付的土地价款是指向政府、土地管理部门或受政府委托收取土地价款的单位直接支付的土地价款。根据规定，土地所有者出让土地使用权和土地使用者将土地使用权归还给土地所有者，免征增值税。

根据以上资料，甲公司应编制如下会计分录：

(1) 20×1年3月25日，收到预售房款时。

借：银行存款　　5 450 000

　贷：预收账款　　5 450 000

(2) 20×1年3月25日，缴纳预缴税款时。

预缴税款＝[预收款/(1＋9%)]×3%＝[5 450 000/(1＋9%)]×3%
＝150 000(元)

借：应交税费——预交增值税　　150 000

　贷：银行存款　　150 000

(3) 20×2年9月15日，交付房地产项目时。

当期销售额＝(5 450 000－1 308 000)/(1＋9%)＝3 800 000(元)

销项税额＝3 800 000×9%＝342 000(元)

主营业务收入＝5 450 000－342 000＝5 108 000(元)

借：预收账款　　5 450 000

　贷：主营业务收入　　5 108 000

　　　应交税费——应交增值税（销项税额）　　342 000

同时，

借：应交税费——未交增值税　　150 000

　贷：应交税费——预交增值税　　150 000

甲公司在20×2年9月15日交付房地产项目时，也可以不结转“预交增值税”明细科目，而等到20×2年9月末将“应交增值税”明细科目余额转入“未交增值税”明细科目时，再将“预交增值税”明细科目余额转入“未交增值税”明细科目，等待次月缴纳增值税。如果甲公司在20×2年9月15日交付房地产项目时计算并缴纳当月的增值税，应当借记“应交税费——应交增值税（已交税金）”科目，贷记“银行存款”科目。

20×2年9月，甲公司应当根据计算的当期应纳税额，抵减已预缴税款后，向税务机关申报纳税。

“预交增值税”明细科目核算一般纳税人转让不动产、提供不动产经营租赁服务、提供建筑服务、采用预收款方式销售自行开发的房地产项目等按增值税法规规定应预缴的增值税额。

9. 简易计税

根据规定，一般纳税人选择适用简易计税方法计税的，不得抵扣进项税额，相应的进项税额计入相关资产的成本或费用。选择适用简易计税方法计税的一般纳税人购进货物、加工修理修配劳务、服务、无形资产或不动产，应当按应计入相关资产成本或费用的金额，借记相关资产或成本费用科目，贷记“银行存款”“应付账款”等科目。销售货物、服务或不动产等，应当按应收或已收的金额，借记“应收账款”“应收票据”“银行存款”等科目，按取得的收入金额，贷记“主营业务收入”“其他业务收入”等科目，按采用简易计税方法计算的应纳增值税额，贷记“应交税费——简易计税”科目。实际缴纳增值税时，借记“应交税费——简易计税”科目，贷记“银行存款”科目。

例 8-52

甲公司为增值税一般纳税人，按规定选择适用简易计税方法计税。20×1 年 10 月 2 日，甲公司购买一批货品，增值税专用发票上注明的价款为 10 000 元，增值税税额为 1 300 元（10 000×13%），款项合计 11 300 元（10 000+1 300）以银行存款支付，货品已验收入库。20×1 年 10 月 25 日，甲公司取得含税提供服务收入 216 300 元，款项已存入银行。20×1 年 11 月 3 日，甲公司缴纳增值税 6 300 元，款项以银行存款支付。甲公司提供服务适用的增值税征收率为 3%。

根据以上资料，甲公司应编制如下会计分录：

（1）20×1 年 10 月 2 日，购买货品时。

购入货品的成本＝10 000＋1 300＝11 300(元)

借：原材料　　11 300
　贷：银行存款　　11 300

（2）20×1 年 10 月 25 日，取得收入时。

销售额＝含税销售额/(1＋征收率)　＝216 300/(1＋3%)＝210 000(元)
应纳税额＝销售额×征收率＝210 000×3%＝6 300(元)

借：银行存款　　216 300
　贷：主营业务收入　　210 000
　　　应交税费——简易计税　　6 300

（3）20×1 年 11 月 3 日，缴纳增值税时。

借：应交税费——简易计税　　6 300
　贷：银行存款　　6 300

“简易计税”明细科目核算一般纳税人采用简易计税方法发生的增值税计提、扣减、预缴、缴纳等业务。

（三）小规模纳税人增值税业务的核算

1. 采购商品和接受劳务或服务

为核算应交增值税的业务，小规模纳税人应设置“应交税费——应交增值税”科目。小规模纳税人采购货物或者接受劳务、服务时，按应计入采购成本的金额，借记“材料采购”“在途物资”“固定资产”“原材料”“库存商品”“委托加工物资”等科目，按应付或实际支付的金额，贷记“应付账款”“应付票据”“银行存款”等科目。小规模纳税人采购货物或者接受劳务、服务时，应计入采购成本的金额，既包括货物或劳务、服务的购买价格、运输费、装卸费、保险费等费用，也包括应付或实际支付的增值税税额。

根据我国财政部制定发布的《增值税会计处理规定》，小规模纳税人只需在“应交税费”总账科目下设置“应交增值税”明细科目，不需要在“应交增值税”明细科目下再设置“进项税额”“销项税额”“转出未交增值税”等专栏，也不需要设置诸如

“未交增值税”“预交增值税”等明细科目。

例8-53

甲公司为增值税小规模纳税人，20×1年11月12日购入一批原材料，增值税专用发票上注明的原材料价款为20 000元，增值税税额为2 600元（20 000×13%），款项合计22 600元（20 000+2 600）以银行存款支付，原材料尚未到达。甲公司采用计划成本法核算原材料的业务。甲公司应编制如下会计分录：

借：材料采购	22 600	
贷：银行存款		22 600

本例中，甲公司采购原材料的成本为22 600元（20 000+2 600）。其中，既包括原材料价款20 000元，也包括支付的增值税税额2 600元。

2. 销售商品和提供劳务或服务

小规模纳税人销售货物或者提供劳务、服务时，应按营业收入和应收取的增值税税额，借记“应收账款”“应收票据”“银行存款”等科目，按确认的营业收入，贷记“主营业务收入”“其他业务收入”等科目，按应缴纳的增值税税额，贷记“应交税费——应交增值税”科目。

例8-54

甲公司为增值税小规模纳税人，20×1年8月28日销售商品一批，开出的普通发票中注明的含税价款为412 000元，适用的增值税征收率为3%。甲公司将含税价款412 000元换算为不含税价款400 000元［412 000/(1+3%)］，同时，以不含税价款为依据，计算含税价款中包含的增值税税额为12 000元（400 000×3%）。有关款项尚未收到。甲公司应编制如下会计分录：

借：应收账款	412 000	
贷：主营业务收入		400 000
应交税费——应交增值税		12 000

本例中，甲公司按照不含税价款向购货单位收取的增值税12 000元，即为甲公司应当缴纳的增值税税额。

另外，增值税一般纳税人从小规模纳税人购入货物或劳务、服务时支付的增值税税额，如果不能取得增值税专用发票，也不能作为进项税额抵扣，而应计入购入货物或劳务、服务的成本。

3. 缴纳增值税

小规模纳税企业根据“应交税费——应交增值税”科目的贷方余额缴纳增值税时，借记“应交税费——应交增值税”科目，贷记“银行存款”科目。

例8-55

甲公司为增值税小规模纳税人，20×1年10月8日以银行存款缴纳应交增值税75 000元。甲公司应编制如下会计分录：

借：应交税费——应交增值税	75 000	
贷：银行存款		75 000

二、消费税

（一）消费税的概念和计算

1. 消费税的基本概念

我国现行消费税是对在我国境内从事生产、委托加工和进口应税消费品的单位和个人就其应税消费品征收的一种税，其征税对象是消费品，征税范围是有选择性的部分消费品。我国现行消费税是与增值税相互配合的一个税种。即对某些需要特殊调节的消费品在征收增值税的同时，再征收一道消费税。根据我国现行消费税法规的规定，需要征收消费税的应税消费品有烟、酒、化妆品、贵重首饰及珠宝玉石、鞭炮和焰火、成品油、摩托车、小汽车、高档手表等。消费税的纳税义务人是在我国境内生产、委托加工和进口应税消费品的单位和个人。消费税对于调节消费结构、限制消费规模、引导消费方向等具有重要作用。消费税属于价内税，即消费税作为商品价格的一个组成部分向消费者收取，消费税的税负最终由消费者负担。

2. 应交消费税的计算

应交消费税的计算有从价定率和从量定额两种方法。

（1）从价定率计算。在从价定率计算方法下，应纳税额等于应税消费品的销售额乘以适用的比例税率。用公式表示如下：

应纳税额＝应税消费品的销售额×比例税率

在以上计算公式中，应税消费品的销售额为纳税人销售应税消费品应向购买方收取的全部价款和价外费用。应税消费品的销售额不包括纳税人应向购买方收取的增值税税额。比例税率根据不同的税目分别确定，差异较大。对于需要限制或控制消费的消费品，通常税负较重。例如，甲类卷烟的税率为56%，烟丝的税率为30%，化妆品的税率为30%，金银首饰的税率为5%，汽缸容量在1.5升以上至2.0升的小汽车的税率为5%，汽缸容量在4.0升以上的小汽车的税率为40%等。

（2）从量定额计算。在从量定额计算方法下，应纳税额等于应税消费品的销售数量乘以单位税额。用公式表示如下：

应纳税额＝应税消费品的销售数量×单位税额

在以上计算公式中，应税消费品的销售数量根据不同的消费品采用不同的数量单位。例如，白酒的数量单位为克或毫升、黄酒和啤酒的数量单位为吨、诸如汽油和柴油等成品油的数量单位为升、卷烟的数量单位为支等。单位税额也称定额税率，是指每个销售数量应缴纳的消费税税额。例如，黄酒的单位税额为240元/吨，甲类啤酒的单位税额为250元/吨，汽油的单位税额为1.52元/升，甲类卷烟的单位税额为0.003元/支等。我国对卷烟同时按从价定率和从量定额两种方法征收消费税，即卷烟的应纳税额应当等于按从价定率计算的税额加上按从量定额计算的税额。

消费税的征收环节具有单一性，主要确定在生产销售环节和进口环节。应税消费品在生产销售环节或进口环节征收消费税后，再继续转销该消费品不再征收消费税。个别消费品以零售环节为纳税环节的，在零售环节之前的诸环节都不征收消费税。

（二）消费税业务的核算

1. 对外销售应税消费品

为核算应交消费税的业务，企业应设置“应交税费——应交消费税”科目。企业对外销售应税消费品时，按应缴纳的消费税税额，借记“税金及附加”科目，贷记该科目。实际缴纳消费税时，借记该科目，贷记“银行存款”科目。该科目期末贷方余额，反映企业尚未缴纳的消费税税额；期末如为借方余额，反映企业多交的消费税税额。

例8-56

甲公司于20×1年5月15日销售一批自产化妆品，售价为70 000元，成本为42 000元，款项尚未收到。该化妆品适用的消费税税率为30%，增值税税率为13%。甲公司应编制如下会计分录：

（1）20×1年5月15日，销售化妆品、确认营业收入时。

应交增值税=70 000×13%=9 100(元)

借：应收账款	79 100	
贷：主营业务收入		70 000
应交税费——应交增值税（销项税额）		9 100

（2）20×1年5月15日，计算化妆品应纳消费税税额时。

应交消费税=70 000×30%=21 000(元)

借：税金及附加	21 000	
贷：应交税费——应交消费税		21 000

（3）20×1年5月15日，结转化妆品销售成本时。

借：主营业务成本	42 000	
贷：库存商品		42 000

本例中，甲公司本次销售产品实现的利润为7 000元（70 000－42 000－21 000）。甲公司由于需要缴纳消费税，从而降低了其销售利润。甲公司为使其销售利润达到与其他不缴纳消费税的产品同样的水平，会通过提高售价的方式将由其缴纳的消费税税额转嫁给消费者，由消费者负担。

例8-57

甲公司于20×1年6月24日销售一批自产黄酒，销售数量为10吨，适用的消费税单位税额为240元/吨。甲公司应编制如下会计分录：

应交消费税=10×240=2 400(元)

借：税金及附加	2 400	
贷：应交税费——应交消费税		2 400

本例中，甲公司销售自产黄酒应缴纳的消费税税额与黄酒的售价无关，而与黄酒的销售数量相关。采用从量定额征收消费税，消费税的税额不会随应税消费品价格的

变化而变化，具有相对的稳定性。

2. 自产自用应税消费品

自产自用应税消费品和对外销售应税消费品需要缴纳的消费税，都属于对生产销售环节征收的消费税。所谓自产自用，是指纳税人生产应税消费品后，不是用于直接对外销售，而是用于自己连续生产应税消费品或用于其他方面。根据我国消费税法规的规定，纳税人自产自用的应税消费品，用于连续生产应税消费品的，不缴纳消费税；用于其他方面的，如用于生产非应税消费品、在建工程、管理部门、非生产机构、赞助、职工福利等方面的，应当视同销售，缴纳消费税。

企业在自产自用应税消费品时，按应缴纳的消费税税额，借记“在建工程”“应付职工薪酬”等科目，贷记“应交税费——应交消费税”科目。实际缴纳消费税时，借记“应交税费——应交消费税”科目，贷记“银行存款”科目。

例 8-58

甲公司于20×1年8月4日将自产的一批化妆品作为职工福利发放给职工。该批化妆品的市场销售价格为16 000元，适用的增值税税率为13%，相应的增值税税额为2 080元（16 000×13%）；适用的消费税税率为30%，应缴纳的消费税税额为4 800元（16 000×30%）。甲公司应编制如下会计分录：

借：应付职工薪酬——非货币性福利	22 880	
贷：主营业务收入		16 000
应交税费——应交增值税（销项税额）		2 080
——应交消费税		4 800

本例中，甲公司在决定发放职工福利时，借记“生产成本”“制造费用”“管理费用”等科目，贷记“应付职工薪酬”科目。应付职工薪酬的数额为自产化妆品的市价、相应的增值税税额与消费税税额之和。

3. 委托加工应税消费品

委托加工应税消费品是生产应税消费品的一种形式，需要缴纳消费税。根据我国消费税法规的规定，委托加工的应税消费品，由受托方在向委托方交货时代收代缴消费税，按照受托方同类消费品的销售价格计算应缴纳的消费税税额。委托方在收回委托加工的应税消费品后，用于直接对外销售的，不再缴纳消费税；用于连续生产其他应税消费品的，其已缴纳的消费税准予按规定从连续生产的应税消费品的应纳消费税税额中抵扣。例如，卷烟厂委托外单位加工烟丝，收回后用于连续生产卷烟。烟丝和卷烟都是应税消费品。卷烟厂收回烟丝时，需要委托加工单位代收代缴消费税，但相应的消费税税额可以从其连续生产销售的卷烟应当缴纳的消费税税额中抵扣。如果卷烟厂收回的烟丝以后直接对外销售，销售时也不再需要缴纳消费税，因为其在收回时已经委托加工单位代收代缴过消费税。

企业委托加工应税消费品、支付或应向受托方支付由其代收代缴的消费税时，如果收回委托加工的应税消费品直接用于对外销售的，借记“委托加工物资”科目，贷记“银行存款”“应付账款”等科目；如果收回委托加工的应税消费品用于连续生产其他应税消费品的，借记“应交税费——应交消费税”科目，贷记“银行存款”“应付账款”等科目。

例8-59

甲公司于20×1年10月15日委托乙公司加工一批应税消费品，甲公司向乙公司提供价值为80 000元的原材料。20×1年11月12日，乙公司按其与甲公司签订的委托加工合同的约定加工完成该批应税消费品，并将该批应税消费品交付甲公司。甲公司应向乙公司支付加工费用10 000元，相应的增值税税额为1 300元（10 000×13%），同时，应向乙公司支付代收代缴的消费税6 000元。甲公司收回委托加工的应税消费品后，准备直接用于对外销售。20×1年11月25日，乙公司缴纳代收代缴的消费税6 000元。

根据以上经济业务，甲公司应编制如下会计分录：

(1) 20×1年10月15日，委托乙公司加工应税消费品时。

借：委托加工物资 80 000
　　贷：原材料 80 000

(2) 20×1年11月12日，应向乙公司支付加工费用、增值税税额和代收代缴的消费税时。

委托加工物资成本的增加数＝10 000＋6 000＝16 000(元)

借：委托加工物资 16 000
　　应交税费——应交增值税（进项税额） 1 300
　　贷：应付账款 17 300

(3) 20×1年11月12日，收回委托加工的应税消费品时。

收回委托加工的应税消费品成本＝80 000＋16 000＝96 000(元)

借：库存商品 96 000
　　贷：委托加工物资 96 000

乙公司应编制如下会计分录：

(1) 20×1年11月12日，应向甲公司收取加工费用、增值税税额和代收代缴的消费税时。

借：应收账款 17 300
　　贷：主营业务收入 10 000
　　　　应交税费——应交增值税（销项税额） 1 300
　　　　　　　　——应交消费税 6 000

(2) 20×1年11月25日，缴纳代收代缴的消费税时。

借：应交税费——应交消费税 6 000
　　贷：银行存款 6 000

本例中，甲公司在以后销售委托加工完成的该批应税消费品时，不需要再缴纳消费税。

例8-60

沿用例8-59的资料，假设甲公司收回委托加工的应税消费品后，作为原材料验收入库，并准备继续用于生产应税消费品。甲公司应编制如下会计分录：

(1) 20×1年10月15日，委托乙公司加工应税消费品时。

借：委托加工物资 80 000
　　贷：原材料 80 000

(2) 20×1 年 11 月 12 日，应向乙公司支付加工费用、增值税税额和代收代缴的消费税时。

委托加工物资成本的增加数=10 000(元)

借：委托加工物资　　10 000
　　应交税费——应交增值税（进项税额）　　1 300
　　　　　　——应交消费税　　6 000
　贷：应付账款　　17 300

(3) 20×1 年 11 月 12 日，收回委托加工的应税消费品时。

收回委托加工的应税消费品成本=80 000+10 000=90 000(元)

借：原材料　　90 000
　贷：委托加工物资　　90 000

本例中，甲公司在对收回的原材料继续加工完成相应的应税消费品，并将相应的应税消费品销售时，需要缴纳消费税，但之前甲公司向乙公司支付的代收代缴消费税 6 000 元可以抵扣。第（2）笔会计分录中的借记“应交税费——应交消费税”6 000 元，即表示以后可以抵扣的消费税税额。

4. 进口应税消费品

进口一般货物的应纳消费税，如果采用从价定率计算应纳税额的，其计算公式如下：

组成计税价格=(关税完税价格+关税)/(1−消费税比例税率)

应纳税额=组成计税价格×比例税率

在以上计算公式中，关税完税价格是指海关核定的关税计税价格。

企业进口应税消费品时缴纳的消费税税额，应当计入进口消费品的成本。

企业进口需要缴纳消费税的消费品时，按应纳消费税税额，借记“固定资产”“材料采购”等科目，贷记“银行存款”“应付账款”等科目。

例 8-61

甲公司于 20×1 年 12 月 6 日从国外进口一批需要缴纳消费税的商品，该批商品的价款为 360 000 元，由海关核定的应纳消费税税额为 82 000 元，商品已验收入库，货款尚未支付，消费税税款已以银行存款支付。暂不考虑其他相关税费的因素。甲公司应编制如下会计分录：

借：库存商品　　442 000
　贷：银行存款　　82 000
　　　应付账款　　360 000

三、其他税费

（一）房产税、车船税和印花税

1. 房产税和车船税

房产税是以房屋为征税对象，按照房屋的计税余值或租金收入，向产权所有人征收的一种财产税。房产税的征税范围为城市、县城、建制镇和工矿区，不涉及农村。房产税主要针对经营性房屋征税，国家拨付行政经费、事业经费和国防经费的单位自用房产不征收房产税。房产税按照从价计征和从租计征两种方法。在从价计征方法下，应纳税额按照房产原值一次减除10%～30%后的余值乘以相应的税率计算缴纳。在从租计征方法下，应纳税额按照租金收入乘以相应的税率计算缴纳。房产税实行按年计算、分期缴纳的征收方法。

车船税是以车船为征税对象，向拥有车船的单位和个人征收的一种税。车船税实行定额税率，即对征税的车船规定单位固定税额。例如，载客汽车每辆每年税额在480～1 440元之间，船舶每吨每年税额在3～6元之间。车船税按年申报缴纳。

为核算应交房产税和车船税的业务，企业应设置“应交税费——应交房产税”“应交税费——应交车船税”科目。企业按规定计算应缴纳的房产税和车船税时，借记“税金及附加”科目，贷记“应交税费——应交房产税”等科目。实际缴纳时，借记“应交税费——应交房产税”等科目，贷记“银行存款”科目。

例8-62

甲公司于20×1年4月30日按房产税法规的规定计算应当缴纳的房产税为27 500元。甲公司应编制如下会计分录：

借：税金及附加	27 500	
贷：应交税费——应交房产税		27 500

2. 印花税

印花税是以经济活动和经济交往中，书立、领受应税凭证的行为为征税对象征收的一种税。印花税因其采用在应税凭证上粘贴印花税票的方法缴纳税款而得名。印花税的纳税义务人是在中国境内书立、使用、领受印花税法规所列举的凭证并应依法履行纳税义务的单位和个人。按照应税凭证的不同，纳税义务人可分为立合同人、立据人、立账簿人、领受人、使用人和各类电子应税凭证的签订人。其中，立合同人是指合同的当事人，合同如购销合同、借款合同、财产保险合同等；产权转移书据的纳税人是立据人，产权转移书据如财产所有权、专利权等的转移书据；营业账簿的纳税人是立账簿人；权利、许可证照的纳税人是领受人，权利、许可证照如政府部门发给的房屋产权证、工商营业执照等；各类电子应税凭证的签订人是以电子形式签订的各类应税凭证的当事人。印花税的税目有购销合同、借款合同、财产租赁合同、产权转移书据、营业账簿、权利和许可证照等13个。各类合同、产权转移书据、营业账簿中记载资金的账簿适用比例税率，以相应应税凭证上记载的计税金额，分别0.05‰，0.3‰，0.5‰，1‰四档税率计算缴纳印花税。权利和许可证照、营业账簿中的其他账簿适用定额税率，均为按件贴花，税额为5元。

一般情况下，企业预先购买印花税票。企业在发生相应的应税行为时，按规定计算应纳印花税税额，将预先购买的印花税票粘贴在应税凭证上，并在每枚税票的骑缝处盖戳注销或者划销，办理完税手续。因此，企业的印花税不会发生应付未付税款的情况，不需要通过“应交税费”科目核算。企业在购买印花税票时，借记“税金及附加”科目，贷记“银行存款”科目。

（二）城市维护建设税和教育费附加

城市维护建设税是对从事工商经营，缴纳增值税、消费税的单位和个人征收的一种税。城市维护建设税以纳税人实际缴纳的增值税、消费税税额为计税依据，其本身没有特定的课税对象。城市维护建设税应纳税额的计算公式如下：

应纳税额＝纳税人实际缴纳的增值税、消费税税额×适用税率

城市维护建设税的税率按纳税人所在地不同采用不同的比例税率，分别有7%，5%和1%。

教育费附加是对缴纳增值税、消费税的单位和个人，以其实际缴纳的税额为依据计算征收的一种附加费。教育费附加是为扩大地方教育经费来源而征收的一项专用资金。其计算公式如下：

应纳教育费附加＝纳税人实际缴纳的增值税、消费税税额×适用比率

现行教育费附加的征收比率为3%。

为核算应交城市维护建设税、教育费附加的业务，企业应设置“应交税费——应交城市维护建设税”“应交税费——应交教育费附加”科目。企业按规定计算应缴纳的城市维护建设税、教育费附加时，借记“税金及附加”科目，贷记“应交税费——应交城市维护建设税”等科目。实际缴纳时，借记“应交税费——应交城市维护建设税”等科目，贷记“银行存款”科目。

例8-63

甲公司20×1年5月实际缴纳增值税100 000元，消费税40 000元。甲公司适用的城市维护建设税税率为7%。甲公司于20×1年5月31日计算本月应缴纳的城市维护建设税为9 800元［(100 000＋40 000)×7%］，应缴纳的教育费附加为4 200元［(100 000＋40 000)×3%］。甲公司应编制如下会计分录：

借：税金及附加	14 000	
贷：应交税费——应交城市维护建设税		9 800
——应交教育费附加		4 200

（三）企业所得税和个人所得税

1. 企业所得税

企业所得税是对我国境内的企业和其他取得收入的组织的生产经营所得和其他所得征收的一种税。应纳税所得额是企业所得税的计税依据，企业所得税的基本税率为25%。

为核算应交企业所得税的业务，企业应设置“应交税费——应交所得税”科目。企业按规定计算应缴纳的企业所得税时，借记“所得税费用”科目，贷记“应交税费——应交所得税”科目。实际缴纳时，借记“应交税费——应交所得税”科目，贷记“银行存款”科目。企业所得税业务的核算将在后面的章节中作专门介绍。

2. 个人所得税

个人所得税是以自然人取得的各类应税所得为征税对象而征收的一种所得税，是

政府利用税收对个人收入进行调节的一种手段。个人所得税的征税范围包括工资薪金所得、劳务报酬所得、稿酬所得、特许权使用费所得、经营所得、利息股息红利所得、财产租赁所得、财产转让所得、偶然所得等九项所得。

由于个人所得税的应税项目不同，并且取得某项所得所需费用也不相同，因此，计算个人应纳税所得额，需按不同应税项目分项计算。某应税项目的应纳税所得额，是该应税项目的收入额减去税法规定的该项目费用减除标准后的余额。

根据我国现行个人所得税法规的规定，居民个人取得的工资薪金所得、劳务报酬所得、稿酬所得、特许权使用费所得这四项所得合称为综合所得，按纳税年度合并计算个人所得税。综合所得适用七级超额累进税率，税率为3%～45%。纳税人取得的经营所得、利息股息红利所得、财产租赁所得、财产转让所得、偶然所得这五项所得，分别计算个人所得税。根据规定，居民个人取得综合所得，以每年收入额减除费用60 000元以及专项扣除、专项附加扣除和依法确定的其他扣除后的余额，为应纳税所得额。

企业职工按规定应缴纳的个人所得税通常由单位代扣代缴。

为核算应交个人所得税的业务，企业应设置"应交税费——应交个人所得税"科目。企业按规定计算代扣代缴的职工个人所得税时，借记"应付职工薪酬"科目，贷记"应交税费——应交个人所得税"科目。企业缴纳代扣代缴的职工个人所得税时，借记"应交税费——应交个人所得税"科目，贷记"银行存款"等科目。

例8-64

甲公司20×1年5月31日结算本月应付职工工资总额250 000元，按税法规定应代扣代缴的职工个人所得税共计3 600元。20×1年6月10日，甲公司以银行存款3 600元缴纳代扣代缴的职工个人所得税。甲公司应编制如下会计分录：

(1) 20×1年5月31日，计算代扣代缴职工个人所得税时。

借：应付职工薪酬——工资　　3 600

　贷：应交税费——应交个人所得税　　3 600

(2) 20×1年6月10日，缴纳代扣代缴职工个人所得税时。

借：应交税费——应交个人所得税　　3 600

　贷：银行存款　　3 600

第六节　应付利息、应付股利和其他应付款

一、应付利息

应付利息是指企业按照合同约定应支付的利息，包括短期借款应支付的借款利息、分期付息到期还本的长期借款应支付的借款利息、发行的企业债券应支付的债券利息等。

为核算应付利息的业务，企业应设置"应付利息"总账科目。资产负债表日，应按摊余成本和实际利率计算确定的利息费用，借记"在建工程""财务费用""研发支出"等科目，按合同利率计算确定的应付未付利息，贷记该科目，按其差额，借记或

贷记“长期借款——利息调整”等科目。合同利率与实际利率差异较小的，也可以采用合同利率计算确定利息费用。实际支付利息时，借记该科目，贷记“银行存款”等科目。该科目期末贷方余额反映企业应付未付的利息。该科目可按存款人或债权人进行明细核算。

例 8-65

甲公司于 20×1 年 5 月 31 日计算应支付的短期借款利息 1 500 元。甲公司应编制如下会计分录：

借：财务费用	1 500	
贷：应付利息		1 500

二、应付股利

应付股利是指企业根据股东大会或类似机构审议批准的利润分配方案，应向股东支付但尚未支付的股利或利润。

为核算应付股利的业务，企业应设置“应付股利”总账科目。企业股东大会或类似机构审议批准利润分配方案时，按应支付的现金股利或利润，借记“利润分配”科目，贷记该科目。实际支付现金股利或利润时，借记该科目，贷记“银行存款”等科目。该科目可按投资者进行明细核算。该科目期末贷方余额反映企业应付未付的现金股利或利润。

例 8-66

甲公司于 20×1 年 2 月 25 日经股东大会审议批准，决定发放现金股利共计 16 800 元。20×1 年 3 月 15 日，甲公司以银行存款支付现金股利 16 800 元。甲公司应编制如下会计分录：

(1) 20×1 年 2 月 25 日，股东大会审议批准发放现金股利时。

借：利润分配	16 800	
贷：应付股利		16 800

(2) 20×1 年 3 月 15 日，以银行存款支付现金股利时。

借：应付股利	16 800	
贷：银行存款		16 800

三、其他应付款

其他应付款是指除应付票据、应付账款、预收账款、应付职工薪酬、应付利息、应付股利、应交税费、长期应付款等以外的其他各项应付、暂收的款项，如应付租入包装物的租金、应付存入的保证金等。

为核算其他应付款的业务，企业应设置“其他应付款”总账科目。企业发生其他各项应付、暂收款项时，借记“管理费用”等科目，贷记该科目。支付其他各项应付、暂收款项时，借记该科目，贷记“银行存款”等科目。该科目可按其他应付款的项目和对方单位或个人进行明细核算。该科目期末贷方余额反映企业应付未付的其他应付款项。

例8-67

甲公司于20×1年7月1日租入一批管理部门使用的包装物，租期1年，每月租金500元，于每季度末按季支付。20×1年9月30日，甲公司以银行存款支付租入包装物的季度租金1 500元。甲公司应编制如下会计分录：

（1）20×1年7月31日，计提应付租入包装物的月租金时。

借：管理费用　500

　贷：其他应付款　500

20×1年8月31日和9月30日，甲公司计提应付租入包装物的月租金时，会计分录与以上20×1年7月31日的分录相同。

（2）20×1年9月30日，以银行存款支付季度租金时。

借：其他应付款　1 500

　贷：银行存款　1 500

思考题

1. 什么是流动负债？满足什么条件的负债属于流动负债？
2. 流动负债按照偿还对象可分为哪些种类？
3. 企业的预收账款与应付账款有什么不同？
4. 企业的职工薪酬主要包括哪些内容？企业的“应付职工薪酬”总账科目可设置哪些明细科目进行明细核算？
5. 企业应当如何核算提供给职工无偿使用的企业拥有或租入的资产？
6. “应交税费——应交增值税”科目通常设置哪些专栏进行明细核算？增值税进项税额转出的会计核算与增值税视同销售业务的会计核算有什么区别？举例说明。
7. 企业在“应交税费”科目下分别设置“应交增值税”和“未交增值税”两个明细科目来核算增值税业务的主要目的是什么？这两个明细科目是如何进行结转的？
8. 小规模纳税人与一般纳税人的增值税业务会计核算方法有什么主要不同？
9. 消费税的会计核算方法与增值税的会计核算方法有什么不同？
10. 企业应当如何核算应付利息和应付股利的业务？

练习题

练习一

一、目的：练习应付账款和应付票据的核算。

二、资料：甲公司20×1年发生如下经济业务：

（1）3月12日，向A公司采购一批原材料，价款为300 000元，增值税专用发票上注明的增值税税额为39 000元，款项尚未支付，原材料已验收入库。原材料采用实际成本计价方法核算。

（2）4月15日，签发一张面值为339 000元的不带息商业汇票，用以清偿以上3

月12日向A公司购入一批原材料的应付账款，票据付款期限为2个月。

(3) 6月15日，以银行存款偿付到期A公司应付票据款项339 000元。

(4) 8月10日，向B公司采购一批原材料，价款为200 000元，增值税专用发票上注明的增值税税额为26 000元，开出一张带息商业汇票，票据面值为226 000元，付款期限为3个月，月利率为0.5%，用以清偿相应款项。原材料采用实际成本计价方法核算，并已验收入库。

(5) 9月25日，向C公司采购一批原材料，价款为100 000元，增值税专用发票上注明的增值税税额为13 000元，开出一张不带息商业汇票，票据面值为113 000元，付款期限为2个月，用以清偿相应款项。该不带息商业汇票已于当日向银行申请承兑，承兑时向银行支付承兑手续费110元。原材料采用实际成本计价方法核算，并已验收入库。

(6) 11月10日，向B公司签发的商业汇票到期，但甲公司无力支付票据款项，将相应数额226 000元从应付票据转入应付账款，并确认3个月的应付利息。

(7) 11月25日，向C公司签发的商业汇票到期，但甲公司无力支付票据款项，将相应数额113 000元从应付票据转入短期借款。

(8) 12月1日，以银行存款向B公司偿付11月10日无力偿付的应付票据款项226 000元和3个月的利息。

(9) 12月20日，向D公司采购一批原材料，价款为500 000元，增值税专用发票上注明的增值税税额为65 000元，款项尚未支付，原材料已验收入库。按照双方协议，甲公司在10天内全额付款，可以获得购买价款1%的现金折扣。原材料采用实际成本计价方法核算。

(10) 12月25日，向银行偿付由于C公司票据无力偿付而形成的短期借款113 000元，并支付1个月的借款利息，月利率为0.5%。

(11) 12月28日，以银行存款偿付D公司全部购货款项及相应的增值税税额。由于在折扣期内支付，因此获得相应的现金折扣。

三、要求：根据以上经济业务，为甲公司编制有关的会计分录。

练习二

一、目的：练习短期薪酬、离职后福利和辞退福利的核算。

二、资料：甲公司于20×1年发生如下经济业务：

(1) 10月31日，计算当月包括工资、奖金、津贴和补贴等在内的应付职工工资总额为400 000元。其中，生产部门生产人员的工资总额为240 000元，生产部门管理人员的工资总额为90 000元，企业管理部门人员的工资总额为70 000元。

(2) 10月31日，按当月职工工资总额的10%计提职工基本医疗保险费40 000元，同时，按当月职工工资总额的16%计提职工基本养老保险费64 000元，共计提社会保险费104 000元（40 000+64 000）。

(3) 10月31日，按当月职工工资总额的10.5%计提职工住房公积金42 000元。

(4) 10月31日，按当月职工工资总额的2%计提工会经费8 000元、1.5%计提职工教育经费6 000元。

(5) 10月31日，为生产部门的生产人员免费提供职工集体宿舍，该职工集体宿舍为甲公司向乙房屋租赁公司租入，每月租金2 200元，确认房屋租金非货币性职工福利。

(6) 10月31日，确认应向乙房屋租赁公司支付租入的职工集体宿舍的当月租金2 200元。

(7) 10月31日，经研究，决定向企业4名高级管理人员每人发放一台价值为5 000元的手提电脑，价值合计为20 000元（5 000×4），相应的增值税税额为2 600元（20 000×13%），作为向其支付的非货币性福利。

(8) 10月31日，根据年初制定和实施的一项短期利润分享计划，甲公司当年1～10月份超额完成净利润560 000元，公司管理层可以分享其中的5%，即28 000元（560 000×5%）。相应的额外职工薪酬将在2个月内支付。

(9) 11月6日，以银行存款向职工支付工资261 000元，同时，将代扣的由职工个人承担的社会保险费和住房公积金120 000元转出至其他应付款，将代扣的职工应交个人所得税19 000元转出至应交税费。

(10) 11月10日，以银行存款向社会保险经办机构和住房公积金管理机构缴纳由企业承担的社会保险费和住房公积金。其中，社会保险费合计104 000元（医疗保险费40 000元+养老保险费64 000元），住房公积金42 000元。

(11) 11月11日，以银行存款代职工缴纳由职工承担的社会保险费和住房公积金合计120 000元。同时，以银行存款代职工缴纳个人所得税19 000元。

(12) 11月15日，开展职工教育和业务培训活动，发生相应的费用2 800元，以计提的职工教育经费支付，款项已通过银行转账支付。

(13) 11月16日，决定向全体职工发放体检福利10 000元，其中，生产部门生产人员职工福利6 500元，生产部门管理人员职工福利2 000元，企业管理部门人员职工福利1 500元。

(14) 11月20日，按照批准的计划，以银行存款向相关体检机构支付职工体检福利费用10 000元。

(15) 11月25日，按照经批准的计划，以银行存款22 600元购买4台手提电脑，发放给4名高级管理人员，向其支付非货币性福利。

(16) 11月26日，因企业转型，辞退若干职工，按劳务合同的约定应向辞退职工一次性支付补偿26 500元。

(17) 12月15日，按照经批准的计划，以银行存款向辞退职工支付一次性辞退补偿26 500元。

(18) 12月20日，按照短期利润分享计划向管理人员支付额外职工薪酬28 000元。

三、要求：根据以上经济业务，为甲公司编制有关的会计分录。

练习三

一、目的：练习其他长期职工福利的核算。

二、资料：甲公司于20×1年初为其管理人员制定和实施了一项递延奖金计划。根据该计划，甲公司将当年利润的3%提成作为奖金，但要在20×3年末才向仍然在职的管理人员发放。如果相关管理人员在20×3年末前离职，将不能获得该项奖金计划。20×1年甲公司实现利润1 000 000元。甲公司估计该递延奖金计划实施期间，相应的管理人员不会离职。甲公司预计此项计划到期时需要支付的现金数额为30 000元（1 000 000×3%）。该项奖金计划符合设定受益计划条件。20×1年计划制定和实施时，相应的国债收益率为5%。20×2年末，相应的国债收益率变为3%，并延续至20×3年计划完成时。按照预期累计福利单位法，归属于20×1年、20×2年和20×3年的福利均为10 000元（30 000/3）。该设定受益计划没有计划资产，也没有提存金缴存业务。20×3年12月31日，甲公司以银行存款向相关管理人员支付递延奖金计划30 000元。

三、要求： 根据以上资料，为甲公司编制有关的会计分录。

练习四

一、目的： 练习应交增值税的核算。

二、资料： 甲公司为增值税一般纳税人，适用一般计税方法计税，销售商品适用的增值税税率为13%，20×1年发生如下经济业务：

(1) 5月2日，购入一批原材料，增值税专用发票上注明的原材料价款为100 000元，增值税税额为13 000元，款项尚未支付，原材料尚未到达。甲公司采用实际成本法核算原材料的业务。

(2) 5月5日，购入一台机器设备，增值税专用发票上注明的价款为200 000元，增值税税额为26 000元。购入该机器设备时，发生运输费1 000元，相应的增值税税额为90元（1 000×9%）。以上款项均以银行存款支付，机器设备已经运到并投入使用。

(3) 5月7日，销售商品一批，价款300 000元，增值税专用发票上注明的增值税税额为39 000元，款项收到并存入银行。

(4) 5月8日，购入一项非专利技术，购入价款为35 000元，相应的增值税税额为2 100元（35 000×6%），款项以银行存款支付。

(5) 5月12日，发生机器设备日常修理费用6 000元，相应的增值税税额为780元（6 000×13%），款项合计6 780元（6 000+780）以银行存款支付。

(6) 5月13日，本月销售的一批商品由于质量问题被部分退回，退回商品的售价为2 500元，相应的增值税税额为325元，款项合计2 825元（2 500+325）以银行存款偿还。

(7) 5月15日，出售一台不需用的机器设备，出售价格为68 000元，相应的增值税税额为8 840元（68 000×13%），款项合计76 840元（68 000+8 840）已收到并存入银行。该台机器设备的成本为135 000元，已计提累计折旧63 000元，账面价值为72 000元（135 000−63 000）。

(8) 5月17日，向A公司销售商品一批，销售价格为26 000元，增值税税额为3 380元（26 000×13%），款项尚未收到，合同规定的付款条件为2/10，即10天内偿付款项，给予销售价格2%的现金折扣。甲公司估计A公司能够在10天内付款并取得现金折扣520元（26 000×2%）。

(9) 5月19日，决定以企业自己生产的一批产品发放给职工作为职工薪酬的内容。该批产品的公允价值为40 000元，成本为25 000元。甲公司决定，60%的产品发放给生产部门的生产人员，40%的产品发放给生产部门的管理人员。

(10) 5月21日，按5月19日的决定向职工发放企业自己生产的产品。

(11) 5月24日，收到A公司支付的货款和增值税税额28 860元。由于A公司在折扣期内付款，因此，按照甲公司之前的估计，A公司取得了2%的现金折扣。

(12) 5月25日，以银行存款向税务机关缴纳当月增值税25 000元。

(13) 5月27日，职工福利部门从原材料仓库领用一批办公用品，该批办公用品的成本为2 200元，购入时记录的进项税额为286元，相应的职工福利费用计入管理费用。

(14) 5月28日，出售一项交易性金融资产，出售价格为100 000元。该交易性金融资产是当年3月5日购入的，购入价格为60 000元，3月31日确认公允价值变动收益10 000元。甲公司在当年4月份出售一项金融商品发生亏损15 000元。以上金融资产或金融商品的购入价格和出售价格均为含税价格。甲公司转让金融商品适用的增值税税率为6%。

(15) 5月30日，因扩展业务需要，将一套职工业余文体用房改作办公用房。该套房屋于2年前购入，购入价格为300 000元，增值税进项税额为27 000元（300 000×9%）。由于用于职工集体福利，增值税进项税额不能抵扣，因此直接计入了固定资产成本。该房屋已计提累计折旧21 800元，账面价值为305 200元（327 000－21 800），固定资产净值率为93%（即305 200/327 000）。经税务部门批准，甲公司可以以固定资产净值率为基础将原计入固定资产的增值税进项税额进行调出，作为可抵扣的进项税额处理，同时，调整固定资产的账面价值。

(16) 5月31日，“应交税费——应交增值税”科目月末有贷方余额126 000元，将其转入“应交税费——未交增值税”科目，待下月申报缴纳。

(17) 6月5日，以银行存款缴纳上月应交未交增值税126 000元。

(18) 6月6日，以银行存款缴纳上月转让金融商品应交增值税1 415元。

三、要求：根据以上经济业务，为甲公司编制有关的会计分录。

练习五

一、目的：练习不动产增值税业务的核算。

二、资料：甲公司为增值税一般纳税人，适用一般计税方法计税。20×1年5月1日，甲公司购入一套办公用房，购入价款为780 000元，增值税税额为70 200元（780 000×9%），款项合计850 200元（780 000＋70 200）以银行存款支付，购入后用于日常管理活动。20×1年12月31日，该套办公用房累计计提折旧26 000元，账面价值为754 000元（780 000－26 000），公允价值为880 000元，甲公司随即与乙公司签订租赁协议，以经营租赁的方式将该套办公用房出租给乙公司。租赁协议约定，乙公司每季度末向甲公司支付一次租金，季度含税租金为26 160元，租期为3年。甲公司采用公允价值模式对出租的办公用房进行后续计量。20×2年、20×3年和20×4年年末，该办公用房的公允价值分别为890 000元、940 000元和920 000元。20×4年12月31日，租期届满，经与乙公司协商，甲公司将该办公用房出售给了乙公司，出售价款为920 000元，相应的增值税税额为82 800元（920 000×9%），款项合计1 002 800元（920 000＋82 800）已存入银行。根据增值税法规的规定，甲公司以取得的全部价款扣除不动产购置原价后的余额，按照5%的预征率向税务机关预缴增值税税款。

20×4年12月31日，甲公司“应交税费——应交增值税”科目有贷方余额24 960元，将其转入“应交税费——未交增值税”科目。

20×5年1月10日，以银行存款缴纳上月全部未交增值税。

甲公司销售不动产租赁服务、购入和销售不动产适用的增值税税率为9%。

三、要求：根据以上经济业务，为甲公司编制有关的会计分录。

练习六

一、目的：练习差额征收增值税的核算。

二、资料：甲公司是个客运场站公司，为增值税一般纳税人，适用一般计税方法计税。甲公司的业务活动是为其他客运公司提供客源组织、售票、检票、发车、运费结算等服务。甲公司根据增值税法规的规定采用差额征税的方式，以其取得的全部价款和价外费用扣除支付给承运方运费后的余额为销售额。20×1 年 9 月 10 日，甲公司向旅客收取车票款项 530 000 元，应向客运公司支付 477 000 元，剩下的 53 000 元（530 000−477 000）中，50 000 元作为销售额，3 000 元（50 000×6%）为增值税销项税额。

三、要求：根据以上经济业务，为甲公司编制有关的会计分录。

练习七

一、目的：练习应交消费税的核算。

二、资料：甲公司 20×1 年发生如下经济业务：

(1) 10 月 5 日，委托乙公司加工一批应税消费品，向乙公司提供价值为 50 000 元的 A 种原材料。

(2) 10 月 22 日，委托乙公司加工的一批应税消费品加工完成，甲公司收回该批应税消费品，作为 B 种原材料入库，准备继续用于生产 H 种类的应税产成品。甲公司以银行存款向乙公司支付加工费用 4 000 元及其相应的增值税税额 520 元（4 000×13%），并支付由乙公司代收代缴的消费税 12 000 元。

(3) 10 月 29 日，使用 B 种原材料生产完成一批 H 种类的应税消费品。同时，对外销售一批 H 种类的应税消费品，获得销售收入 98 000 元，款项尚未收到，应缴纳的增值税税额为 12 740 元（98 000×13%），应缴纳的消费税税额为 29 400 元。

(4) 11 月 2 日，以银行存款缴纳上月未交的应交消费税 17 400 元。

(5) 12 月 10 日，对外销售一批 H 种类的应税消费品，获得销售收入 110 000 元，应缴纳的增值税税额为 14 300 元（110 000×13%），应缴纳的消费税税额为 33 000 元，款项合计 124 300 元（110 000+14 300）已收到并存入银行。

(6) 12 月 15 日，以银行存款缴纳当月的应交消费税 33 000 元。

三、要求：根据以上经济业务，分别为甲公司和乙公司编制有关的会计分录。

练习八

一、目的：练习应交城市维护建设税、教育费附加、房产税、车船税和印花税的核算。

二、资料：甲公司 20×1 年发生如下经济业务：

(1) 3 月 31 日，按当月实际缴纳的增值税、消费税税额计算应纳城市维护建设税和教育费附加，适用的城市维护建设税税率为 7%，适用的教育费附加征收率为 3%。当月实际缴纳的增值税税额为 180 000 元、消费税税额为 60 000 元。

(2) 4 月 3 日，按房产税法规的规定，计算当年应当缴纳的房产税为 90 500 元。

(3) 4 月 8 日，以银行存款缴纳应交城市维护建设税 16 800 元和教育费附加 7 200 元。

(4) 5 月 15 日，以银行存款缴纳当年部分应交房产税 40 000 元。

(5) 6 月 20 日，以银行存款购买印花税票 450 元。

(6) 12月31日，按车船税法规的规定，计算当年应当缴纳的车船税为3 600元。

三、要求： 根据以上经济业务，为甲公司编制有关的会计分录。

练习九

一、目的： 练习应付利息和应付股利的核算。

二、资料： 甲公司20×1年发生如下经济业务：

(1) 4月1日，向银行借入一笔短期借款40 000元，借款期限为3个月，年利率为6%，到期一次还本付息。

(2) 4月30日，计提上述短期借款月利息费用。

(3) 5月1日，采购一批商品，价款为200 000元，增值税专用发票上注明的增值税税额为26 000元，开出一张带息商业汇票，票面年利率为5%，票据面值为226 000元，付款期限为6个月，以清偿购货款项。商品已验收入库。

(4) 5月31日，计提上述应付票据月利息费用。

(5) 6月26日，经股东大会审议批准，宣告发放现金股利共计755 000元，现金股利将于宣告日后两周内通过银行存款支付。

(6) 6月30日，以上4月1日短期借款到期，偿还借款本金40 000元，并支付3个月的借款利息600元。该短期借款在4月末和5月末分别计提过月利息200元，共计提过应付利息400元（200+200）。

(7) 7月3日，发放上月宣告发放的现金股利755 000元，款项以银行存款支付。

三、要求： 根据以上经济业务，为甲公司编制有关的会计分录。

第九章

非流动负债

第一节　非流动负债的概念和种类

一、非流动负债的概念

非流动负债也称长期负债，是指除流动负债以外的负债，通常是指偿还期限在 1 年以上的负债。与流动负债相比，非流动负债通常具有如下主要特征：

（1）偿还期限长。尽管偿还期限在 1 年以上的负债即可归类为非流动负债，但很多非流动负债的实际偿还期限可能会是 3 年、5 年甚至更长的时间。如企业可能会发行 3 年、5 年甚至更长偿还期限的债券，以筹集长期资金。

（2）金额大。非流动负债通常为取得非流动资产而发生，因此，非流动负债的金额通常比较大。如企业可能会因为需要购建办公大楼而向银行长期借款。

由于非流动负债具有偿还期限长、金额大的特征，因此，非流动负债通常需要按照未来偿还金额的现值计价入账。未来偿还的金额与其现值的差额属于企业的融资费用。

二、非流动负债的种类

非流动负债按照债务资金来源渠道的不同可分为长期借款、应付债券、长期应付款和租赁负债等种类。其中，长期借款的资金来源于银行或其他金融机构；应付债券的资金来源于购买企业债券的投资者；长期应付款和租赁负债的资金来源于其他企业长期债务资金的提供者，如来源于企业分期付款购买或租入固定资产的固定资产提供方等。

第二节　长期借款

一、长期借款的概念

长期借款是指企业向银行或其他金融机构借入的偿还期限在 1 年以上（不含 1 年）

的各种借款。长期借款的概念与短期借款相对应。企业借入的长期借款，一般用于固定资产的购建、改扩建或大修理工程，或用于其他能提高企业长期经营能力的方面，如用于无形资产的取得或研发等方面。

企业在向银行或其他金融机构申请取得长期借款时，应当编制长期借款计划。取得长期借款后，企业应当按借款计划使用借款资金，提高长期借款资金的使用效益，并接受贷款银行或其他金融机构的监督，遵守信贷纪律，按期支付借款利息和偿付借款本金。

长期借款属于企业的金融负债，并且通常分类为以摊余成本计量的金融负债。

二、长期借款的核算

为核算长期借款的业务，企业应设置“长期借款”总账科目。该科目核算企业以摊余成本计量的向银行或其他金融机构借入的期限在1年以上（不含1年）的各项借款。企业借入长期借款时，应按实际收到的金额，借记“银行存款”科目，按借款本金，贷记“长期借款——本金”科目，按其差额，借记“长期借款——利息调整”科目。资产负债表日，按长期借款的摊余成本和实际利率计算确定的利息费用，借记“在建工程”“制造费用”“财务费用”“研发支出”等科目，按借款本金和合同利率计算确定的应付未付利息，贷记“应付利息”“长期借款——应计利息”科目，按其差额，贷记“长期借款——利息调整”科目。实际利率与合同利率差异较小的，也可以采用合同利率计算确定利息费用。归还长期借款本金时，按归还的长期借款本金，借记“长期借款——本金”科目，贷记“银行存款”科目；存在利息调整余额的，借记“在建工程”“制造费用”“财务费用”“研发支出”等科目，贷记“长期借款——利息调整”科目。该科目可按贷款单位和贷款种类，分别“本金”“利息调整”“应计利息”等进行明细核算。该科目期末贷方余额反映企业尚未偿还的长期借款。

例9-1

甲公司于20×1年1月1日向银行借入一笔长期借款，金额为200 000元，款项已存入银行，借款利率按市场利率确定为9%，借款偿还期限为3年，每年年末支付一次借款利息，到期一次偿还借款本金。按照借款计划，甲公司将取得的该笔借款专门用于购买一台生产设备，以进一步增强公司的生产能力。甲公司应编制如下会计分录：

（1）20×1年1月1日，取得长期借款时。

借：银行存款	200 000	
贷：长期借款——本金		200 000

（2）20×1年12月31日，计算应付借款利息时。

确认的财务费用＝200 000×9%＝18 000(元)

借：财务费用	18 000	
贷：应付利息		18 000

20×2年和20×3年12月31日计算应付借款利息时的会计分录，与20×1年12月31日计算应付借款利息时的会计分录相同。

(3) 20×1 年 12 月 31 日，支付应付利息时。

借：应付利息　　18 000

　贷：银行存款　　18 000

20×2 年和 20×3 年 12 月 31 日支付应付利息时的会计分录，与 20×1 年 12 月 31 日支付应付利息时的会计分录相同。

(4) 20×3 年 12 月 31 日，偿还借款本金时。

借：长期借款——本金　　200 000

　贷：银行存款　　200 000

例 9-2

沿用例 9-1 的资料，假设该项长期借款到期一次还本付息，那么，甲公司于20×1 年 12 月 31 日计算应付借款利息时，应编制如下会计分录：

借：财务费用　　18 000

　贷：长期借款——应计利息　　18 000

在例 9-1 和例 9-2 中，“长期借款——本金”和“长期借款——应计利息”均属于非流动负债；“应付利息”则属于流动负债。也即由非流动负债引起的应付未付利息既可能是流动负债，也可能是非流动负债。

在例 9-2 中，甲公司在 20×2 年 12 月 31 日计算当年的应付借款利息时，其数额取决于借款利率 9%采用的是单利还是复利。如果借款利率采用的是单利，则应付借款利息仍然为 18 000 元；如果借款利率采用的是复利，则应付借款利息为 19 620 元[(200 000＋18 000)×9%]。

在例 9-1 和例 9-2 中，如果甲公司取得专门借款是为了新建或者改扩建办公大楼或车间厂房，那么，借款利息在符合资本化条件时应当计入在建工程的成本，并随之转入固定资产的成本。相关内容可参阅固定资产章节的有关内容，此处不再重述。

第三节　应付债券

一、一般企业债券

(一) 应付债券的概念

债券是企业为筹集资金而发行的一种书面凭证，它可以用来确定债券发行方和债券购买方的债权债务关系，是企业筹集长期资金的重要渠道。企业发行债券通常需要经董事会或类似机构的批准。如果是向社会公众公开发行债券，还需要经政府有关证券管理机构的核准。应付债券是指企业由发行债券而形成的偿还期限在 1 年以上的非流动负债。

企业债券按照可否转换为发行企业的股票，可分为可转换企业债券和不可转换企业债券两种。其中，可转换企业债券是指按照一定条件可以转换为发行企业股票的债券。不可转换企业债券也可称为一般企业债券，是指不可以转换为发行企业股票的债券。企业债券通常也称公司债券。相应地，可转换企业债券通常也称可转换公司债券，不可转换企业债券通常也称不可转换公司债券。债券种类的不同，相应的会计核算方法也存在差异。

企业债券一旦发行，企业就承担偿还债券本金和支付债券利息的义务。相应的应付债券也需要确认。企业到期偿付了债券的本金和利息后，偿付义务得以解除，相应的应付债券也予以转销。企业应当设置“企业债券备查簿”，详细登记企业债券的票面金额、债券票面利率、还本付息期限与方式、发行总额、发行日期和编号、委托代售单位、转换股份等资料。企业债券到期兑付后，在备查簿中应予注销。

如同长期借款，应付债券也属于企业的金融负债，并且也通常分类为以摊余成本计量的金融负债。

（二）债券的发行

企业在发行债券时，按照债券发行价格与债券面值的关系，可以有面值发行、溢价发行和折价发行三种发行方式。如果债券的发行价格与债券面值相等，称为面值发行。如果债券的发行价格大于债券面值，称为溢价发行。债券发行价格大于债券面值的金额，称为债券溢价。如果债券的发行价格小于债券面值，称为折价发行。债券发行价格小于债券面值的金额，称为债券折价。债券溢价和债券折价主要是由于债券的票面利率与债券发行时的市场利率不同而引起的。当债券的票面利率大于债券发行时的市场利率时，债券溢价发行。债券溢价是企业以后多付出利息而在发行时先从投资者那里得到的补偿。当债券的票面利率小于债券发行时的市场利率时，债券折价发行。债券折价是企业以后少付出利息而在发行时先给投资者的补偿。债券溢价和债券折价是发行债券企业在债券存续期间内对债券利息费用的一种调整。

为核算应付债券的业务，企业应设置“应付债券”总账科目。该科目核算企业以摊余成本计量的为筹集资金而发行的债券本金和利息。该科目可按“面值”“利息调整”“应计利息”等进行明细核算。企业发行债券时，应按实际收到的金额，借记“银行存款”等科目，按债券面值，贷记“应付债券——面值”科目，按其差额，借记或贷记“应付债券——利息调整”科目。

例9-3

甲公司于20×1年1月1日经批准发行一批分期付息、到期一次还本的债券，筹得资金用于购买一项固定资产。该批债券的本金偿还期限为5年，每年年末支付一次利息，票面年利率为8%，债券面值合计为800 000元，债券发行时的市场利率为6%，发行价格合计为867 434元，款项已存入银行。甲公司应编制如下会计分录：

借：银行存款	867 434
贷：应付债券——面值	800 000
——利息调整	67 434

本例中，债券的发行价格应当等于偿还到期债券面值的现值与支付各期债券利息的现值之和。具体计算如下：

$$债券发行价格=800\,000\times(P/F,6\%,5)+800\,000\times8\%\times(P/A,6\%,5)$$
$$=800\,000\times0.747\,3+64\,000\times4.212\,4=867\,434(元)$$

由于债券的票面利率大于债券发行时的市场利率，债券溢价发行。甲公司在发行债券时，应付债券的账面价值为867 434元，其中，800 000元为债券面值，67 434元为利息调整。应付债券的账面价值也可称摊余成本，它是发行债券企业在以后期间计算各期债券利息费用的依据。

例 9-4

甲公司于 20×1 年 1 月 1 日经批准发行一批分期付息、到期一次还本的债券，筹得资金用于购买一项固定资产。该批债券的本金偿还期限为 5 年，每年年末支付一次利息，票面年利率为 7%，债券面值合计为 800 000 元，债券发行时的市场利率为 9%，发行价格合计为 737 743 元，款项已存入银行。甲公司应编制如下会计分录：

借：银行存款	737 743	
应付债券——利息调整	62 257	
贷：应付债券——面值		800 000

本例中，债券的发行价格可计算如下：

$$\text{债券发行价格}=800\,000\times(P/F,9\%,5)+800\,000\times7\%\times(P/A,9\%,5)$$
$$=800\,000\times0.649\,9+56\,000\times3.889\,7=737\,743(\text{元})$$

由于债券的票面利率小于债券发行时的市场利率，债券折价发行。甲公司在发行债券时，应付债券的账面价值为 737 743 元，其中，800 000 元为债券面值，62 257 元为利息调整。企业债券无论是溢价发行还是折价发行，发行价格与债券面值之间的差额都称为利息调整。

例 9-5

甲公司于 20×1 年 1 月 1 日经批准发行一批分期付息、到期一次还本的债券，筹得资金用于购买一项固定资产。该批债券的本金偿还期限为 5 年，每年年末支付一次利息，票面年利率为 8%，债券面值合计为 800 000 元，债券发行时的市场利率也为 8%，发行价格合计为 800 000 元，款项已存入银行。甲公司应编制如下会计分录：

借：银行存款	800 000	
贷：应付债券——面值		800 000

本例中，由于债券的票面利率等于债券发行时的市场利率，债券面值发行。

（三）利息调整的摊销

企业在发行债券时形成的利息调整数应当在债券存续期间采用实际利率法进行摊销。实际利率法是指以应付债券的账面价值或摊余成本为依据，采用债券发行时的实际利率计算各期债券利息费用并摊销利息调整数的一种方法。其中，实际利率是指将应付债券存续期间的未来现金流量折现为债券发行价格所使用的利率。

资产负债表日，对于分期付息、到期一次还本的债券，应按摊余成本和实际利率计算确定的债券利息费用，借记“在建工程”“制造费用”“财务费用”“研发支出”等科目，按债券票面利率计算确定的应付未付利息，贷记“应付利息”科目，按其差额，借记或贷记“应付债券——利息调整”科目。对于到期一次还本付息的债券，应按摊余成本和实际利率计算确定的债券利息费用，借记“在建工程”“制造费用”“财务费用”“研发支出”等科目，按债券票面利率计算确定的应付未付利息，贷记“应付债券——应计利息”科目，按其差额，借记或贷记“应付债券——利息调整”科目。实际利率与票面利率差异较小的，也可以采用票面利率计算确定利息费用。

例9-6

沿用例9-3的资料，甲公司在20×1年1月1日发行债券时，应编制债券利息调整摊销表，具体可如表9-1所示

表9-1 债券利息调整摊销表 单位：元

日期	支付的利息 (1)=800 000×8%	利息费用 (2)=期初(4)×6%	利息调整摊销数 (3)=(1)-(2)	应付债券摊余成本 (4)=期初(4)-(3)
20×1年1月1日				867 434
20×1年12月31日	64 000	52 046	11 954	855 480
20×2年12月31日	64 000	51 329	12 671	842 809
20×3年12月31日	64 000	50 569	13 431	829 378
20×4年12月31日	64 000	49 763	14 237	815 141
20×5年12月31日	64 000	48 859*	15 141*	800 000
合计	320 000	252 566	67 434	

*含尾数调整。

根据表9-1，假设甲公司支付的债券利息不符合资本化的条件，甲公司于20×1年12月31日计算并支付债券利息时应编制如下会计分录：

借：财务费用 52 046
　　应付债券——利息调整 11 954
　贷：应付利息 64 000

同时，

借：应付利息 64 000
　贷：银行存款 64 000

甲公司20×2年至20×5年年末计算并支付债券利息时应编制的会计分录可参阅20×1年年末编制的会计分录，相应的金额采用表9-1中的数额。

本例中，在债券溢价发行的情况下，资产负债表日确认的债券利息费用小于实际应予支付的债券利息。

例9-7

沿用例9-4的资料，甲公司在20×1年1月1日发行债券时，应编制债券利息调整摊销表，具体可如表9-2所示。

表9-2 债券利息调整摊销表 单位：元

日期	支付的利息 (1)=800 000×7%	利息费用 (2)=期初(4)×9%	利息调整摊销数 (3)=(2)-(1)	应付债券摊余成本 (4)=期初(4)+(3)
20×1年1月1日				737 743
20×1年12月31日	56 000	66 397	10 397	748 140
20×2年12月31日	56 000	67 333	11 333	759 473
20×3年12月31日	56 000	68 353	12 353	771 826
20×4年12月31日	56 000	69 464	13 464	785 290

续表

日期	支付的利息 (1)=800 000×7%	利息费用 (2)=期初(4)×9%	利息调整摊销数 (3)=(2)-(1)	应付债券摊余成本 (4)=期初(4)+(3)
20×5年12月31日	56 000	70 710*	14 710*	800 000
合计	280 000	342 257	62 257	

*含尾数调整。

根据表9-2，假设甲公司支付的债券利息不符合资本化的条件，甲公司于20×1年12月31日计算并支付债券利息时应编制如下会计分录：

借：财务费用　　66 397
　贷：应付利息　　56 000
　　应付债券——利息调整　　10 397

同时，

借：应付利息　　56 000
　贷：银行存款　　56 000

甲公司20×2年至20×5年年末计算并支付债券利息时应编制的会计分录可参照20×1年年末编制的会计分录，相应的金额采用表9-2中的数额。

本例中，在债券折价发行的情况下，资产负债表日确认的债券利息费用大于实际应予支付的债券利息。

例9-8

沿用例9-5的资料，假设甲公司支付的债券利息不符合资本化的条件，甲公司于20×1年12月31日计算并支付债券利息时应编制如下会计分录：

借：财务费用　　64 000
　贷：应付利息　　64 000

同时，

借：应付利息　　64 000
　贷：银行存款　　64 000

甲公司20×2年至20×5年年末计算并支付债券利息时应编制的会计分录与20×1年年末编制的会计分录相同。

本例中，在债券面值发行的情况下，资产负债表日确认的债券利息费用等于实际应予支付的债券利息。

例9-9

沿用例9-3的资料，假设甲公司20×1年1月1日发行的债券为到期一次还本付息的债券，并假设债券利息按单利计算，则甲公司于20×1年1月1日发行债券时应编制如下会计分录：

$$\text{债券发行价格}=[800\,000+(800\,000\times 8\%\times 5)]\times(P/F,6\%,5)$$
$$=(800\,000+64\,000\times 5)\times 0.747\,3=836\,976(\text{元})$$

借：银行存款　　836 976
　贷：应付债券——面值　　800 000
　　　　——利息调整　　36 976

甲公司于20×1年1月1日债券发行时应编制债券利息调整摊销表，具体可如表9-3所示。

表9-3 债券利息调整摊销表 单位：元

日期	应计的利息 (1)=800 000×8%	利息费用 (2)=期初(4)×6%	利息调整摊销数 (3)=(1)-(2)	应付债券摊余成本 (4)=期初(4)-(3)+(1)
20×1年1月1日				836 976
20×1年12月31日	64 000	50 219	13 781	887 195
20×2年12月31日	64 000	53 232	10 768	940 427
20×3年12月31日	64 000	56 426	7 574	996 853
20×4年12月31日	64 000	59 811	4 189	1 056 664
20×5年12月31日	64 000	63 336*	664*	1 120 000
合计	320 000	283 024	36 976	

*含尾数调整。

甲公司于20×1年12月31日计算应计债券利息时应编制如下会计分录：

借：财务费用　50 219
　　应付债券——利息调整　13 781
　贷：应付债券——应计利息　64 000

甲公司20×2年至20×5年年末计算债券利息时应编制的会计分录可参照20×1年年末编制的会计分录，相应的金额采用表9-3中的数额。

本例中，“应付债券——应计利息”与“应付利息”不同，“应付债券——应计利息”属于非流动负债，它将在20×5年12月31日债券到期时偿付，而不是在20×1年12月31日计算应计债券利息时偿付。

本例中，如果债券利息按复利计算，则甲公司需要另行计算债券的发行价格，并另行编制债券利息调整摊销表。

例9-10

甲公司于20×1年1月1日经批准发行一批分期付息、到期一次还本的债券，筹得资金用于购买一项固定资产。该批债券的本金偿还期限为5年，每年年末支付一次利息，票面年利率为8%，债券面值合计为800 000元，发行价格合计为845 000元，支付给债券代售机构的手续费、佣金等各种交易费用合计为5 000元，实际收到的款项为840 000元（845 000-5 000），款项已存入银行。甲公司应编制如下会计分录：

借：银行存款　840 000
　贷：应付债券——面值　800 000
　　　　　　——利息调整　40 000

本例中，甲公司在债券发行时需要计算内含的实际利率。假设实际利率为r，采用插值法计算实际利率如下：

如果r=6%，则

$$
\begin{aligned}
\text{债券发行应得款项} &= 800\,000\times(P/F,6\%,5)+800\,000\times8\%\times(P/A,6\%,5)\\
&= 800\,000\times0.747\,3+64\,000\times4.212\,4=867\,434(\text{元})
\end{aligned}
$$

如果r=7%，则

$$\text{债券发行应得款项}=800\,000\times(P/F,7\%,5)+800\,000\times8\%\times(P/A,7\%,5)$$
$$=800\,000\times0.713\,0+64\,000\times4.100\,2=832\,813(\text{元})$$

由于债券发行实际收到的款项为 840 000 元，因此，债券发行时的内含实际利率在 6%～7%之间。具体的实际利率可通过以下等式计算得到：

$$\frac{7\%-6\%}{832\,813-867\,434}=\frac{7\%-r}{832\,813-840\,000}$$

$$r=6.79\%$$

甲公司于 20×1 年 1 月 1 日发行债券时编制的债券利息调整摊销表可如表 9-4 所示。

表 9-4　债券利息调整摊销表　　单位：元

日期	支付的利息 (1)=800 000×8%	利息费用 (2)=期初(4)×6.79%	利息调整摊销数 (3)=(1)-(2)	应付债券摊余成本 (4)=期初(4)-(3)
20×1 年 1 月 1 日				840 000
20×1 年 12 月 31 日	64 000	57 036	6 964	833 036
20×2 年 12 月 31 日	64 000	56 563	7 437	825 599
20×3 年 12 月 31 日	64 000	56 058	7 942	817 657
20×4 年 12 月 31 日	64 000	55 519	8 481	809 176
20×5 年 12 月 31 日	64 000	54 824*	9 176*	800 000
合计	320 000	280 000	40 000	

* 含尾数调整。

本例中，企业发行债券时，如果存在需要支付的手续费、佣金等交易费用，相应的交易费用应当从债券的发行价格中扣除。也即此时，债券的发行价格应当是扣除了相关交易费用后的发行价格，而不是直接从投资者处取得的发行价格。在这种情况下，债券的实际利率就不等于市场利率，或者债券的实际利率大于市场利率。企业需要通过自行计算实际利率，并以此为依据，编制债券利息调整摊销表，计算各期的利息费用和利息调整摊销数。在不存在任何交易费用的情况下，债券发行时的市场利率等于实际利率。

（四）债券的偿还

企业发行的债券在到期时应当予以偿还。对于分期付息、到期一次还本的债券，企业在支付了各期的债券利息后，到期时只需要偿还债券本金。对于到期一次还本付息的债券，企业在债券到期时需要同时偿还债券本金以及支付债券利息。

对于分期付息、到期一次还本的债券，企业在债券到期偿还债券本金时，借记“应付债券——面值”科目，贷记“银行存款”等科目。对于到期一次还本付息的债券，企业在债券到期偿还债券本金并支付债券利息时，借记“应付债券——面值”“应付债券——应计利息”科目，贷记“银行存款”等科目。

例 9-11

承例 9-3 和例 9-6，甲公司于 20×5 年 12 月 31 日偿还债券本金时，应编制如下会计分录：

借：应付债券——面值　　800 000
　贷：银行存款　　800 000

例 9-12

承例 9-9，甲公司于 20×5 年 12 月 31 日偿付债券本息时，应编制如下会计分录：

借：应付债券——面值　　800 000
　　　　　　——应计利息　　320 000
　贷：银行存款　　1 120 000

二、可转换企业债券

企业发行的可转换债券，在按规定转换为企业的股票之前，需要按期偿付债券本息。从这个意义上说，可转换债券具有一般债券的共同特征。但企业发行的可转换债券，在符合一定条件时，如在发行 1 年或者 2 年后等，又可以按规定转换为企业的股票，债券持有人转换成企业的股东。从这个意义上说，可转换债券又具有股票或者股票认购证的特征。由此，可转换债券是企业的一种混合性证券。其中，既包含有负债的成分，又包含有权益的成分。

企业在发行可转换债券时，需要对其中的负债成分和权益成分进行拆分，并分别计价入账。拆分的方法是，首先，以市场上类似的没有附带转换权的债券市价作为可转换债券中负债成分的发行价格；然后，将可转换债券的发行总价减去负债成分的发行价格，作为权益成分的发行价格。债券发行时发生的交易费用，应当按照负债成分和权益成分各自公允价值的比例进行分摊。对于可转换债券中的负债成分，在转换为股份前，按一般企业债券相同的方法进行会计核算。对于可转换债券中的权益成分，作为企业所有者权益中的其他权益工具进行会计核算。可转换债券在转换为企业的股份时，应当转销相应的应付债券的账面记录，同时转销所有者权益中的其他权益工具，增加企业所有者权益中的股本、股本溢价等数额。

为核算可转换企业债券的业务，企业应设置“应付债券——可转换公司债券”科目。企业发行可转换债券时，应按实际收到的金额，借记“银行存款”等科目，按可转换债券中包含的负债成分的面值，贷记“应付债券——可转换公司债券——面值”科目，按权益成分的公允价值，贷记“其他权益工具”科目，按其差额，借记或贷记“应付债券——可转换公司债券——利息调整”科目。可转换债券持有人行使转换权利，将其持有的债券转换为股票时，应按可转换债券的余额，借记“应付债券——可转换公司债券——面值”科目，借记或贷记“应付债券——可转换公司债券——利息调整”科目，按其权益成分的金额，借记“其他权益工具”科目，按股票面值和转换的股数计算的股票面值总额，贷记“股本”科目，按其差额，贷记“资本公积——股本溢价”科目。

例 9-13

甲公司于 20×1 年 1 月 1 日经批准发行一批可转换公司债券。该批可转换公司债券的份额数为 10 000 份，每份面值为 100 元，面值合计为 1 000 000 元（10 000×100），偿付方式为分期付息、到期一次还本方式，每年年末支付一次利息，本金偿还期限为 5 年，票面利率为 6%，获得发行收入为 1 200 000 元，款项已存入银行。根据约定，该批可转换公司债券在发行1年后可转换为甲公司的普通股股票，转换时，每份债券可转换10股普通股股票，普通股股票的面值为每股1元。甲公司发行该批可转换公司债券时，二级市场上与之类似的没有转换权的一般公司债券的市场利率为8%。假设该批可转换公司债券于20×2年1月1日全部按约定转换成甲公司的普通股股票。同时假设该批可转公司换债券的利息费用不符合资本化条件。

根据以上资料，甲公司应作如下会计处理：

(1) 20×1年1月1日，发行可转换公司债券时。

可转换公司债券中负债成分的公允价值 $=1\,000\,000\times(P/F,8\%,5)+1\,000\,000\times6\%\times(P/A,8\%,5)$

$=1\,000\,000\times0.680\,6+60\,000\times3.992\,7=920\,162$(元)

可转换公司债券中权益成分的公允价值=1 200 000－920 162=279 838(元)

借：银行存款　1 200 000

　应付债券——可转换公司债券——利息调整　79 838

　贷：应付债券——可转换公司债券——面值　1 000 000

　　其他权益工具　279 838

(2) 20×1年12月31日，计算并支付可转换公司债券的利息时。

利息费用=(1 000 000－79 838)×8%=73 613(元)

应付利息=1 000 000×6%=60 000(元)

利息调整摊销数=73 613－60 000=13 613(元)

借：财务费用　73 613

　贷：应付利息　60 000

　　应付债券——可转换公司债券——利息调整　13 613

同时，

借：应付利息　60 000

　贷：银行存款　60 000

(3) 20×2年1月1日，可转换公司债券转换成普通股股票时。

转换的股份数=10 000×10=100 000(股)

股本增加数=100 000×1=100 000(元)

转销的利息调整=79 838－13 613=66 225(元)

借：应付债券——可转换公司债券——面值　1 000 000

　其他权益工具　279 838

　贷：股本　100 000

　　应付债券——可转换公司债券——利息调整　66 225

　　资本公积——股本溢价　1 113 613

或者，

借：应付债券——可转换公司债券——面值　1 000 000

　贷：股本　100 000

　　应付债券——可转换公司债券——利息调整　66 225

　　资本公积——股本溢价　833 775

同时，

借：其他权益工具　　279 838

　　贷：资本公积——股本溢价　　279 838

可转换债券通常会转换成普通股。因为可转换债券的投资者在投资时已经购买了转股选择权，即投资者在投资时是有意届时将债券转换成股票，从而成为公司股东的。否则，投资者可能会直接购买一般公司债券，而不购买可转换公司债券，从而可以节省购买转股选择权的成本。如果可转换债券在可以转换成股票时，股票价格上涨幅度较大，则投资者更加会选择行使转股选择权，将债券转换为股票。

根据《企业会计准则第 37 号——金融工具列报》及其应用指南的规定，可转换债券等可转换工具可能被分类为复合金融工具。发行方对该类可转换工具进行会计处理时，其中的权益成分通过“其他权益工具”科目进行核算。可转换工具转换时，原来的权益成分仍旧保留为权益，只是从权益的一个项目结转至另一个项目，即从“其他权益工具”科目结转至“资本公积——股本溢价”科目。可转换工具转换时不产生损益。

按照规定，企业发行的认股权和债权分离交易的可转换公司债券，所发行的认股权符合权益工具定义的，应当确认为一项权益工具，具体确认为其他权益工具。认股权持有方到期没有行权的，企业应当在到期时将原计入其他权益工具的部分转入资本公积的股本溢价。

第四节　长期应付款和租赁负债

一、长期应付款

长期应付款是指企业除了长期借款和应付债券以外的其他各种长期应付款项。企业常见的长期应付款有应付分期付款购入固定资产或无形资产的延期支付购买价款等。

为核算长期应付款的业务，企业应设置“长期应付款”总账科目。企业购入有关资产超过正常信用条件延期支付价款、实质上具有融资性质的，应按购买价款的现值，借记“固定资产”“在建工程”等科目，按应支付的金额，贷记该科目，按其差额，借记“未确认融资费用”科目。按期支付价款时，按实际支付的价款，借记该科目，贷记“银行存款”科目。该科目期末贷方余额反映企业应付未付的长期应付款项。

有关分期付款购入固定资产和无形资产的业务内容及其相应会计处理，可参阅固定资产和无形资产章节的有关内容，此处不再重述。

二、租赁负债

租赁负债是指企业尚未支付的租赁付款额。根据规定，租赁负债应当按照租赁开始日尚未支付的租赁付款额的现值进行初始计量。在租赁期开始日后，承租人应当按以下原则对租赁负债进行后续计量：

（1）确认租赁负债的利息时，增加租赁负债的账面金额；

（2）支付租赁付款额时，减少租赁负债的账面金额；

（3）因重估或租赁变更等原因导致租赁付款额发生变动时，重新计量租赁负债的账面价值。

为核算租赁负债的业务，企业应设置“租赁负债”总账科目。该科目核算承租人尚未支付的租赁付款额的现值。该科目可分别设置“租赁付款额”“未确认融资费用”等明细科目。在租赁期开始日，承租人应当按尚未支付的租赁付款额，贷记“租赁负债——租赁付款额”科目；按尚未支付的租赁付款额的现值，借记“使用权资产”科目；按尚未支付的租赁付款额与其现值的差额，借记“租赁负债——未确认融资费用”科目。

有关租赁负债的业务内容及其相应会计处理，可参阅固定资产和使用权资产章节的有关内容，此处不再重述。

根据我国《企业会计准则第21号——租赁》及其应用指南的规定，承租人应当在资产负债表中单独列示使用权资产和租赁负债。其中，租赁负债通常分别非流动负债和一年内到期的非流动负债列示。在租赁负债中，一年内到期的非流动负债是指资产负债表日后12个月内租赁负债预期减少的金额。根据我国现行一般企业财务报表格式的相关规定，在资产负债表中，自资产负债表日起一年内到期应予以清偿的租赁负债的期末账面价值，作为流动负债，在“一年内到期的非流动负债”项目反映。这样，资产负债表中的“租赁负债”项目列入了非流动负债项目，仅反映属于非流动负债的租赁负债金额。

例9-14

甲公司在20×1年1月1日租入一项固定资产时编制的租赁负债利息费用计算表如表9-5所示。

表9-5　租赁负债利息费用计算表

20×1年1月1日　　单位：元

日期	租赁付款额（实际支付租金额）(1)	确认的利息费用 (2)＝期初(4)×8%	租赁负债（应付本金）减少额(3)＝(1)－(2)	租赁负债（应付本金）余额(4)＝期初(4)－(3)
20×1年1月1日				331 210
20×1年12月31日	100 000	26 497	73 503	257 707
20×2年12月31日	100 000	20 617	79 383	178 324
20×3年12月31日	100 000	14 266	85 734	92 590
20×4年12月31日	100 000	7 410*	92 590*	0
合计	400 000	68 790	331 210	

* 含尾差调整。

在表9-5中，20×1年12月31日，即租入固定资产后第1年年末，甲公司的租赁负债余额为257 707元。其中，应列示为非流动负债的金额为178 324元；应列示为一年内到期的非流动负债的金额为79 383元（257 707－178 324），该金额是资产负债表日后12个月内租赁负债预期减少的金额。

第五节 预计负债

一、预计负债的概念

（一）预计负债和或有负债

预计负债是或有负债在满足有关确认条件时确认的一种负债。其中，或有负债是指过去的交易或者事项形成的潜在义务，其存在须通过未来不确定事项的发生或不发生予以证实；或过去的交易或者事项形成的现时义务，履行该义务不是很可能导致经济利益流出企业或该义务的金额不能可靠计量。或有负债中的潜在义务，是指结果取决于不确定未来事项的可能义务。或有负债中的现时义务，是指企业在现行条件下已经承担的义务。在或有负债的现时义务中，履行该义务不是很可能导致经济利益流出企业是指导致经济利益流出企业的可能性不超过50%；该义务的金额不能可靠计量是指该现时义务导致经济利益流出企业的金额难以合理估计。显然，或有负债是企业的一项不确定事项，其结果如何可能会影响企业的财务状况和经营成果。或有负债待有关方面比较确定时，将转化为一项预计负债。

或有负债和与此对应的或有资产属于企业的或有事项，它们都具有如下主要特征：一是由过去的交易或者事项而形成。即或有事项的现存状况是由企业过去已经发生的交易或者事项而引起的。例如，未决诉讼是企业正在进行中的诉讼，它是由企业过去的经济行为而形成的，而不是由企业未来计划的经济活动而形成的。企业未来可能发生的诉讼案件不属于或有事项，由此，可能会有的诉讼赔款也不属于或有负债。二是其结果具有不确定性。即或有事项发生的具体时间或金额具有不确定性。例如，企业在未决诉讼中可能胜诉，也可能败诉。如果案件正处在审理过程中，其结果就可能是难以确定的。其中包括胜诉或败诉的结果难以确定；以及即使可以确定最终是败诉，但具体的赔偿时间和赔偿金额难以确定。三是其结果由未来事项决定。即或有事项的结果由未来不确定事项的发生或不发生来决定。例如，企业为其他单位提供债务担保。该债务担保是否会导致企业最终被要求承担连带偿还债务的责任，这取决于被担保单位是否有能力或是否有信用按照事先的约定偿还取得的债务资金。如果被担保单位按照事先的约定偿还了取得的债务资金，那么，作为提供担保方的企业就不会最终被要求承担连带偿还债务的责任。否则，作为提供担保方的企业就会最终被要求承担连带偿还债务的责任。

企业常见的或有负债有未决诉讼或未决仲裁、债务担保、产品质量保证、亏损合同、重组义务、弃置费用等。

（二）预计负债确认的条件

按照我国《企业会计准则第13号——或有事项》的规定，与或有事项有关的义务在同时满足以下三个条件时，应当确认为预计负债：

（1）该义务是企业承担的现时义务。现时义务是企业目前应当履行的义务，它与潜在义务相对应。例如，企业与其他单位签订担保合同，为其他单位提供债务担保。

企业由此产生的义务就属于现时义务，即企业在当前情况下应当承担连带偿还债务的责任。大多数现时义务属于法定义务。如企业与其他单位签订购货合同产生的义务，就属于法定义务。即如果企业与其他单位没有按照购货合同的约定购买货物，应当依法承担相应的经济赔偿责任。

（2）履行该义务很可能导致经济利益流出企业。这是指履行该现时义务导致经济利益流出企业的可能性超过50%，但小于或等于95%，即尚未达到基本确定的程度。例如，20×1年8月20日，甲公司与乙公司签订债务担保合同，为乙公司的借款提供债务担保。20×1年末，乙公司财务状况恶化，且没有迹象表明在近期内可能发生好转。甲公司判断，乙公司很可能不能偿还到期借款，甲公司由此需要为乙公司承担连带偿还借款责任的可能性为80%。此时，甲公司的或有负债满足了很可能导致经济利益流出企业的条件。反之，如果20×1年末，乙公司的财务状况良好，届时不能偿还借款的可能性很小，此时，甲公司的此项债务担保就不满足很可能导致经济利益流出企业的条件，从而它只是一项或有负债，但不是一项预计负债。

（3）该义务的金额能够可靠计量。这是指该现时义务导致经济利益流出企业的金额能够合理估计。例如，甲公司涉及一起诉讼案件。根据以往的审判案例，甲公司很可能败诉，且相关需要赔偿的金额也存在一个可以合理估计的区间。此时，甲公司的该项或有负债满足了金额能够可靠计量的条件。反之，如果甲公司涉及的诉讼案件没有以往的审判案例可供参考，相关的法律条文也没有明确的规定或解释，在这种情况下，即使甲公司预计很可能会败诉，但由于无法合理估计需要承担现时义务的金额，相应的义务也只能是一项或有负债，而不能是一项预计负债。

或有负债一旦同时满足了以上三个条件，企业就需要确认一项预计负债。预计负债的信息将纳入企业的财务报表中。而或有负债的信息不纳入企业的财务报表，企业可以根据情况在财务报表附注中作出相应的披露。企业不应当确认或有资产。

预计负债属于企业的负债，列在企业财务报表的资产负债表中。在资产负债表中，“预计负债”项目列在非流动负债项目下，反映企业确认的属于非流动负债的预计负债金额。

二、预计负债的核算

（一）未决诉讼或未决仲裁

未决诉讼是法院尚未作出裁决的诉讼案件。未决仲裁是仲裁机构尚未作出仲裁决定的仲裁案件。在未决诉讼中，对被告来说，可能会形成一项或有负债或者预计负债；对原告来说，可能会形成一项或有资产。未决仲裁的情况与未决诉讼相似。在未决诉讼或未决仲裁中，企业的或有负债一旦符合确认的条件，应当将其确认为预计负债。

为核算预计负债的业务，企业应设置“预计负债”总账科目。该科目可按形成预计负债的交易或事项进行明细核算。企业在未决诉讼或未决仲裁中形成预计负债时，应按确定的金额，借记“营业外支出”等科目，贷记该科目。实际清偿或冲减确认的未决诉讼或仲裁金额时，借记该科目，贷记“银行存款”等科目。该科目期末贷方余额反映企业已确认但尚未支付的预计负债。

例9-15

甲公司于20×1年11月5日因合同违约而被乙公司在法院提起诉讼。20×1年12月31日，该案件尚在审理中，法院尚未作出判决。甲公司在咨询了法律顾问后认为，本公司在该项案件中处于不利地位，败诉的可能性为60%，估计将要赔偿的金额和支付的诉讼费用等合计在450 000元至460 000元之间，并且在这个区间内每个金额发生的可能性大致相同，其中，估计需要支付的诉讼费用为3 000元。根据以上资料，甲公司应当确认一项预计负债，金额计算如下：

预计负债＝(450 000＋460 000)/2＝455 000(元)

甲公司应编制如下会计分录：

借：管理费用——诉讼费	3 000	
营业外支出	452 000	
贷：预计负债——未决诉讼		455 000

本例中，由于甲公司估计败诉的可能性超过了50%，但又小于95%，为此，该项或有负债为很可能导致经济利益流出企业。通常情况下，可能性在5%～50%之间的，为可能；在5%以下的，为极小可能。可能性为“可能”和“极小可能”的，企业都不确认预计负债，但根据情况需要披露或有负债，尤其是可能性为“可能”的情况。可能性在95%以上的，即为基本确定的，应当直接确认一项负债，而不是预计负债。甲公司在估计赔偿金额时，如果存在一个连续的范围，且该连续范围内各种结果发生的可能性相同的，预计负债金额的最佳估计数应当按照该范围内的中间值进行确定。甲公司在估计未决诉讼败诉的可能性以及估计的赔偿金额时，应当充分听取律师或其他相关专业人士的意见，尽可能对未决诉讼的可能结果作出合理预计。

本例中，乙公司作为起诉方也会对此项未决诉讼的结果进行估计。假设乙公司估计，如果没有特殊的情况，乙公司很可能在此项未决诉讼中胜诉，并且估计很可能获得经济赔偿460 000元。尽管如此，乙公司不应当确认相应的或有资产。

本例中，假设甲公司的生产经营活动对周围的环境造成了污染，有关方面已经对甲公司提起了诉讼，要求甲公司作出相应的经济赔偿。甲公司经研究后认为，在此次未决诉讼中，甲公司很可能败诉，但经济赔偿的数额难以估计。在这种情况下，甲公司的此项或有负债不符合预计负债的确认条件，不能确认为一项预计负债。但甲公司应当在财务报表附注中披露相应的或有负债信息。

例9-16

承例9-15，甲公司于20×2年2月25日接到法院判决书，法院裁定甲公司应向乙公司支付合同违约赔偿金450 000元，同时应当支付诉讼费用3 000元。甲公司服从法院判决，并于当日以银行存款支付了上述款项。甲公司应编制如下会计分录：

借：预计负债——未决诉讼	455 000	
贷：银行存款		453 000
营业外支出		2 000

本例中，甲公司实际发生的诉讼损失与计提的预计负债之间的差额，直接计入营业外支出。如果甲公司当日没有以银行存款支付有关的违约赔偿金和诉讼费用，应当借记“预计负债——未决诉讼”科目，贷记“其他应付款”科目，即转销一项预计负

债，确认一项实际负债。

（二）债务担保

企业为其他单位提供债务担保，如果其他单位届时无法履行合同、偿还借款，担保企业负有连带偿还责任。当由债务担保引起的或有负债满足预计负债的确认条件时，企业应当确认相应的预计负债。

企业在债务担保中形成预计负债时，应按确定的金额，借记“营业外支出”等科目，贷记“预计负债”科目。实际清偿或冲减确认的债务担保负债时，借记“预计负债”科目，贷记“银行存款”等科目。

例 9－17

甲公司于20×0年10月20日为乙公司的一项银行贷款提供全额担保。该贷款的数额为60 000元，贷款期限为1年。20×1年10月20日，乙公司因经营情况不佳，无力偿还该笔银行贷款。20×1年11月20日，贷款银行将乙公司和甲公司一起告上法庭，要求偿还贷款。20×1年12月31日，法院尚未作出判决，案件正在审理中。甲公司经咨询律师后认为，贷款银行很可能胜诉。甲公司由此很可能需要承担连带偿还责任，预计偿还金额为50 000元的可能性为60%，偿还金额为55 000元的可能性为30%，偿还金额为60 000元的可能性为10%。假定暂不考虑诉讼费。甲公司应编制如下会计分录：

借：营业外支出	50 000	
贷：预计负债——债务担保		50 000

本例中，由于甲公司“很可能”需要承担连带偿还责任，因此，预计负债确认条件中的很可能导致经济利益流出企业的这一条件得到满足。接下来主要看金额能否可靠计量。由于预计负债的金额不存在一个连续的范围，在这种情况下，预计负债的金额应当按照最可能发生的金额来确定，即确定为60%可能性的50 000元。当然，如果金额难以可靠计量，那么，即使很可能导致经济利益流出企业，甲公司也不能确认预计负债，而只能将其作为一项或有负债来处理。

由债务担保引起的预计负债常常会涉及未决诉讼。从保护投资者、债权人的利益出发，企业应当充分披露因债务担保而承担的潜在风险。即使是由债务担保而引起的或有负债尚未满足预计负债的确认条件，情况也是如此。

（三）产品质量保证

产品质量保证是指企业在销售产品或提供劳务后向客户提供的一种服务承诺，通常是在符合条件的情况下，如果销售的产品或提供的劳务出现质量问题，企业将提供免费修理或按成本价进行修理、更换产品等售后服务。企业在销售产品或提供劳务，并向客户提供产品质量保证时，即成立一项或有负债。当该项或有负债满足预计负债的确认条件时，企业应当确认一项预计负债。

企业在产品质量保证中形成预计负债时，应按确定的金额，借记“销售费用”科目，贷记“预计负债”科目。实际清偿或冲减确认的产品质量保证负债时，借记“预计负债”科目，贷记“原材料”“银行存款”等科目。

例9-18

甲公司20×1年5月份销售A产品10 000件，共实现销售收入600 000元。根据公司的产品质量保证条款，该产品在售出后一年内，如果发生正常的质量问题，公司将负责免费维修。根据甲公司以前年度的维修记录，该产品如果发生较小的质量问题，发生的维修费用为销售收入的1%；如果发生较大的质量问题，发生的维修费用为销售收入的2%。根据公司技术部门的预测，在本月份销售的该产品中，85%不会发生质量问题，10%可能会发生较小的质量问题，5%可能会发生较大的质量问题。20×1年5月末，甲公司计算本月份销售的A产品的产品质量保证预计负债金额如下：

产品质量保证预计负债＝600 000×(0×85%＋1%×10%＋2%×5%)＝1 200(元)

甲公司应编制如下会计分录：

借：销售费用　　1 200

　贷：预计负债——产品质量保证　　1 200

本例中，甲公司销售了产品并且提供产品质量保证服务承诺，甲公司承担了一项现时义务。根据以往的经验，甲公司的该项现时义务很可能导致经济利益流出企业，并且经济利益流出企业的金额能够可靠计量。由此，甲公司应当确认一项由产品质量保证或有负债而引起的预计负债。

本例中，甲公司预计负债金额的最佳估计数应当按照各种可能结果及其相关概率计算确定。企业在估计预计负债的金额时，如果所需支出不存在一个连续的范围，或者虽然存在一个连续的范围，但该范围内各种结果发生的可能性不同，那么，如果预计负债涉及单个项目，如一项未决诉讼，其最佳估计数应当按照最可能发生的金额确定；如果预计负债涉及多个项目，如产品质量保证，其最佳估计数应当按照各种可能结果及其相关概率计算确定。产品质量保证中的多个项目，可以是不同种类产品的质量保证，如A产品的质量保证、B产品的质量保证；也可以是同一种类产品不同客户的质量保证，如较小质量问题的客户、较大质量问题的客户、单位客户、个人客户等。企业应当采用尽可能合理的方法来确定预计负债的最佳估计数，并以此计价入账。企业由产品质量保证而引起的应计费用应当计入销售费用。

产品质量保证负债指向的另一方即债权人，通常是客户这样一个群体，但企业可能并不知道特定的债权人是哪一个客户。这与应付账款、应付职工薪酬、短期借款、长期借款等负债有所不同。对于应付账款、应付职工薪酬、短期借款、长期借款等负债，企业可以知道特定的债权人是哪一个供应商、职工、银行或其他金融机构等。这也是产品质量保证预计负债的一个特点。企业在确认产品质量保证预计负债时，可以暂时不知道义务指向另一方的具体对象。

例9-19

承例9-18，甲公司于20×1年6月8日发生销售的A产品的维修费用80元，具体为耗用维修材料的费用。甲公司应编制如下会计分录：

借：预计负债——产品质量保证　　80

　贷：原材料　　80

企业应定期或不定期地对产品质量保证预计负债的计提数与实际发生数进行比较。

如果发现计提数与实际发生数存在较大的差异，应当及时对计提比例进行适当调整，以使计提数尽可能与实际发生数接近。

企业如果相应的产品已经不再生产了，并且已经销售的该相应产品的质量保证也已经到期，那么，企业应当将对该相应产品计提的产品质量保证预计负债予以冲销，即相应的“预计负债——产品质量保证”账户不留余额。

例 9-20

承例 9-19，假设甲公司于 20×1 年 8 月开始停止生产 A 产品，至 20×1 年 11 月末，甲公司已经全部出售了剩余的 A 产品。20×2 年 11 月末，甲公司出售的 A 产品的质量保证已经全部到期。此时，甲公司记录 A 产品质量保证的“预计负债——产品质量保证”账户的贷方余额为 30 元，即甲公司对 A 产品质量保证预计负债的计提数大于实际发生数。甲公司应编制如下会计分录：

借：预计负债——产品质量保证	30	
贷：销售费用		30

本例中，甲公司通过冲销 A 产品的“预计负债——产品质量保证”账户的余额，相应“预计负债——产品质量保证”账户的余额为零。即甲公司对以前生产并且销售的 A 产品已经不再承担产品质量保证的义务。

（四）亏损合同

亏损合同是指履行合同义务不可避免发生的成本超过预期经济利益的合同。企业与其他单位签订的商品销售合同、劳务合同、租赁合同等，均有可能变为亏损合同。当由亏损合同产生的义务满足预计负债的确认条件时，企业应当确认一项预计负债。

企业在确认由亏损合同引起的预计负债时，应按确定的金额，借记“营业外支出”科目，贷记“预计负债”科目。实际清偿或冲减确认的亏损合同负债时，借记“预计负债”科目，贷记“银行存款”“库存商品”等科目。

例 9-21

甲公司于 20×1 年 10 月 18 日与乙公司签订了一份不可撤销商品销售合同。双方约定，甲公司于 20×2 年 3 月 5 日向乙公司销售 800 件 A 产品，单位售价为 500 元。如果甲公司到时不能交货，需要向乙公司支付违约金，金额按照 A 产品约定售价的 20%计算。合同签订时，甲公司尚未开始生产 A 产品。20×1 年 11 月 5 日，甲公司在准备购买原材料以生产 A 产品时，发现相应原材料的价格突然上涨。甲公司由此预计，生产 A 产品的单位成本将由原来的 440 元上升为现在的 520 元，也即生产 A 产品的单位成本由原来预计低于合同约定的单位售价上升为现在预计高于合同约定的单位售价。甲公司与乙公司签订的该份商品销售合同成为亏损合同。甲公司预计亏损合同的金额如下：

履行合同发生的损失＝800×(520－500)＝16 000(元)

不履行合同支付的违约金＝800×500×20%＝80 000(元)

经过比较，甲公司决定继续履行该份合同，预计亏损合同的金额为 16 000 元。甲公司应编制如下会计分录：

借：营业外支出　　16 000

　　贷：预计负债——亏损合同损失　　16 000

本例中，甲公司为减少合同损失的金额，选择继续履行亏损合同。由此，亏损合同的预计金额应当按照履行合同发生的损失与不履行合同支付的违约金两者中的较低者确定。

本例中，由于甲公司与乙公司签订的商品销售合同为不可撤销合同，因此，当甲公司发现该合同由原来的盈利合同转化为亏损合同时，甲公司与亏损合同相关的义务不可撤销，甲公司存在一项现时义务。当该项现时义务满足预计负债确认的条件时，甲公司应当确认一项预计负债。如果甲公司与乙公司签订的商品销售合同为可撤销合同，即甲公司可以不需要支付任何补偿即可撤销合同的内容，那么，当甲公司发现该合同由原来的盈利合同转化为亏损合同时，就不存在一项现时义务，由此也不需要确认一项预计负债。

例 9-22

承例 9-21，甲公司于 20×2 年 3 月 5 日生产完工 A 产品 800 件，单位生产成本为 520 元，产品总成本为 416 000 元（800×520），产品验收入库。甲公司在结转产品生产成本的同时，应结转确认的亏损合同预计负债。甲公司应编制如下会计分录：

（1）结转产品生产成本时。

借：库存商品　　416 000

　　贷：生产成本　　416 000

（2）结转确认的亏损合同预计负债时。

借：预计负债——亏损合同损失　　16 000

　　贷：库存商品　　16 000

本例中，假设甲公司生产完成的 A 产品的实际生产成本与开工生产时预计的生产成本一样，即为每件 520 元，合计 416 000 元（520×800）。甲公司通过编制以上结转确认亏损合同预计负债的会计分录，入库 A 产品的实际生产成本被调整为每件 500 元（400 000/800），合计 400 000 元（416 000－16 000）。20×2 年 3 月 5 日，甲公司按照商品销售合同将生产完成的 A 产品销售给乙公司时，确认的销售收入为 400 000 元（500×800），结转的销售成本也为 400 000 元，销售利润为 0。甲公司在 20×1 年 11 月 5 日预计亏损合同金额时，已经提前确认了销售商品损失 16 000 元。

例 9-23

沿用例 9-21 的资料，假设 20×1 年 11 月 5 日，甲公司预计生产 A 产品的单位成本将由原来的 440 元上升为现在的 610 元。甲公司预计亏损合同的金额如下：

履行合同发生的损失＝800×(610－500)＝88 000(元)

不履行合同支付的违约金＝800×500×20%＝80 000(元)

经过比较，甲公司决定不履行该份合同，预计亏损合同的金额为 80 000 元。甲公司应编制如下会计分录：

借：营业外支出　　80 000

　　贷：预计负债——亏损合同损失　　80 000

例 9－24

承例 9－23，20×2 年 3 月 5 日，甲公司由于不能按照商品销售合同向乙公司交付货品，以银行存款向乙公司支付违约金 80 000 元。甲公司应编制如下会计分录：

借：预计负债——亏损合同损失　　80 000

　贷：银行存款　　80 000

在例 9－23 和例 9－24 中，甲公司在 20×1 年 11 月 5 日预计亏损合同损失时确认一项营业外支出 80 000 元，在 20×2 年 3 月 5 日实际支付违约金时转销之前确认的预计亏损合同损失 80 000 元。这样，亏损合同损失在 20×1 年 11 月 5 日预计很可能发生且金额能够可靠计量时得到及时确认。

（五）重组义务

重组是指企业制定和控制的，将显著改变企业组织形式、经营范围或经营方式的计划实施行为。属于企业重组事项的例子如出售或终止企业的部分业务、对企业的组织结构进行较大的调整、关闭企业的部分营业场所或将营业活动由一个国家或地区迁移到其他国家或地区。重组通常是企业内部资源的调整和组合，其目的是谋求企业现有资产效能的最大化。

企业在同时存在下列情况时，表明承担了重组义务：一是有详细、正式的重组计划，包括重组涉及的业务、主要地点、需要补偿的职工人数、预计重组支出、计划实施时间等；二是重组计划已经对外公告，或者已经告知受其影响的有关单位和个人，从而使有关单位和个人形成了对企业将实施重组的合理预期。此时，企业形成了一项推定义务。

重组义务在满足预计负债确认的三个条件时，即当重组义务是企业的一项现时义务、履行该义务很可能导致经济利益流出企业、重组义务的金额能够可靠计量时，企业应当确认一项预计负债。

由重组义务引起的预计负债应当按照与重组有关的直接支出计价入账。与主体继续进行的活动有关的支出不计入预计负债，预期处置有关资产的利得或损失也不计入预计负债。例如，自愿遣散的支出、将不再使用的厂房的租赁撤销费等计入预计负债；剩余职工再培训的支出、将职工和设备从拟关闭的工厂转移到继续使用的工厂的支出等不计入预计负债。

（六）弃置费用

弃置费用是指企业在取得某些固定资产时，预计将会发生的环境保护和生态恢复支出。弃置费用通常在固定资产报废时才实际发生，因此，企业在取得固定资产时，作为预计负债确认的弃置费用，通常应当按照预计未来发生弃置费用金额的现值计价入账。由弃置费用引起的预计负债的会计核算，可参阅固定资产章节的有关内容。

思考题

1. 什么是非流动负债？非流动负债通常具有哪些主要特征？

2. 非流动负债按照债务资金来源渠道的不同可分为哪些种类？

3. 分期支付借款利息、到期一次偿还借款本金的长期借款，与到期一次还本付息的长期借款，它们的会计核算方法有什么不同？

4. 企业折价发行债券和溢价发行债券，它们的会计核算方法有什么相同和不同？

5. “应付债券——应计利息”与“应付利息”这两个账户有什么相同和不同？

6. 企业在发行债券时应当如何计算债券发行时的实际利率？

7. 什么是可转换债券？企业在发行可转换债券时应当如何对发行的可转换债券计价入账？

8. 什么是租赁负债？租赁负债应当如何在财务报表中列报？

9. 什么是或有负债？它具有哪些主要特征？常见的或有负债有哪些？或有负债在同时满足哪些条件时应当确认为预计负债？

练习题

练习一

一、目的：练习分期付息到期还本长期借款的核算。

二、资料：甲公司于20×1年7月1日向银行借入一笔长期借款，金额为100 000元，款项已存入银行，借款年利率按市场利率确定为8%，借款偿还期限为2年，每半年支付一次利息，到期一次偿还本金。借款利息不符合资本化条件。

三、要求：根据以上资料，为甲公司编制有关的会计分录。

练习二

一、目的：练习到期一次还本付息长期借款的核算。

二、资料：甲公司于20×1年1月1日向银行借入一笔长期借款，金额为100 000元，款项已存入银行，借款年利率按市场利率确定为8%，借款偿还期限为3年，到期一次偿还本金并支付利息，利息按复利计算，每年复利一次。借款利息不符合资本化条件。

三、要求：根据以上资料，为甲公司编制有关的会计分录。

练习三

一、目的：练习面值发行债券的核算。

二、资料：甲公司于20×1年1月1日经批准发行一批分次付息、到期一次还本的债券。该批债券的本金偿还期限为5年，利息于每年年末支付一次，票面年利率为8%，债券面值合计为600 000元，发行债券实际收到款项600 000元，款项已存入银行。甲公司按期支付利息并到期偿还了本金。假设债券利息不符合资本化的条件。

三、要求：根据以上资料，为甲公司编制有关的会计分录。

练习四

一、目的：练习分次付息、到期一次还本发行债券的核算。

二、资料：甲公司于20×1年1月1日经批准发行一批分次付息、到期一次还本的债券。该批债券的本金偿还期限为5年，利息于每年年末支付一次，票面年利率为8%，债券面值合计为600 000元，债券发行时的市场利率为7%，甲公司按市场利率发行该批债券，发行债券所得款项已存入银行。假设债券利息不符合资本化的条件。

三、要求：根据以上资料，为甲公司编制有关的会计分录。

练习五

一、目的：练习到期一次还本付息发行债券的核算。

二、资料：甲公司于20×1年1月1日经批准发行一批到期一次还本付息的债券，筹得资金用于购买一项固定资产。该批债券的本金偿还期限为5年，票面年利率为7%，债券面值合计为800 000元，利息按年并采用单利计算。债券发行时的市场利率为9%，发行价格合计为701 892元，款项已存入银行。假设债券利息不符合资本化的条件。

三、要求：根据以上资料，为甲公司编制有关的会计分录。

练习六

一、目的：练习应付债券实际利率的计算和核算。

二、资料：甲公司于20×1年1月1日发行一批分期付息、到期一次还本的债券。该批债券的本金偿还期限为5年，每年年末支付一次利息，票面年利率为8%，债券面值合计为800 000元，发行价格合计为812 000元，支付给债券代售机构的手续费、佣金等各种交易费用合计为8 800元，发行债券实际收到的款项为803 200元（812 000－8 800），款项已存入银行。假设债券利息不符合资本化的条件。

三、要求：根据以上资料，为甲公司编制有关的会计分录。

练习七

一、目的：练习两个付息日间发行债券的核算。

二、资料：甲公司于20×1年4月1日发行一批分期付息、到期一次还本的债券。该批债券的起息日为20×1年1月1日，本金偿还期限为5年，每年年末支付一次利息，票面年利率为8%，债券面值合计为800 000元。该批债券发行时的市场利率为6%，发行价格按照20×1年1月1日起息日至20×1年4月1日发行日的应付利息16 000元（800 000×8%×3/12），加上20×1年4月1日后的债券本息折现值864 555元［$48\,000\times(1+6\%)^{-0.75}+64\,000\times(1+6\%)^{-1.75}+64\,000\times(1+6\%)^{-2.75}+64\,000\times(1+6\%)^{-3.75}+864\,000\times(1+6\%)^{-4.75}$］来确定，共获得债券发行收入880 555元（16 000＋864 555），款项已存入银行。假设债券利息不符合资本化的条件。

三、要求：根据以上资料，为甲公司编制有关的会计分录。

练习八

一、目的：练习可转换债券的核算。

二、资料：甲公司于20×1年1月1日发行一批分期付息、到期一次还本的可转换公司债券。该批可转换公司债券的份额数为10 000份，每份面值为100元，面值合计为1 000 000元（10 000×100），每年年末支付一次利息，本金偿还期限为5年，票面年利率为6%。债券发行时，获得发行收入998 000元，款项已存入银行。根据约定，该批可转换公司债券在发行1年后可转换为甲公司的普通股股票，转换时，每份债券可转换20股普通股股票。普通股股票的面值为每股1元。甲公司发行该批可转换公司债券时，二级市场上与之类似的没有转换权的一般公司债券的市场利率为7%。20×2年1月1日，该批可转换公司债券全部按约定转换成甲公司的普通股股票。该批可转换公司债券的利息费用不符合资本化条件。

三、要求：根据以上资料，为甲公司编制有关的会计分录。

练习九

一、目的：练习产品质量保证预计负债的核算。

二、资料：甲公司20×1年9月份共销售A产品2 000台，实现销售收入合计900 000元。根据甲公司的产品质量保证条款，该产品在售出后一年内，如果发生正常的质量问题，公司将负责免费维修。根据以前年度的维修记录，该产品在售出后有8%的产品需要进行维修；在需要进行维修的产品中，维修费用为相应销售收入的2%。20×1年10月份，甲公司又销售A产品2 100台，实现销售收入945 000元，产品质量保证条款没有变化。20×1年11月8日，甲公司实际发生该产品的维修费用220元，其中，使用维修材料100元，以银行存款转账支付其他维修费用120元。20×1年12月3日，甲公司实际发生该产品的维修费用280元，其中，使用维修材料190元，以银行存款转账支付其他维修费用90元。20×1年12月10日，甲公司决定停产该产品，开发并生产新产品。剩余库存该产品继续对外销售，直至全部售完。20×1年12月份，甲公司销售A产品1 660台，实现销售收入747 000元。由于实际发生的维修费用与预计的维修费用相差较大，甲公司从20×1年12月份起，将维修费用的预计比例由原来的为销售收入的2%调高为销售收入的2.5%。20×1年12月31日，该产品的“预计负债——产品质量保证”账户存在贷方余额3 820元。20×3年5月31日，甲公司已售该产品的质量保证期全部已满，也不存在库存该产品，相应“预计负债——产品质量保证”账户的借方余额为60元。

三、要求：根据以上资料，为甲公司编制有关的会计分录。

练习十

一、目的：练习未决诉讼预计负债的核算。

二、资料：甲公司于20×1年11月1日有一笔欠乙公司的已经到期的长期应付款150 000元。该日，甲公司具有偿付该笔长期应付款的能力。由于甲公司与乙公司存在其他经济纠纷，因此甲公司尚未支付该笔长期应付款。20×1年12月5日，乙公司向法院提起诉讼，要求甲公司偿付该笔长期应付款。截至20×1年12月31日，法院尚未作出判决，案件尚在审理中。甲公司的法律顾问认为，甲公司在该起诉讼案件中很可能败诉，预计将要支付的罚息和诉讼费用在2 000～3 000元之间，其中，诉讼费用为200元。20×2年2月10日，法院作出判决，要求甲公司在一个月内向乙公司支付该笔长期应付款，同时，应当支付罚息2 600元和诉讼费用200元，有关款项尚未支付。20×2年3月1日，甲公司按照法院判决向乙公司支付了全部相应款项，包括长期应付款和罚息；同时，向法院支付了诉讼费用。

三、要求：根据以上资料，为甲公司编制有关的会计分录。

第十章

所有者权益

第一节　所有者权益的概念和种类

一、所有者权益的概念

所有者权益是指企业资产减去负债后由所有者享有的剩余权益。由于企业资产减去负债后的余额在数量上表现为净资产，因此，所有者权益也可以表示为企业所有者对企业净资产的要求权。公司制企业的所有者权益又称股东权益。

企业的所有资产，或者归债权人所有，或者归所有者所有。归债权人所有的部分为负债，也称为债权人权益；归所有者所有的部分，即为所有者权益。相对于企业的债权人权益，所有者权益具有如下主要特征：

（1）不存在确定的偿还日期。所有者一旦向企业出资，除非企业发生减资、清算或者分派现金股利，企业可以长期使用其出资，不需要偿还所有者权益。所有者也不可以向企业提出抽回其出资的要求，但可以按规定向他人转让其出资。所有者向他人转让其出资，不影响企业的法人资格，也不影响企业的财产数额。债权人向企业提供资金后，通常与企业约定偿还日期。企业在债权人的债权到期后，应当向债权人偿还其债权，不能长期使用由债权人提供的资金。债权人也有权要求企业偿还其已经到期的债权。

（2）权益的数额为剩余数额。所有者权益在数额上为资产减去负债后的剩余数额。企业在正常运行时，资产的数额和负债的数额都需要进行单独计量和确定。在资产和负债的数额确定后，资产减去负债后的数额即为所有者权益的数额。企业在发生清算时，债权人的权益优先得到清偿。只有在所有债权人的权益都得到清偿后，剩余的权益才归所有者所有。

（3）所有者凭借其所有者权益，有权决定企业的经营方针，有权请求分得企业的利润。在公司制企业中，全体股东组成公司的股东会。股东会是公司的权力机构，依法行使决定公司的经营方针和投资计划、审议批准公司的年度预算方案和决算方案、审议批准公司的利润分配方案和弥补亏损方案等职权。相应地，债权人只有要求偿还其债权的权利，无权决定企业的经营方针，也无权分享企业的利润。

由于负债与所有者权益在性质上存在本质的区别，因此，负债与所有者权益应当分别进行确认、计量和报告，以如实反映企业的财务状况，尤其是企业的偿债能力和产权比率等重要财务信息。在实务中，对于某些同时具有负债成分和所有者权益成分的经济业务，企业应当将其进行拆分，分别确认其中的负债成分和所有者权益成分。例如，企业发行的可转换公司债券，其中既包含负债成分，也包含所有者权益成分，企业应当对其进行拆分，将相应的成分分别确认为负债和所有者权益。

二、所有者权益的种类

（一）公司制企业及其与股东的关系

公司制企业简称公司，是一种重要的企业组织形式。按照相关规定，公司是指股东依法设立，以营利为目的，以其认缴的出资额或认购的股份为限对公司承担责任，公司以其全部独立法人财产对公司的债务承担责任的企业法人。在实践中，公司成为人们从事商业经营活动的主要企业组织形式。

在我国，《中华人民共和国公司法》（以下简称《公司法》）将公司分为有限责任公司和股份有限公司两种形式。其中，有限责任公司股东的出资表现为出资证明书，股东以其出资金额或出资比例行使股权；股份有限公司股东的出资具有股份性，全部资本分成等额股份，表现为金额相等的股票，股东以其持有的股份行使股权。根据《公司法》的规定，有限责任公司设立时，应当有符合公司章程规定的全体股东认缴出资额，但《公司法》没有规定股东的具体缴纳出资期限。股份有限公司可以采用发起设立的方式，也可以采用募集设立的方式。在发起设立方式下，公司设立时应当有符合公司章程规定的全体发起人认购的股本总额，但《公司法》也没有规定股东的具体缴纳出资期限。发起人何时缴纳出资，由公司章程规定。因此，公司可以按照业务发展计划对资金的需求，在公司章程中列明各个发起人缴纳出资的期限和顺序。在募集设立方式下，公司设立时由发起人认购公司发行的部分股份，其余股份向社会公开募集或向特定对象募集。根据规定，以募集方式设立的股份有限公司，股东必须在设立时缴纳全部出资。相比较而言，股票比出资证明书更容易发行和转让，因此筹资更加方便和灵活。目前，上市公司采用股份有限公司形式，其发行的股票在证券交易所上市交易。

公司是具有独立法人资格的企业组织。这是公司与合伙企业、个人独资企业等企业组织形式的重要区别。公司的最初财产由股东出资形成。之后，公司在经营过程中还可以通过盈利累积或其他途径取得新的财产。股东出资后，只享有股权或股份，对公司的财产没有直接的支配权，但又可以依法享有公司的经营利润。公司对股东的出资享有法律上的财产权。在公司制企业中，公司的责任与股东的责任相互独立。

（二）公司所有者权益的种类

在公司制企业中，所有者权益按其形成来源可分为实收资本、资本公积、盈余公积和未分配利润等种类。其中，盈余公积和未分配利润可统称为留存收益。实收资本和资本公积主要来源于股东或投资者的投入，留存收益来源于企业的盈利。

将所有者权益区分成实收资本、资本公积以及盈余公积和未分配利润等种类，主要是由于各种类的所有者权益在管理要求上有所不同。实收资本是企业的法定注册资本，投资者的投资在企业实收资本中所占的比例通常可以表示投资者在企业中依法可以享有的所有者权益的比例，如在股东大会上决定企业经营方针等时依法可以行使的表决权的比例。资本公积主要来源于投资者超出其法定注册资本份额的投资，它归所有者共同拥有，是所有者出资的结果。留存收益反映企业经营管理人员运用投资者投入的资本进行生产经营活动后取得的财务成果，它是企业开展生产经营活动的结果。留存收益中的盈余公积通常安排有指定的用途，如用于企业的扩大再生产；未分配利润是企业按规定可用于向所有者进行分配的利润。

在公司制企业中，将所有者权益区分成实收资本、资本公积以及盈余公积和未分配利润等种类，可以清晰地反映出股东出资的保值增值情况，以及公司向股东分派利润的资金来源。

公司在普通种类股份即普通股之外发行优先股的，相应的所有者权益不作为实收资本或股本进行分类和核算，而作为其他权益工具进行分类和核算。公司按规定未在当期损益中确认的各项利得和损失，可以归类为所有者权益中的其他综合收益。因此，其他权益工具和其他综合收益也是所有者权益的种类。

第二节 实收资本和其他权益工具

一、实收资本的概念

实收资本是指企业实际收到的股东的出资。即股东实际缴纳出资时，企业形成实收资本。股东认缴的出资或者认购的股份，不构成企业的实收资本。实收资本属于企业的法定注册资本。根据我国《公司法》的规定，有限责任公司的股东可以用货币出资，也可以用实物、知识产权、土地使用权等可以用货币估价并可以依法转让的非货币财产作价出资。股份有限公司发起人的出资方式与有限责任公司股东相同。在股份有限公司中，实收资本称为股本。股本为公司的注册资本，它是股份有限公司的股票面值之和。

实收资本或股本的构成比例，代表着投资者的出资比例或股东的股份比例，它通常是所有者参与企业生产经营决策的基础，也是企业进行利润分配或股利分配的依据，同时还是企业清算时向所有者分配剩余净资产的依据。

二、实收资本的核算

（一）接受货币出资

为核算实收资本的业务，企业应设置“实收资本”总账科目。股份有限公司相应地应设置“股本”总账科目。该科目可按投资者进行明细核算。企业接受投资者以货币方式出资投入的资本时，应按实际收到的货币金额，借记“银行存款”等科目，按其在注册资本或股本中所占的份额，贷记“实收资本”或“股本”科目，按其差额，贷记“资本公积——资本溢价”或“资本公积——股本溢价”科目。该科目期末贷方余额反映企业实收资本或股本总额。

1. 有限责任公司

例 10－1

甲公司由A，B，C三方共同投资设立，企业形式为有限责任公司，注册资本为800 000元，A，B，C三方的持股比例分别为50%，30%和20%。20×1年1月20日，甲公司收到A，B，C三方按持股比例投入的资本分别为400 000元、240 000元和160 000元，款项已存入开户银行。甲公司应编制如下会计分录：

借：银行存款	800 000	
贷：实收资本——A		400 000
——B		240 000
——C		160 000

本例中，A，B，C三方为甲公司的发起人，也是甲公司的股东。按照规定，股东可以是自然人，也可以是法人。A，B，C三方在公司章程中约定的出资比例，是他们以后享有甲公司所有权份额的依据。初建有限责任公司时，各投资者按照合同、协议或公司章程投入企业的资本，应全部记入“实收资本”科目。股东不按照规定缴纳出资的，除应当向公司足额缴纳外，还应当向已按期足额缴纳出资的股东承担违约责任。

本例中，甲公司的注册资本在数额上等于实收资本，这是因为发起人一次足额缴纳了出资。如果发起人没有一次足额缴纳出资，注册资本在数额上就会不等于实收资本。

有限责任公司的注册资本是公司成立时在注册登记机关登记的全体股东认缴的出资额。实收资本是股东已经向公司实际缴纳的资本，或者是公司已经实际收到的股东出资。实收资本与注册资本是两个既相互联系又相互区别的概念。我国《公司法》没有规定有限责任公司的最低注册资本限额。公司的注册资本由公司章程规定，登记机关按照公司章程规定予以登记。公司注册资本发生变化，应当修改公司章程，并向公司登记机关依法申请办理变更登记。我国《公司法》将有限责任公司股东的出资时间、出资方式、注册资本数额等交由公司章程规定，这体现了公司股东的缔约自由，有利于充分激发市场活力，简化商事登记手续。

根据我国《公司法》的规定，有限责任公司由50个以下股东出资设立。一个自然人股东或者一个法人股东可以设立一人有限责任公司。

2. 股份有限公司

例 10－2

甲公司为股份有限公司，注册资本为10 000 000元。20×1年2月15日，甲公司发行普通股股票4 000 000股，每股面值为1元，每股发行价格为5元，共收到款项20 000 000元（4 000 000×5），款项已存入开户银行。甲公司应编制如下会计分录：

借：银行存款	20 000 000	
贷：股本		4 000 000
资本公积——股本溢价		16 000 000

本例中，甲公司股本增加数为发行的股票面值总数，即为4 000 000元（4 000 000×1）；资本公积增加数为股票发行价格超过股票面值的数额，即为16 000 000元（20 000 000－4 000 000）。

根据我国《公司法》的规定，股票的发行价格可以按票面金额，也可以超过票面金额，但不得低于票面金额。即公司股票可以面值发行，也可以超面值发行，即溢价发行，但不可以折价发行。规定股票不可以折价发行，是因为股票按低于其票面金额的价格折价发行，违背了资本充实的原则，使股票发行募集的资金低于公司相应的注册资本的数额，出现资本虚增。这会影响交易安全，危及债权人的利益。

本例中，甲公司可以在“股本”总账科目下按股东单位或姓名设置明细账，以如实反映公司股份的构成情况。公司的股本应当在公司章程设定的股本总额范围内，通过发行股票取得。股份有限公司有两种设立方式，即发起式和募集式。股份有限公司以发起方式设立的，公司的股份全部由发起人认购，不向发起人之外的任何人募集股份。公司的注册资本为在公司登记机关登记的全体发起人认购的股本总额。股份有限公司采用募集方式设立的，公司的股份除由发起人认购相应部分外，其余部分采用向其他法人或自然人发行股票的方式进行募集。公司的注册资本为在公司登记机关登记的实收股本总额。我国《公司法》规定，以募集方式设立股份有限公司的，发起人认购的股份不得少于公司股份总数的35%。另外，我国《公司法》也没有对股份有限公司的最低注册资本提出要求。

公司设立方式不同，筹集资本的风险也不同。发起式设立公司，其所需资本由发起人一次认足，一般不会发生设立公司失败的情况。因此，其筹资风险较小。募集式设立公司，社会筹资对象广泛，在资本市场不景气或股票发行价格不恰当的情况下，存在发行的股票在截止期限尚未被全部认购的可能。如果发生这种情况，公司股票发行失败或设立公司失败。因此，其筹资风险较大。按照有关规定，股票发行失败的损失由发起人承担。发起人应当向有关认股人返还其已缴纳的股款，并向其支付银行同期存款的利息。公司筹建过程中发生的有关筹建费用等也由发起人承担。

股份有限公司与其他企业相比，其显著的特点是将企业的全部资本划分为等额股份，并通过发行股票的方式来筹集资本。股票是公司签发的证明股东所持股份的凭证。股东以其所认购的股份对公司承担有限责任。在股份有限公司中，股份是很重要的指标，股本也是很重要的指标。企业应当在公司章程中设定的股本总额即公司注册资本范围内发行股票，并将发行的股份总数、股本总额和每股面值等在“股本”账户中作备查记录。“股本”账户记录发行股票的面值，相应数额构成公司已实收的注册资本数额。

根据我国《公司法》的规定，设立股份有限公司，应当有2人以上200人以下为发起人，其中须有半数以上的发起人在中国境内有住所。发起人应当签订发起人协议，明确各自在公司设立过程中的权利和义务。

（二）接受非货币财产出资

企业可以接受投资者以原材料、固定资产等实物财产进行出资，也可以接受投资者以土地使用权、专利权等无形资产进行出资。与货币出资相对应，实物和无形资产出资可统称为非货币财产出资或非货币资产出资。企业在接受投资者的非货币财产出资时，应当对非货币财产进行价值评估，并以评估价值作为投入资本计价入账。

企业接受投资者以非货币财产方式出资投入的资本时，应按实际收到的非货币财产的评估价值，借记“原材料”“固定资产”“无形资产”等科目，按其在注册资本或股本中所占的份额，贷记“实收资本”或“股本”科目，按其差额，贷记“资本公积——资本溢价”或“资本公积——股本溢价”科目。涉及增值税业务的，还应作有关增值税业务的会计处理。

1. 有限责任公司

例10-3

甲公司为有限责任公司，20×1年10月6日，收到乙公司作为设立公司而投资入股的机器设备一台，该台机器设备的评估价值为600 000元，双方协议，该台机器设备的评估价值全部计入甲公司的实收资本。该机器设备的投资涉及的增值税进项税额为78 000元（600 000×13%）。根据双方协议，该增值税进项税额也计入甲公司的实收资本。甲公司应编制如下会计分录：

借：固定资产	600 000	
应交税费——应交增值税（进项税额）	78 000	
贷：实收资本——乙公司		678 000

本例中，甲公司接受乙公司的机器设备出资，该机器设备应当办理财产权的转移手续。另外，该机器设备的评估价值应当公允，不得高估或者低估作价。如果甲公司以后发现作为设立公司出资的该机器设备的实际价值显著低于公司章程所确定的价值，乙公司应当补足其差额。

2. 股份有限公司

例10-4

甲公司为股份有限公司，20×1年11月22日，收到发起人乙股东的一项无形资产出资。该项无形资产为土地使用权，评估市价为1 200 000元，可换取甲公司发行的每股面值为1元的普通股股票300 000股。暂不考虑相关税费的因素。甲公司应编制如下会计分录：

借：无形资产——土地使用权	1 200 000	
贷：股本		300 000
资本公积——股本溢价		900 000

本例中，甲公司在收到乙股东的出资时，应当与乙股东签订出资协议。在出资协议中，应当明确乙股东出资的无形资产的公允价值，及其可以换得的股份数量和股本数额。乙股东出资的无形资产的公允价值与甲公司确认的股本数额之间的差额，甲公司作为资本公积中的股本溢价处理。

我国《公司法》规定，采用募集方式设立的股份有限公司，发行股份的股款缴足后，必须经依法设立的验资机构验资并出具证明。对于以其他方式设立的公司，没有提出必须经过验资的要求。

股份有限公司发行的股票，可以为记名股票，也可以为无记名股票。但根据规定，公司向发起人、法人发行的股票应当为记名股票，并应当记载该发起人、法人的名称或者姓名，不得另立户名或者以代表人姓名记名。

股份有限公司的股份以自由转让为原则，以法律限制为例外。例如，根据我国《公司法》的规定，发起人持有的本公司股份，自公司成立之日起1年内不得转让。

（三）实收资本的增减变动

一般情况下，企业的实收资本固定不变。但在某些特定情况下，企业的实收资本也会发生增减变动。例如，企业接受投资者增加投资、将资本公积和盈余公积转增资本、发放股票股利、将可转换债券转换为股票以及减资等都会使企业的实收资本发生增减变动。

1. 接受投资者增加投资

企业接受投资者增加投资，其中的投资者可以是企业的现有股东，即老股东；也可以是企业现有股东之外的股东，即新股东。企业现有股东对企业增加出资，可以按照同比例增加出资，也可以按照不同的比例增加出资。有限责任公司增加注册资本时，股东认缴新增资本的出资，其出资方式与设立有限责任公司时相同。股份有限公司为增加注册资本而发行新股时，股东认购新股，其缴纳股款的方式与设立股份有限公司时相同。企业注册资本的增加即增资，应当由股东会决议通过、变更公司章程，并依法向企业登记机关办理变更登记。

企业接受投资者增加投资时，应按实际收到的货币或者非货币财产作价金额，借记“银行存款”“原材料”“固定资产”“无形资产”等科目，按其在注册资本或股本中所占的份额，贷记“实收资本”或“股本”科目，按其差额，贷记“资本公积——资本溢价”或“资本公积——股本溢价”科目。

例 10-5

甲公司为有限责任公司，由 A，B，C 三方共同投资设立，设立时的注册资本为 800 000 元，A，B，C 三方的持股比例分别为 50%，30%和 20%。为扩大生产经营规模，经股东会决议通过，甲公司决定增加注册资本 200 000 元，由 A，B，C 三方按原出资比例分别追加出资 100 000 元（200 000×50%）、60 000 元（200 000×30%）和 40 000 元（200 000×20%）。20×1 年 9 月 25 日，甲公司收到 A 方以一批原材料作价出资。该批原材料的评估价值为 60 000 元，相应的增值税税额为 7 800 元（60 000×13%），作为实收资本确认的数额为 67 800 元（60 000+7 800）。同日，还收到 A 方以银行存款 32 200 元缴纳的追加出资。由此，A 方认缴的追加出资已经全部收到。甲公司应编制如下会计分录：

借：原材料	60 000	
应交税费——应交增值税（进项税额）	7 800	
银行存款	32 200	
贷：实收资本——A		100 000

本例中，由于 A，B，C 三位股东按原出资比例认缴增资份额，因此，甲公司增资完成后，A，B，C 三位股东在甲公司中享有的所有者权益份额保持不变。甲公司增资的目的，除了可以是一般意义上的扩大生产经营规模和增强资产实力外，还可以是明确用于开展新的投资项目。

我国《公司法》规定，有限责任公司新增资本时，股东有权优先按照实缴的出资比例认缴出资。但是，全体股东约定不按照出资比例优先认缴出资的除外。在有限责任公司中，股东当然享有新股优先认购权，除非全体股东约定放弃或者限制。

例 10-6

甲公司为有限责任公司，由A，B，C三方共同投资设立，设立时的注册资本为800 000元，A，B，C三方的持股比例分别为50%，30%和20%，分别实际投入资本数额为400 000元（800 000×50%）、240 000元（800 000×30%）和160 000元（800 000×20%）。为扩大生产经营规模，经股东会决议通过，甲公司决定增加注册资本200 000元，由新加入的投资者D投入。按照投资协议，投资者D需要投入300 000元，才能获得实收资本200 000元，占甲公司注册资本20%的份额。投资者D投入的数额与其在注册资本1 000 000元（800 000+200 000）中享有份额的差额100 000元（300 000−200 000），甲公司作为资本公积处理。20×1年10月22日，甲公司收到投资者D以银行存款出资300 000元。甲公司应编制如下会计分录：

借：银行存款	300 000	
贷：实收资本——D		200 000
资本公积——资本溢价		100 000

本例中，甲公司在创立时，A，B，C三位投资者按其认缴的出资数额向甲公司实际投入资本时，甲公司将收到的数额全额记入“实收资本”科目，即全部构成甲公司注册资本中的相应份额。甲公司在经营了一段时间后，新投资者D加入时，其向甲公司实际投入资本时，甲公司通常只将收到数额中的一部分记入“实收资本”科目，其余部分记入“资本公积”科目。也即相对于新投资者D实际投入的资金数额而言，新投资者D只能获得较少的实收资本份额。这是因为新投资者D加入时，甲公司已经运行了一段时间。而甲公司在创立时，由于处于创业阶段，资本利润率通常较低。经过一段时间的经营，甲公司的业务已经得到相应的开拓，此时的资本利润率通常高于创立时的资本利润率。如果新投资者D实际投入的数额全部记入甲公司的“实收资本”科目，并以此享有相应的所有者权益，这对原投资者A，B，C来说是不公平的。除此之外，新投资者D加入甲公司时，甲公司已经运行了一段时间，也很可能已经形成了一定数额的利润积累或留存收益。如果新投资者D按其现行的投资数额与原投资者A，B，C在创立企业时的投资数额以相同的地位计算的比例分享该笔利润积累或留存收益，这对原投资者A，B，C来说也是不公平的。为此，在新投资者D加入甲公司时，投资协议通常会约定，新投资者D实际投入甲公司资金时，有一部分数额不构成甲公司的实收资本，即不据以计算在甲公司注册资本中可享有的比例，而计入甲公司的资本公积，以示新投资者D对甲公司原投资者A，B，C作出的补偿。

本例中，新股东D加入并持有20%股权后，原股东A的持有比例为40%（即80%×50%），原股东B的持有比例为24%（即80%×30%），原股东C的持有比例为16%（即80%×20%）。

例 10-7

甲公司为股份有限公司，由E，F，G三方共同投资设立。经股东大会决议批准，甲公司于20×1年12月26日增发普通股股票500 000股，每股面值1元，每股发行价格8元，共收到增发股票的款项4 000 000元（500 000×8），款项已存入银行，注册资本增加500 000元（500 000×1）。甲公司此次增发股票获得的款项用于开展一项新的投资项目。甲公司应编制如下会计分录：

借：银行存款 4 000 000

　贷：股本 500 000

　　　资本公积——股本溢价 3 500 000

根据我国《公司法》的规定，股份有限公司采取发起设立方式的，在发起人认购的股份缴足前，不得向他人募集股份。根据相关规定，股份有限公司发行新股，股东大会应当对向原股东发行新股的种类及数额作出决议。即在股份有限公司中，股东不当然享有新股优先认购权，除非股东大会在发行新股时通过向原股东配售新股的决议。因此，股份有限公司增发股票，可以分为向原股东配售股份和向不特定对象募集股份。股票的发行其实就是股份有限公司募集资金的过程，投资者认购股票的结果就相当于向股份有限公司出资。股份有限公司设立时的股票发行，称为设立发行。此后的股票发行，称为新股发行。新股发行相当于股份有限公司增资。根据规定，股份有限公司经国务院证券监督管理机构核准公开发行新股时，必须公告新股招股说明书和财务会计报告，并制作认股书。股份有限公司向社会公开募集股份，包括设立发行以及之后的新股发行，应当由依法设立的证券公司承销，与证券公司签订承销协议，并且应当与银行签订代收股款的协议。

2. 资本公积转增资本

资本公积和实收资本或股本都属于所有者权益。将资本公积转增资本使所有者权益中的实收资本或股本增加，同时，使所有者权益中的资本公积减少。也即将资本公积转增资本使所有者权益的组成结构发生变化，但不影响所有者权益的总数。

企业经批准将资本公积转增资本时，借记“资本公积——资本溢价”或“资本公积——股本溢价”科目，贷记“实收资本”或“股本”科目。

例 10-8

承例 10-6，为扩大生产经营规模，经股东会决议通过，甲公司决定增加注册资本 60 000 元，具体通过将资本公积中的资本溢价转增实收资本的方法来完成。20×2 年 12 月 1 日，甲公司按实收资本的比例将资本公积中的资本溢价 60 000 元分别转增股东 A 的实收资本 24 000 元（40%×60 000）、股东 B 的实收资本 14 400 元（24%×60 000）、股东 C 的实收资本 9 600 元（16%×60 000）和股东 D 的实收资本 12 000 元（20%×60 000）。甲公司应编制如下会计分录：

借：资本公积——资本溢价 60 000

　贷：实收资本——A 24 000

　　　　　　　——B 14 400

　　　　　　　——C 9 600

　　　　　　　——D 12 000

本例中，资本公积转增资本的业务通常应当按照原股东的持股比例进行转增。这样，原股东在企业中的权益不受影响。

例 10-9

甲公司为股份有限公司，20×1 年 9 月 25 日经股东大会决议通过，将 155 000 元资本公积转增资本。甲公司应编制如下会计分录：

借：资本公积——股本溢价 155 000

　贷：股本 155 000

本例中，甲公司应当按原投资者所持股份同比例增加各股东的股本数额。

3. 盈余公积转增资本

盈余公积来源于企业的盈利，不是来源于投资者的投入。这是盈余公积与资本公积的主要区别。经股东大会决议通过，企业也可以将盈余公积转增资本，以进一步扩大企业的生产经营规模，增强企业的资本实力。盈余公积转增资本后，企业的留存收益将减少。根据我国《公司法》的规定，用法定盈余公积转增资本时，转增后所留存的法定盈余公积不得少于转增前公司注册资本的25%。

盈余公积转增资本的会计处理方法同资本公积转增资本。企业经批准将盈余公积转增资本时，借记“盈余公积”科目，贷记“实收资本”或“股本”科目。

例10-10

甲公司为有限责任公司，由A，B，C三方共同投资设立，设立时的注册资本为800 000元，A，B，C三方的持股比例分别为50%，30%和20%。为扩大生产经营规模，经股东会决议通过，甲公司决定增加注册资本100 000元，具体通过将盈余公积转增实收资本的方法来完成。20×1年12月25日，甲公司按实收资本的比例将盈余公积100 000元分别转增股东A的实收资本50 000元（50%×100 000）、股东B的实收资本30 000元（30%×100 000）和股东C的实收资本20 000元（20%×100 000）。甲公司应编制如下会计分录：

借：盈余公积	100 000	
贷：实收资本——A		50 000
——B		30 000
——C		20 000

本例中，甲公司将盈余公积转增实收资本后，甲公司的注册资本增加。之后，甲公司不可以随意减少实收资本的数额。减少实收资本的数额需要按照规定的程序报经批准后才能实行。

例10-11

甲公司为股份有限公司，20×1年10月20日经股东大会决议通过，将88 000元盈余公积转增资本。甲公司应编制如下会计分录：

借：盈余公积	88 000	
贷：股本		88 000

本例中，与资本公积转增资本一样，甲公司应当按原投资者所持股份的比例将转增资本的盈余公积分配给原股东，增加原各股东的股本数额。

4. 发放股票股利

发放股票股利是指企业以发放股票的方式向股东支付股利，通常也称送股。例如，每10股股票可分得1股股票股利，或按股份数量的10%发放股票股利等。发放股票股利属于企业的利润分配，也即将企业的可分配利润转增资本。企业发放股票股利时，留存收益中的未分配利润减少，投入资本中的股本增加。与资本公积转增资本、盈余公积转增资本一样，企业发放股票股利，不影响企业的所有者权益总额，只改变企业所有者权益的组成结构。企业发放股票股利后，股东在所有者权益中所占的份额不发生变化，但每股净资产的金额降低。

企业发放股票股利的，应在办理完相应的增资手续后，借记“利润分配——转作股本的股利”科目，贷记“股本”科目。

例 10－12

甲公司为股份有限公司，发行在外的普通股股数为 10 000 000 股，每股面值为 1 元，注册资本为 10 000 000 元（10 000 000×1）。为扩大生产经营规模，经股东大会决议通过，甲公司决定增加注册资本 1 000 000 元，具体通过向股东发放股票股利的方法来完成。发放股票股利的比例为每 10 股发放 1 股，即按原股东持有股票数量的 10%发放股票股利。20×1 年 11 月 5 日，甲公司办理完成相应的增资手续。甲公司应编制如下会计分录：

借：利润分配——转作股本的股利	1 000 000	
贷：股本		1 000 000

根据我国《公司法》的相关规定，股东出资可以包括认缴出资和实缴出资两层含义。其中，认缴出资也称认购股份，实缴出资也称实缴资本。股东认缴出资后，应按期足额缴纳出资。股东在实际缴纳出资之前，相关权利可能受到限制。例如，可获得公司利润分配的权利、新增资本的权利等可能受到限制。根据相关规定，有限责任公司的股东按照实缴的出资比例分取红利，但全体股东约定不按照出资比例分取红利的除外。股份有限公司分配利润，按照股东持有的股份比例分配，但股份有限公司章程规定不按照持股比例分配的除外。有限责任公司新增资本时，股东有权优先按照实缴的出资比例认缴出资。

5. 可转换债券转换为股票

可转换债券是指企业发行的在符合条件时可以按规定转换为股票的债券。可转换债券在转换为股票时，企业的负债减少，股本增加。也即企业以发行股票的方式偿还了应付债券负债。可转换债券的业务内容及其会计处理可参阅非流动负债章节的有关内容，此处不再重述。

6. 减资

减资是指企业根据需要，依照法定条件和程序减少注册资本的行为。在一般情况下，企业的注册资本不能减少。但企业如果出现净资产大大小于注册资本等情况，可以依法进行减资。根据相关规定，公司减资应当由股东会作出减资决议，并相应地修改公司章程；公司还应当通知债权人和对外公告，并在规定时间内办理减资登记手续。公司减资时，债权人有权要求公司清偿债务或者提供相应的担保。

企业在进行减资时，根据实际情况，可以采用各个股东按照原出资比例或者持股比例同步减少出资，减资后，各个股东的股权比例或者持股比例不发生变化；也可以采用各个股东改变原出资比例或者持股比例不同步减少出资，减资后，各个股东的股权比例或者持股比例发生变化。减资可以以返还出资的方式完成，也可以以免除出资义务的方式完成。

有限责任公司因减资而向股东返还投资时，应按实际向股东返还投资的数额，借记“实收资本”科目，贷记“库存现金”“银行存款”等科目。股份有限公司因减资而回购本公司的股份时，应按实际支付的金额，借记“库存股”科目，贷记“银行存款”等科目。注销库存股时，应按股票每股面值和注销股数计算的股票面值总额，借记“股本”科目，按所注销库存股的账面余额，贷记“库存股”科目，按其差额，借记

“资本公积——股本溢价”科目，股本溢价不足冲减的，应借记“盈余公积”“利润分配——未分配利润”科目。购回股票支付的价款低于股票面值总额的，应按股票面值总额，借记“股本”科目，按所注销库存股的账面余额，贷记“库存股”科目，按其差额，贷记“资本公积——股本溢价”科目。“库存股”科目的期末借方余额反映企业持有尚未转让或注销的本公司股份金额。

例 10－13

甲公司为股份有限公司，截至20×1年9月30日共发行普通股股票20 000 000股，每股面值1元，股本合计20 000 000元（20 000 000×1），资本公积中的股本溢价为60 000 000元，盈余公积为9 000 000元。经股东大会决议通过，甲公司决定进行减资，并于20×1年10月5日以银行存款12 000 000元回购本公司股票2 000 000股。20×1年10月12日，甲公司注销为减资目的而回购的全部股份2 000 000股，并办理了减资登记手续。甲公司应编制如下会计分录：

（1）20×1年10月5日，以银行存款回购本公司股票时。

借：库存股　　12 000 000
　贷：银行存款　　12 000 000

（2）20×1年10月12日，注销回购的本公司股票时。

借：股本　　2 000 000
　　资本公积——股本溢价　　10 000 000
　贷：库存股　　12 000 000

本例中，库存股应当按照回购成本12 000 000元计价。甲公司注销回购的库存股时，如果应当冲减的资本公积大于发行股票时取得的股本溢价60 000 000元，差额应当继续冲减盈余公积。也即企业减资有可能会减少企业的留存收益。另外，库存股不是企业的资产，而是企业所有者权益的减少。

在股份有限公司中，公司回购本公司的股票时，回购的价格为回购时股票的市场价格，它不一定等于股票发行时的发行价格。也即企业向股东返还的投资数额，不一定是股东在投资时投入企业的实际数额。

例 10－14

沿用例10－13的资料，如果甲公司以银行存款18 000 000元回购本公司股票2 000 000股，资本公积中的股本溢价为15 000 000元，盈余公积为9 000 000元。那么，甲公司应编制如下会计分录：

（1）以银行存款回购本公司股票时。

借：库存股　　18 000 000
　贷：银行存款　　18 000 000

（2）注销回购的本公司股票时。

借：股本　　2 000 000
　　资本公积——股本溢价　　15 000 000
　　盈余公积　　1 000 000
　贷：库存股　　18 000 000

本例中，甲公司减资导致减少公司的留存收益。

如果企业回购本企业股票的价格低于股票面值，也即企业折价回购本企业股票，库存股的成本就会小于股票面值。此时，企业仍然需要按照注销股票的面值冲减“股本”科目的余额，冲减的股本数额与库存股成本的差额，增加资本公积的股本溢价，但不能增加盈余公积。也即企业减资不会增加企业的留存收益。

根据我国《公司法》的规定，股份有限公司不得收购本公司的股份。但是，有下列情形之一的除外：（1）减少公司注册资本；（2）与持有本公司股份的其他公司合并；（3）将股份用于员工持股计划或者股权激励；（4）股东因对股东大会作出的公司合并、分立决议持异议，要求公司收购其股份的；（5）将股份用于转换上市公司发行的可转换为股票的公司债券；（6）上市公司为维护公司价值及股东权益所必需的。公司按照规定收购本公司股份后，属于减少公司注册资本情形的，应当自收购之日起 10 日内注销。

三、其他权益工具

（一）其他权益工具的概念

权益工具是金融工具的一个种类。金融工具是指形成一个企业的金融资产，并形成其他单位的金融负债或权益工具的合同。企业发行的金融工具，应当按照《企业会计准则第 37 号——金融工具列报》的规定，区分为金融负债和权益工具。其中，权益工具是指能证明拥有某个企业在扣除所有负债后的资产中的剩余权益的合同。根据《企业会计准则第 37 号——金融工具列报》的规定，在同时满足下列条件的情况下，企业应当将发行的金融工具分类为权益工具：

（1）该金融工具应当不包括交付现金或其他金融资产给其他方，或在潜在不利条件下与其他方交换金融资产或金融负债的合同义务。

（2）将来须用或可用企业自身权益工具结算该金融工具。如为非衍生工具，该金融工具应当不包括交付可变数量的自身权益工具进行结算的合同义务；如为衍生工具，企业只能通过以固定数量的自身权益工具交换固定金额的现金或其他金融资产结算该金融工具。

根据《企业会计准则第 37 号——金融工具列报》的规定，金融负债是指企业符合下列条件之一的负债：（1）向其他方交付现金或其他金融资产的合同义务，例如发行的承诺支付固定利息的公司债券。（2）在潜在不利条件下，与其他方交换金融资产或金融负债的合同义务，例如签出的外汇期权。（3）将来须用或可用企业自身权益工具进行结算的非衍生工具合同，且企业根据该合同将交付可变数量的自身权益工具。例如企业取得一项金融资产，并承诺两个月后向卖方交付本企业发行的普通股，交付的普通股数量根据交付时的股价确定，则该项承诺是一项金融负债。（4）将来须用或可用企业自身权益工具进行结算的衍生工具合同，但以固定数量的自身权益工具交换固定金额的现金或其他金融资产的衍生工具合同除外。例如，以普通股净额结算的股票期权。企业对全部现有同类别非衍生自身权益工具的持有方（例如普通股股东）同比例发行配股权、期权或认股权证，使之有权按比例以固定金额的任何货币换取固定数量的该企业自身权益工具的，该类配股权、期权或认股权证应当分类为权益工具。

企业发行的普通股股票是典型的权益工具。企业发行的一般公司债券是典型的金融负债。企业发行的可转换公司债券通常属于复合金融工具，需要区分其中包含的权益成分和负债成分。企业发行的优先股股票，应当根据合同的具体条款，例如是否可以赎回、是否可以转换为普通股股票、股利是否可以累积等，区分为权益工具或金融负债，或既包含金融负债成分又包含权益工具成分的复合金融工具。实务中，有些企业发行的永续债，也应当根据合同的具体条款，例如是否有固定的还款期限、是否强制支付利息等，区分为权益工具或金融负债。

根据规定，企业在判断一项金融工具是否应划分为金融负债或权益工具时，应当以相关合同条款及其所反映的经济实质而非仅以法律形式为依据，运用金融负债和权益工具区分的原则，正确地确定该金融工具或其组成部分的会计分类。对金融工具合同所反映经济实质的评估应基于合同的具体条款。企业不应仅依据监管规定或工具名称进行划分。

根据规定，企业发行的普通股股票应当在“股本”科目中核算，企业发行的除普通股股票以外的归类为权益工具的各种金融工具应当在“其他权益工具”科目中核算。因此，从财务会计核算的经济业务类别来看，企业的其他权益工具是指企业发行的除普通股以外的归类为权益工具的各种金融工具。

（二）金融负债和权益工具区分的基本原则

根据《企业会计准则第37号——金融工具列报》及其应用指南的规定，金融负债和权益工具的区分应当遵循如下基本原则。

1. 是否存在无条件地避免交付现金或其他金融资产的合同义务

（1）如果企业不能无条件地避免交付现金或其他金融资产来履行一项合同义务，则该合同义务符合金融负债的定义。常见的实务情形包括不能无条件地避免赎回、强制付息等。

不能无条件地避免赎回是指金融工具发行方不能无条件地避免赎回此金融工具。如果一项合同使发行方承担了以现金或其他金融资产回购自身权益工具的义务，即使发行方的回购义务取决于合同对手是否行使回售权，发行方应当在初始确认时将该义务确认为一项金融负债，其金额等于回购所需支付金额的现值。

强制付息是指金融工具发行方被要求强制支付利息。例如，一项以面值100 000元发行的优先股要求每年按6%的股息率支付优先股息，则发行方承担了支付未来每年6%股息的合同义务，应当就该强制付息的合同义务确认为金融负债。再如，企业发行了一项永续债，无固定还款期限且不可赎回，每年按8%的利率强制付息。尽管该项工具的期限永续且不可赎回，但由于企业承担了以利息形式永续支付现金的合同义务，因此，符合金融负债的定义。

（2）如果企业能够无条件地避免交付现金或其他金融资产，例如能够根据相应的议事机制自主决定是否支付股息，即无支付股息的义务，同时所发行的金融工具没有到期日且合同对手方没有回售权，或者虽有固定期限但发行方有权无限期递延，即无支付本金的义务，则此类交付现金或其他金融资产的结算条款不构成金融负债。如果发放股利由发行方根据相应的议事机制自主决定，则股利是累积股利还是非累积股利本身不会影响该金融工具被分类为权益工具。

在实务中，优先股发行时可能会附有与普通股股利支付相连结的合同条款。常见的连结条款包括股利制动机制和股利推动机制。股利制动机制的合同条款要求企业如果不支付优先股股利，则也不能支付普通股股利。股利推动机制的合同条款要求企业如果支付普通股股利，则也须支付优先股股利。如果优先股等金融工具所连结的是诸如普通股的股利，发行方根据相应的议事机制能够自主决定普通股股利的支付，则股利制动机制和股利推动机制本身均不会导致相关金融工具被分类为金融负债。

例如，甲公司发行了一项年利率为8%、无固定还款期限、可自主决定是否支付利息的不可累积永续债。该永续债嵌入了一项看涨期权，允许甲公司在发行第5年及之后以面值回购该永续债。如果甲公司在第5年末没有回购该永续债，则之后的票息率增加至12%。该永续债的票息在甲公司向其普通股股东支付股利时必须支付。甲公司根据相应的议事机制能够自主决定普通股股利的支付，甲公司发行该永续债之前多年来均支付普通股股利。本例中，尽管甲公司多年来均支付普通股股利，但由于甲公司能够根据相应的议事机制自主决定普通股股利的支付，并进而影响永续债利息的支付，对甲公司而言，该永续债利息并未形成支付现金或其他金融资产的合同义务。尽管甲公司有可能在第5年末行使回购权，但是甲公司并没有回购的合同义务。因此，该永续债应整体被分类为权益工具。此外，虽然合同中存在利率跳升安排，即利率可以从8%跳升至12%，但该安排也不构成企业无法避免的支付义务。

2. 是否通过交付固定数量的自身权益工具结算

根据定义，权益工具是证明拥有企业的资产扣除负债后的剩余权益的合同。因此，对于将来须交付企业自身权益工具的金融工具，如果未来结算时交付的权益工具数量是可变的，或者收到对价的金额是可变的，则该金融工具的结算将对其他权益工具所代表的剩余权益带来不确定性（通过影响剩余权益总额或者稀释其他权益工具），也就不符合权益工具的定义。

实务中，一项须用或可用企业自身权益工具结算的金融工具是否对其他权益工具的价值带来不确定性，通常与该工具的交易目的相关。如果该自身权益工具是作为现金或其他金融资产的替代品，例如作为商品交易中的支付手段，则该自身权益工具的接收方一般而言需要该工具在交收时具有确定的公允价值，以便得到与接受现金或其他金融资产的同等收益，因此企业所交付的自身权益工具数量是根据交付时的公允价值计算的，是可变的。反之，如果该自身权益工具是为了使持有方作为出资人享有企业（发行人）资产扣除负债的剩余权益，那么需要交付的自身权益工具数量通常在一开始就已商定，而不是交付时计算确定。

将来须用或可用企业自身权益工具结算的金融工具应当区分为衍生工具和非衍生工具。例如，甲公司发行了一项无固定期限、能够自主决定支付本息的可转换优先股。按合同规定，甲公司将在第5年末将发行的该工具强制转换为可变数量的普通股，则该可转换优先股是一项非衍生工具。又如，甲公司发行一项5年期分期付息到期还本，同时到期可转换为固定数量普通股的可转换债券，则该可转换债券中嵌入的转换权是一项衍生工具。

（1）基于自身权益工具的非衍生工具。对于非衍生工具，如果发行方未来有义务交付可变数量的自身权益工具进行结算，则该非衍生工具是金融负债；否则，该非衍生工具是权益工具。例如，甲公司发行了名义金额10 000元的优先股，合同条款规定，甲公司在3年后将该优先股强制转换为普通股，转股价格为转股日前一工作日的该普通股市价。本例中，转股价格是变动的，未来须交付的普通股数量是可变的，实质可视作甲公司将在3年后使用自身普通股并按其市价履行支付优先股10 000元的义务。

在这种情况下，该强制可转换优先股整体是一项金融负债。该例中，虽然企业通过交付自身权益工具来结算合同义务，但由于企业以可变数量的自身权益工具作为合同结算方式，该合同不能证明持有方享有发行方在扣除所有负债后的资产中的剩余权益，因此，该合同仍属于一项金融负债，而并非企业的权益工具。

（2）基于自身权益工具的衍生工具。对于衍生工具，如果发行方只能通过以固定数量的自身权益工具交换固定金额的现金或其他金融资产进行结算，即“固定换固定”，则该衍生工具是权益工具；否则，该衍生工具应当确认为衍生金融负债或衍生金融资产。例如，发行在外的股票期权赋予了工具持有方以固定价格购买固定数量的发行方股票的权利。该合同的公允价值可能会随着股票价格以及市场利率的波动而变动。但是，只要该合同的公允价值变动不影响结算时发行方可收取的现金或其他金融资产的金额，也不影响需交付的权益工具的数量，则发行方应将该股票期权作为一项权益工具处理。运用上述“固定换固定”原则来判断会计分类的金融工具常见于可转换债券，具备转换条款的永续债、优先股等。

根据规定，对于存在结算选择权的衍生工具，例如，合同规定发行方或持有方能选择以现金净额或以发行股份交换现金等方式进行结算的衍生工具，发行方应当将其确认为金融资产或金融负债；如果可供选择的结算方式均表明该衍生工具应当确认为权益工具，则应当确认为权益工具。例如，为防止附有转股权的金融工具的持有方行使转股权而导致发行方的普通股股东的股权被稀释，发行方会在衍生工具合同中加入一项现金结算选择权，即发行方有权以等值于所应支付的股票数量乘以股票市价的现金金额支付给工具持有方，而不再发行新股。在这种情况下，发行方应当将相应的转股权确认为衍生金融负债或衍生金融资产，不确认为权益工具。

将金融工具或其组成部分划分为金融负债还是权益工具，决定了发行方对相关利息、股利、利得或损失的会计处理方法。金融工具或其组成部分属于金融负债的，相关的利息、股利、利得或损失，以及赎回或再融资产生的利得或损失等，应当计入当期损益。金融工具或其组成部分属于权益工具的，其发行、回购、出售或注销时，发行方应当作为权益的变动处理；发行方不应当确认权益工具的公允价值变动；发行方对权益工具持有方的分配应作利润分配处理，发放的股票股利不影响所有者权益总额。

（三）其他权益工具的核算

1. 核算科目的设置

为核算其他权益工具的业务，企业应设置“其他权益工具”总账科目。该科目核算企业发行的除普通股以外的归类为权益工具的各种金融工具。该科目可按发行金融工具的种类等进行明细核算。企业发行的金融工具归类为其他权益工具的，应按实际收到的金额，借记“银行存款”等科目，贷记该科目。分类为其他权益工具的金融工具，在存续期间分派股利或利息的，作为利润分配处理。发行方应根据经批准的股利分配方案，按应分配给金融工具持有方的股利或利息金额，借记“利润分配”科目，贷记“应付股利”科目。

发行方发行的金融工具为既有负债成分又有权益工具成分的复合金融工具的，应按实际收到的金额，借记“银行存款”等科目，按金融工具的面值，贷记“应付债券——面值”等科目，按负债成分的公允价值与金融工具面值之间的差额，借记或贷记“应付债券——利息调整”等科目，按实际收到的金额扣除负债成分的公允价值后的金额，贷记该科目。发行复合金融工具发生的交易费用，应当在负债成分和权益成分之间按照各自占总发行价款的比例进行分摊。对于分摊至权益成分的交易费用，应当从权益中扣除。

由于发行的金融工具原合同条款约定的条件或事项随着时间的推移或经济环境的改变而发生变化，导致原归类为权益工具的金融工具重分类为金融负债的，应当于重分类日，按该工具的账面价值，借记该科目，按该工具的面值，贷记“应付债券——面值”等科目，按该工具的公允价值与面值之间的差额，借记或贷记“应付债券——利息调整”等科目，按该工具的公允价值与账面价值的差额，贷记或借记“资本公积——资本溢价或股本溢价”科目，如资本公积不够冲减的，依次冲减盈余公积和未分配利润。发行方以重分类日计算的实际利率作为应付债券后续计量利息调整等的基础。

由于发行的金融工具原合同条款约定的条件或事项随着时间的推移或经济环境的改变而发生变化，导致原归类为金融负债的金融工具重分类为权益工具的，应于重分类日，按金融负债的账面价值，贷记该科目，按金融负债的面值，借记“应付债券——面值”等科目，按其差额，借记或贷记“应付债券——利息调整”等科目。

发行方按合同条款约定赎回所发行的除普通股以外的分类为权益工具的金融工具，按赎回价格，借记“库存股——其他权益工具”科目，贷记“银行存款”等科目；注销所赎回的金融工具，按该工具对应的其他权益工具的账面价值，借记该科目，按该工具的赎回价格，贷记“库存股——其他权益工具”科目，按其差额，借记或贷记“资本公积——资本溢价或股本溢价”等科目，如资本公积不够冲减的，依次冲减盈余公积和未分配利润。

发行方按合同条款约定将发行的除普通股以外的金融工具转换为普通股的，按该工具对应的其他权益工具或金融负债的账面价值，借记该科目、“应付债券”等科目，按普通股的面值，贷记“实收资本”或“股本”等科目，按其差额，贷记“资本公积——资本溢价或股本溢价”科目，如转股时金融工具的账面价值零头不足转换为1股普通股，发行方以现金或其他金融资产退换零头时，还需按支付的现金或其他金融资产的金额，贷记“银行存款”等科目。

2. 核算举例

例 10-15

甲公司为股份有限公司，20×1年10月30日共发行优先股股票10 000股，每股面值100元，面值合计为1 000 000元（10 000×100），每股票面股息率为6%，每股发行价格120元，款项合计1 200 000元（10 000×120）存入银行。经评估判断，甲公司本次发行的优先股股票属于甲公司的权益工具。甲公司应编制如下会计分录：

借：银行存款	1 200 000	
贷：其他权益工具——优先股		1 200 000

股票依股东权利和义务的不同，可分为普通股和优先股。普通股是代表一般股权的股份，每一股有一个投票表决权，按持股比例分享收益。优先股是相对普通股而言享有优先权的股份。一般而言，优先股的优先权可以表现在两个方面，一是利润分配的优先权，二是清算分配的优先权。在利润分配上，优先股股东按照约定的票面股息率，优先于普通股股东分配公司利润。公司在向优先股股东支付股息之前，不得向普

通股股东分配利润。优先股在享有相应优先权的同时，其参与公司决策管理的权利受到限制。主要表现为优先股股东通常不出席股东大会，所持股份没有表决权。不过，通常情况下，公司累计3个会计年度或者连续2个会计年度未按约定支付优先股股息的，优先股股东有权出席股东大会，每股优先股股份享有公司章程规定的表决权。

优先股股东的利润分配优先权可以采取多种形式。例如股息可累积或股息不可累积。在股息可累积的情况下，公司当年度未支付的优先股股息可以累积至下一年度支付。在股息不可累积的情况下，公司当年度未支付的优先股股息不可以累积至下一年度支付。优先股发行时的合同条款中还可以规定优先股转换为普通股，以及发行人回购优先股的条件、价格和比例等内容。转换选择权或回购选择权可规定由发行人行使，或者由优先股股东行使。

公司应当根据优先股合同的具体条款评估判断其应当分类为金融负债、权益工具还是复合金融工具。例如，企业发行一项5年后以现金强制赎回的非累积优先股。在该优先股存续期间内，企业可以自主决定是否支付股利。这一非累积可赎回优先股是一项复合金融工具，其中的负债成分为赎回金额的折现值。负债成分采用实际利率法确认的利息支出应计入损益，而与权益成分相关的股利支付应确认为利润分配。如果该优先股的赎回不是强制性的，而是取决于持有方是否要求企业进行赎回，或者该优先股需转换为可变数量的普通股，同样的会计处理仍然适用。但是，如果该优先股赎回时所支付的金额还包括未支付的股利，则整个工具是一项金融负债。在这种情况下，支付的所有股利都应计入损益。

例10-16

甲公司为股份有限公司，20×1年2月1日与乙公司签订一项合同，向乙公司发行以自身普通股为标的的看涨期权。当日，该期权的公允价值为6 000元，甲公司收到乙公司支付的相应款项并存入银行。当日，甲公司普通股每股市价为100元。根据该期权合同，乙公司的行权日确定为20×2年1月31日，如果乙公司行权，乙公司有权以每股102元的价格从甲公司购入普通股1 000股。甲公司普通股的每股面值为1元。该期权将以甲公司普通股总额进行结算，即甲公司将向乙公司发行相应的普通股股份总数1 000股进行结算。20×2年1月31日，乙公司行权。甲公司收到相应购股款项102 000元（1 000×102），同时，发行普通股1 000股，增加股本1 000元（1 000×1）。其他有关资料为：20×1年12月31日甲公司普通股每股市价为103元，20×2年1月31日甲公司普通股每股市价为104元；20×1年12月31日该期权的公允价值为3 000元，20×2年1月31日该期权的公允价值为2 000元。

根据以上资料，甲公司应编制如下会计分录：

(1) 20×1年2月1日，确认发行的看涨期权时。

借：银行存款	6 000	
贷：其他权益工具		6 000

(2) 20×2年1月31日，乙公司行权时。

借：银行存款	102 000	
其他权益工具	6 000	
贷：股本		1 000
资本公积——股本溢价		107 000

本例中，甲公司将以固定数量的自身股票 1 000 股换取固定金额的现金 102 000 元，即采用“固定换固定”的结算方式，因此，将本次发行的衍生工具即股票期权确认为权益工具。由于该期权合同确认为权益工具，因此，甲公司无须就该期权的公允价值变动作出会计处理，即无须在 20×1 年 12 月 31 日编制会计分录。另外，由于该看涨期权是价内期权，即行权价格 102 元小于市场价格 104 元，乙公司在行权日行使了该期权。如果行权日的行权价格大于市场价格，乙公司放弃行权，甲公司发行期权时确认的其他权益工具应当转入资本公积的股本溢价。

例 10－17

沿用例 10－16 的资料，假定该期权合同约定，该期权采用现金净额结算，即甲公司以支付现金净额的方式支付乙公司行权价格 102 000 元（102×1 000）小于行权日甲公司普通股市场价格 104 000 元（104×1 000）的差额 2 000 元（104 000－102 000），其他资料不变。甲公司应编制如下会计分录：

（1）20×1 年 2 月 1 日，确认发行的看涨期权时。

借：银行存款　　6 000
　　贷：衍生工具　　6 000

（2）20×1 年 12 月 31 日，确认期权公允价值减少时。

借：衍生工具　　3 000
　　贷：公允价值变动损益　　3 000

（3）20×2 年 1 月 31 日，确认期权公允价值减少时。

借：衍生工具　　1 000
　　贷：公允价值变动损益　　1 000

（4）20×2 年 1 月 31 日，乙公司行权时。

借：衍生工具　　2 000
　　贷：银行存款　　2 000

“衍生工具”科目核算企业衍生工具的公允价值及其变动形成的衍生金融资产或衍生金融负债，属于资产和负债共同类科目，不属于所有者权益类科目。即如果采用现金净额结算，该期权合同就不属于甲公司的权益工具。因此，甲公司不能将其作为其他权益工具予以确认和核算。

本例中，如果该期权合同约定，该期权将以普通股净额结算，乙公司行权时，甲公司实际向乙公司交付普通股股份数为 19.2 股（2 000/104）。因交付的普通股数量须为整数，实际交付 19 股，余下的金额 24 元（2 000－19×104）以银行存款支付。甲公司 20×1 年 2 月 1 日确认发行的看涨期权时，以及 20×1 年 12 月 31 日和 20×2 年 1 月 31 日确认期权公允价值减少时编制的会计分录，如同以上采用现金净额结算情况下的会计分录。20×2 年 1 月 31 日乙公司行权时，甲公司应编制如下会计分录：

借：衍生工具　　2 000
　　贷：股本　　19
　　　　资本公积——股本溢价　　1 957
　　　　银行存款　　24

与采用现金净额结算的情况一样，如果该期权以普通股净额结算，该期权合同也不属于甲公司的权益工具。因此，甲公司也不能将其作为其他权益工具予以确认和核算。

第三节 资本公积和其他综合收益

一、资本公积的概念

资本公积包括资本溢价或股本溢价以及其他按会计准则规定应当计入其他资本公积的内容。其中，资本溢价或股本溢价是企业收到投资者投入的超出其在企业注册资本中所占份额的投资。形成资本溢价或股本溢价的原因主要是股票溢价发行、投资者超额缴入资本等。

资本公积与实收资本或股本的主要区别，一是实收资本或股本构成企业的法定注册资本，而资本公积不构成企业的法定注册资本。法定注册资本是企业依法登记、投资者需要如数投入的资本数额。二是实收资本或股本代表了投资者在企业所有者权益中享有的份额，它是所有者参与企业财务经营决策、分得企业利润或股利以及企业清算时取得企业清算财产的依据；资本公积不代表投资者在企业所有者权益中享有的份额，资本公积的主要用途是转增资本。

资本公积与留存收益的主要区别是，留存收益来源于企业历年实现的利润，它与所有者投入资本的业务无关；资本公积主要来源于所有者的投入资本，它与企业历年实现的利润无关。

二、资本公积的核算

（一）资本溢价和股本溢价

企业在核算资本公积时，将资本公积区分为资本溢价或股本溢价以及其他资本公积两大类。在有限责任公司中，投资者的出资大于其在注册资本中所占份额的差额称为资本溢价。有限责任公司创立时，投资者认缴的出资额与注册资本一致，因此不会产生资本溢价。有限责任公司经营了一段时间后，在有新的投资者要加入时，其出资额通常要高于其在注册资本中所占的份额。因为新投入的资本通常有较高的利润回报率，同时，新加入的投资者还享有企业以前年度实现的利润累积。资本溢价可以用来平衡新加入的投资者与原投资者之间的利益关系。资本溢价的会计核算如本章前面实收资本的业务举例，此处不再重复举例说明。

在股份有限公司中，投资者购买股票的价格超过股票面值的差额形成企业的股本溢价。也即股本溢价是投资者超股票面值缴入的资本。由于股份有限公司在创立时就可能溢价发行股票，因此，股份有限公司在创立时就可能会有股本溢价。当然，股份有限公司在经营了一段时间后增发股票筹集资金时，也可能会溢价发行股票，形成股本溢价。股份有限公司在发行股票过程中发生的手续费、佣金等交易费用，应当冲减资本公积中的股本溢价，即作为股本溢价的减少处理。

为核算资本公积的业务，企业应设置“资本公积”总账科目。该科目分别“资本溢价”或“股本溢价”以及“其他资本公积”进行明细核算。企业因接受投资者投入资本、可转换公司债券转为公司资本等原因而形成资本公积时，借记“银行存款”“应付债券——可转换公司债券”等科目，贷记“实收资本”或“股本”科目，贷记“资本公积——资本溢价”或“资本公积——股本溢价”科目。发生与发行权益性证券直接相关的手续费、佣金等交易费用时，借记“资本公积——股本溢价”科目，贷记“银行存款”等科目。该科目期末贷方余额反映企业的资本公积。

例 10－18

甲公司为股份有限公司，20×1 年 4 月 1 日首次公开发行股票 35 000 000 股，每股面值为 1 元，每股发行价格为 4 元。甲公司与乙证券公司签订委托代理发行股票协议，约定乙证券公司按发行收入的 3%收取代理手续费，从股票发行收入中扣除，余款交甲公司。20×1 年 5 月 5 日，甲公司收到受托发行单位乙公司交来的股票发行收入 135 800 000 元（35 000 000×4－35 000 000×4×3%），款项已存入开户银行。其中，乙公司扣除的代理手续费为 4 200 000 元（35 000 000×4×3%）。甲公司应计入资本公积中的股本溢价的数额为 100 800 000 元（135 800 000－35 000 000）。甲公司应编制如下会计分录：

借：银行存款	135 800 000	
贷：股本		35 000 000
资本公积——股本溢价		100 800 000

（二）其他资本公积

1. 权益法下投资企业享有或分担的被投资单位所有者权益的其他变动

长期股权投资采用权益法核算的，被投资单位除净损益、其他综合收益和利润分配以外所有者权益的其他变动，投资企业应按持股比例计算应享有或分担的份额，并将应享有或分担的份额计入资本公积中的其他资本公积，即应借记或贷记“长期股权投资——其他权益变动”科目，贷记或借记“资本公积——其他资本公积”科目。

有关权益法下投资企业对被投资单位除净损益、其他综合收益和利润分配以外所有者权益其他变动的会计核算，可参阅长期股权投资章节中的有关内容，此处不再重复举例说明。

2. 以权益结算的股份支付

股份支付是指企业为获取职工和其他方提供服务而授予权益工具或者承担以权益工具为基础确定的负债的交易。企业向其雇员支付期权等作为薪酬或奖励措施的行为，是目前具有代表性的股份支付交易。股份支付具有如下主要特征：一是股份支付是企业与职工或其他方之间的交易。企业与股东之间、企业合并中的合并方与被合并方之间发生的股份支付不属于我国《企业会计准则第 11 号——股份支付》中定义的股份支付。二是股份支付是企业以获取职工或其他方服务为目的的交易。企业实施股份支付是为了激励企业职工更好地从事生产经营活动，达到预定业绩目标，而不是为了转手获利。三是股份支付交易的对价或其定价与企业自身权益工具未来的价值密切相关。在股份支付中，企业要么向职工支付其权益工具，要么向职工支付一笔现金，而其金额高低取决于行权时企业自身权益工具的公允价值。

按照支付的方式和工具类型，股份支付主要有以权益结算的股份支付和以现金结算的股份支付两类。其中，以权益结算的股份支付是指企业为获取服务而以股份或其他权益工具作为对价进行结算的交易。以现金结算的股份支付是指企业为获取服务而承担的以股份或其他权益工具为基础计算确定的支付现金或其他资产义务的交易。

股份支付通常涉及授予日、可行权日、行权日和出售日四个重要交易时点。其中，授予日是指股份支付协议获得批准的日期。其中的获得批准，是指企业与职工或其他方就股份支付的协议条款和条件已达成一致，该协议已经获得股东会或类似机构的批准。可行权日是指可行权条件得到满足，职工或其他方具有从企业取得权益工具或现金权利的日期。从授予日至可行权日之间的这段时间称为等待期，即等待可行权条件得到满足的期间。可行权条件可以包括服务期限条件或业绩条件。服务期限条件是指职工完成规定服务期限才可行权的条件，如职工应当在企业服务满3年后才能行权的条件。业绩条件是指职工完成规定服务期限且企业已经达到预定业绩目标才可行权的条件，其中的预定业绩目标如利润增长率、股价上升幅度等。行权日是指职工或其他方行使权利、获得权益工具或现金的日期。例如，持有股票期权的职工行使了以特定价格购买一定数量本企业股票的权利，该日期即为行权日。其中的特定价格是股份支付协议中约定的价格。行权是按期权的约定价格实际购买股票，一般是在可行权日之后至期权到期日之前的可选择时段内行权。出售日是指股票的持有人将行使期权所取得的期权股票出售的日期。按照我国相关规定，用于期权激励的股份支付协议，应在行权日与出售日之间设立禁售期，其中，国有控股上市公司的禁售期不得低于2年。

在权益结算的股份支付方式下，对于用于换取职工服务的股份支付，企业应当按授予职工权益工具的公允价值计量。在授予日，企业应当合理确定授予职工权益工具的公允价值。但此时，企业不作相应的会计处理。在等待期内，即授予日与可行权日之间的这段时间内，企业应在每个资产负债表日，以对可行权权益工具数量的最佳估计为基础，按照权益工具在授予日的公允价值，将当期取得的职工服务计入相关资产成本或当期费用，同时，计入资本公积中的其他资本公积。在可行权日之后，企业不再对已确认的相关成本或费用和所有者权益总额进行调整。在行权日，企业应根据实际行权的权益工具数量，计算确定应转入实收资本或股本的金额，将其转入实收资本或股本，同时，等待期内计入资本公积中的其他资本公积也相应转出至实收资本或股本和资本公积中的资本溢价或股本溢价。

企业以权益结算的股份支付换取职工或其他方面提供服务的，应在等待期内的每个资产负债表日，按照确定的金额，借记"管理费用"等科目，贷记"资本公积——其他资本公积"科目。在行权日，按实际行权的权益工具数量计算确定的相应金额，借记"银行存款""资本公积——其他资本公积"科目，按计入实收资本或股本的金额，贷记"实收资本"或"股本"科目，按其差额，贷记"资本公积——资本溢价"或"资本公积——股本溢价"科目。

例 10-19

甲公司为股份有限公司。20×1年1月1日，甲公司向其100名高级管理人员、高级技术人员等公司职工每人授予500股股票期权。根据股份支付协议的约定，这些公司职工从20×1年1月1日起在甲公司连续服务3年后，即可以每股5元的价格购买甲公司的股票500股，从中获益。甲公司估计该股票期权在授予日的公允价值为每份21元。甲公司在该股票期权授予日后，第一年有10名相关职工离开公司，公司估计在该股票期权实施的三年中，相关职工的离职比例将达到25%。第二年又有5名相关职工离开公司，公司将估计相关职工的离职比例调整为20%。第三年，又有6名相关职工离开公司。20×4年3月31日，相关剩余职工79人（100—10—5—6），在可行权日之后至期权到期日之前，以每股约定的购买价格5元购买了甲公司的股票合计39 500股（79×500），甲公司共获得相应的收入197 500元（39 500×5），款项已存入银行。甲公司股票的面值为每股1元。甲公司此次股份支付实施过程中取得的相关职工服务计入企业的管理费用，相应管理费用和资本公积的数额计算可如表10-1所示。

表10-1　费用和资本公积计算表　　单位：元

年份	计算	当期费用	累计费用
20×1	100×500×(1−25%)×21×1/3	262 500	262 500
20×2	100×500×(1−20%)×21×2/3−262 500	297 500	560 000
20×3	(100−10−5−6)×500×21−560 000	269 500	829 500

根据表10-1中的计算结果，甲公司应编制如下会计分录：

（1）20×1年12月31日，计算股份支付中的费用和资本公积时。

借：管理费用　262 500

　贷：资本公积——其他资本公积　262 500

（2）20×2年12月31日，计算股份支付中的费用和资本公积时。

借：管理费用　297 500

　贷：资本公积——其他资本公积　297 500

（3）20×3年12月31日，计算股份支付中的费用和资本公积时。

借：管理费用　269 500

　贷：资本公积——其他资本公积　269 500

（4）20×4年3月31日，获得股权激励的对象行权时。

借：银行存款　197 500

　　资本公积——其他资本公积　829 500

　贷：股本　39 500

　　　资本公积——股本溢价　987 500

本例中，甲公司于20×1年1月1日股份支付授予日，通常需要按照期权定价模型来估计此项股票期权的公允价值。在选择适用的期权定价模型时，企业应考虑熟悉情况和自愿的市场参与者将会考虑的因素。这些因素至少应当包括期权的行权价格、期权期限、基础股份的现行价格、股价的预计波动率、股份的预计股利、期权期限内的无风险利率等。由于授予职工的股票期权通常受到一些不同于交易期权的条款和条件的限制，如授予职工的股票期权不能自由转让等，因此，在许多情况下，在授予日难以获得其市场价格。由此，企业需要选用合适的定价模型来确定其在授予日的公允价值。股票期权的公允价值确定后，在可行权日之前的等待期，它是确定各会计期间相应费用和资本公积的基础。等待期内相应费用和资本公积的合计数，即为实际行权人数取得的股票期权的公允价值。相关职工行权后，这些职工可以通过行权价格与股票市场价格之间的差价，获得相应的收益。这些收益即是企业给职工的劳动补偿。股票的市场价格越高，职工的收益越大。

企业可以通过回购本企业股票的方式进行职工期权激励。当企业以回购的库存股进行职工期权激励时，企业将减少相应的库存股数额。通常的会计处理为：借记“银行存款”“资本公积——其他资本公积”科目，贷记“库存股”“资本公积——股本溢价”科目。

例 10-20

甲公司为股份有限公司。20×1 年 1 月 1 日，甲公司向其 100 名高级管理人员、高级技术人员等公司职工每人授予 500 股股票期权。根据股份支付协议的约定，相关职工在达到约定的可行权条件时，可以每股 5 元的价格购买本公司相应数量的股票。相应的可行权条件为：20×1 年末，公司当年净利润增长率达到 20%；20×2 年末，公司 20×1 年至 20×2 年两年的净利润平均增长率达到 15%；20×3 年末，公司 20×1 年至 20×3 年三年的净利润平均增长率达到 10%。甲公司估计每份期权在 20×1 年 1 月 1 日授予日的公允价值为 18 元。20×1 年末，公司当年的实际净利润增长率为 18%，没有达到约定的可行权条件，但公司预计 20×1 年至 20×2 年两年的净利润平均增长率将超过 15%，达到约定的可行权条件。当年有 5 名相关职工离开公司，预计 20×2 年将又有 6 名相关职工离开公司。20×2 年末，公司 20×1 年至 20×2 年两年的实际净利润平均增长率为 14%，没有达到约定的可行权条件，但公司预计 20×1 年至 20×3 年三年的净利润平均增长率将超过 10%，达到约定的可行权条件。当年有 8 名相关职工离开公司，预计 20×3 年将又有 4 名相关职工离开公司。20×3 年末，公司 20×1 年至 20×3 年三年的实际净利润平均增长率为 12%，达到了约定的可行权条件。当年有 3 名相关职工离开公司。20×4 年 3 月 31 日，相关剩余职工 84 人（100－5－8－3），在可行权日之后至期权到期日之前，以每股约定的购买价格 5 元购买了甲公司的股票合计 42 000 股（84×500），甲公司共获得相应的收入 210 000 元（42 000×5），款项已存入银行。甲公司以购入的库存股向相关职工支付了股票，相应库存股的成本为 630 000 元。甲公司此次股份支付实施过程中取得的相关职工服务计入企业的管理费用，相应管理费用和资本公积的数额计算可如表 10-2 所示。

表 10-2 费用和资本公积计算表

单位：元

年份	计算	当期费用	累计费用
20×1	(100－5－6)×500×18×1/2	400 500	400 500
20×2	(100－5－8－4)×500×18×2/3－400 500	97 500	498 000
20×3	(100－5－8－3)×500×18－498 000	258 000	756 000

根据表 10-2 中的计算结果，甲公司应编制如下会计分录：

(1) 20×1 年 12 月 31 日，计算股份支付中的费用和资本公积时。

借：管理费用　400 500

　贷：资本公积——其他资本公积　400 500

(2) 20×2 年 12 月 31 日，计算股份支付中的费用和资本公积时。

借：管理费用　97 500

　贷：资本公积——其他资本公积　97 500

(3) 20×3 年 12 月 31 日，计算股份支付中的费用和资本公积时。

借：管理费用　258 000

　贷：资本公积——其他资本公积　258 000

(4) 20×4 年 3 月 31 日，获得股权激励的对象行权时。

借：银行存款　210 000

　资本公积——其他资本公积　756 000

　贷：库存股　630 000

　　资本公积——股本溢价　336 000

本例中，甲公司在 20×1 年末没有达到约定的可行权条件。由于甲公司估计在 20×2 年末可以达到约定的可行权条件，所以，甲公司将预计的等待期调整为 2 年。相应的费用和资本公积的数额以 2 年作为等待期进行估计。20×2 年末，甲公司仍然没有达到约定的可行权条件，但甲公司估计在 20×3 年末可以达到约定的可行权条件，所以，甲公司将预计的等待期调整为 3 年，并按 3 年等待期来估计第 2 年的费用和资本公积的数额。20×3 年末，甲公司达到了约定的可行权条件。之后，甲公司不再调整相应的费用和资本公积的数额。待相关获得股权激励的职工行权时，结转等待期内确认的资本公积的其他资本公积。

例 10－19 的以权益结算的股份支付属于附服务年限条件的权益结算股份支付，例 10－20 的以权益结算的股份支付属于附业绩条件的权益结算股份支付。无论是属于哪种情况下的股份支付，企业授予相关职工股票期权的价值，都属于企业向职工支付的一种薪酬，即以股份支付的职工薪酬。该职工薪酬的总额需要在期权授予日至可行权日之间的等待期内，以最佳估计数分期计入相应的费用成本，并计入资本公积中的其他资本公积。

在以现金结算的股份支付方式下，企业应当在等待期内的每个资产负债表日，以对可行权情况的最佳估计为基础，按照企业承担负债的公允价值，将当期取得的服务计入相关资产成本或当期费用，同时计入负债。因此，以现金结算的股份支付不涉及资本公积的核算，它涉及负债的核算。如果是针对企业职工实施的现金结算股份支付计划，它具体涉及负债中的应付职工薪酬的核算。

我国《公司法》规定，公司收购本公司股份用于员工持股计划或者股权激励的，可以依照公司章程的规定或者股东大会的授权，经董事会会议决议。公司合计持有的本公司股份数不得超过本公司已发行股份总额的 10%，并应当在 3 年内转让或者注销。

（三）资本公积转增资本

资本公积转增资本是所有者权益内部结构的调整，是企业注册资本的增加，属于企业增资的方式之一，也是企业资本公积的主要用途。经股东会决议，企业用资本公积转增资本时，借记“资本公积”科目，贷记“实收资本”或“股本”科目。

有关资本公积转增资本的会计核算，可参阅本章前面有关实收资本核算的业务举例，此处不再重复举例说明。

三、其他综合收益

（一）其他综合收益的概念

其他综合收益是指企业根据相关会计准则的规定未在当期损益中确认的各项利得和损失，包括以后会计期间不能重分类进损益的其他综合收益和以后会计期间满足规定条件时将重分类进损益的其他综合收益两类。其中，以后会计期间不能重分类进损益的其他综合收益项目，主要包括重新计量设定受益计划变动额、权益法下不能转损益的其他综合收益、其他权益工具投资公允价值变动、企业自身信用风险公允价值变动等。以后会计期间满足规定条件时将重分类进损益的其他综合收益项目，主要包括权益法下可转损益的其他综合收益、其他债权投资公允价值变动、金融资产重分类计入其他综合收益的金额、其他债权投资信用减值准备、自用房地产转换为投资性房地产时公允价值大于账面价值的差额等。

（二）其他综合收益的核算

为核算其他综合收益的业务，企业应设置“其他综合收益”总账科目。该科目贷方登记其他综合收益的确认数或增加数，借方登记其他综合收益的转销数或减少数，期末余额反映企业实现的其他综合收益。

1. 重新计量设定受益计划变动额

企业确认重新计量设定受益计划净负债或净资产产生的利得或损失时，借记或贷记“应付职工薪酬”科目，贷记或借记“其他综合收益”科目。

有关重新计量设定受益计划变动额的会计核算，可参阅流动负债章节中的有关内容，此处不再重复举例说明。

2. 其他权益工具投资公允价值变动

其他权益工具投资公允价值变动时，借记或贷记“其他权益工具投资——公允价值变动”科目，贷记或借记“其他综合收益——其他权益工具投资公允价值变动”科目。当其他权益工具投资终止确认时，之前计入其他综合收益的累计利得或损失从其他综合收益转入留存收益。

有关其他权益工具投资公允价值变动的会计核算，可参阅金融资产章节中的有关内容，此处不再重复举例说明。

3. 其他债权投资公允价值变动

其他债权投资公允价值变动时，借记或贷记“其他债权投资——公允价值变动”科目，贷记或借记“其他综合收益——其他债权投资公允价值变动”科目。其他债权投资出售或终止确认时，之前计入其他综合收益的累计利得或损失从其他综合收益转入当期损益。

有关其他债权投资公允价值变动的会计核算，可参阅金融资产章节中的有关内容，此处不再重复举例说明。

4. 金融资产重分类计入其他综合收益的金额

企业将债权投资重分类为其他债权投资时，原账面价值与公允价值之间的差额计入其他综合收益。企业将其他债权投资重分类为债权投资时，应当将之前计入其他综合收益的累计利得或损失转出，调整该金融资产在重分类日的公允价值。企业将其他债权投资重分类为交易性金融资产时，应当将之前计入其他综合收益的累计利得或损失从其他综合收益转入当期损益。

有关金融资产重分类涉及其他综合收益金额的会计核算，可参阅金融资产章节中的有关内容，此处不再重复举例说明。

5. 其他债权投资信用减值准备

企业计提其他债权投资信用减值准备时，借记或贷记“信用减值损失”科目，贷记或借记“其他综合收益——信用减值准备”科目。实际发生信用损失，经批准予以核销时，借记“其他综合收益——信用减值准备”科目，贷记“其他债权投资”科目。

有关其他债权投资信用减值准备的会计核算，可参阅金融资产章节中的有关内容，此处不再重复举例说明。

6. 自用房地产转换为投资性房地产时公允价值大于账面价值的差额

企业在将自用房地产转换为投资性房地产时，应当按转换日自用房地产的公允价值，借记“投资性房地产——成本”科目，按自用房地产已计提的累计折旧或累计摊销，借记“累计折旧”“累计摊销”科目，按自用房地产的账面余额，贷记“固定资产”“无形资产”等科目，按自用房地产的公允价值大于账面价值的差额，贷记“其他综合收益”科目。企业在处置投资性房地产时，因转换形成的其他综合收益应当予以转出，借记“其他综合收益”科目，贷记“其他业务收入”科目。

有关自用房地产转换为采用公允价值模式进行后续计量的投资性房地产的会计核算，可参阅投资性房地产章节中的有关内容，此处不再重复举例说明。

7. 权益法下投资企业享有或分担的被投资单位其他综合收益的变动

长期股权投资采用权益法核算的，被投资单位其他综合收益的变动，投资企业应按持股比例计算应享有或分担的份额，并将应享有或分担的份额计入其他综合收益，即应借记或贷记“长期股权投资——其他综合收益”科目，贷记或借记“其他综合收益”科目。

由权益法下投资企业享有或分担的被投资单位其他综合收益的变动形成的其他综合收益，需要区分为权益法下不能转损益的其他综合收益和权益法下可转损益的其他综合收益两类。权益法下不能转损益的其他综合收益，如按权益法核算因被投资单位重新计量设定受益计划净负债或净资产变动导致的权益变动，投资企业按持股比例计算确认的该部分其他综合收益等。权益法下可转损益的其他综合收益，如按权益法核算因被投资单位其他债权投资公允价值变动导致的权益变动，投资企业按持股比例计算确认的该部分其他综合收益等。权益法下可转损益的其他综合收益，待相应长期股权投资处置时，将原计入其他综合收益的金额转入当期损益。

有关权益法下投资企业对享有或分担的被投资单位其他综合收益变动的会计核算，可参阅长期股权投资章节中的有关内容，此处不再重复举例说明。

第四节 留存收益

一、盈余公积

（一）盈余公积的概念

留存收益是指企业历年实现的净利润经向所有者分配后留存于企业的部分，它是企业的利润积累。留存收益由盈余公积和未分配利润组成。其中，盈余公积是指企业按照有关规定从净利润中提取的利润积累。公司制企业的盈余公积包括法定盈余公积和任意盈余公积。其中，法定盈余公积是指企业按照法律法规的规定从净利润中提取的盈余公积。任意盈余公积是指企业按照股东会的决议提取的盈余公积。

根据我国《公司法》以及有关规定，企业在当年实现的利润，应当按照如下顺序进行分配：

（1）弥补以前年度亏损，但不得超过税法规定的弥补期限。按照规定，企业发生亏损时，可以用以后五年内实现的税前利润弥补。五年内实现的税前利润仍不能弥补的，应当用税后利润弥补。

(2) 缴纳所得税。缴纳了所得税后的利润称为净利润或税后利润。相应地，缴纳了所得税前的利润称为利润总额或税前利润。

(3) 弥补在税前利润弥补亏损之后仍然存在的亏损。即为以税后利润弥补亏损。

(4) 提取法定盈余公积。法定盈余公积按照企业税后利润的10%提取。当法定盈余公积的累计额达到企业注册资本的50%以上时，可以不再提取法定盈余公积。

(5) 提取任意盈余公积。企业是否需要提取任意盈余公积，以及需要提取多少任意盈余公积，这由企业的股东会决定。法定盈余公积和任意盈余公积的主要区别之一，是它们的提取依据不同。法定盈余公积的提取依据为国家的法律法规，企业需要依法提取。任意盈余公积的提取依据为企业股东会的决定，即由企业的权力机构自行决定。

(6) 向股东分配利润。企业的利润在弥补了亏损、缴纳了所得税以及提取了盈余公积之后，剩余的税后利润通常按股东出资比例或股东持有的股份比例进行分配。

企业股东会或董事会违反规定，在企业弥补亏损和提取法定盈余公积之前向股东分配利润的，股东必须将违反规定分配的利润退还企业。企业持有的本企业股份不得分配利润。

企业从净利润中提取的盈余公积，其用途主要有如下三个：一是用于弥补亏损。当企业发生特大亏损，用税后利润仍不能弥补亏损数额时，企业可以用盈余公积弥补亏损。二是用于转增资本。企业为了增加资本规模，可以将一部分盈余公积转增资本。企业在将盈余公积转增资本时，需要经股东大会决议批准。根据我国《公司法》的规定，企业在将法定盈余公积转增资本时，转增后留存的法定盈余公积不得少于转增前企业注册资本的25%。企业在将任意盈余公积转增资本时，法律没有相应的限制。三是用于扩大生产经营。企业提取盈余公积的一个重要原因，是为了限制股利的分配，将相应的资金留存在企业，用于扩大生产经营规模。企业盈余公积的资金，可能表现为一定数量的货币资金，也可能表现为一定数量的实物资产。这笔资金不是一笔单独的资金，它与企业的其他资金结合在一起，在企业中进行循环周转，用于企业的生产经营活动。

（二）盈余公积的核算

1. 提取盈余公积

为核算盈余公积的业务，企业应设置“盈余公积”总账科目。该科目应分别“法定盈余公积”和“任意盈余公积”进行明细核算。企业按规定提取盈余公积时，借记“利润分配——提取法定盈余公积”“利润分配——提取任意盈余公积”科目，贷记“盈余公积——法定盈余公积”“盈余公积——任意盈余公积”科目。该科目期末贷方余额反映企业的盈余公积。

例 10-21

甲公司20×1年实现的净利润为2 000 000元，同时没有需要弥补的以前年度亏损，法定盈余公积的累计额尚未达到注册资本的50%。20×1年12月31日，甲公司依法按照当年实现的净利润的10%提取法定盈余公积200 000元（2 000 000×10%）。甲公司应编制如下会计分录：

借：利润分配——提取法定盈余公积　　200 000
　　贷：盈余公积——法定盈余公积　　200 000

本例中，“利润分配——提取法定盈余公积”科目的借方余额经转入“利润分配——未分配利润”科目的借方后，企业可供向投资者分配的利润减少，相应的数额留存在了“盈余公积——法定盈余公积”中。

例 10－22

沿用例 10－21 的资料，20×2 年 1 月 20 日，经股东大会决议通过，甲公司按照当年实现的净利润的 15%提取任意盈余公积 300 000 元（2 000 000×15%）。甲公司应编制如下会计分录：

借：利润分配——提取任意盈余公积　　300 000
　　贷：盈余公积——任意盈余公积　　300 000

本例中，甲公司提取任意盈余公积 300 000 元，其目的，可以是一般意义上的弥补以后年度可能发生的亏损、以后年度可能需要的转增资本等，也可以是具体针对购建一项大型固定资产、偿还一项大额长期债务本金等，为其积累资金。

2. 盈余公积弥补亏损

企业用以弥补亏损的资金，除了可以有当年的税前利润或税后利润外，还可以有以前年度提取的盈余公积。企业以盈余公积弥补亏损时，借记“盈余公积”科目，贷记“利润分配——盈余公积补亏”科目。

例 10－23

甲公司于 20×1 年 3 月 12 日经股东大会决议通过，用任意盈余公积 80 000 元弥补亏损。甲公司应编制如下会计分录：

借：盈余公积——任意盈余公积　　80 000
　　贷：利润分配——盈余公积补亏　　80 000

本例中，“利润分配——盈余公积补亏”科目的贷方余额经转入“利润分配——未分配利润”科目的贷方后，企业的亏损数额减少，相应的留存在企业中的“盈余公积——任意盈余公积”的数额也减少。

根据我国《公司法》的规定，法定盈余公积不足以弥补以前年度亏损的，在依照规定提取法定盈余公积之前，应当先用当年利润弥补亏损。

3. 盈余公积转增资本

当企业提取的盈余公积达到一定数额后，经股东大会决议批准，企业可以将一部分盈余公积转增资本，以增强企业的资本实力。用盈余公积派送新股的，按派送新股计算的金额，借记“盈余公积”科目，按股票面值和派送新股总数计算的股票面值总额，贷记“股本”科目。盈余公积转增资本的业务及其会计核算，可参阅本章前面有关实收资本的相应内容，此处不再重复举例说明。

4. 用盈余公积发放现金股利

如果企业可供向投资者分配的利润不多，决定用一部分盈余公积发放现金股利的，在宣告发放现金股利时，按使用利润分配中未分配利润的数额，借记“利润分配——应付现金股利”科目，按使用盈余公积的数额，借记“盈余公积”科目，按宣告分配股利的总数，贷记“应付股利”科目。实际发放现金股利时，借记“应付股利”科目，贷记“银行存款”科目。

例 10-24

甲公司为股份有限公司。20×1年12月31日，甲公司的普通股股本为40 000 000元，每股面值为1元，可供向投资者分配的利润为1 000 000元，盈余公积为8 000 000元。20×2年3月10日，经股东大会决议通过，甲公司宣告发放现金股利，每股0.1元，共计4 000 000元（40 000 000×0.1），其中，1 000 000元以可供向投资者分配的利润发放，另外3 000 000元（4 000 000−1 000 000）使用盈余公积发放。20×2年4月2日，甲公司以银行存款发放了现金股利4 000 000元。甲公司应编制如下会计分录：

(1) 20×2年3月10日，宣告发放现金股利时。

借：利润分配——应付现金股利　　1 000 000
　　盈余公积　　3 000 000
　贷：应付股利　　4 000 000

(2) 20×2年4月2日，以银行存款发放现金股利时。

借：应付股利　　4 000 000
　贷：银行存款　　4 000 000

二、未分配利润

（一）未分配利润的概念

未分配利润是企业留待以后年度进行分配的利润，是企业对净利润进行分配后的剩余利润结存。从数量上说，未分配利润是期初未分配利润，加上本期实现的净利润，减去提取的盈余公积和向投资者分派的股利或利润后的余额。未分配利润是一个历年累积数额的概念，其中，既有当年净利润经分配后转入的部分，也有历年累积净利润经分配后转入的部分。从来源上说，企业实现的净利润是未分配利润的根本来源。如果企业没有净利润，也就不会有未分配利润。

相对于所有者权益的其他部分来说，企业对未分配利润的使用具有较大的自主权。

（二）未分配利润的核算

为核算未分配利润的业务，企业应设置“利润分配——未分配利润”科目。年度终了，企业将本年实现的净利润从“本年利润”科目转入“利润分配——未分配利润”科目时，借记“本年利润”科目，贷记“利润分配——未分配利润”科目；结转本年发生的净亏损时，作相反的会计分录。

企业按规定对净利润进行分配、提取盈余公积时，借记“利润分配——提取法定盈余公积”“利润分配——提取任意盈余公积”科目，贷记“盈余公积——法定盈余公积”“盈余公积——任意盈余公积”科目。企业向股东或投资者分配现金股利或利润时，借记“利润分配——应付现金股利”科目，贷记“应付股利”科目。企业向股东分配股票股利时，借记“利润分配——转作股本的股利”科目，贷记“股本”科目。企业用盈余公积弥补亏损时，借记“盈余公积——法定盈余公积”“盈余公积——任意盈余公积”科目，贷记“利润分配——盈余公积补亏”科目。

年度终了，企业将“利润分配”科目所属明细科目的余额转入“利润分配——未分配利润”科目时，借记“利润分配——未分配利润”科目，贷记“利润分配——提取法定盈余公积”“利润分配——提取任意盈余公积”“利润分配——应付现金股利”“利润分配——转作股本的股利”等科目。结转后，“利润分配”总账科目除了“未分配利润”明细科目有余额外，其他明细科目应无余额。“利润分配——未分配利润”科目期末余额反映企业的未分配利润或未弥补亏损。

例 10-25

甲公司 20×1 年初的未分配利润为 600 000 元，20×1 年度实现的净利润为 400 000 元。甲公司按照 20×1 年度实现的净利润的 10%提取法定盈余公积 40 000 元（400 000×10%），同时，对 20×1 年度实现的净利润提取任意盈余公积 20 000 元。在对 20×1 年度实现的净利润提取了盈余公积后，甲公司根据 20×1 年初的未分配利润数额以及 20×1 年度实现的净利润经提取盈余公积后的数额，宣告发放现金股利 100 000 元。根据以上经济业务，甲公司应编制如下会计分录：

（1）20×1 年末，将当年实现的净利润转入利润分配时。

借：本年利润	400 000	
贷：利润分配——未分配利润		400 000

（2）20×1 年末，提取盈余公积时。

借：利润分配——提取法定盈余公积	40 000	
——提取任意盈余公积	20 000	
贷：盈余公积——法定盈余公积		40 000
——任意盈余公积		20 000

（3）20×1 年末，宣告发放现金股利时。

借：利润分配——应付现金股利	100 000	
贷：应付股利		100 000

（4）20×1 年末，结转利润分配的明细科目余额时。

借：利润分配——未分配利润	160 000	
贷：利润分配——提取法定盈余公积		40 000
——提取任意盈余公积		20 000
——应付现金股利		100 000

本例中，甲公司 20×1 年度实现净利润 400 000 元，经过提取法定盈余公积 40 000 元和任意盈余公积 20 000 元后，当年实现的净利润中剩余可供向投资者分配的利润为 340 000 元（400 000－40 000－20 000），加上 20×1 年初未分配利润余额 600 000 元，甲公司可供向投资者分配的利润共计 940 000 元（340 000＋600 000）。甲公司宣告向投资者分配现金股利 100 000 元，剩余未分配利润的数额为 840 000 元（940 000－100 000）。

本例中，如果甲公司在 20×1 年前存在未弥补的亏损，甲公司 20×1 年末结转当年实现的净利润时，会计分录仍然为借记“本年利润”科目，贷记“利润分配——未分配利润”科目。转入“利润分配——未分配利润”科目贷方的数额与“利润分配——未分配利润”科目存在的借方余额即未弥补亏损数额自然抵补。如果甲公司在 20×1 年前存在的未弥补亏损仍在税法规定的税前利润弥补年限内，那么，甲公司可以在弥补了亏损后，再计算缴纳所得税；否则，甲公司应当在缴纳了所得税后，再弥补亏损。无论是税前弥补亏损还是税后弥补亏损，甲公司结转本年实现的净利润的会计处理方法是相同的，只是金额可能有所不同。

本例中，如果甲公司在20×1年度发生亏损，那么，甲公司20×1年末结转当年发生的净亏损时，会计分录为借记“利润分配——未分配利润”科目，贷记“本年利润”科目。转入“利润分配——未分配利润”科目借方的数额与“利润分配——未分配利润”科目存在的贷方余额即未分配利润数额自然抵补。

思考题

1. 什么是所有者权益？相对于企业的债权人权益，所有者权益具有哪些主要特征？

2. 在公司制企业中，所有者权益按其形成来源可分为哪些种类？分成这些种类的主要原因是什么？

3. 实收资本或股本的构成比例通常具有哪些主要作用或用途？

4. 简述实收资本和注册资本这两个概念的关系。

5. 金融负债与权益工具区分的基本原则有哪些？

6. 什么是资本公积？资本公积与实收资本的主要区别是什么？

7. 什么是其他综合收益？实务中，其他综合收益主要包括哪些内容？

8. 什么是留存收益？留存收益与资本公积的主要区别是什么？

9. 企业在当年实现的利润，应当按照怎样的顺序进行分配？

10. 企业在“利润分配”总账科目下主要设置哪些明细科目？年终结转后，只有哪个明细科目可能会有余额？

练习题

练习一

一、目的：练习实收资本和资本公积的核算。

二、资料：甲公司为有限责任公司，20×1年至20×2年间发生如下经济业务：

(1) 20×1年1月10日，收到由投资人A投入600 000元、投资人B投入400 000元，投资人A和投资人B两人共同投资设立甲公司，注册资本为1 000 000元，投资人A的持股比例为60%，投资人B的持股比例为40%。

(2) 20×1年8月25日，投资人A和投资人B决定按原持股比例对甲公司增加投资，投资人A投入一台机器设备，公允价值为300 000元，投资人B投入一批原材料，公允价值为200 000元。甲公司接受机器设备和原材料投资适用的增值税税率为13%。甲公司的注册资本作了相应的变更。

(3) 20×2年2月18日，投资人C有意加入甲公司，经协商一致，投资人C投入一项非专利技术，公允价值为450 000元，同时，投入货币资金35 000元。甲公司确认投资人C获得的实收资本数额为391 250元，占甲公司注册资本20%的份额。投资人C实际投入的数额与其在注册资本中享有份额的差额，甲公司确认为资本公积。甲公司接受非专利技术投资适用的增值税税率为6%。甲公司的注册资本作了相应的变更。

(4) 20×2年8月28日，甲公司决定将资本公积中的一部分资本溢价转增资本，具体数额为100 000元，按投资人A，B，C在实收资本中所占的份额进行转增。

(5) 20×2年10月30日，甲公司决定减资，向投资人C发还投资306 250元，款项以银行存款支付。甲公司已办妥减资手续，变更了注册资本。投资人C实收资本减少306 250元。

(6) 20×2年12月20日，甲公司决定再将资本公积中的一部分资本溢价转增资本，具体数额为10 000元，按投资人A，B，C在实收资本中所占的份额进行转增。

(7) 20×2年12月31日，为增强资本实力，经股东会决议通过，甲公司决定将50 000元的盈余公积转增资本，具体按当日投资人A，B，C在实收资本中所占的份额进行转增。

三、要求：根据以上资料，为甲公司编制有关的会计分录。同时，计算20×2年12月31日盈余公积转增资本后投资人A，B，C的实收资本数额以及甲公司的实收资本总额。

练习二

一、目的：练习股本和资本公积的核算。

二、资料：甲公司为股份有限公司，成立时经批准的注册资本为10 000 000元，股份数为10 000 000股，每股面值为1元。甲公司20×1年至20×2年间发生如下经济业务：

(1) 20×1年1月10日，收到发起人A的出资，出资形式为一项土地使用权，评估价值为9 000 000元，折合普通股股票3 000 000股。

(2) 20×1年1月12日，收到发起人B的出资，出资形式为货币资金，数额为15 000 000元，折合普通股股票5 000 000股。同时，收到发起人C的出资，出资形式也为货币资金，数额为6 000 000元，折合普通股股票2 000 000股。

(3) 20×1年10月20日，甲公司决定接受投资者D的出资，出资形式为机器设备，评估价值为8 800 000元，甲公司向其增发普通股股票2 500 000股，并已办妥相应的增资手续。

(4) 20×2年8月15日，将资本公积中的部分股本溢价2 300 000元转增股本，并已办妥增资手续。股东A，B，C，D的持股比例不变。

(5) 20×2年12月25日，发放10%的股票股利，即每10股股票发放1股股票股利，并已办理完成相应的增资手续。

(6) 20×2年12月31日，为增强资本实力，经股东会决议通过，甲公司决定将550 000元的盈余公积转增股本，具体按当日投资人A，B，C，D在股本总额中所占的份额进行转增。股东A，B，C，D的持股比例不变。

三、要求：根据以上资料，为甲公司编制有关的会计分录。同时，计算20×2年12月31日盈余公积转增股本后投资人A，B，C，D的股本数额以及甲公司的股本总额。暂不考虑相关税费的因素。

练习三

一、目的： 练习股份有限公司减资的核算。

二、资料： 甲公司为股份有限公司，截至20×1年6月30日共发行股票50 000 000股，每股面值1元，股本合计50 000 000元，资本公积中的股本溢价为12 000 000元，盈余公积为18 000 000元。经股东大会批准，甲公司决定进行减资，并于20×1年7月15日以银行存款回购本公司股票5 000 000股，每股回购价格为5元。20×1年7月20日，甲公司注销为减资目的而回购的全部股份5 000 000股，并办理了减资登记手续。

三、要求： 根据以上资料，为甲公司编制有关的会计分录。

练习四

一、目的： 练习其他权益工具的核算。

二、资料： 甲公司为股份有限公司，为筹集资金，20×1年5月10日发行优先股股票10 000股，每股面值100元，面值合计1 000 000元（10 000×100），每股票面年股息率为6%，每股发行价格为150元，发行优先股取得的款项合计1 500 000元（10 000×150）已存入银行。相关合同约定，在赎回或回售方面，该优先股在发行期间，甲公司不存在赎回的合同义务，投资者也没有回售权；在股息支付方面，甲公司无强制支付股息的合同义务，但甲公司如果支付了普通股股利，则必须支付优先股股利，同时，甲公司如果不支付优先股股利，则也不能支付普通股股利，并且优先股股利采用累积计算的方式，甲公司根据相应的议事机制可以自主决定普通股股利的支付；3年后，投资者可以每1股优先股换取甲公司5股普通股。经评估判断，甲公司本次发行的优先股股票属于甲公司的权益工具。

20×2年，甲公司没有宣告和支付普通股股利，也没有宣告和支付优先股股利。20×3年5月10日，甲公司宣告分派普通股股利，根据优先股合同条款，甲公司同时宣告分派优先股股利，金额为两年的累积金额120 000元（1 000 000×6%×2）。20×3年5月22日，甲公司以银行存款支付普通股股利，同时，以银行存款支付优先股股利120 000元。

20×4年5月10日，甲公司3年之前发行的10 000股优先股，其中的8 000股按合同约定转换为甲公司的普通股。甲公司普通股每股面值为1元。

20×5年2月1日，由于甲公司发行的上述优先股原合同条款约定的条件随着时间的推移和经济环境的改变而发生变化，导致甲公司原归类为权益工具的优先股重分类为金融负债。当日，剩余尚未转换为普通股的2 000股（10 000－8 000）优先股，每股公允价值为140元，公允价值合计280 000元（2 000×140）。甲公司将该剩余优先股重分类为应付债券核算。

三、要求： 根据以上资料，为甲公司编制有关的会计分录。

练习五

一、目的： 练习以权益结算的股份支付的核算。

二、资料： 甲公司为股份有限公司。20×1年1月1日，甲公司向其20名高级管理人员每人授予10 000股股票期权。根据股份支付协议的约定，这些公司职工从20×1年1月1日起在甲公司连续服务3年后，即可以每股5元的价格购买甲公司相应数量的股票，从中获益。甲公司估计该股票期权在授予日的公允价值为每份15元。

甲公司在该股票期权授予日后，第一年有2名相关职工离开公司，公司估计在该股票期权实施的三年中，相关职工的离职比例将达到25%。第二年又有2名相关职工离开公司，公司将估计相关职工的离职比例调整为30%。第三年，又有1名相关职工离开公司。20×4年1月1日，甲公司以每股18元的市场价格购入本公司的股票150 000股，以备实施股份支付计划。20×4年4月30日，相关剩余职工15人（20—2—2—1），以每股约定的购买价格5元购买了甲公司的股票合计150 000股（15×10 000），甲公司共获得相应的收入750 000元（150 000×5），款项已存入银行。甲公司股票的面值为每股1元。甲公司此次股份支付实施过程中取得的相关职工服务计入公司的管理费用。

三、要求：根据以上资料，为甲公司编制有关的会计分录。

练习六

一、目的：练习其他综合收益的核算。

二、资料：甲公司20×1年至20×3年间发生如下经济业务：

（1）20×1年12月31日，一项其他债权投资摊余成本为285 000元，公允价值为326 000元，期初公允价值累计变动为上升22 800元。确认该项其他债权投资公允价值变动。

（2）20×1年12月31日，一项其他权益工具投资的账面价值为146 700元，公允价值为143 200元。确认该项其他权益工具投资公允价值变动。

（3）20×1年12月31日，一项长期股权投资采用权益法核算，被投资单位的一项其他综合收益当年增加460 000元，甲公司按持股比例35%分享相应的份额。被投资单位的该项其他综合收益属于将重分类进损益的其他综合收益，具体为其他债权投资的公允价值变动。

（4）20×2年3月15日，一项在建房屋工程完工，成本为845 000元，将其对外经营出租，形成投资性房地产。该完工房屋的公允价值为967 000元。

（5）20×2年6月20日，出售一项其他债权投资，出售价格为646 000元，款项已存入银行。该项其他债权投资的成本为582 000元，由于当初为面值购入，因此无利息调整，出售前的会计期末已确认的公允价值累计变动为上升数48 300元。

（6）20×2年7月15日，出售一项其他权益工具投资，出售价格为756 000元，款项已存入银行。该项其他权益工具投资的成本为646 000元，出售前的会计期末已确认的公允价值累计变动为上升数80 000元。甲公司按净利润的10%提取法定盈余公积。

（7）20×2年9月30日，将一项租期已满的投资性房地产对外出售，价款为645 000元，款项已存入银行。该项投资性房地产采用公允价值计量模式，出售日的账面余额为649 000元（610 000+39 000），其中，成本为610 000元，公允价值累计变动为增加39 000元。该项投资性房地产由非投资性房地产转换形成，转换日非投资性房地产的账面价值为568 000元，计入其他综合收益的金额为42 000元（610 000—568 000）。不考虑相关税费的因素。

（8）20×2年10月12日，出售持有的一项长期股权投资，出售价格为260 000元。该项长期股权投资采用权益法核算，账面价值为262 000元（225 000+21 000+16 000），其中，投资成本为225 000元，损益调整为21 000元，其他综合收益为

16 000元。其中，其他综合收益16 000元全部为被投资单位的其他债权投资的累计公允价值变动，属于权益法下可转损益的其他综合收益。

(9) 20×2年12月31日，一项长期股权投资采用权益法核算，被投资单位的一项其他综合收益当年减少60 000元，甲公司按持股比例25%分担相应的份额。被投资单位的该项其他综合收益属于不能重分类进损益的其他综合收益，具体为其他权益工具投资的公允价值变动。

(10) 20×3年4月18日，出售持有的一项长期股权投资，出售价格为672 000元。该项长期股权投资采用权益法核算，账面价值为668 000元（560 000＋85 000＋23 000)，其中，投资成本为560 000元，损益调整为85 000元，其他综合收益为23 000元。其中，其他综合收益23 000元全部为被投资单位的其他权益工具投资的累计公允价值变动，属于权益法下不能转损益的其他综合收益。

(11) 20×3年12月31日，对一项其他债权投资计提信用减值准备31 000元。

(12) 20×3年12月31日，一项长期股权投资采用权益法核算，被投资单位的一项其他综合收益当年增加75 000元，甲公司按持股比例30%分享相应的份额。被投资单位的该项其他综合收益属于将重分类进损益的其他综合收益，具体为其他债权投资信用减值准备。

三、要求：根据以上资料，为甲公司编制有关的会计分录。

练习七

一、目的：练习留存收益的核算。

二、资料：甲公司为股份有限公司，经批准的注册资本为10 000 000元，股份数为10 000 000股，每股面值为1元。20×1年初，盈余公积为3 500 000元，未分配利润为4 200 000元。在盈余公积中，法定盈余公积为1 400 000元，任意盈余公积为2 100 000元。甲公司20×1年至20×4年间发生如下经济业务：

(1) 20×1年12月31日，将当年实现的净利润1 200 000元转入利润分配。

(2) 20×1年12月31日，按当年实现的净利润的10%提取法定盈余公积；同时，按当年实现的净利润的20%提取任意盈余公积。

(3) 20×1年12月31日，将“利润分配——提取法定盈余公积”科目和“利润分配——提取任意盈余公积”科目的借方余额转入“利润分配——未分配利润”科目。

(4) 20×2年3月25日，经股东会决议通过，宣告分派现金股利，每股0.1元，资金来源为累计未分配利润。

(5) 20×2年4月15日，经股东会决议通过，发放20%的股票股利，即每10股送2股。相关的增资手续已办妥。

(6) 20×2年4月18日，以银行存款支付当年3月25日宣告分派的现金股利。

(7) 20×2年4月22日，经股东会决议通过，将一部分法定盈余公积转增股本，金额为500 000元。相关增资手续已办理完成。

(8) 20×2年12月31日，将当年发生的净亏损160 000元转入利润分配。

(9) 20×2年12月31日，将当年利润分配所属相关明细科目余额转入未分配利润明细科目。

(10) 20×3年4月5日，经股东会决议通过，宣告分派现金股利，每股0.05元，资金来源为之前提取的任意盈余公积。

（11）20×3年4月11日，以银行存款支付当年4月5日宣告分派的现金股利。

（12）20×3年12月31日，将当年发生的净亏损1 882 000元转入利润分配。

（13）20×3年12月31日，经股东大会决议通过，使用任意盈余公积100 000元弥补亏损。

（14）20×3年12月31日，将当年利润分配所属相关明细科目余额转入未分配利润明细科目。

（15）20×4年12月31日，将当年实现的净利润550 000元转入利润分配。

（16）20×4年12月31日，按当年实现的净利润的10%提取法定盈余公积。

（17）20×4年12月31日，结转当年利润分配明细科目余额。

三、要求：根据以上资料，为甲公司编制有关的会计分录。同时，为甲公司计算20×1年至20×4年各年年末的未分配利润余额。

练习八

一、目的：练习以现金结算的股份支付的核算。

二、资料：甲公司董事会于20×1年12月31日决定，授予新上任的公司总经理30 000股的股票增值权计划。当该计划被执行时，将以现金向公司总经理支付行使日股票市价超过约定价格的差额。约定的价格为每股30元。该计划要求公司总经理须为公司服务3年，并应当在20×6年12月31日之前行使。20×6年6月30日，该项权利全部被行使。甲公司的股票价格变动情况如下：

（1）20×2年12月31日，每股36元。

（2）20×3年12月31日，每股39元。

（3）20×4年12月31日，每股45元。

（4）20×5年12月31日，每股42元。

（5）20×6年6月30日，公司总经理行使计划时，每股市价为47元。

三、要求：根据以上资料，为甲公司编制有关的会计分录。

第 4 篇

收入、费用和利润

第十一章 收入

第一节 收入的概念和种类

一、收入的概念

收入是指企业在日常活动中形成的、会导致所有者权益增加的、与所有者投入资本无关的经济利益总流入。收入是影响企业利润的重要因素，是企业经营活动中的重要指标，它具有如下主要特征：

（1）收入来源于企业的日常活动。企业的日常活动是指企业为完成其经营目标所从事的经常性活动及其与之相关的活动。企业为完成其经营目标所从事的经常性活动是企业开展的主营业务活动，如工业企业制造并销售产品、商业企业采购并销售商品、劳务企业或服务企业提供劳务或服务等活动。企业为完成其经营目标所从事的与经常性活动相关的活动是企业开展的附营业务活动或其他业务活动，如工业企业出售不需用的原材料、商品流通企业出售包装物等活动。无论是主营业务活动还是附营业务活动，它们都是企业为完成其经营目标而开展的活动，具有持续发生以及收入与费用相配比的特征。相比较而言，企业财产盘盈、接受捐赠、取得与日常活动无关的政府补助等活动不属于企业为完成其经营目标而开展的活动，由此形成的经济利益流入不属于收入，而归类为营业外收入。另外，收入来源于企业以外的单位或个人，即来源于企业的客户。企业只有向其客户销售产品或商品、提供劳务或服务等才会形成收入。企业内部有关部门消耗原材料、提供内部劳务或服务等不会形成收入。

（2）收入会导致所有者权益增加。收入与所有者权益密切相关。企业取得的收入最终都归所有者所有，都会使所有者权益增加。从会计结账程序来看，收入经转入利润后再转入所有者权益中的留存收益，使留存收益增加。

（3）收入与所有者投入资本无关。所有者投入资本也会导致企业经济利益的流入，但这种经济利益的流入不是收入，而属于企业的投入资本。收入是企业取得的与所有者投入资本无关的经济利益流入，是企业在开展日常经营活动中取得的经济利益流入。

（4）收入是企业经济利益的总流入。收入与费用存在配比关系。尽管如此，收入仍然应当以经济利益流入的总额进行反映，而不能以与费用相抵后的净额进行反映。

二、收入的种类

（一）按照日常活动的性质分类

收入按照不同的标准可以作出不同的分类。按照企业从事日常活动的业务性质，收入可分为销售商品收入、提供劳务或服务收入等种类。其中，销售商品收入是指企业通过销售商品实现的收入。例如，工业企业通过销售其生产的产品实现的收入，商业企业通过销售其购买的商品实现的收入等。提供劳务或服务收入是指企业通过提供劳务或服务实现的收入。例如，咨询企业通过提供咨询服务实现的收入，软件开发企业通过为客户开发软件实现的收入，安装企业通过提供安装服务实现的收入，旅游企业通过提供旅游服务实现的收入，建筑企业通过提供建造服务实现的收入，交通运输企业通过提供交通运输服务实现的收入等。

（二）按照在日常活动中的重要性分类

按照在企业日常活动中的重要性，收入可分为主营业务收入和其他业务收入两个种类。其中，主营业务收入是指企业为完成其经营目标而从事的经常性活动实现的收入。例如，工业企业销售其产品实现的收入，商业企业销售其商品实现的收入，咨询企业提供其咨询服务实现的收入，建筑企业提供其建造服务实现的收入等。其他业务收入也称附营业务收入，是指企业为完成其经营目标而从事的与经常性活动相关的活动实现的收入。例如，工业企业销售其不需用的原材料实现的收入等。区分主营业务收入和其他业务收入，有利于反映企业收入来源的结构。

第二节　收入的确认和计量

根据《企业会计准则第14号——收入》及其应用指南的规定，企业确认收入的方式应当反映其向客户转让商品或提供服务的模式，收入的金额应当反映企业因转让这些商品或提供这些服务而预期有权收取的对价金额，以如实反映企业的生产经营成果，核算企业实现的损益。根据规定，企业收入的确认和计量大致分为五步：第一步，识别与客户订立的合同；第二步，识别合同中的单项履约义务；第三步，确定交易价格；第四步，将交易价格分摊至各单项履约义务；第五步，履行各单项履约义务时确认收入。其中，第一步、第二步和第五步主要与收入的确认有关，第三步和第四步主要与收入的计量有关。以上收入确认和计量的步骤和方法可称为收入确认和计量的“五步法”。

一、识别与客户订立的合同

（一）收入确认的原则

企业应当在履行了合同中的履约义务，即在客户取得相关商品或服务的控制权时确认收入。取得相关商品或服务的控制权，是指能够主导该商品或服务的使用并从中获得几乎全部的经济利益，其中包括有能力阻止其他方主导该商品或服务的使用并从中获得经济利益。企业在判断商品或服务的控制权是否发生转移时，应当从客户的角度进行分析，即客户是否取得了相关商品或服务的控制权以及何时取得该控制权。取得商品或服务的控制权同时包括下列三项要素：

（1）能力。企业只有在客户拥有现时权利，能够主导该商品或服务的使用并从中获得几乎全部经济利益时，才能确认收入。如果客户只能在未来的某一期间主导该商品或服务的使用并从中获益，则表明其尚未取得该商品或服务的控制权。例如，企业与客户签订合同，为其生产产品。虽然合同约定该客户最终将能够主导该产品的使用，并获得几乎全部的经济利益，但是，只有在客户真正获得这些权利时，企业才能确认收入。在此之前，企业不应当确认收入。客户真正获得这些权利的时间，根据合同的约定，可能是在生产过程中或更晚的时点。

（2）主导该商品或服务的使用。客户有能力主导该商品或服务的使用，是指客户在其活动中有权使用该商品或服务，或者能够允许或阻止其他方使用该商品或服务。

（3）能够获得几乎全部的经济利益。客户必须拥有获得商品或服务几乎全部经济利益的能力，才能被视为获得了对该商品或服务的控制。商品或服务的经济利益是指该商品或服务的潜在现金流量，既包括现金流入的增加，也包括现金流出的减少。客户可以通过使用、消耗、出售、处置、抵押或持有等多种方式直接或间接地获得商品或服务的经济利益。

企业应当按照会计准则的规定，向财务报表使用者提供与客户之间的合同产生的收入及现金流量的性质、金额、时间分布和不确定性等相关的有用信息。

（二）合同的识别

1. 合同的含义

企业在确认收入的过程中，合同是指双方或多方之间订立有法律约束力的权利义务的协议。合同包括书面形式、口头形式以及其他形式。其中，其他形式如隐含于商业惯例或企业以往习惯中的做法等。

企业与客户之间的合同同时满足下列五项条件的，企业应当在履行了合同中的履约义务，即在客户取得相关商品或服务控制权时确认收入：一是合同各方已批准该合同并承诺将履行各自义务；二是该合同明确了合同各方与所转让商品或提供服务相关的权利和义务；三是该合同有明确的与所转让商品或提供服务相关的支付条款；四是该合同具有商业实质，即履行该合同将改变企业未来现金流量的风险、时间分布或金额；五是企业因向客户转让商品或提供服务而有权取得的对价很可能收回。

收入源自企业与客户之间的合同。只有同时满足上述五项条件的合同，才会给企业带来收入。因此，上述五项条件可称为企业收入确认的前提条件，或称为可以确认收入合同的五项条件。企业在对合同进行上述判断时，需要注意下列三点：

（1）合同约定的权利和义务是否具有法律约束力，需要根据企业所处的法律环境和实务操作进行判断。不同的企业可能采取不同的方式和流程与客户订立合同；同一企业与客户订立合同时，对于不同类别的客户以及不同性质的商品或服务也可能采取不同的方式和流程。企业在判断其与客户之间的合同是否具有法律约束力，以及这些具有法律约束力的权利和义务在何时设立时，应当考虑上述因素的影响。合同各方均有权单方面终止完全未执行的合同，且无须对合同其他方作出补偿的，在应用收入会计准则时，该合同应当被视为不存在。

（2）合同具有商业实质。关于商业实质，应当按照非货币性资产交换中有关商业实质的说明进行判断。没有商业实质的非货币性资产交换，无论何时，均不应确认收入。

（3）企业在评估其因向客户转让商品而有权取得的对价是否很可能收回时，仅应考虑客户到期时支付对价的能力和意图，即客户的信用风险。当对价是可变对价时，由于企业可能会向客户提供价格折让，企业有权收取的对价金额可能会低于合同标价。企业向客户提供价格折让的，应当在估计交易价格时予以考虑。

例 11-1

甲房地产开发公司与乙公司签订合同，向其销售一栋建筑物，合同价款为1 000 000元。该建筑物的成本为600 000元。乙公司在合同开始日即取得了该建筑物的控制权。根据合同约定，乙公司在合同开始日支付了5%的保证金50 000元，并就剩余95%的价款与甲公司签订了不附追索权的长期融资协议。如果乙公司违约，甲公司可重新拥有该建筑物，即使收回的建筑物不能涵盖所欠款项的总额，甲公司也不能向乙公司索取进一步的赔偿。乙公司计划在该建筑物内开设一家餐馆，并以该餐馆的收益偿还甲公司的欠款。但是，在该建筑物所在地区，餐饮行业面临激烈的竞争，且乙公司缺乏餐饮行业的经营经验。

本例中，乙公司计划以该餐馆产生的收益偿还甲公司的欠款，除此之外并无其他经济来源。乙公司也未对该笔欠款设定任何担保。如果乙公司违约，则甲公司可重新拥有该建筑物。但是，根据合同约定，即使收回的建筑物不能涵盖所欠款项的总额，甲公司也不能向乙公司索取进一步的赔偿。因此，甲公司对乙公司还款的能力和意图存在疑虑，认为该合同不满足合同价款很可能收回的条件。甲公司应当将收到的50 000元保证金确认为一项负债。

企业与客户之间的合同，如果没有同时满足上述五项条件，企业只有在不再负有向客户转让商品或服务的剩余义务，且已向客户收取的对价无须退回时，才能将已收取的对价确认为收入；否则，应当将已收取的对价作为负债进行会计处理。该负债代表了企业在未来向客户转让商品或服务，或者支付退款的义务。

2. 合同的持续评估

企业与客户之间的合同，在合同开始日即满足上述可以确认收入合同的五项条件的，企业在后续期间无须对其进行重新评估，除非有迹象表明相关事实和情况发生重大变化。合同开始日是指合同开始赋予合同各方具有法律约束力的权利和义务的日期，通常是指合同生效日。例如，企业与客户签订一份合同。在合同开始日，企业认为该合同满足上述可以确认收入合同的五项条件。但是，在后续期间，客户的信用风险显著升高，企业需要评估其在未来向客户转让剩余商品或服务而有权取得的对价是否很可能收回。如果不能满足很可能收回的条件，则该合同自此开始不再满足上述可以确认收入合同的相关条件，企业应当停止确认收入。只有当后续合同条件再度满足时，或者当企业不再负有向客户转让商品或服务的剩余义务，且已向客户收取的对价无须退回时，企业才能将已收取的对价确认为收入。但是，企业不应当调整在此之前已经确认的收入。

例 11 - 2

甲公司与乙公司签订合同，将一项专利技术授权给乙公司使用，并按其使用情况收取特许权使用费。甲公司评估认为，该合同在合同开始日满足可以确认收入合同的五项条件。该专利技术在合同开始日即授权给乙公司使用。在合同开始日后的第一年内，乙公司每季度向甲公司提供该专利技术的使用情况报告，并在约定的期间内支付特许权使用费。在合同开始日后的第二年，乙公司继续使用该专利技术，但是，乙公司的财务状况下滑，融资能力下降，可用资金不足。因此，乙公司仅按合同支付了当年第一季度的特许权使用费，而后三个季度仅按象征性金额付款。在合同开始日后的第三年，乙公司继续使用甲公司的专利技术。但是，甲公司得知，公司已经完全丧失了融资能力，且流失了大部分客户，因此，乙公司的付款能力进一步恶化，信用风险显著升高。

本例中，该合同在合同开始日满足可以确认收入合同的五项条件，因此，甲公司在乙公司使用该专利技术的行为发生时，按照约定的特许权使用费确认收入。合同开始日后的第二年，由于乙公司信用风险升高，甲公司在确认收入的同时，应当按照相关要求对乙公司的应收款项进行减值测试。合同开始日后的第三年，由于乙公司的财务状况恶化，信用风险显著升高，甲公司对该合同进行了重新评估，认为不再满足“企业因向客户转让商品或提供服务而有权取得的对价很可能收回”这一条件，因此，甲公司不再确认特许权使用费收入，同时，对现有应收款项是否发生减值继续进行评估。

企业与客户之间的合同，不符合上述可以确认收入合同的五项条件的，企业应当在后续期间对其进行持续评估，判断其能否满足可以确认收入合同的五项条件。如果企业在此之前已经向客户转移了部分商品，当该合同在后续期间满足了五项条件时，企业应当将在此之前已经转移的商品或服务所分摊的交易价格确认为收入。

（三）合同变更

企业在收入确认的过程中，合同变更是指经合同各方批准对原合同范围或价格作出的变更。合同变更既可能形成新的具有法律约束力的权利和义务，也可能是变更了合同各方现有的具有法律约束力的权利和义务。与合同初始订立时相同，合同各方可能以书面形式、口头形式或其他形式批准合同变更。企业应当区分下列三种情形对合同变更分别进行会计处理。

1. 合同变更部分作为单独合同

如果合同变更增加了可明确区分的商品或服务及其合同价款，并且新增合同价款反映了新增商品或服务的单独售价，那么，企业应当将该合同变更部分作为一份单独的合同进行会计处理。此类合同变更不影响原合同的会计处理。

例 11 - 3

甲公司承诺向某客户销售 120 件产品，每件产品售价 100 元。该批产品彼此之间可明确区分，且将于未来 6 个月内陆续转让给该客户。甲公司在将其中的 60 件产品转让给了该客户后，双方对合同进行了变更。甲公司承诺向该客户额外销售 30 件相同的产品。这 30 件产品与原合同中的产品可明确区分，其售价为每件 95 元。假定该价格反映了合同变更时该产品的单独售价。

本例中，由于新增的30件产品是可明确区分的，且新增的合同价款反映了新增产品的单独售价，因此，该合同变更实际上构成了一份单独的、在未来销售30件产品的新合同。该新合同并不影响对原合同的会计处理。甲公司应当对原合同中的120件产品按每件产品100元确认收入，对新合同中的30件产品按每件产品95元确认收入。

在合同变更时，企业由于无须发生为发展新客户等所须发生的相关销售费用，可能会向客户提供一定的折扣，从而适当调整新增商品或服务的单独售价。该调整不影响新增商品或服务单独售价的判断。

2. 合同变更作为原合同终止及新合同订立

合同变更不属于上述第1种情形，且合同变更日已转让的商品或已提供的服务与未转让的商品或未提供的服务之间可明确区分的，应当视为原合同终止，同时，将原合同未履约部分与合同变更部分合并为新合同进行会计处理。

未转让的商品或未提供的服务既包括原合同中尚未转让的商品或尚未提供的服务，也包括合同变更新增的商品或服务。新合同的交易价格应当为下列两项金额之和：一是原合同交易价格中尚未确认为收入的部分，二是合同变更中客户已承诺的对价金额。

例 11-4

甲公司与客户签订合同，每周为客户的办公楼提供保洁服务，合同期限为3年，客户每年向甲公司支付服务费100 000元。假设该100 000元价格反映了合同开始日该项服务的单独售价。在第2年末，合同双方对合同进行了变更，将第3年的服务费调整为80 000元。假定该80 000元价格反映了合同变更日该项服务的单独售价。同时，再以200 000元的价格将合同期限延长3年。假定该200 000元价格不反映合同变更日该3年服务的单独售价。客户在合同期限延长的3年时间内，每年向甲公司支付服务费约66 667元，即200 000元的价格在3年内平均支付。

本例中，在合同开始日，甲公司认为其每周为客户提供的保洁服务是可明确区分的，但由于甲公司向客户转让的是一系列实质相同且转让模式相同的、可明确区分的服务，因此，根据收入会计准则的规定，甲公司应当将其作为单项履约义务。在合同开始的前两年，即合同变更之前，甲公司每年确认收入100 000元。在合同变更日，由于新增的3年保洁服务的价格不能反映该项服务在合同变更时的单独售价，因此，该合同变更不能作为单独的合同进行会计处理。由于在剩余合同期间需提供的服务与已提供的服务是可明确区分的，甲公司应当将该合同变更作为原合同终止，同时，将原合同中未履约的部分与合同变更部分合并为一份新合同进行会计处理。新合同的合同期限为4年，对价为280 000元，即原合同下尚未确认收入的对价80 000元与新增的3年服务相应的对价200 000元之和。新合同中，甲公司每年确认的收入为70 000元（280 000/4）。

3. 合同变更部分作为原合同的组成部分

合同变更不属于上述第1种情形，且在合同变更日已转让的商品或已提供的服务与未转让的商品或未提供的服务之间不可明确区分的，应当将该合同变更部分作为原合同的组成部分，在合同变更日重新计算履约进度，并调整当期收入和相应成本等。

例 11－5

20×1 年 1 月 15 日，甲建筑公司与客户签订了一项总金额为 10 000 000 元的固定造价合同，在客户自有土地上建造一栋办公楼，预计合同总成本为 7 000 000 元。假定该建造服务属于在某一时段内履行的履约义务，并根据累计发生的合同成本占合同预计总成本的比例确定履约进度。截至 20×1 年末，甲公司累计已发生成本 4 200 000 元，履约进度为 60%（即 4 200 000/7 000 000）。因此，甲公司在 20×1 年确认收入 6 000 000 元（10 000 000×60%）。20×2 年初，合同双方同意更改办公楼屋顶的设计，合同价格和预计总成本因此而分别增加 2 000 000 元和 1 200 000 元。

本例中，由于合同变更后拟提供的剩余服务与在合同变更日或之前已提供的服务不可明确区分，即该合同仍为单项履约义务，因此，甲公司应当将合同变更作为原合同的组成部分进行会计处理。合同变更后的交易价格为 12 000 000 元（10 000 000＋2 000 000），甲公司重新估计的履约进度为 51.2% [即 4 200 000/(7 000 000＋1 200 000)]，甲公司在合同变更日应额外确认收入 144 000 元（51.2%×12 000 000－6 000 000）。

二、识别合同中的单项履约义务

合同开始日，企业应当对合同进行评估，识别该合同所包含的各单项履约义务，并确定各单项履约义务是在某一时段内履行还是在某一时点履行，然后在履行了各单项履约义务时分别确认收入。履约义务是指合同中企业向客户转让可明确区分商品，或提供可明确区分服务的承诺。下列情况下，企业应当将向客户转让商品或提供服务的承诺作为单项履约义务：一是企业向客户转让或提供可明确区分商品或服务，或者商品或服务组合的承诺；二是企业向客户转让或提供一系列实质相同且转让或提供模式相同的、可明确区分商品或服务的承诺。

企业承诺向客户转让的商品或提供的服务通常会在合同中明确约定。然而，在某些情况下，虽然合同中没有明确约定，但是企业已公开宣布的政策、特定声明或以往的习惯做法等可能隐含了企业将向客户转让额外商品或提供额外服务的承诺。这些隐含的承诺不一定具有法律约束力，但是，如果在合同订立时，客户根据这些隐含的承诺能够对企业将向其转让某项商品或提供某项服务形成合理的预期，则企业在识别合同中所包含的单项履约义务时，应当考虑此类隐含的承诺。例如，企业向客户销售软件，根据企业以往的习惯做法，企业会向客户提供免费的升级服务。如果该习惯做法使得客户对于企业提供的软件升级服务形成合理预期，则企业应当考虑该项服务是否构成单项履约义务。

在识别合同中的单项履约义务时，如果合同承诺的某项商品或服务不可明确区分，企业应当将该商品或服务与合同中承诺的其他商品或服务进行组合，直到该组合满足可明确区分的条件。某些情况下，合同中承诺的所有商品或服务组合在一起构成单项履约义务。

（一）可明确区分的商品或服务

实务中，企业向客户承诺的商品或服务可能包括企业为销售而生产的产品、为转售而购进的商品或使用某商品的权利、向客户提供的各种服务、随时准备向客户提供商品或提供随时可供客户使用的服务、安排他人向客户提供商品或服务、授权使用许可、可购买额外商品或服务的选择权等。其中，企业随时准备向客户提供商品或提供随时可供客户使用的服务，是指企业保证客户在其需要时能够随时取得相关商品或服务，而不一定是所提供的每一件具体商品或每一次具体服务本身。例如，健身俱乐部可供会员健身，其提供的是随时准备在会员需要时向其提供健身服务的承诺，而并非每一次具体的健身服务。为转售而购进的使用某商品的权利如为转售而购进的机票等。

企业向客户承诺的商品或服务同时满足下列两项条件的，应当作为可明确区分的商品或服务：一是客户能够从该商品或服务本身，或者从该商品或服务与其他易于获得的资源一起使用中受益，即该商品或服务本身能够明确区分；二是企业向客户转让该商品或提供该服务的承诺与合同中的其他承诺可单独区分，即转让该商品或提供该服务的承诺在合同中是可明确区分的。

1. 商品或服务本身能够明确区分

当客户能够使用、消耗或以高于残值的价格出售商品或服务，或者以能够产生经济利益的其他方式持有商品或服务时，表明客户能够从该商品或服务本身获益。其他易于获得的资源是指企业或其他企业单独销售的商品，或者客户已经从企业获得的资源，包括企业按照合同将会转让给客户的商品，或客户已经从其他交易或事项中获得的资源。表明客户能够从某项商品或服务本身或者将其与其他易于获得的资源一起使用获益的因素有很多，例如，企业通常会单独销售该商品或服务等。

2. 转让商品或提供服务的承诺在合同中可明确区分

企业确定了商品或服务本身能够明确区分后，还应当在合同层面继续评估转让该商品或提供该服务的承诺是否与合同中的其他承诺彼此之间可明确区分。这一评估的目的在于确定承诺的性质，即根据合同约定，企业承诺转让或提供的究竟是每一单项商品或服务，还是由这些商品或服务组成的一个或多个组合产出。很多情况下，组合产出的价值应当高于或者显著不同于各单项商品或服务的价值总和。

在确定企业转让商品或提供服务的承诺是否可单独区分时，需要运用判断并综合考虑所有事实和情况。下列情形通常表明企业向客户转让商品或提供服务的承诺与合同中的其他承诺不可单独区分：

（1）企业需提供重大的服务以将该商品或服务与合同中承诺的其他商品或服务进行整合，形成合同约定的某个或某些组合产出转让给客户。换言之，企业以该商品作为投入，生产或向客户交付其所要求的组合产出。

例11－6

甲建筑公司与客户签订了一项固定造价合同，在客户自有土地上为其建造一栋办公楼。

本例中，甲公司向客户提供的单项商品或服务可能包括砖头、水泥、人工等。虽然这些单项商品本身都能够使客户获益，如客户可以将这些建筑材料以高于残值的价格出售，也可以将其与其他建筑商提供的材料或人工等资源一起使用，但是，在该合同下，甲公司向客户承诺的是为其建造一栋办公楼，而并非提供这些砖头、水泥和人工等。甲公司需提供重大的服务将这些单项商品进行整合，以形成合同约定的一项组合产出，即一栋办公楼，并将其转让给客户。因此，在该合同中，砖头、水泥和人工等商品或服务彼此之间不能单独区分。

（2）该商品或服务将对合同中承诺的其他商品或服务予以重大修改或定制。如果某项商品或服务将对合同中的其他商品或服务作出重大修改或定制，实质上每一项商品或服务将被整合在一起，即作为投入，以生产合同约定的组合产出。例如，企业承诺向客户提供其开发的一款现有软件，并提供安装服务。虽然该软件无须更新或技术支持也可直接使用，但是企业在安装过程中需要在该软件现有基础上对其进行定制化的重大修改，为该软件增加重要的新功能，以使其能够与客户现有的信息系统相兼容。在这种情况下，转让软件的承诺与提供定制化重大修改的承诺在合同层面是不可明确区分的。

（3）该商品或服务与合同中承诺的其他商品或服务具有高度关联性。也就是说，合同中承诺的每一单项商品或服务均受到合同中其他商品或服务的重大影响。合同中包含多项商品或服务时，如果企业无法通过单独交付其中的某一单项商品或服务而履行其合同承诺，可能表明合同中的这些商品或服务会受到彼此的重大影响。例如，企业承诺为客户设计一种实验性的新产品并负责生产 10 个样品。企业在生产和测试样品的过程中需要对产品的设计进行不断修正，导致已生产的样品均可能需要进行不同程度的返工。当企业预计由于设计的不断修正，大部分或全部拟生产的样品均可能需要进行一些返工时，在不对生产造成重大影响的情况下，由于提供设计服务与提供样品生产服务产生的风险不可分割，客户没有办法选择仅购买设计服务或者仅购买样品生产服务。因此，企业提供的设计服务和生产样品的服务是不断交替反复进行的，两者高度关联，在合同层面是不可明确区分的。

例 11－7

甲公司与乙公司签订合同，向客户销售一款软件，提供软件安装服务，并且在两年内向客户提供不定期的软件升级和技术支持服务。甲公司通常也会单独销售该款软件、提供安装服务、软件升级服务和技术支持服务。甲公司提供的安装服务通常也可由其他方执行，且不会对软件作出重大修改。甲公司销售的该款软件无须升级和技术支持服务也能正常使用。

本例中，甲公司的承诺包括销售软件、提供安装服务、软件升级服务和技术支持服务。甲公司通常会单独销售软件、提供安装服务、软件升级服务和技术支持服务。该软件先于其他服务交付，且无须经过升级和技术支持服务也能正常使用。安装服务是常规性的，且可以由其他服务供应商提供。客户能够从该软件与市场上其他供应商提供的此项安装服务一起使用中获益，也能够从安装服务以及软件升级服务与已经取得的软件一起使用中获益。因此，客户能够从单独使用该合同中承诺的各项商品和服务中获益，或从将其与易于获得的其他商品或服务一起使用中获益。这表明合同中承诺的各项商品和服务本身能够明确区分。此外，甲公司虽然需要将软件安装到客户的系统中，但是该安装服务是常规性的，并未对软件作出重大修改，不会重大影响客户使用该软件并从中获益的能力。软件升级服务也一样。合同中承诺的各项商品和服务没有对彼此作出重大修改或定制。甲公司也没有提供重大服务将这些商品和服务整合成一组组合产出。由于甲公司在不提供后续服务的情况下也能够单独履行其销售软件的承诺，因此，软件和各项服务之间不存在高度关联性。这表明转让或提供各商品或服务的承诺在合同中彼此之间可明确区分。因此，该合同中包含四项履约义务，即软件销售、软件安装服务、软件升级服务和技术支持服务。

例 11-8

甲公司与客户签订合同，向客户销售一台其生产的可直接使用的医疗设备，并且在未来3年内向该客户提供用于该设备的专用耗材。该耗材只有甲公司能够生产，因此，客户只能从甲公司购买该耗材。该耗材既可与设备一起销售，也可单独对外销售。

本例中，甲公司在合同中对客户的承诺包括销售设备和专用耗材。虽然客户同时购买了设备和专用耗材，但是由于耗材可以单独出售，客户可以从将设备与单独购买的耗材一起使用中获益，这表明设备与专用耗材能够明确区分。此外，甲公司未对设备和耗材提供重大的整合服务以将两者形成组合产出，设备和耗材并未对彼此作出重大修改或定制，也不具有高度关联性，这表明转让设备和耗材的承诺在合同中彼此之间可明确区分。因此，该合同包含两项履约义务，即销售设备和提供专用耗材。

在企业向客户销售商品的同时，约定企业需要将商品运送至客户指定的地点的情况下，企业需要根据相关商品的控制权转移时点判断该运输活动是否构成单项履约义务。通常情况下，控制权转移给客户之前发生的运输活动不构成单项履约义务，而只是企业为了履行合同而从事的活动，相关成本应当作为合同履约成本；相反，控制权转移给客户之后发生的运输活动则可能表明企业向客户提供了一项运输服务，企业应当考虑该项服务是否构成单项履约义务。

（二）一系列实质相同且转让或提供模式相同的、可明确区分的商品或服务

当企业向客户连续转让或提供某项承诺的商品或服务时，如每天提供类似劳务的长期劳务合同等，如果这些商品或服务属于实质相同且转让或提供模式相同的一系列商品或服务，企业应当将这一系列商品或服务作为单项履约义务。其中，转让模式相同是指每一项可明确区分的商品均满足在某一时段内履行履约义务的条件，且采用相同的方法确定其履约进度。在某一时段内履行履约义务的条件，将在后面履行每一单项履约义务时确认收入部分介绍。

例 11-9

企业与客户签订为期一年的保洁服务合同，承诺每天为客户提供保洁服务。

本例中，企业每天所提供的服务都是可明确区分且实质相同的，并且，根据控制权转移的判断标准，每天的服务都属于在某一时段内履行的履约义务。因此，企业应当将每天提供的保洁服务合并在一起作为单项履约义务进行会计处理。

企业在判断所转让或提供的一系列商品或服务是否实质相同时，应当考虑合同中承诺的性质。当企业承诺的是转让或提供确定数量的商品或服务时，需要考虑这些商品或服务本身是否实质相同。当企业承诺的是在某一期间内随时向客户提供某项服务时，需要考虑企业在该期间内的各个时间段的承诺是否相同，如在该期间内每天或每小时的承诺是否相同，而并非具体的服务行为本身。例如，企业向客户提供2年的酒店管理服务，具体包括保洁、维修、安保等，但没有具体的服务次数或时间的要求。尽管企业每天提供的具体服务不一定相同，但是企业每天对客户的承诺都是相同的，即按照约定的酒店管理标准，随时准备根据需要为其提供相关服务。因此，企业每天提供的该酒店管理服务符合“实质相同”的条件。

企业为履行合同而应开展的初始活动，通常不构成履约义务，除非该活动向客户

转让或提供了承诺的商品或服务。例如，某俱乐部为注册会员建立档案，该活动并未向会员转让或提供承诺的商品或服务，因此，不构成单项履约义务。

三、确定交易价格

企业应当首先确定合同的交易价格，再按照分摊至各单项履约义务的交易价格计量收入。

交易价格是指企业因向客户转让商品或提供服务而预期有权收取的对价金额。企业代第三方收取的款项以及企业预期将退还给客户的款项，应当作为负债进行会计处理，不计入交易价格。企业代第三方收取的款项如企业代收的增值税等。合同标价并不一定代表交易价格，企业应当根据合同条款，并结合以往的习惯做法确定交易价格。在确定交易价格时，企业应当考虑可变对价、合同中存在的重大融资成分、非现金对价以及应付客户对价等因素的影响，并应当假定将按照现有合同的约定向客户转移商品或服务，且该合同不会被取消、续约或变更。

（一）可变对价

企业与客户的合同中约定的对价金额可能是固定的，也可能会因折扣、价格折让、返利、退款、奖励积分、激励措施、业绩奖金、索赔等因素而变化。此外，企业有权收取的对价金额将根据一项或多项或有事项的发生有所不同的情况，也属于可变对价的情形。例如，企业售出商品但允许客户退货时，由于企业有权收取的对价金额将取决于客户是否退货，因此，该合同的交易价格是可变的。

企业在判断合同中是否存在可变对价时，不仅应当考虑合同条款的约定，在下列情况下，即使合同中没有明确约定，合同的对价金额也是可变的：一是根据企业已公开宣布的政策、特定声明或者以往的习惯做法等，客户能够合理预期企业将会接受低于合同约定的对价金额，即企业会以折扣、返利等形式提供价格折让。二是其他相关事实和情况表明，企业在与客户签订合同时即打算向客户提供价格折让。例如，企业与一新客户签订合同，虽然企业没有对该客户销售给予折扣的历史经验，但是，根据企业拓展客户关系的战略安排，企业愿意接受低于合同约定的价格。合同中存在可变对价的，企业应当对计入交易价格的可变对价进行估计。

1. 可变对价最佳估计数的确定

在对可变对价进行估计时，企业应当按照期望值或最可能发生金额确定可变对价的最佳估计数。这并不意味着企业可以在两种方法之间随意进行选择，而是应当选择能够更好预测其有权收取的对价金额的方法，并且对于类似的合同，应当采用相同的方法进行估计。

（1）期望值。这是按照各种可能发生的对价金额及相关概率计算确定的金额。如果企业拥有大量具有类似特征的合同，并且估计合同可能产生多个结果时，按照期望值估计可变对价金额通常是恰当的。

例 11－10

甲公司生产和销售电视机。20×1 年 3 月，甲公司向零售商乙公司销售 1 000 台电视机，每台价格为 3 000 元，合同价款合计 3 000 000 元。甲公司向乙公司提供价格保护，同意在未来 6 个月内，如果同款电视机售价下降，则按照合同价格与最低售价之间的差额向乙公司支付差价。甲公司根据以往执行类似合同的经验，预计各种结果发生的概率如表11-1所示。

表11-1 各种结果发生的概率

未来6个月内的降价金额（元/台）	概率
0	40%
200	30%
500	20%
1 000	10%

本例中，甲公司认为期望值能够更好预测其有权获取的对价金额。假定暂不考虑后面将要介绍的将可变对价计入交易价格的限制要求，在期望值方法下，甲公司估计的交易价格为每台2 740元（3 000×40%+2 800×30%+2 500×20%+2 000×10%）。

（2）最可能发生金额。这是一系列可能发生的对价金额中最可能发生的单一金额，即合同最可能产生的单一结果。当合同仅有两个可能结果时，按照最可能发生金额估计可变对价金额可能是恰当的。

例11-11

甲公司为其客户建造一栋厂房，合同约定的价款为1 000 000元。但是，如果甲公司不能在合同签订之日起的120天内竣工，则需支付100 000元罚款。该罚款从合同价款中扣除。甲公司对合同结果的估计如下：工程按时完工的概率为90%，工程延期的概率为10%。

本例中，该合同的对价金额实际由两部分组成，即900 000元的固定价格以及100 000元的可变对价。由于该合同涉及两种可能结果，甲公司认为按照最可能发生金额的方法能够更好预测其有权获取的对价金额。因此，甲公司估计的交易价格为1 000 000元，即为最可能发生的单一金额。

对于某一事项的不确定性对可变对价金额的影响，企业应当在整个合同期间一致地采用同一种方法进行估计。当存在多个不确定性事项均会影响可变对价金额时，企业可以采用不同的方法对其进行估计。企业在对可变对价进行估计时，应当考虑能够合理获得的所有信息，包括历史信息、当前信息和预测信息，并且在合理的数量范围内估计各种可能发生的对价金额和概率。

例11-12

甲公司与乙公司签订固定造价合同，在乙公司的厂区内为其建造一栋办公楼，合同价款为5 000 000元。根据合同约定，该项工程的完工日期为20×1年11月30日，如果甲公司能够在该日期之前完工，则每提前一天，合同价款将增加20 000元；相反，如果甲公司未能按期完工，则每推迟一天，合同价款将会减少20 000元。此外，合同约定，该项工程完工之后将参加省级优质工程奖的评选，如果能够获奖，乙公司将额外奖励甲公司200 000元。

本例中，产生可变对价的事项有两项：一是是否按期完工；二是能否获得省级优质工程奖。甲公司可以采用不同的方法对其进行估计：对于前者，甲公司按照期望值进行估计；对于后者，甲公司按照最有可能的金额进行估计。

2. 计入交易价格的可变对价金额的限制

企业按照期望值或最可能发生金额确定可变对价金额之后，计入交易价格的可变对价金额还应该满足限制条件，即包含可变对价的交易价格，应当不超过在相关不确定性消除时，累计已确认的收入极可能不会发生重大转回的金额。其中，“极可能”是一个比较高的门槛，其发生的概率应远高于“很可能”（即可能性超过50%），但不要求达到“基本确定”（即可能性超过95%）。企业应当将满足上述限制条件的可变对价金额计入交易价格。根据规定，将可变对价计入交易价格的限制条件不适用于企业向客户授予知识产权许可并约定按客户实际销售或使用情况收取特许权使用费的情况。

每一资产负债表日，企业应当重新估计可变对价金额，包括重新评估对可变对价的估计是否受到限制，以如实反映报告期末存在的情况以及报告期内发生的情况变化。

例 11－13

20×1年1月1日，甲公司与乙公司签订合同，向其销售A产品。合同约定，当乙公司在20×1年的采购量不超过2 000件时，每件产品的价格为80元；当乙公司在20×1年的采购量超过2 000时，每件产品的价格为70元。乙公司在第一季度的采购量为150件，甲公司预计乙公司全年的采购量不会超过2 000件。20×1年4月，乙公司因完成产能升级而增加了原材料的采购量，第二季度共向甲公司采购A产品1 000件。此时，甲公司预计乙公司全年的采购量将超过2 000件，因此，全年采购量适用的产品单价均将调整为70元。

本例中，20×1年第一季度，甲公司根据以往经验估计乙公司全年的采购量将不会超过2 000件，甲公司按照80元的单价确认收入，满足在不确定性消除之后，即乙公司全年的采购量确定之后，累计已确认的收入将极可能不会发生重大转回的要求，因此，甲公司在第一季度确认的收入金额为12 000元（80×150）。20×1年第二季度，甲公司对交易价格进行重新估计。由于甲公司预计乙公司全年的采购量将超过2 000件，按照70元的单价确认收入，才能满足累计已确认的收入极可能不会发生重大转回的要求，因此，甲公司在第二季度确认收入68 500元［70×(1 000＋150）－12 000］。

例 11－14

20×1年10月1日，甲公司签订合同，为一只股票型基金提供资产管理服务，合同期限为3年。甲公司所能获得的报酬包括两部分：一是每季度按照本季度末该基金净值的1%收取管理费，该管理费不会因基金净值的后续变化而调整或被要求退回；二是该基金在3年内的累计回报如果超过10%，则甲公司可以获得超额回报部分的20%作为业绩奖励。20×1年12月31日，该基金的净值为5 000 000元。假定不考虑相关税费的影响。

本例中，甲公司在该项合同中收取的管理费和业绩奖励均为可变对价，其金额极易受到股票价格波动的影响，这是在甲公司影响范围之外的。虽然甲公司以往有类似合同的经验，但是，该经验在确定未来市场表现方面并不具有预测价值。因此，在合同开始日，甲公司无法对其能够收取的管理费和业绩奖励进行估计。也就是说，如果将估计的某一金额的管理费或业绩奖励计入交易价格，将不满足累计已确认的收入金额极可能不会发生重大转回的要求。

20×1年12月31日，甲公司重新估计该合同的交易价格，影响本季度管理费收入金额的不确定性已经消除，甲公司确认管理费收入50 000元（5 000 000×1%）。甲公司未确认业绩奖励收入，这是因为该业绩奖励仍然会受到基金未来累计回报的影响，难以满足将可变对价计入交易价格的限制条件。在后续的每一资产负债表日，甲公司应当重新估计相应的可变对价是否满足计入交易价格的限制条件，以确定其收入金额。

（二）合同中存在重大融资成分

当企业将商品或服务的控制权转移给客户的时间与客户实际付款的时间不一致时，如企业以赊销的方式销售商品，或者要求客户支付预付款等，如果各方以在合同中约定的付款时间为客户或企业就转让商品或提供服务的交易提供了重大融资利益，则合同中即包含了重大融资成分。企业在确定交易价格时，应当对已承诺的对价金额作出调整，以剔除货币时间价值的影响。

合同中存在重大融资成分的，企业应当按照假定客户在取得商品或服务控制权时即以现金支付的应付金额，即现销价格确定交易价格。在评估合同中是否存在融资成分以及该融资成分对于该合同而言是否重大时，企业应当考虑所有相关的事实和情况。其中包括：一是已承诺的对价金额与已承诺商品或服务的现销价格之间的差额；二是企业将承诺的商品或服务转让给客户与客户支付相关款项之间的预计时间间隔和相应的市场现行利率的共同影响。如果企业或其他企业在销售相同商品或服务时，不同的付款时间会导致销售价格有所差别，则通常表明各方知晓合同中包含了融资成分。尽管向客户转让商品或提供服务与客户支付相关款项之间的时间间隔并非决定性因素，但是，该时间间隔与市场现行利率两者的共同影响可能提供了是否存在重大融资利益的明显迹象。

企业向客户转让商品或提供服务与客户支付相关款项之间存在时间间隔并不足以表明合同包含重大融资成分。企业向客户转让商品或提供服务与客户支付相关款项之间虽然存在时间间隔，但相应的合同没有包含重大融资成分的情形有：一是客户就商品或服务支付了预付款，且可以自行决定这些商品或服务的转让时间。例如，企业向客户出售其发行的储值卡，客户可随时到该企业持卡购物或取得服务；再如，企业向客户授予奖励积分，客户可随时到该企业兑换这些积分等。二是客户承诺支付的对价中有相当大的部分是可变的，该对价金额或付款时间取决于某一未来事项是否发生，且该事项实质上不受客户或企业控制。例如，按照实际销售量收取的特许权使用费。三是合同承诺的对价金额与现销价格之间的差额是由于向客户或企业提供融资利益以外的其他原因所导致的，且这一差额与产生该差额的原因是相称的。例如，合同约定的支付条款是为了向企业或客户提供保护，以防止另一方未能依照合同充分履行其部分或全部义务。从合同金额中保留的工程质量保证金通常在工程完工一段时间并且没有质量问题后支付，是一个具体的例子，即保留的工程质量保证金不属于提供重大融资利益。

合同中存在重大融资成分的，企业在确定该重大融资成分的金额时，应使用将合同对价的名义金额折现为商品现销价格的折现率。该折现率一经确定，不得因后续市场利率或客户信用风险等情况的变化而变更。企业确定的交易价格与合同承诺的对价金额之间的差额，应当在合同期间内采用实际利率法摊销。

例 11-15

20×1年1月1日，甲公司与乙公司签订合同，向其销售一批产品。合同约定，该批产品将于2年之后交货。合同中包含两种可供选择的付款方式：一种是乙公司可以在2年后交付产品时支付4 494 400元，另一种是在合同签订时支付4 000 000元。乙公司选择在合同签订时支付货款。该批产品的控制权在交货时转移。甲公司于20×1年1月1日收到乙公司支付的货款，于20×2年12月31日向乙公司交付产品。

本例中，按照上述两种付款方式计算的内含利率为6%。考虑到乙公司付款时间和甲公司产品交付时间之间的间隔以及现行市场利率水平，甲公司认为该合同包含重大融资成分，在确定交易价格时，应当对合同承诺的对价金额进行调整，以反映该重大融资成分的影响。甲公司应当在20×2年12月31日向乙公司交付产品时，即在该批产品的控制权转移给乙公司时，按照假定乙公司在此时即以现金支付的应付金额4 494 400元确定交易价格，并确认相应数额的收入。融资费用494 400元（4 494 400－4 000 000）在合同期间内采用实际利率法摊销。其中，20×1年12月31日摊销240 000元（4 000 000×6%），20×2年12月31日摊销254 400元（4 240 000×6%）。

根据规定，为简化实务操作，如果在合同开始日，企业预计客户取得商品控制权与客户支付价款间隔不超过一年的，可以不考虑合同中存在的重大融资成分。企业应当对类似情形下的类似合同一致地应用这一简化处理方法。

（三）非现金对价

当企业因转让商品或提供服务而有权向客户收取的对价是非现金形式时，如实物资产、无形资产、股权、客户提供的广告服务等，企业通常应当按照非现金对价在合同开始日的公允价值确定交易价格。非现金对价公允价值不能合理估计的，企业应当参照其承诺向客户转让商品或提供服务的单独售价间接确定交易价格。

非现金对价的公允价值可能会因对价的形式而发生变动。例如，企业有权向客户收取的对价是股票，股票本身的价格会发生变动。非现金对价的公允价值也可能会因除对价形式以外的原因而发生变动。例如，企业有权收取非现金对价的公允价值因企业的履约情况而发生变动。合同开始日后，非现金对价的公允价值因对价形式以外的原因而发生变动的，应当作为可变对价，按照与计入交易价格的可变对价金额的限制条件的相关规定进行处理。合同开始日后，非现金对价的公允价值因对价形式而发生变动的，该变动金额不应计入交易价格。

例11-16

甲公司为客户生产一台专用设备。双方约定，如果甲公司能够在30天内交货，则可以额外获得100股客户的股票作为奖励。合同开始日，该股票的价格为每股5元。由于缺乏执行类似合同的经验，当日，甲公司估计该100股股票的公允价值计入交易价格将不满足累计已确认的收入极可能不会发生重大转回的限制条件。合同开始日之后的第25天，甲公司将该设备交付给客户，从而获得了100股股票，该股票在此时的价格为每股6元。假定甲公司将该股票作为以公允价值计量且其变动计入当期损益的金融资产。

本例中，合同开始日，该股票的价格为每股5元，由于缺乏执行类似合同的经验，当日，甲公司估计该100股股票的公允价值计入交易价格将不满足累计已确认的收入极可能不会发生重大转回的限制条件，因此，甲公司不应将该100股股票的公允价值

500元计入交易价格。合同开始日之后的第25天，甲公司获得了100股股票。该股票在此时的价格为每股6元。此时，甲公司应当按照该股票在合同开始日的公允价值确定为交易价格，将相应的公允价值500元（5×100）确认为收入；将因对价形式而发生的该股票公允价值的变动100元（600－500）计入公允价值变动损益。

（四）应付客户对价

企业在向客户转让商品或提供服务的同时，需要向客户或第三方支付对价的，应当将该应付对价冲减交易价格，但应付客户对价是为了自客户取得其他可明确区分商品的除外。这里的应付客户对价还包括可以抵减应付企业金额的相关项目金额，如优惠券、兑换券等。这里的第三方通常指向企业的客户购买本企业商品的一方，即处于企业分销链上的“客户的客户”。例如，企业将其生产的产品销售给经销商，经销商再将这些产品销售给最终用户，最终用户即是第三方。

企业应付客户对价是为了自客户取得其他可明确区分商品的，应当采用与企业其他采购相一致的方式确认所购买的商品。企业应付客户对价超过自客户取得的可明确区分商品公允价值的，超过金额应当作为应付客户对价冲减交易价格。

在对应付客户对价冲减交易价格进行会计处理时，企业应当在确认相关收入与支付或承诺支付客户对价二者孰晚的时点冲减当期收入。

四、将交易价格分摊至各单项履约义务

当合同中包含两项或多项履约义务时，需要将交易价格分摊至各单项履约义务，以使企业分摊至各单项履约义务或者可明确区分的商品或服务的交易价格，能够反映其因向客户转让已承诺的相关商品或服务而预期有权收取的对价金额。

（一）分摊的一般原则

合同中包含两项或多项履约义务的，企业应当在合同开始日，按照各单项履约义务所承诺的商品或服务的单独售价的相对比例，将交易价格分摊至各单项履约义务。

例11-17

甲公司与客户签订合同，向其销售A，B，C三件产品，合同价款为10 000元。A，B，C三件产品的单独售价分别为5 000元、2 500元和7 500元，合计15 000元。上述价格均不包含增值税。

本例中，根据上述交易价格分摊原则，A产品应当分摊的交易价格为3 333元［(5 000/15 000)×10 000］，B产品应当分摊的交易价格为1 667元［(2 500/15 000)×10 000］，C产品应当分摊的交易价格为5 000元［(7 500/15 000)×10 000］。

单独售价是指企业向客户单独销售商品或提供服务的价格。企业在类似环境下向类似客户单独销售某商品或提供某服务的价格，应作为确定该商品或服务单独售价的最佳证据。合同或价目表上的标价可能是商品或服务的单独售价，但不能默认其一定是该商品或服务的单独售价。例如，企业为其销售的产品制定了标准价格，但是，在实务中经常以低于该标准价格的折扣价格对外销售。此时，企业在估计该产品的单独售价时，应当考虑这一因素。

单独售价无法直接观察的，企业应当综合考虑其能够合理取得的全部相关信息，采用市场调整法、成本加成法、余值法等方法合理估计单独售价。其中，市场调整法是指企业根据某商品或服务或者类似商品或服务的市场售价，考虑本企业的成本和毛利等进行适当调整后的金额，确定相关商品或服务单独售价的方法。企业可以对其销售商品或提供服务的市场进行评估，进而估计客户在该市场上购买本企业的商品或服务所愿意支付的价格，也可以参考其竞争对手销售类似商品或提供类似服务的价格，并在此基础上进行必要调整以反映本企业的成本及毛利。

成本加成法是指企业根据某商品或服务的预计成本加上其合理毛利后的金额，确定其单独售价的方法。其中，预计成本应当与企业在定价时通常会考虑的成本因素一致，既包括直接成本，也包括间接成本。企业在确定合理毛利时，应当考虑的因素包括类似商品单独售价的毛利水平、行业内的历史毛利水平、行业平均售价、市场情况以及企业的利润目标等。

余值法是指企业根据合同交易价格减去合同中其他商品或服务可观察单独售价后的余额，确定某商品或服务单独售价的方法。企业在商品或服务近期售价波动幅度巨大，或者因未定价且未曾单独销售而使售价无法可靠确定时，可采用余值法估计其单独售价。例如，企业以 100 000 元的价格向客户销售 A，B，C 三件可明确区分的商品。其中，A 商品和 B 商品经常单独对外销售，销售价格分别为 25 000 元和 45 000 元；C 商品为新产品，企业尚未对其定价且未曾单独销售，市场上也无类似商品出售。在这种情况下，企业采用余值法估计 C 商品的单独售价为 30 000 元（100 000－25 000－45 000）。

企业在采用相关方法估计合同所承诺的每一项商品或服务的单独售价时，应当评估该方式是否满足交易价格分摊的目标，即企业分摊至各单项履约义务或者可明确区分的商品或服务的交易价格，能够反映其因向客户转让已承诺的相关商品或服务而预期有权收取的对价金额。例如，当企业采用余值法估计确定的某单项履约义务的单独售价为零或仅为很小的金额时，企业应当评估该结果是否恰当。这是因为合同中包含的可明确区分的商品或服务对于客户而言都应该是一定价值的。

（二）分摊合同折扣

当客户购买的一组商品或服务中所包含的各单项商品或服务的单独售价之和高于合同交易价格时，表明客户因购买该组商品或服务而取得了合同折扣。合同折扣是指合同中各单项履约义务所承诺商品或服务的单独售价之和高于合同交易价格的金额。企业应当在各单项履约义务之间按比例分摊合同折扣。有确凿证据表明合同折扣仅与合同中一项或多项但不是全部履约义务相关的，企业应当将该合同折扣分摊至相关的一项或多项履约义务。

例 11－18

甲公司与客户签订合同，向其销售 A，B，C 三种产品，合同总价款为 1 200 000 元。这三种产品构成三项履约义务。甲公司经常以 500 000 元单独出售 A 产品，其单独售价可直接观察。B 产品和 C 产品的单独售价不可直接观察。甲公司采用市场调整法估计的 B 产品单独售价为 250 000 元，采用成本加成法估计的 C 产品单独售价为 750 000 元。甲公司通常以 500 000 元的价格单独销售 A 产品，并将 B 产品和 C 产品组合在一起以 700 000 元的价格销售。

本例中，三种产品的单独售价合计为1 500 000元（500 000+250 000+750 000），而该合同的价格为1 200 000元，该合同的整体折扣为300 000元（1 500 000－1 200 000）。由于甲公司经常将B产品和C产品组合在一起以700 000元的价格销售，该价格与其单独售价之和1 000 000元（250 000+750 000）的差额为300 000元（1 000 000－700 000），与该合同的整体折扣一致，而A产品通常单独销售的价格与其在合同中的单独售价一致，均为500 000元，证明该合同的整体折扣仅应归属于B产品和C产品。因此，在该合同下，分摊至A产品的交易价格为500 000元，分摊至B产品和C产品的交易价格合计为700 000元。甲公司应当进一步按照B产品和C产品的单独售价的相对比例将该价格在二者之间进行分摊：B产品应分摊的交易价格为175 000元［(250 000/1 000 000)×700 000］，C产品应分摊的交易价格为525 000元［(750 000/1 000 000)×700 000］。

（三）分摊可变对价

合同中包含可变对价的，该可变对价可能与整个合同相关，也可能仅与合同中的某一特定组成部分有关。其中，后者包括两种情形：一是可变对价可能与合同中的一项或多项但不是全部履约义务有关。例如，是否获得奖金取决于企业能否在指定时期内转让某项已承诺的商品。二是可变对价可能与企业向客户转让的构成单项履约义务的一系列可明确区分商品或服务中的一项或多项但不是全部商品或服务有关。例如，为期两年的保洁服务合同中，第二年的服务价格将根据指定的通货膨胀率确定。

同时满足下列两项条件的，企业应当将可变对价及可变对价的后续变动额全部分摊至与之相关的某项履约义务，或者构成单项履约义务的一系列可明确区分商品或服务中的某项商品或服务：一是可变对价的条款专门针对企业为履行该项履约义务或转让该项可明确区分商品或服务所作的努力；二是企业在考虑了合同中的全部履约义务及支付条款后，将合同对价中的可变金额全部分摊至该项履约义务或该项可明确区分商品或服务符合分摊交易价格的目标。对于不满足上述条件的可变对价及可变对价的后续变动额，以及可变对价及其后续变动额中未满足上述条件的剩余部分，企业应当按照分摊交易价格的一般原则，将其分摊至合同中的各单项履约义务。

例11-19

甲公司与乙公司签订合同，将其拥有的两项专利技术X和Y授权给乙公司使用。假定两项授权均分别构成单项履约义务，且都属于在某一时点履行的履约义务。合同约定，授权使用专利技术X的价格为800 000元，授权使用专利技术Y的价格为乙公司使用该专利技术所生产的产品销售额的3%。专利技术X和Y的单独售价分别为800 000元和1 000 000元。甲公司估计其就授权使用专利技术Y而有权收取的特许权使用费为1 000 000元。

本例中，该合同中包含固定对价和可变对价。其中，授权使用专利技术X的价格为固定对价，且与其单独售价一致。授权使用专利技术Y的价格为可变对价。该可变对价全部与授权使用专利技术Y能够收取的对价有关，且甲公司基于实际销售情况估计收取的特许权使用费的金额接近Y的单独售价。因此，甲公司将可变对价部分的特许权使用费金额全部由Y承担符合交易价格的分摊目标。

(四) 交易价格的后续变动

合同开始日之后，由于相关确定性的消除或环境的其他变化等原因，交易价格可能会发生变化，从而导致企业因向客户转让商品或提供服务而预期有权收取的对价金额发生变化。交易价格发生后续变动的，企业应当按照在合同开始日所采用的基础将该后续变动金额分摊至合同中的履约义务。企业不得因合同开始日之后单独售价的变动而重新分摊交易价格。

五、履行每一单项履约义务时确认收入

企业应当在履行了合同中的履约义务，即客户取得相关商品或服务的控制权时确认收入。企业将商品或服务的控制权转移给客户，该转移可能在某一时段内发生，即履行履约义务的过程中发生；也可能在某一时点发生，即履约义务完成时发生。企业应当根据实际情况，按照相关规定判断履约义务是否满足在某一时段内履行的条件，如不满足，则该履约义务属于在某一时点履行的履约义务。对于在某一时段内履行的履约义务，企业应当选取恰当的方法来确定履约进度；对于在某一时点履行的履约义务，企业应当综合分析控制权转移的迹象，判断其转移时点。

(一) 在某一时段内履行的履约义务

1. 在某一时段内履行履约义务的条件

满足下列条件之一的，属于在某一时段内履行履约义务，相关收入应当在该履约义务履行的期间内确认。

(1) 客户在企业履约的同时即取得并消耗企业履约所带来的经济利益。企业在履约过程中是持续地向客户转移企业履约所带来的经济利益的，该履约义务属于在某一时段内履行的履约义务，企业应当在履行履约义务的期间确认收入。对于例如保洁服务等一些服务类合同而言，可以通过直观的判断获知，企业在履行履约义务，如提供保洁服务同时，客户即取得并消耗了企业履约所带来的经济利益。对于难以通过直观判断获知结论的情形，企业在进行判断时，可以假定在企业履约的过程中更换为其他企业继续履行剩余履约义务，当该继续履行合同的企业实质上无须重新执行企业累计至今已经完成的工作时，表明客户在企业履约的同时即取得并消耗了企业履约所带来的经济利益。例如，甲企业承诺将客户的一批货物从A市运送到B市，假定该批货物在途经C市时，由乙运输公司接替甲企业继续提供该运输服务。由于A市到C市之间的运输服务是无须重新执行的，表明客户在甲企业履约的同时即取得并消耗了甲企业履约所带来的经济利益。因此，甲企业提供的运输服务属于在某一时段内履行的履约义务。

(2) 客户能够控制企业履约过程中在建的商品或服务。企业在履约过程中在建的商品或服务包括在产品、在建工程、尚未完成的研发项目、正在进行的服务等。由于客户控制了在建的商品或服务，客户在企业提供商品或服务的过程中获得其利益，因此，该履约义务属于在某一时段内履行的履约义务，应当在该履约义务履行的期间内确认收入。

例 11-20

甲公司与客户签订合同，在客户拥有的土地上按照客户的设计要求为其建造厂房。在建造过程中客户有权修改厂房设计，并与甲公司重新协商设计变更后的合同价款。客户每月末按当月工程进度向甲公司支付工程款。如果客户终止合同，已完成建造部分的厂房归客户所有。

本例中，甲公司为客户建造厂房，该厂房位于客户的土地上，客户终止合同时，已建造的厂房归客户所有。这些均表明客户在该厂房建造的过程中就能够控制该在建的厂房。因此，甲公司提供的该建造服务属于在某一时段内履行的履约义务，甲公司应当在提供该服务的期间内确认收入。

（3）企业履约过程中所产出的商品具有不可替代用途，且该企业在整个合同期间内有权就累计至今已完成的履约部分收取款项。具体包括如下两个方面：

①商品具有不可替代用途。具有不可替代用途是指因合同限制或实际可行性限制，企业不能轻易地将商品用于其他用途。当企业产出的商品只能提供给某特定客户，而不能被轻易地用于其他用途，例如不能销售给其他客户时，该商品就具有不可替代用途。在判断商品是否具有不可替代用途时，企业既应当考虑合同限制，也应当考虑实际可行性限制，但无须考虑合同被终止的可能性。

当合同中存在实质性限制条款，导致企业不能将合同约定的商品用于其他用途时，该商品满足具有不可替代用途的条件。虽然合同中没有限制条款，但是，当企业将合同中约定的商品用作其他用途，将导致企业遭受重大的经济损失时，企业将该商品用作其他用途的能力实际上受到了限制。例如，企业根据某客户的要求，为其专门设计并生产了一套专用设备，由于该设备是定制化产品，企业如果将其销售给其他客户，需要发生重大的改造成本，表明企业将该产品用于其他用途的能力受到实际可行性的限制。因此，该产品满足“具有不可替代用途”的条件。企业在判断商品是否具有不可替代用途时，判断时点是合同开始日。此后，除非发生合同变更，且该变更显著改变了原合同约定的履约义务，否则，企业无须重新进行判断。

②企业在整个合同期间内有权就累计至今已完成的履约部分收取款项。有权就累计至今已完成的履约部分收取款项是指在由于客户或其他方原因终止合同的情况下，企业有权就累计至今已完成的履约部分收取能够补偿其已发生成本和合理利润的款项，并且该权利具有法律约束力。在这里，合同终止必须是由于客户或其他方面而非企业自身的原因所致，在整个合同期间内的任一时点，企业均应当拥有此项权利。

企业有权就累计至今已完成的履约部分收取的款项应当大致相当于累计至今已经转移给客户的商品的售价。企业有权收取的款项为保证金或仅是补偿企业已经发生的成本或可能损失的利润的，不满足这一条件。补偿企业的合理利润并不意味着补偿金额一定要等于该合同的整体毛利水平。下列两种情形都属于补偿企业的合理利润：一是根据合同终止前的履约进度对该合同的毛利水平进行调整后确定的金额作为补偿金额；二是如果该合同的毛利水平高于企业同类合同的毛利水平，以企业从同类合同中能够获取的合理资本回报或者经营毛利作为利润补偿。

企业和客户之间在合同中约定的付款时间进度表，不一定就表明企业有权就累计至今已完成的履约部分收取款项。这是因为合同约定的付款进度和企业的履约进度可能并不匹配。此种情况下，企业仍需要证据对其是否有该收款权进行判断。企业在进行判断时，既要考虑合同条款的约定，还应当充分考虑适用的法律法规、补充或凌驾于合同条款之上的以往司法实践以及类似案例的结果等。

例 11－21

甲公司与乙公司签订合同，针对乙公司的实际情况和面临的具体问题，为改善其业务流程提供咨询服务，并出具专业的咨询意见。双方约定，甲公司仅需要向乙公司提交最终的咨询意见，而无须提交任何其在工作过程中编制的工作底稿和其他相关资料；在整个合同期间内，如果乙公司单方面终止合同，乙公司需要向甲公司支付违约金，违约金的金额等于甲公司已发生的成本加上15%的毛利率，该毛利率与甲公司在类似合同中能够赚取的毛利率大致相同。

本例中，在合同执行过程中，由于乙公司无法获得甲公司已经完成工作的工作底稿和其他任何资料，假设在执行合同的过程中，因甲公司无法履约而需要由其他公司来继续提供后续咨询服务并出具咨询意见时，其他公司需要重新执行甲公司已经完成的工作，这表明乙公司并未在甲公司履约的同时即取得并消耗了甲公司履约所带来的经济利益。然而，由于该咨询服务是针对乙公司的具体情况而提供的，甲公司无法将最终的咨询意见用作其他用途，这表明该咨询意见具有不可替代用途。此外，在整个合同期间内，如果乙公司单方面终止合同，甲公司根据合同条款可以主张其已发生的成本及合理利润，这表明甲公司在整个合同期间内有权就累计至今已完成的履约部分收取款项。因此，甲公司向乙公司提供的咨询服务属于在某一时段内履行的履约义务，甲公司应当在其提供服务的期间内按照适当的履约进度确认收入。

商品具有不可替代用途和企业在整个合同期间内有权就累计至今已完成的履约部分收取款项这两个要素，均与控制权的判断有关联。客户有义务或无法避免就企业已经完成的履约部分支付相应款项，这一情况表明，客户已获得企业履约所带来的经济利益。通常情况下，客户只有在取得对商品或服务的控制权时才有义务支付相应的合同价款。

2. 在某一时段内履行的履约义务的收入确认

对于在某一时段内履行的履约义务，企业应当在该段时间内按照履约进度确认收入，但是，履约进度不能合理确定的除外。企业应当考虑商品或服务的性质，采用产出法或投入法确定恰当的履约进度，并且在确定履约进度时，应当扣除那些控制权尚未转移给客户的商品和服务。企业按照履约进度确认收入时，通常应当在资产负债表日按照合同的交易价格总额乘以履约进度，再扣除以前会计期间累计已确认的收入后的金额，确认为当期收入。

（1）产出法。产出法是根据已转移给客户的商品或服务对于客户的价值确定履约进度的方法，通常可采用实际测量的完工进度、评估已实现的结果、已达到的里程碑、时间进度、已完工或交付的产品等产出指标确定履约进度。企业在评估是否采用产出法确定履约进度时，应当考虑具体的事实和情况，并选择能够如实反映企业履约进度和向客户转移商品或服务控制权的产出指标。当选择的产出指标无法计量控制权已转移给客户的商品或服务时，不应采用产出法。例如，当处于生产过程中的在产品在其完工或交付前已属于客户时，在确定履约进度时不应使用已完工或已交付的产品作为产出指标。这是因为处于生产过程中的在产品的控制权已经转移给了客户，而这些在产品并没有包括在产出指标的计量中。因此，该指标并未如实反映向客户转移商品的进度。

在实务中，为便于操作，当企业向客户开具发票的对价金额与向客户转让增量商品或服务的价值直接相一致时，如企业按照固定的费率以及发生的工时向客户开具账单，企业直接按照发票对价金额确认收入也是一种恰当的产出法。

例 11-22

甲公司与客户签订合同，为该客户拥有的一条铁路更换100根铁轨，合同价格为100 000元。截至20×1年12月31日，甲公司共更换铁轨60根，剩余部分预计在20×2年3月31日之前完成。该合同仅包含一项履约义务，且该履约义务满足在某一时段内履行的条件。假定不考虑其他情况。

本例中，甲公司提供的更换铁轨的服务属于在某一时段内履行的履约义务，甲公司按照已完成的工作量确定履约进度。因此，截至20×1年12月31日，该合同的履约进度为60%（即60/100），甲公司应确认的收入为60 000元（100 000×60%）。

产出法是根据能够代表向客户转移商品或服务控制权的产出指标直接计算履约进度的，因此，通常能够客观地反映履约进度。但是，产出法下有关产出指标的信息有时可能无法直接观察获得，企业为获得这些信息需要花费很高的成本，这就可能需要采用投入法来确定履约进度。

（2）投入法。投入法是根据企业履行履约义务的投入确定履约进度的方法，通常可采用投入的材料数量、花费的人工工时或机器工时、发生的成本和时间进度等投入指标确定履约进度。当企业从事的工作或发生的投入是在整个履约期间内平均发生时，企业也可以按照直线法确认收入。

例 11-23

甲公司经营一家健身俱乐部。20×1年2月1日，某客户与甲公司签订合同，成为甲公司的会员，并向甲公司支付会员费3 600元，可在未来的12个月内在该俱乐部健身，且没有次数限制。

本例中，客户在会籍期间可随时来俱乐部健身，且没有次数限制，客户已使用俱乐部健身的次数不会影响其未来继续使用的次数，甲公司在该合同下的履约义务是承诺随时准备在客户需要时为其提供健身服务。因此，该履约义务属于在某一时段内履行的履约义务，并且该履约义务在会员的会籍期间内随时间的流逝而被履行。因此，甲公司按照直线法确认收入，即每月应当确认的收入为300元（3 600/12），截至20×1年12月31日，甲公司应确认的收入为3 300元（300×11）。

本例中，如果客户购买的是确定数量的服务，如在未来12个月内，客户可随时来健身俱乐部健身100次，则甲公司的履约义务是为客户提供这100次健身服务，而不是随时准备为其提供健身服务的承诺。因此，甲公司应当按照客户已使用健身服务的次数确认收入。

投入法所需要的投入指标虽然易于获得，但是，投入指标与企业向客户转移商品或服务的控制权之间未必存在直接的对应关系。因此，企业在采用投入法确定履约进度时，应当扣除那些虽然已经发生但是未导致向客户转移商品或服务的投入。

实务中，通常按照累计实际发生的成本占预计总成本的比例确定履约进度。这种方法可称为确定履约进度的成本法。其中，累计实际发生的成本包括企业向客户转移商品或服务过程中发生的直接成本和间接成本，如直接人工、直接材料、分包成本以及其他与合同相关的成本。在下列情况下，企业在采用成本法确定履约进度时，可能需要对已发生的成本进行适当的调整：

①已发生的成本并未反映企业履行履约义务的进度。例如，因企业生产效率低下等原因而导致的非正常消耗，包括非正常消耗的直接材料、直接人工及制造费用等，不应包括在累计实际发生的成本中。这是因为这些非正常消耗并没有为合同进度做出贡献。但是，企业在和客户订立合同时已经预见会发生这些成本并将其包括在合同价款中的除外。

②已发生的成本与企业履行履约义务的进度不成比例。当企业已发生的成本与履约进度不成比例，企业在采用成本法确定履约进度时需要进行适当调整，通常仅以其已发生的成本为限确认收入。对于施工中尚未安装、使用或耗用的商品或材料成本等，当企业在合同开始日就预期将能够满足下列所有条件时，应在采用成本法确定履约进度时不包括这些成本：第一，该商品或材料不可明确区分，即不构成单项履约义务；第二，客户先取得该商品或材料的控制权，之后才接受与之相关的服务；第三，该商品或材料的成本相对于预计总成本而言是重大的；第四，企业自第三方采购该商品或材料，且未深入参与其设计和制造，对于包含该商品的履约义务而言，企业是主要责任人。

例 11－24

20×1 年 10 月，甲公司与客户签订合同，为客户装修一栋办公楼，包括安装一部电梯，合同总金额为 1 000 000 元。甲公司预计的合同总成本为 800 000 元，其中包括电梯的采购成本 300 000 元。20×1 年 12 月，甲公司将电梯运达施工现场并经过客户验收，客户已取得对电梯的控制权，但是，根据装修进度，预计到 20×2 年 2 月才会安装该电梯。截至 20×1 年 12 月，甲公司累计发生成本 400 000 元，其中包括支付给电梯供应商的采购成本 300 000 元以及因采购电梯发生的运输和人工等相关成本 50 000 元。假定包括安装电梯在内的该办公楼装修服务构成单项履约义务，并属于在某一时段内履行的履约义务，甲公司是主要责任人，但不参与电梯的设计和制造；甲公司采用成本法确定履约进度。

本例中，截至 20×1 年 12 月，甲公司发生成本 400 000 元，其中包括电梯采购成本 300 000 元以及因采购电梯发生的运输和人工等相关成本 50 000 元，甲公司认为其已发生的成本和履约进度不成比例，因此需要对履约进度的计算作出调整，将电梯的采购成本排除在已发生成本和预计总成本之外。在该合同中，该电梯不构成单项履约义务，其成本相对于预计总成本而言是重大的，甲公司是主要责任人，但未参与该电梯的设计和制造，客户先取得了电梯的控制权，随后才接受与之相关的安装服务。因此，甲公司在客户取得该电梯控制权时，按照该电梯采购成本的金额确认转让电梯产生的收入。20×1 年 12 月，该合同的履约进度为 20%[即(400 000－300 000)/(800 000－300 000)]，应确认的收入和成本金额分别为 440 000 元[(1 000 000－300 000)×20%＋300 000] 和 400 000 元[(800 000－300 000)×20%＋300 000]。

对于在某一时段内履行的履约义务，只有当其履约进度能够合理确定时，才应当按照履约进度确认收入。企业如果无法获得确定履约进度所需的可靠信息，则无法合理地确定其履行履约义务的进度。当履约进度不能合理确定时，企业已经发生的成本预计能够得到补偿的，应当按照已经发生的成本金额确认收入，直到履约进度能够合理确定为止。

（二）在某一时点履行的履约义务

对于不属于在某一时段内履行的履约义务，应当属于在某一时点履行的履约义务，企业应当在客户取得相关商品或服务控制权时点确认收入。在判断客户是否已经取得商品或服务的控制权，即客户是否能够主导该商品或服务的使用并从中获得几乎全部的经济利益时，企业应当考虑下列五个迹象：

（1）企业就该商品或服务享有现时收款权利，即客户就该商品或服务负有现时付款义务。当企业就该商品或服务享有现时收款权利时，可能表明客户已经有能力主导该商品或服务的使用并从中获得几乎全部的经济利益。

（2）企业已将该商品或服务的法定所有权转移给客户，即客户已拥有该商品或服务的法定所有权。当客户取得了商品或服务的法定所有权时，可能表明其已经有能力主导该商品或服务的使用并从中获得几乎全部的经济利益，即客户已取得对该商品或服务的控制权。

（3）企业已将该商品实物转移给客户，即客户已占有该商品实物。客户如果已经占有商品实物，则可能表明其有能力主导该商品的使用并从中获得几乎全部的经济利益，或者使其他企业无法获得这些利益。这里，客户占有了某项商品实物并不意味着其就一定取得了该商品的控制权，反之亦然。以下两种情况即是如此。

①委托代销安排。这一安排是指委托方和受托方签订代销合同或协议，委托受托方向终端客户销售商品。在这种安排下，企业应当评估受托方在企业向其转让商品时是否已获得对该商品的控制权。如果没有，企业不应在此时确认收入，通常应当在受托方售出商品时确认销售商品收入；受托方应当在商品销售后，按合同或协议约定的方法计算确定的手续费确认收入。表明一项安排是委托代销安排的迹象包括但不限于：一是在特定事件发生之前，如在向最终客户出售商品之前，企业拥有对商品的控制权；二是企业能够要求将委托代销商品退回或者将其销售给其他方；三是尽管受托方可能被要求向企业支付一定金额的押金，但是，其并没有承担对这些商品无条件付款的义务。

例11-25

甲公司委托乙公司销售W商品1 000件，W商品已经发出，每件成本为70元。合同约定乙公司应按每件100元对外销售，甲公司按不含增值税的销售价格的10%向乙公司支付手续费。除非这些商品在乙公司存放期间内由于乙公司的责任发生毁损或丢失，否则在W商品对外销售之前，乙公司没有义务向甲公司支付货款。乙公司不承担包销责任，没有售出的W商品须退回给甲公司。同时，甲公司也有权要求收回W商品或将其销售给其他客户。一段时间后，乙公司对外实际销售1 000件W商品，开出的增值税专用发票上注明的销售价格为100 000元，增值税税额为13 000元，款项已经收到。乙公司立即向甲公司开具代销清单并支付货款。甲公司收到乙公司开具的代销清单时，向乙公司开具一张相同金额的增值税专用发票。

本例中，甲公司将W商品发送至乙公司后，乙公司虽然已经实物占有W商品，但是仅是接受甲公司的委托销售W商品，并根据实际销售的数量赚取一定比例的手续费。甲公司有权要求收回 W 商品或将其销售给其他客户，乙公司并不能主导这些商品的销售。这些商品对外销售与否、是否获利以及获利多少等不由乙公司控制，乙公司没有取得这些商品的控制权。因此，甲公司将 W 商品发送至乙公司时，不应确认收入，而应当在乙公司将 W 商品销售给最终客户时确认收入。

②售后代管商品安排。售后代管商品是指根据企业与客户签订的合同，已经就销售的商品向客户收款或取得了收款权利，但是直到在未来某一时点将该商品交付给客户之前，仍然继续持有该商品实物的安排。实务中，客户可能会因为缺乏足够的仓储空间或生产进度延迟而要求与销售方订立此类合同。在这种情况下，尽管企业仍然持有商品的实物，但是，当客户已经取得了对该商品的控制权时，即使客户决定暂不行使实物占有的权利，其依然有能力主导该商品的使用并从中获得几乎全部的经济利益。因此，企业不再控制该商品，而只是向客户提供了代管服务。

在售后代管商品安排下，除了应当考虑客户是否取得商品控制权的相关迹象之外，还应当同时满足下列四项条件，才表明客户取得了该商品的控制权：一是该安排必须具有商业实质，例如，该安排是应客户的要求而订立的；二是属于客户的商品必须能够单独识别，例如，将属于客户的商品单独存放在指定地点；三是该商品可以随时交付给客户；四是企业不能自行使用该商品或将该商品提供给其他客户。实务中，越是通用的、可以和其他商品互相替换的商品，越有可能难以满足上述条件。

在售后代管商品安排下，企业对尚未发货的商品确认了收入，企业还应当考虑是否承担了其他的履约义务，例如，向客户提供商品保管服务等，从而应当将部分交易价格分摊至该履约义务。

例 11－26

20×1 年 1 月 1 日，甲公司与乙公司签订合同，向其销售一台设备和专用零部件。设备和零部件的制造期为 2 年。甲公司在完成设备和零部件的生产之后，能够证明其符合合同约定的规格。假定在该合同下，向客户转让设备和零部件是可明确区分的，因此，企业应将其作为两项履约义务，且都属于在某一时点履行的履约义务。20×2 年 12 月 31 日，乙公司支付了该设备和零部件的合同价款，并对其进行了验收。乙公司运走了设备，但是，考虑到其自身的仓储能力有限，且其工厂紧邻甲公司仓库，因此，要求将零部件存放于甲公司的仓库中，并且要求甲公司按照其指令随时安排发货。乙公司已拥有零部件的法定所有权，且这些零部件可明确识别为属于乙公司的物品。甲公司在其仓库内的单独区域内存放这些零部件，并应乙公司的要求可随时发货。甲公司不能使用这些零部件，也不能将其提供给其他客户使用。

本例中，20×2 年 12 月 31 日，设备的控制权已转移给乙公司。对于零部件而言，甲公司已经收取合同价款，但是应乙公司的要求尚未发货。乙公司已拥有零部件的法定所有权，并且对其进行了验收。虽然这些零部件实物尚由甲公司持有，但是其满足在售后代管商品安排下客户取得商品控制权的条件。这些零部件的控制权也已经转移给了乙公司。因此，甲公司应当确认销售设备和零部件的相关收入。除此之外，甲公司还为乙公司提供了仓储保管服务，该服务与设备和零部件可明确区分，构成单项履约义务。

（4）企业已将该商品或服务所有权上的主要风险和报酬转移给客户，即客户已取得该商品或服务所有权上的主要风险和报酬。企业向客户转移了商品或服务所有权上的主要风险和报酬，可能表明客户已经取得了主导该商品或服务的使用并从中获得几乎全部经济利益的能力。但是，在评估商品或服务所有权上的主要风险和报酬是否转移时，不应考虑导致企业在除所转让商品或服务之外产生其他单项履约义务的风险。例如，企业将产品销售给客户，并承诺提供后续维护服务的安排中，销售产品和提供后续维护服务均构成单项履约义务。企业将产品销售给客户之后，虽然仍然保留了与后续维护服务相关的风险，但是，由于后续维护服务构成单项履约义务，所以该保留的风险并不影响企业已将产品所有权上的主要风险和报酬转移给客户的判断。

（5）客户已接受该商品或服务。如果客户已经接受了企业提供的商品或服务，例如，企业销售给客户的商品通过了客户的验收，可能表明客户已经取得了该商品或服务的控制权。合同中有关客户验收的条款，可能允许客户在商品或服务不符合约定规格的情况下解除合同或要求企业采取补救措施。因此，企业在评估是否已经将商品或服务的控制权转移给客户时，应当考虑此类条款。

当企业能够客观地确定其已经按照合同约定的标准和条件将商品或服务的控制权转移给客户时，客户验收只是一项例行程序，并不影响企业判断客户取得该商品或服务控制权的时点。例如，企业向客户销售一批必须满足规定尺寸和重量的产品，合同规定，客户收到该产品时，将对此进行验收。由于该验收条件是一个客观标准，企业在客户验收前就能够确定其是否满足约定的标准，客户验收可能只是一项例行程序。当在客户验收之前确认收入时，企业还应当考虑是否还存在剩余的履约义务，如设备安装等，并且评估是否应当对其单独进行会计处理。

当企业无法客观地确定其向客户转让的商品或提供的服务是否符合合同规定的条件时，在客户验收之前，企业不能认为已经将该商品或服务的控制权转移给了客户。这是因为，在这种情况下，企业无法确定客户是否能够主导该商品或服务的使用并从中获得几乎全部的经济利益。例如，客户主要基于主观判断进行验收时，该验收往往不能被视为仅仅是一项例行程序。在验收完成之前，企业无法确定其商品或服务是否能够满足客户的主观标准。因此，企业应当在客户完成验收并接受该商品或服务时才能确认收入。实务中，定制化程度越高的商品，越难以证明验收仅仅是一项例行程序。

在上述五个迹象中，并没有哪一个或哪几个迹象是决定性的。企业应当根据合同条款和交易实质进行分析，综合判断其是否已将商品或服务的控制权转移给了客户，以及控制权是何时转移的，从而确定收入确认的时点。此外，企业应当从客户的角度进行评估，而不应当仅考虑企业自身的看法。

第三节　收入的会计处理

一、核算科目的设置

为核算收入的业务，企业应设置“主营业务收入”“其他业务收入”总账科目。

（一）主营业务收入

“主营业务收入”总账科目核算企业确认的销售商品、提供服务等主营业务的收入。企业在履行了合同中的单项履约义务时，应按照已收或应收的合同价款，加上应收取的增值税税额，借记“银行存款”“应收账款”“应收票据”“合同资产”等科目，按应确认的收入金额，贷记该科目，按应收取的增值税税额，贷记“应交税费——应交增值税（销项税额）”“应交税费——待转销项税额”等科目。

合同中存在企业为客户提供重大融资利益的，企业应按照应收合同价款，借记“长期应收款”等科目，按照假定客户在取得商品控制权时即以现金支付而需支付的金额（即现销价格）确定的交易价格，贷记该科目，按其差额，贷记“未实现融资收益”科目；合同中存在客户为企业提供重大融资利益的，企业应按照已收合同价款，借记“银行存款”等科目，按照假定客户在取得商品控制权时即以现金支付的应付金额（即现销价格）确定的交易价格，贷记“合同负债”等科目，按其差额，借记“未确认融资费用”科目。涉及增值税的，还应进行相应的处理。

企业收到的对价为非现金资产时，应按该非现金资产在合同开始日的公允价值，借记“存货”“固定资产”“无形资产”等有关科目，贷记该科目。涉及增值税的，还应进行相应的处理。

期末应将该科目的余额转入“本年利润”科目，结转后该科目无余额。该科目可按主营业务的种类进行明细核算。

（二）其他业务收入

“其他业务收入”总账科目核算企业确认的除主营业务活动以外的其他经营活动实现的收入，包括出租固定资产、出租无形资产、出租包装物和商品、销售材料、用材料进行非货币性交换或债务重组等实现的收入。企业确认其他业务收入的主要账务处理参见“主营业务收入”总账科目。期末应将该科目的余额转入“本年利润”科目，结转后该科目无余额。该科目可按其他业务的种类进行明细核算。

二、在某一时点履行履约义务的会计处理

（一）通常情况下的收入业务

1. 现销方式

例 11－27

甲公司 20×1 年 5 月 2 日与乙公司签订合同，采用现销方式向乙公司销售一批商品。开出的增值税专用发票上注明的商品售价为 50 000 元，增值税税额为 6 500 元（50 000×13%）。甲公司收到乙公司支付的款项合计 56 500 元（50 000＋6 500），并已存入银行。同时，甲公司已将商品交付给乙公司。该批商品的控制权在销售日转移给乙公司。甲公司应编制如下会计分录：

借：银行存款	56 500	
贷：主营业务收入		50 000
应交税费——应交增值税（销项税额）		6 500

本例中，甲公司采用现销方式销售商品。现销是指购买方根据销售方开出的发票账单支付货款，同时取得所购商品的销售方式。在这种销售方式下，购买方支付货款并取得所购商品，通常表明商品的控制权已经转移给购买方。此时，企业应确认相应

的收入。

2. 托收承付结算销售方式

例11-28

甲公司20×1年10月15日与乙公司签订合同，采用托收承付结算方式向乙公司销售一批商品，开出的增值税专用发票上注明的商品售价为200 000元，增值税税额为26 000元（200 000×13%）。商品已经发出，并已向银行办理货款托收手续，款项尚未收到。该批商品的成本为150 000元。该批商品在发出时控制权转移给乙公司。甲公司应编制如下会计分录：

借：应收账款　226 000
　贷：主营业务收入　200 000
　　　应交税费——应交增值税（销项税额）　26 000

同时，

借：主营业务成本　150 000
　贷：库存商品　150 000

本例中，甲公司采用托收承付结算方式销售商品。托收承付结算销售方式是指企业根据合同发货，同时委托银行收款，购货方向银行承付的销售方式。在这种销售方式下，商品发出且已办妥款项托收手续，通常表明商品的控制权已经转移给购货方。此时，企业应确认相应的收入。

3. 预收款销售方式

例11-29

甲公司20×1年7月10日与乙公司签订一份销售合同。该销售合同约定，本次销售采用预收款销售方式。甲公司向乙公司销售商品一批，该批商品的售价为500 000元，增值税税额为65 000元（500 000×13%），实际成本为380 000元。乙公司在合同签订日预付商品售价的60%，即300 000元（500 000×60%）；剩余款项265 000元（500 000+65 000-300 000）于2个月后即20×1年9月10日全部付清。甲公司在乙公司付清全部款项后，即向乙公司交付商品。该批商品的控制权在交货时转移给乙公司。该销售合同如期得到履行。根据以上资料，甲公司应编制如下会计分录：

(1) 20×1年7月10日，预收乙公司款项时。

借：银行存款　300 000
　贷：合同负债　300 000

(2) 20×1年9月10日，收到乙公司支付剩余款项并交付商品时。

借：银行存款　265 000
　　合同负债　300 000
　贷：主营业务收入　500 000
　　　应交税费——应交增值税（销项税额）　65 000

同时，

借：主营业务成本　380 000
　贷：库存商品　380 000

本例中，甲公司采用预收款方式销售商品。在预收款销售方式下，销售方先预收商品货款，但直到收到最后一笔货款时才将商品交付给购买方。因此，在这种销售方式下，通常在销售方收到最后一笔货款时，商品的控制权才转移给购买方，此时，销售方才确认收入。在此之前，销售方预收的货款则作为合同负债处理。

“合同负债”科目核算企业已收或应收客户对价而应向客户转让商品的义务。企业在向客户转让商品之前，客户已经支付了合同对价或企业已经取得了无条件收取合同对价权利的，企业应当在客户实际支付款项与到期应支付款项孰早时点，按照该已收或应收的金额，借记“银行存款”“应收账款”“应收票据”等科目，贷记该科目；企业向客户转让相关商品时，借记该科目，贷记“主营业务收入”“其他业务收入”等科目。涉及增值税的，还应进行相应的处理。该科目期末贷方余额，反映企业在向客户转让商品之前，已经收到的合同对价或已经取得的无条件收取合同对价权利的金额。

（二）存在重大融资成分的收入业务

1. 要求客户支付预付款销售方式

在要求客户支付预付款销售方式下，企业先收到客户实际支付的款项，之后再将商品的控制权转移给客户，两者存在时间间隔。在这种销售方式下，客户为企业提供了融资利益。

例 11－30

沿用例 11－15 的资料，假定不考虑相关税费的影响，该融资费用不符合借款费用资本化的要求。甲公司应编制如下会计分录：

（1）20×1 年 1 月 1 日，收到货款时。

借：银行存款	4 000 000	
未确认融资费用	494 400	
贷：合同负债		4 494 400

（2）20×1 年 12 月 31 日，摊销未确认融资费用时。

借：财务费用	240 000	
贷：未确认融资费用		240 000

（3）20×2 年 12 月 31 日，交付产品时。

借：财务费用	254 400	
贷：未确认融资费用		254 400

同时，

借：合同负债	4 494 400	
贷：主营业务收入		4 494 400

企业在按照收入会计准则对与客户的合同进行会计处理时，只有在确认了合同资产或应收款项和合同负债时，才应当分别确认相应的利息收入和利息支出。

2. 向客户赊销方式

在向客户赊销方式下，企业先将商品的控制权转移给客户，之后客户再向企业实际付款，两者存在时间间隔。在这种销售方式下，企业为客户提供了融资利益。

例 11－31

甲公司 20×1 年 1 月 1 日采用分期收款方式向乙公司销售一套自己生产的大型设

备。该套大型设备的成本为520 000元，现销价格为650 000元。设备已交付给乙公司，设备的控制权同时转移给了乙公司。甲公司与乙公司签订的销售合同约定，乙公司每年年末向甲公司支付200 000元货款，分4年付清全部合同款项800 000元。假设甲公司发出商品时，不发生相应的增值税纳税义务；在按合同约定的收款日期收取货款时，发生相应的增值税纳税义务。该设备的增值税税率为13%。根据以上资料，甲公司计算本次分期收款方式销售商品中的实际利率 r 如下：

未来4年应收合同款项的现值＝现销方式下应收款项的金额

$200\,000\times(P/A,r,4)=650\,000$

当 $r=8\%$ 时，$200\,000\times3.312\,1=662\,420>650\,000$

当 $r=9\%$ 时，$200\,000\times3.239\,7=647\,940<650\,000$

由此，实际利率 r 在8%～9%之间。

采用插值法计算实际利率 r 如下：

$$\frac{9\%-8\%}{647\,940-662\,420}=\frac{9\%-r}{647\,940-650\,000}$$

$r=8.86\%$

考虑到乙公司付款时间和产品交付时间之间的间隔以及现行市场利率水平，甲公司认为该合同包含重大融资成分，在确定交易价格时，应当对合同承诺的对价金额进行调整，以反映该重大融资成分的影响。甲公司编制财务费用和已收本金计算表如表11-2所示。

表11-2 财务费用和已收本金计算表 单位：元

时间	未收本金 (1)＝上期(1)－(4)	财务费用 (2)＝上期(1)×8.86%	收现数额 (3)	已收本金 (4)＝(3)－(2)
20×1年1月1日	650 000			
20×1年12月31日	507 590	57 590	200 000	142 410
20×2年12月31日	352 562	44 972	200 000	155 028
20×3年12月31日	183 799	31 237	200 000	168 763
20×4年12月31日		16 201*	200 000	183 799
合计		150 000	800 000	650 000

*含尾差调整。

根据表11-2的计算结果，甲公司应编制如下会计分录：

(1) 20×1年1月1日，向乙公司销售商品时。

借：长期应收款 800 000

　贷：主营业务收入 650 000

　　　未实现融资收益 150 000

同时，

借：主营业务成本 520 000

　贷：库存商品 520 000

(2) 20×1年12月31日，向乙公司收取分期货款时。

借：银行存款　226 000

　贷：长期应收款　200 000

　　应交税费——应交增值税（销项税额）　26 000

同时，

借：未实现融资收益　57 590

　贷：财务费用　57 590

20×2 年至 20×4 年的 12 月 31 日，甲公司编制的会计分录如同以上 20×1 年 12 月 31 日编制的会计分录，只是分摊的未实现融资收益或确认的财务费用减少金额有所不同。

（三）委托代销安排下的收入业务

委托代销安排是客户占有了商品实物但并没有取得商品控制权的一种销售方式。在委托代销安排业务下，企业作为委托方，其身份是主要责任人；客户作为受托方，其身份是代理人。

例 11－32

沿用例 11－25 的资料，假设甲公司 20×1 年 6 月 15 日委托乙公司销售 W 商品 1 000 件；乙公司 20×1 年 8 月 25 日对外实际销售 1 000 件 W 商品，甲公司获得销售商品收入 100 000 元（1 000×100），乙公司获得代销手续费收入 10 000 元（100 000×10%）；销售 W 商品适用的增值税税率为 13%，代销手续费适用的增值税税率为 6%，代销手续费增值税税额为 600 元（10 000×6%），甲公司收到乙公司支付的货款 102 400 元（113 000－10 000－600）；甲公司发出 W 商品时纳税义务尚未发生，收到代销清单时发生增值税纳税义务。根据以上资料，甲公司应编制如下会计分录：

（1）20×1 年 6 月 15 日，发出商品时。

借：发出商品　70 000

　贷：库存商品　70 000

（2）20×1 年 8 月 25 日，收到代销清单时。

借：应收账款　113 000

　贷：主营业务收入　100 000

　　应交税费——应交增值税（销项税额）　13 000

同时，

借：主营业务成本　70 000

　贷：发出商品　70 000

借：销售费用——代销手续费　10 000

　　应交税费——应交增值税（进项税额）　600

　贷：应收账款　10 600

（3）20×1 年 8 月 25 日，收到乙公司支付的货款时。

借：银行存款　102 400

　贷：应收账款　102 400

乙公司应编制如下会计分录：

（1）20×1 年 6 月 15 日，收到商品时。

借：受托代销商品　100 000
　贷：受托代销商品款　100 000

(2) 20×1年8月25日，对外销售时。

借：银行存款　113 000
　贷：受托代销商品　100 000
　　应交税费——应交增值税（销项税额）　13 000

(3) 20×1年8月25日，收到增值税专用发票时。

借：受托代销商品款　100 000
　应交税费——应交增值税（进项税额）　13 000
　贷：应付账款　113 000

(4) 20×1年8月25日，支付货款时。

借：应付账款　113 000
　贷：银行存款　102 400
　　其他业务收入——代销手续费　10 000
　　应交税费——应交增值税（销项税额）　600

当企业向客户销售商品涉及其他方参与其中时，企业应当确定其自身在该交易中的身份是主要责任人还是代理人。主要责任人应当按照已收或应收对价总额确认收入；代理人应当按照预期有权收取的佣金或手续费的金额确认收入。

企业在判断其是主要责任人还是代理人时，应当根据其承诺的性质，确定企业在某项交易中的身份是主要责任人还是代理人。企业承诺自行向客户提供特定商品的，其身份是主要责任人；企业承诺安排他人提供特定商品的，即为他人提供协助的，其身份是代理人。自行向客户提供特定商品可能也包含委托另一方代为提供特定商品。

在确定企业承诺的性质时，企业应当首先识别向客户提供的特定商品。这里的特定商品是指向客户提供的可明确区分的商品或可明确区分的一揽子商品。该特定的商品也包括享有由其他方提供商品的权利。例如，旅行社销售的机票向客户提供了乘坐航班的权利，团购网站销售的餐券向客户提供了在指定餐厅用餐的权利等。然后，企业应当评估特定商品在转让给客户之前，企业是否控制该商品。企业在将特定商品转让给客户之前控制该商品的，表明企业的承诺是自行向客户提供该商品，或委托另一方代其提供该商品，因此，企业是主要责任人；相反，企业在特定商品转让给客户之前不控制该商品的，表明企业的承诺是安排他人向客户提供该商品，是为他人提供协助，因此，企业为代理人。

企业无论是主要责任人还是代理人，均应当在履约义务履行时确认收入。企业为主要责任人的，应当按照其自行向客户提供商品而有权收取的对价总额确认收入；企业为代理人的，应当按照其因安排他人向客户提供特定商品而有权收取的佣金或手续费的金额确认收入，该金额可能是按照既定的佣金金额或比例确定，也可能是按照已收或应收对价总额扣除应支付给提供该特定商品的其他方的价款后的净额确定。

（四）附有销售退回条款的收入业务

企业将商品转让给客户之后，可能会因为各种原因允许客户选择退货。附有销售退回条款的销售是指客户依照有关合同有权退货的销售方式。合同中有关退货权的条款可能会在合同中明确约定，也有可能是隐含的。隐含的退货权可能来自企业在销售过程中向客户作出的声明或承诺，也有可能来自法律法规的要求或企业以往的习惯做法等。客户选择退货时，可能有权要求返还其已经支付的全部或部分对价，抵减其对企业已经产生或将会产生的欠款或者要求换取其他商品。

企业在允许客户退货的期间内随时准备接受退货的承诺，并不构成单项履约义务，但可能会影响收入确认的金额。企业应当遵循可变对价的处理原则，包括将可变对价计入交易价格的限制要求，来确定其预期有权收取的对价金额，即交易价格不应包含预期将会被退回的商品的对价金额。

企业发生附有销售退回条款的销售的，应在客户取得相关商品控制权时，按照已收或应收合同价款，借记“银行存款”“应收账款”“应收票据”“合同资产”等科目，按照因向客户转让商品而预期有权收取的对价金额（即不包含预期因销售退回将退还的金额），贷记“主营业务收入”“其他业务收入”等科目，按照预期因销售退回将退还的金额，贷记“预计负债——应付退货款”等科目；结转相关成本时，按照预期将退回商品转让时的账面价值，扣除收回该商品预计发生的成本（包括退回商品的价值减损）后的余额，借记“应收退货成本”科目，按照已转让商品转让时的账面价值，贷记“库存商品”等科目，按其差额，借记“主营业务成本”“其他业务成本”等科目。涉及增值税的，还应进行相应处理。

1. 销售退回的估计

例 11-33

甲公司是一家健身器材销售公司。20×1 年 10 月 1 日，甲公司向乙公司销售 500 件健身器材，单位销售价格为 500 元，单位成本为 400 元，开出的增值税专用发票上注明的销售价格为 250 000 元，增值税税率为 13%，增值税税额为 32 500 元（250 000×13%）。健身器材已经发出，但款项尚未收到。根据协议约定，乙公司应于 20×1 年 12 月 1 日之前支付货款，在 20×2 年 3 月 31 日之前有权退还健身器材。发出健身器材时，甲公司根据过去的经验，估计该批健身器材的退货率约为 20%。20×1 年 12 月 1 日，乙公司支付了货款。20×1 年 12 月 31 日，甲公司对退货率重新进行了评估，认为只有 10%的健身器材会被退回。20×2 年 3 月 31 日，甲公司发生销售退回，实际退货 40 件，退货款项已经支付。甲公司为增值税一般纳税人，健身器材发出时纳税义务已经发生，实际发生退回时取得税务机关开具的红字增值税专用发票。假定健身器材发出时控制权转移给乙公司。

本例中，20×1 年 10 月 1 日，甲公司在健身器材发出时，应当按照因向客户转让商品而预期有权收取的对价金额确认收入 200 000 元（250 000×80%），按照预期因销售退回将退还的金额确认负债 50 000 元（250 000×20%）。同时，甲公司应当按照预期将退回商品转让时的账面价值，扣除收回该商品预计发生的成本后的余额，确认一项资产 40 000 元（200 000×20%）；按照所转让商品转让时的账面价值，扣除上述资产成本的净额结转成本 160 000 元（200 000－40 000）。每一资产负债表日，甲公司应当重新估计未来销售退回情况，并对上述资产和负债进行重新计量。如有变化，应当作为会计估计变更进行会计处理。

甲公司应编制如下会计分录：

（1）20×1 年 10 月 1 日，发出健身器材时。

借：应收账款	282 500	
贷：主营业务收入		200 000
预计负债——应付退货款		50 000
应交税费——应交增值税（销项税额）		32 500

同时，

借：主营业务成本	160 000	
应收退货成本	40 000	
贷：库存商品		200 000

(2) 20×1年12月1日，收到货款时。

借：银行存款	282 500	
贷：应收账款		282 500

(3) 20×1年12月31日，对退货率重新进行评估时。

借：预计负债——应付退货款	25 000	
贷：主营业务收入		25 000

同时，

借：主营业务成本	20 000	
贷：应收退货成本		20 000

(4) 20×2年3月31日，发生销售退回时。

借：库存商品	16 000	
应交税费——应交增值税（销项税额）	2 600	
预计负债——应付退货款	25 000	
贷：应收退货成本		16 000
主营业务收入		5 000
银行存款		22 600

同时，

借：主营业务成本	4 000	
贷：应收退货成本		4 000

在附有销售退回条款的销售业务核算中，“应收退货成本”科目期末借方余额反映企业预期将退回商品转让时的账面价值，扣除收回该商品预计发生的成本（包括退回商品的价值减损）后的余额，在资产负债表中按其流动性记入“其他流动资产”或“其他非流动资产”项目。

2. 退货费和收回商品成本的处理

附有销售退回条款的销售，在客户要求退货时，如果企业有权向客户收取一定金额的退货费，则企业在估计预期有权收取的对价金额时，应当将该退货费包括在内。

例11-34

甲公司20×1年5月2日向家具店销售10张餐桌，每张餐桌的价格为1 000元，成本为750元，销售款项尚未收到。根据合同约定，家具店有权在收到餐桌的30天内退货，但是需要向甲公司支付10%的退货费，即每张餐桌的退货费为100元。根据历史经验，甲公司预计的退货率为10%，且退货过程中，甲公司预计为每张退货的餐桌发生的成本为50元。该批餐桌的控制权在销售日转移。假定不考虑相关税费的影响。

本例中，甲公司在将餐桌的控制权转移给家具店时，应确认的收入金额为9 100元（1 000×10×90%+10×10%×100），应确认的应付退货款金额为900元（1 000×10×10%−10×10%×100），应确认的应收退货成本金额为700元（10×750×10%−10×10%×50），应结转的销售成本金额为6 800元（10×750−700）。

20×1年5月2日，甲公司在将餐桌的控制权转移给家具店时应编制如下会计分录：

借：应收账款	10 000	
贷：主营业务收入		9 100
预计负债——应付退货款		900

同时，

借：主营业务成本	6 800	
应收退货成本	700	
贷：库存商品		7 500

3. 无法可靠估计销售退回金额的处理

附有销售退回条款的销售，企业在销售商品时，如果无法可靠估计销售退回的金额，则不确认收入。待相关不确定性消除时，再按照规定确认收入。

例 11-35

20×1年4月1日，甲公司与客户签订合同，向其销售A产品。客户在合同开始日即取得了A产品的控制权，并在3个月内有权退货。由于A产品是最新推出的产品，甲公司尚无有关该产品退货率的历史数据，也没有其他可以参考的市场信息。该合同对价为12 100元，根据合同约定，客户应于合同开始日后的第二年年末付款。A产品在合同开始日的现销价格为10 000元。A产品的成本为8 000元。20×1年7月1日，退货期满时，A产品未发生退货。

本例中，客户有退货权，因此，该合同的对价是可变的。由于甲公司缺乏有关退货情况的历史数据，考虑将可变对价计入交易价格的限制要求，在合同开始日不能将可变对价计入交易价格，因此，甲公司在A产品控制权转移时确认的收入为0元。甲公司应当在退货期满后，根据实际退货情况，按照预期有权收取的对价金额确定交易价格。此外，考虑到A产品控制权转移与客户付款之间的时间间隔以及该合同对价与A产品现销价格之间的差异等因素，甲公司认为该合同存在重大融资成分。假定不考虑相关税费的影响。甲公司应编制如下会计分录：

(1) 20×1年4月1日，将A产品的控制权转移给客户时。

借：应收退货成本	8 000	
贷：库存商品		8 000

(2) 20×1年7月1日，退货期满时。

借：长期应收款	12 100	
贷：主营业务收入		10 000
未实现融资收益		2 100

同时，

借：主营业务成本	8 000	
贷：应收退货成本		8 000

甲公司在3个月的退货期内，由于尚未确认合同资产和应收款项，因此，无须确认重大融资成分的影响。

退货期满后，即20×1年7月1日后，甲公司应当考虑在剩余合同期限内确定实际利率，将上述未实现融资收益的金额2 100元按照实际利率法进行摊销，确认相关的利息收入。此外，甲公司还应当按照相关会计准则的规定评估上述应收款项是否发生减值，并进行相应的会计处理。

客户以一项商品换取类型、质量、状况及价格均相同的另一项商品，不应被视为退货。此外，如果合同约定客户可以将质量有瑕疵的商品退回以换取正常的商品，企业应当按照附有质量保证条款的销售进行会计处理。对于不能作为单项履约义务的质量保证，企业应当按照《企业会计准则第13号——或有事项》的规定进行会计处理。

（五）售后代管商品安排下的收入业务

例11－36

沿用例11－26的资料，假定设备和专用零部件的制造期为半年，乙公司于20×1年6月30日支付了合同价款共计150 000元，其中，按照商品单独售价比例，分摊至设备的交易价格为120 000元，分摊至专用零部件的交易价格为30 000元，不考虑甲公司为乙公司提供的仓储保管服务，不考虑相关税费的影响。甲公司应编制如下会计分录：

（1）20×1年1月1日，签订销售合同时。

借：应收账款　　150 000

　贷：合同负债　　150 000

（2）20×1年6月30日，收到合同价款并且商品通过验收时。

借：银行存款　　150 000

　贷：应收账款　　150 000

同时，

借：合同负债　　150 000

　贷：主营业务收入——销售设备收入　　120 000

　　　　　　　　——销售零部件收入　　30 000

本例中，如果甲公司向乙公司销售的设备属于通用商品，如通用笔记本电脑，甲公司并没有将为乙公司制造的设备在仓库内的单独区域存放，而是与其他相同的设备一起存放并统一管理，并且这些设备彼此之间可以互相替换，甲公司在向乙公司交付相应设备之前，能够将其提供给其他客户或者自行使用，那么，甲公司为乙公司制造的该台设备在20×1年6月30日收到合同价款并且通过商品验收时，不满足售后代管商品安排下确认收入的条件。甲公司需要综合考虑其他有关商品控制权转移的迹象，判断乙公司在何时取得了设备的控制权，并在乙公司取得设备控制时确认销售设备收入。

实务中，有些企业采用交款提货方式销售商品。交款提货销售是指购买方根据销售方开出的发票账单支付货款，同时取得销售方开出的提货单并据以提货的销售方式。在这种销售方式下，企业应当综合考虑各种有关商品控制权转移的迹象，根据合同条款和交易实质正确判断客户是否已经取得了商品的控制权，即客户是否已经能够主导该商品的使用并从中获得几乎全部的经济利益，并在商品控制权转移的时点确认收入。

（六）合同资产下的收入业务

例 11－37

沿用例 11－17 的资料，假定甲公司 20×1 年 3 月 1 日与客户签订合同，根据合同约定，A 产品于合同开始日交付，B 产品和 C 产品在一个月之后交付，只有当 A，B，C 三件产品全部交付之后，甲公司才有权收取 10 000 元的合同对价。A 产品、B 产品和 C 产品构成三项履约义务，其控制权在交付时转移给客户。20×1 年 4 月 1 日，甲公司如期向乙公司交付了 B 产品和 C 产品。

本例中，甲公司将 A 产品交付给客户之后，与该商品相关的履约义务已经履行，但是需要等到后续交付 B 产品和 C 产品时，甲公司才具有无条件收取合同对价的权利。因此，甲公司应当将因交付 A 产品而有权收取的对价 3 333 元确认为合同资产，而不是应收账款。假定不考虑相关税费的影响。甲公司应编制如下会计分录：

（1）20×1 年 3 月 1 日，向客户交付 A 产品时。

借：合同资产	3 333	
贷：主营业务收入——A 产品		3 333

（2）20×1 年 4 月 1 日，向客户交付 B 产品和 C 产品时。

借：应收账款	10 000	
贷：合同资产		3 333
主营业务收入——B 产品		1 667
——C 产品		5 000

“合同资产”总账科目核算企业已向客户转让商品而有权收取对价的权利，其中不包括仅取决于时间流逝因素的权利。企业在客户实际支付合同对价或在该对价到期应付之前，已经向客户转让了商品的，应当按因已转让商品而有权收取的对价金额，借记该科目或“应收账款”科目，贷记“主营业务收入”“其他业务收入”等科目；企业取得无条件收款权时，借记“应收账款”等科目，贷记该科目。涉及增值税的，还应进行相应的处理。该科目应按合同进行明细核算。

合同资产发生减值的，按应减记的金额，借记“资产减值损失”科目，贷记“合同资产减值准备”科目；转回已计提的资产减值准备时，做相反的会计分录。“合同资产减值准备”科目期末贷方余额反映企业已计提但尚未转销的合同资产减值准备。

相比较而言，合同资产是指企业已向客户转让商品而有权收取对价的权利，且该权利取决于时间流逝之外的其他因素；应收款项是企业无条件收取合同对价的权利。只有在合同对价到期支付之前仅仅随着时间的流逝即可收款的权利，才是无条件的收款权。有时，企业有可能需要在未来返还全部或部分合同对价，例如，企业在附有销售退回条款的合同下收取的合同对价。但是，企业仍然拥有无条件收取合同对价的权利，未来返还合同对价的潜在义务并不会影响企业收取对价总额的现时权利。因此，企业仍应当确认一项应收款项，同时，将预计未来需要返还的部分确认为一项负债。

合同资产和应收款项都是企业拥有的有权收取合同对价的权利，二者的区别在于：应收款项代表的是无条件收取合同对价的权利，即企业仅仅随着时间的流逝即可收款；合同资产并不是一项无条件收款权，该权利除了时间流逝之外，还取决于其他条件才能收取相应的合同对价，例如，企业还需要履行合同中的其他履约义务。因此，与合同资产和应收款项相关的风险是不同的，应收款项仅承担信用风险，而合同资产除信用风险之外，还可能承担其他风险，如履约风险等。

合同资产和合同负债应当在资产负债表中单独列示。同一合同下的合同资产和合同负债应当以净额列示，不同合同下的合同资产和合同负债不能相互抵销。

（七）存在可变对价下的收入业务

例 11-38

沿用例11-13的资料，假定A产品的控制权在交付时转移给乙公司，甲公司分别在第一季度末和第二季度末向乙公司赊销并交付A产品150件和1 000件，不考虑相关税费的影响。甲公司应编制如下会计分录：

（1）20×1年3月31日，赊销并交付A产品时。

借：应收账款	12 000	
贷：主营业务收入		12 000

（2）20×1年6月30日，赊销并交付A产品时。

借：应收账款	80 000	
贷：主营业务收入		68 500
预计负债——应付退货款		11 500

本例中，20×1年6月30日，甲公司赊销A产品时，取得了无条件的收款权，即甲公司有权按照每件80元的价格向乙公司收取款项，直到乙公司的采购量达到2 000件为止，因此，甲公司应当确认应收账款80 000元（1 000×80）。但按照计入交易价格的可变对价金额的限制条件，甲公司确认的收入金额为68 500元。应收账款与收入金额之间的差额11 500元（80 000－68 500）确认为预计负债。

（八）其他情形下的收入业务

1. 价格折让或销售折让

价格折让或销售折让是指企业因产品质量不合格等原因而在商品售价上给予的减让。

例 11-39

沿用例11-3的资料，假定甲公司20×1年2月20日向客户实际销售了60件产品，每件产品的成本为70元。20×1年3月5日，客户发现甲公司已转让的60件产品存在瑕疵，要求甲公司对已转让的产品提供每件15元的价格折让以弥补损失。经协商，双方同意将价格折让900元（60×15）在甲公司的应收账款中进行抵减。该产品的增值税税率为13%，实际发生价格折让时，经税务机关同意允许冲减增值税销项税额。甲公司应编制如下会计分录：

(1) 20×1 年 2 月 20 日，实际销售产品时。

借：应收账款 6 780

  贷：主营业务收入 6 000

    应交税费——应交增值税（销项税额） 780

同时，

借：主营业务成本 4 200

  贷：库存商品 4 200

(2) 20×1 年 3 月 5 日，发生价格折让时。

借：主营业务收入 900

  应交税费——应交增值税（销项税额） 117

  贷：应收账款 1 017

本例中，由于 900 元的折让金额与已经转让的 60 件产品有关，因此应当将其作为已销售的 60 件产品的销售价格的抵减，在该折让发生时冲减当期销售收入。

2. 现金折扣或销售折扣

例 11-40

沿用例 11-8 的资料，假定甲公司 20×1 年 6 月 15 日向客户销售医疗设备和专用耗材，销售价格为 100 000 元，增值税税额为 13 000 元。甲公司向客户提供现金折扣，合同约定的付款条件为：2/10，1/30，即 10 天内偿付款项给予销售价格 2%的现金折扣，30 天内偿付款项给予销售价格 1%的现金折扣，计算现金折扣时不包括增值税税额。本次销售商品适用的增值税税率为 13%，现金折扣不得从销售额中减除，即现金折扣不能减少增值税销项税额。20×1 年 6 月 15 日销售商品时，甲公司估计客户能够在 10 天内偿付款项，并获得 2 000 元（100 000×2%）现金折扣，因此，按照最可能发生金额确认收入 98 000 元（100 000－2 000）。20×1 年 6 月 30 日，客户仍然没有偿付款项，甲公司对客户偿付款项的可能性进行重新评估，认为客户能够在 30 天内偿付款项，并获得 1 000 元（100 000×1%）现金折扣。因此，甲公司调增收入数额 1 000 元（2 000－1 000）。20×1 年 7 月 5 日，甲公司收到了客户偿付的全部销售货款 99 000 元（100 000－1 000）及相应的增值税税额 13 000 元。甲公司应编制如下会计分录：

(1) 20×1 年 6 月 15 日，销售商品时。

借：应收账款 111 000

  贷：主营业务收入 98 000

    应交税费——应交增值税（销项税额） 13 000

(2) 20×1 年 6 月 30 日，重新评估客户付款可能性时。

借：应收账款 1 000

  贷：主营业务收入 1 000

(3) 20×1 年 7 月 5 日，收到款项时。

借：银行存款 112 000

  贷：应收账款 112 000

本例中，由于销售合同中存在现金折扣或销售折扣付款条件，因此，合同中约定的对价金额是可变的。甲公司应当按照可变对价的处理原则计量收入的金额，其中包括对计入交易价格的可变对价金额的限制条件。另外，由于该合同中销售医疗设备和提供专用耗材属于两项履约义务，因此，甲公司需要对交易价格进行分摊，其中包括对可变对价进行分摊，分别确认和计量销售医疗设备收入和销售专用耗材收入。

3. 附有客户额外购买选择权的销售

某些情况下，企业在销售商品的同时，会向客户授予选择权，允许客户可以据此免费或者以折扣价格购买额外的商品。企业向客户授予的额外购买选择权的形式包括销售激励、客户奖励积分、未来购买商品的折扣券以及合同续约选择权等。

对于附有客户额外购买选择权的销售，企业应当评估该选择权是否向客户提供了一项重大权利。如果客户只有在订立了一项合同的前提下才取得了额外购买选择权，并且客户行使该选择权购买额外商品时，能够享受到超过该地区或该市场中其他同类客户所能够享有的折扣，则通常认为该选择权向客户提供了一项重大权利。在这种情况下，客户在该合同下支付的价款实际上购买了两项单独的商品：一是客户在该合同下原本购买的商品；二是客户可以免费或者以折扣价格购买额外商品的权利。企业应当将交易价格在这两项商品之间进行分摊，其中，分摊至后者的交易价格与未来的商品相关，因此，企业应当在客户未来行使该选择权取得相关商品的控制权时，或者在该选择权失效时确认为收入。

例 11-41

20×1年6月5日，甲公司以100元的价格向客户销售A商品，购买该商品的客户可得到一张40%的折扣券，客户可以在未来的30天内使用该折扣券购买甲公司原价不超过100元的任一商品。同时，甲公司计划推出季节性促销活动，在未来30天内针对所有产品均提供10%的折扣。上述两项优惠不能叠加使用。根据历史经验，甲公司预计有80%的客户会使用该折扣券，额外购买的商品的金额平均为50元。上述金额均不包括增值税，并假定不考虑相关税费的影响。

本例中，购买A商品的客户能够取得40%的折扣券，其远高于所有客户均能享有的10%的折扣，因此，甲公司认为该折扣券向客户提供了重大权利，应当作为单项履约义务。考虑到客户使用该折扣券的可能性以及额外购买的金额，甲公司估计该折扣券的单独售价为12元［50×80%×(40%－10%)］。甲公司按照A商品和折扣券单独售价的相对比例对交易价格进行分摊，A商品分摊的交易价格为89元［(100/112)×100］，折扣券选择权分摊的交易价格为11元［(12/112)×100］。20×1年6月5日，甲公司销售A商品时应编制如下会计分录：

借：银行存款	100	
贷：主营业务收入		89
合同负债		11

三、在某一时段内履行履约义务的会计处理

通常情况下，企业对于其已向客户转让商品或提供服务而有权收取的对价金额，应当确认为合同资产或应收账款；对于其已收或应收客户对价而应向客户转让商品或提供服务的义务，应当按照已收或应收的金额确认合同负债。由于同一合同下的合同资产和合同负债应当以净额列示，企业也可以设置“合同结算”总账科目或其他类似科目，以核算同一合同下属于在某一时段内履行履约义务涉及与客户结算对价的合同

资产或合同负债，并在此总账科目下设置“合同结算——价款结算”科目反映定期与客户进行结算的金额，设置“合同结算——收入结转”科目反映按履约进度结转的收入金额。资产负债表日，“合同结算”总账科目的期末余额在借方的，根据其流动性，在资产负债表中分别列示为“合同资产”或“其他非流动资产”项目；期末余额在贷方的，根据其流动性，在资产负债表中分别列示为“合同负债”或“其他非流动负债”项目。

（一）提供服务下的收入业务

1. 按时间进度确认履约进度

例 11-42

沿用例 11-4 的资料，假定 20×1 年 1 月 1 日甲公司与客户签订合同，合同总价款为 300 000 元，客户每年年末与甲公司结算一次合同价款 100 000 元，并向甲公司支付一次保洁服务费 100 000 元，该履约义务属于在某一时段内履行的履约义务，甲公司按照时间进度确定履约进度，甲公司与客户结算合同价款时发生增值税纳税义务，相应的增值税税率为 6%，客户在实际支付服务价款的同时支付其对应的增值税款。20×1 年度，甲公司实际发生服务成本 65 000 元；20×2 年度，甲公司实际发生服务成本 64 000 元。甲公司应编制如下会计分录：

（1）20×1 年 1 月 1 日至 12 月 31 日，实际发生服务成本时。

借：合同履约成本　　65 000
　贷：原材料、应付职工薪酬等　　65 000

（2）20×1 年 12 月 31 日，确认收入、结转履约成本以及结算价款时。

履约进度＝1/3

合同收入＝300 000×1/3＝100 000(元)

借：合同结算——收入结转　　100 000
　贷：主营业务收入　　100 000

同时，

借：主营业务成本　　65 000
　贷：合同履约成本　　65 000

借：应收账款　　106 000
　贷：合同结算——价款结算　　100 000
　　　应交税费——应交增值税（销项税额）　　6 000

借：银行存款　　106 000
　贷：应收账款　　106 000

（3）20×2 年 1 月 1 日至 12 月 31 日，实际发生服务成本时。

借：合同履约成本　　64 000
　贷：原材料、应付职工薪酬等　　64 000

（4）20×2 年 12 月 31 日，确认收入、结转履约成本以及结算价款时。

履约进度＝2/3

合同收入＝300 000×2/3－100 000＝100 000(元)

借：合同结算——收入结转　100 000
　贷：主营业务收入　100 000

同时，

借：主营业务成本　64 000
　贷：合同履约成本　64 000

借：应收账款　106 000
　贷：合同结算——价款结算　100 000
　　应交税费——应交增值税（销项税额）　6 000

借：银行存款　106 000
　贷：应收账款　106 000

本例中，甲公司20×1年度实现合同毛利35 000元（100 000－65 000），20×2年度实现合同毛利36 000元（100 000－64 000）。

“合同履约成本”总账科目核算企业为履行当前或预期取得的合同所发生的、不属于其他企业会计准则规范范围且按照收入会计准则应当确认为一项资产的成本。企业因履行合同而产生的毛利不在该科目核算。企业发生合同履约成本时，借记该科目，贷记“银行存款”“应付职工薪酬”“原材料”等科目；对合同履约成本进行摊销时，借记“主营业务成本”“其他业务成本”等科目，贷记该科目。涉及增值税的，还应进行相应的处理。该科目期末借方余额反映企业尚未结转的合同履约成本。该科目可按合同分别“服务成本”“工程施工”等进行明细核算。

与合同履约成本有关的资产发生减值的，按应减记的金额，借记“资产减值损失”科目，贷记“合同履约成本减值准备”科目；转回已计提的资产减值准备时，做相反的会计分录。“合同履约成本减值准备”科目期末贷方余额反映企业已计提但尚未转销的合同履约成本减值准备。

不属于其他企业会计准则规范范围，例如不属于存货、固定资产、无形资产等会计准则规范范围，且同时满足下列条件的，应当作为合同履约成本确认为一项资产：（1）该成本与一份当前或预期取得的合同直接相关。与合同直接相关的成本包括直接人工、直接材料、制造费用、明确由客户承担的成本以及仅因该合同而发生的其他成本。（2）该成本增加了企业未来用于履行履约义务的资源。（3）该成本预期能够收回。企业发生的管理费用、非正常消耗的直接材料、直接人工和制造费用等，应当在发生时计入当期损益，不计入合同履约成本。

按照收入会计准则确认为资产的合同履约成本，初始确认时摊销期限不超过一年或一个正常营业周期的，在资产负债表中计入“存货”项目；初始确认时摊销期限在一年或一个正常营业周期以上的，在资产负债表中计入“其他非流动资产”项目。

2. 按已完成的工作量确定履约进度

例 11－43

沿用例11－22的资料，假定20×1年7月25日甲公司与客户签订合同，同日收到客户预付的合同价款45 000元。20×2年3月31日，更换铁轨的服务工作全部完成，甲公司与客户结算剩余合同价款，并收到客户支付的剩余合同价款55 000元（100 000－45 000）。甲公司20×1年度发生服务成本48 000元，20×2年度发生服务成本32 500元。

甲公司按照已完成的工作量确定履约进度，客户也按照已完成的工作量与甲公司结算合同价款。20×1 年 12 月 31 日，客户与甲公司结算合同价款 60 000 元，扣除合同签订日预付的合同价款 45 000 元，客户尚欠甲公司合同结算价款 15 000 元。该项服务适用的增值税税率为 9%，甲公司与客户结算合同价款时发生增值税纳税义务，客户于 20×2 年 3 月 31 日支付剩余合同价款 55 000 的同时支付了整个合同的增值税税额 9 000 元。甲公司应编制如下会计分录：

(1) 20×1 年 7 月 25 日，收到客户预付款项时。

借：银行存款　45 000
　贷：合同结算——价款结算　45 000

(2) 20×1 年 7 月 25 日至 12 月 31 日，实际发生服务成本时。

借：合同履约成本　48 000
　贷：原材料、应付职工薪酬等　48 000

(3) 20×1 年 12 月 31 日，确认收入、结转履约成本以及结算价款时。

履约进度＝60/100＝60%
合同收入＝100 000×60%＝60 000(元)

借：合同结算——收入结转　60 000
　贷：主营业务收入　60 000

同时，

借：主营业务成本　48 000
　贷：合同履约成本　48 000
借：应收账款　20 400
　贷：合同结算——价款结算　15 000
　　应交税费——应交增值税（销项税额）　5 400

(4) 20×2 年 1 月 1 日至 3 月 31 日，实际发生服务成本时。

借：合同履约成本　32 500
　贷：原材料、应付职工薪酬等　32 500

(5) 20×2 年 3 月 31 日，确认收入、结转履约成本以及结算价款时。

履约进度＝100%
合同收入＝100 000－60 000＝40 000(元)

借：合同结算——收入结转　40 000
　贷：主营业务收入　40 000

同时，

借：主营业务成本　32 500
　贷：合同履约成本　32 500
借：应收账款　43 600
　贷：合同结算——价款结算　40 000
　　应交税费——应交增值税（销项税额）　3 600
借：银行存款　64 000
　贷：应收账款　64 000

本例中，甲公司20×1年度实现的合同毛利为12 000元（60 000－48 000），20×2年度实现的合同毛利为7 500元（40 000－32 500）。由于按照已完成的工作量确定履约进度，因此，甲公司20×1年和20×2年各年确认的收入数额可能与开展服务的时间进度或已发生的成本数额不成比例。

（二）建造合同下的收入业务

建造合同是指为建造一项或数项在设计、技术、功能、最终用途等方面密切相关的资产而订立的合同。建造合同的甲方为需求方，也称为客户；乙方为建造企业，也称为建造承包商。与一般工商企业相比，建造承包商这类企业建造或生产的产品通常具有如下主要特点：一是产品体积大，如建造的房屋、道路、桥梁等，或者生产的飞机、船舶、大型机械设备等；二是产品建造或生产周期长，往往要超越一个甚至几个会计年度；三是产品价值高，小则几百万元，多则几千万元甚至以亿元作为计量单位。因此，在现实经济生活中，建造承包商在开始建造或生产产品之前，通常要与需求方签订建造合同，其中将明确确定包括产品造价、完成期限等在内的相关内容。建造承包商在开展业务活动的过程中，通常是先有买主，即客户，后有标的，即建造或生产的产品。

例11－44

20×1年1月1日，甲建造公司与乙公司签订一栋办公楼建造工程合同，根据双方合同，该工程的造价为63 000 000元，工程期限为1年半，甲公司负责工程的施工及全面管理，乙公司按照第三方工程监理公司确认的工程完工量，每半年与甲公司结算一次合同价款。工程预计20×2年6月30日竣工，预计可能发生的总成本为40 000 000元。假定该建造工程整体构成单项履约义务，并属于在某一时段内履行的履约义务，甲公司采用成本法确定履约进度，增值税税率为9%，不考虑其他相关因素。

20×1年6月30日，工程累计实际发生成本15 000 000元，甲公司与乙公司结算合同价款25 000 000元，甲公司实际收到合同价款及相应增值税税额合计21 800 000元（20 000 000＋1 800 000）。20×1年12月31日，工程累计实际发生成本30 000 000元，甲公司与乙公司结算合同价款11 000 000元，甲公司实际收到合同价款及相应增值税税额合计10 900 000元（10 000 000＋900 000）。20×2年6月30日，工程累计实际发生成本41 000 000元，乙公司与甲公司结算了合同竣工价款27 000 000元（63 000 000－25 000 000－11 000 000），并支付剩余工程价款33 000 000元（27 000 000＋5 000 000＋1 000 000）及相应增值税税额2 970 000元。上述合同价款均不含增值税税额。假定甲公司与乙公司结算时即发生增值税纳税义务，乙公司在实际支付工程价款的同时支付其对应的增值税税款。

根据以上资料，甲公司应编制如下会计分录：

（1）20×1年1月1日至6月30日，实际发生工程成本时。

借：合同履约成本　　15 000 000

　贷：原材料、应付职工薪酬等　　15 000 000

（2）20×1年6月30日，确认收入、结转履约成本以及结算价款时。

履约进度＝15 000 000/40 000 000＝37.5%

合同收入＝63 000 000×37.5%＝23 625 000(元)

借：合同结算——收入结转 23 625 000
　贷：主营业务收入 23 625 000

同时，

借：主营业务成本 15 000 000
　贷：合同履约成本 15 000 000

借：应收账款 27 250 000
　贷：合同结算——价款结算 25 000 000
　　应交税费——应交增值税（销项税额） 2 250 000

借：银行存款 21 800 000
　贷：应收账款 21 800 000

当日，“合同结算”科目的余额为贷方 1 375 000 元（25 000 000－23 625 000），表明甲公司已经与客户结算但尚未履行履约义务的金额为 1 375 000 元。由于甲公司预计该部分履约义务将在 20×1 年内完成，因此，应在资产负债表中作为合同负债列示。

（3）20×1 年 7 月 1 日至 12 月 31 日，实际发生工程成本时。

实际发生工程成本＝30 000 000－15 000 000＝15 000 000(元)

借：合同履约成本 15 000 000
　贷：原材料、应付职工薪酬等 15 000 000

（4）20×1 年 12 月 31 日，确认收入、结转履约成本以及结算价款时。

履约进度＝30 000 000/40 000 000＝75%

合同收入＝63 000 000×75%－23 625 000＝23 625 000(元)

借：合同结算——收入结转 23 625 000
　贷：主营业务收入 23 625 000

同时，

借：主营业务成本 15 000 000
　贷：合同履约成本 15 000 000

借：应收账款 11 990 000
　贷：合同结算——价款结算 11 000 000
　　应交税费——应交增值税（销项税额） 990 000

借：银行存款 10 900 000
　贷：应收账款 10 900 000

当日，“合同结算”科目的余额为借方 11 250 000 元（23 625 000－11 000 000－1 375 000），表明甲公司已经履行履约义务但尚未与客户结算的金额为 11 250 000 元。由于该部分金额将在 20×2 年内结算，因此，应在资产负债表中作为合同资产列示。

（5）20×2 年 1 月 1 日至 6 月 30 日，实际发生工程成本时。

实际发生工程成本＝41 000 000－30 000 000＝11 000 000(元)

借：合同履约成本 11 000 000
　贷：原材料、应付职工薪酬等 11 000 000

(6) 20×2 年 6 月 30 日，确认收入、结转履约成本以及结算价款时。

履约进度＝100％

合同收入＝63 000 000－23 625 000－23 625 000＝15 750 000(元)

借：合同结算——收入结转	15 750 000	
贷：主营业务收入		15 750 000

同时，

借：主营业务成本	11 000 000	
贷：合同履约成本		11 000 000
借：应收账款	29 430 000	
贷：合同结算——价款结算		27 000 000
应交税费——应交增值税（销项税额）		2 430 000
借：银行存款	35 970 000	
贷：应收账款		35 970 000

当日，“合同结算”科目的余额为 0 元（11 250 000＋15 750 000－27 000 000）。

本例中，甲公司 20×1 年上半年实现合同毛利 8 625 000 元（23 625 000－15 000 000），20×1 年下半年实现合同毛利 8 625 000 元（23 625 000－15 000 000），20×2 年上半年实现合同毛利 4 750 000 元（15 750 000－11 000 000）。由于甲公司采用成本法确定履约进度，因此，甲公司在各会计期间确认的收入数额与相应期间发生的成本数额成比例关系，而与时间进度或已完成的工作量可能并不成比例。

企业向客户提供的建造服务或建筑服务也是企业向客户提供服务的一个特定种类。

（三）其他情形下的收入业务

1. 成本法下对已发生成本的调整业务

例 11－45

沿用例 11－24 的资料，假定不考虑相关税费的影响，乙公司按照甲公司成本法下确认的收入数额与其结算合同价款。20×1 年 12 月 31 日，甲公司确认装修办公楼合同收入、结转合同履约成本以及结算合同价款时应编制如下会计分录：

履约进度＝(400 000－300 000)/(800 000－300 000)×100％＝20％

合同收入＝(1 000 000－300 000)×20％＋300 000＝440 000(元)

借：合同结算——收入结转	440 000	
贷：主营业务收入		440 000

同时，

借：主营业务成本	400 000	
贷：合同履约成本		400 000
借：应收账款	440 000	
贷：合同结算——价款结算		440 000

本例中，甲公司 20×1 年实现合同毛利 40 000 元（440 000－400 000）。

2. 客户未行使权利的处理

企业因销售商品或提供服务向客户收取的预收款，赋予了客户一项在未来从企业取得该商品或服务的权利，并使企业承担了向客户转让该商品或服务的义务，因此，企业应当将预收的款项确认为合同负债，待未来履行了相关履约义务，即向客户转让相关商品或提供相关服务时，再将该负债转为收入。

某些情况下，企业收取的预收款无须退回，而客户可能会放弃其全部或部分合同权利，例如，放弃储值卡的使用等。企业预期将有权获得与客户所放弃的合同权利相关的金额的，应当按照客户行使合同权利的模式按比例将上述金额确认为收入；否则，企业只有在客户要求其履行剩余履约义务的可能性极低时，才能将相关负债余额转为收入。企业在确定其是否预期将有权获得与客户所放弃的合同权利相关的金额时，应当考虑将估计的可变对价计入交易价格的限制要求。

例 11－46

沿用例 11－23 的资料，假定 20×1 年 2 月 1 日客户购买的是确定数量的服务，具体为客户向甲公司购买了一张储值卡 3 600 元，客户在未来 12 个月内可随时来健身俱乐部健身 100 次，甲公司按照客户已使用健身服务的次数确认履约进度。根据历史经验，甲公司预期客户购买的储值卡中将有大约相当于储值卡面值金额 5%即 180 元（3 600×5%）的部分不会被消费。截至 20×1 年 6 月 30 日，客户使用该储值卡消费了 40 次。甲公司在客户使用该储值卡消费时发生增值税纳税义务，销售额以实际消费额计算，每次平均消费额为 36 元（3 600/100），适用的增值税税率为 6%，储值卡面值金额包含增值税税额。甲公司应编制如下会计分录：

（1）20×1 年 2 月 1 日，销售储值卡时。

合同负债＝3 600/1.06＝3 396(元)

借：银行存款	3 600	
贷：合同负债		3 396
应交税费——待转销项税额		204

（2）20×1 年 6 月 30 日，根据储值卡消费情况确认收入时。

履约进度＝40/100＝40%

合同收入＝[3 600×40%＋180×(3 600×40%)/(3 600－180)]/1.06＝1 430(元)

待转销项税额转销数＝40×36－(40×36)/1.06＝82(元)

借：合同负债	1 430	
应交税费——待转销项税额	82	
贷：主营业务收入		1 430
应交税费——应交增值税（销项税额）		82

如果有相关法律规定，企业所收到的、与客户未行使权利相关的款项须转交给其他方的，例如，法律规定无人认领的财产需上交政府等，企业不应将其确认为收入。

本例中，如果甲公司还向客户收取了 50 元的入会费，用于补偿俱乐部为客户进行注册登记、准备会籍资料以及制作会员卡等初始活动所花费的成本，且该入会费无须退回，那么，该无须退回的初始费 50 元也应当作为健身服务的预收款，与收取的健身服务费 3 600 元一起在服务期限内分摊确认为收入。按照收入会计准则的规定，无须退回的初始费如果与向客户转让已承诺的商品相关，且该商品构成单项履约义务的，企业应当在转让该商品时，按照分摊至该商品的交易价格确认收入。

思考题

1. 什么是收入？它有哪些主要特征？
2. 收入的确认和计量大致可以分为哪五步？
3. 收入的确认应当遵循怎样的原则？
4. 企业与客户之间的合同在同时满足哪五项条件时，企业应当在履行了合同中的履约义务时确认收入？
5. 在什么情况下，企业应当将向客户转让商品或提供服务的承诺作为单项履约义务？
6. 什么是交易价格？企业对计入交易价格的可变对价进行估计的方法有哪几种？计入交易价格的可变对价金额有什么限制条件？
7. 将交易价格分摊至各单项履约义务时，分摊的一般原则是什么？
8. 满足什么条件时，履约义务属于在某一时段内履行的履约义务，相关的收入应当在该履约义务履行的期间内确认？
9. 对于在某一时段内履行的履约义务，企业确定履约进度的方法有哪几种？
10. 对于在某一时点履行的履约义务，在判断客户是否已经取得商品或服务的控制权时，企业应当考虑哪几个迹象？

练习题

练习一

一、目的：练习通常情况下收入业务的核算。

二、资料：甲公司 20×1 年发生如下经济业务：

(1) 3 月 2 日，与客户签订合同，采用现销方式销售一批 A 商品。开出的增值税专用发票上注明的商品售价为 100 000 元，增值税税额为 13 000 元，款项合计 113 000 元已收到并已存入银行。A 商品已交付给客户，客户已经取得了 A 商品的控制权。

(2) 5 月 15 日，与客户签订合同，采用托收承付结算方式销售一批 B 商品，开出的增值税专用发票上注明的商品售价为 150 000 元，增值税税额为 19 500 元。商品已经发出，并已向银行办理货款托收手续，款项尚未收到，商品的控制权已经转移给客户。

(3) 7 月 20 日，与客户签订合同，采用预收款销售方式销售一批 C 商品。该批商品的售价为 200 000 元，收到客户预付的商品售价 50 000 元，商品的控制权尚未转移给客户。

(4) 7 月 26 日，按合同约定，收到客户支付的 C 商品的剩余价款 150 000 元以及销售C商品的增值税税额26 000元，向客户开具增值税专用发票，其中，商品售价200 000元，增值税税额26 000元，商品交付给客户，商品的控制权同时转移给了客户。

(5) 9月6日，与客户签订合同，向客户销售D商品，并作为主要责任人负责提供运输服务，将D商品运送至客户指定地点。销售D商品和提供运输服务属于两项履约义务，各自分摊的交易价格为300 000元和2 000元，相应款项尚未收到。合同签订日，客户取得了D商品的控制权。根据合同约定，甲公司应当在一周内将D商品运送至客户指定地点，之后，才有权收取整个合同的对价302 000元（300 000+2 000）。销售商品适用的增值税税率为13%。

(6) 9月10日，将D商品运送至客户指定地点，履行了提供运输服务的履约义务。运输服务花费了一天时间。提供运输服务适用的增值税税率为9%。

(7) 9月12日，收到销售D商品的全部价款和相应的增值税税额。

(8) 11月8日，与客户签订合同，向客户销售E商品，并负责安装调试成功。合同约定的销售价格为500 000元，开出的增值税专用发票上注明的增值税税额为65 000元，款项合计565 000元（500 000+65 000）已收到。该商品的成本为388 000元。商品已发出，但尚未安装调试。安装调试业务不构成单项履约义务。该商品的控制权在安装调试成功后转移给客户。

(9) 11月15日，向客户销售的E商品安装调试成功，确认收入并结转销售成本。

三、要求：根据以上经济业务，为甲公司编制有关的会计分录。

练习二

一、目的：练习单项履约义务的识别、交易价格的分摊及其相应收入业务的核算。

二、资料：甲公司20×1年发生如下经济业务：

沿用例11-7的资料，假定1月5日，与客户签订合同，向客户销售一款软件，同时提供软件安装服务、软件升级服务和技术支持服务。合同约定的价款为301 000元，收到客户支付的款项260 000元。销售软件、软件安装服务、软件升级服务和技术支持服务的单独售价分别为290 000元、30 000元、20 000元和10 000元。合同约定，甲公司应当在合同签订日之后的一周内完成软件安装工作，否则，须向客户支付15 000元的赔款，赔款从合同价款中扣除。甲公司估计软件安装工作按时完成的概率为90%，因此，按照最可能发生金额的方法确定的合同交易价格仍然为合同价款301 000元。甲公司按各单项履约义务所承诺商品或服务的单独售价的相对比例分摊交易价格。合同签订日，甲公司销售软件的履约义务完成，客户取得了软件的控制权。1月10日，甲公司按时完成了软件安装服务，履行了合同中约定的软件安装履约义务。软件升级服务和技术支持服务这两项履约义务尚未履行，属于在某一时段内履行的履约义务。不考虑相关税费的影响。

三、要求：根据以上经济业务，为甲公司编制有关的会计分录。

练习三

一、目的：练习委托代销安排下收入业务的核算。

二、资料：甲公司20×1年发生如下经济业务：

沿用例11-25的资料，假设甲公司5月2日与乙公司签订合同，委托乙公司销售W商品1 000件。合同约定，乙公司应按每件不低于100元但不高于130元的价格对外销售，甲公司按不含增值税的销售价格的10%向乙公司支付代销手续费。甲公司与乙公司每个季度末结算一次代销款项。乙公司收到W商品后，根据市场调查情况，确定W商品的对外销售标价为每件120元。截至6月30日，乙公司按照每件销售标价120元对外实际销售100件W商品，与甲公司结算一次相应代销商品的款项，款项尚未支付。7月3日，甲公司收到乙公司支付的上季度末结算的款项。7月15日，为增加销量，乙公司将剩余900件（1 000－100）W商品的对外销售标价从原来的每件120元调低为每件115元。截至9月30日，乙公司按照每件销售标价115元对外实际销售600件W商品，与甲公司结算一次相应代销商品的款项，款项尚未支付。10月3日，甲公司收到乙公司支付的上季度末结算的款项。销售W商品适用的增值税税率为13%，代销手续费适用的增值税税率为6%。

三、要求：根据以上经济业务，分别为甲公司和乙公司编制有关的会计分录。

练习四

一、目的：练习合同的识别和存在可变对价情况下收入业务的核算。

二、资料：甲公司20×1年至20×2年发生如下经济业务：

(1) 20×1年1月20日，向国外B公司销售一批商品，合同标价为1 000 000元。在此之前，甲公司从未向B公司所在国家的其他客户进行过销售，B公司所在国家正在经历严重的经济困难。甲公司预计不能从B公司收回全部的对价金额，而是仅能收回600 000元。尽管如此，甲公司预计B公司所在国家的经济情况将在未来2～3年内好转，且甲公司与B公司之间建立的良好关系将有助于其在该国家拓展其他潜在客户。该批商品的成本为588 000元。国外B公司已经取得了该批商品的控制权。不考虑相关税费的影响。

(2) 20×1年6月30日，重新估计能从国外B公司收回的销售商品对价金额，估计能够收回的对价金额为620 000元。调增销售商品时估计的能够收回的对价金额20 000元（620 000－600 000）。

(3) 20×1年7月25日，收到国外B公司支付的合同价款625 000元。

(4) 20×1年11月15日，向H公司销售1 000件商品，单位销售价格为500元，单位成本为400元，商品已发出，款项尚未收到，商品的控制权已经转移给H公司。根据合同约定，H公司在20×2年2月15日之前有权退货。发出商品时，甲公司根据过去的经验，估计该批商品的退货率为5%。不考虑相关税费的影响。

(5) 20×1年12月31日，甲公司对销售给H公司商品的退货率进行了重新评估，认为只有4%的商品会被退回。

(6) 20×2年2月15日，H公司退回38件商品。同时，1件商品由于质量存在瑕疵，H公司要求甲公司提供10%即50元的价格折让，甲公司审核后同意了乙公司的要求，相应款项从甲公司的应收账款中扣除。

(7) 20×2年2月18日，收回向H公司销售商品的应收账款。

三、要求：根据以上经济业务，为甲公司编制有关的会计分录。

练习五

一、目的：练习授予知识产权许可下收入业务的核算。

二、资料：甲公司20×1年至20×3年发生如下经济业务：

甲公司是一家著名的足球俱乐部，20×1年7月1日，与乙公司签订合同，授权乙公司在其设计生产的服装、帽子、水杯以及毛巾等产品上使用甲公司球队的名称和图标，授权期限为 2 年。合同约定，甲公司收取的合同对价由两部分组成：一是 2 000 000 元固定金额的使用费；二是按照乙公司销售上述商品所取得的销售额的 5%计算的提成。乙公司预期甲公司会继续参加当地顶级联赛，并取得优异成绩。甲公司对于收取的 2 000 000 元固定金额的使用费，在授权期限 2 年内平均确认收入；按照乙公司销售相关商品所取得的销售额的 5%计算的提成，在乙公司销售发生时确认收入。

20×1 年 8 月 25 日，甲公司收到乙公司支付的 2 000 000 元固定金额特许权使用费。20×1 年 12 月 31 日，乙公司报告 20×1 年 7 月 1 日至 12 月 31 日销售相关产品共实现销售额 800 000 元。20×2 年 1 月 10 日，收到乙公司支付的上一年度按销售额提成的款项。20×2 年 12 月 31 日，乙公司报告当年销售相关产品共实现销售额 1 900 000 元。20×3 年 1 月 9 日，收到乙公司支付的上一年度按销售额提成的款项。20×3 年 6 月 30 日，乙公司报告当年上半年销售相关产品共实现销售额 600 000 元。20×3 年 7 月 8 日，收到乙公司支付的当年上半年度按销售额提成的款项。不考虑相关税费的影响。

三、要求：根据以上经济业务，为甲公司编制有关的会计分录。

练习六

一、目的：练习提供服务下收入业务的核算。

二、资料：甲公司 20×1 年至 20×2 年发生如下经济业务：

沿用例 11－21 的资料，假定 20×1 年 8 月 1 日甲公司与乙公司签订提供咨询服务合同。合同约定，合同总价款为 460 000 元，合同期限为半年，即甲公司应于 20×2 年 1 月 31 日向乙公司提交最终咨询意见。乙公司按照实际测量的已完成工作量与甲公司结算合同价款。甲公司采用成本法确定履约进度，预计可能发生的总成本为 400 000 元，适用的增值税税率为 6%。甲公司与乙公司结算时发生增值税纳税义务，乙公司在实际支付合同价款时支付其对应的增值税税款。

20×1 年 12 月 31 日，合同累计实际发生成本 320 000 元，甲公司与乙公司结算合同价款 345 000 元，并实际收到结算的合同价款及其对应的增值税税额 20 700 元（345 000×6%）。20×2 年 1 月 31 日，甲公司按时完成全部合同履约义务，向乙公司提交了最终咨询意见，合同累计实际发生成本 398 000 元，与乙公司结算了剩余合同价款 115 000 元（460 000－345 000），款项尚未收到。20×2 年 2 月 8 日，收到乙公司支付的剩余合同价款及其对应的增值税税额 6 900 元（115 000×6%）。

三、要求：根据以上经济业务，为甲公司编制有关的会计分录。

练习七

一、目的：练习建造合同下收入业务的核算。

二、资料：甲公司 20×1 年至 20×3 年发生如下经济业务：

20×1 年 1 月 1 日，与乙公司签订合同，为乙公司建造一栋办公楼。合同约定，该工程的造价为 55 110 000 元，工程期限为 2 年半，于 20×3 年 6 月 30 日竣工。甲公司每提前 10 天完工，合同价款将增加 100 000 元；每推迟 10 天完工，合同价款将减少 100 000 元。另外，该工程将参加省级优质工程奖的评选，如果能够获奖，乙公司将额外奖励甲公司 250 000 元。甲公司负责工程的施工及全面管理，乙公司按照第三方工程监理公司确认的工程完工量，每年与甲公司结算一次合同价款。甲公司预计该工程可能发生的总成本为36 000 000元。该建造工程整体构成单项履约义务，并属于在某一时段内履行的履约义务，甲公司采用成本法确定履约进度，适用的增值税税率为9%。甲公司采用期望值法对提前完工或推迟完工产生的可变对价进行估计，采用最可能发生金额的方法对参评优质工程奖产生的可变对价进行估计。不考虑其他相关因素。

综合各种因素，甲公司认为，该工程提前10天完工的概率为65%，提前20天完工的概率为20%，推迟10天完工的概率为15%；获得省级优质工程奖的概率为30%。

20×1年1月2日，收到乙公司预付的工程款项10 000 000元。20×1年12月31日，工程累计实际发生成本13 680 000元；甲公司与乙公司结算当年合同价款19 600 000元，扣除年初预收款项10 000 000元，尚待结算合同价款9 600 000元；甲公司实际收到合同价款9 000 000元及按当年结算价款计算的增值税税额1 764 000元。

20×2年12月31日，工程累计实际发生成本28 800 000元，甲公司与乙公司结算合同价款23 800 000元，甲公司实际收到合同价款23 000 000元及按当年结算价款计算的增值税税额2 142 000元。

20×3年1月26日，合同双方同意更改该办公楼屋顶的设计，合同价格和预计总成本因此而分别增加3 900 000元和2 400 000元，相应完工时间推迟至20×3年7月31日。其他条件和估计不变。甲公司将该合同变更作为原合同的组成部分进行会计处理，即该合同仍为单项履约义务。

20×3年7月15日，工程验收合格，提前15天完工，但没有获得省级优质工程奖，甲公司获得合同增加价款100 000元，工程累计实际发生成本38 450 000元，甲公司与乙公司结算了合同竣工价款15 710 000元（55 110 000+3 900 000−19 600 000−23 800 000+100 000），并收到乙公司支付的剩余合同价款17 110 000元（55 110 000+3 900 000−10 000 000−9 000 000−23 000 000+100 000）及相应增值税税额1 413 900元。

甲公司与乙公司结算时即发生增值税纳税义务，乙公司在实际支付工程价款的同时支付其对应的增值税税款。

三、要求：根据以上经济业务，为甲公司编制有关的会计分录。

练习八

一、目的：练习合同中存在重大融资成分下收入业务的核算。

二、资料：甲公司20×1年至20×2年发生如下经济业务：

沿用例11－35的资料，假定甲公司于20×2年12月31日如期收到客户支付的款项12 100元。应收款项在合同开始日和退货期满日的公允价值无重大差异。甲公司每半年计算一次复利利息，即分别于20×1年12月31日、20×2年6月30日和20×2年12月31日计算一次复利利息。1元3期6%复利的终值系数为1.191，1元3期7%复利的终值系数为1.225。实际利率百分比保留小数点2位，会计分录中的金额保留整数。

三、要求：根据以上经济业务，为甲公司编制有关的会计分录。

第十二章

费用和利润

第一节　费用

一、费用的概念和种类

（一）费用的基本概念

费用是指企业在日常活动中发生的、会导致所有者权益减少的、与向所有者分配利润无关的经济利益的总流出。与收入一样，费用是影响企业利润的又一个重要因素，是企业经营活动中的重要指标。费用具有如下主要特征：

（1）在日常活动中发生。费用特征中的日常活动概念与收入特征中的日常活动概念相一致，是指企业为完成其经营目标所从事的经常性活动及其与之相关的活动。其中，经常性活动是企业开展的主营业务活动，如工业企业制造并销售产品、商业企业采购并销售商品、服务企业提供服务等活动；与经常性活动相关的活动是企业开展的附营业务活动或其他业务活动，如工业企业转让无形资产使用权、出售不需用的原材料等活动。企业开展的日常活动具有持续发生以及收入与费用相配比的特征。企业报废固定资产、无形资产等活动不属于企业为完成其经营目标而开展的日常活动，由此发生的经济利益流出不属于费用，而归类为营业外支出。

（2）会导致所有者权益减少。与收入一样，费用也与所有者权益密切相关。但费用对所有者权益的影响与收入相反，即企业发生的费用最终都由所有者负担，都会使所有者权益减少。费用的会计结账程序与收入一样，即费用经转入利润后再转入所有者权益中的留存收益，但使留存收益减少。

（3）与向所有者分配利润无关。企业向所有者分配利润也会导致企业经济利益的流出，但这种经济利益的流出不是费用，而是企业的利润分配。费用是企业发生的与向所有者分配利润无关的经济利益流出，是企业在开展日常经营活动中发生的经济利益流出。

（4）费用是企业经济利益的总流出。费用的发生会导致收入的取得。尽管如此，收入与费用应当分别以总额进行反映，而不能直接进行抵销，以抵销后的净额反映。这样处理，有利于清楚地反映企业在日常活动中取得收入情况和发生费用情况的全貌。

（二）费用和成本的关系

在计算企业当期利润时，费用和成本是两个既有联系又有区别的概念。它们的联系，主要是它们都是企业经济利益的流出，都会减少企业的当期利润。它们的区别，主要是费用侧重说明换取收入的总代价或总耗费，即当期收入减去当期费用等于当期利润；而成本侧重说明换取收入的直接代价或直接耗费，即当期收入减去当期成本等于当期毛利。因此，也可以认为，在计算企业当期利润时，成本是费用中的一部分，是对象化了的那部分费用，如销售商品时的商品成本、提供服务时的服务成本等，费用的内容中包括成本。与对象化了的那部分费用相对比，没有对象化的那部分费用为期间费用，如管理费用等。期间费用与会计期间直接相关，不与放弃的直接代价或直接耗费相关。

一般情况下，企业只有在发生了成本的情况下，才会有收入。例如，企业只有在销售了商品后，才会取得销售商品收入。但企业在计算利润时，除了需要扣除成本外，还需要扣除期间费用。

企业在计算利润时使用的成本概念与企业广义的成本概念并不完全相同。企业广义的成本概念除了可以有销售商品时的销售成本、提供服务时的服务成本等外，还可以有诸如采购商品时的采购成本、购建固定资产时的购建成本、生产产品时的生产成本等。由此，广义的成本概念泛指为了取得资产或达到特定目的等而实际花费的代价。本章阐述企业在计算当期利润时使用的成本概念属于与费用相关的成本概念，不是广义的成本概念。

（三）费用和收入的关系

费用和收入的关系主要表现为配比关系，即收入和费用之间应当存在因果关系，只有用收入减去与其存在因果关系的费用得出的利润才富有意义，才能够反映企业的经营业绩。由此，费用的确认除了需要遵循权责发生制原则外，还需要遵循配比原则。配比原则要求，企业在确认收入的同时，应当确认与收入相关的费用，收入以及与收入存在因果关系的费用应当在同一会计期间报告，以正确反映该会计期间的利润。

企业在具体应用费用确认的配比原则时，配比的方法可以区分为直接配比和期间配比。其中，直接配比是指将与收入存在直接因果关系的费用与收入直接进行配比。通常情况下，成本与收入存在直接的因果关系，如商品销售收入与商品销售成本、提供服务收入与提供服务成本等存在直接的因果关系，这些成本与相应的收入应当进行直接配比。也即在某一会计期间，如果确认了销售商品收入、提供服务收入，就应当确认相应的销售商品成本、提供服务成本；反之，如果不确认销售商品收入、提供服务收入，也就不应当确认相应的销售商品成本、提供服务成本。期间配比是指将与收入不存在直接因果关系或者与收入的直接因果关系不明显，其发生与会计期间相关的费用按会计期间与收入进行配比。通常情况下，销售费用、管理费用、财务费用等期间费用与销售商品收入、提供服务收入等不存在直接的因果关系或者直接因果关系不明显，这些费用应当按会计期间与收入进行配比。也即在某一会计期间，不管是否确认以及确认多少销售商品收入、提供服务收入，这些期间费用都将在该会计期间予以确认，并从当期确认的收入中扣除。

企业在确认费用时，有些费用可以在发生时直接以发生的数额予以确认，如管理人员的工资、管理部门的办公费、销售广告费、个别计价法下的销售商品成本等。有些费用需要采用系统合理的方法进行分配后确认，如固定资产的折旧费用、无形资产摊销费用、加权平均法或先进先出法下的销售商品成本、实际利率法下应付债券的利息调整等。无论采用何种方法计量费用，都应当以配比原则内含的受益原则处理，即对收入的贡献大，应当确认的费用多；对收入的贡献小，应当确认的费用少。收入是企业获得的财务收获，费用是企业作出的财务牺牲，收入和费用两者在数量上也应当是配比或者相当的。

（四）费用的种类

费用通常按其与收入进行配比的方法进行分类，分成成本费用和期间费用两类。其中，成本费用为应当与收入进行直接配比的费用，包括主营业务成本、其他业务成本、税金及附加等。其中，主营业务成本或者其他业务成本具体可以表现为销售商品成本、提供服务成本等。主营业务成本与其他业务成本可合并称为营业成本。税金及附加是企业在取得营业收入过程中发生的应由营业收入补偿的各种税金及附加，也属于企业的成本费用。期间费用为应当与营业收入进行期间配比的费用，包括销售费用、管理费用和财务费用等。成本费用与期间费用可合称为营业费用，为狭义的费用内容。

广义的费用还可以包括资产减值损失、公允价值变动损失、投资损失、所得税费用等内容。其中，资产减值损失、公允价值变动损失、投资损失计入营业利润，所得税费用计入净利润。在会计核算上，公允价值变动损失通常与公允价值变动收益合并在公允价值变动损益中核算，投资损失也通常与投资收益合并在投资收益中核算。由此，公允价值变动损益与投资收益可能增加营业利润，也可能减少营业利润，属于既可能导致所有者权益增加、也可能导致所有者权益减少的混合项目。资产减值损失在计提时作为费用会减少营业利润。但有些资产减值损失在资产价值恢复时可以转回，在转回时又会形成负的费用，结果是增加营业利润。由此，资产减值损失在性质上与公允价值变动损益存在相似之处。

二、营业成本

（一）主营业务成本

营业成本可分为主营业务成本和其他业务成本两类。其中，主营业务成本是指企业在开展销售商品、提供服务等经常性活动中发生的成本。如工业企业在销售其制造的产品时发生的销售产品成本、商业企业在销售其采购的商品时发生的销售商品成本、服务企业在对外提供服务时发生的服务成本等。企业的销售商品成本或销售产品成本来源于企业的产品生产成本或商品采购成本，其数额是以产品生产成本或商品采购成本为基础计算取得的。企业提供服务的成本来源于企业在对外提供服务过程中发生的直接耗费，其数额是以直接耗费的成本为基础计算取得的。因此，从在日常活动中的重要性来看，主营业务成本属于企业在其开展的经常性活动即主营业务活动中发生的成本；从数额基础来看，主营业务成本是以产品生产成本、商品采购成本和服务成本等为基础计算取得的。主营业务成本是企业在取得主营业务收入时放弃的直接代价，它应当与主营业务收入进行直接配比。

为核算主营业务成本的业务，企业应设置“主营业务成本”总账科目。该科目核算企业确认销售商品、提供服务等主营业务收入时应结转的成本。企业一般应在确认销售商品、提供服务等主营业务收入时，或者在月末，按已销商品或已提供服务等的实际成本，借记该科目，贷记“库存商品”“合同履约成本”等科目。采用计划成本或售价金额核算库存商品的，平时的主营业务成本按计划成本或售价金额结转，月末，还应结转本月销售商品应分摊的产品成本差异或商品进销差价。月末分摊已销售商品的进销差价时，借记“商品进销差价”科目，贷记该科目。发生销售退回时，如已结转销售成本的，应当予以转回，借记“库存商品”等科目，贷记该科目。期末，该科目的余额应转入“本年利润”科目，借记“本年利润”科目，贷记该科目。结转后，该科目应无余额。该科目可按主营业务的种类进行明细核算。

1. 销售商品成本

例 12-1

甲公司于20×1年11月15日向乙公司销售一批商品。开出的增值税专用发票上注明的商品售价为100 000元，增值税税额为13 000元（100 000×13%）。相应款项已经收到，并存入银行。该批商品的成本为80 000元。甲公司应编制如下会计分录：

借：银行存款　　113 000
　贷：主营业务收入　　100 000
　　　应交税费——应交增值税（销项税额）　　13 000

同时，

借：主营业务成本　　80 000
　贷：库存商品　　80 000

本例中，甲公司在销售商品并确认主营业务收入的同时，确认主营业务成本。甲公司在使用先进先出法、移动加权平均法、个别计价法等确定发出存货的实际成本时，可以在每次销售成立并确认主营业务收入的同时，确认主营业务成本。

例 12-2

甲公司于20×1年10月31日计算本月已售商品的实际成本合计为645 000元，其中，A类商品320 000元，B类商品250 000元，C类商品175 000元。甲公司将A，B，C三类商品的销售业务作为三个种类的主营业务进行明细核算。甲公司应编制如下会计分录：

借：主营业务成本——A类业务　　320 000
　　　　　　　　——B类业务　　250 000
　　　　　　　　——C类业务　　175 000
　贷：库存商品　　645 000

本例中，甲公司采用月末一次计算确定主营业务成本的数额并予以确认的方法。甲公司在使用月末一次加权平均法、零售价格法等确定发出存货的实际成本时，可以在月末一次计算并确认主营业务成本。本例中，甲公司销售的商品种类如食品类、电器类、服装类等。在多元化经营的企业，为了核算各种类业务的经营业绩，企业可以对各种类的业务分别核算其主营业务收入和主营业务成本。在经营业务涉及不同地区的企业，为了核算各地区的经营业绩，企业也可以对各地区的业务分别核算其主营业务收入和主营业务成本。

2. 销售退回冲减主营业务成本

例 12-3

甲公司于20×1年10月15日收到乙公司退回的部分商品，该部分商品存在较为严重的质量问题。该部分商品当初的售价为200 000元，相应的增值税税额为26 000元（200 000×13%），货款尚未收到。该部分商品的成本为155 000元，在销售时已经结转了相应的销售商品成本。本次销售退回经税务机关审核允许冲减相应的应交增值税税额。根据以上资料，甲公司应编制如下会计分录：

借：主营业务收入　200 000
　　应交税费——应交增值税（销项税额）　26 000
　贷：应收账款　226 000

同时，

借：库存商品　155 000
　贷：主营业务成本　155 000

本例中，甲公司在发生销售退回时，应当冲减已经确认的主营业务收入和主营业务成本。相比较而言，甲公司在发生销售折让时，应当冲减已经确认的主营业务收入，但不冲减已经确认的主营业务成本。销售退回是已售商品实物的退回，是销售的失败或注销。销售折让是已售商品的价格让步，销售仍然成立。

3. 代销商品业务和主营业务成本

例 12-4

甲公司20×1年11月30日收到乙公司开具的代销清单，乙公司为甲公司代销商品取得的商品售价款共计300 000元，相应的增值税税额为39 000元（300 000×13%），甲公司应向乙公司支付的代销手续费为30 000元。甲公司在当初向乙公司发出该批代销商品时，结转的发出商品成本为225 000元。暂不考虑代销手续费的增值税因素。根据以上资料，甲公司应编制如下会计分录：

借：应收账款　339 000
　贷：主营业务收入　300 000
　　　应交税费——应交增值税（销项税额）　39 000

同时，

借：主营业务成本　225 000
　贷：发出商品　225 000
借：销售费用——代销手续费　30 000
　贷：应收账款　30 000

本例中，甲公司在发出商品时不确认主营业务收入和主营业务成本。在收到代销单位乙公司的代销清单时，同时确认主营业务收入和主营业务成本。企业在销售附有销售退回条件的商品时，如果不能合理估计退货的可能性，在发出商品时也不确认主营业务收入和主营业务成本。待退货期满时，再同时确认主营业务收入和主营业务成本。

4. 售价金额法下的主营业务成本

例 12-5

甲公司采用售价金额法核算库存商品，20×1 年 10 月 31 日按照本月已售商品的售价金额 400 000 元结转销售商品成本。本月商品进销差价率为 30%，已售商品应分摊的进销差价为 120 000 元（400 000×30%）。甲公司应编制如下会计分录：

借：主营业务成本　400 000
　贷：库存商品　400 000

同时，

借：商品进销差价　120 000
　贷：主营业务成本　120 000

本例中，经过调整，按实际成本反映的本月主营业务成本为 280 000 元（400 000－120 000）。企业采用计划成本法核算库存商品时，计算和确认销售商品成本的方法与以上采用售价金额法相似。只是在月末分摊产品计划成本差异时，使用“产品成本差异”科目，并且产品成本差异可能为超支，也可能为节约。

5. 销售计提过存货跌价准备的商品

例 12-6

甲公司于 20×1 年末持有一批 A 类商品，该类商品的成本为 280 000 元，已计提存货跌价准备 30 000 元。20×2 年 1 月，甲公司将该批 A 类商品全部对外销售，售价为 260 000 元，增值税税额为 33 800 元（260 000×13%）。20×2 年 1 月末，甲公司在计算并结转该批已售商品的实际成本时应编制如下会计分录：

借：主营业务成本　280 000
　贷：库存商品　280 000

同时，

借：存货跌价准备　30 000
　贷：主营业务成本　30 000

本例中，甲公司确认的该批商品的主营业务成本为 250 000 元（280 000－30 000），销售该批商品获得的毛利为 10 000 元（260 000－250 000）。甲公司在计算并结转已售商品的实际成本时，如果已售商品计提过存货跌价准备，那么，相应的存货跌价准备应当予以转销，并用以调整主营业务成本。甲公司确认的该类商品的跌价损失 30 000 元，在 20×1 年年末确认时记入了“资产减值损失”科目。

6. 合同履约成本和主营业务成本

例 12-7

甲公司于 20×1 年 12 月 31 日采用完工百分比法确认一项对外提供服务收入 85 000 元，同时，结转相应的提供服务成本 72 000 元。甲公司提供的该项服务属于甲公司的主营业务，提供服务收入的款项尚未收到。假设不考虑相关的税费。甲公司应编制如下会计分录：

借：合同结算——收入结转　85 000
　贷：主营业务收入　85 000

同时，

借：主营业务成本　72 000

　贷：合同履约成本　72 000

本例中，甲公司在发生服务成本时，先在“合同履约成本”科目中进行归集。待期末确认主营业务收入时，再将“合同履约成本”科目中归集的服务成本数额转入主营业务成本。提供服务企业使用的“合同履约成本”科目在性质上与工业企业使用的“生产成本”科目相似，它们都不是损益计算类科目。所不同的是，“生产成本”科目在产品生产完工时转入“库存商品”科目，形成一项可供出售的资产，待相应的资产对外出售时再由“库存商品”科目转入“主营业务成本”科目；“合同履约成本”科目在提供服务完成时不能形成如库存商品这样的资产，所以直接转入“主营业务成本”科目。可以认为，提供服务的业务活动是边提供服务边出售服务，所以，服务完成时，服务也已全部出售，此时，需要同时确认主营业务收入和主营业务成本。

（二）其他业务成本

其他业务成本也称附营业务成本，是指企业为完成其经营目标而从事的与经常性活动相关的活动发生的成本。例如，工业企业销售其不需用的原材料、商业企业销售其独立计价的包装物而发生的原材料成本、包装物成本；再如，企业转让无形资产使用权而计提的无形资产摊销等。其他业务成本是企业在取得其他业务收入时放弃的直接代价，它应当与其他业务收入进行直接配比。

为核算其他业务成本的业务，企业应设置“其他业务成本”总账科目。该科目核算企业确认的除主营业务活动以外的其他经营活动所发生的成本，包括销售原材料的成本、销售包装物的成本、经营出租的固定资产计提的折旧额、转让使用权的无形资产计提的摊销额、采用成本模式计量的投资性房地产计提的折旧或摊销额等。企业应在确认其他业务收入时，按照计算确定的其他业务成本的数额，借记该科目，贷记“原材料”“周转材料”“累计折旧”“累计摊销”等科目。期末，该科目的余额应转入“本年利润”科目，借记“本年利润”科目，贷记该科目。结转后，该科目应无余额。该科目可按其他业务的种类进行明细核算。

例 12-8

甲公司20×1年11月12日销售一批库存商品，随同销售一批单独计价的包装物。该批包装物的单独售价为3 000元，增值税税额为390元（3 000×13%），款项已存入银行。该批包装物的成本为2 800元。甲公司应编制如下会计分录：

借：银行存款　3 390

　贷：其他业务收入　3 000

　　应交税费——应交增值税（销项税额）　390

同时，

借：其他业务成本　2 800

　贷：周转材料——包装物　2 800

例 12-9

甲公司于20×1年10月1日采用经营租赁的方式向乙公司出租一台办公设备。租赁合同约定，租赁期为3年；乙公司分别于20×2年9月30日、20×3年9月30日和20×4年9月30日支付已使用一年的租金100 000元，平均每季度租金25 000元(100 000/4)。甲公司每年对该台办公设备计提折旧60 000元，平均每季度计提折旧15 000元（60 000/4)。甲公司不是专门从事资产租赁业务的租赁企业，将固定资产出租的业务作为其他业务进行核算。假设不考虑相关税费等因素。根据以上资料，甲公司应编制如下会计分录：

(1) 20×1年12月31日，计算应收乙公司一个季度的租金时。

借：其他应收款　25 000

　贷：其他业务收入　25 000

(2) 20×1年12月31日，计提出租固定资产一个季度的折旧时。

借：其他业务成本　15 000

　贷：累计折旧　15 000

(3) 20×2年9月30日，收到乙公司支付的使用办公设备一年的租金时。

借：银行存款　100 000

　贷：其他应收款　25 000

　　　其他业务收入　75 000

(4) 20×2年9月30日，计提出租固定资产三个季度的折旧时。

三个季度的折旧＝15 000×3＝45 000(元)

借：其他业务成本　45 000

　贷：累计折旧　45 000

20×2年末至20×4年9月30日的会计分录分别与20×1年末、20×2年9月30日的会计分录相同。

例12-10

甲公司20×1年1月1日拥有一栋暂不需用的厂房，成本为800 000元，估计使用寿命为10年，预计净残值为零，按照年限平均法计提折旧，每年计提折旧80 000元(800 000/10)。同日，甲公司将该栋厂房以经营租赁的方式出租给了乙公司，确认为投资性房地产，并采用成本模式进行后续计量。按照租赁协议的约定，乙公司应于租赁期内每年年末向甲公司支付租金95 000元。甲公司于20×1年12月31日收到乙公司支付的第一年租金95 000元，款项已存入银行。根据以上资料，甲公司应编制如下会计分录：

(1) 20×1年12月31日，收到投资性房地产的租金时。

借：银行存款　95 000

　贷：其他业务收入　95 000

(2) 20×1年12月31日，计提投资性房地产的折旧时。

借：其他业务成本　80 000

　贷：投资性房地产累计折旧（摊销）　80 000

例12-9和例12-10都属于经营租赁的业务。但对于出租方来说，如果出租的固定资产是房屋，那么，这一业务通常也属于投资性房地产的业务。投资性房地产的业务通常属于企业的其他经营业务。相应地，投资性房地产的折旧或摊销通常计入其他业务成本。

三、税金及附加

（一）税金及附加的概念

税金及附加是指企业在经营活动中发生的消费税、城市维护建设税、房产税、车船税、印花税、教育费附加等相关税费。其中的经营活动，既包括主营业务活动，也包括其他业务活动。有关消费税、城市维护建设税、房产税、车船税、印花税、教育费附加等的具体内容可参阅流动负债章节的相关内容，此处不再重复介绍。

（二）税金及附加的核算

为核算税金及附加的业务，企业应设置“税金及附加”总账科目。该科目核算企业经营活动中发生的消费税、城市维护建设税、房产税、车船税、印花税、教育费附加等相关税费。企业按规定计算确定与经营活动相关的税费时，借记该科目，贷记“应交税费”科目。期末，企业应将该科目借方余额转入“本年利润”科目，借记“本年利润”科目，贷记该科目。结转后，该科目应无余额。

例 12-11

甲公司于20×1年7月25日销售一批自产应税消费品，应当缴纳的消费税税额为42 000元。甲公司应编制如下会计分录：

借：税金及附加——消费税　　42 000

　　贷：应交税费——应交消费税　　42 000

本例中，甲公司销售自产应税消费品时应当缴纳的消费税税额通过“税金及附加”科目核算。企业进口应税消费品时应当缴纳的消费税税额不通过“税金及附加”核算，而通过“固定资产”“材料采购”等科目核算，即应当计入进口消费品的成本。

例 12-12

甲公司20×1年11月实际缴纳增值税700 000元，消费税100 000元。甲公司适用的城市维护建设税税率为7%，适用的教育费附加征收比率为3%。甲公司于20×1年11月30日计算本月应缴纳的城市维护建设税为56 000元［(700 000＋100 000)×7%］，教育费附加为24 000元［(700 000＋100 000)×3%］。甲公司应编制如下会计分录：

借：税金及附加——城市维护建设税　　56 000

　　　　　　　——教育费附加　　24 000

　　贷：应交税费——应交城市维护建设税　　56 000

　　　　　　　　——应交教育费附加　　24 000

在实务中，由于某些应交消费税并不通过“税金及附加”科目核算，因此，“应交税费——应交消费税”科目的余额并不一定总是等于相应“税金及附加”科目的余额。

例 12-13

甲公司20×1年9月30日计算应缴纳的车船税为8 500元。甲公司应编制如下会计分录：

借：税金及附加——车船税　　8 500
　贷：应交税费——应交车船税　　8 500

例12-14

甲公司20×1年10月3日以银行存款购买印花税票5 000元。甲公司应编制如下会计分录：

借：税金及附加——印花税　　5 000
　贷：银行存款　　5 000

本例中，为了让“应交税费”科目能够全面完整地反映企业各种税费的缴纳情况，甲公司也可以编制如下会计分录：

借：税金及附加——印花税　　5 000
　贷：应交税费——应交印花税　　5 000

同时，

借：应交税费——应交印花税　　5 000
　贷：银行存款　　5 000

这样，企业购买印花税票并同时缴纳了印花税的业务，在“应交税费”科目中也得到了反映。企业以后在使用印花税票时，如在签订的建造承包合同上粘贴印花税票时，不再需要进行会计处理。

四、期间费用

期间费用是指企业在日常活动中发生的不能直接或经分配间接计入特定产品或服务的成本，而应计入发生当期损益的费用，包括销售费用、管理费用和财务费用等。

（一）销售费用

销售费用是指企业在销售商品、提供服务过程中发生的各种费用，包括保险费、包装费、展览费、广告费、商品维修费、运输费、装卸费等以及为销售本企业商品而专设的销售机构的职工薪酬、业务费、折旧费等经营费用。

为核算销售费用的业务，企业应设置“销售费用”总账科目。企业在销售商品、提供服务过程中发生保险费、包装费等费用时，按发生的金额，借记该科目，贷记“库存现金”“银行存款”等科目。企业专设的销售机构发生职工薪酬、业务费用、折旧费用等费用时，按发生或计算确定的金额，借记该科目，贷记“应付职工薪酬”“银行存款”“累计折旧”等科目。期末，企业应将该科目借方余额转入“本年利润”科目，借记“本年利润”科目，贷记该科目。结转后，该科目应无余额。该科目可按费用项目进行明细核算。

例12-15

甲公司20×1年9月20日为宣传本企业的产品而发生广告费40 000元，款项以银行存款支付。甲公司应编制如下会计分录：

借：销售费用——广告费　　40 000
　贷：银行存款　　40 000

例 12-16

甲公司20×1年9月26日为宣传本企业的产品而参加产品展览会，发生产品展览费18 000元，款项以银行存款支付。甲公司应编制如下会计分录：

借：销售费用——展览费	18 000	
贷：银行存款		18 000

例 12-17

甲公司20×1年5月末根据以往的经验，估计本月份销售的产品可能发生的产品质量保证费用为12 300元。甲公司应编制如下会计分录：

借：销售费用——商品维修费	12 300	
贷：预计负债——产品质量保证		12 300

例 12-18

甲公司20×1年6月末计算本月销售部门发生的相关费用，其中，职工薪酬54 000元，固定资产折旧78 000元，耗用各种办公用品12 000元。甲公司应编制如下会计分录：

借：销售费用——职工薪酬	54 000	
——折旧费	78 000	
——业务费	12 000	
贷：应付职工薪酬		54 000
累计折旧		78 000
原材料		12 000

本例中，甲公司专设的销售机构发生的各种费用计入销售费用。其中，企业专设的销售机构包括企业的销售部门，还包括企业的销售网点、售后服务网点等。

（二）管理费用

管理费用是指企业为组织和管理企业生产经营所发生的各种费用，包括企业在筹建期间内发生的开办费、董事会和行政管理部门在企业的经营管理中发生的，或者应由企业统一负担的公司经费、工会经费、董事会费、聘请中介机构费、咨询费、诉讼费、业务招待费、技术转让费、研发费用以及企业生产车间和行政管理部门发生的固定资产修理费用等。其中，公司经费包括行政管理部门的职工工资及福利费、物料消耗、低值易耗品摊销、办公费和差旅费等；董事会费包括董事会成员补贴、会议费和差旅费等；咨询费中包含顾问费。

为核算管理费用的业务，企业应设置“管理费用”总账科目。企业在筹建期间内发生的开办费，如人员工资、办公费、培训费、差旅费、印刷费、注册登记费以及不计入固定资产成本的借款费用等，应在发生时按发生的金额，借记该科目，贷记“银行存款”等科目。行政管理部门发生的公司经费，如职工薪酬、办公费、差旅费、物料消耗等费用，在发生时按发生或计算确定的金额，借记该科目，贷记“应付职工薪酬”“银行存款”“原材料”等科目。行政管理部门计提固定资产折旧时，按计算确定的金额，借记该科目，贷记“累计折旧”科目。发生聘请中介机构费、诉讼费、咨询费、研发费用等时，按发生的金额，借记该科目，贷记“银行存款”“研发支出”等科目。期末，企业应将该科目借方余额转入“本年利润”科目，借记“本年利润”科目，贷记该科目。结转后，该科目应无余额。该科目可按费用项目进行明细核算。

我国企业会计准则规定，商品流通企业管理费用不多的，可不设“管理费用”科目，相关核算内容可并入“销售费用”科目核算。

例12-19

甲公司20×1年10月16日报销行政管理人员的差旅费30 200元，报销人员曾预借差旅费30 000元，报销时以库存现金支付其差额200元。甲公司应编制如下会计分录：

借：管理费用——差旅费　　30 200
　贷：其他应收款　　30 000
　　　库存现金　　200

例12-20

甲公司20×1年10月末计算本月行政管理部门发生的相关费用，其中，职工薪酬745 000元，固定资产折旧586 000元，耗用各种办公用品142 000元。甲公司应编制如下会计分录：

借：管理费用——职工薪酬　　745 000
　　　　　　——折旧费　　586 000
　　　　　　——物料消耗　　142 000
　贷：应付职工薪酬　　745 000
　　　累计折旧　　586 000
　　　原材料　　142 000

例12-21

甲公司20×1年6月末结转无形资产研究开发活动中处于研究阶段发生的各种费用合计260 000元。甲公司应编制如下会计分录：

借：管理费用——研发费用　　260 000
　贷：研发支出——费用化支出　　260 000

例12-22

甲公司20×1年12月8日以银行存款支付聘请中介机构费25 000元。甲公司应编制如下会计分录：

借：管理费用——聘请中介机构费　　25 000
　贷：银行存款　　25 000

（三）财务费用

财务费用是指企业为筹集生产经营所需资金等而发生的筹资费用，包括利息支出（减利息收入）、汇兑损益以及相关的手续费、发生的现金折扣等。

为核算财务费用的业务，企业应设置“财务费用”总账科目。企业发生财务费用时，应按发生的金额，借记该科目，贷记“银行存款”“未确认融资费用”等科目。发生的应冲减财务费用的利息收入、汇兑损益、现金折扣等，发生时按发生的金额，借记“银行存款”“应付账款”等科目，贷记该科目。期末，企业应将该科目借方余额转入“本年利润”科目，借记“本年利润”科目，贷记该科目。结转后，该科目应无余额。该科目可按费用项目进行明细核算。

例 12-23

甲公司 20×1 年 6 月 30 日计提短期借款利息 4 400 元。甲公司应编制如下会计分录：

借：财务费用——利息费用　　4 400

　贷：应付利息　　4 400

例 12-24

甲公司 20×1 年 7 月 15 日将开出的商业汇票向银行申请承兑，同时以银行存款向承兑银行支付相应的承兑手续费 300 元。甲公司应编制如下会计分录：

借：财务费用——承兑手续费　　300

　贷：银行存款　　300

例 12-25

甲公司于 20×1 年 12 月 31 日计算并支付应付债券利息，按实际利率和应付债券摊余成本计算的债券利息费用为 66 000 元，按应付债券票面金额和票面利率计算的应付利息为 56 000 元，利息调整摊销数为 10 000 元。假设甲公司支付的债券利息不符合资本化的条件，债券应付利息已以银行存款支付。甲公司应编制如下会计分录：

借：财务费用——利息费用　　66 000

　贷：应付利息　　56 000

　　　应付债券——利息调整　　10 000

同时，

借：应付利息　　56 000

　贷：银行存款　　56 000

例 12-26

甲公司于 20×1 年 12 月 31 日以银行存款支付分期付款购买固定资产的款项 55 000 元，同时分摊未确认融资费用 7 000 元。甲公司应编制如下会计分录：

借：长期应付款　　55 000

　贷：银行存款　　55 000

同时，

借：财务费用——利息费用　　7 000

　贷：未确认融资费用　　7 000

除分期付款购买固定资产的业务会产生未确认融资费用外，租入固定资产的业务也会产生未确认融资费用的业务。未确认融资费用在摊销时计入财务费用。

第二节　利润

一、利润的概念和种类

利润是指企业在一定会计期间的经营成果。它是综合地衡量企业在一定会计期间内所取得的经营业绩的重要指标。利润具有如下主要特征：

（1）利润是收入减去费用后的差额。也即利润的确认与计量取决于收入和费用的确认与计量。

（2）利润可以综合地反映企业的经营成果。也即利润既可以反映企业在日常活动中取得的经营成果，也可以反映企业在日常活动与非日常活动中取得的综合经营成果。

利润通常可以包括营业利润、利润总额和净利润等种类。其中，营业利润用以反映企业在日常活动中取得的经营成果，利润总额用以反映企业在日常活动与非日常活动中形成的经营成果，净利润用以反映企业以利润总额为基础计算扣除所得税费用后形成的经营成果。营业利润、利润总额和净利润等利润种类分别反映了其各自相应的信息内容。

二、营业利润

（一）营业利润的构成

营业利润是企业在日常活动中取得的经营成果，其计算公式如下：

营业利润＝营业收入－营业成本－税金及附加－销售费用－管理费用
－财务费用＋其他收益±投资收益±公允价值变动损益
－信用减值损失－资产减值损失±资产处置损益

在以上计算公式中，营业收入是指企业在日常活动中确认的经营业务收入，包括主营业务收入和其他业务收入。营业成本是指企业在日常活动中确认的经营业务成本，包括主营业务成本和其他业务成本。税金及附加、销售费用、管理费用和财务费用的概念如本章前面所述，此处不再重复。其他收益的内容之前尚未涉及，这里将进行介绍。投资收益、公允价值变动损益、信用减值损失、资产减值损失、资产处置损益的内容在前面相关章节已有涉及，这里作一简要归纳。

（二）其他收益

1. 其他收益的概念和内容

其他收益的主要业务内容是来自与企业日常活动相关的政府补助。我国《企业会计准则第16号——政府补助》规定，政府补助是指企业从政府无偿取得货币性资产或非货币性资产。政府补助主要形式包括政府对企业的无偿拨款、税收返还、财政贴息，以及无偿给予非货币性资产等。政府补助具有如下主要特征：

（1）政府补助是来源于政府的经济资源。对企业收到的来源于其他方的补助，有确凿证据表明政府是补助的实际拨付者，其他方只起到代收代付作用的，该项补助也属于来源于政府的经济资源。

（2）政府补助是无偿的。即企业取得来源于政府的经济资源，不需要向政府交付商品或服务等对价。无偿性是政府补助的基本特征，这一特征将政府补助与政府以投资者身份向企业投入资本、政府购买服务等政府与企业之间的互惠性交易区别开来。政府补助通常附有一定条件，这与政府补助的无偿性并不矛盾，只是政府为了推行其宏观经济政策，对企业使用政府补助的时间、使用范围和方向进行了限制。

政府向企业提供经济支持，以鼓励或扶持特定行业、地区或领域的发展，是政府进行宏观调控的重要手段，也是国际通行的做法。

2. 政府补助的分类

根据我国《企业会计准则第 16 号——政府补助》的规定，政府补助应当划分为与资产相关的政府补助和与收益相关的政府补助。这两类政府补助给企业带来的经济利益或者弥补相关成本或费用的形式不同，从而在具体会计处理上存在差别。

与资产相关的政府补助是指企业取得的、用于购建或以其他方式形成长期资产的政府补助。通常情况下，相关补助文件会要求企业将补助资金用于取得长期资产。长期资产将在较长的期间内给企业带来经济利益，因此相应的政府补助的受益期也较长。

与收益相关的政府补助是指除与资产相关的政府补助之外的政府补助。此类补助主要是用于补偿企业已发生或即将发生的相关成本费用或损失，受益期相对较短，通常在满足补助所附条件时计入当期损益或冲减相关成本。

3. 政府补助的确认和计量

政府补助同时满足下列条件的，才能予以确认：一是企业能够满足政府补助所附条件；二是企业能够收到政府补助。

政府补助为货币性资产的，应当按照收到或应收的金额计量。政府补助为非货币性资产的，应当按照公允价值计量；公允价值不能可靠取得的，按照名义金额（1 元）计量。

4. 政府补助的会计处理方法

政府补助有两种会计处理方法：总额法和净额法。

（1）总额法。总额法是在确认政府补助时，将其全额一次或分次确认为收益，而不是作为相关资产账面价值或者成本费用等的扣减。

（2）净额法。净额法是将政府补助确认为对相关资产账面价值或者所补偿成本费用等的扣减。

企业应当根据经济业务的实质，判断某一类政府补助业务应当采用总额法还是净额法进行会计处理，通常情况下，对同类或类似政府补助业务只能选用一种方法，同时，企业对该业务应当一贯地运用该方法，不得随意变更。企业对某些补助只能采用一种方法，例如，对一般纳税人增值税即征即退只能采用总额法进行会计处理。

我国《企业会计准则第 16 号——政府补助》规定，与企业日常活动相关的政府补助，应当按照经济业务实质，计入其他收益或冲减相关成本费用。与日常活动无关的政府补助，计入营业外收入或冲减相关损失。通常情况下，若政府补助补偿的成本费用是营业利润之中的项目，或该补助与日常销售等经营行为密切相关，则认为该政府补助与日常活动相关。

为核算其他收益的业务，企业应设置“其他收益”总账科目。该科目核算总额法下与日常活动相关的政府补助以及其他与日常活动相关且应直接计入该科目的项目。计入该科目的政府补助可以按照类型进行明细核算。对于总额法下与日常活动相关的政府补助，企业在实际收到或应收时，或者将先确认为“递延收益”的政府补助分摊计入收益时，借记“银行存款”“其他应收款”“递延收益”等科目，贷记“其他收益”科目。期末，应将该科目余额转入“本年利润”科目，该科目结转后应无余额。

5. 与资产相关的政府补助核算举例

实务中，企业通常先收到补助资金，再按照政府要求将补助资金用于购建固定资产或无形资产等长期资产。企业在取得与资产相关的政府补助时，应当选择采用总额法或净额法进行会计处理。

在总额法下，企业在取得与资产相关的政府补助时，应当按照补助资金的金额，借记“银行存款”等科目，贷记“递延收益”科目；然后在相关资产使用寿命内按合理、系统的方法分期计入损益。如果企业先取得与资产相关的政府补助，再确认所购建的长期资产，应当在开始对相关资产计提折旧或进行摊销时，按照合理、系统的方法将递延收益分期计入当期收益；如果相关长期资产投入使用后企业再取得与资产相关的政府补助，应当在相关资产的剩余使用寿命内按照合理、系统的方法将递延收益分期计入当期收益。如果对应的长期资产在持有期间发生减值损失，递延收益的摊销仍保持不变，不受减值因素的影响。企业对与资产相关的政府补助选择总额法的，应当将递延收益分期转入其他收益或营业外收入，借记“递延收益”科目，贷记“其他收益”或“营业外收入”科目。相关资产在使用寿命结束时或结束前被处置，尚未分配的相关递延收益余额应当转入资产处置当期的损益，不再予以递延。

例12-27

按照国家有关政策，企业购置环保设备可以申请补贴以补偿其环保支出。甲公司于20×1年5月15日向政府有关部门提交了210 000元的补助申请，作为对其购置环保设备的补贴。20×1年7月20日，甲公司收到了政府补贴款210 000元。20×1年8月25日，甲公司购入不需安装的环保设备一台，实际成本为480 000元，使用寿命为10年，自购入次月起采用直线法计提折旧，折旧费用计入制造费用，设备预计净残值为0。20×9年8月26日，甲公司的这台环保设备在使用了8年后因发生毁损而报废。甲公司选择采用总额法对此类补助进行会计处理。暂不考虑相关税费的因素。甲公司应编制如下会计分录：

(1) 20×1年7月20日，收到政府补助时。

借：银行存款	210 000	
贷：递延收益		210 000

(2) 20×1年8月25日，购入环保设备时。

借：固定资产	480 000	
贷：银行存款		480 000

(3) 20×1年9月30日，计提环保设备折旧并分摊递延收益时。

每月折旧额＝480 000/(10×12)＝4 000(元)

每月递延收益分摊额＝210 000/(10×12)＝1 750(元)

借：制造费用	4 000	
贷：累计折旧		4 000

同时，

借：递延收益	1 750	
贷：其他收益		1 750

该环保设备使用期间每月计提折旧并分摊递延收益的会计分录如同20×1年9月30日编制的相应会计分录。

(4) 20×9年8月26日，环保设备毁损报废并转销递延收益余额时。

设备已计提累计折旧＝480 000×8/10＝384 000(元)

设备账面价值＝480 000－384 000＝96 000(元)

已分摊递延收益＝210 000×8/10＝168 000(元)

递延收益余额＝210 000－168 000＝42 000(元)

固定资产毁损报废损失＝96 000－42 000＝54 000(元)

借：固定资产清理　96 000

　累计折旧　384 000

　贷：固定资产　480 000

同时，

借：递延收益　42 000

　贷：固定资产清理　42 000

借：营业外支出　54 000

　贷：固定资产清理　54 000

在净额法下，企业在取得政府补助时，应当按照补助资金的金额冲减相关资产的账面价值。如果企业先取得与资产相关的政府补助，再确认所购建的长期资产，应当将取得的政府补助先确认为递延收益，在相关资产达到预定可使用状态或预定用途时，将递延收益冲减资产账面价值；如果相关长期资产投入使用后企业再取得与资产相关的政府补助，应当在取得补助时冲减相关资产的账面价值，并按照冲减后的账面价值和相关资产的剩余使用寿命计提折旧或进行摊销。

例 12－28

沿用例 12－27 的资料，假定甲公司选择采用净额法对此类补助进行会计处理。甲公司应编制如下会计分录：

(1) 20×1 年 7 月 20 日，收到政府补助时。

借：银行存款　210 000

　贷：递延收益　210 000

(2) 20×1 年 8 月 25 日，购入环保设备时。

固定资产账面价值＝480 000－210 000＝270 000(元)

借：固定资产　480 000

　贷：银行存款　480 000

同时，

借：递延收益　210 000

　贷：固定资产　210 000

(3) 20×1 年 9 月 30 日，计提环保设备折旧时。

每月折旧额＝270 000/(10×12)＝2 250(元)

借：制造费用　2 250

　贷：累计折旧　2 250

该环保设备使用期间每月计提折旧的会计分录如同 20×1 年 9 月 30 日编制的相应会计分录。

(4) 20×9年8月26日，环保设备毁损报废时。

设备已计提累计折旧＝270 000×8/10＝216 000(元)

设备账面价值＝270 000－216 000＝54 000(元)

借：固定资产清理　　54 000
　　累计折旧　　216 000
　贷：固定资产　　270 000

同时，

借：营业外支出　　54 000
　贷：固定资产清理　　54 000

实务中存在政府无偿给予企业长期非货币性资产的情况，如无偿给予土地使用权等。企业在收到非货币性资产的政府补助时，应当按照公允价值借记有关资产科目，贷记“递延收益”科目；然后在相关资产使用寿命内按合理、系统的方法分期计入损益，借记“递延收益”科目，贷记“其他收益”或“营业外收入”科目。

6. 与收益相关的政府补助核算举例

按照我国《企业会计准则第16号——政府补助》的规定，与收益相关的政府补助应当分情况按以下规定进行会计处理：用于补偿企业以后期间的相关成本费用或损失的，确认为递延收益，并在确认相关成本费用或损失的期间，计入当期损益或冲减相关成本；用于补偿企业已发生的相关成本费用或损失的，直接计入当期损益或冲减相关成本。对与收益相关的政府补助，企业同样可以选择采用总额法或净额法进行会计处理：选择总额法的，应当计入其他收益或营业外收入；选择净额法的，应当冲减相关成本费用或营业外支出。

例12-29

甲公司于20×1年3月15日与其所在地地方政府签订合作协议，根据协议约定，当地政府将向甲公司提供1 000 000元奖励资金，用于公司的人才激励和人才引进奖励，甲公司必须按年向当地政府报送详细的资金使用计划并按规定用途使用资金。协议同时还约定，甲公司自获得奖励起10年内注册地址不得迁离本地区，否则当地政府有权追回奖励资金。甲公司于20×1年4月10日收到1 000 000元补助资金。甲公司通过成本效益分析后认为，有客观情况表明，甲公司迁离该地区的成本远高于收益，因此，在未来10年内离开该地区的可能性很小，收到的补助资金满足政府补助的确认条件。甲公司分别在20×1年12月20日、20×2年12月15日和20×3年12月12日使用了400 000元、300 000元和300 000元的政府补助资金，用于发放给总裁级高管年度奖金。暂不考虑相关税费等因素。假定甲公司选择采用总额法对此类补助进行会计处理。甲公司应编制如下会计分录：

(1) 20×1年4月10日，收到政府补助时。

借：银行存款　　1 000 000
　贷：递延收益　　1 000 000

(2) 20×1年12月20日，将补助资金用于人才激励和奖励后结转递延收益时。

借：递延收益　　400 000
　贷：其他收益　　400 000

（3）20×2 年 12 月 15 日，将补助资金用于人才激励和奖励后结转递延收益时。

借：递延收益　　300 000

　　贷：其他收益　　300 000

（4）20×3 年 12 月 12 日，将补助资金用于人才激励和奖励后结转递延收益时。

借：递延收益　　300 000

　　贷：其他收益　　300 000

本例中，如果甲公司在取得补助资金时暂时无法确定能否满足政府补助所附条件，即在未来 10 年内注册地址不得迁离本地区，则甲公司应当将收到的补助资金先记入“其他应付款”科目，待客观情况表明其能够满足政府补助所附条件后再转入“递延收益”科目，之后在确认相关成本费用时计入当期损益。

本例属于与收益相关的政府补助用于补偿企业以后期间的相关成本费用或损失。

例 12－30

沿用例 12－29 的资料，假定甲公司选择采用净额法对此类补助进行会计处理。总裁级高管薪酬计入公司管理费用。其他资料不变。甲公司应编制如下会计分录：

（1）20×1 年 4 月 10 日，收到政府补助时。

借：银行存款　　1 000 000

　　贷：递延收益　　1 000 000

（2）20×1 年 12 月 20 日，将补助资金用于人才激励和奖励后结转递延收益时。

借：递延收益　　400 000

　　贷：管理费用　　400 000

（3）20×2 年 12 月 15 日，将补助资金用于人才激励和奖励后结转递延收益时。

借：递延收益　　300 000

　　贷：管理费用　　300 000

（4）20×3 年 12 月 12 日，将补助资金用于人才激励和奖励后结转递延收益时。

借：递延收益　　300 000

　　贷：管理费用　　300 000

例 12－31

甲公司销售其自主开发的软件。按照国家有关规定，甲公司的这种产品适用增值税即征即退政策，按 13%的税率征收增值税后，对其增值税实际税负超过 3%的部分，实行即征即退。甲公司 20×1 年 8 月 5 日在进行纳税申报时，对归属于 7 月的增值税即征即退提交退税申请，经主管税务机关审核后的退税额为 55 000 元。甲公司应编制如下会计分录：

借：其他应收款　　55 000

　　贷：其他收益　　55 000

本例中，甲公司即征即退增值税与公司日常销售密切相关，属于与公司的日常活动相关的政府补助，应当采用总额法计入其他收益。

本例属于与收益相关的政府补助用于补偿企业已发生的相关成本费用或损失。这类补助通常与企业已经发生的行为有关，是对企业已发生的成本费用或损失的补偿，或是对企业过去行为的奖励。

根据我国《企业会计准则第16号——政府补助》应用指南的规定，企业应当在利润表中的“营业利润”项目之上单独列报“其他收益”项目，计入其他收益的政府补助在该项目中反映。冲减相关成本费用的政府补助，在相关成本费用项目中反映。与企业日常经营活动无关的政府补助，在利润表的营业外收支项目中反映。

（三）投资收益

投资收益是指企业在长期股权投资、交易性金融资产投资、债权投资、其他债权投资、其他权益工具投资等中确认的投资收益或投资损失。

为核算投资收益的业务，企业应设置“投资收益”总账科目。长期股权投资采用成本法核算的，被投资单位宣告发放现金股利时，企业应按确认为投资收益的金额，借记“应收股利”科目，贷记该科目。长期股权投资采用权益法核算的，被投资单位实现净利润时，企业应按享有的相应份额，借记“长期股权投资——损益调整”科目，贷记该科目。企业处置长期股权投资时，应按实际收到的金额，借记“银行存款”等科目，按其账面余额，贷记“长期股权投资”科目，按尚未领取的现金股利，贷记“应收股利”科目，按其差额，贷记或借记该科目。

交易性金融资产为股票投资的，被投资单位宣告发放现金股利时，按计算确定的应收股利，借记“应收股利”科目，贷记该科目；交易性金融资产为债券投资的，资产负债表日按计算确定的应收利息，借记“应收利息”科目，贷记该科目。出售交易性金融资产时，按实际收到的金额，借记“银行存款”等科目，按该金融资产的账面余额，贷记“交易性金融资产”科目，按其差额，贷记或借记该科目。

债权投资、其他债权投资、其他权益工具投资等中投资收益的确认，可参阅金融资产章节的相应内容，此处不再重复。

期末，企业应将该科目余额转入“本年利润”科目。结转后，该科目应无余额。该科目可按投资项目进行明细核算。

例12-32

甲公司拥有乙公司60%的股权，对乙公司的财务和经营政策实施控制。20×1年12月25日，乙公司宣告分派现金股利100 000元。甲公司按持股比例可分得60 000元（100 000×60%）。甲公司应编制如下会计分录：

借：应收股利	60 000	
贷：投资收益		60 000

例12-33

甲公司于20×1年11月5日将持有的乙公司股票10 000股全部对外出售，每股出售价格为19元，共获得价款190 000元（10 000×19），款项已存入银行。出售前，甲公司将该股票投资作为交易性金融资产处理。出售股票日，相应“交易性金融资产”总账科目账面余额为180 000元，其中，成本为150 000元，公允价值变动为上升30 000元。甲公司应编制如下会计分录：

借：银行存款	190 000	
贷：交易性金融资产——成本		150 000
——公允价值变动		30 000
投资收益		10 000

（四）公允价值变动损益

公允价值变动损益是指企业交易性金融资产、交易性金融负债以及采用公允价值模式计量的投资性房地产等资产或负债，其公允价值变动形成的应当计入当期损益的利得或损失。

为核算公允价值变动损益的业务，企业应设置“公允价值变动损益”总账科目。资产负债表日，企业应按交易性金融资产的公允价值高于其账面余额的差额，借记“交易性金融资产——公允价值变动”科目，贷记该科目；公允价值低于其账面余额的差额，做相反的会计分录。资产负债表日，企业应按交易性金融负债的公允价值高于其账面余额的差额，借记该科目，贷记“交易性金融负债——公允价值变动”科目；公允价值低于其账面余额的差额，做相反的会计分录。采用公允价值模式计量的投资性房地产，资产负债表日，企业应按投资性房地产的公允价值高于其账面余额的差额，借记“投资性房地产——公允价值变动”科目，贷记该科目；公允价值低于其账面余额的差额，做相反的会计分录。期末，企业应将该科目余额转入“本年利润”科目。结转后，该科目应无余额。该科目可按交易性金融资产、交易性金融负债、投资性房地产等进行明细核算。

例 12－34

甲公司 20×1 年 3 月 10 日从证券交易市场购入乙公司股票 10 000 股，每股市价为 15 元，市价合计为 150 000 元（10 000×15），款项以银行存款支付。甲公司将此次股票投资划分为交易性金融资产投资。20×1 年 6 月 30 日，乙公司股票的市价上升为每股 18 元，甲公司持有的 10 000 股乙公司股票的市价合计为 180 000 元（10 000×18），市价上升数额为 30 000 元（180 000－150 000）。甲公司于 20×1 年 6 月 30 日应编制如下会计分录：

借：交易性金融资产——公允价值变动	30 000	
贷：公允价值变动损益——交易性金融资产		30 000

例 12－35

沿用例 12－34 的资料，假设 20×1 年 6 月 30 日，乙公司股票的市价下跌为每股 13 元，甲公司持有的 10 000 股乙公司股票的市价合计为 130 000 元（10 000×13），市价下跌数额为 20 000 元（150 000－130 000）。甲公司于 20×1 年 6 月 30 日应编制如下会计分录：

借：公允价值变动损益——交易性金融资产	20 000	
贷：交易性金融资产——公允价值变动		20 000

例 12－36

甲公司采用公允价值模式对投资性房地产进行后续计量。20×1 年 12 月 31 日，甲公司从所在地区房地产交易市场上获知，投资性房地产的公允价值比账面价值高出 56 000 元。甲公司应编制如下会计分录：

借：投资性房地产——公允价值变动	56 000	
贷：公允价值变动损益——投资性房地产		56 000

相比较而言，其他债权投资、其他权益工具投资以公允价值进行后续计量，但其

公允价值的变动不计入公允价值变动损益，而计入其他综合收益。所以，其他债权投资、其他权益工具投资在后续计量及其会计处理方面，与交易性金融资产和采用公允价值模式进行后续计量的投资性房地产并不完全相同。

（五）信用减值损失

信用减值损失是指企业按规定计提的金融工具预期信用损失。企业应当在资产负债表日计算金融工具的预期信用损失。如果该预期信用损失大于该工具当前减值准备的账面金额，企业应当将其差额确认为信用减值损失。

为核算信用减值损失的业务，企业应设置“信用减值损失”总账科目。该科目核算企业按规定计提各项金融工具减值准备所形成的预期信用损失。资产负债表日，企业确认金融工具信用减值损失时，借记“信用减值损失”科目，根据金融工具的种类，贷记“坏账准备”“债权投资减值准备”“其他综合收益——信用减值准备”等科目。实际发生信用损失时，借记“坏账准备”“债权投资减值准备”“其他综合收益——信用减值准备”等科目，贷记“应收账款”“债权投资”“其他债权投资”等资产科目。期末，企业应将该科目余额转入“本年利润”科目。结转后，该科目应无余额。信用减值损失更多业务的会计处理方法，可参阅应收款项、金融资产等章节的内容，此处不再重复。

例12-37

甲公司20×1年12月31日采用账龄分析法对应收账款计提坏账准备3 600元。20×2年4月15日，由于欠账单位宣告破产，从而确认应收账款发生坏账950元。甲公司应编制如下会计分录：

（1）20×1年12月31日，对应收账款计提坏账准备时。

借：信用减值损失	3 600	
贷：坏账准备		3 600

（2）20×2年4月15日，确认应收账款发生坏账时。

借：坏账准备	950	
贷：应收账款		950

例12-38

甲公司20×1年12月31日对一项债权投资计算并计提预期信用损失175 000元。20×2年12月31日，由于被投资单位信用有所提高，甲公司计算该项债权投资的预期信用损失为150 000元，预期信用损失减少数额为25 000元（175 000－150 000）。甲公司应编制如下会计分录：

（1）20×1年12月31日，对债权投资计算并计提预期信用损失时。

借：信用减值损失	175 000	
贷：债权投资减值准备		175 000

（2）20×2年12月31日，计算债权投资的预期信用损失减少时。

借：债权投资减值准备	25 000	
贷：信用减值损失		25 000

本例中，20×2年12月31日，甲公司“债权投资减值准备”科目的贷方余额为150 000元（175 000－25 000），即为该项债权投资的预期信用损失数。

根据相关企业会计准则的规定，应收款项、债权投资、其他债权投资等资产，其计提的信用减值损失在相应资产的价值又得以恢复时可以转回。

（六）资产减值损失

资产减值损失是指资产的可收回金额低于其账面价值的差额。当有关资产的可收回金额低于其账面价值时，表明资产发生了减值，企业应当确认资产减值损失，将资产的账面价值减记至可收回金额。企业需要确认资产减值损失的资产有存货、长期股权投资、固定资产、无形资产等。广义的资产减值损失还包括有关金融资产的减值损失。但在具体会计核算时，由于金融资产的特性不同，有关金融资产的减值损失单独归类为信用减值损失，不归类为资产减值损失。

为核算资产减值损失的业务，企业应设置“资产减值损失”总账科目。企业的存货、长期股权投资、固定资产、无形资产等资产发生减值时，应按减记的金额，借记该科目，贷记“存货跌价准备”“长期股权投资减值准备”“固定资产减值准备”“无形资产减值准备”等科目。企业计提了存货跌价准备后，存货的价值又得以恢复的，应在原已计提的跌价准备金额内，按恢复增加的金额，借记“存货跌价准备”科目，贷记该科目。期末，企业应将该科目余额转入“本年利润”科目。结转后，该科目应无余额。该科目可按资产减值损失的项目进行明细核算。

例 12-39

甲公司 20×1 年 12 月 31 日库存商品存货的实际成本为 145 000 元，可变现净值为 142 000 元，库存商品存货发生跌价损失 3 000 元（145 000－142 000）。“存货跌价准备”科目的期初余额为 0。甲公司应编制如下会计分录：

借：资产减值损失　　3 000

　贷：存货跌价准备　　3 000

例 12-40

沿用例 12-39 的资料，假设“存货跌价准备”科目的期初贷方余额为 5 000 元，即 20×1 年 12 月 31 日存货价值有所恢复，恢复的数额为 2 000 元（5 000－3 000），在计提的存货跌价准备范围之内。甲公司应编制如下会计分录：

借：存货跌价准备　　2 000

　贷：资产减值损失　　2 000

例 12-41

甲公司 20×1 年末对乙公司的长期股权投资账面原值为 560 000 元。甲公司判断该长期股权投资存在减值迹象。经减值测试，该长期股权投资的可收回金额为 520 000 元，低于其账面原值的数额为 40 000 元（560 000－520 000）。甲公司以前年度已经对该长期股权投资计提过减值准备 10 000 元，现继续计提减值准备 30 000 元（40 000－10 000）。甲公司应编制如下会计分录：

借：资产减值损失　　30 000

　贷：长期股权投资减值准备　　30 000

例 12-42

沿用例 12-41 的资料，假设甲公司以前年度已经对该长期股权投资计提过减值准备

70 000 元，即该长期股权投资的价值有所恢复，恢复的数额为 30 000 元（70 000－40 000）。此时，甲公司不编制会计分录。即长期股权投资在计提了减值准备后，价值有所恢复的，计提的减值准备和资产减值损失不能转回。

根据相关企业会计准则的规定，存货计提的资产减值损失在相应资产的价值又得以恢复时可以转回；长期股权投资、固定资产、无形资产等资产，其资产减值损失一经确认，在以后会计期间不得转回。

（七）资产处置损益

资产处置损益是指企业出售划分为持有待售的除金融工具、长期股权投资和投资性房地产之外的非流动资产或处置组时确认的处置利得或损失，以及处置未划分为持有待售的固定资产、在建工程、无形资产而产生的处置利得或损失。非货币性资产交换中换出非流动资产产生的利得或损失，也属于企业的资产处置损益。

为核算资产处置损益的业务，企业应设置“资产处置损益”总账科目。该科目按照处置的资产类别或处置组进行明细核算。企业处置持有待售的非流动资产或处置组时，按处置过程中收到的价款，借记“银行存款”等科目，按相关负债的账面余额，借记“持有待售负债”科目，按相关资产的账面余额，贷记“持有待售资产”科目，按其差额借记或贷记该科目，已计提减值准备的，还应同时结转已计提的减值准备；按处置过程中发生的相关税费，借记该科目，贷记“银行存款”“应交税费”等科目。期末，应将该科目余额转入“本年利润”科目，该科目结转后应无余额。资产处置损益更多业务的会计处理方法，可参阅固定资产、无形资产等章节的相关内容，此处不再重复。

例 12-43

甲公司于20×1年6月5日由于业务转型出售一台不需用的机器设备，该机器设备原价为 65 000 元，已计提累计折旧 33 000 元，账面净值为 32 000 元（65 000－33 000），实际出售价格为 28 000 元，款项已存入开户银行。暂不考虑相关税费的因素。甲公司应编制如下会计分录：

（1）将固定资产转入固定资产清理时。

借：固定资产清理	32 000	
累计折旧	33 000	
贷：固定资产		65 000

（2）收到出售固定资产的价款时。

借：银行存款	28 000	
贷：固定资产清理		28 000

（3）结转出售固定资产发生的净损失时。

出售固定资产发生的净损失＝32 000－28 000＝4 000(元)

借：资产处置损益	4 000	
贷：固定资产清理		4 000

本例中，作为比较，如果机器设备因已丧失使用功能或因自然灾害发生毁损等原因而报废清理，由此产生的利得或损失，应计入营业外收支，不计入资产处置损益。

资产处置损益是企业营业利润的组成部分；营业外收支不是企业营业利润的组成部分，而是企业利润总额的组成部分。

三、利润总额

（一）利润总额的构成

利润总额是企业在日常活动和非日常活动中形成的经营成果，其计算公式如下：

利润总额＝营业利润＋营业外收入－营业外支出

在以上计算公式中，营业利润的内容如上所述。营业外收入和营业外支出的内容在前面相关章节已有涉及，以下作一简要归纳。

（二）营业外收入

1. 营业外收入的概念和内容

营业外收入是指企业发生的与其日常活动无直接关系的各项利得。与企业的营业收入相比，营业外收入具有如下主要特点：

（1）营业外收入是企业的纯收入或净收益。营业外收入不是由企业消耗经营资金而产生的，它属于企业的利得，即无须付出代价的所得。由此，营业外收入不需要与企业的费用进行配比，也不需要与企业的营业外支出进行配比。营业外收入与费用、营业外支出之间没有因果关系。

（2）营业外收入是企业的非经常性所得。也即营业外收入不是企业经常会发生的或者按常规会重复发生的业务。由此，营业外收入不能纳入企业的营业利润。在评估企业的经营业绩时，营业外收入应当作为一个单独的因素考虑。

营业外收入的内容主要包括非流动资产毁损报废利得、财产盘盈利得、与企业日常活动无关的政府补助、接受捐赠利得等。其中，非流动资产毁损报废利得主要是固定资产毁损报废利得。固定资产毁损报废利得是指固定资产毁损报废所得价款，扣除其账面价值、清理费用、相关税费等后形成的利得。财产盘盈利得是指对现金等资产进行盘点时发生盘盈形成的利得。与企业日常活动无关的政府补助是指企业从政府无偿取得的与企业日常活动无关的补助形成的利得。接受捐赠利得是指企业接受捐赠形成的利得。以上营业外收入无论是如何形成的，它们都具有营业外收入的共有特点，即是净收益、非经常性所得。

2. 营业外收入的核算

为核算营业外收入的业务，企业应设置“营业外收入”总账科目。该科目可按营业外收入的项目进行明细核算。企业在确认固定资产毁损报废业务中形成的营业外收入时，应按固定资产清理的净收益金额，借记“固定资产清理”科目，贷记该科目。企业在将库存现金等财产盘点溢余经批准转入营业外收入时，借记“待处理财产损溢”科目，贷记该科目。企业在确认捐赠业务中形成的营业外收入时，应按接受捐赠财产确定的金额，借记“固定资产”等科目，贷记该科目。

政府补助在核算时需要区分与资产相关的政府补助和与收益相关的政府补助。企业在取得与资产相关的政府补助时，借记“银行存款”等科目，贷记“递延收益”科目；采用总额法核算政府补助的，在相应的长期资产使用期内分摊递延收益时，借记

“递延收益”科目，按照政府补助是否与企业日常活动相关，分别贷记“其他收益”或“营业外收入”科目。企业在取得与收益相关的政府补助时，采用总额法核算政府补助的，借记“银行存款”等科目，按照政府补助是否与企业日常活动相关，分别贷记“其他收益”或“营业外收入”科目。政府补助更多业务的会计处理方法，可参阅本章营业利润中其他收益的相关内容。

期末，企业应将“营业外收入”科目贷方余额转入“本年利润”科目，借记“营业外收入”科目，贷记“本年利润”科目。结转后，该科目应无余额。

例 12-44

甲公司于20×1年10月8日报废一台使用期满的办公设备，该办公设备的原价为90 000元，已计提累计折旧80 000元，账面价值为10 000元（90 000－80 000）。报废时，获得出售残料变价收入15 000元，款项已存入银行。甲公司计算本次办公设备报废利得为5 000元（15 000－10 000）。甲公司应编制如下会计分录：

（1）将报废固定资产转入固定资产清理时。

借：固定资产清理	10 000	
累计折旧	80 000	
贷：固定资产		90 000

（2）收到出售固定资产残料的变价收入时。

借：银行存款	15 000	
贷：固定资产清理		15 000

（3）结转报废固定资产获得的净收益时。

借：固定资产清理	5 000	
贷：营业外收入——非流动资产报废		5 000

例 12-45

甲公司20×1年8月遭受重大自然灾害，并于20×1年10月12日收到政府补助资金1 500 000元，用于弥补其遭受自然灾害的损失。甲公司对此类政府补助选择采用总额法进行会计处理。甲公司于20×1年10月12日收到政府补助时应编制如下会计分录：

借：银行存款	1 500 000	
贷：营业外收入——政府补助		1 500 000

（三）营业外支出

1. 营业外支出的概念和内容

营业外支出是指企业发生的与其日常活动无直接关系的各项损失。与企业的费用相比，营业外支出具有如下主要特点：

（1）营业外支出是企业的纯损失或净损失。营业外支出不是企业经营资金的消耗，它属于企业经营活动之外的损失，即不会产生收入的损失。由此，营业外支出不需要与企业的收入进行配比，也不需要与企业的营业外收入进行配比。营业外支出与收入、营业外收入之间没有因果关系。

（2）营业外支出是企业的非经常性损失。也即营业外支出不是企业经常会发生的或者按常规会重复发生的业务。由此，与营业外收入一样，营业外支出也不纳入企业的营业利润。在评估企业的经营业绩时，营业外支出也作为一个单独的因素考虑。

营业外支出的内容主要包括非流动资产毁损报废损失、非常损失、财产盘亏损失、公益性捐赠支出、罚款支出等。其中，非流动资产毁损报废损失包括固定资产毁损报废损失和无形资产报废损失。固定资产毁损报废损失是指固定资产毁损报废所得价款，扣除其账面价值、清理费用、相关税费等后发生的损失。无形资产报废损失是指无形资产因报废而转销其账面价值时发生的损失。非常损失是指因火灾、水灾等非常事项致使财产受损，受损财产的价值在扣除了保险公司赔偿后发生的损失。财产盘亏损失是指固定资产等财产盘亏发生的损失。公益性捐赠支出是指企业对外进行公益性捐赠发生的支出。罚款支出是指企业因违反法律法规或合同协议等的规定而支付行政罚款、税务罚款、违约金、赔偿金等发生的支出。以上营业外支出无论是如何发生的，它们都具有营业外支出的共有特点，即是净损失、非经常性损失。

2. 营业外支出的核算

为核算营业外支出的业务，企业应设置“营业外支出”总账科目。该科目可按营业外支出的项目进行明细核算。企业在确认固定资产毁损报废业务中发生的营业外支出时，应按固定资产清理的净损失金额，借记该科目，贷记“固定资产清理”科目。企业在确认无形资产报废业务中发生的营业外支出时，应按已计提的累计摊销，借记“累计摊销”科目，按报废无形资产的账面余额，贷记“无形资产”科目，按其差额，借记该科目。企业在确认由火灾、水灾等非常事项发生的营业外支出时，应按确定的非常损失金额，借记该科目，贷记“待处理财产损溢”科目。企业在确认由固定资产等财产盘亏发生的营业外支出时，应按盘亏财产的账面价值，借记该科目，贷记“固定资产”等科目。企业在确认公益性捐赠业务中发生的营业外支出时，应按捐赠财产确定的金额，借记该科目，贷记“银行存款”等科目。企业在确认罚款支出时，应按确定的罚款金额，借记该科目，贷记“银行存款”等科目。期末，企业应将该科目借方余额转入“本年利润”科目，借记“本年利润”科目，贷记该科目。结转后，该科目应无余额。

例 12-46

甲公司于20×1年9月15日报废一项非专利技术，该非专利技术的成本为70 000元，已计提累计摊销66 000元，账面价值为4 000元（70 000－66 000）。甲公司应编制如下会计分录：

借：累计摊销	66 000	
营业外支出——非流动资产报废	4 000	
贷：无形资产		70 000

例 12-47

甲公司于20×1年10月10日向乙慈善机构捐赠款项45 000元，以帮助该慈善机构从事相关的社会慈善活动。捐赠款项以银行存款支付。甲公司应编制如下会计分录：

借：营业外支出——公益性捐赠支出	45 000	
贷：银行存款		45 000

例 12－48

甲公司于20×1年11月22日用银行存款支付税款滞纳金12 000元。甲公司应编制如下会计分录：

借：营业外支出——罚款支出	12 000	
贷：银行存款		12 000

例 12－49

甲公司于20×1年12月25日因当地突发水灾造成一批库存商品受损，该批库存商品的实际成本为50 000元，残余价值估计为20 000元，保险公司按保险合同约定同意理赔21 000元。甲公司计算本次水灾造成的库存商品净损失为9 000元（50 000－20 000－21 000）。在报经有关权力部门批准后，甲公司将库存商品净损失转入营业外支出。甲公司应编制如下会计分录：

借：库存商品——次品	20 000	
其他应收款	21 000	
营业外支出——非常损失	9 000	
贷：待处理财产损溢		50 000

本例中，甲公司的库存商品因当地突发水灾这一非常事项而遭受损失，相应的损失应当计入营业外支出。企业存货的日常盘亏或者盘盈如果是由于计量差错等常规性原因造成的，通常计入管理费用，不计入营业外支出或者营业外收入。企业固定资产的盘亏，在扣除了相关可以获得的赔偿后，净损失应当计入营业外支出，不计入管理费用。但企业固定资产的盘盈，按照我国企业会计准则的规定，应当计入以前年度损益调整，不计入营业外收入。由此，企业财产物资发生的损失或者形成的利得应当区分情况并依据发生或者形成的原因，分别作出相应的会计处理，不能一概而论。

四、净利润

（一）净利润的构成

净利润是企业以利润总额为基础计算扣除所得税费用后形成的经营成果，其计算公式如下：

净利润＝利润总额－所得税费用

在以上计算公式中，利润总额的内容如上所述。以下阐述所得税费用的内容。

（二）所得税费用

1. 当期所得税费用

企业在计算确定净利润时，从利润总额中扣减的所得税费用由如下两部分组成：一部分为当期所得税费用，另一部分为递延所得税费用。也即企业在某一会计期间的所得税费用合计等于当期所得税费用加上递延所得税费用。这种在确认所得税费用时，既确认当期所得税费用，也确认递延所得税费用的方法，称为资产负债表债务法。与资产负债表债务法相对应，在确认所得税费用时，只确认当期所得税费用，不确认递延所得税费用的方法，称为应付税款法。我国《企业会计准则第18号——所得税》采用资产负债表债务法确认所得税费用。所得税费用的计算公式可表示如下：

所得税费用＝当期所得税费用＋递延所得税费用

在以上计算公式中，当期所得税费用也称当期所得税，是指企业按照我国企业所得税法规的规定计算确定的当期应当缴纳给政府部门的所得税税额，也即企业当期的应交所得税。其基本计算公式可表示如下：

当期所得税费用＝当期应交所得税
＝当期应纳税所得额×适用的所得税税率

在以上计算公式中，适用的所得税税率由所得税法规明确规定。我国现行企业所得税的基本税率为25％。当期应纳税所得额是指按照企业所得税法规的规定计算确定的收益或所得，是企业计算确定当期应交所得税的依据。通常情况下，企业的应纳税所得额不等于会计利润总额。这主要是由于企业的会计处理和税收处理分别遵循不同的原则，服务于不同的目的。企业的会计处理遵循会计准则的规定，其目的是真实、完整地反映企业的财务状况、经营成果和现金流量等信息，为投资者和债权人等信息使用者作出决策服务。企业的税收处理遵循税法的规定，其目的是保证财政收入和税收公平，为政府促进经济发展和实现国家宏观经济目标服务。尽管如此，企业所得税法规与企业会计准则在处理企业当期发生的经济交易或事项时，大多数的处理要求仍然是相同或者基本相同的。例如，对于存货、固定资产、无形资产等资产的处理，企业所得税法规和企业会计准则都要求以历史成本为基础；对于销售商品收入，企业所得税法规和企业会计准则都将商品所有权的转移作为确认的重要条件或参考；对于提供服务收入，企业所得税法规和企业会计准则都要求在满足相关条件时采用完工百分比法进行确认；对于费用的处理，企业所得税法规和企业会计准则都要求采用权责发生制原则和配比原则等。由此，企业在计算应纳税所得额时，通常可以以会计利润总额为基础，按照所得税法规的规定进行相应的纳税调整，从而确定应纳税所得额的数额。用公式表示如下：

当期应纳税所得额＝当期会计利润总额＋纳税调整增加额－纳税调整减少额

在以上计算公式中，纳税调整增加额的内容主要是会计确认的费用或营业外支出的数额超过税法允许的扣除数额，或者是税法不允许扣除的数额。例如，企业在作费用和营业外支出的会计处理时，将当期发生的有关的职工工资、职工福利费、工会经费、职工教育经费、业务招待费、广告费和业务宣传费、公益性捐赠支出等全额作为管理费用、销售费用或营业外支出等处理，从收入总额中扣除；但所得税法规规定，企业发生的合理的工资支出准予从收入总额中扣除，职工福利费不超过工资总额的14％的部分准予扣除，工会经费不超过工资总额的2％的部分准予扣除，职工教育经费不超过工资总额的8％的部分准予扣除，业务招待费按照发生额的60％扣除，而且最高不得超过营业收入的5‰，广告费和业务宣传费不超过营业收入的15％的部分准予扣除，公益性捐赠支出不超过利润总额的12％的部分准予扣除等。再如，企业在对因违反有关法律法规而被相关部门处以的罚款、税收滞纳金等进行会计处理时，将其全额作为营业外支出处理，从收入总额中扣除；但所得税法规规定，罚款、税收滞纳金等属于不得从收入总额中扣除的项目。还如，企业会计将对固定资产、无形资产等计提的减值准备作为资产减值损失处理，从收入总额中扣除；但所得税法规规定，未经核准的资产减值准备不得从收入总额中扣除。

纳税调整减少额的内容主要包括会计利润中包含的按照税法规定可以免税、不征税、作更多纳税扣除的金额以及允许弥补的以前年度亏损等。例如，企业购买国债的利息收入包含在会计利润中，但按照税法规定可以免税；符合条件的企业之间的股利等权益性投资收益也包含在会计利润中，但按照税法规定也可以免税；企业取得的政府补助经批准可以作为不征税收入等。再如，企业的研究开发费用，按照所得税法规的规定，在据实扣除的基础上，按照研究开发费用的75%加计扣除，也即研究开发费用可以按照实际发生数的175%从收入总额中扣除；形成无形资产的，按照无形资产成本的175%摊销。企业安置残疾人员的，残疾人员的工资费用在据实扣除的基础上，再按照残疾人员工资费用的100%加计扣除。还如，企业的固定资产由于技术进步等原因，确需加速折旧的，按照税法规定，可以缩短折旧年限或者采取加速折旧的方法。除以上免税、不征税和更多纳税扣除金额外，按照所得税法规的规定，企业在前五年内未弥补的亏损可以在当年缴纳所得税前弥补，从而可以作为当年纳税调整减少额处理。

为核算所得税费用的业务，企业应设置“所得税费用”总账科目。该科目可按“当期所得税费用”“递延所得税费用”进行明细核算。资产负债表日，企业按照税法规定计算确定的当期应交所得税，借记“所得税费用——当期所得税费用”科目，贷记“应交税费——应交所得税”科目。期末，企业应将该科目借方余额转入“本年利润”科目，借记“本年利润”科目，贷记该科目。结转后，该科目应无余额。

例 12-50

甲公司20×1年度实现的营业收入为2 580 000元，会计利润总额为950 000元，适用的所得税税率为25%。经比照企业会计处理与税收处理的相关规定，在20×1年度发生的有关经济交易或事项中，会计处理与税收处理存在如下差别：

（1）全年工资总额100 000元，属于税法认定的合理工资薪金支出范围。甲公司全年实际发生职工福利费15 000元，超过税法准予扣除数额14 000元（100 000×14%）的部分为1 000元（15 000－14 000）。

（2）在管理费用中，业务招待费的金额为20 000元，按60%计算后的数额为12 000元（20 000×60%）。按照税法规定，业务招待费的最高可扣除数额为12 900元（2 580 000×5‰），大于按60%计算后的业务招待费的数额12 000元。业务招待费准予扣除的数额为12 000元，实际发生的数额超过税法准予扣除的数额为8 000元（20 000－12 000）。

（3）在销售费用中，广告费和业务宣传费的金额为391 000元，广告费和业务宣传费的最高可扣除数额为387 000元（2 580 000×15%）。广告费和业务宣传费实际发生的数额超过税法准予扣除的数额为4 000元（391 000－387 000）。

（4）在营业外支出中，公益性捐赠支出为114 600元，公益性捐赠支出的最高可扣除数额为114 000元（950 000×12%）。公益性捐赠支出实际发生的数额超过税法准予扣除的数额为600元（114 600－114 000）。

（5）在营业外支出中，税收滞纳金为400元。该项目为不得从应纳税收入总额中扣除的项目。

（6）在投资收益中，国债利息收入为2 000元。该项目属于免税项目。

（7）在管理费用中，无形资产研究开发费用为10 000元。按照税法规定，该项目可按实际发生数10 000元加计75%即7 500元（10 000×75%）扣除，共可扣除17 500元（10 000+7 500），准予扣除的数额超过实际发生的数额7 500元。

（8）在公允价值变动损益中，交易性金融资产的公允价值变动损益为公允价值变动收益4 500元。按照税法规定，该项目不计入应纳税所得额。

（9）在资产减值损失中，由计提存货跌价准备计入的资产减值损失为15 500元。按照税法规定，该项目不得从收入总额中扣除。

根据以上资料，甲公司计算20×1年度应纳税所得额、应交所得税和当期所得税费用如下：

应纳税所得额＝950 000＋1 000＋8 000＋4 000＋600＋400
－2 000－7 500－4 500＋15 500
＝965 500(元)

应交所得税＝965 500×25%＝241 375(元)

当期所得税费用＝当期应交所得税＝241 375(元)

甲公司应编制如下会计分录：

借：所得税费用——当期所得税费用　241 375

　贷：应交税费——应交所得税　241 375

企业当期应纳税所得额除了可以通过对当期会计利润进行纳税调整取得外，也可以直接按照税法的规定计算取得。计算公式如下：

应纳税所得额＝收入总额－不征税收入－免税收入－各项扣除金额－弥补亏损

在以上计算公式中，各项目均为税法规定的内容，而不是会计准则规定的内容。

2. 递延所得税费用

递延所得税费用也称递延所得税，是指按照会计准则规定应予确认的递延所得税资产和递延所得税负债在期末应有的金额相对于原已确认金额之间的差额，即递延所得税资产和递延所得税负债当期发生额相抵后的综合结果。用公式表示如下：

递延所得税费用＝(期末递延所得税负债－期初递延所得税负债)
－(期末递延所得税资产－期初递延所得税资产)

在以上计算公式中，递延所得税负债产生于应纳税暂时性差异。应纳税暂时性差异是指在确定未来收回资产或清偿负债期间的应纳税所得额时，将导致产生应税金额的暂时性差异。递延所得税资产产生于可抵扣暂时性差异。可抵扣暂时性差异是指在确定未来收回资产或清偿负债期间的应纳税所得额时，将导致产生可抵扣金额的暂时性差异。应纳税暂时性差异和可抵扣暂时性差异统称为暂时性差异，它是指资产或负债的账面价值与其计税基础之间的差额。未作为资产和负债确认的项目，按照税法规定可以确定其计税基础的，该计税基础与其账面价值之间的差额也属于暂时性差异。其中，资产和负债的账面价值是指企业按照会计准则的规定进行核算后在资产负债表中列示的金额。资产和负债的计税基础是指企业按照所得税法规的规定对资产负债表中有关资产和负债进行处理后确定的金额。

应纳税暂时性差异通常产生于以下情况：一是资产的账面价值大于其计税基础。资产的账面价值代表其在未来可以给企业带来的经济利益总额。资产的计税基础代表企业在未来计算应纳税所得额时可予以税前扣除的金额。资产的账面价值大于其计税基础，表明相应资产在未来期间产生的经济利益不能全部得以税前扣除，两者之间的差额在未来将形成企业应当缴纳的所得税。二是负债的账面价值小于其计税基础。这表示相应负债在未来期间可以税前扣除的金额为负数，即未来期间企业将会增加应纳税所得额并相应增加应交所得税。应纳税暂时性差异在性质上属于企业在未来期间应当增加缴纳的所得税，企业应当在应纳税暂时性差异形成的会计期间，将其确认为一项负债，即递延所得税负债。递延所得税负债属于企业的非流动负债。

可抵扣暂时性差异通常产生于以下情况：一是资产的账面价值小于其计税基础。这表示有关资产在未来期间可以给企业带来的经济利益少，按照税法规定允许扣除的金额多。由此，企业在未来期间可以减少应纳税所得额并减少应交所得税。二是负债的账面价值大于其计税基础。这表示与有关负债相关的支出按照税法的规定可以全部或部分地从企业未来应税经济利益中扣除。由此，企业在未来期间会减少应纳税所得额并减少应交所得税。可抵扣暂时性差异在性质上属于企业在未来期间可以减少缴纳的所得税，企业应当在可抵扣暂时性差异形成的会计期间，将其确认为一项资产，即递延所得税资产。递延所得税资产属于企业的非流动资产。

为核算递延所得税费用的业务，企业应分别设置“所得税费用——递延所得税费用”科目以及“递延所得税负债”和“递延所得税资产”总账科目。资产负债表日，递延所得税负债的应有余额大于其账面余额的，应按其差额，借记“所得税费用——递延所得税费用”科目，贷记“递延所得税负债”科目；递延所得税负债的应有余额小于其账面余额的，按其差额，做相反的会计分录。资产负债表日，递延所得税资产的应有余额大于其账面余额的，应按其差额，借记“递延所得税资产”科目，贷记“所得税费用——递延所得税费用”科目；递延所得税资产的应有余额小于其账面余额的，按其差额，做相反的会计分录。“递延所得税负债”和“递延所得税资产”科目可分别按应纳税暂时性差异和可抵扣暂时性差异的项目进行明细核算。

例12-51

甲公司于20×1年1月1日购入一项无形资产，成本为500 000元。购入后，甲公司综合各方面的情况，认为无法合理预计该项无形资产可以为企业带来未来经济利益的期限，因此，将其确认为使用寿命不确定的无形资产。20×1年12月31日，甲公司按规定对该项无形资产进行减值测试，结果显示该项无形资产没有发生减值。20×1年1月1日企业购入该项无形资产时，其计税基础采用会计确认的取得成本，即为500 000元，因此，账面价值与计税基础之间没有暂时性差异。20×1年12月31日，甲公司按照税法的规定确定该项无形资产的计税基础。按照税法规定，无形资产的摊销年限不低于10年，摊销方法采用直线法。据此，甲公司对该项无形资产按照10年的摊销年限并采用直线法进行摊销，由此，该项无形资产的计税基础为450 000元(500 000－500 000×10%)。甲公司适用的所得税税率为25%。20×1年12月31日，甲公司计算由该项无形资产形成的应纳税暂时性差异以及递延所得税负债如下：

该项无形资产的账面价值＝500 000(元)

该项无形资产的计税价值＝450 000(元)

应纳税暂时性差异的应有余额或期末余额＝500 000－450 000＝50 000(元)

应纳税暂时性差异的账面余额或期初余额＝500 000－500 000＝0(元)

期末递延所得税负债＝50 000×25%＝12 500(元)

期初递延所得税负债＝0(元)

递延所得税费用＝12 500－0＝12 500(元)

本例中，如果甲公司单独为由该项无形资产形成的递延所得税负债编制会计分录，那么，相应的会计分录为：

借：所得税费用——递延所得税费用　　12 500

　贷：递延所得税负债　　12 500

本例中，该项无形资产的账面价值 500 000 元与其计税基础 450 000 元之间的差额 50 000 元（500 000－450 000），将计入未来期间企业的应纳税所得额，产生未来期间企业所得税税款流出的增加，增加数额为 12 500 元（50 000×25%）。该未来期间企业所得税税款流出的增加，属于企业当期的一项负债，具体为递延所得税负债；同时，也属于企业当期的一项费用，具体为所得税费用中的递延所得税费用。

例 12－52

甲公司于 20×1 年 1 月 1 日购入一项固定资产，成本为 600 000 元，估计使用年限为 5 年，采用双倍余额递减法计提折旧，预计净残值为 0，折旧费用计入管理费用。税法规定，该类固定资产采用直线法计提的折旧可以税前扣除，估计使用年限和预计净残值采用与会计准则相同的规定。甲公司适用的所得税税率为 25%。甲公司可编制会计准则要求下该项固定资产的折旧计算表如表 12－1 所示。

表 12－1　双倍余额递减法下折旧计算表　　单位：元

年次	年折旧率 (1)＝2/5×100%	年折旧额 (2)＝期初(4)×(1)	累计折旧额 (3)＝期初(3)＋(2)	账面净值 (4)＝600 000－(3)
取得时				600 000
第 1 年	40%	240 000	240 000	360 000
第 2 年	40%	144 000	384 000	216 000
第 3 年	40%	86 400	470 400	129 600
第 4 年	—	64 800*	535 200	64 800
第 5 年	—	64 800*	600 000	0

* 129 600/2＝64 800(元)

甲公司还可编制税法要求下该项固定资产的折旧计算表如表 12－2 所示。

表 12－2　直线法下折旧计算表　　单位：元

年次	年折旧率 (1)＝1/5×100%	年折旧额 (2)＝600 000×(1)	累计折旧额 (3)＝期初(3)＋(2)	账面净值 (4)＝600 000－(3)
取得时				600 000
第 1 年	20%	120 000	120 000	480 000
第 2 年	20%	120 000	240 000	360 000

续表

年次	年折旧率 (1)=1/5×100%	年折旧额 (2)=600 000×(1)	累计折旧额 (3)=期初(3)+(2)	账面净值 (4)=600 000−(3)
第3年	20%	120 000	360 000	240 000
第4年	20%	120 000	480 000	120 000
第5年	20%	120 000	600 000	0

根据以上资料，甲公司可编制递延所得税费用计算表如表12-3所示。

表12-3　递延所得税费用计算表　　单位：元

项目	20×1年	20×2年	20×3年	20×4年	20×5年	合计
固定资产原值	600 000	600 000	600 000	600 000	600 000	
减：账面累计折旧	240 000	384 000	470 400	535 200	600 000	
固定资产账面价值	360 000	216 000	129 600	64 800	0	
可税前扣除的累计折旧	120 000	240 000	360 000	480 000	600 000	
固定资产计税基础	480 000	360 000	240 000	120 000	0	
期末可抵扣暂时性差异	120 000	144 000	110 400	55 200	0	
所得税税率	25%	25%	25%	25%	25%	
期末递延所得税资产	30 000	36 000	27 600	13 800	0	
递延所得税费用（收益）	30 000	6 000	−8 400	−13 800	−13 800	0

如果甲公司单独为由该项固定资产形成的递延所得税资产编制会计分录，那么，甲公司可以根据表12-3中的数据，编制如下会计分录：

(1) 20×1年末，确认递延所得税资产时。

借：递延所得税资产　　30 000

　贷：所得税费用——递延所得税费用　　30 000

(2) 20×2年末，确认递延所得税资产时。

借：递延所得税资产　　6 000

　贷：所得税费用——递延所得税费用　　6 000

(3) 20×3年末，转回递延所得税资产时。

借：所得税费用——递延所得税费用　　8 400

　贷：递延所得税资产　　8 400

(4) 20×4年末，转回递延所得税资产时。

借：所得税费用——递延所得税费用　　13 800

　贷：递延所得税资产　　13 800

(5) 20×5年末，转回递延所得税资产时。

借：所得税费用——递延所得税费用　　13 800

　贷：递延所得税资产　　13 800

从表12-3可以看出，由于会计准则与税法采用的折旧方法不同，20×1年至20×5年间各年账面固定资产累计折旧与可税前扣除的累计折旧也不相同，由此导致固定资产的账面价值与计税基础也不相同，并由此形成暂时性差异。20×2年的暂时性差异大于20×1年的暂时性差异，表示暂时性差异在进一步增大。但20×2年后的暂时性差异逐年减小，表示暂时性差异在逐年转回。至20×5年末，暂时性差异为0，表示以前年度确认的暂时性差异已经全部转回。20×5 年末，账面固定资产累计折旧与可税前扣除的累计折旧都是 600 000 元，也可以说明在固定资产使用的五年中，累计折旧在税法与会计准则之间是没有差异的，资产的账面价值与计税基础之间也是没有差异的。暂时性差异通常在整项业务全部完成后是可以自动全额转回的，在业务发生过程中形成的差异是暂时差异。与暂时性差异相对应的是永久性差异，即在本期发生，但以后各期不会转回的差异。如由国债利息收入、罚款支出等形成的差异，在本期会减少或增加应纳税所得额，但以后各期不会由此相应增加或减少应纳税所得额，即不会自动转回。

本例中，固定资产折旧方法的不同对当期所得税费用也会产生相应的影响。具体的影响情况可如表 12-4 所示。

表 12-4　折旧方法不同对当期所得税费用的影响　　单位：元

项目	20×1 年	20×2 年	20×3 年	20×4 年	20×5 年	合计
会计利润中的折旧费用	240 000	144 000	86 400	64 800	64 800	600 000
应纳税所得额中的折旧费用	120 000	120 000	120 000	120 000	120 000	600 000
对应纳税所得额的影响	120 000	24 000	−33 600	−55 200	−55 200	0
所得税税率	25%	25%	25%	25%	25%	
对当期所得税费用的影响	30 000	6 000	−8 400	−13 800	−13 800	0

比较表 12-3 与表 12-4 可以看出，递延所得税费用即为对当期所得税费用的影响数。即当期所得税费用的增加将导致递延所得税费用的减少；反之，当期所得税费用的减少将导致递延所得税费用的增加。

例 12-53

沿用例 12-52 的资料，假设 20×1 年、20×2 年、20×3 年、20×4 年和 20×5 年甲公司实现的会计利润总额分别为 450 000 元、440 000 元、460 000 元、470 000 元和 480 000 元，除了固定资产折旧方法不同引起的暂时性差异外，没有其他暂时性差异。甲公司计算各年的所得税费用可如表 12-5 所示。

表 12-5　所得税费用计算表　　单位：元

项目	20×1 年	20×2 年	20×3 年	20×4 年	20×5 年	合计
会计利润总额	450 000	440 000	460 000	470 000	480 000	2 300 000
折旧费用实际发生额超过税法准予扣除的数额（折旧费用对应纳税所得额的影响）	120 000	24 000	−33 600	−55 200	−55 200	0
应纳税所得额	570 000	464 000	426 400	414 800	424 800	2 300 000
所得税税率	25%	25%	25%	25%	25%	
当期所得税费用（应交所得税）	142 500	116 000	106 600	103 700	106 200	575 000
递延所得税费用（递延所得税资产）	30 000	6 000	−8 400	−13 800	−13 800	0
所得税费用合计	112 500	110 000	115 000	117 500	120 000	575 000

根据以上有关资料，甲公司应编制如下会计分录：

(1) 20×1 年末，确认所得税费用时。

借：所得税费用——当期所得税费用　142 500

　　递延所得税资产　30 000

　贷：所得税费用——递延所得税费用　30 000

　　　应交税费——应交所得税　142 500

(2) 20×2 年末，确认所得税费用时。

借：所得税费用——当期所得税费用　116 000

　　递延所得税资产　6 000

　贷：所得税费用——递延所得税费用　6 000

　　　应交税费——应交所得税　116 000

(3) 20×3 年末，确认所得税费用时。

借：所得税费用——当期所得税费用　106 600

　　　　　　　——递延所得税费用　8 400

　贷：递延所得税资产　8 400

　　　应交税费——应交所得税　106 600

(4) 20×4 年末，确认所得税费用时。

借：所得税费用——当期所得税费用　103 700

　　　　　　　——递延所得税费用　13 800

　贷：递延所得税资产　13 800

　　　应交税费——应交所得税　103 700

(5) 20×5 年末，确认所得税费用时。

借：所得税费用——当期所得税费用　106 200

　　　　　　　——递延所得税费用　13 800

　贷：递延所得税资产　13 800

　　　应交税费——应交所得税　106 200

从本例可以看出，所得税费用为当期所得税费用与递延所得税费用之和。当期所得税费用与应纳税所得额相关，递延所得税费用与暂时性差异相关。暂时性差异在全部转回后，所得税费用合计等于当期所得税费用合计。以上所得税会计处理的资产负债表债务法，体现了权责发生制会计的基本要求。

例 12-54

甲公司 20×1 年 12 月 31 日通过一段时间的研究开发形成一项无形资产。该项无形资产的成本为 100 000 元，按照税法规定，其计税基础为 175 000 元（100 000×175%）。该项资产的账面价值小于计税基础 75 000 元（175 000－100 000），形成一项暂时性差异。按照所得税会计准则的规定，该项无形资产在初始确认时既不影响会计利润也不影响应纳税所得税，确认其账面价值与计税基础之间产生暂时性差异的所得税影响需要调整该项资产的历史成本，因此，甲公司不确认该暂时性差异的所得税影响。即在该例中，甲公司不确认相关的递延所得税资产。事实上，该差异的所得税影响在前后各会计期间也不能自动转回，其对所得税费用的影响不是暂时性的。

本例属于不确认递延所得税资产的情况。

例 12-55

甲公司 20×1 年 12 月 31 日对交易性金融资产按照公允价值进行计价。该交易性金融资产的成本为 145 000 元，公允价值上升至 153 000 元，甲公司确认交易性金融资产公允价值变动收益 8 000 元（153 000－145 000），该交易性金融资产的账面价值相应也上升为 153 000 元。按照税法规定，该交易性金融资产的计税基础仍然为其成本 145 000 元。由此，甲公司形成一项应纳税暂时性差异，同时形成一项递延所得税负债。甲公司适用的所得税税率为 25%。甲公司计算应纳税暂时性差异和递延所得税负债的数额如下：

应纳税暂时性差异＝153 000－145 000＝8 000(元)

递延所得税负债＝8 000×25%＝2 000(元)

如果甲公司单独对该项业务进行所得税会计处理，应编制如下会计分录：

借：所得税费用——递延所得税费用	2 000	
贷：递延所得税负债		2 000

本例中，甲公司在计算当期应交所得税和当期所得税费用时，交易性金融资产公允价值变动收益 8 000 元不计入应纳税所得额。甲公司在计算递延所得税费用时，需要考虑交易性金融资产公允价值变动收益 8 000 元对所得税费用的影响数。也即甲公司在计算所得税费用合计数时，需要考虑公允价值变动损益；但在计算应交所得税时，不考虑公允价值变动损益。

本例中，公允价值变动损益在之后实现时，实现的数额应当计入应纳税所得额。同时，之前确认的递延所得税负债和递延所得税费用予以转销。会计分录为借记“递延所得税负债”科目，贷记“所得税费用——递延所得税费用”科目。

例 12-56

甲公司 20×1 年 12 月 31 日销售一批商品，承诺提供 3 年的保修售后服务，并相应确认了 25 000 元的销售费用和预计负债。按照税法规定，与该商品销售相关的售后服务费用在实际发生时准予税前扣除。由此，甲公司计算该项预计负债的计税基础以及可抵扣暂时性差异如下：

预计负债的计税基础＝账面价值－未来期间计算应纳税所得额时按照税法规定可予抵扣的金额

＝25 000－25 000＝0(元)

预计负债的可抵扣暂时性差异＝预计负债的账面价值－预计负债的计税基础

＝25 000－0＝25 000(元)

甲公司适用的所得税税率为 25%。甲公司计算相应的递延所得税资产数额如下：

递延所得税资产＝25 000×25%＝6 250(元)

如果甲公司单独对该项业务进行所得税会计处理，应编制如下会计分录：

借：递延所得税资产	6 250	
贷：所得税费用——递延所得税费用		6 250

本例中，甲公司实际发生售后服务费用时，按照应予转回的递延所得税资产，借

记“所得税费用——递延所得税费用”科目，贷记“递延所得税资产”科目。

例12-57

甲公司20×1年12月31日存在一项其他应付款5 800元，内容为影响环境保护的罚款，应当向政府部门缴纳。按照税法规定，该项行政罚款不允许在税前扣除。由此，甲公司计算该项其他应付款的计税基础如下：

其他应付款的计税基础＝5 800－0＝5 800(元)

由于该项其他应付款的账面价值等于其计税基础，因而不形成暂时性差异。该项差异属于永久性差异。

例12-58

甲公司于20×1年5月10日购入一项金融资产，将其确认为其他债权投资，成本为236 000元。20×1年12月31日，该项其他债权投资的公允价值为248 000元，即公允价值上升12 000元（248 000－236 000）。甲公司适用的所得税税率为25%。甲公司于20×1年12月31日确认其他债权投资公允价值变动时，应编制如下会计分录：

借：其他债权投资——公允价值变动　12 000

　贷：其他综合收益　12 000

从以上会计分录可以看出，其他债权投资公允价值的变动计入了其他综合收益，或者计入了所有者权益，没有计入当期损益。20×1年12月31日，甲公司其他债权投资的账面价值为248 000元（236 000＋12 000），大于其取得成本即按照税法确定的计税基础236 000元。由此，甲公司形成相应的应纳税暂时性差异，数额计算如下：

应纳税暂时性差异＝248 000－236 000＝12 000(元)

甲公司进一步计算相应的递延所得税负债如下：

递延所得税负债＝12 000×25%＝3 000(元)

如果甲公司单独为由该项其他债权投资形成的递延所得税负债编制会计分录，那么，甲公司应编制如下会计分录：

借：其他综合收益　3 000

　贷：递延所得税负债　3 000

从以上会计分录可以看出，甲公司在确认递延所得税负债增加的同时，并没有相应确认递延所得税费用增加，即该项递延所得税负债对所得税费用不产生影响。按照我国所得税会计准则的规定，企业因确认递延所得税资产和递延所得税负债产生的递延所得税，一般应当计入所得税费用，但某项交易或事项按照会计准则的规定应计入所有者权益的，由该项交易或事项产生的递延所得税资产或递延所得税负债及其变化也应计入所有者权益，不构成所得税费用中的递延所得税费用。

例12-59

甲公司20×1年12月31日长期股权投资的账面价值为456 000元，计税基础为430 000元，形成暂时性差异26 000元（456 000－430 000）。经分析，该暂时性差异是因确认投资损益而产生的。根据税法规定，甲公司在未来期间逐期分回现金股利或利润时，对于取得的现金股利或利润作为免税收入处理。在这种情况下，相应的暂时性差异不存在对未来期间的所得税影响，即甲公司不需要确认相应的递延所得税负债。

本例中，如果该暂时性差异是因初始投资成本的调整而产生的，由于甲公司准备长期持有该投资，因此，该差异在预计未来期间也不会转回，相应的暂时性差异对未来期间也没有所得税影响。即甲公司也不需要确认相应的递延所得税负债。在准备长期持有的情况下，对于采用权益法核算的长期股权投资账面价值与计税基础之间的差异，投资企业一般不确认相关的所得税影响。但投资企业在持有意图由长期持有转变为拟近期出售的情况下，因长期股权投资的账面价值与计税基础不同产生的有关暂时性差异，均应确认相关的所得税影响。投资企业在转让或者处置投资资产时，根据税法规定，投资资产的成本准予扣除。

本例属于不确认递延所得税负债的情况。

五、本年利润的结转

（一）结转本年利润的方法

会计期末结转本年利润的方法有表结法和账结法两种。

1. 表结法

在表结法下，各损益类科目每月月末只需计算出本月发生额和月末累计余额，不需要编制会计分录将相应的余额结转到“本年利润”科目。在编制月份利润表时，将各损益类科目的本月发生额合计数填入利润表的本月数栏，同时，将各损益类科目的月末累计余额填入利润表的本年累计数栏，月份利润表即可编制完成。在表结法下，月末不需要编制结账分录，从而减少了月末会计核算的工作量。在表结法下，年末仍然需要通过编制结账分录的方法，将各损益类科目的年末余额结转至“本年利润”科目。

2. 账结法

在账结法下，各损益类科目每月月末都需要通过编制结账分录的方法将其余额结转到“本年利润”科目。这样，每月月末，各损益类科目的期末余额为零，“本年利润”科目可以完整地反映本月份利润的实现情况或者亏损的发生情况，以及至本月末止累计利润的实现情况或者累计亏损的发生情况。年末，“本年利润”科目可以反映本年度累计利润的实现情况或者累计亏损的发生情况。在编制月份或年度利润表时，“本年利润”科目中相应的汇总数据可以直接填入利润表的相应栏目。在账结法下，每月月末都需要编制结账分录，从而增加了月末会计核算的工作量。但每月月末，企业利润的实现情况或者亏损的发生情况可以在“本年利润”科目中得到集中反映。

（二）结转本年利润的会计处理

为核算本年利润的业务，企业应设置“本年利润”总账科目。企业期末结转当期利润时，应将各损益类科目的余额转入该科目，借记“主营业务收入”“其他业务收入”“其他收益”“营业外收入”等科目，贷记该科目；同时，借记该科目，贷记“主营业务成本”“其他业务成本”“税金及附加”“销售费用”“管理费用”“财务费用”“资产减值损失”“信用减值损失”“营业外支出”“所得税费用”等科目。“投资收益”“资产处置损益”“公允价值变动损益”科目如果为贷方余额的，借记“投资收益”“资产处置损益”“公允价值变动损益”科目，贷记该科目；如果为借方余额的，做相反的会计分录。年度终了，应将本年实现的净利润转入“利润分配——未分配利润”科目，借记该科目，贷记“利润分配——未分配利润”科目；如为净亏损的，做相反的会计分录。结转后，该科目应无余额。

例12-60

甲公司20×1年12月31日有关损益类科目结账前的年末余额如表12-6所示。

表12-6 损益类科目年末余额表 单位：元

科目名称	贷方余额	借方余额
主营业务收入	3 550 000	
其他业务收入	220 000	
其他收益	4 000	
公允价值变动损益	65 000	
投资收益	288 000	
营业外收入	18 000	
主营业务成本		2 210 000
其他业务成本		175 000
税金及附加		42 000
销售费用		286 000
管理费用		432 000
财务费用		121 000
资产减值损失		23 000
信用减值损失		10 000
资产处置损益		20 000
营业外支出		100 000
所得税费用		181 000
合计	4 145 000	3 600 000

根据表12-6，甲公司计算当年实现的净利润为545 000元（4 145 000—3 600 000）。甲公司采用表结法于年末一次结转损益类科目的余额。

根据以上资料，甲公司应编制如下会计分录：

(1) 20×1年12月31日，结转各收入、利得类科目余额时。

借：主营业务收入 3 550 000
　　其他业务收入 220 000
　　其他收益 4 000
　　公允价值变动损益 65 000
　　投资收益 288 000
　　营业外收入 18 000
　贷：本年利润 4 145 000

(2) 20×1年12月31日，结转各费用、损失类科目余额时。

借：本年利润 3 600 000
　贷：主营业务成本 2 210 000
　　　其他业务成本 175 000

税金及附加	42 000
销售费用	286 000
管理费用	432 000
财务费用	121 000
资产减值损失	23 000
信用减值损失	10 000
资产处置损益	20 000
营业外支出	100 000
所得税费用	181 000

(3) 20×1 年 12 月 31 日，结转本年利润科目余额时。

借：本年利润　　545 000

　贷：利润分配——未分配利润　　545 000

甲公司计算 20×1 年度实现利润的情况如下：

营业利润＝(3 550 000＋220 000＋4 000＋65 000＋288 000)
　　－(2 210 000＋175 000＋42 000＋286 000＋432 000
　　＋121 000＋23 000＋10 000＋20 000)
　＝808 000(元)

利润总额＝808 000＋18 000－100 000＝726 000(元)

净利润＝726 000－181 000＝545 000(元)

本例中，经过年末结转，各损益类科目的余额均为零，“本年利润”科目的余额也为零。本年实现的净利润 545 000 元转入“利润分配——未分配利润”科目后，由“利润分配——未分配利润”科目核算有关利润分配的具体情况。

思考题

1. 什么是费用？费用具有哪些主要特征？
2. 费用和成本的关系是什么？费用和收入的关系是什么？
3. 费用通常可以分成哪些种类？
4. 企业的主营业务成本通常包括哪些内容？其他业务成本通常包括哪些内容？
5. 企业的“税金及附加”科目核算哪些内容？
6. 企业的期间费用包括哪些种类？举例说明各种类主要有哪些费用项目。
7. 什么是利润？它具有哪些主要特征？可以包括哪些种类？各自又是如何构成的？
8. 什么是政府补助？企业应当如何核算政府补助？
9. 什么是营业外收入？什么是营业外支出？它们各自有哪些主要特点？
10. 企业的所得税费用是如何构成的？各自应当如何计算？
11. 什么是应纳税暂时性差异？什么是可抵扣暂时性差异？它们与递延所得税负债和递延所得税资产是什么关系？

练习题

练习一

一、目的：练习主营业务成本的核算。

二、资料：甲公司20×1年发生如下经济业务：

(1) 1月25日，向乙公司销售一批A商品，数量为500件，不含税单位售价为1 000元，不含税商品售价合计为500 000元（500×1 000），增值税税额为65 000元。款项尚未收到。该批商品的单位成本为800元，成本合计为400 000元（500×800）。

(2) 2月5日，收到以上乙公司退回的部分A商品，数量为10件，该部分商品存在较为严重的质量问题。本次销售退回经税务机关审核允许冲减相应的应交增值税税额。

(3) 3月2日，向丙公司销售一批B商品，数量为200件，不含税单位售价为100元，不含税商品售价合计为20 000元（200×100），增值税税额为2 600元。款项尚未收到。该批商品的单位成本为70元，成本合计为14 000元（200×70）。该批商品曾计提过存货跌价准备，每件计提了5元。

(4) 4月18日，向丁公司销售一批C商品，商品成本为225 000元，商品已经发出，款项尚未收到，C商品的控制权已经转移给丁公司。根据销售合同的约定，甲公司在商品销售后负责安装服务，安装服务是商品销售合同的组成部分，并单独收取费用，构成单项履约义务。安装工作由甲公司的安装部门负责。甲公司开出的增值税专用发票上注明的C商品销售价格为285 000元，增值税税额为37 050元。安装费用待安装服务完成后，根据收费标准和具体安装情况确定收取金额。

(5) 4月26日，甲公司安装部门完成安装以上销售给丁公司的C商品，安装过程中共发生原材料成本、人工成本等安装成本15 000元，反映在“合同履约成本”科目中。C商品投入使用。甲公司结转“合同履约成本”科目借方余额15 000元。同时，甲公司向丁公司开出增值税专用发票，结算C商品的安装费用20 000元，相应的增值税税额为1 800元。

(6) 5月25日，向XY公司销售一批D商品，商品成本为306 000元，商品已经发出。该批D商品销售价格为412 000元，增值税税额为53 560元，款项合计465 560元（412 000+53 560）已经收到。根据销售合同的约定，甲公司在商品销售后，负责安装服务，安装服务是商品销售合同的组成部分，但不构成单项履约义务，也不单独收取费用。安装工作由甲公司的安装部门负责。该批D商品销售时控制权不转移；在安装服务完成后，控制权转移给XY公司。

(7) 6月8日，甲公司安装部门完成安装以上销售给XY公司的D商品，安装过程中共发生原材料成本、人工成本等安装成本21 000元，反映在“合同履约成本”科目中。D商品投入使用，甲公司结转D商品销售成本306 000元。同时，甲公司结转“合同履约成本”科目借方余额21 000元。

(8) 9月30日，甲公司结转本月向客户销售的一批E商品的成本合计279 500元。甲公司对E商品采用月末一次加权平均法计算发出商品的成本。

(9) 12月31日，“主营业务成本”科目年末借方余额为5 800 000元，将其转入“本年利润”科目。甲公司采用表结法结转本年利润，即年末通过编制结账分录的方法将损益类科目的余额结转至“本年利润”科目，月末不编制结账分录。

三、要求：根据以上资料，为甲公司编制有关的会计分录。

练习二

一、目的：练习其他业务成本的核算。

二、资料：甲公司20×1年发生如下经济业务：

(1) 3月31日，确认一项应收投资性房地产的租金收入50 000元。同时，对该项投资性房地产计提折旧32 000元。

(2) 6月30日，收到出租一项商标权的租金收入86 000元，款项已存入银行。同时，摊销该项商标权相应的取得成本64 000元。

(3) 7月12日，销售一批库存商品，随同销售一批单独计价的包装物。该批包装物的单独售价为380元，款项已存入银行。该批包装物的成本为325元。

(4) 8月9日，销售一批不需用的原材料。该批原材料的售价为1 600元，款项已存入银行。该批原材料的成本为1 510元。

(5) 9月30日，收到以经营租赁方式出租一台机器设备的本期租金2 200元。同时，计提该台机器设备的本期折旧1 850元。

(6) 12月31日，“其他业务成本”科目年末借方余额为260 000元，将其转入“本年利润”科目。

三、要求：根据以上资料，为甲公司编制有关的会计分录。暂不考虑相关税费的因素。

练习三

一、目的：练习税金及附加的核算。

二、资料：甲公司20×1年发生如下经济业务：

(1) 2月15日，销售一批应税消费品，按规定应当缴纳消费税28 000元。

(2) 3月31日，按规定计算本月应缴纳的城市维护建设税为5 600元。

(3) 4月30日，按规定计算本月应缴纳的教育费附加4 400元。

(4) 5月31日，计算应缴纳的房产税为32 500元。

(5) 7月3日，以银行存款购买印花税票480元。

(6) 12月31日，“税金及附加”科目年末借方余额为157 500元，将其转入“本年利润”科目。

三、要求：根据以上资料，为甲公司编制有关的会计分录。

练习四

一、目的：练习期间费用的核算。

二、资料：甲公司20×1年发生如下经济业务：

(1) 2月2日，为宣传本企业的产品而发生广告费52 000元，款项以银行存款支付。

(2) 3月20日，参加产品展览会，以银行存款支付产品展览费6 500元。

(3) 4月30日，售后服务网点发生应付职工薪酬124 000元、固定资产修理费支出25 000元。固定资产修理费支出以银行存款支付。

(4) 4月30日，销售网点发生应付职工薪酬164 000元、固定资产折旧285 000元。

(5) 5月12日，以银行存款支付董事会成员津贴35 000元。

(6) 5月23日，以银行存款支付行政管理部门办公经费86 000元。

(7) 5月31日，按照工资总额的相应比例计提管理部门工会经费6 000元。

(8) 5月31日，按照管理部门工资总额的相应比例计提医疗保险费30 000元、养老保险费36 000元。

(9) 9月30日，计提分期付息、到期一次偿还本金的长期借款利息费用7 800元。该利息费用不符合资本化条件。

(10) 10月15日，收到应收票据款项20 600元，其中，20 000元为票据面值，600元为票据利息。款项已存入银行。

(11) 10月31日，计提到期一次还本付息的长期借款利息费用11 200元。该利息费用不符合资本化条件。

(12) 11月30日，以银行存款支付租入固定资产的租金100 000元，同时，分摊未确认融资费用26 400元。

(13) 12月31日，“销售费用”科目年末借方余额为754 000元，“管理费用”科目年末借方余额为896 000元，“财务费用”科目年末借方余额为377 000元，将以上期间费用科目的年末余额转入“本年利润”科目。

三、要求：根据以上资料，为甲公司编制有关的会计分录。

练习五

一、目的：练习其他收益的核算。

二、资料：甲公司20×1年至20×9年间发生如下经济业务：

(1) 20×1年1月1日，收到当地政府的财政拨款补助200 000元，款项已存入开户银行。根据当地政府的要求，甲公司取得的该笔政府补助应当用于购买科研设备，开展新技术研究，增强技术创新能力。20×1年1月2日，甲公司以该笔政府财政拨款补助款项，外加公司自有配套资金300 000元购买了一台新的科研设备，并立即投入研发部门使用，用于研究开发无形资产，增加公司技术创新能力。该台科研设备的成本为500 000元（200 000+300 000），估计使用寿命为5年，采用直线法计提折旧，预计净残值为零，每年计提折旧100 000元（500 000/5）。取得的该笔政府补助也在未来5年内按照直线法进行分摊，每年摊销40 000元（200 000/5）。20×5年12月31日，该台科研设备按时报废，净残值为零。暂不考虑相关税费的因素。甲公司选择采用总额法对此类政府补助进行会计处理。

(2) 20×6年3月10日，与所在开发区政府签订合作协议，在开发区内投资设立生产基地。协议约定，开发区政府自协议签订之日起6个月内向甲公司提供3 000 000元产业补助资金，用于奖励甲公司在开发区内投资并开展生产经营活动，甲公司自获得补助起5年内注册地址不得迁离本开发区。如果甲公司在此期限内提前迁离开发区，开发区政府允许甲公司按照实际留在本区的时间保留部分补助，并按剩余时间追回补助资金。甲公司于20×6年7月1日收到补助资金3 000 000元。甲公司在收到补助资金时，客观情况表明甲公司在未来5年内迁离开发区的可能性很小。20×9年6月30日，甲公司因重大战略调整迁离了开发区，开发区政府根据协议要求甲公司退回补助资金1 200 000元，甲公司确认应予退回补助资金1 200 000元。20×9年7月2日，甲公司以银行存款向开发区政府退回了补助资金 1 200 000 元。

(3) 20×9 年 12 月 31 日，将当年在“其他收益”科目中确认的年末贷方余额 300 000 元转入“本年利润”科目。

三、要求：根据以上资料，为甲公司编制有关的会计分录。

练习六

一、目的：练习营业外收支的核算。

二、资料：甲公司 20×1 年发生如下经济业务：

(1) 3 月 12 日，按期报废一台机器设备，该机器设备的原价为 740 000 元，已计提累计折旧 720 000 元，账面价值为 20 000 元（740 000—720 000）。

(2) 4 月 24 日，由于科技进步，提前报废一项无形资产，该项无形资产的购入成本为 162 000 元，其中，100 000 元为使用政府专项补助资金，其余 62 000 元（162 000—100 000）为使用自有资金。该项无形资产已计提累计摊销 112 000 元，并已计提减值准备 40 000 元。甲公司对该类政府补助选择总额法核算，该项无形资产报废时，尚有 18 000 元政府补助未从递延收益分摊计入其他收益，政府也没有提出退回相应补助金额的要求。

(3) 6 月 30 日，涉及一项未决诉讼案件，经咨询律师后认为很可能发生违约赔款 65 000 元。

(4) 7 月 10 日，向慈善机构捐赠款项 30 000 元，款项以银行存款支付；同时，向慈善机构捐赠本公司自己生产的库存商品一批，该批库存商品的成本为 43 000 元，公允价值为 50 000 元，相应的增值税销项税额为 6 500 元（50 000×13%）。以上捐赠旨在帮助相关慈善机构从事社会公益慈善活动。

(5) 9 月 22 日，由于违反相关法规，被政府部门处以罚款 35 000 元，款项以银行存款支付。

(6) 12 月 31 日，“营业外收入”科目年末贷方余额为 23 000 元，“营业外支出”科目年末借方余额为 214 000 元，将以上营业外收支科目的年末余额转入“本年利润”科目。

三、要求：根据以上资料，为甲公司编制有关的会计分录。

练习七

一、目的：练习所得税费用的核算。

二、资料：甲公司适用的所得税税率为 25%，20×1 年和 20×2 年的有关资料如下：

（一）20×1 年的有关资料

1. 利润表中的利润总额为 880 000 元。递延所得税资产和递延所得税负债不存在期初余额。

2. 在当年发生的有关交易或事项中，会计处理与税收处理存在差别的有：

(1) 20×1 年 1 月 1 日开始计提折旧的一项固定资产，成本为 600 000 元，使用年限为 5 年，净残值为 0，会计处理按双倍余额递减法计提折旧；税收处理按直线法计提折旧，税收处理使用的固定资产使用年限和净残值与会计相同。20×1 年，该项固定资产会计处理时计提折旧 240 000 元，税收处理时计提折旧 120 000 元，两者差额为 120 000 元（240 000—120 000）。

（2）年末持有的交易性金融资产的成本为50 000元，公允价值为60 000元，公允价值变动收益10 000元（60 000－50 000）。税收处理时，交易性金融资产的公允价值变动不计入应纳税所得额。

（3）违反环境保护规定应支付罚款7 000元，款项尚未支付。税收处理时，罚款支出不计入应纳税所得额。

（4）年末对存货计提了跌价准备15 000元。税收处理时，由计提存货跌价准备而确认的资产减值损失不计入应纳税所得额。

（5）年末通过自行研究开发形成一项无形资产，账面价值为300 000元，计税基础为525 000元（300 000×175%），暂时性差异数额为225 000元（525 000－300 000）。该暂时性差异不确认相应的所得税费用影响数，即不做递延所得税费用处理。以后各年摊销无形资产时，每年调整相应数额的应纳税所得额，同时调整相应年度的当期所得税费用。

（6）当年按权益法确认的投资收益18 000元。税收处理时，该权益法下的投资收益不计入应纳税所得额。企业在权益法下确认的"长期股权投资——损益调整"不影响长期股权投资的计税基础。相应的暂时性差异不确认所得税费用影响数。

3. 20×1年末资产负债表中相关项目的账面价值和计税基础如表12-7所示。

表12-7　20×1年末资产负债表中相关项目的账面价值和计税基础　　单位：元

项目	账面价值	计税基础	差异	
			应纳税暂时性差异	可抵扣暂时性差异
交易性金融资产	60 000	50 000	10 000	
存货	135 000	150 000		15 000
固定资产：				
固定资产原价	7 200 000	7 200 000		
减：累计折旧	530 000	410 000		
固定资产账面价值	6 670 000	6 790 000		120 000
无形资产	300 000	525 000		
长期股权投资	458 000	440 000		
其他应付款	7 000	7 000		
合计			10 000	135 000

（二）20×2年的有关资料

1. 应纳税所得额为960 000元。

2. 20×2年末资产负债表中相关项目的账面价值和计税基础如表12-8所示。

表12-8　20×2年末资产负债表中相关项目的账面价值和计税基础　　单位：元

项目	账面价值	计税基础	差异	
			应纳税暂时性差异	可抵扣暂时性差异
存货	181 000	186 000		5 000
固定资产：				
固定资产原价	7 200 000	7 200 000		
减：累计折旧	980 000	836 000		
固定资产账面价值	6 220 000	6 364 000		144 000

续表

项目	账面价值	计税基础	差异	
			应纳税暂时性差异	可抵扣暂时性差异
无形资产	300 000	525 000		
减：累计摊销	30 000	52 500		
无形资产账面价值	270 000	472 500		
长期股权投资	464 000	440 000		
预计负债	3 000	0		3 000
合计			0	152 000

三、要求：根据以上资料，为甲公司编制有关所得税费用的会计分录。

练习八

一、目的：练习本年利润结转的核算。

二、资料：甲公司20×1年12月31日有关损益类科目结账前的年末余额如表12-9所示。

表12-9　损益类科目年末余额表　单位：元

科目名称	贷方余额	借方余额
主营业务收入	3 256 000	
其他业务收入	228 000	
其他收益	35 000	
资产处置损益	86 000	
投资收益	286 000	
营业外收入	21 000	
主营业务成本		2 033 000
其他业务成本		121 000
税金及附加		239 000
销售费用		313 000
管理费用		345 000
财务费用		145 000
资产减值损失		75 000
信用减值损失		87 000
公允价值变动损益		48 000
营业外支出		42 000
所得税费用		125 000
合计	3 912 000	3 573 000

甲公司采用表结法于年末一次结转损益类科目的余额。

三、要求：根据以上资料，为甲公司编制有关年终结账的会计分录，同时计算甲公司20×1年度实现的利润。

第 5 篇

会计调整和财务报告

第十三章 会计调整

会计调整是指因会计政策变更、会计估计变更、前期差错更正和资产负债表日后事项等而对会计记录和财务报表所作的调整。会计调整是为了提高财务报表信息的相关性和可靠性，并同时提高财务报表信息的可比性。

第一节 会计政策变更

一、会计政策的概念

会计政策是指企业在会计确认、计量和报告中所采用的原则、基础和会计处理方法。其中，原则是指按照企业会计准则规定的、适合企业会计核算的具体会计原则。例如，我国《企业会计准则第 14 号——收入》规定，企业应当在履行了合同中的履约义务，即在客户取得相关商品控制权时确认收入，就属于收入确认的具体会计原则。基础是指为了将会计原则应用于交易或者事项而采用的基础，主要是计量基础，也即计量属性，具体包括历史成本、重置成本、可变现净值、现值和公允价值等。例如，我国《企业会计准则第 22 号——金融工具确认和计量》规定，交易性金融资产、其他债权投资、其他权益工具投资应当按照公允价值进行后续计量，债权投资应当采用实际利率法按照摊余成本进行后续计量，就属于金融资产的具体计量基础。会计处理方法是指企业按照法律、行政法规或者国家统一的会计制度等规定采用或者选择采用的、适合本企业的具体会计处理方法。例如，我国《企业会计准则第 1 号——存货》规定，企业应当采用先进先出法、加权平均法或者个别计价法确定发出存货的实际成本。由此，企业可以根据自身的业务情况选择使用会计准则允许的方法处理相应的业务。

会计政策中的会计原则、计量基础和会计处理方法是一个有机整体。通常情况下，会计政策从会计要素的确认出发，确定资产、负债、所有者权益、收入、费用和利润等各会计要素的确认条件，然后，选择使用各会计要素的计量基础，再后，根据确认条件和计量基础选择使用具体会计处理方法。在处理具体经济交易或事项时，会计原则具有指导意义，会计处理方法是会计原则和计量基础的最终落实和体现。

会计政策通常是针对具体业务安排的会计原则、计量基础和会计处理方法。例如，发出存货成本的计量以及期末存货的计量方法、长期股权投资的初始计量以及后续计量中成本法或者权益法的使用、金融资产在取得时的分类、投资性房地产的确认以及初始和后续计量方法、固定资产和无形资产的确认以及初始计量和减值政策、非货币性资产交换中商业实质的判断、借款费用资本化的条件、预计负债的确认条件、销售商品收入和提供服务收入的确认条件、在某一时段内履行的履约义务中履约进度的确定方法等，都属于会计政策的内容。

二、会计政策变更及其条件

会计政策变更是指企业对相同的交易或者事项由原来采用的会计政策更改为另一会计政策的行为。为保证会计信息的可比性，企业采用的会计政策，在各个会计期间应当保持一致，不能随意变更。我国《企业会计准则第28号——会计政策、会计估计变更和差错更正》规定，满足下列条件之一的，企业可以变更会计政策：

（1）法律、行政法规或者国家统一的会计制度等要求变更。这种情况是指，法律、行政法规或者国家统一的会计制度等要求企业采用新的会计政策，企业应当按照相应的规定将原来采用的会计政策更改为新的会计政策。例如，2007年起，我国上市公司开始执行一系列新的会计准则。这一系列新的会计准则对企业提出了一些新的会计政策的要求。如对于存货的核算，新准则取消了原准则可以采用的后进先出法；对于长期股权投资的核算，原准则要求控股的情况下采用权益法，新准则要求控股的情况下采用成本法；对于固定资产的核算，原准则要求将固定资产的盘盈计入营业外收入，新准则则要求作为前期差错处理；对于无形资产的核算，原准则要求研究开发费用全部费用化，计入当期损益，新准则要求区分研究阶段和开发阶段，对于符合条件的开发支出，可以资本化，计入无形资产成本；对于固定资产和无形资产减值的核算，原准则规定，确认的减值损失在以后期间可以恢复，新准则规定，减值损失一经确认，在以后期间不得转回；对于分期收款销售商品收入的核算，原准则规定按收款日期分期确认收入，新准则规定按应收合同款的公允价值一次确认收入；对于金融资产的核算，原准则要求对股票债券等短期投资采用成本与市价孰低计量，新准则要求对交易性金融资产采用公允价值计量等。对于以上情形，企业应当按照新准则的要求变更原来采用的会计政策。

（2）会计政策变更能够提供更可靠、更相关的会计信息。这种情况是指，企业所处的经济环境或客观情况已经发生变化，原来采用的会计政策已经不能如实地反映企业的财务状况、经营成果和现金流量等信息，企业由此应当改变原有的会计政策，采用新的会计政策，以便提供更加可靠、更加相关的会计信息。例如，某企业一直采用成本模式对投资性房地产进行后续计量。由于房地产市场的发展，该企业现在已经能够从房地产交易市场持续地取得同类房地产的市场价格及其他相关信息。此时，为了提供与投资性房地产相关的更加可靠的会计信息，企业可以将投资性房地产的后续计量模式由原来的成本模式变更为公允价值模式。企业在这种情况下变更会计政策，应当提供充分的证据，表明企业变更相应会计政策的必要性；并提供充分的理由，说明变更会计政策后能够提供更加可靠、更加相关的会计信息。企业变更会计政策，应当经过股东大会或董事会、经理会议或类似机构的批准，并按规定报送有关各方备案。

我国企业会计准则规定，下列各项不属于会计政策变更：一是本期发生的交易或者事项与以前相比具有本质差别而采用新的会计政策；二是对初次发生的或不重要的交易或者事项采用新的会计政策。

三、会计政策变更的会计处理

（一）会计政策变更的会计处理原则

企业会计政策变更的会计处理应当遵循如下原则：

（1）在法律、行政法规或者国家统一的会计制度等要求变更的情况下，如果国家发布相关会计处理办法的，应当按照国家发布的相关会计处理规定进行处理。例如，我国自2018年起施行的修订后的金融工具确认和计量会计准则，要求企业应当按照新准则的规定对金融工具进行分类和计量，金融工具原账面价值和在新准则施行日的新账面价值之间的差额，应当计入新准则施行日所在年度报告期间的期初留存收益或其他综合收益。再如，我国2007年起执行的无形资产会计准则，要求开发阶段的支出在符合条件时应当作资本化处理，同时规定首次执行无形资产会计准则的企业，在执行日正处于开发阶段的研发项目，之前已经费用化的开发支出不再追溯调整，之后发生的开发支出，符合条件的应当作资本化处理。一般情况下，由国家统一会计制度等要求变更会计政策的，国家统一会计制度等会规定相应的会计处理方法，以确保会计信息在不同企业之间具有可比性。如果国家没有发布相关的会计处理办法，那么企业应当采用追溯调整法，对会计政策变更的累积影响等进行追溯调整，并做出相应的会计处理。

（2）在会计政策变更能够提供更可靠、更相关的会计信息的情况下，企业应当采用追溯调整法进行会计处理，将会计政策变更的累积影响数调整列报前期最早期初留存收益，其他相关项目的期初余额和列报前期披露的其他比较数据也应一并调整。

（3）确定会计政策变更对以前各期累积影响数不切实可行的，应当从可追溯调整的最早期间期初开始应用变更后的会计政策。

（4）在当期期初确定会计政策变更对以前各期累积影响数不切实可行的，应当采用未来适用法处理，即将变更后的会计政策应用于变更日及以后发生的交易或事项，以前期间的会计核算结果不再调整。

在以上会计政策变更的会计处理原则中，不切实可行是指企业在采取所有合理努力后，仍然无法采用某项规定。例如，由于会计政策的变更，企业在对某一特定前期应用追溯调整法时，经过努力，会计政策变更对以前各期的累积影响数仍然不能确定，或者在确定时需要对管理层在该期当期的意图作出假定，此时，在该特定前期应用追溯调整法是不切实可行的。如果该特定前期即为上期，那么企业就不能应用追溯调整法，而只能使用未来适用法来处理会计政策变更的业务。

（二）追溯调整法

追溯调整法是指对某项交易或事项变更会计政策，视同该项交易或事项初次发生时，即采用变更后的会计政策，并以此对财务报表相关项目进行调整的方法。在追溯调整法下，企业在编制比较财务报表时，各期间的比较财务报表应当基于同一会计政策，即企业应当对以前各期的财务报表按照变更后的会计政策进行追溯调整，只有这样，比较财务报表中的数字才具有可比性。对于比较财务报表可比期间以前的会计政策变更的累积影响数，企业应当调整比较财务报表最早期间的期初留存收益，财务报表的其他相关项目也应一并进行调整。

追溯调整法在具体应用时通常按以下步骤进行：第一步，计算会计政策变更的累积影响数；第二步，编制相关项目的调整分录；第三步，调整列报前期最早期初财务报表的相关项目及其金额；第四步，附注说明。

在追溯调整法下，会计政策变更的累积影响数是指按照变更后的会计政策对以前各期追溯计算的列报前期最早期初留存收益应有金额与现有金额之间的差额。会计政策变更的累积影响数通常按以下步骤计算：第一步，根据新会计政策重新计算受影响的前期交易或事项；第二步，计算两种会计政策下的差异；第三步，计算差异的所得税影响金额；第四步，确定前期中的每一期的税后差异；第五步，计算会计政策变更的累积影响数。

例 13-1

甲公司于20×5年和20×6年分别以450 000元和210 000元的价格从股票市场购入A，B两只以交易为目的的股票。该两只股票在购入后，市价一直高于购入成本。甲公司按照当时的会计处理规定，采用成本与市价孰低法对该两只股票进行后续计量。20×7年起，甲公司执行新的会计准则，将购买的该两只股票划分为交易性金融资产，并按照公允价值进行后续计量。甲公司采用追溯调整法对以上会计政策的变更进行追溯调整。甲公司适用的所得税税率为25%，并按净利润的10%提取法定盈余公积。经整理，A，B两只股票在20×5年和20×6年年末按成本与市价孰低法计量的账面价值以及年末公允价值的有关资料如表13-1所示。

表13-1 交易性股票账面价值和公允价值数据表 单位：元

股票	20×5年年末		20×6年年末	
	账面价值	公允价值	账面价值	公允价值
A	450 000	530 000	450 000	530 000
B			210 000	350 000
合计	450 000	530 000	660 000	880 000

根据以上资料，甲公司采用追溯调整法处理以上会计政策变更的步骤如下：

第一步，计算会计政策变更的累积影响数。甲公司可计算以上会计政策变更的累积影响数如表13-2所示。

表13-2 交易性金融资产会计政策变更的累积影响数计算表 单位：元

时间	按公允价值计量（1）	按成本与市价孰低计量（2）	税前差异 (3)=(1)-(2)	所得税影响 (4)=(3)×25%	税后差异 (5)=(3)-(4)
20×5年末	530 000	450 000	80 000	20 000	60 000
20×6年末	880 000	660 000	220 000	55 000	165 000
20×6年末比20×5年末增加	350 000	210 000	140 000	35 000	105 000

通过表13-2可以看出，至20×5年末，交易性金融资产会计政策变更的累积影响数为60 000元，即会计政策变更对20×5年末税后利润的影响；至20×6年末，交易性金融资产会计政策变更的累积影响数为165 000元，即会计政策变更对20×6年末税后利润的影响。

第二步，编制相关项目的调整分录。甲公司于20×7年会计政策变更时应编制如下调整会计分录：

(1) 对20×5年有关事项的调整。

1) 调整交易性金融资产的账面价值时。

借：交易性金融资产——公允价值变动 80 000

贷：利润分配——未分配利润 60 000

递延所得税负债 20 000

2) 调整留存收益中的盈余公积和未分配利润6 000元（60 000×10%）时。

借：利润分配——未分配利润 6 000

贷：盈余公积 6 000

通过编制以上调整分录，20×5年末或者20×6年初的交易性金融资产，其金额由原来的成本与市价孰低法下的金额450 000元调整为公允价值计量方法下的530 000元。未分配利润、盈余公积和递延所得税负债的金额也得到了相应的调整。在本例中，甲公司在20×7年12月31日编制新会计准则下的比较财务报表时，比较财务报表中列报的前期最早期初为20×6年1月1日，相应的数字应当是按照新会计准则调整后的财务报表中的数字。这样，比较财务报表中20×7年12月31日栏目中的数字与20×6年1月1日栏目中的数字都基于同样的会计政策，两者具有了可比性。

(2) 对20×6年有关事项的调整。

1) 调整交易性金融资产的账面价值时。

借：交易性金融资产——公允价值变动 140 000

贷：利润分配——未分配利润 105 000

递延所得税负债 35 000

2) 调整留存收益中的盈余公积和未分配利润10 500元（105 000×10%）时。

借：利润分配——未分配利润 10 500

贷：盈余公积 10 500

以上调整分录调整的是20×6年有关事项对20×5年末结果的影响，或者调整的是20×6年末的结果与20×5年末的结果之间的差异。通过编制以上调整分录，20×6年末或者20×7年初的交易性金融资产，其金额由原来的成本与市价孰低法下的金额660 000元调整为公允价值计量方法下的880 000元。未分配利润、盈余公积和递延所得税负债的金额也得到了相应的调整。这样，比较财务报表中20×7年12月31日栏目中的数字与20×6年12月31日栏目中的数字都基于同样的会计政策，两者具有了可比性。

以上对20×5年和20×6年相关事项的调整会计分录过账后，甲公司20×7年账簿记录中相应的数据已经为对会计政策进行追溯调整后的数据，即为对交易性金融资产最初即采用公允价值进行后续计量的数据。

第三步，调整列报前期最早期初财务报表的相关项目及其金额。经过以上对20×5年和20×6年有关事项的调整，甲公司在20×7年会计政策变更时，共调整累积影响数165 000元，其中，60 000元属于20×6年1月1日前的累积影响数，105 000元属于20×6年产生的影响数。至20×7年会计政策变更时，对相关项目的追溯调整金额为：交易性金融资产调整增加220 000元，递延所得税负债调整增加55 000元，未分配利润调整增加148 500元，盈余公积调整增加16 500元。甲公司在20×7年编制比较财务报表时，如果比较期间为20×6年和20×7年两年，那么，甲公司对20×6年财务报表相关项目的调整情况可分别如表13-3和表13-4所示，甲公司编制的20×7年度比较所有者权益变动表（部分）可如表13-5所示。

表13-3　对20×6年末资产负债表相关项目的调整　　单位：元

项目	调整前	调整数**	调整后
资产：			
交易性金融资产	660 000	220 000	880 000
负债：			
递延所得税负债	31 000*	55 000	86 000
所有者权益：			
盈余公积	840 000*	16 500	856 500
未分配利润	5 442 000*	148 500	5 590 500

* 为假设数据，该数据为按原会计政策核算的结果。
** 该调整数为累积影响数。

表13-4　对20×6年度利润表相关项目的调整　　单位：元

项目	调整前	调整数*	调整后
公允价值变动收益		140 000	140 000
所得税费用	223 000*	35 000	258 000
净利润	690 000*	105 000	795 000

* 为假设数据，该数据为按原会计政策核算的结果。
** 该调整数为当年影响数。

表13-5　所有者权益变动表（部分）

20×7年度　　单位：元

项目	本年金额		上年金额	
	盈余公积	未分配利润	盈余公积	未分配利润
一、上年年末余额	846 000	5 496 000	771 000	4 821 000
加：会计政策变更	10 500	94 500	6 000	54 000
前期差错更正				
二、本年年初余额	856 500	5 590 500	777 000	4 875 000
三、本年增减变动金额	（略）	（略）		
（一）综合收益总额				795 000
…				
（三）利润分配				
1. 提取盈余公积			79 500	−79 500
…				
四、本年年末余额			856 500	5 590 500

在表13-5中，“上年年末余额”栏目中的数据为假设数据，该数据为未经会计政策变更当年影响数调整的数额。其中，“上年金额”栏目中的留存收益总额为5 592 000元（6 282 000−690 000，或771 000+4 821 000），“本年金额”栏目中的留存收益总额为6 342 000元（5 592 000+60 000+690 000，或846 000+5 496 000）。“会计政策变更”栏目中的数据为对“上年年末余额”的当年影响数，即在以前年度累积影响的基

础上需要对上年年末余额进行调整的当年影响数。“本年年初余额”“本年增减变动金额”和“本年年末余额”栏目中的数据为调整后数据，即为如果一直采用新会计政策核算的结果。其中，“本年年初余额”和“本年年末余额”栏目中的数据与经调整后资产负债表中相关项目数据相同，“本年增减变动金额”栏目中的数据与经调整后利润表中相关项目数据相同，即更正后有关报表之间相应项目的金额存在对应关系。

20×7 年末，甲公司编制的比较资产负债表（部分）和比较利润表（部分）可分别如表 13－6 和表 13－7 所示。

表 13－6　资产负债表（部分）

20×7 年 12 月 31 日　　单位：元

资产	年末数	年初数	负债和所有者权益	年末数	年初数
流动资产：	（略）		流动负债：	（略）	
交易性金融资产		880 000	…		
…			非流动负债：		
非流动资产：			递延所得税负债		86 000
…			…		
			所有者权益：		
			盈余公积		856 500
			未分配利润		5 590 500
			…		
资产总计			负债和所有者权益总计		

表 13－7　利润表（部分）

20×7 年度　　单位：元

项目	本年金额	上年金额
一、营业收入	（略）	
公允价值变动收益		140 000
…		
二、营业利润		
…		
三、利润总额		
减：所得税费用		258 000
四、净利润		795 000
…		
五、其他综合收益的税后净额		
…		
六、综合收益总额		
七、每股收益		

在表 13－6 和表 13－7 中，年初数和上年金额均为按新会计政策调整后的金额，即如果甲公司一直按照新的会计政策核算，相应报表项目的应有金额。年末数和本年金额均为会计政策变更后按照新的会计政策核算后的数字。财务报表中前后两年的数字

经过对会计政策变更的调整后具有了可比性。

第四步，附注说明。本公司20×7年按照新会计准则的规定，对交易性金融资产的期末计量由原来的成本与市价孰低法改为以公允价值计量。此项会计政策变更采用追溯调整法，20×7年的比较财务报表已重新表述。20×6年期初运用新会计政策追溯计算的会计政策变更累积影响数为60 000元。调增20×6年的期初留存收益60 000元，其中，调增未分配利润54 000元，调增盈余公积6 000元。会计政策变更对20×6年度财务报表本年金额的影响数为105 000元，其中，调增未分配利润94 500元，调增盈余公积10 500元，调增净利润105 000元。

（三）未来适用法

未来适用法是指将变更后的会计政策应用于变更日及以后发生的交易或者事项，或者在会计估计变更当期和未来期间确认会计估计变更影响数的方法。即未来适用法既适用于会计政策变更，也适用于会计估计变更。

在未来适用法下，企业不需要计算会计政策变更的累积影响数，也不需要重编以前年度的财务报表。在会计政策变更日，企业会计账簿上记录的金额和财务报表上反映的金额都保留其在原有会计政策下的核算结果。在会计政策变更之后的期间，企业按照新的会计政策进行会计核算，并得出相应的核算结果。企业在符合相应的条件时，可以对会计政策的变更采用未来适用法。在未来适用法下，由于不需要对以前年度的会计记录和财务报表进行追溯调整，因此，未来适用法在实际应用时比追溯调整法简单。

例13-2

甲公司在20×6年之前，对发出存货的核算采用后进先出法。20×6年末，甲公司按照后进先出法核算的存货成本数额为185 000元，营业成本数额为342 000元。自20×7年起，甲公司按照新会计准则的规定，对发出存货的核算不再使用后进先出法，而将其更改为先进先出法。由于甲公司已经有几十年的历史，本次会计政策变更时已经难以查阅到几十年前完整的会计资料，因此，甲公司采用未来适用法处理本次会计政策的变更。20×7年末，甲公司以20×6年末存货成本185 000元为基础，采用先进先出法核算的存货成本数额为220 000元，营业成本数额为380 000元。甲公司在编制20×7年比较财务报表时，20×6年末的存货数额列示185 000元，20×6年的营业成本数额列示342 000元，即20×6年财务报表中各项目的数额都是按原会计政策核算的结果；20×7年末的存货数额列示220 000元，营业成本数据列示380 000元，即20×7年财务报表中各项目的数额都是按新会计政策核算的结果。甲公司不需要对20×6年末的存货、营业成本及其他相关项目按照新的会计政策进行追溯调整。20×7年末的存货数额直接以20×6年末存货的原有数额为基础，在对20×7年发生的存货业务按照新的会计政策进行核算后取得。

本例中，甲公司在编制完成20×7年的比较财务报表后，应当对本次会计政策的变更做出附注说明。附注说明的内容应当包括本次会计政策变更对本年度实现的净利润数额的影响，具体计算可如表13-8所示。表13-8中的相关数据为假设数据。

表 13－8 会计政策变更对 20×7 年度净利润数额的影响 单位：元

项目	按新会计准则核算	如果按原会计准则核算	差额
利润表项目：			
营业收入	526 000	526 000	0
减：营业成本	380 000	390 000	－10 000
其他费用	96 000	96 000	0
利润总额	50 000	40 000	10 000
减：所得税费用	12 500	10 000	2 500
净利润	37 500	30 000	7 500

根据表 13－8，甲公司对本次会计政策的变更对 20×7 年度实现的净利润的影响可作如下附注说明：本年度对存货的会计核算采用了新的会计政策，即采用了先进先出法，由此得出的本年度净利润数额为 37 500 元。如果本年度对存货的核算仍然采用原会计政策，即采用后进先出法，那么，本年度实现的净利润数额为 30 000 元。据此，本年度由于存货会计政策的变更使得本年度的净利润数额增加 7 500 元（37 500－30 000）。

从以上例 13－1 和例 13－2 可以看出，未来适用法与追溯调整法的最主要区别是：追溯调整法需要对以前年度的财务报表按照新的会计政策进行追溯调整，视同新的会计政策之前一直在使用；而未来适用法不需要对以前年度的财务报表按照新的会计政策进行追溯调整，只需要在以后会计期间使用新的会计政策进行会计核算即可。

第二节 会计估计变更

一、会计估计的概念

会计估计是指企业对结果不确定的交易或者事项以最近可以利用的信息为基础所作的判断。会计估计具有如下主要特点：

（1）会计估计是对结果不确定的交易或者事项所作的判断。企业发生的有些交易或者事项，其结果具有不确定性。例如，应收账款的坏账、存货的可变现净值、固定资产的使用寿命和净残值、使用寿命有限的无形资产的使用寿命和残值、固定资产和无形资产等非流动资产的可收回金额、提供服务的履约进度和各年获得合同收入的金额、预计负债及其金额等。对于这些结果不确定的交易或者事项，会计需要对其进行估计，并以估计的数额计价入账。

（2）会计估计的基础或依据是最近可以利用的信息。会计估计是以最近可以利用的信息为基础或依据对相关交易或者事项所作的估计。例如，企业在估计应收账款的坏账时，依据的信息可以有债务人目前的信用情况、最近的财务状况和经营成果、外部经济环境的变化情况、行业惯例的情况等；企业在估计固定资产的使用寿命时，依据的信息可以有固定资产的生产能力、有形损耗和无形损耗的情况、法律法规对固定资产使用期限的限制情况等。企业在对有关的交易或者事项进行会计估计时，需要获得各种相关的信息。这些信息是企业做出合理会计估计的基础。

会计估计是企业在遇到结果不确定的交易或者事项时而采用的一种会计确认和计

量的方法，它不会削弱会计信息的可靠性。例如，企业在会计期末对应收账款计提坏账准备、对存货按照成本与可变现净值孰低计量、确认预计负债等，都会涉及对坏账金额的估计、对存货可变现净值的估计、对预计负债金额的估计等。经过合理的会计估计，企业可以提供会计期末应收账款价值、存货价值、预计负债金额等更加可靠、更加有用的会计信息。再如，企业在购入固定资产时，对固定资产的使用寿命、净残值、弃置费用等进行合理估计，并以此为依据对固定资产按期计提折旧，从而可以不断提供固定资产累计折旧和净值等可靠、有用的会计信息。对需要做出合理估计的交易或者事项，如果离开了合理的会计估计，相应的信息反而会变得更加不可靠。

二、会计估计变更及其情形

（一）会计估计变更及其与会计政策变更的区别

会计估计变更是指由于资产和负债的当前状况及预期经济利益和义务发生了变化，从而对资产或负债的账面价值或者资产的定期消耗金额进行调整。

企业应当正确区分会计估计变更与会计政策变更，并按照各自规定的方法进行相应的会计处理。会计估计变更与会计政策变更的主要区别是：如果会计确认原则、会计计量基础或者会计列报项目发生了变更，则该项变更属于会计政策变更；否则，该项变更属于会计估计变更。例如，商业企业采购商品时发生的采购费用在2007年之前按规定计入营业费用，不计入商品采购成本。自2007年起，相应的采购费用按规定计入商品采购成本，不再计入营业费用。由此，商品采购费用的确认方法和列报项目都发生了改变，此项变更为会计政策变更。无形资产的研究开发费用在2007年之前按规定全部作费用化处理。自2007年起，开发阶段的支出符合条件的，可以作资本化处理。由此，研究开发费用的确认方法发生了改变，此项变更也为会计政策变更。

再如，某企业的一项无形资产，原来按照使用年限10年进行摊销。由于技术的迅速进步，2年后，企业将该项无形资产的使用年限调整为6年。该项变更没有涉及变更会计确认原则、会计计量基础或者会计列报项目，它是在原有会计政策的基础上重新分摊无形资产的使用成本。该项变更属于会计估计的变更。同样，某企业的一项固定资产，开始投入使用时使用直线法计提折旧。由于技术的进步，使用了若干年后，改用双倍余额递减法计提折旧。该项变更只改变了固定资产使用各期的折旧数额和固定资产净值，但并没有改变该项固定资产的计量基础，即该项固定资产仍然按照原始成本基础计量，相应的确认和列报项目也没有发生改变。因此，该项变更也属于会计估计的变更。

还如，某企业对一项应收账款按照5%的比例计提了坏账准备。该企业现在掌握了新的信息，估计该项应收账款基本不能收回。由此，企业将该项应收账款全额转为坏账。该项变更仅涉及对应收账款坏账金额的估计方法。因此，它属于会计估计的变更。同样，某企业对投资性房地产一直采用公允价值模式计量。之前相应公允价值的数额采用当地房地产市场的公开挂牌价格进行确定，现在改为以当地房地产市场的近期交易价格进行确定。该项变更仅涉及对投资性房地产公允价值数额的估计方法。因此，它也属于会计估计的变更。相比较而言，如果某企业将投资性房地产的后续计量模式由成本模式改为公允价值模式，则该企业改变了对投资性房地产的会计计量基础。这一变更就属于会计政策变更。

一般来说，会计政策决定交易或者事项的确认原则、计量基础和列报项目，从而也决定了财务报表所列报的会计信息和列报方式。会计估计是在会计政策的基础上对需要估计金额的列报项目采用适当的方法进行估计，从而合理地确定其具体的列报金额。我国企业会计准则规定，企业难以对某项变更区分为会计政策变更或会计估计变更的，应当将其作为会计估计变更处理。

（二）会计估计变更的情形

企业所作的每一次会计估计，都是以估计当时可以利用的信息为基础所作出的判断。随着时间的推移，企业当初所作的会计估计可能与现实情况已经不再符合。此时，企业需要对当初的会计估计进行变更，以使会计估计更加符合变化了的实际情况。会计估计变更的情形主要有如下两种：

（1）据以进行估计的基础发生了变化。会计估计总是依据一定的基础。如果当初依据的基础发生了变化，会计估计也应相应地进行改变。例如，企业在取得一项无形资产时，估计其使用寿命为 10 年，并以此为依据对该项无形资产的取得成本进行摊销。后来由于技术的迅速进步，企业发现该项无形资产的使用寿命不足 10 年。为更好地反映该项无形资产的实际价值，企业将该项无形资产的估计使用寿命变更为 6 年，并以此为依据对该项无形资产的成本进行摊销。再如，企业在取得一项固定资产时，估计其净残值为原值的 5%。后来企业发现，由于技术的进步，该类固定资产的净残值大都为其原值的 3%。此时，企业可以更改该项固定资产的预计净残值，并以此为依据重新计算固定资产的折旧。

（2）取得了新的信息、积累了更多的经验或者后来的发展变化。企业在进行会计估计时，是以当初可以利用的信息和已有的经验为基础的。之后，如果企业取得了新的信息，或者积累了更多的经验，证明相应的情况已经发生变化，或者以前相应的会计估计已经不太准确，此时，企业可以对当初的会计估计进行改变。例如，企业根据以往的经验对应收账款按其余额的 4%计提坏账准备。经过一段时间的经验积累，企业实际发生的坏账占应收账款余额的比例在 6%左右。为更好地反映应收账款的账面净值，企业将应收账款坏账的计提比例变更为 6%。再如，企业之前存在一项未决诉讼，当初估计的预计负债金额为 150 000 元。现在取得了新的信息或者情况发生了变化，企业很可能由此导致经济利益流出 240 000 元。为更好地反映预计负债的存在情况，企业可以对当初的会计估计进行变更，将预计负债的金额由当初的 150 000 元变更为现在的 240 000 元。

会计估计的变更应当以真实、可靠的信息为依据。也即企业在作出会计估计时，应当以当初可以利用的真实、可靠的信息为依据；企业在会计估计变更时，也应当以变更时可以利用的真实、可靠的信息为依据。例如，企业在将一项无形资产的估计使用寿命从当初的 10 年变更为现在的 6 年时，应当提供全面、真实、可靠的信息依据。全面、真实、可靠的信息是企业作出会计估计以及会计估计变更的基础。

会计估计变更并不代表之前的会计估计是错误的。会计估计变更的主要原因，是之后的情况发生了变化，或者企业掌握了新的信息、积累了更多的经验等。如果企业发现之前的会计估计本身是错误的，即当初由于各种原因作出了错误的会计判断，那么，企业应当按照会计差错更正的方法进行处理。

三、会计估计变更的会计处理

企业对会计估计变更应当采用未来适用法进行会计处理。在未来适用法下，企业不需要计算会计估计变更的累积影响数，也不需要重编以前年度的财务报表，而只需要在会计估计变更的当期或者当期和以后期间按照新的会计估计金额进行会计处理。具体来说，如果会计估计变更仅影响变更当期的，其影响数应当在变更当期予以确认；如果会计估计变更既影响当期又影响未来期间的，其影响数应当在变更当期和未来期间予以确认。

例13-3

甲公司20×1年之前对应收账款按其余额的5%的比例计提坏账准备。20×1年末，由于外部经济环境发生变化，甲公司将应收账款坏账的计提比例更改为10%。20×1年末，甲公司“应收账款”科目的借方余额为680 000元，与“应收账款”科目相对应的“坏账准备”科目在计提当年坏账准备前的贷方余额为5 000元。甲公司计算20×1年末应计提的应收账款坏账准备数额如下：

20×1年末“坏账准备”科目应有贷方余额＝680 000×10%＝68 000(元)

20×1年末应计提坏账准备的数额＝68 000－5 000＝63 000(元)

20×1年末，甲公司应编制如下会计分录：

借：信用减值损失	63 000	
贷：坏账准备		63 000

本例中，甲公司会计估计变更仅影响当年，相应的影响数在影响当年确认。甲公司应当在附注说明中对会计估计变更的原因、变更内容及其对当期净利润的影响作出说明。

本例中，甲公司如果仍然采用原来的计提坏账比例5%对应收账款计提坏账准备，那么，20×1年末计提的坏账准备数额为29 000元（680 000×5%－5000）。假设甲公司适用的所得税税率为25%，则甲公司本次会计估计变更对当年净利润的影响为25 500元［(63 000－29 000)×(1－25%)］，即使当年净利润减少25 500元。在附注说明中说明会计估计变更对当年净利润的影响可以帮助信息使用者更好地阅读和理解企业的会计信息，增加会计信息的可比性和有用性。

例13-4

甲公司20×1年1月1日取得一项无形资产，取得成本为500 000元，预计使用寿命为10年，按直线法摊销，每年摊销金额为50 000元（500 000/10），摊销金额计入管理费用。20×1年末和20×2年末，甲公司按预计使用寿命10年每年摊销该项无形资产的成本50 000元。20×3年初，由于技术的迅速进步，甲公司估计该项无形资产的使用寿命达不到原来预计的10年，根据最近可以利用的信息，将其整个预计使用寿命更改为7年，即自20×3年初起，该项无形资产估计尚可使用5年（7－2）。20×3年末，甲公司计算该项无形资产的摊销金额如下：

20×3年末尚未摊销时该项无形资产的账面价值＝500 000－50 000×2＝400 000(元)

20×3年末该项无形资产的摊销金额＝400 000/5＝80 000(元)

20×3 年末，甲公司应编制如下会计分录：

借：管理费用　80 000

　贷：累计摊销　80 000

本例中，甲公司会计估计变更既影响当年也影响未来期间，相应的影响数应当在影响当年和未来期间予以确认。假设甲公司适用的所得税税率为 25%，本次会计估计变更对变更当年净利润的影响数为 22 500 元［(80 000－50 000)×(1－25%)］。甲公司于 20×3 年末对本次会计估计变更可作如下附注说明：本公司一项无形资产，取得成本为 500 000 元，原预计使用寿命为 10 年，按直线法摊销。由于技术的迅速进步，该项无形资产已经不能再按原预计使用寿命计提摊销。为此，公司将该项无形资产的整个预计使用寿命更改为 7 年，以如实反映该项无形资产预计使用寿命的变化。本次会计估计变更使本年度净利润减少 22 500 元。

第三节　前期差错更正

一、前期差错的概念

前期差错是指由于没有运用或者错误运用下列两种信息，而对前期财务报表造成省略或错报：一是编报前期财务报表时预期能够取得并加以考虑的可靠信息；二是前期财务报告批准报出时能够取得的可靠信息。前期差错的含义之一是前期，即差错的发生时间在以前会计期间，或者本期发现了以前期间发生的会计差错，而以前会计期间已经完成了结账工作，相应的财务报表也已经编制完成。前期差错的含义之二是差错，即由于没有运用或者错误运用了相应的可靠信息，从而漏记或者错误地记录了相应的经济业务，进而使财务报表中的会计信息发生了差错。前期差错的发生情形通常有：

(1) 漏记或者计算、分类错误。例如，企业在以前会计期间漏记了一项固定资产，在本期发生了相应的固定资产盘盈；企业在以前会计期间本应计入债权投资的业务，计入了交易性金融资产；企业在以前会计期间发生的销售费用计入了财务费用等。

(2) 应用会计政策错误。例如，本应计入在建工程成本的专门借款利息计入了财务费用；本应计入无形资产成本的开发支出计入了管理费用；本应按照分期付款的折现值计价入账的固定资产，按照各期实际付款额之和计价入账等。

(3) 疏忽或曲解事实以及舞弊产生的影响等。例如，对于以支付手续费方式委托代销商品的业务，将其理解为商品发出时，商品的控制权已经转移给了购买方，由此，在发出商品时确认了销售商品收入，而没有在收到受托方开出的代销清单时确认销售商品收入；对于很可能败诉且赔款金额可以合理估计的未决诉讼，未确认相应的营业外支出和预计负债等。

二、前期差错更正及其与会计估计变更的区别

前期差错更正是对本期发现的以前会计期间发生的差错即前期差错所作的更正。由于以前会计期间已经结账并已编制完成相应的财务报表，因此，前期差错更正的方法与本期差错更正的方法有所不同。对前期差错进行更正的主要目的是如实反映以前

期间客观真实的财务状况和经营成果，并在此基础上使本期财务报表中的会计信息与前期财务报表中的相应会计信息具有可比性。根据我国企业会计准则的规定，企业应当在重要的前期差错发现当期的财务报表中，调整前期比较数据。

前期差错更正和会计估计变更都属于会计调整，但两者的含义有所不同。前期差错更正针对的是前期差错，而前期差错表明前期的会计记录在当时就存在差错，现在应当予更正。会计估计变更针对的是本期的情况已经发生变化，需要对前期的判断结果进行更改，但前期所作的判断结果本身在当时的情况下是正确的。由于前期差错更正和会计估计变更所反映的会计事项有所区别，因此，两者的会计处理方法也有所不同。

三、前期差错更正的会计处理

（一）不重要前期差错更正的会计处理

前期差错更正的会计处理视前期差错的重要性而有所不同。按照前期差错的重要性，前期差错可分为不重要的前期差错和重要的前期差错两种。其中，不重要的前期差错是指不足以影响财务报表使用者对企业财务状况、经营成果和现金流量做出正确判断的前期差错。重要的前期差错是指足以影响财务报表使用者对企业财务状况、经营成果和现金流量做出正确判断的前期差错。判断前期差错重要性的标准主要是金额标准和性质标准。一般来说，前期差错影响财务报表项目的金额越大、性质越严重，其重要性程度就越高。

对于不重要的前期差错，企业不需要调整财务报表相关项目的期初数，但应调整与前期相同的当期相关项目。涉及的调整项目如果为损益项目，应直接计入当期与上期相同的损益项目，不需要调整期初留存收益；涉及的调整项目如果为非损益项目，应调整本期与前期相同的相关项目。

例13-5

甲公司20×1年6月30日购入一台管理用办公设备，成本为54 000元，作为固定资产计价入账。该项固定资产的预计使用寿命为5年，预计净残值为4 000元，采用直线法计提折旧，每年应计提折旧10 000元［(54 000－4 000)/5］，20×1年使用的半年中应计提折旧5 000元（10 000/2）。20×1年末，甲公司在编制20×1年度的财务报表时，由于工作疏忽的原因没有对该项固定资产计提折旧，形成一项会计差错。20×2年末，甲公司发现了上年度发生的上述会计差错，并进行更正。甲公司经判断，该项前期差错属于不重要的前期差错，因此，不调整20×2年度财务报表相关项目的期初余额，包括20×2年度财务报表中的期初留存收益的数额，对相关项目的调整数额直接计入本年度财务报表的相应项目。根据以上资料，20×2年末，甲公司应编制如下前期差错更正的会计分录：

借：管理费用	5 000	
贷：累计折旧		5 000

同时，甲公司记录本年度该项固定资产折旧的会计分录如下：

借：管理费用	10 000	
贷：累计折旧		10 000

通过编制以上会计分录，甲公司“累计折旧”科目的贷方余额为15 000元（5 000+10 000）。该余额为该项固定资产在20×2年末的应有累计折旧数额。“管理费用”科目的借方余额为15 000元（5 000+10 000）。其中，5 000元为在上年度应当计提的折旧费用，由于为不重要的前期差错，通过更正直接计入了本年的折旧费用；10 000元为本年度应当计提的折旧费用。

例13-6

甲公司于20×1年5月10日以银行存款支付了一笔商品展览费21 000元。该笔商品展览费本应计入销售费用，但甲公司错误地将其计入了财务费用，且于发生当年编制财务报表时没有发现这一会计差错。20×2年10月30日，甲公司发现了20×1年度的以上会计差错，并予以更正。甲公司经判断，该项会计差错属于不重要的前期差错，因此，直接调整本年度相同的项目，不调整上年度财务报表中的相应项目。20×2年10月30日，甲公司应编制如下前期差错更正的会计分录：

借：销售费用　　21 000

　贷：财务费用　　21 000

通过编制以上会计分录，甲公司20×2年度的销售费用增加21 000元，财务费用减少21 000元。即甲公司20×1年度的会计差错影响了20×2年度财务报表中相应项目的金额。但由于是不重要的前期差错，因此，鉴于会计的重要性原则，可以采用简便的会计处理方法。事实上，如果从20×1年和20×2年两年的财务数据合计数来看，通过对前期差错的更正，甲公司确认了21 000元的销售费用。该会计信息为正确的会计信息。

（二）重要前期差错更正的会计处理

对于重要的前期差错，企业应当采用追溯重述法进行更正。追溯重述法是指在发现前期差错时，视同该项前期差错从未发生过，从而对财务报表相关项目进行更正的方法。企业在采用追溯重述法更正重要的前期差错时，应当对比较财务报表各期的重要前期差错进行调整，其中包括涉及损益的项目和不涉及损益的项目。经调整后的前期财务报表，应当如同有关的差错从未发生或者在发生的当期已经更正后的结果。对于比较财务报表期间以前的重要前期差错，应调整比较财务报表中最早期间的期初留存收益，财务报表中其他项目的数字也应一并进行调整。经过追溯重述，比较财务报表中各项目的数字都基于差错从未发生的结果，因而各期的财务报表具有可比性。

我国企业会计准则规定，企业确定前期差错影响数不切实可行的，可以从可追溯重述的最早期间开始调整留存收益的期初余额，财务报表其他相关项目的期初余额也应当一并调整，也可以采用未来适用法。未来适用法的使用如同以上会计政策变更和会计估计变更中的使用方法。

为核算重要前期差错更正的业务，企业应设置“以前年度损益调整”总账科目。企业因更正以前年度差错而调整增加以前年度利润或减少以前年度亏损时，借记有关科目，贷记该科目；调整减少以前年度利润或增加以前年度亏损时，做相反的会计分录。由于以前年度损益调整增加的所得税费用，借记该科目，贷记“应交税费——应交所得税”科目；由于以前年度损益调整减少的所得税费用，做相反的会计分录。经过上述调整后，该科目如为贷方余额的，应借记该科目，贷记“利润分配——未分配利润”科目；如为借方余额的，做相反的会计分录。该科目结转后应无余额。

例 13-7

甲公司 20×2 年末发现，20×1 年 8 月采用一般赊购方式购入的一项管理部门使用的固定资产没有入账。该项固定资产的成本为 560 000 元，预计使用寿命为 5 年，预计净残值为 20 000 元。该项固定资产按直线法计提折旧，每年应计提折旧 108 000 元[(560 000−20 000)/5]，20×1 年使用的 4 个月应计提折旧 36 000 元（108 000×4/12）。甲公司适用的所得税税率为 25%，并按净利润的 10%计提法定盈余公积。甲公司经判断，该项前期差错为重要的前期差错，并且可以确定前期差错的影响数，因此，应当采用追溯重述法进行更正。20×2 年末，甲公司应编制如下前期差错更正的会计分录：

（1）补登记赊购的固定资产并补提上年应计提的折旧时。

借：固定资产	560 000	
以前年度损益调整	36 000	
贷：累计折旧		36 000
应付账款		560 000

（2）调整应交所得税时。

调整的应交所得税=36 000×25%=9 000(元)

借：应交税费——应交所得税	9 000	
贷：以前年度损益调整		9 000

（3）将“以前年度损益调整”科目余额转入“利润分配”科目时。

调整的未分配利润=36 000−9 000=27 000(元)

借：利润分配——未分配利润	27 000	
贷：以前年度损益调整		27 000

（4）调整盈余公积时。

调整的盈余公积=27 000×10%=2 700(元)

借：盈余公积	2 700	
贷：利润分配——未分配利润		2 700

通过编制以上前期差错更正的会计分录，甲公司在 20×1 年由于漏记固定资产和漏计提固定资产折旧而引起的会计差错得到了更正。甲公司使用以上会计分录的数据调整 20×1 年度财务报表中的相应项目，20×1 年度的财务报表就可以成为如同有关的会计差错没有发生一样的结果，从而使得 20×1 年度的财务报表与 20×2 年度的财务报表具有可比性。甲公司在 20×2 年末编制 20×1 年度和 20×2 年度的比较财务报表时，对财务报表中有关项目的具体调整情况如下：

（1）对 20×2 年度资产负债表中有关项目的年初余额作如下调整：调增固定资产 560 000 元，调增应付账款 560 000 元，调增累计折旧 36 000 元，调减应交税费 9 000 元，调减盈余公积 2 700 元，调减未分配利润 24 300 元（27 000−2 700）。

（2）对 20×2 年度利润表中的上年金额作如下调整：调增管理费用 36 000 元，调减所得税费用 9 000 元，调减净利润 27 000 元（36 000−9 000）。同时，利润表中的每股收益也应作相应的调整。

(3) 对20×2年度所有者权益变动表中的上年金额作如下调整：调减盈余公积2 700元，调减未分配利润24 300元（27 000－2 700）。

甲公司在编制完成20×2年度的比较财务报表后，对本次前期差错更正可作如下附注说明：本年度发现20×1年度漏记一项固定资产，成本为560 000元，同时，漏计提相应的固定资产折旧36 000元。在编制20×1年度和20×2年度的比较财务报表时，对该项前期差错已经采用追溯重述的方法进行了更正。更正后，调减20×1年度的净利润27 000元。

第四节　资产负债表日后事项

一、资产负债表日后事项的概念和种类

（一）资产负债表日后事项的概念

资产负债表日后事项是指资产负债表日至财务报告批准报出日之间发生的有利或不利事项。其中，资产负债表日是指会计年度末和会计中期期末。由于我国会计年度采用公历年度，因此，年度资产负债表日是指公历12月31日。会计中期通常包括半年度、季度和月度。相应地，半年度、季度和月度资产负债表日是指公历半年末、季末和月末。财务报告批准报出日是指董事会或类似机构批准财务报告报出的日期。有利或不利事项是指对企业财务状况和经营成果具有一定影响的事项，其中包括对上期财务状况和经营成果具有一定影响的事项和对本期财务状况和经营成果具有一定影响的事项。

例如，某企业20×1年度的财务报告于20×2年3月15日编制完成，注册会计师完成相应审计工作并签署审计报告的日期为20×2年4月2日，董事会批准财务报告对外公布的日期为20×2年4月10日，财务报告实际对外公布的日期为20×2年4月14日，股东大会召开的日期为20×2年5月6日。在以上举例中，资产负债表日后事项涵盖的期间为20×2年1月1日至20×2年4月10日，即20×1年度后的第一天起至董事会批准财务报告对外公布的日期止。甲公司在20×2年1月1日至20×2年4月10日之间发生的有利或不利事项，对20×1年度的财务报告来说，属于资产负债表日后事项。这些事项可能会对20×1年度的财务报告内容产生影响，也可能不会对20×1年度的财务报告内容产生影响，但会对20×2年度的财务报告内容产生影响。产生的影响可能会是有利影响，也可能会是不利影响。

如果在财务报告批准报出日与实际报出日之间又发生了与前期财务报告内容相关或者可能会对本期财务报告内容产生重要影响的事项，企业认为需要修改前期财务报告内容的，原来财务报告批准报出的日期可能会被推迟。推迟对外报出的财务报告在报出之前，需要经过董事会的再次批准。对原来财务报告的内容作过修改的，需要经过注册会计师的再次审计，并出具相应的审计报告。在这种情况下，资产负债表日后事项的涵盖期间为上个会计期间后的第一天或本会计期间的第一天至董事会再次批准财务报告可以对外公布的日期。

资产负债表日后事项并不是在资产负债表日后事项涵盖的期间内发生的全部事项。只有那些与资产负债表日存在状况有关的事项，或者虽然与资产负债表日存在状况无关，但对企业当期财务状况可能会产生重大影响的事项，才属于资产负债表日后事项，相应的内容才需要调整或列入上期财务报告。

（二）资产负债表日后事项的种类

按照资产负债表日后事项是否需要调整上期财务报告中的数字，即资产负债表日后事项是否影响上期末企业的会计记录结果，资产负债表日后事项可分为资产负债表日后调整事项和资产负债表日后非调整事项。其中，资产负债表日后调整事项是指对资产负债表日已经存在的情况提供了新的或进一步证据的事项。资产负债表日后非调整事项是指表明资产负债表日后发生的情况的事项。

资产负债表日后调整事项与资产负债表日后非调整事项的主要区别是：资产负债表日后调整事项表明的情况在资产负债表日或资产负债表日以前已经存在，只是当时不知道其存在或者不能知道其确切结果，资产负债表日后相应事项的发生证实了资产负债表日或之前相应情况的存在或者知道了其确切结果；资产负债表日后非调整事项表明的情况在资产负债表日或之前不存在，发生的相应事项与资产负债表日或之前存在的情况没有内在联系。

例如，甲公司于20×1年11月因销售产品的质量问题被消费者起诉。至20×1年末，法院尚未做出判决。甲公司经咨询律师后认为，企业败诉的可能性很大，估计赔偿金额为175 000元。为此，甲公司于20×1年末确认了一项预计负债，金额为175 000元。20×2年2月25日，法院判决甲公司败诉，并要求甲公司向消费者赔偿185 000元。此时，甲公司20×1年度的财务报表已经编制完成，但尚未经董事会批准报出。在这种情况下，20×2年2月25日法院判决甲公司败诉这一事项证实了甲公司在20×1年末存在的情况，并提供了相应情况的确切结果，法院判决的赔偿金额185 000元大于甲公司在20×1年末估计的赔偿金额175 000元，由于财务报告尚未批准报出，该事项属于资产负债表后事项，并且是属于不利事项。甲公司应于20×2年2月25日法院判决下达时，对20×1年末确认的预计负债进行调整，并将调整结果编入20×1年度的财务报表。

再如，20×2年2月，甲公司20×1年度的财务报告正在编制过程中。20×2年1月25日，甲公司与银行签订了一项重要的贷款合同，贷款金额为800 000元，贷款期限为20×2年1月25日至20×4年1月24日，贷款用途为引进一套新的生产设备，以较大幅度地提高企业的生产能力以及生产产品的质量。在这种情况下，甲公司20×2年1月25日发生的签订贷款合同并取得长期借款这一事项发生在20×1年度资产负债表日后事项的涵盖期间，但这一事项与甲公司20×1年末即20×1年度资产负债表日存在的情况无关。因此，它不属于资产负债表日后调整事项。尽管如此，由于这一事项属于甲公司的重要事项，它可能会影响甲公司20×2年度甚至以后相关年度的财务状况和经营成果，及时披露这一重要信息，可以帮助信息使用者做出相应的决策。由此，该事项属于甲公司的资产负债表日后非调整事项。甲公司不能将该事项列入20×1年度的财务报表中，但应当在财务报表附注中披露这一事项。

由于资产负债表日后调整事项与资产负债表日后非调整事项对财务报表的影响是

不同的，因此，企业对资产负债表日后调整事项与资产负债表日后非调整事项的会计处理也是不同的。

二、资产负债表日后调整事项的会计处理

（一）资产负债表日后调整事项的会计处理原则

企业发生的资产负债表日后调整事项，应当调整资产负债表日的财务报表。对于年度财务报告而言，由于资产负债表日后调整事项发生在报告年度的次年，而报告年度的有关账目在报告年度末已经结转，尤其是报告年度的损益类科目在报告年度末结账后已经无余额，因此，资产负债表日后调整事项的会计处理不同于报告年度内对相应业务的会计处理。以年度财务报告为例，资产负债表日后调整事项的会计处理应当遵循如下原则：

（1）对于涉及报告年度损益的调整事项，应当通过“以前年度损益调整”科目核算。企业因资产负债表日后事项而调整增加报告年度利润或减少报告年度亏损时，借记有关科目，贷记该科目；调整减少报告年度利润或增加报告年度亏损时，做相反的会计分录。由于报告年度损益调整增加的所得税费用，借记该科目，贷记“应交税费——应交所得税”科目；由于报告年度损益调整减少的所得税费用，做相反的会计分录。经过上述调整后，该科目如为贷方余额的，应借记该科目，贷记“利润分配——未分配利润”科目；如为借方余额的，做相反的会计分录。该科目结转后应无余额。

（2）对于涉及报告年度利润分配的调整事项，应当在“利润分配——未分配利润”科目核算。

（3）对于不涉及报告年度损益和利润分配的调整事项，应当调整相关科目。

（4）通过上述会计处理后，企业应对报告年度财务报表中相关项目的数字进行调整，同时，应在报告年度财务报表附注的内容中对调整事项及其调整情况做出说明。

（二）资产负债表日后调整事项的会计处理举例

1. 资产负债表日后诉讼案件结案，法院判决证实了企业在资产负债表日已经存在现时义务，需要调整原先确认的与该诉讼案件相关的预计负债，或确认一项新负债

我国《企业会计准则第29号——资产负债表日后事项》对资产负债表日后调整事项和资产负债表日后非调整事项通常包括的事项内容作了举例说明。这些举例属于比较典型的资产负债表日后事项。对这些资产负债表日后事项的会计处理方法可以应用于其他有关的资产负债表日后事项。

例 13-8

甲公司因违约，于20×1年12月15日被乙公司告上法庭。乙公司要求甲公司向其赔偿经济损失600 000元。20×1年12月31日，法院尚未判决，案件正在审理中。甲公司根据或有事项会计准则的规定，于20×1年12月31日确认了一项相应的预计负债450 000元。20×2年2月26日，诉讼案件结案，法院判决甲公司应向乙公司赔偿经济损失520 000元，甲公司和乙公司均服从判决。判决日，甲公司即以银行存款向乙

公司支付了赔款520 000元。甲公司于20×2年3月23日完成所得税汇算清缴，于20×2年4月5日财务报告批准报出。假设甲公司20×1年末确认的预计负债，由此产生的损失不允许在预计时税前抵扣，只有在损失实际发生时才可以税前抵扣。甲公司适用的所得税税率为25%，按净利润的10%提取法定盈余公积。根据以上资料，20×2年2月26日法院下达判决时，甲公司应编制如下会计分录：

（1）确认实际应付赔款时。

借：以前年度损益调整　　70 000
　　预计负债　　450 000
　贷：其他应付款　　520 000

甲公司于20×1年12月31日按估计的数额确认预计负债时，借记“营业外支出”科目，贷记“预计负债”科目，金额为450 000元。法院下达判决时，甲公司应冲销原先确认的预计负债。

（2）调整应交所得税税额时。

调整的应交所得税＝70 000×25%＋450 000×25%
＝520 000×25%
＝130 000(元)

借：应交税费——应交所得税　　130 000
　贷：以前年度损益调整　　130 000

甲公司20×1年末在计算当年应纳税所得额时，由确认预计负债而确认的营业外支出450 000元不能税前抵扣。20×2年2月26日，相应的营业外支出实际发生时，可以税前抵扣。通过以上调整，甲公司应交所得税的数额已经被调整至如同20×1年末实际发生赔款支出520 000元的情况。

（3）调整20×1年末确认的递延所得税资产时。

调整的递延所得税资产＝450 000×25%＝112 500(元)

借：以前年度损益调整　　112 500
　贷：递延所得税资产　　112 500

甲公司于20×1年12月31日由于预计负债增加，从而确认了递延所得税资产增加，所得税费用减少。20×2年2月26日，资产负债表日后事项发生后，预计负债已经冲销，递延所得税资产也不复存在，应予冲销。

（4）以银行存款支付应付赔款时。

借：其他应付款　　520 000
　贷：银行存款　　520 000

（5）将“以前年度损益调整”科目余额转入“利润分配”科目时。

转销的以前年度损益调整＝70 000＋112 500－130 000＝52 500(元)

借：利润分配——未分配利润　　52 500
　贷：以前年度损益调整　　52 500

转入未分配利润的以前年度损益调整52 500元为20×2年2月26日资产负债表日后事项发生后，经过调整，对20×1年末确认的净利润的影响数。该影响数可通过以下方法进行核实：

20×1 年末实际确认的营业外支出对净利润的影响＝450 000－450 000×25％
＝337 500(元)

20×1 年末应当确认的营业外支出对净利润的影响＝520 000－520 000×25％
＝390 000(元)

应当确认的影响数与实际确认的影响数的差额＝390 000－337 500
＝52 500(元)

或者简便核实如下：

应转入未分配利润的以前年度损益调整数＝(520 000－450 000)×(1－25％)
＝52 500(元)

(6) 因净利润变动而调整盈余公积时。

调整的盈余公积＝52 500×10％＝5 250(元)

借：盈余公积　　5 250
　贷：利润分配——未分配利润　　5 250

通过以上调整，甲公司 20×1 年末未分配利润减少 47 250 元（52 500－5 250）。

甲公司在编制完成以上会计分录后，应对 20×1 年度的财务报表作如下调整：

(1) 对资产负债表项目年末数的调整：调增其他应付款 520 000 元，调减应交税费 130 000 元，调减预计负债 450 000 元，调减递延所得税资产 112 500 元，调减盈余公积 5 250 元，调减未分配利润 47 250 元。

(2) 对利润表项目本年金额的调整：调增营业外支出 70 000 元（520 000－450 000），调减所得税费用 17 500 元（70 000×25％），调减净利润 52 500 元。

(3) 对所有者权益变动表项目本年金额的调整：调减净利润 52 500 元，调减提取盈余公积中的盈余公积 5 250 元，调增提取盈余公积中的未分配利润 5 250 元，调减未分配利润年末余额 47 250 元。

本例中，由于资产负债表日后事项发生在所得税汇算清缴完成之前，因此，甲公司应当调整资产负债表日所属年度即报告年度的应纳税所得额和应纳所得税税额。如果资产负债表日后事项发生在报告年度所得税汇算清缴之后，那么，企业应当调整本年度即报告年度的次年的应纳税所得额和应纳所得税税额。

例 13－9

沿用例 13－8 的资料，20×1 年 12 月 31 日，乙公司存在现时的获赔权利。假设乙公司 20×1 年度所得税汇算清缴日为 20×2 年 3 月 31 日，财务报告批准报出日为20×2 年 4 月 12 日，适用的所得税税率为 25％，按净利润的 10％提取法定盈余公积。由此，20×2 年 2 月 26 日法院下达判决结果这一事项，对乙公司来说，也属于资产负债表日后调整事项。20×2 年 2 月 26 日，法院下达判决时，乙公司应编制如下会计分录：

(1) 确认应收赔款时。

借：其他应收款　　520 000
　贷：以前年度损益调整　　520 000

(2) 调整应交所得税时。

调整的应交所得税＝520 000×25%＝130 000(元)

借：以前年度损益调整　　130 000
　贷：应交税费——应交所得税　　130 000

(3) 收到应收赔款时。

借：银行存款　　520 000
　贷：其他应收款　　520 000

(4) 将“以前年度损益调整”科目余额转入“利润分配”科目时。

调整增加的未分配利润＝520 000－130 000＝390 000(元)

借：以前年度损益调整　　390 000
　贷：利润分配——未分配利润　　390 000

(5) 因净利润增加补提盈余公积时。

调整增加的盈余公积＝390 000×10%＝39 000(元)

借：利润分配——未分配利润　　39 000
　贷：盈余公积　　39 000

乙公司在编制完成以上会计分录后，应对20×1年度的财务报表作如下调整：

(1) 对资产负债表项目年末数的调整：调增其他应收款520 000元，调增应交税费130 000元，调增盈余公积39 000元，调增未分配利润351 000元（390 000—39 000)。

(2) 对利润表项目本年金额的调整：调增营业外收入520 000元，调增所得税费用130 000元，调增净利润390 000元。

(3) 对所有者权益变动表项目本年金额的调整：调增净利润390 000元，调增提取盈余公积中的盈余公积39 000元，调减提取盈余公积中的未分配利润39 000元，调增未分配利润年末余额351 000元。

本例中，20×1年末，乙公司存在的获赔权利600 000元属于乙公司的或有资产，乙公司对其通常不予确认。20×2年2月26日，法院下达判决结果时，乙公司将可以获得的赔款520 000元全额调整20×1年度的财务报表。

2. 资产负债表日后取得确凿证据，表明某项资产在资产负债表日发生了减值或者需要调整该项资产原先确认的减值金额

例13-10

甲公司于20×1年7月5日向乙公司销售一批库存商品，含税价款1 000 000元，款项尚未收到。按照销售合同的约定，乙公司应当在甲公司销售库存商品后的3个月内付清全部款项。至20×1年10月5日，乙公司由于发生财务困难，没有在约定的时间内向甲公司付款。20×1年末，甲公司得知，乙公司的财务困难进一步加剧，有可能要进入破产清算。为此，20×1年末，甲公司按应收乙公司款项的20%计提了坏账准备200 000元（1 000 000×20%)。20×2年2月2日，甲公司收到通知，乙公司已宣告破产清算，甲公司估计有70%的相应应收款项无法收回。20×2年3月10日，甲公司的财务报告由董事会批准报出。甲公司适用的所得税税率为25%，按净利润的10%提取法定盈余公积。根据以上资料，20×2年2月2日甲公司收到乙公司已宣告破产清算的通知时，应编制如下会计分录：

（1）补提坏账准备时。

补提的坏账准备＝1 000 000×70％－200 000＝500 000（元）

借：以前年度损益调整　　500 000
　贷：坏账准备　　500 000

（2）调整递延所得税资产时。

调整的递延所得税资产＝500 000×25％＝125 000（元）

借：递延所得税资产　　125 000
　贷：以前年度损益调整　　125 000

（3）将“以前年度损益调整”科目余额转入“利润分配”科目时。

调整减少的未分配利润＝500 000－125 000＝375 000（元）

借：利润分配——未分配利润　　375 000
　贷：以前年度损益调整　　375 000

（4）因净利润减少而调减盈余公积时。

调整减少的盈余公积＝375 000×10％＝37 500（元）

借：盈余公积　　37 500
　贷：利润分配——未分配利润　　37 500

甲公司在编制完成以上会计分录后，应对20×1年度的财务报表作如下调整：

（1）对资产负债表项目年末数的调整：调减应收账款500 000元，调增递延所得税资产125 000元，调减盈余公积37 500元，调减未分配利润337 500元（375 000－37 500）。

（2）对利润表项目本年金额的调整：调增信用减值损失500 000元，调减所得税费用125 000元，调减净利润375 000元。

（3）对所有者权益变动表项目本年金额的调整：调减净利润375 000元，调减提取盈余公积中的盈余公积37 500元，调增提取盈余公积中的未分配利润37 500元，调减未分配利润年末余额337 500元（375 000－37 500）。

本例中，甲公司于20×1年末为应收账款计提坏账准备时，确认的信用减值损失不能从应纳税所得额中扣除，对20×1年度的应交所得税没有影响。20×2年2月2日资产负债表日后事项发生后，甲公司调整增加20×1年末估计的相应信用减值损失。调整后确认的信用减值损失数额为20×1年末应当做出的估计数额。该估计数额在计算20×1年度的应纳税所得额时仍然为不能扣除的项目，对20×1年度的应交所得税仍然没有影响。因此，20×2年2月2日资产负债表日后事项发生后，甲公司在编制以上相应的会计分录时，没有涉及对“应交税费——应交所得税”科目进行调整。由于甲公司计提的坏账准备数额影响递延所得税资产的数额，因此，甲公司在调整增加“坏账准备”科目的数额时，也调整“递延所得税资产”科目的数额。

三、资产负债表日后非调整事项的会计处理

（一）资产负债表日后非调整事项的会计处理原则

企业发生的资产负债表日后非调整事项，由于其与资产负债表日存在的状况无关，因此，不应当调整资产负债表日的财务报表。但由于资产负债表日后非调整事项很可能会对企业当年的财务状况和经营成果产生重大影响，它们对财务报告使用者的决策具有重要的参考价值，如不加以说明，将不利于财务报告使用者对企业作出正确的估计和相应的决策。因此，资产负债表日后非调整事项应当在资产负债表日所在报告期间的财务报表附注中进行披露。

企业对于每项重要的资产负债表日后非调整事项，都应当在财务报表附注中分别披露其性质、内容及其对企业财务状况和经营成果的影响。无法作出估计的，应当说明原因。

（二）资产负债表日后非调整事项的会计处理举例

1. 资产负债表日后发生重大诉讼、仲裁、承诺

资产负债表日后发生的重大诉讼、仲裁或承诺等事项，对企业的现状和未来发展影响较大。为防止误导投资者及其他财务报告信息使用者，企业应当在资产负债表日的财务报表附注中就其相关内容进行披露。

2. 资产负债表日后资产价格、税收政策、外汇汇率发生重大变化

资产负债表日后资产价格、税收政策、外汇汇率发生重大变化的事项，虽然不会影响资产负债表日财务报表相关项目的数据，但对企业资产负债表日后期间的财务状况和经营成果会产生重大影响，因此，应当在资产负债表日的财务报表附注中进行披露。

3. 资产负债表日后因自然灾害导致资产发生重大损失

自然灾害通常是不可预测的。因此，资产负债表日后因自然灾害导致企业的资产发生重大损失的事项，不影响企业资产负债表日财务报表中的数据。但这一事项对企业资产负债表日后的财务状况和经营成果会产生重大影响，因此，应当在资产负债表日的财务报表附注中进行披露。

4. 资产负债表日后发行股票和债券以及其他巨额举债

企业发行股票和债券以及其他巨额举债都属于企业比较重大的事项。这一事项如果发生在资产负债表日后事项涵盖期间，就属于资产负债表日后非调整事项。在资产负债表日的财务报表附注中及时披露这一信息，可以帮助信息使用者及时了解这一重大事项及其可能对企业产生的影响，从而可以帮助信息使用者作出合理的决策。如果等到资产负债表日后事项发生的会计期间再披露这一事项，那么，尽管相应的数据会列入业务发生当期的财务报表中，但在时间上已经延迟了，不符合会计信息披露的及时性要求。

5. 资产负债表日后资本公积转增资本

企业以资本公积转增资本会改变企业的资本结构，影响较大，应当在财务报表附注中进行披露。

6. 资产负债表日后发生巨额亏损

资产负债表日后发生巨额亏损将会影响报告期以后期间的财务状况和经营成果，属于影响较大的资产负债表日后非调整事项，应当在报告期财务报表附注中进行披露。

7. 资产负债表日后发生企业合并或处置子公司

企业合并或处置子公司可以影响企业的股权结构、经营范围等方面，对企业未来的生产经营活动能产生重大影响。相应的信息应当作为资产负债表日后非调整事项在财务报表附注中进行披露。

8. 资产负债表日后，企业利润分配方案中拟分配的以及经审议批准宣告发放的股利或利润

资产负债表日后，企业制定利润分配方案，拟分配或经审议批准宣告发放股利或利润的事项，不会影响资产负债表日的财务状况，也即企业在资产负债表日不存在支付股利或利润的现时义务。因此，该事项不属于资产负债表日后调整事项，不能据以调整报告年度财务报表中的数据。但该事项可能会导致企业在当年发生大量的现金流出，以支付宣告发放的股利或利润，从而会影响企业当年的财务状况和资本结构，因此，应当作为资产负债表日后非调整事项在财务报表附注中披露。

思考题

1. 什么是会计政策？什么是会计政策变更？会计政策变更的条件是什么？
2. 会计政策变更的会计处理应当遵循哪些原则？
3. 什么是会计政策变更的追溯调整法？追溯调整法在具体应用时通常包括哪些步骤？
4. 什么是会计政策变更的未来适用法？在未来适用法下，企业应当如何反映会计政策的变更？
5. 什么是会计估计？会计估计具有哪些主要特点？
6. 什么是会计估计变更？企业在会计估计变更时应当采用什么方法进行会计处理？
7. 什么是前期差错？前期差错发生的情形通常有哪些？
8. 什么是前期差错更正？前期差错更正的会计处理方法是什么？
9. 什么是资产负债表日后事项？资产负债表日后事项可分为哪两个种类？它们之间的主要区别是什么？
10. 资产负债表日后调整事项的会计处理应当遵循哪些原则？
11. 资产负债表日后非调整事项的会计处理原则是什么？

练习题

练习一

一、目的：练习会计政策变更的会计处理。

二、资料：甲公司于20×1年末以市价5 000 000元购入一栋办公楼，用于出租目的，作为投资性房地产管理。该办公楼所在地有活跃的房地产市场，但甲公司仍然采用成本模式对该投资性房地产进行后续计量。该办公楼预计使用寿命为10年，采用年限平均法计提折旧，预计净残值为零，从20×2年起每年计提折旧500 000元（5 000 000/10）。20×2年末，该项投资性房地产的账面价值为4 500 000元（5 000 000－500 000），公允价值为5 200 000元。20×3年末，该项投资性房地产的账面价值为4 000 000元（5 000 000－1 000 000），公允价值为5 300 000元。20×4年初，甲公司决定从当年起对该投资性房地产改用公允价值模式进行后续计量。20×4年末，该项投资性房地产的公允价值为5 700 000元。甲公司适用的所得税税率为25%，按净利润的10%提取法定盈余公积。

三、要求：根据以上资料，分别采用追溯调整法和未来适用法为甲公司编制有关会计政策变更的会计分录，并对调整情况作附注说明。同时，编制20×4年末投资性房地产公允价值变动的会计分录。

练习二

一、目的：练习会计估计变更的会计处理。

二、资料：甲公司于20×1年1月1日起对管理部门使用的某设备计提折旧。该设备的原价为210 000元，预计使用寿命为5年，预计净残值为10 000元，按年限平均法计提折旧。20×3年初，由于技术进步等原因，甲公司对该设备的预计使用寿命和预计净残值进行了修改，将该设备的预计使用寿命修改为4年，预计净残值修改为6 000元。甲公司适用的所得税税率为25%。

三、要求：根据以上资料，为甲公司作出有关会计估计变更的会计处理，并对处理情况作附注说明。

练习三

一、目的：练习前期差错更正的会计处理。

二、资料：甲公司20×1年6月30日购入一台管理用办公设备，成本为540 000元，作为固定资产计价入账。该项固定资产的预计使用寿命为5年，预计净残值为40 000元，采用直线法计提折旧，每年应计提折旧100 000元［(540 000－40 000)/5］，20×1年使用的半年中应计提折旧50 000元（100 000/2）。20×1年末，甲公司在编制20×1年度的财务报表时，由于工作疏忽没有对该项固定资产计提折旧，形成一项会计差错。20×2年末，甲公司发现了上年度发生的上述会计差错并进行更正。甲公司经判断，该项前期差错属于重要的前期差错，并且可以确定前期差错的影响数，因此，应当采用追溯重述法进行更正。甲公司适用的所得税税率为25%，并按净利润的10%计提法定盈余公积。甲公司在20×1年所得税申报表中没有扣除该管理用固定资产相应的折旧费用。20×2年发现差错时，税法允许调整应交所得税。

三、要求：根据以上资料，为甲公司编制有关前期差错更正的会计分录，并对20×2年度比较财务报表中有关项目的具体调整情况作出说明。同时，作出财务报表附注说明。

练习四

一、目的：练习资产负债表日后事项的会计处理。

二、资料：甲公司持有一项对乙公司的长期股权投资，成本为500 000元。20×1年末，甲公司对持有的乙公司的长期股权投资情况进行检查，发现乙公司的经营状况恶化，股票市价持续下跌，并且预计在未来期间内难以恢复。由此，甲公司于20×1年末对持有的乙公司的长期股权投资计提了减值准备100 000元。20×2年3月5日，甲公司根据确切的会计资料，预计对乙公司的长期股权投资至多只能收回成本的30%。此时，甲公司的财务报告尚未批准报出。甲公司适用的所得税税率为25%，按照净利润的10%提取法定盈余公积。甲公司对该项长期股权投资计提的减值准备属于未经核准的资产减值准备，在计算应交所得税时不得从收入总额中扣除。

三、要求：根据以上资料，为甲公司编制20×2年3月5日资产负债表日后事项的会计分录，并对20×1年度财务报表中有关项目的具体调整情况作出说明。同时，作出财务报表附注说明。

第十四章

财务报告

第一节 财务报告及其列报的基本要求

一、财务报告的概念

财务报告也称财务会计报告，是指企业对外提供的反映企业某一特定日期的财务状况和某一会计期间的经营成果、现金流量等会计信息的文件。

财务报告至少包括以下几层含义：

(1) 财务报告主要是对外报告。财务报告的服务对象主要是投资者、债权人、政府部门等外部信息使用者，企业专门为内部管理需要而编制的报告不属于财务报告的概念范围。

(2) 财务报告应当按照规定的要求编制。财务报告是企业管理层与投资者、债权人、政府部门等外部信息使用者进行沟通的媒介和桥梁。企业应当按照相关会计法规的规定编制并对外提供财务报告，确保财务报告提供的财务会计信息规范、正确。企业不可以根据自己的需要编制财务报告。

(3) 财务报告是一整套全面系统的文件。财务报告的内容全面覆盖企业的生产经营活动及其相关情况。财务报告反映的财务会计信息是一套系统的信息，相关信息之间存在着内在的相互联系。财务报告不是零星的、不完整的信息。

企业提供财务报告是为了向投资者、债权人、政府部门等财务报告的使用者提供财务会计信息，以如实反映企业管理层受托责任的履行情况，并帮助投资者、债权人、政府部门等财务报告的使用者作出经济决策。

二、财务报告的组成

财务报告包括财务报表和其他应当在财务报告中披露的相关信息和资料。财务报表是财务报告的核心内容。

财务报表是对企业财务状况、经营成果和现金流量等的结构性表述。一套完整的财务报表至少应当包括四张报表及其附注，即“四表一注”。其中，四张报表分别是资产负债表、利润表、现金流量表和所有者权益变动表；财务报表附注是对财务报表相关内容的注释。

财务报表按照编报期间的不同，可分为中期财务报表和年度财务报表。中期财务报表是以短于一个完整会计年度的报告期间为基础编制的财务报表，包括月报、季报和半年报等种类。年度财务报表是以一个完整会计年度的报告期间为基础编制的财务报表。财务报表按照编报主体的不同，可以分为个别财务报表和合并财务报表。个别财务报表是以企业自身作为会计主体，由企业根据自身的会计核算结果编制而成的反映企业自身财务会计信息的财务报表。合并财务报表是以母公司和子公司组成的企业集团为会计主体，根据母公司和所属子公司的个别财务报表，由母公司编制的综合反映企业集团财务会计信息的财务报表。合并财务报表的内容在高级财务会计课程中介绍。

三、财务报表列报的基本要求

财务报表的列报应当遵循一些基本的要求。这些基本要求主要是：

（1）依据各项会计准则确认和计量的结果编制财务报表。财务报表是企业依据各项会计准则进行确认和计量的综合结果。企业应当依据各项会计准则确认和计量的结果编制财务报表，并且在附注中对这一情况做出声明。对于按照会计准则的规定应当进行确认和计量的交易和事项，企业不应以在附注中进行披露来代替对交易和事项的确认和计量，而应当按照会计准则的规定进行确认和计量，并将确认和计量的结果列入财务报表。

（2）列报基础。通常情况下，企业应当按照持续经营的基本前提进行会计确认和计量。我国《企业会计准则第 30 号——财务报表列报》中的规定是以企业能够持续经营为列报基础的。如果企业出现了非持续经营的极端情况，如企业已经在当期进行清算或停止营业，或企业已经正式决定在下一个会计期间进行清算或停止营业，那么，企业应当采用其他基础编制财务报表，如对于资产采用可变现净值计量、对于负债按照预计结算金额计量等，并且在附注中对非持续经营的相关情况进行披露。企业是否持续经营的信息对财务报表的使用者而言非常重要。企业管理层应当对企业持续经营的能力做出客观评价，并以此为依据选择使用财务报表的列报基础，同时在附注中进行披露。

（3）权责发生制。我国《企业会计准则第 30 号——财务报表列报》规定，除现金流量表按照收付实现制编制外，企业应当按照权责发生制编制其他财务报表。在采用权责发生制会计的情况下，当有关项目符合财务报表要素的定义和确认标准时，企业就应当确认相应的资产、负债、所有者权益、收入和费用，并在财务报表中加以反映。

（4）列报的一致性。这是指财务报表的列报应当在各个会计期间保持一致。其中，既包括项目名称的一致，也包括项目内容、项目排列顺序等方面的一致。财务报表的列报保持一致性，可以增强同一企业不同会计期间以及不同企业的财务报表之间的可比性。当然，当会计准则要求改变财务报表的列报项目，或者当企业经营业务的性质发生重大变化，改变财务报表的列报项目能够提供更加可靠、更加相关的会计信息时，企业也可以改变财务报表的列报项目。在这种情况下，企业应当对相应的情况进行附注说明。

（5）依据重要性原则单独或汇总列报项目。企业日常财务会计核算涉及大量的交易或事项，由此形成的财务会计信息非常具体，种类也很多。这些财务会计信息在财务报表的相关项目中进行列报时，应当根据其重要性来列报。即对于重要的项目，应当在财务报表中单独列报；对于不重要的项目，则可与其他项目合并列报。所谓重要的项目，是指如果某项目的省略会影响报表使用者据此作出经济决策的项目。如果某项目的省略不会影响报表使用者据此作出经济决策，则该项目不具有重要性。一般来说，性质不同的项目，如存货和固定资产项目等，应当在财务报表中单独列报；性质相似的项目，如原材料和在产品项目，可以合并列报。企业在判断某个项目是否具有重要性时，应当根据所处的环境，从项目的性质和金额两个方面进行判断。但《企业会计准则第30号——财务报表列报》中规定应当单独列报的项目，以及其他具体会计准则中规定应当在财务报表中单独列报的项目，企业都应当在财务报表中单独列报。

（6）财务报表项目金额间的相互抵销。财务报表项目的金额原则上不能相互抵销，应当进行单独列示。例如，企业的应收账款与应付账款之间不能进行抵销；企业的收入和费用应当在财务报表中单独列示，不能直接以抵销后的净额列示。对财务报表的有关项目分别进行单独列示，有利于全面完整地反映企业在各有关项目上的财务会计信息，提高财务报表的有用性。但以下三种情况不属于相互抵销：一是一组类似交易形成的利得和损失。例如，为交易目的而持有的金融工具形成的利得和损失以净额列报。但如果相关的利得和损失具有重要性，则应当单独列报。二是对有关资产计提的减值准备。计提了减值准备的有关资产，应当按照计提了减值准备后的净额列示。该净额反映了资产的真实价值。三是非日常活动中产生的利得和损失。这类利得和损失应当按照同一交易中形成的收益扣减相应费用后的净额列示。例如，处置非流动资产形成的利得和损失，应当按照处置收入扣减资产账面余额和相关处置费用后的净额列示。这样处理更有利于财务报表使用者阅读和理解，也符合报表列示的重要性要求。

（7）比较信息的列报。企业在列报当期财务报表时，至少应当提供所有列报项目上一可比会计期间的比较数据。如果财务报表的列报项目发生了改变，企业应当对上期比较数据按照当期的列报要求进行调整，并在附注中披露调整的具体情况。上期数据确实难以调整的，应当在附注中披露不能调整的原因。企业在当期财务报表中同时列报上一可比会计期间的比较数据，可以帮助报表使用者分析企业财务状况、经营成果和现金流量等的变化情况，从而有助于报表使用者进行判断并作出相应的经济决策。

（8）财务报表表首的列报要求。财务报表一般分为表首和正表两部分。企业在财务报表的表首部分，应当明确地标明有关的基本信息。这些基本信息主要有：编报企业的名称，资产负债表所属的资产负债表日，利润表、现金流量表和所有者权益变动表所涵盖的会计期间，人民币金额单位等。

（9）报告期间。企业至少应当编制年度财务报表。根据我国《会计法》的规定，会计年度自公历1月1日起至12月31日止。企业在编制年度财务报表时，可能会存在年度财务报表的涵盖期间短于一年的情况。例如，企业在年度中间成立，如在6月1日成立，此时，企业编制的第一年度的财务报表，其涵盖期间短于一年。在这种情况下，企业应当披露当年度财务报表的实际涵盖期间及其短于一年的原因，并在第二年度编制比较财务报表时，说明前后两期财务报表不具有直接可比性这一事实。

第二节　资产负债表

一、资产负债表的概念和作用

资产负债表是反映企业在某一特定日期财务状况的财务报表。所谓财务状况，是指企业在某一特定日期所拥有或控制的资产、所承担的负债以及所剩余的所有者权益的数额及其结构和相互关系。

资产负债表的作用主要表现在以下几个方面：

（1）可以提供某一特定日期资产总额及其结构的信息。财务报表使用者通过阅读资产负债表，可以一目了然地了解到企业在某一特定日期所拥有或控制的资产总额及其结构，也即企业拥有或控制的经济资源及其分布情况。例如，企业总计拥有或控制了多少资产，其中，多少是流动资产，多少是非流动资产；在流动资产中，多少是货币资金，多少是存货；在非流动资产中，多少是长期股权投资，多少是固定资产等。

（2）可以提供某一特定日期负债总额及其结构的信息。财务报表使用者通过阅读资产负债表，可以一目了然地了解到企业在某一特定日期所承担的负债总额及其结构，也即企业在未来需要用资产或劳务进行清偿的债务及其分布情况。例如，企业总计承担了多少负债，其中，多少是流动负债，多少是非流动负债等。

（3）可以提供某一特定日期所有者权益总额及其结构的信息。财务报表使用者通过阅读资产负债表，可以一目了然地了解到企业在某一特定日期所有者权益的总额及其结构，也即企业所有者或股东拥有的剩余权益及其分布情况。例如，企业资产减去负债后的所有者权益总额是多少，其中，多少是实收资本，多少是盈余公积等。

财务报表使用者通过对资产负债表中相关数据的分析，还可以得出很多有用的信息。例如，通过负债总额与所有者权益总额的比例关系，可以了解所有者或股东权益对负债的保障程度；通过负债总额与资产总额的比例关系，可以了解企业资产对债权人权益的保障程度；通过将前后两个会计期间所有者权益数额的比较，可以了解企业资本保值增值的情况等。

二、资产负债表的格式和列报方法

（一）资产负债表的格式

在我国，资产负债表采用账户式的格式。在账户式格式的资产负债表中，资产负债表分为左右两方，左方列示资产，右方列示负债和所有者权益，资产各项目的合计数等于负债和所有者权益各项目的合计数。账户式格式的资产负债表可以清楚地反映出资产、负债和所有者权益之间的内在关系，即“资产＝负债＋所有者权益”。一般企业资产负债表的具体格式可如表 14－1 所示。

表 14-1 资产负债表

编制单位：　　　　20×1 年 12 月 31 日　　　　单位：元

资产	期末余额	年初余额	负债和所有者权益（或股东权益）	期末余额	年初余额
流动资产：			流动负债：		
货币资金			短期借款		
交易性金融资产			交易性金融负债		
衍生金融资产			衍生金融负债		
应收票据			应付票据		
应收账款			应付账款		
应收款项融资			预收款项		
预付款项			合同负债		
其他应收款			应付职工薪酬		
存货			应交税费		
合同资产			其他应付款		
持有待售资产			持有待售负债		
一年内到期的非流动资产			一年内到期的非流动负债		
其他流动资产			其他流动负债		
流动资产合计			流动负债合计		
非流动资产：			非流动负债：		
债权投资			长期借款		
其他债权投资			应付债券		
长期应收款			租赁负债		
长期股权投资			长期应付款		
其他权益工具投资			预计负债		
其他非流动金融资产			递延收益		
投资性房地产			递延所得税负债		
固定资产			其他非流动负债		
在建工程			非流动负债合计		
生产性生物资产			负债合计		
油气资产			所有者权益（或股东权益）：		
使用权资产			实收资本（或股本）		
无形资产			其他权益工具		
开发支出			资本公积		
商誉			减：库存股		
长期待摊费用			其他综合收益		
递延所得税资产			专项储备		
其他非流动资产			盈余公积		
非流动资产合计			未分配利润		
			所有者权益（或股东权益）合计		
资产总计			负债和所有者权益（或股东权益）总计		

根据我国《企业会计准则第 30 号——财务报表列报》及其应用指南的规定，企业应当根据该准则及其应用指南的规定，并结合自身经营活动的性质，确定本企业适用的财务报表格式。企业如存在特殊项目或特殊行业企业确有特别需要的，可以结合本

企业的实际情况，在应用指南规定的财务报表格式的基础上对财务报表格式进行相应的调整和补充。目前，银行、保险、证券等金融行业的情况比较特殊，其财务报表的格式通常与其他一般企业的财务报表格式存在一些差异。根据规定，金融企业的财务报表应当根据金融企业经营活动的性质和要求，比照上述一般企业的财务报表列报格式进行相应调整。

（二）资产负债表的列报方法

1. 资产负债表列报的总体要求

资产负债表列报应当遵循的总体要求主要有：

（1）按资产、负债和所有者权益三大类别分类列报。资产、负债和所有者权益是构建资产负债表的三大会计要素。资产负债表应当按照资产、负债和所有者权益三大类别分类列报。其中，资产各项目应当加计出资产总计，负债各项目应当加计出负债合计，所有者权益各项目应当加计出所有者权益合计。负债合计数额和所有者权益合计数额还应当加计出负债和所有者权益总计。资产总计数额应当等于负债和所有者权益总计数额。

（2）资产按其流动性列报。资产按其流动性可分为流动资产和非流动资产两大类。其中，流动性是指资产变现或耗用时间的长短。资产变现或耗用的时间越短，其流动性越强；反之，则越弱。满足下列条件之一的资产归类为流动资产：一是预计在一个正常营业周期中变现、出售或耗用，如存货、应收账款等；二是主要为交易目的而持有，如交易性金融资产；三是预计在资产负债表日起一年内变现；四是自资产负债表日起一年内，交换其他资产或清偿负债的能力不受限制的现金或现金等价物。除流动资产以外的资产归类为非流动资产。在资产负债表中，资产应当按其流动性由强至弱列示，即先列示流动资产，再列示非流动资产。这样处理的原因主要是，一般情况下，报表使用者更加关心企业流动资产的信息，如企业拥有多少货币资金等的信息。在流动资产和非流动资产类别下，再进一步按资产性质分项列示。流动资产各项目和非流动资产各项目应当分别加计出流动资产合计和非流动资产合计。流动资产合计数额加上非流动资产合计数额应当等于资产总计数额。

（3）负债按其流动性列报。负债按其流动性可分为流动负债和非流动负债两大类。其中，流动性是指负债偿还时间的长短。负债偿还的时间越短，其流动性越强；反之，则越弱。流动负债和非流动负债的概念和特征如前面“流动负债”和“非流动负债”章节的内容所述。在资产负债表中，负债应当按其流动性由强至弱列示，即先列示流动负债，再列示非流动负债。在流动负债和非流动负债类别下，再进一步按负债性质分项列示。流动负债各项目和非流动负债各项目应当分别加计出流动负债合计和非流动负债合计。流动负债合计数额加上非流动负债合计数额应当等于负债合计数额。

（4）所有者权益按其来源和用途列报。资产负债表中的所有者权益应当按相应项目不同的来源渠道和特定用途进行分类，按照实收资本（或股本）、其他权益工具、资本公积、其他综合收益、盈余公积和未分配利润分项列报。

（5）比较信息的列报。资产负债表各项目的信息应当分别列示年初余额和期末余额，以便于报表使用者将年初余额和期末余额进行比较，分析企业财务状况的变动情况和变动趋势。

2. 资产类项目期末余额的列报方法

在资产负债表中，资产类各项目应当按照资产类有关账户的期末余额直接或经过分析计算后填列。具体填列方法为：

（1）根据总账科目期末余额填列。例如，“其他权益工具投资”“递延所得税资产”等项目应根据“其他权益工具投资”“递延所得税资产”等总账科目的期末余额填列。“货币资金”项目应根据“库存现金”“银行存款”和“其他货币资金”三个总账科目的期末余额合计数填列。投资性房地产采用公允价值模式进行后续计量的，“投资性房地产”项目应根据“投资性房地产”总账科目的期末余额填列。

（2）根据总账和明细账科目期末余额分析计算填列。例如，“开发支出”项目应根据“研发支出”总账科目中的“资本化支出”明细账科目期末余额填列。“一年内到期的非流动资产”项目通常反映预计自资产负债表日起一年内变现的非流动资产，该项目应根据有关非流动资产科目的余额分析填列，如根据“债权投资”“其他债权投资”科目的余额分析填列。根据相关规定，对于按照相关会计准则采用折旧或摊销方法进行后续计量的固定资产、使用权资产、无形资产和长期待摊费用等非流动资产，折旧或摊销年限只剩一年或不足一年的，或预计在一年内进行折旧或摊销的部分，不得归类为流动资产，仍在各该非流动资产项目中填列，不转入“一年内到期的非流动资产”项目。其中，“长期待摊费用”项目反映企业已经发生的但应由本期和以后各期负担的分摊期限在一年以上的各项费用。

“交易性金融资产”项目，反映资产负债表日企业分类为以公允价值计量且其变动计入当期损益的金融资产，以及企业持有的指定为以公允价值计量且其变动计入当期损益的金融资产的期末账面价值。该项目应根据“交易性金融资产”科目的相关明细科目的期末余额分析填列。自资产负债表日起超过一年到期且预期持有超过一年的以公允价值计量且其变动计入当期损益的非流动金融资产的期末账面价值，在“其他非流动金融资产”项目反映。

“其他债权投资”项目应根据“其他债权投资”科目的相关明细科目的期末余额分析填列。

（3）根据有关科目期末余额减去其备抵科目期末余额后的金额填列。例如，“债权投资”项目应根据“债权投资”科目的相关明细科目期末余额，减去“债权投资减值准备”科目中相关减值准备的期末余额后的金额分析填列。“固定资产”项目应根据“固定资产”科目的期末余额，减去“累计折旧”和“固定资产减值准备”科目的期末余额后的金额，以及“固定资产清理”科目的期末余额填列。“在建工程”项目应根据“在建工程”科目的期末余额，减去“在建工程减值准备”科目的期末余额后的金额，以及“工程物资”科目的期末余额，减去“工程物资减值准备”科目的期末余额后的金额填列。“使用权资产”项目应根据“使用权资产”科目的期末余额，减去“使用权资产累计折旧”和“使用权资产减值准备”科目的期末余额后的金额填列。“无形资产”项目应根据“无形资产”科目的期末余额，减去“累计摊销”“无形资产减值准备”科目期末余额后的金额填列。投资性房地产采用成本模式进行后续计量的，“投资性房地产”项目应根据“投资性房地产”科目的期末余额，减去“投资性房地产累计折旧（摊销）”“投资性房地产减值准备”科目期末余额后的金额填列。“长期应收款”

项目应根据“长期应收款”科目的期末余额，减去相应的“未实现融资收益”科目和“坏账准备”科目所属相关明细科目期末余额后的金额填列。

（4）综合运用上述填列方法分析填列。例如，“应收票据”“应收账款”项目应根据“应收票据”“应收账款”科目的期末余额，减去“坏账准备”科目中相关坏账准备期末余额后的金额分析填列。“其他应收款”项目应根据“应收利息”“应收股利”和“其他应收款”科目的期末余额合计数，减去“坏账准备”科目中相关坏账准备期末余额后的金额填列。“预付款项”项目应根据“预付账款”和“应付账款”两个总账科目所属相关明细账科目的期末借方余额合计数，减去“坏账准备”科目中为预付款项计提的坏账准备期末余额后的金额填列。“存货”项目应根据“材料采购”“原材料”“发出商品”“库存商品”“周转材料”“委托加工物资”“生产成本”“受托代销商品”等科目的期末余额合计数，减去“受托代销商品款”“存货跌价准备”科目期末余额后的金额填列；材料采用计划成本核算，以及库存商品采用计划成本核算或售价金额核算的，还应加计或减计“材料成本差异”“产品成本差异”“商品进销差价”科目期末余额后的金额填列。“持有待售资产”项目应根据“持有待售资产”科目的期末余额，减去“持有待售资产减值准备”科目的期末余额后的金额填列。

（5）其他相关填列方法。例如，“合同资产”项目和“合同负债”项目应分别根据“合同资产”科目和“合同负债”科目的相关明细科目的期末余额分析填列，同一合同下的合同资产和合同负债应当以净额列示。其中，净额为借方余额的，应当根据其流动性在“合同资产”或“其他非流动资产”项目中填列，已计提减值准备的，还应减去“合同资产减值准备”科目中相关的期末余额后的金额填列；净额为贷方余额的，应当根据其流动性在“合同负债”或“其他非流动负债”项目中填列。设置“合同结算”科目核算同一合同下属于在某一时段内履行履约义务涉及与客户结算对价的，资产负债表日，“合同结算”科目的期末余额在借方的，根据其流动性在“合同资产”或“其他非流动资产”项目中填列；期末余额在贷方的，根据其流动性在“合同负债”或“其他非流动负债”项目中填列。

企业根据《企业会计准则第 14 号——收入》的相关规定确认为资产的合同履约成本，应当根据“合同履约成本”科目的明细科目初始确认时摊销期限是否超过一年或一个正常营业周期，在“存货”或“其他非流动资产”项目中填列，已计提减值准备的，还应减去“合同履约成本减值准备”科目中相关的期末余额后的金额填列。企业按照《企业会计准则第 14 号——收入》的相关规定确认为资产的应收退货成本，应当根据“应收退货成本”科目中反映的退回货品是否在一年或一个正常营业周期内出售，在“其他流动资产”或“其他非流动资产”项目中填列。

根据现行相关规定，在资产负债表中，“应收款项融资”项目反映资产负债表日以公允价值计量且其变动计入其他综合收益的应收票据和应收账款等。相比较而言，“应收票据”项目反映资产负债表日以摊余成本计量的、企业因销售商品、提供服务等收到的商业汇票；“应收账款”项目反映资产负债表日以摊余成本计量的、企业因销售商品、提供服务等经营活动应收取的款项。

3. 负债类和所有者权益类项目期末余额的列报方法

在资产负债表中，负债类和所有者权益类各项目应当按照负债类和所有者权益类有关账户的期末余额直接或经过分析计算后填列。具体填列方法为：

（1）根据总账科目期末余额填列。例如，“短期借款”“应付票据”“应交税费”“持有待售负债”“递延所得税负债”“实收资本（或股本）”“其他权益工具”“资本公积”“库存股”“其他综合收益”“盈余公积”等项目，应根据有关总账科目的期末余额填列。

“专项储备”项目反映高危行业企业按国家规定提取的安全生产费用的期末账面价值。该项目应根据“专项储备”科目的期末余额填列。

（2）根据总账和明细账科目期末余额分析计算填列。例如，“应付账款”项目应根据“应付账款”和“预付账款”两个总账科目所属相关明细账科目的期末贷方余额合计数填列。“预收款项”项目应根据“预收账款”和“应收账款”两个总账科目所属相关明细账科目的期末贷方余额合计数填列。“应付职工薪酬”项目应根据“应付职工薪酬”总账科目的明细科目期末余额分析填列。“其他应付款”项目应根据“应付利息”“应付股利”和“其他应付款”科目的期末余额合计数填列。“一年内到期的非流动负债”项目应根据有关非流动负债科目的余额分析填列。“长期借款”“应付债券”项目应分别根据“长期借款”“应付债券”总账科目的明细账科目余额分析填列，如“长期借款”项目应根据“长期借款”总账科目期末余额扣除相应明细账科目中将于一年内到期部分后的金额填列。“租赁负债”项目应根据“租赁负债”科目的期末余额填列；自资产负债表日起一年内到期应予以清偿的租赁负债的期末账面价值，在“一年内到期的非流动负债”项目反映。“递延收益”项目中摊销期限只剩一年或不足一年的，或预计在一年内进行摊销的部分，不得归类为流动负债，仍在该项目中填列，不转入“一年内到期的非流动负债”项目。

根据现行相关规定，“交易性金融负债”项目反映资产负债表日企业承担的交易性金融负债，以及企业持有的指定为以公允价值计量且其变动计入当期损益的金融负债的期末账面价值。该项目应根据“交易性金融负债”科目的相关明细科目的期末余额填列。

企业按照《企业会计准则第14号——收入》的相关规定确认为预计负债的应付退货款，应当根据“预计负债”科目下的“应付退货款”明细科目是否在一年或一个正常营业周期内清偿，在“其他流动负债”或“预计负债”项目中填列。

“未分配利润”项目应根据“利润分配”总账科目中的“未分配利润”明细账科目期末余额填列。

（3）根据有关科目期末余额减去其备抵科目期末余额后的金额填列。例如，“长期应付款”项目应根据“长期应付款”科目的期末余额，减去相关的“未确认融资费用”科目期末余额后的金额，以及“专项应付款”科目的期末余额填列。

4. 资产负债表中年初余额的列报方法

资产负债表中的“年初余额”栏通常应当根据上年末有关项目的期末余额填列。如果企业在当年度发生了会计政策变更或前期差错更正，应当对“年初余额”栏中的有关项目进行相应的调整，并以调整后的数字填入“年初余额”栏。如果企业上年度资产负债表规定的项目名称和内容与本年度不一致，应当对上年度资产负债表相应项目的名称和数字按照本年度的规定进行调整，并以调整后的项目名称和数字填入“年初余额”栏。资产负债表中“年初余额”栏中的项目和数字应当与“期末余额”栏中的项目和数字具有可比性。

三、资产负债表编制示例

例 14-1

甲公司 20×1 年 12 月 31 日结账后的总账科目余额表如表 14-2 所示。

表 14-2　科目余额表

单位名称：甲公司　　　　20×1 年 12 月 31 日　　　　单位：元

科目名称	借方余额	科目名称	贷方余额
库存现金	5 800	短期借款	153 000
银行存款	702 000	应付票据	136 000
交易性金融资产	145 000	应付账款	735 000
应收票据	148 000	应付职工薪酬	143 000
应收账款	616 200	应交税费	134 000
应收利息	3 900	应付利息	74 000
应收股利	95 000	应付股利	138 800
坏账准备	—4 200	长期借款	840 000
原材料	342 000	租赁负债	10 000
库存商品	598 000	实收资本	5 018 000
周转材料	154 000	其他综合收益	1 000
债权投资	53 000	盈余公积	918 800
长期股权投资	569 000	利润分配（未分配利润）	458 000
固定资产	5 581 500		
累计折旧	—1 099 000		
在建工程	536 800		
工程物资	80 100		
使用权资产	10 000		
无形资产	326 000		
累计摊销	—88 000		
无形资产减值准备	—22 000		
递延所得税资产	6 500		
合计	8 759 600	合计	8 759 600

甲公司 20×1 年 12 月 31 日有关明细账科目的情况和其他资料为："坏账准备"总账科目的明细账科目情况为"坏账准备——应收账款"贷方余额 4 200 元；"长期借款"总账科目贷方余额 840 000 元中有 120 000 元将于一年内到期。

根据以上资料，甲公司可编制 20×1 年 12 月 31 日的资产负债表如表 14-3 所示。在表 14-3 中，"年初余额"栏中的数字均为假设的数字，同时假设甲公司在 20×1 年没有发生会计政策变更、前期差错更正等需要对年初余额进行调整的事项，因此，"年初余额"栏中的数字即为 20×0 年末资产负债表中"期末余额"栏中的数字。

表14-3　资产负债表

编制单位：甲公司　　　　20×1年12月31日　　　　单位：元

资产	期末余额	年初余额	负债和所有者权益（或股东权益）	期末余额	年初余额
流动资产：			流动负债：		
货币资金	707 800	641 500	短期借款	153 000	
交易性金融资产	145 000		交易性金融负债		
衍生金融资产			衍生金融负债		
应收票据	148 000	168 000	应付票据	136 000	163 000
应收账款	612 000	453 000	应付账款	735 000	752 000
应收款项融资			预收款项		
预付款项			合同负债		
其他应收款	98 900	58 000	应付职工薪酬	143 000	138 000
存货	1 094 000	1 263 000	应交税费	134 000	176 000
合同资产			其他应付款	212 800	145 000
持有待售资产			持有待售负债		
一年内到期的非流动资产			一年内到期的非流动负债	120 000	120 000
其他流动资产			其他流动负债		
流动资产合计	2 805 700	2 583 500	流动负债合计	1 633 800	1 494 000
非流动资产：			非流动负债：		
债权投资	53 000	133 000	长期借款	720 000	840 000
其他债权投资			应付债券		
长期应收款			租赁负债	10 000	
长期股权投资	569 000	568 000	长期应付款		
其他权益工具投资			预计负债		
其他非流动金融资产			递延收益		
投资性房地产			递延所得税负债		
固定资产	4 482 500	4 392 300	其他非流动负债		
在建工程	616 900	536 900	非流动负债合计	730 000	840 000
生产性生物资产			负债合计	2 363 800	2 334 000
油气资产			所有者权益（或股东权益）：		
使用权资产	10 000		实收资本（或股本）	5 018 000	5 018 000
无形资产	216 000	304 000	其他权益工具		
开发支出			资本公积		
商誉			减：库存股		
长期待摊费用			其他综合收益	1 000	
递延所得税资产	6 500	8 900	专项储备		
其他非流动资产			盈余公积	918 800	849 600
非流动资产合计	5 953 900	5 943 100	未分配利润	458 000	325 000
			所有者权益（或股东权益）合计	6 395 800	6 192 600
资产总计	8 759 600	8 526 600	负债和所有者权益（或股东权益）总计	8 759 600	8 526 600

第三节 利润表

一、利润表的概念和作用

利润表是反映企业在一定会计期间的经营成果的财务报表。所谓经营成果，是指企业在一定会计期间实现的收入、发生的费用以及取得的利润等相关情况。

利润表的作用主要表现在以下几个方面：

（1）可以提供某一特定会计期间收入实现情况的信息。财务报表使用者通过阅读利润表，可以清晰地了解到企业在某一特定会计期间实现的收入及其构成情况。例如，企业共实现了多少营业收入，实现了多少投资收益、营业外收入等。

（2）可以提供某一特定会计期间费用发生情况的信息。财务报表使用者通过阅读利润表，可以清晰地了解到企业在某一特定会计期间发生的费用及其构成情况。例如，企业共发生了多少营业成本、税金及附加、销售费用、管理费用、财务费用、资产减值损失，发生了多少投资损失、营业外支出等。

（3）可以提供某一特定会计期间利润取得情况的信息。财务报表使用者通过阅读利润表，可以清晰地了解到企业在某一特定会计期间取得的利润及其构成情况。例如，企业共取得了多少营业利润、利润总额、净利润等。

（4）可以提供某一特定会计期间综合收益、每股收益的信息。根据企业会计准则的规定，利润表除了应当提供以上有关收入、费用和利润的信息，还应当提供其他综合收益、综合收益总额和每股收益的信息。这些信息都有助于财务报表使用者对企业的经营成果做出合理的判断，并在此基础上做出相应的经济决策。

财务报表使用者通过对利润表中相关数据的分析，以及通过将利润表中的相关数据与资产负债表中的相关数据或其他数据进行结合分析，还可以得出很多有用的信息。例如，通过净利润与营业收入的比例关系，可以了解企业经营的获利能力；通过净利润与营业成本、销售费用、管理费用和财务费用的比例关系，可以了解企业的成本费用利润率；通过将前后两个会计期间净利润数额的比较，可以了解企业的净利润增长率；通过净利润与资产负债表中净资产的比例关系，可以了解企业的净资产收益率；通过每股收益与普通股每股市价的比例关系，可以了解企业的市盈率等。

二、利润表的格式和列报方法

（一）利润表的格式

在我国，利润表采用多步式的格式。在多步式格式的利润表中，企业的利润分多步计算，得出一些中间性的利润指标。其中，第一步，以营业收入为基础，减去营业成本、税金及附加、销售费用、管理费用、研发费用、财务费用，加上或减去其他收益、投资收益、公允价值变动收益、信用减值损失、资产减值损失、资产处置收益，得出营业利润。营业利润反映企业在持续经营活动中取得的利润。第二步，以营业利润为基础，加上营业外收入，减去营业外支出，得出利润总额。利润总额反映企业总的经营成果。第三步，以利润总额为基础，减去所得税费用，得出净利润或净亏损。

净利润或净亏损反映留归企业的利润或损失，它将转入所有者权益。多步式利润表可以清楚地反映企业经营成果的不同来源和构成情况，有助于使用者判断企业净利润的质量，预测净利润的可持续性，从而做出正确的决策。一般企业利润表的具体格式可如表 14－4 所示。

表 14－4　利润表

编制单位：　　　　　　　　　　　20×1 年度　　　　　　　　　　　单位：元

项目	本期金额	上期金额
一、营业收入		
减：营业成本		
税金及附加		
销售费用		
管理费用		
研发费用		
财务费用		
加：其他收益		
投资收益（损失以“－”号填列）		
净敞口套期收益（损失以“－”号填列）		
公允价值变动收益（损失以“－”号填列）		
信用减值损失（损失以“－”号填列）		
资产减值损失（损失以“－”号填列）		
资产处置收益（损失以“－”号填列）		
二、营业利润（亏损以“－”号填列）		
加：营业外收入		
减：营业外支出		
三、利润总额（亏损总额以“－”号填列）		
减：所得税费用		
四、净利润（净亏损以“－”号填列）		
（一）持续经营净利润（净亏损以“－”号填列）		
（二）终止经营净利润（净亏损以“－”号填列）		
五、其他综合收益的税后净额		
（一）不能重分类进损益的其他综合收益		
1. 重新计量设定受益计划变动额		
2. 权益法下不能转损益的其他综合收益		
3. 其他权益工具投资公允价值变动		
4. 企业自身信用风险公允价值变动		
…		
（二）将重分类进损益的其他综合收益		
1. 权益法下可转损益的其他综合收益		
2. 其他债权投资公允价值变动		
3. 金融资产重分类计入其他综合收益的金额		
4. 其他债权投资信用减值准备		
5. 现金流量套期储备		
6. 外币财务报表折算差额		

续表

项目	本期金额	上期金额
…		
六、综合收益总额		
七、每股收益		
（一）基本每股收益		
（二）稀释每股收益		

根据我国《企业会计准则第30号——财务报表列报》及其应用指南的规定，企业在利润表中应当对费用按照功能分类，分为从事经营业务发生的成本、管理费用、销售费用和财务费用等。企业的活动通常可以划分为生产、销售、管理、融资等，每一种活动上发生的费用所发挥的功能并不相同，因此，按照费用功能法将其分开列报，有助于使用者了解费用发生的活动领域。企业应当在附注中披露费用按照性质分类的利润表补充资料，可将费用分为耗用的原材料、职工薪酬费用、折旧费用、摊销费用等，以帮助报表使用者预测企业的未来现金流量。

（二）利润表的列报方法

1. 利润表列报的总体要求

利润表列报应当遵循的总体要求主要有：

（1）按营业利润、利润总额、净利润等利润类别分类列报。营业利润、利润总额、净利润是利润表中主要的利润构成信息，企业应当在利润表中分别列报营业利润、利润总额和净利润的金额，并清楚列示营业利润、利润总额、净利润之间的相互关系。

（2）分别列报其他综合收益和综合收益总额。其他综合收益和综合收益总额的信息是利润表中的重要信息。其中，其他综合收益的概念和相关具体内容可参阅所有者权益章节的内容；综合收益是指企业在某一期间除与所有者以其所有者身份进行的交易之外的其他交易或事项所引起的所有者权益的变动。综合收益总额项目反映净利润和其他综合收益扣除所得税影响后的净额相加后的合计金额。

（3）比较信息的列报。利润表各项目的信息应当分别列示本期金额和上期金额，以便于报表使用者将本期金额和上期金额进行比较，分析企业利润的变动情况和变动趋势。

2. 营业利润本期金额的列报方法

在利润表的营业利润本期金额栏中，“营业收入”“营业成本”“税金及附加”“销售费用”“管理费用”“财务费用”“其他收益”“投资收益”“公允价值变动收益”“信用减值损失”“资产减值损失”“资产处置收益”等项目应根据相应损益类科目的发生额分析填列。其中，“营业收入”和“营业成本”项目应根据“主营业务收入”“其他业务收入”科目和“主营业务成本”“其他业务成本”科目的发生额分析填列；“公允价值变动收益”项目应根据“公允价值变动损益”科目的发生额分析填列，如为损失，以“－”号填列；“投资收益”项目应根据“投资收益”科目的发生额分析填列，如为损失，以“－”号填列；“资产处置收益”项目应根据“资产处置损益”科目的发生额分析填列，如为损失，以“－”号填列；其他项目应根据相应科目的发生额分析填列。

“研发费用”项目反映企业进行研究与开发过程中发生的费用化支出，以及计入管理费用的自行开发无形资产的摊销。该项目应根据“管理费用”科目下的“研发费用”明细科目的发生额，以及“管理费用”科目下的“无形资产摊销”明细科目的发生额分析填列。

“营业利润”项目应根据以上项目计算填列，如为亏损，以“－”号填列。

3. 利润总额和净利润本期金额的列报方法

在利润表的利润总额和净利润本期金额栏中，“营业外收入”“营业外支出”“所得税费用”项目应根据相应损益类科目的发生额分析填列。“利润总额”和“净利润”项目应根据以上项目计算填列，如为亏损总额或净亏损，以“－”号填列。

在“净利润”项目下，“持续经营净利润”和“终止经营净利润”项目分别反映净利润中与持续经营相关的净利润和与终止经营相关的净利润；如为净亏损，以“－”号填列。该两个项目应按照《企业会计准则第42号——持有待售的非流动资产、处置组和终止经营》的相关规定分别列报。相关内容可参阅固定资产和使用权资产章节的内容。

4. 其他综合收益的税后净额和综合收益总额本期金额的列报方法

在利润表的其他综合收益的税后净额本期金额栏中，相关项目应根据“其他综合收益”科目的发生额分析填列。“综合收益总额”项目应根据以上项目计算填列。

5. 每股收益本期金额的列报方法

每股收益反映企业每一股普通股所创造的收益水平，是投资价值中比较直观的重要指标，应当作为利润表的表内项目列报，并在财务报表附注中披露计算过程，供投资者决策参考。每股收益的具体计算方法将在本节下面的内容中专门介绍。

6. 利润表中上期金额的列报方法

利润表中的“上期金额”栏通常应当根据上年该期利润表中“本期金额”栏内所列的数字填列。如果企业上年该期利润表规定的项目名称和内容与本期不一致，应当对上年该期利润表相应项目的名称和数字按照本期的规定进行调整，并以调整后的项目名称和数字填入“上期金额”栏。利润表中“本期金额”栏中的项目和数字与“上期金额”栏中的项目和数字，在本年度和上年度之间以及在本年度某一会计中期与上年度同一会计中期之间应当具有可比性。

三、利润表编制示例

例14－2

甲公司20×1年度有关损益类总账科目本年度累计借贷方发生额相抵后的发生净额如表14－5所示。

表14－5 损益类总账科目发生净额表

单位名称：甲公司　　　　20×1年度　　　　单位：元

科目名称	借方发生额	贷方发生额
主营业务收入		1 837 700
主营业务成本	995 000	
税金及附加	54 000	

续表

科目名称	借方发生额	贷方发生额
销售费用	68 000	
管理费用	295 000	
财务费用	74 000	
资产减值损失	22 000	
信用减值损失	4 600	
公允价值变动损益		15 000
投资收益		103 900
营业外收入		23 000
所得税费用	126 000	
合计	1 638 600	1 979 600

在“管理费用”科目借方发生额295 000元中，“研发费用”明细科目的发生额为50 000元，“无形资产摊销”明细科目中属于甲公司自行开发的无形资产的摊销额为60 000元，研发费用合计110 000元（50 000+60 000）。除研发费用外的管理费用合计为185 000元（295 000−110 000）。

甲公司“其他综合收益”科目的本期贷方发生额为1 000元，具体为确认的权益法下在被投资单位以后将重分类进损益的其他综合收益中享有的份额。甲公司准备长期持有该股权投资，因此，该其他综合收益不确认相应的所得税影响，即相应的其他综合收益的税后净额也为1 000元。

根据以上资料，甲公司可编制20×1年度的利润表如表14－6所示。在表14－6中，“上期金额”栏的数字均为假设。如果甲公司20×0年度利润表规定的项目名称和内容与20×1年度一致，“上期金额”栏中的数字即为20×0年度利润表中“本期金额”的数字。

表14－6 利润表

编制单位：甲公司　　20×1年度　　单位：元

项目	本期金额	上期金额
一、营业收入	1 837 700	1 685 000
减：营业成本	995 000	925 000
税金及附加	54 000	49 000
销售费用	68 000	63 000
管理费用	185 000	169 000
研发费用	110 000	100 000
财务费用	74 000	66 000
加：其他收益		
投资收益（损失以“－”号填列）	103 900	97 000
净敞口套期收益（损失以“－”号填列）		
公允价值变动收益（损失以“－”号填列）	15 000	
信用减值损失（损失以“－”号填列）	−4 600	
资产减值损失（损失以“－”号填列）	−22 000	
资产处置收益（损失以“－”号填列）		

续表

项目	本期金额	上期金额
二、营业利润（亏损以“一”号填列）	444 000	410 000
加：营业外收入	23 000	15 000
减：营业外支出		18 000
三、利润总额（亏损总额以“一”号填列）	467 000	407 000
减：所得税费用	126 000	102 000
四、净利润（净亏损以“一”号填列）	341 000	305 000
（一）持续经营净利润（净亏损以“一”号填列）		
（二）终止经营净利润（净亏损以“一”号填列）		
五、其他综合收益的税后净额	1 000	
（一）不能重分类进损益的其他综合收益		
1. 重新计量设定受益计划变动额		
2. 权益法下不能转损益的其他综合收益		
3. 其他权益工具投资公允价值变动		
4. 企业自身信用风险公允价值变动		
…		
（二）将重分类进损益的其他综合收益	1 000	
1. 权益法下可转损益的其他综合收益	1 000	
2. 其他债权投资公允价值变动		
3. 金融资产重分类计入其他综合收益的金额		
4. 其他债权投资信用减值准备		
5. 现金流量套期储备		
6. 外币财务报表折算差额		
…		
六、综合收益总额	342 000	305 000
七、每股收益	（略）	（略）
（一）基本每股收益		
（二）稀释每股收益		

四、每股收益的计算

每股收益是指普通股股东每持有一股普通股所能享有的企业净利润或需承担的企业净亏损。每股收益包括基本每股收益和稀释每股收益两类。每股收益的数字应当列入企业的利润表。

（一）基本每股收益

基本每股收益是指归属于普通股股东的当期净利润与当期实际发行在外普通股的加权平均数的比值。用公式表示如下：

$$基本每股收益=\frac{净利润}{当期实际发行在外普通股的加权平均数}$$

其中：

$$\text{当期实际发行在外普通股的加权平均数}=\text{期初发行在外普通股股数}+\text{当期新发行普通股股数}\times\frac{\text{已发行时间}}{\text{报告期时间}}-\text{当期回购普通股股数}\times\frac{\text{已回购时间}}{\text{报告期时间}}$$

已发行时间、报告期时间和已回购时间一般按照天数计算；在不影响计算结果合理性的前提下，也可以采用简化的计算方法，如按月数计算。

净利润是指归属于普通股股东的当期净利润。如果企业发行了优先股，净利润应当是扣除了优先股分享的股利后的数额，即归属于普通股的净利润。

例 14-3

甲公司 20×1 年初发行在外的普通股为 28 000 万股。20×1 年 4 月 30 日新发行普通股 12 000 万股。20×1 年 11 月 1 日回购普通股 3 600 万股，以备将来用于股份支付。甲公司 20×1 年度实现净利润 28 600 万元。甲公司按月数计算每股收益的时间权数。甲公司计算 20×1 年度的基本每股收益如下：

$$\text{当期实际发行在外普通股的加权平均数}=28\,000\times12/12+12\,000\times8/12-3\,600\times2/12=35\,400\text{(万股)}$$

$$\text{基本每股收益}=28\,600/35\,400=0.81\text{(元)}$$

（二）稀释每股收益

1. 存在可转换公司债券情况下稀释每股收益的计算

稀释每股收益是指以基本每股收益为基础，假设企业所有发行在外的稀释性潜在普通股均已转换为普通股，从而分别调整归属于普通股股东的当期净利润以及发行在外普通股的加权平均数计算而得的每股收益。用公式表示如下：

$$\text{稀释每股收益}=\frac{\text{净利润}+\text{分子调整数}}{\text{当期实际发行在外普通股的加权平均数}+\text{分母调整数}}$$

目前，我国发行的潜在普通股主要有可转换公司债券、认股权证、股份期权等。其中，可转换公司债券依据约定的条件可以转换成普通股，认股权证持有人有权依据约定的条件按预先约定的价格向本企业购买新发行的普通股，股份期权持有人有权依据约定的条件按预先约定的价格购买本企业一定数量的普通股。

在存在可转换公司债券的情况下，企业在计算稀释每股收益时，应当以基本每股收益为基础，对分子和分母作如下调整：分子调整数为当期已确认为费用的利息等的税后影响额；分母调整数为假定可转换公司债券当期期初或发行日转换为普通股的股数加权平均数。也即如果可转换公司债券是在以前期间发行的，假设其在当期期初转换为普通股；如果可转换公司债券是在当期发行的，假设其在发行日转换为普通股。在存在可转换公司债券的情况下，企业在计算稀释每股收益时采用的以上调整方法，可称为假设转换法。

例 14-4

甲公司 20×1 年度归属于普通股股东的净利润为 48 000 万元。期初发行在外普通股股数为30 000万股，年内普通股股数未发生变化。20×1年1月1日，甲公司按面值发行10 000万元的五年期可转换公司债券。该批债券每张面值为100元，票面固定年利率为6%，利息自发行之日起每年支付一次，即每年12月31日为付息日。该批可转换公司债券自发行后12个月以后即可转换为甲公司的普通股股票，转股期一直持续到债券到期日止。转股价格为每股10元，即每100元债券面值可转换为10股普通股股票。甲公司普通股股票的面值为每股1元。该批债券的利息不符合资本化条件，直接计入当期损益。甲公司适用的所得税税率为25%。甲公司发行该批可转换公司债券时，二级市场上与之类似的没有转换权的一般公司债券的市场利率为8%。甲公司计算20×1年度的稀释每股收益如下：

可转换公司债券中负债成分的公允价值 $=10\,000\times(P/F,8\%,5)+10\,000\times6\%\times(P/A,8\%,5)$

$=10\,000\times0.680\,6+600\times3.992\,7=9\,201.62$（万元）

可转换公司债券中权益成分的公允价值＝10 000－9 201.62＝798.38（万元）

假设转换所增加的净利润（分子调整数）＝9 201.62×8%×（1－25%）

＝552.10（万元）

假设转换所增加的普通股股数（分母调整数）＝10 000/10＝1 000（万股）

增量股的每股收益＝552.10/1 000＝0.55（元）

基本每股收益＝48 000/30 000＝1.60（元）

增量股的每股收益0.55元小于基本每股收益1.60元，因此，该批可转换公司债券具有稀释作用，需要计算稀释每股收益。

稀释每股收益＝（48 000＋552.10）/（30 000＋1 000）＝1.57（元）

本例中，由于增量股的每股收益小于基本每股收益，因此，该批可转换公司债券属于甲公司发行在外的稀释性潜在普通股。此时，甲公司在计算稀释每股收益时需要考虑该批可转换公司债券的影响。如果增量股的每股收益大于基本每股收益，那么，计算出来的稀释每股收益也会由此大于基本每股收益，此时，相应的可转换公司债券具有反稀释作用，企业在计算稀释每股收益时不需要考虑可转换公司债券的影响。例如，在例14-4中，假设甲公司20×1年度的净利润为10 000万元，此时，基本每股收益为0.33元（10 000/30 000），增量股每股收益0.55元大于基本每股收益，该批可转换债券具有反稀释作用，甲公司在计算稀释每股收益时不需要考虑该批可转换债券的影响。事实上，在不存在其他稀释性潜在普通股的情况下，甲公司计算的稀释每股收益为0.34元［（10 000＋552.10）/（30 000＋1 000）］，大于基本每股收益0.33元，这不符合稀释每股收益的基本概念。因此，在这种情况下，甲公司不需要计算稀释每股收益，也不需要反映稀释每股收益的信息。

2. 存在认股权证和股份期权情况下稀释每股收益的计算

在存在认股权证和股份期权的情况下，企业在计算稀释每股收益时，一般不需要对基本每股收益计算公式中的分子即净利润数额进行调整，只需要对分母即普通股加权平均数按照以下步骤进行调整：其一，假设这些认股权证、股份期权在当期期初或发行日已经行权，计算按约定行权价格发行普通股将取得的股款金额；其二，假设按照当期普通股平均市场价格发行股票，计算需要发行多少普通股能够带来上述相同的股款金额；其三，比较行使股份期权、认股权证将发行的普通股股数与按照平均市场价格发行的普通股股数，差额部分相当于无对价发行的普通股股数，作为发行在外普通股股数的增加数；其四，将增加的普通股股数乘以假设发行在外的时间权数，据此调整基本每股收益的分母数额，计算稀释每股收益。在以上步骤中，普通股平均市场价格通常以每周或每月具有代表性的股票交易价格为基础进行简单算术平均计算即可；增加的普通股股数的计算可用如下公式表示：

$$\begin{matrix}\text{增加的}\\\text{普通股股数}\end{matrix}=\begin{matrix}\text{拟行权时转换的}\\\text{普通股股数}\end{matrix}-\begin{matrix}\text{行权}\\\text{价格}\end{matrix}\times\frac{\text{拟行权时转换的普通股股数}}{\text{当期普通股平均市场价格}}$$

例 14-5

甲公司20×1年度归属于普通股股东的净利润为50 000万元。期初发行在外普通股股数为30 000万股，年内普通股股数未发生变化。20×1年1月1日，甲公司对外发行10 000万份认股权证，行权日为20×2年5月1日，每份认股权证可在行权日以3元的价格认购甲公司1股新发行的股份。20×1年甲公司普通股平均每股市场价格为4元。甲公司计算20×1年度的稀释每股收益如下：

基本每股收益＝50 000/30 000＝1.67(元)

调整增加的普通股股数＝10 000－10 000×3/4＝2 500(万股)

稀释每股收益＝50 000/(30 000＋2 500)＝1.54(元)

对于盈利企业，认股权证、股份期权等的行权价格低于当期普通股平均市场价格时，应当考虑其稀释性，计算稀释每股收益。对于亏损企业，由于计算的稀释每股亏损数额小于基本每股亏损数额，实际上产生了反稀释作用，因此，在这种情况下，企业不需要计算和反映稀释每股收益。

第四节　现金流量表

一、现金流量表的概念和作用

（一）现金流量表的概念

现金流量表是反映企业在一定会计期间现金和现金等价物流入和流出的财务报表。与资产负债表和利润表不同，现金流量表是以现金和现金等价物为衡量标准，按照收付实现制基础编制的财务报表。从编制程序上看，现金流量表是将日常核算中按权责发生制基础核算的财务状况和经营成果的信息调整为收付实现制基础下现金流量的信息。

在现金流量表中，现金和现金等价物被视为一个整体。在现金和现金等价物中，现金是指企业的库存现金以及可以随时用于支付的存款，具体包括库存现金、银行存款和其他货币资金。其中，库存现金是指企业持有的可以随时用于支付的现金，与“库存现金”科目的核算内容一致。银行存款是指企业存入金融机构并可以随时用于支取的存款，与“银行存款”科目的核算内容基本一致，但不包括不能随时可以用于支取的存款。其他货币资金是指企业存放在金融机构的外埠存款、银行汇票存款、银行本票存款、信用卡存款、信用证保证金存款、存出投资款等，与“其他货币资金”科目的核算内容一致。

现金等价物是指企业持有的期限短、流动性强、易于转换为已知金额现金、价值变动风险很小的投资。通常情况下，企业购买的在3个月内到期的短期债券投资可以归入现金等价物。但企业的权益性投资，由于其变现金额通常不确定，因而不属于现金等价物。企业应当根据具体情况确定现金和现金等价物的范围。现金和现金等价物的范围一经确定，不能随意改变。如果发生改变，应当作为会计政策变更处理。

在现金流量表中，现金和现金等价物的流入和流出可合称为现金流量。现金和现金等价物之间的转换不产生现金流量。例如，企业从银行提取现金、用银行存款购买3个月内到期的国债等不产生现金流量。

在现金流量表中，现金流量区分为经营活动产生的现金流量、投资活动产生的现金流量和筹资活动产生的现金流量三个种类，以分别反映企业在不同种类的业务活动中产生的现金流量。

（二）现金流量表的作用

现金流量表的作用主要表现在以下几个方面：

（1）可以提供现金流量的信息，帮助财务报表使用者评价企业的现金流转情况和支付能力。企业的现金流转情况和支付能力在很大程度上影响着企业的生存和发展。企业如果现金充裕，就可以及时购入必需的材料物资和固定资产，及时支付工资和偿还债务；反之，则会影响企业正常的生产经营活动，甚至会危及企业的生存。现金流量表中现金流量的信息，可以帮助投资者、债权人等财务报表使用者评价企业的现金流转情况和支付能力，预测未来现金流量，并在此基础上作出合理的决策。

（2）可以提供现金流量的信息，帮助财务报表使用者评价企业利润的质量。企业利润表中的利润金额是以权责发生制基础核算取得的，其中的一部分金额可能会表现为应收账款、折旧费用等。现金流量表中现金流量的信息，尤其是经营活动现金流量的信息，可以帮助财务报表使用者评价企业利润的质量。例如，企业在经营活动中取得了多少现金流入、发生了多少现金流出、产生了多少现金净流入，企业在经营活动中产生的现金净流入与利润表中的净利润存在多少差额，具体是什么原因造成的这个差额等。

（3）可以提供现金流量的信息，与资产负债表和利润表提供的信息形成互补。现金流量表中的现金流量分为经营活动产生的现金流量、投资活动产生的现金流量和筹资活动产生的现金流量三个种类，每个种类又分为现金流入和现金流出两个方面，并进一步列示现金流入和现金流出的具体项目，如销售商品收到的现金、购买商品支付的现金、吸收投资收到的现金、偿还债务支付的现金等。现金流量表中反映的这些信息，可以帮助财务报表使用者从现金流量的角度分析和评价企业的财务情况和经营情况，可以与资产负债表和利润表中提供的相应角度的信息形成互补。

财务报表使用者通过对现金流量表中相关数据的分析，以及通过将现金流量表中的相关数据与资产负债表和利润表中的相关数据或其他数据进行结合分析，还可以得出很多有用的信息。例如，通过现金流入与现金流出的比例关系，可以了解企业现金流入对现金流出的保证程度；通过经营活动现金流入、投资活动现金流入和筹资活动现金流入分别占现金总流入的比例，可以了解企业现金流入的结构；通过将前后两个会计期间经营活动产生的现金流量净额的比较，可以了解企业经营活动产生的现金流量净额增长率；通过经营活动产生的现金流量净额与流动负债的比例关系，可以了解企业现金对流动负债的保证程度；通过经营活动产生的现金流量净额与净利润的比例关系，可以了解企业的盈余现金保障倍数等。

二、现金流量表的格式

按照我国《企业会计准则第 31 号——现金流量表》的规定，现金流量表应当分别经营活动、投资活动和筹资活动列报现金流量。在现金流量表中，经营活动是指企业除投资活动和筹资活动以外的所有交易和事项。对于工商企业而言，经营活动主要包括销售商品、提供劳务、购买商品、接受劳务、支付税费等活动。投资活动是指企业长期资产的购建和不包括在现金等价物范围内的投资及其处置活动。投资活动既包括实物资产投资，如购建固定资产、无形资产等长期资产及其处置；也包括非实物资产投资，如购买长期股权投资、债权投资等长期资产及其处置。企业购入现金等价物的活动不属于投资活动，包括在现金等价物范围内的投资视同现金。筹资活动是指导致企业资本及债务规模和构成发生变化的活动。筹资活动主要包括吸收投资收到的现金，如发行股票收到的现金；取得借款收到的现金，如短期借款、长期借款、发行债券收到的现金；偿还债务支付的现金，如偿还债券本金支付的现金等。通常情况下，应付账款、应付票据等属于经营活动的内容，不属于筹资活动的内容。一般企业现金流量表的具体格式可如表 14－7 所示。

表 14－7 现金流量表

编制单位： 20×1 年度 单位：元

项目	本期金额	上期金额
一、经营活动产生的现金流量		
销售商品、提供劳务收到的现金		
收到的税费返还		
收到其他与经营活动有关的现金		
经营活动现金流入小计		
购买商品、接受劳务支付的现金		
支付给职工以及为职工支付的现金		
支付的各项税费		
支付其他与经营活动有关的现金		
经营活动现金流出小计		
经营活动产生的现金流量净额		
二、投资活动产生的现金流量		
收回投资收到的现金		
取得投资收益收到的现金		
处置固定资产、无形资产和其他长期资产收回的现金净额		
处置子公司及其他经营单位收到的现金净额		
收到其他与投资活动有关的现金		
投资活动现金流入小计		

续表

项目	本期金额	上期金额
购建固定资产、无形资产和其他长期资产支付的现金		
投资支付的现金		
取得子公司及其他营业单位支付的现金净额		
支付其他与投资活动有关的现金		
投资活动现金流出小计		
投资活动产生的现金流量净额		
三、筹资活动产生的现金流量		
吸收投资收到的现金		
取得借款收到的现金		
收到其他与筹资活动有关的现金		
筹资活动现金流入小计		
偿还债务支付的现金		
分配股利、利润或偿付利息支付的现金		
支付其他与筹资活动有关的现金		
筹资活动现金流出小计		
筹资活动产生的现金流量净额		
四、汇率变动对现金及现金等价物的影响		
五、现金及现金等价物净增加额		
加：期初现金及现金等价物余额		
六、期末现金及现金等价物余额		

按照我国《企业会计准则第31号——现金流量表》的规定，企业应当在附注中披露将净利润调节为经营活动现金流量的信息。企业在将利润表中的净利润调节为现金流量表中的经营活动现金流量时，应当以“现金流量表补充资料”的形式进行调节。“现金流量表补充资料”的具体格式可如表14-8所示。

表14-8 现金流量表补充资料

编制单位： 20×1年度 单位：元

补充资料	本期金额	上期金额
1. 将净利润调节为经营活动现金流量		
净利润		
加：信用减值准备		
资产减值准备		
固定资产折旧、油气资产折耗、生产性生物资产折旧		
无形资产摊销		
长期待摊费用摊销		
处置固定资产、无形资产和其他长期资产的损失（收益以“—”号填列）		
固定资产报废损失（收益以“—”号填列）		
净敞口套期损失（收益以“—”号填列）		
公允价值变动损失（收益以“—”号填列）		
财务费用（收益以“—”号填列）		

续表

补充资料	本期金额	上期金额
投资损失（收益以"－"号填列）		
递延所得税资产减少（增加以"－"号填列）		
递延所得税负债增加（减少以"－"号填列）		
存货的减少（增加以"－"号填列）		
经营性应收项目的减少（增加以"－"号填列）		
经营性应付项目的增加（减少以"－"号填列）		
其他		
经营活动产生的现金流量净额		
2. 不涉及现金收支的重大投资和筹资活动		
债务转为资本		
一年内到期的可转换公司债券		
租入固定资产（不包含短期租赁和低价值资产租赁）		
3. 现金及现金等价物净变动情况		
现金的期末余额		
减：现金的期初余额		
加：现金等价物的期末余额		
减：现金等价物的期初余额		
现金及现金等价物净增加额		

三、现金流量表的列报方法

（一）现金流量表列报的总体要求

现金流量表列报应当遵循的总体要求主要有：

（1）按经营活动产生的现金流量、投资活动产生的现金流量和筹资活动产生的现金流量分别列报不同种类业务活动产生的现金流量。同时，各种类的现金流量应当分别列报现金流入小计数额和现金流出小计数额。

（2）比较信息的列报。现金流量表各项目的信息应当分别列示本期金额和上期金额，以便于报表使用者将本期金额和上期金额进行比较，分析企业现金流量的变动情况和变动趋势。

（二）经营活动产生的现金流量的列报方法

经营活动产生的现金流量应当采用直接法列报。所谓直接法，是指通过现金收入和现金支出的主要类别列示经营活动现金流量的方法。经营活动产生的现金流量采用直接法列报，可以方便财务报表使用者分析企业经营活动产生的现金流量的来源和用途，预测企业现金流量的未来前景。有关经营活动产生的现金流量的信息，企业应当以有关的会计记录为基础进行分析、计算取得，通常可以通过以下途径取得，即根据下列项目对利润表中的营业收入、营业成本以及其他项目进行调整取得：一是当期存货及经营性应收和应付项目的变动；二是固定资产折旧、无形资产摊销、计提资产减值准备等其他非现金项目；三是属于投资活动或筹资活动现金流量的其他非现金项目。

1. 经营活动产生的现金流入

（1）销售商品、提供劳务收到的现金。该项目反映企业销售商品、提供劳务实际收到的现金。具体包括：本期销售商品、提供劳务收到的现金，以及前期销售商品、提供劳务本期收到的现金和本期预收的款项，减去本期销售本期退回商品和前期销售本期退回商品支付的现金。该项目可根据“库存现金”“银行存款”“应收票据”“应收账款”“预收账款”“主营业务收入”“其他业务收入”等科目的记录分析填列。

例14-6

甲公司20×1年度销售商品共收到银行存款234 000元；应收票据的期初余额为135 000元，期末余额为78 000元；应收账款的期初余额为185 000元，期末余额为122 000元，年度内核销的坏账损失为5 000元；本年度因商品质量问题发生销货退回，共支付银行存款2 000元。甲公司计算20×1年度销售商品、提供劳务收到的现金如下：

本期销售商品收到的现金	234 000
加：本期收到前期的应收票据（135 000－78 000）	57 000
本期收到前期的应收账款（185 000－122 000－5 000）	58 000
减：本期因销售退回支付的现金	2 000
本期销售商品、提供劳务收到的现金	347 000

（2）收到的税费返还。该项目反映企业收到返还的各种税费，如收到返还的增值税、所得税、消费税、关税和教育费附加等。该项目可根据有关科目的记录分析填列。

例14-7

甲公司20×1年度共收到出口商品增值税退税215 000元、教育费附加返还36 000元。甲公司计算20×1年度收到的税费返还如下：

本期收到的出口商品增值税退税	215 000
加：本期收到的教育费附加返还	36 000
本期收到的税费返还	251 000

（3）收到其他与经营活动有关的现金。该项目反映除以上项目外，企业收到的其他与经营活动有关的现金。如收到的罚款收入、经营租赁固定资产租金收入、投资性房地产租金收入、流动资产损失中由个人赔偿的现金收入、政府补助收入等。该项目可根据“库存现金”“银行存款”等有关科目的记录分析填列。根据现行相关规定，企业实际收到的政府补助，无论是与资产相关还是与收益相关，均在“收到其他与经营活动有关的现金”项目填列。

2. 经营活动产生的现金流出

（1）购买商品、接受劳务支付的现金。该项目反映企业购买商品、接受劳务实际支付的现金。具体包括：本期购买商品、接受劳务支付的现金，以及前期购买商品、接受劳务本期支付的现金和本期预付的款项，减去本期购货本期退回商品和前期购货本期退回商品收到的现金。该项目可根据“库存现金”“银行存款”“应付票据”“应付账款”“预付账款”“主营业务成本”“其他业务成本”等科目的记录分析填列。

例 14－8

甲公司 20×1 年度购买商品共支付银行存款 468 000 元；应付票据的期初余额为 254 000 元，期末余额为 112 000 元；应付账款的期初余额为 366 000 元，期末余额为 322 000 元；预付账款的期初余额为 0 元，期末余额为 50 000 元；本年度因商品质量问题发生购货退回，共收到银行存款 15 000 元。甲公司计算 20×1 年度购买商品、接受劳务支付的现金如下：

本期购买商品支付的现金	468 000
加：本期支付前期的应付票据（254 000－112 000）	142 000
本期支付前期的应付账款（366 000－322 000）	44 000
本期预付的账款（50 000－0）	50 000
减：本期因购货退回收到的现金	15 000
本期购买商品、接受劳务支付的现金	689 000

（2）支付给职工以及为职工支付的现金。该项目反映企业本期实际支付给职工的现金以及企业本期实际为职工支付的现金。其中，企业本期实际支付给职工的现金如企业为取得职工提供的劳务而向职工支付的工资、奖金、各种津贴和补贴等职工薪酬，包括由企业代扣代缴的职工个人所得税。企业本期实际为职工支付的现金如企业为职工缴纳的医疗、养老、失业、工伤、生育等社会保险基金、补充养老保险、住房公积金，企业为职工缴纳的商业保险金，因解除与职工的劳动关系而给予职工的补偿，现金结算的股份支付等。该项目不包括企业支付给在建工程人员以及为在建工程人员支付的现金。企业支付给在建工程人员以及为在建工程人员支付的现金，在“购建固定资产、无形资产和其他长期资产支付的现金”项目中反映。该项目可根据“库存现金”“银行存款”“应付职工薪酬”等科目的记录分析填列。

例 14－9

甲公司 20×1 年度实际支付给职工的工资为 389 000 元，实际为职工缴纳的医疗、养老、失业等社会保险基金为 42 000 元，实际为职工交纳的住房公积金为 15 000 元。甲公司计算 20×1 年度支付给职工以及为职工支付的现金如下：

本期支付给职工的工资	389 000
加：本期为职工缴纳的医疗、养老、失业等社会保险基金	42 000
本期为职工缴纳的住房公积金	15 000
本期支付给职工以及为职工支付的现金	446 000

（3）支付的各项税费。该项目反映企业按规定支付的各项税费。包括本期发生并支付的税费，以及以前各期发生本期支付的税费和预交的税金，如支付的增值税、消费税、所得税、教育费附加、印花税、房产税、车船税等。不包括本期退回的增值税、所得税等。本期退回的增值税、所得税等在“收到的税费返还”项目中反映。该项目可根据“库存现金”“银行存款”“应交税费”等科目的记录分析填列。

例 14－10

甲公司 20×1 年度已缴纳的增值税为 205 000 元，本期发生的所得税 556 000 元已全部缴纳，前期发生本期缴纳的所得税为 44 000 元。甲公司计算 20×1 年度支付的各项税费如下：

本期支付的增值税	205 000
加：本期发生并支付的所得税	556 000
前期发生本期支付的所得税	44 000
本期支付的各项税费	805 000

（4）支付的其他与经营活动有关的现金。该项目反映除以上项目外，企业支付的其他与经营活动有关的现金。如支付的罚款、差旅费、业务招待费、保险费、短期租赁和低价值资产租赁支付的相关付款额等。该项目可根据“库存现金”“银行存款”等有关科目的记录分析填列。

（三）投资活动产生的现金流量的列报方法

有关投资活动产生的现金流量的信息，企业应当以有关的会计记录为基础进行分析、计算取得。

1. 投资活动产生的现金流入

（1）收回投资收到的现金。该项目反映企业出售、转让或到期收回除现金等价物以外的交易性金融资产、债权投资、其他债权投资、长期股权投资等而收到的现金。其中不包括债权性投资收到的利息、股权性投资收到的股利、收回的非现金资产，以及处置子公司及其他营业单位收到的现金净额。债权性投资收回的本金和股权性投资收回的投资数额在该项目反映，债权性投资收到的利息和股权性投资收到的股利在“取得投资收益收到的现金”项目中反映。处置子公司及其他营业单位收到的现金净额在单独设置的项目中反映。该项目可根据“交易性金融资产”“债权投资”“其他债权投资”“其他权益工具投资”“长期股权投资”“库存现金”“银行存款”等有关科目的记录分析填列。

例14－11

甲公司20×1年度出售某项长期股权投资，收回的全部投资金额为258 000元；出售某项债权投资，收回的全部投资金额为165 000元，其中，15 000元是债券利息。甲公司计算20×1年度收回投资收到的现金如下：

本期收回长期股权投资金额	258 000
加：本期收回债权投资本金（165 000－15 000）	150 000
本期收回投资收到的现金	408 000

（2）取得投资收益收到的现金。该项目反映企业因股权性投资而收到的现金股利，以及因债权性投资而收到的利息收入。包括在现金等价物范围内的债券性投资，其利息收入也在该项目反映。股票股利因不产生现金流量，不在该项目反映。该项目可根据“应收股利”“应收利息”“投资收益”“库存现金”“银行存款”等有关科目的记录分析填列。

例14－12

甲公司20×1年度收到债权投资的利息收入35 000元，收到长期股权投资的现金股利收入155 000元。甲公司计算20×1年度取得投资收益收到的现金如下：

本期收到债权投资的利息收入	35 000
加：本期收到长期股权投资的现金股利收入	155 000

本期取得投资收益收到的现金　　190 000

（3）处置固定资产、无形资产和其他长期资产收回的现金净额。该项目反映企业出售、报废固定资产、无形资产和其他长期资产所取得的现金，减去出售、报废过程中支付的有关税费后的净额。因固定资产等意外毁损而收到的保险赔偿收入，也在该项目反映。该项目以净额列报，能更好地反映相应的处置活动对现金流量的影响。如果净额为负数，在“支付其他与投资活动有关的现金”项目中反映。该项目可根据“固定资产清理”“无形资产”“投资性房地产”“库存现金”“银行存款”等有关科目的记录分析填列。

例 14－13

甲公司 20×1 年度报废一台设备，收到出售价款 12 000 元，款项存入开户银行；支付设备拆卸和运输费用 3 000 元，款项以银行存款支付。甲公司计算 20×1 年度处置固定资产、无形资产和其他长期资产收回的现金净额如下：

本期出售固定资产收到的现金	12 000
减：本期支付出售固定资产的清理费用	3 000
本期处置固定资产、无形资产和其他长期资产收回的现金净额	9 000

（4）处置子公司及其他营业单位收到的现金净额。该项目反映企业处置子公司及其他营业单位所取得的现金，减去子公司或其他营业单位持有的现金和现金等价物以及相关处置费用后的净额。企业处置子公司及其他营业单位是整体交易。对于该整体交易单独以净额列报，能更好地反映相应的处置活动对现金流量的影响。在处置过程中，如果净额为负数，在“支付其他与投资活动有关的现金”项目中反映。该项目可根据有关科目的记录分析填列。

（5）收到其他与投资活动有关的现金。该项目反映除以上项目外，企业收到的其他与投资活动有关的现金。该项目可根据有关科目的记录分析填列。

2. 投资活动产生的现金流出

（1）购建固定资产、无形资产和其他长期资产支付的现金。该项目反映购买或建造固定资产、无形资产和其他长期资产而支付的现金。包括购买固定资产、无形资产等支付的现金、建造工程支付的现金等。建造工程支付的现金包括购买工程物资支付的现金、支付在建工程人员工资支付的现金等。该项目不包括为购建固定资产、无形资产和其他长期资产而发生的借款利息资本化部分，以及租入固定资产所支付的租赁费。为购建固定资产、无形资产和其他长期资产而发生的借款利息资本化部分，在“分配股利、利润或偿付利息支付的现金”项目反映；租入固定资产所支付的租赁费，视是否属于短期租赁或低价值资产租赁，分别在“支付其他与筹资活动有关的现金”或“支付其他与经营活动有关的现金”项目反映。该项目可根据“固定资产”“在建工程”“工程物资”“无形资产”“投资性房地产”“库存现金”“银行存款”等有关科目的记录分析填列。

例 14－14

甲公司 20×1 年度购入一台机器设备，价款 86 000 元，款项以银行存款支付。为在建办公用房购入一批工程物资，价款 230 000 元，款项通过银行转账支付。以银行存款 50 000 元购入一项无形资产。甲公司计算 20×1 年度购建固定资产、无形资产和其他长期资产支付的现金如下：

本期购买固定资产支付的现金	86 000
加：本期购买工程物资支付的现金	230 000
本期购买无形资产支付的现金	50 000
本期购建固定资产、无形资产和其他长期资产支付的现金	366 000

（2）投资支付的现金。该项目反映企业进行权益性投资和债权性投资所支付的现金。包括企业在取得除现金等价物以外的交易性金融资产、债权投资、其他债权投资、长期股权投资等时支付的现金，以及支付的佣金、手续费等交易费用。不包括企业取得子公司及其他营业单位支付的现金净额。企业取得子公司及其他营业单位支付的现金净额在单独的项目中反映。企业在购买股票和债券时，实际支付的价款中包含的已宣告但尚未领取的现金股利，或已到付息期但尚未领取的债券利息，在“支付其他与投资活动有关的现金”项目反映；收到的这部分现金股利或债券利息在“收到其他与投资活动有关的现金”项目反映。该项目可根据“交易性金融资产”“债权投资”“其他债权投资”“其他权益工具投资”“长期股权投资”“库存现金”“银行存款”等有关科目的记录分析填列。

例14-15

甲公司20×1年度以银行存款购入交易性金融资产148 000元，购入价款中包含已宣告但尚未领取的现金股利2 000元；同时，以银行存款购入其他债权投资235 000元。甲公司计算20×1年度投资支付的现金如下：

本期购买交易性金融资产支付的现金（148 000－2 000）	146 000
加：本期购买其他债权投资支付的现金	235 000
本期投资支付的现金	381 000

（3）取得子公司及其他营业单位支付的现金净额。该项目反映企业取得子公司及其他营业单位支付的现金，减去子公司或其他营业单位持有的现金和现金等价物后的净额。该项目可根据有关科目的记录分析填列。企业购买子公司或其他营业单位是整体交易，企业可能会全部以现金支付，也可能会一部分以现金支付而另一部分以实物清偿。如果企业支付的现金减去子公司或其他营业单位持有的现金和现金等价物后的净额为负数，则相应的数额在“收到其他与投资活动有关的现金”项目反映。

例14-16

甲公司20×1年度购买乙公司的一个子公司，购买价款为988 000元，款项全部以银行存款支付。购买日，该子公司有现金和银行存款共计12 000元，没有现金等价物。甲公司计算20×1年度取得子公司及其他营业单位支付的现金净额如下：

本期购买子公司支付的现金	988 000
减：子公司持有的现金和现金等价物	12 000
本期取得子公司及其他营业单位支付的现金净额	976 000

（4）支付其他与投资活动有关的现金。该项目反映除以上项目外，企业支付的其他与投资活动有关的现金。该项目可根据有关科目的记录分析填列。

（四）筹资活动产生的现金流量的列报方法

有关筹资活动产生的现金流量的信息，企业应当以有关的会计记录为基础进行分析、计算取得。

1. 筹资活动产生的现金流入

（1）吸收投资收到的现金。该项目反映企业以发行股票等方式筹集资金实际收到的款项净额，即发行收入总额减去支付的佣金等发行费用后的净额。企业在发行股票等过程中支付的审计、咨询等费用，在“支付其他与筹资活动有关的现金”项目反映。该项目可根据“实收资本（或股本）”“资本公积”“库存现金”“银行存款”等有关科目的记录分析填列。

例 14－17

甲公司 20×1 年度对外发行股票 500 000 股，发行价格为每股 2 元，取得发行收入总额 1 000 000 元（500 000×2），同时，向代理发行股票的证券公司支付佣金等发行费用 16 000 元。甲公司计算 20×1 年度吸收投资收到的现金如下：

本期发行股票取得的发行收入总额	1 000 000
减：向证券公司支付代发股票的佣金等发行费用	16 000
本期吸收投资收到的现金	984 000

（2）取得借款收到的现金。该项目反映企业举借各种短期、长期借款收到的现金，以及发行债券实际收到的款项净额，即发行债券取得的发行收入总额减去支付的佣金等发行费用后的净额。该项目可根据“短期借款”“长期借款”“应付债券”“库存现金”“银行存款”等有关科目的记录分析填列。

例 14－18

甲公司 20×1 年度向银行取得短期借款 50 000 元，取得长期借款 300 000 元，借入的款项存入企业的银行存款账户，用于相应的借款用途。甲公司计算 20×1 年度取得借款收到的现金如下：

本期取得短期借款收到的现金	50 000
加：本期取得长期借款收到的现金	300 000
本期取得借款收到的现金	350 000

（3）收到其他与筹资活动有关的现金。该项目反映除以上项目外，企业收到的其他与筹资活动有关的现金。该项目可根据有关科目的记录分析填列。

2. 筹资活动产生的现金流出

（1）偿还债务支付的现金。该项目反映企业以现金偿还的债务本金。包括偿还的短期借款本金、长期借款本金、应付债券本金等。不包括偿付的借款利息、债券利息等。企业以现金偿付的借款利息、债券利息等，在“分配股利、利润或偿付利息支付的现金”项目反映。该项目可根据“短期借款”“长期借款”“应付债券”“库存现金”“银行存款”等有关科目的记录分析填列。

例 14－19

甲公司 20×1 年度向银行偿还短期借款本金 60 000 元，偿还到期应付债券本金

200 000 元。以上款项以银行存款支付。甲公司计算 20×1 年度偿还债务支付的现金如下：

本期偿还短期借款本金支付的现金	60 000
加：本期偿还到期应付债券本金支付的现金	200 000
本期偿还债务支付的现金	260 000

（2）分配股利、利润或偿付利息支付的现金。该项目反映企业实际支付的现金股利、支付给其他投资单位的利润，以及以现金支付的借款利息和债券利息等。企业借款的用途不同，其利息开支的渠道也有所差别，如开支的利息可能会计入在建工程、财务费用、研发支出等。各种开支渠道的借款利息都在该项目中反映。该项目可根据“应付股利”“应付利息”“利润分配”“财务费用”“在建工程”“制造费用”“研发支出”“库存现金”“银行存款”等有关科目的记录分析填列。

例 14-20

甲公司 20×1 年度期初应付现金股利为 68 000 元，本年度宣告并已发放的现金股利为 40 000 元，期末应付现金股利为 15 000 元；同时，本年度实际支付的借款利息为 32 000 元。甲公司计算 20×1 年度分配股利、利润或偿付利息支付的现金如下：

本期宣告并已发放的现金股利	40 000
加：本期支付的前期应付股利（68 000－15 000）	53 000
本期支付的借款利息	32 000
本期分配股利、利润或偿付利息支付的现金	125 000

（3）支付其他与筹资活动有关的现金。该项目反映除以上项目外，企业支付的其他与筹资活动有关的现金。如在发行股票、债券等筹资活动中支付的审计、咨询等费用，偿还租赁负债本金和利息支付的现金，分期付款购买固定资产支付的购买价款等。该项目可根据有关科目的记录分析填列。

（五）汇率变动对现金及现金等价物的影响的列报方法

我国《企业会计准则第 31 号——现金流量表》规定，外币现金流量以及境外子公司的现金流量，应当采用现金流量发生日的即期汇率或按照系统合理的方法确定的、与现金流量发生日即期汇率近似的汇率折算。在现金流量表中，“现金及现金等价物净增加额”项目中的外币现金净增加额，是按资产负债表日的即期汇率折算的。这两者之间的差额，即为汇率变动对现金的影响。

例 14-21

甲公司 20×1 年度两次出口商品。第一次出口商品的售价为 10 000 美元，款项已收到，收到款项当日的汇率为 1：6.50。第二次出口商品的售价为 20 000 美元，款项已收到，收到款项当日的汇率为 1：6.48。资产负债表日的即期汇率为 1：6.45。假定甲公司当期没有发生其他业务。甲公司计算 20×1 年度汇率变动对现金的影响如下：

本期经营活动流入的现金（10 000×6.50＋20 000×6.48）	194 600
本期现金及现金等价物净增加额（30 000×6.45）	193 500
汇率变动对现金的影响	1 100

企业在计算汇率变动对现金及现金等价物的影响时，也可以首先计算期末现金及现金等价物余额，然后以期末现金及现金等价物余额减去期初现金及现金等价物余额，从而得出现金及现金等价物净增加额，然后再将现金及现金等价物净增加额与经营活动产生的现金流量净额、投资活动产生的现金流量净额和筹资活动产生的现金流量净额三项之和进行比较，其差额即为汇率变动对现金及现金等价物的影响。

（六）现金流量表中上期金额的列报方法

现金流量表中的“上期金额”栏通常应当根据上年该期现金流量表中“本期金额”栏内所列的数字填列。如果企业上年该期现金流量表规定的项目名称和内容与本期不一致，应当对上年该期现金流量表相应项目的名称和数字按照本期的规定进行调整，并以调整后的项目名称和数字填入“上期金额”栏。现金流量表中“本期金额”栏中的项目和数字与“上期金额”栏中的项目和数字，在本年度和上年度之间以及在本年度某一会计中期与上年度同一会计中期之间应当具有可比性。

企业在具体编制现金流量表时，可以采用工作底稿法或T形账户法，也可以采用分析填列法。采用工作底稿法或T形账户法编制现金流量表，是以工作底稿或T形账户为手段，以资产负债表和利润表中的数据为基础，对每一项目进行分析并编制调整分录，从而编制出现金流量表。采用分析填列法，是直接根据资产负债表、利润表和有关会计科目明细账的记录，分析计算出现金流量各项目的金额，从而编制出现金流量表。

四、现金流量表补充资料的列报方法

（一）将净利润调节为经营活动现金流量

在现金流量表中，企业采用直接法反映经营活动产生的现金流量。在现金流量表补充资料中，企业应当采用间接法反映经营活动产生的现金流量。间接法是指以本期净利润为起点，通过调整不涉及现金的收入、费用、营业外收支以及经营性应收应付等项目的增减变动，调整不属于经营活动的现金收支项目，在此基础上计算并列报经营活动产生的现金流量的方法。间接法下列示的经营活动产生的现金流量，与直接法下列示的经营活动产生的现金流量可以进行相互核对和补充。将净利润调节为经营活动现金流量的有关项目具体列报方法如下：

（1）信用减值准备。这是指企业当期计提扣除当期转回的各项信用减值准备。包括坏账准备、债权投资减值准备、其他债权投资减值准备等。企业当期计提的各项信用减值准备和按规定转回的各项信用减值准备包括在利润表中，属于利润的减除项目，但没有发生现金流出。因此，在将净利润调节为经营活动现金流量时，需要加回。该项目可根据“信用减值损失”科目的记录分析填列。

（2）资产减值准备。这是指企业当期计提扣除当期转回的各项资产减值准备。包括存货跌价准备、长期股权投资减值准备、固定资产减值准备、投资性房地产减值准备、无形资产减值准备等。企业当期计提的各项资产减值准备和按规定转回的各项资产减值准备包括在利润表中，属于利润的减除项目，但没有发生现金流出。因此，在将净利润调节为经营活动现金流量时，需要加回。该项目可根据“资产减值损失”科目的记录分析填列。

(3) 固定资产折旧、油气资产折耗、生产性生物资产折旧。这是指企业当期计提的固定资产折旧、油气资产折耗和生产性生物资产折旧。企业当期计提的固定资产折旧，有的计入管理费用，有的计入制造费用。计入管理费用的部分，作为期间费用包括在利润表中，属于利润的减除项目，但没有发生现金流出。因此，在将净利润调节为经营活动现金流量时，需要加回。计入制造费用的部分，如果已经随着产品的出售而变现，则作为主营业务成本包括在利润表中，属于利润的减除项目，但也没有发生现金流出。因此，在将净利润调节为经营活动现金流量时，也需要加回。计入制造费用的部分，如果停留在存货中尚未出售变现，则既不影响现金流量，也不影响当期净利润。本来这部分固定资产折旧不需要进行调节，但由于在调节存货项目时，存货的增加统一作为调减项目列报，因此，这部分固定资产折旧仍然需要加回。这样，企业当期计提的固定资产折旧，无论是计入管理费用还是计入制造费用，在将净利润调节为经营活动现金流量时，都需要加回。同理，企业当期计提的油气资产折耗、生产性生物资产折旧，也需要予以加回。该项目可根据“累计折旧”“累计折耗”“生产性生物资产累计折旧”科目的贷方发生额分析填列。

(4) 无形资产摊销。这是指企业当期对使用寿命有限的无形资产计提的摊销。企业当期计提的无形资产摊销计入管理费用或制造费用。与固定资产折旧同理，对于无形资产摊销，企业在将净利润调节为经营活动现金流量时，需要予以加回。该项目可根据“累计摊销”科目的贷方发生额分析填列。

(5) 长期待摊费用摊销。这是指企业当期摊销的长期待摊费用。企业当期摊销长期待摊费用时，有的计入管理费用，有的计入制造费用，有的计入销售费用。与固定资产折旧同理，对于长期待摊费用摊销，企业在将净利润调节为经营活动现金流量时，需要予以加回。该项目可根据“长期待摊费用”科目的贷方发生额分析填列。

(6) 处置固定资产、无形资产和其他长期资产的损失或收益。这是指企业当期在处置固定资产、无形资产和其他长期资产过程中发生的损失或取得的收益。在现金流量表中，处置固定资产、无形资产和其他长期资产的活动属于投资活动，不属于经营活动。但在利润表中，企业处置固定资产、无形资产和其他长期资产发生的损失或取得的收益包括在净利润的计算中，作为净利润的减除或增加项目。因此，企业在将净利润调节为经营活动现金流量时，对于处置固定资产、无形资产和其他长期资产的损失，需要予以加回；收益则予以减除。该项目可根据“资产处置损益”等科目所属有关明细科目的记录分析填列。

(7) 固定资产报废损失或收益。这是指企业当期在报废固定资产过程中发生的损失或取得的收益。其调节原理同处置固定资产、无形资产和其他长期资产的损失或收益。该项目可根据“营业外支出”“营业外收入”等科目所属有关明细科目的记录分析填列。

(8) 公允价值变动损失或收益。这是指企业当期由于交易性金融资产、投资性房地产等公允价值的变动而引起的计入当期利润的损失或收益。公允价值变动损益通常与企业的投资活动或筹资活动相关，而且并不影响企业当期的现金流量。因此，企业在将净利润调节为经营活动现金流量时，对于公允价值变动损失，需要予以加回；对于公允价值变动收益，则需要予以减除。该项目可根据“公允价值变动损益”科目的记录分析填列。

(9) 财务费用或收益。这是指企业当期发生的财务费用或取得的财务收益中不属于经营活动的部分。企业发生的财务费用，有的属于经营活动的内容，有的属于筹资活动的内容。前者如由应付票据利息等引起的财务费用，后者如由长期借款、应付债券等引起的财务费用。企业利润表中的财务费用包括了企业在当期确认的所有财务费用。因此，企业在将净利润调节为经营活动现金流量时，对于不属于经营活动的财务费用，需要加回；对于不属于经营活动的财务收益，则需要减除。该项目可根据“财务费用”科目的本期借方发生额分析填列。

(10) 投资损失或收益。这是指企业当期发生的投资损失或取得的投资收益。投资损失或投资收益属于投资活动的内容，不属于经营活动的内容。因此，企业在将净利润调节为经营活动现金流量时，对于发生的投资损失，需要加回；对于取得的投资收益，则需要减除。该项目可根据“投资收益”科目的记录分析填列。

(11) 递延所得税资产减少或增加。这是指企业当期发生的递延所得税资产的减少或增加。递延所得税资产的减少使得当期计入所得税费用的金额大于当期应缴纳的所得税金额，其差额在计算净利润时予以了扣减，但并没有发生现金流出。递延所得税资产的增加使得当期计入所得税费用的金额小于当期应缴纳的所得税金额，其差额在计算净利润时纳入了其中，但并没有发生现金流入。因此，企业在将净利润调节为经营活动现金流量时，对于递延所得税资产的减少，需要加回；对于递延所得税资产的增加，则需要减除。该项目可根据资产负债表中“递延所得税资产”项目的期初、期末余额分析填列。

(12) 递延所得税负债增加或减少。这是指企业当期发生的递延所得税负债的增加或减少。递延所得税负债的增加使得当期计入所得税费用的金额大于当期应缴纳的所得税金额，其差额在计算净利润时予以了扣减，但并没有发生现金流出。递延所得税负债的减少使得当期计入所得税费用的金额小于当期应缴纳的所得税金额，其差额在计算净利润时纳入了其中，但并没有发生现金流入。因此，企业在将净利润调节为经营活动现金流量时，对于递延所得税负债的增加，需要加回；对于递延所得税负债的减少，则需要减除。该项目可根据资产负债表中“递延所得税负债”项目的期初、期末余额分析填列。

(13) 存货的减少或增加。这是指企业当期发生的存货的减少或增加。企业存货的减少，即期末存货小于期初存货，表明企业本期耗用的存货中有一部分是期初存货。企业耗用的这部分存货在计算净利润时已经作为成本费用项目扣除，但这部分存货在当期可能并没有发生现金流出。企业存货的增加，即期末存货大于期初存货，表明企业本期购入的存货中有一部分没有被耗用。企业没有耗用的这部分存货在计算净利润时没有作为成本费用项目扣除，但这部分存货在当期可能发生了现金流出。因此，企业在将净利润调节为经营活动现金流量时，对于存货的减少，需要予以加回；对于存货的增加，则需要予以减除。当然，存货的增减变动还涉及应付项目，这一因素在“经营性应付项目的增加或减少”中单独调节。另外，存货的增减变动如果属于投资活动，如在建工程领用存货，这一因素应当予以剔除。该项目可根据资产负债表中“存货”项目的期初、期末余额分析填列。

(14) 经营性应收项目的减少或增加。这是指企业当期发生的经营性应收项目的减少或增加。其中，经营性应收项目包括应收票据、应收账款、预付账款、长期应收款和其他应收款等中与经营活动有关的部分。经营性应收项目的减少，即经营性应收项目的期末余额小于期初余额，表明本期经营性活动中收回的现金大于利润表中确认的营业收入，或本期收回了以前期间部分经营性应收项目。经营性应收项目的增加，即经营性应收项目的期末余额大于期初余额，表明本期经营性活动中收回的现金小于利润表中确认的营业收入，或本期发生的部分经营性应收项目没有收回。因此，企业在将净利润调节为经营活动现金流量时，对于经营性应收项目的减少，需要予以加回；对于经营性应收项目的增加，则需要予以减除。该项目可根据资产负债表中“应收票据”“应收账款”“预付账款”“长期应收款”“其他应收款”等项目的期初、期末余额分析填列。

（15）经营性应付项目的增加或减少。这是指企业当期发生的经营性应付项目的增加或减少。其中，经营性应付项目包括应付票据、应付账款、预收账款、应付职工薪酬、应交税费、应付利息、长期应付款和其他应付款等中与经营活动有关的部分。经营性应付项目的增加，即经营性应付项目的期末余额大于期初余额，表明本期经营性活动中支付的现金小于利润表中确认的费用成本，或本期购入的存货中有一部分没有支付现金。经营性应付项目的减少，即经营性应付项目的期末余额小于期初余额，表明本期经营性活动中支付的现金大于利润表中确认的费用成本，或本期支付了以前期间发生的部分经营性应付项目。因此，企业在将净利润调节为经营活动现金流量时，对于经营性应付项目的增加，需要予以加回；对于经营性应付项目的减少，则需要予以减除。该项目可根据资产负债表中“应付票据”“应付账款”“预收账款”“应付职工薪酬”“应交税费”“应付利息”“长期应付款”“其他应付款”等项目的期初、期末余额分析填列。

（二）不涉及现金收支的重大投资和筹资活动

不涉及现金收支的重大投资和筹资活动，反映企业当期不形成现金收支但影响企业财务状况的重大投资和筹资活动。这些重大投资和筹资活动虽然不涉及当期现金收支，但对以后各期的现金流量有重大影响。因此，有必要在现金流量表补充资料中对这些活动进行披露。不涉及现金收支的重大投资和筹资活动的有关项目具体列报方法如下：

（1）债务转为资本。反映企业当期转为资本的债务金额。债务转为资本的业务，从债务得以偿还来看，属于筹资活动，但没有现金流出；从资本得以增加来看，也属于筹资活动，但没有现金流入。因此，它属于不涉及现金收支的投资和筹资活动。债务转为资本后，企业以后不再需要偿还债务金额，即不再会发生现金流出。

（2）一年内到期的可转换公司债券。反映企业一年内到期的可转换公司债券的本息。企业一年内到期的可转换公司债券，在到期时，可能会转换成资本，也可能会需要以现金偿付。如果转换成资本，则不需要再偿还债券本息；如果没有转换成资本，企业需要在到期时以现金偿付债券本息。

（3）租入固定资产，其中不包括短期租赁和低价值资产租赁。反映企业当期租入的固定资产。企业当期租入的固定资产，尽管当期不支付租金或只支付当期的租金，但在以后一定期间内需要定期的支付租金，即在以后一定期间内形成了一项固定的现金支出。

五、现金流量表编制示例

例 14-22

沿用例 14-1 和例 14-2 的资料，甲公司 20×1 年度其他有关资料如下：

1. 20×1 年度利润表中有关项目的明细资料。

（1）财务费用的组成：计提借款利息 74 000 元。

（2）管理费用的组成：职工薪酬 45 000 元，无形资产摊销 66 000 元，折旧费用 134 000 元，支付的其他管理费用 50 000 元。

（3）所得税费用的组成：当期所得税费用 123 600 元，递延所得税费用 2 400 元。递延所得税费用是由递延所得税资产的减少形成的。

（4）销售费用的组成：本期发生的销售费用 68 000 元全部已经支付，没有与销售费用相关的预计负债。

（5）投资收益的组成：均为由投资而形成的股利和利息收入 103 900 元。

（6）营业外收入的组成：处置固定资产净收益 23 000 元，所处置的固定资产原价为 150 000 元，累计折旧为 120 000 元，支付清理费用 1 000 元，收到对外出售收入54 000 元。

（7）信用减值损失的组成：当期计提坏账准备 4 600 元。

（8）资产减值损失的组成：当期计提无形资产减值准备 22 000 元。

2. 20×1 年末资产负债表中有关项目的明细资料。

（1）应交税费的组成：本期增值税进项税额 102 000 元，本期增值税销项税额 312 000 元，本期已交增值税 235 000 元；应交所得税期末余额 34 000 元，应交所得税年初余额 51 000 元。甲公司除增值税、所得税外的其他有关应交税费都恰当地记录在税金及附加中，并已全部上交，也没有年初余额。

（2）存货中生产成本和制造费用的组成：当期计入的职工薪酬 195 000 元，当期计入的折旧费用 275 000 元。

（3）应付职工薪酬的组成：应付职工薪酬年初余额 138 000 元中，有 124 000 元属于计入生产成本、制造费用和管理费用的薪酬，其余 14 000 元属于计入在建工程的薪酬；应付职工薪酬期末余额 143 000 元中，有 128 000 元属于计入生产成本、制造费用和管理费用的薪酬，其余 15 000 元属于计入在建工程的薪酬。本期已计入在建工程的职工薪酬为 24 000 元。

（4）债权投资的组成：本期收回部分债权投资，收到现金 85 000 元。其中，5 000 元为收到的利息，记录在投资收益中。

（5）固定资产、在建工程和使用权资产的组成：本期用现金购买了固定资产 529 200 元，购买了工程物资 56 000 元，租入使用权资产 10 000 元。

（6）交易性金融资产的组成：本期用现金购买了交易性金融资产 130 000 元，期末公允价值上涨至 145 000 元，产生公允价值变动收益 15 000 元。

（7）短期借款的组成：本期取得短期借款收到现金 153 000 元。

（8）长期借款的组成：本期偿还一年内到期的长期借款 120 000 元。

（9）其他应付款的组成："应付股利"科目中，本期宣告分派现金股利 138 800 元，本期分派现金股利支付现金 65 000 元；"其他应付款"科目中，本期支付上期其他与经营活动相关的现金为2 000元；“应付利息”科目中，均为借款利息，本期偿付借款利息支付的现金为78 000元。

(10) 其他应收款的组成：在“应收利息”科目中，均为由投资产生的利息收入引起。

(11) 应收账款的组成：在“坏账准备——应收账款”科目中，年初余额2 600元，期末余额4 200元，当期计提坏账准备4 600元，当期转销应收账款坏账3 000元。

(12) 甲公司年初和期末都没有现金等价物。

根据以上资料，甲公司采用分析填列的方法，计算现金流量表中有关项目的现金流量金额如下：

(1) 销售商品、提供劳务收到的现金。

$$\begin{aligned}\text{销售商品、提供劳务收到的现金} &= \text{主营业务收入} + \text{应交税费中的应交增值税销项税额} \\ &\quad + (\text{应收账款年初余额} - \text{应收账款期末余额}) + (\text{应收票据年初余额} - \text{应收票据期末余额}) \\ &\quad - (\text{预收账款年初余额} - \text{预收账款期末余额}) - \text{当期计提的坏账准备} \\ &= 1\,837\,700 + 312\,000 + (498\,000 - 612\,000) + (168\,000 - 148\,000) \\ &\quad - (45\,000 - 0) - 4\,600 \\ &= 2\,006\,100(\text{元})\end{aligned}$$

在以上计算公式中，如果企业的销售方式为现销方式，即以收取现金或银行存款等货币资金的方式进行销售，那么，销售商品收到的现金应当是主营业务收入与应交增值税销项税额之和。如果企业的销售方式为赊销，即以应收账款或应收票据等应收款项的方式进行销售，那么，销售商品收到的现金应当是主营业务收入与应交增值税销项税额之和减去应收账款的增加数。预收账款的减少通常是确认了主营业务收入，但没有现金流入。因此，在计算销售商品收到的现金时，通常应当作为主营业务收入的调减项目。

资产负债表中列示的应收账款项目是应收账款净额，即“应收账款”科目的借方余额与“坏账准备”科目的贷方余额之差额。因此，以上计算公式中的“（应收账款年初余额－应收账款期末余额）－当期计提的坏账准备”，如果以会计科目的形式将其展开，即为“（应收账款科目年初余额－坏账准备科目年初余额）－（应收账款科目期末余额－坏账准备科目期末余额）－当期计提的坏账准备”，或者为“（应收账款科目年初余额－应收账款科目期末余额）－（坏账准备科目年初余额＋当期计提的坏账准备－坏账准备科目期末余额）”。其中，“坏账准备科目年初余额＋当期计提的坏账准备－坏账准备科目期末余额”为当期确认的应收账款坏账数额。而当期确认的应收账款坏账减少应收账款的数额，但不产生现金流入。因此，企业在以资产负债表中的应收账款项目余额变动为依据计算由应收账款产生的现金流量时，采用“（应收账款年初余额－应收账款期末余额）－当期计提的坏账准备”的简便计算公式。当然，企业也可以以会计科目的记录为依据计算销售商品、提供劳务收到的现金数额。

另外，甲公司没有其他业务收入。如果甲公司有其他业务收入，则需要对其他业务收入的内容进行分析。如果是属于销售原材料收到的现金，则应当计入“销售商品、提供劳务收到的现金”项目；如果是投资性房地产收到的租金或经营租赁固定资产收到的租金，则应当计入“收到其他与经营活动有关的现金”项目。

(2) 购买商品、接受劳务支付的现金。

$$\begin{aligned}\text{购买商品、接受劳务支付的现金}&=\text{主营业务成本}+\text{应交税费中的应交增值税进项税额}-(\text{存货年初余额}-\text{存货期末余额})\\&\quad+(\text{应付账款年初余额}-\text{应付账款期末余额})+(\text{应付票据年初余额}-\text{应付票据期末余额})\\&\quad-(\text{预付账款年初余额}-\text{预付账款期末余额})-\text{当期列入生产成本、制造费用的职工薪酬}\\&\quad-\text{当期列入生产成本、制造费用的折旧费用}\\&=995\,000+102\,000-(1\,263\,000-1\,094\,000)+(752\,000-785\,000)\\&\quad+(163\,000-136\,000)-(0-50\,000)-195\,000-275\,000\\&=502\,000(\text{元})\end{aligned}$$

在以上计算公式中，主营业务成本即为本期销售商品的成本，而“期初存货＋本期购货－本期发货＝期末存货”，因此，“主营业务成本－（存货年初余额－存货期末余额）”即为本期购货数。如果企业的本期购货业务全部为现购，即全部以现金或银行存款等货币资金进行购买，那么，企业本期购买商品支付的现金即为“主营业务成本＋应交税费（应交增值税——进项税额）－（存货年初余额－存货期末余额）”。由于企业前后各期都可能存在赊购商品的业务，即以应付账款或应付票据等应付款项购买商品，因此，购买商品支付的现金还需要调节应付账款、应付票据、预付账款等项目的增减变动。

在制造企业中，产品的生产成本由直接材料、直接人工和制造费用组成。其中，直接人工以及制造费用中的职工薪酬部分，属于“支付给职工以及为职工支付的现金”项目的反映内容，不属于“购买商品、接受劳务支付的现金”项目的反映内容。同时，产品成本中的固定资产折旧费用并不产生现金流出。因此，需要对存货中相应的职工薪酬和折旧费用进行调整。企业管理费用中的内容不涉及存货成本，因此，不需要调整其中的职工薪酬和折旧费用。

(3) 支付给职工以及为职工支付的现金。

$$\begin{aligned}\text{支付给职工以及为职工支付的现金}&=\text{生产成本、制造费用、管理费用中的职工薪酬}\\&\quad+[\text{应付职工薪酬(生产成本、制造费用、管理费用)年初余额}\\&\quad-\text{应付职工薪酬(生产成本、制造费用、管理费用)期末余额}]\\&=195\,000+45\,000+(124\,000-128\,000)\\&=236\,000(\text{元})\end{aligned}$$

在以上计算公式中，生产成本、制造费用和管理费用中的职工薪酬属于经营活动中支付给职工以及为职工支付的现金的反映内容，在建工程中的职工薪酬属于投资活动中购建固定资产、无形资产和其他长期资产支付的现金的反映内容。另外，如果企业有研发活动，开发支出中的职工薪酬属于支付其他与投资活动有关的现金的反映内容；研发支出中的费用化支出，包括其中的职工薪酬，期末转入了管理费用。

（4）支付的各项税费。

$$\begin{matrix}\text{支付的}\\\text{各项税费}\end{matrix}=\begin{matrix}\text{当期}\\\text{所得税费用}\end{matrix}+\begin{matrix}\text{税金}\\\text{及附加}\end{matrix}+\begin{matrix}\text{应交税费中的}\\\text{应交增值税已交税金}\end{matrix}$$

$$+\left(\begin{matrix}\text{应交所得税}\\\text{年初余额}\end{matrix}-\begin{matrix}\text{应交所得税}\\\text{期末余额}\end{matrix}\right)$$

$$=123\,600+54\,000+235\,000+(51\,000-34\,000)$$

$$=429\,600(\text{元})$$

在以上计算公式中，“当期所得税费用＋（应交所得税年初余额－应交所得税期末余额）”为本期支付的所得税，“应交税费（应交增值税——已交税金）”为本期支付的增值税。本期支付的除所得税和增值税以外的消费税、房产税、印花税、城市维护建设税、教育费附加等其他各项税费，通常记录在“税金及附加”科目中，可以通过分析“税金及附加”“应交税费”相关科目的发生额，同时结合“库存现金”“银行存款”等科目的记录分析计算取得相应的数据。

（5）支付其他与经营活动有关的现金。

$$\begin{matrix}\text{支付其他与}\\\text{经营活动有关的现金}\end{matrix}=\begin{matrix}\text{支付的}\\\text{其他管理费用}\end{matrix}+\begin{matrix}\text{支付的}\\\text{销售费用}\end{matrix}+\begin{matrix}\text{支付的}\\\text{其他应付款}\end{matrix}$$

$$=50\,000+68\,000+2\,000$$

$$=120\,000(\text{元})$$

在以上计算公式中，支付的其他管理费用和支付的销售费用需要根据“管理费用”“销售费用”科目的记录，结合“库存现金”“银行存款”等科目的记录分析计算取得。销售费用中如果存在没有支付现金的业务内容的，如由预计负债而形成的商品修理费、专设销售机构中的折旧费用等，应当进行调整。本期支付上期其他与经营活动相关的现金，可根据“其他应付款”科目的记录，结合“库存现金”“银行存款”等科目的记录分析计算取得。

（6）收回投资收到的现金。

$$\begin{matrix}\text{收回投资}\\\text{收到的现金}\end{matrix}=\begin{matrix}\text{收回债权投资}\\\text{收到的现金}\end{matrix}-\begin{matrix}\text{收到的}\\\text{利息收入}\end{matrix}$$

$$=85\,000-5\,000$$

$$=80\,000(\text{元})$$

企业在计算收回投资收到的现金时，应当全面分析本期出售或转让交易性金融资产、其他债权投资、债权投资、其他权益工具投资和长期股权投资的情况，而不仅仅是出售或转让债权投资一种情况。另外，收回债权投资时收到的利息收入列入“取得投资收益收到的现金”项目，不列入“收回投资收到的现金”项目。

（7）取得投资收益收到的现金。

$$\begin{matrix}\text{取得投资收益}\\\text{收到的现金}\end{matrix}=\begin{matrix}\text{投资}\\\text{收益}\end{matrix}+\left(\begin{matrix}\text{应收股利}\\\text{年初余额}\end{matrix}-\begin{matrix}\text{应收股利}\\\text{期末余额}\end{matrix}\right)+\left(\begin{matrix}\text{应收利息}\\\text{年初余额}\end{matrix}-\begin{matrix}\text{应收利息}\\\text{期末余额}\end{matrix}\right)$$

$$=103\,900+(12\,000-3\,900)+(46\,000-95\,000)$$

$$=63\,000(\text{元})$$

在以上计算公式中，假设投资收益的数额全部由投资而形成，应收利息也全部为应收的债权性投资利息。如果企业的投资收益数额中存在其他业务内容，如购买交易性金融资产时支付的交易费用等，应当进行调整。同样，如果企业的应收股利或应收利息数额中存在其他业务内容，如购买股票时支付的已宣告但尚未领取的现金股利或购买债券时支付的已到付息期但尚未领取的利息，也应当进行调整。

(8) 处置固定资产、无形资产和其他长期资产收回的现金净额。

$$\begin{aligned}\begin{matrix}\text{处置固定资产、无形资产和}\\\text{其他长期资产收回的现金净额}\end{matrix} &= \begin{matrix}\text{处置固定资产}\\\text{收到的处置收入}\end{matrix} - \begin{matrix}\text{处置固定资产}\\\text{支付的清理费用}\end{matrix}\\ &= 54\,000-1\,000\\ &= 53\,000(\text{元})\end{aligned}$$

企业在计算处置固定资产、无形资产和其他长期资产收回的现金净额时，应当全面分析本期处置固定资产、无形资产和其他长期资产的情况，而不仅仅是处置固定资产一种情况。另外，该项目应当按照收到的处置收入减去支付的处置费用后的净额列报，而不是仅仅按照收到的处置收入列报。

(9) 购建固定资产、无形资产和其他长期资产支付的现金。

$$\begin{aligned}\begin{matrix}\text{购建固定资产、无形资产和}\\\text{其他长期资产支付的现金}\end{matrix} &= \begin{matrix}\text{用现金购买的}\\\text{固定资产}\end{matrix} + \begin{matrix}\text{用现金购买的}\\\text{工程物资}\end{matrix} + \begin{matrix}\text{计入在建工程的}\\\text{职工薪酬}\end{matrix}\\ &\quad + \left(\begin{matrix}\text{应付在建工程的}\\\text{职工薪酬年初余额}\end{matrix} - \begin{matrix}\text{应付在建工程的}\\\text{职工薪酬期末余额}\end{matrix}\right)\\ &= 529\,200+56\,000+24\,000+(14\,000-15\,000)\\ &= 608\,200(\text{元})\end{aligned}$$

企业在计算购建固定资产、无形资产和其他长期资产支付的现金时，用现金购买的固定资产以及用现金购买的工程物资都应当计入其中。除此之外，本期支付的在建工程人员的职工薪酬也应当计入其中。

(10) 投资支付的现金。

$$\text{投资支付的现金}=\text{用现金购买的交易性金融资产}=130\,000(\text{元})$$

企业在计算投资支付的现金时，应当全面分析本期购买交易性金融资产、其他债权投资、债权投资、其他权益工具投资和长期股权投资的情况，而不仅仅是购买交易性金融资产一种情况。

(11) 取得借款收到的现金。

$$\text{取得借款收到的现金}=\text{取得短期借款收到的现金}=153\,000(\text{元})$$

企业在计算取得借款收到的现金时，应当全面分析取得短期借款、取得长期借款以及发行债券的情况，而不仅仅是取得短期借款一种情况。

(12) 偿还债务支付的现金。

$$\text{偿还债务支付的现金}=\text{偿还的一年内到期的长期借款}=120\,000(\text{元})$$

企业在计算偿还债务支付的现金时，也应当全面分析偿还的短期借款、偿还的长期借款以及偿还的应付债券的情况，而不仅仅是偿还的一年内到期的长期借款一种情况。

（13）分配股利、利润或偿付利息支付的现金。

$$\text{分配股利、利润或偿付利息支付的现金} = \text{分配股利、利润支付的现金} + \text{偿付利息支付的现金}$$

$$= 65\,000 + 78\,000$$

$$= 143\,000(\text{元})$$

根据以上资料及有关分析计算的数据，甲公司可编制20×1年度的现金流量表如表14-9所示。在表14-9中，“上期金额”栏的数字省略。如果甲公司20×0年度现金流量表规定的项目名称和内容与20×1年度一致，“上期金额”栏中的数字即为20×0年度现金流量表中“本期金额”的数字。

表14-9 现金流量表

编制单位：甲公司　　20×1年度　　单位：元

项目	本期金额	上期金额
一、经营活动产生的现金流量		（略）
销售商品、提供劳务收到的现金	2 006 100	
收到的税费返还		
收到其他与经营活动有关的现金		
经营活动现金流入小计	2 006 100	
购买商品、接受劳务支付的现金	502 000	
支付给职工以及为职工支付的现金	236 000	
支付的各项税费	429 600	
支付其他与经营活动有关的现金	120 000	
经营活动现金流出小计	1 287 600	
经营活动产生的现金流量净额	718 500	
二、投资活动产生的现金流量		
收回投资收到的现金	80 000	
取得投资收益收到的现金	63 000	
处置固定资产、无形资产和其他长期资产收回的现金净额	53 000	
处置子公司及其他经营单位收到的现金净额		
收到其他与投资活动有关的现金		
投资活动现金流入小计	196 000	
购建固定资产、无形资产和其他长期资产支付的现金	608 200	
投资支付的现金	130 000	
取得子公司及其他营业单位支付的现金净额		
支付其他与投资活动有关的现金		
投资活动现金流出小计	738 200	
投资活动产生的现金流量净额	－542 200	
三、筹资活动产生的现金流量		
吸收投资收到的现金		
取得借款收到的现金	153 000	
收到其他与筹资活动有关的现金		
筹资活动现金流入小计	153 000	
偿还债务支付的现金	120 000	
分配股利、利润或偿付利息支付的现金	143 000	
支付其他与筹资活动有关的现金		
筹资活动现金流出小计	263 000	

续表

项目	本期金额	上期金额
筹资活动产生的现金流量净额	－110 000	
四、汇率变动对现金及现金等价物的影响		
五、现金及现金等价物净增加额	66 300	
加：期初现金及现金等价物余额	641 500	
六、期末现金及现金等价物余额	707 800	

根据以上资料，甲公司采用分析填列的方法，计算现金流量表补充资料中有关项目的金额如下：

(1) 信用减值准备＝4 600(元)

(2) 资产减值准备＝22 000(元)

(3) 固定资产折旧、油气资产折耗、生产性生物资产折旧＝134 000＋275 000

＝409 000(元)

(4) 无形资产摊销＝66 000(元)

(5) 固定资产报废损失（收益以“－”号填列）＝－23 000(元)

(6) 公允价值变动损失（收益以“－”号填列）＝130 000－145 000＝－15 000(元)

(7) 财务费用（收益以“－”号填列）＝74 000(元)

(8) 投资损失（收益以“－”号填列）＝－103 900(元)

(9) 递延所得税资产减少（增加以“－”号填列）＝8 900－6 500＝2 400（元）

(10) 存货的减少（增加以“－”号填列）＝1 263 000－1 094 000＝169 000（元）

(11) 经营性应收项目的减少（增加以“－”号填列）＝(168 000－148 000)＋[(498 000＋2 600)

－(612 000＋4 200)－3 000]＋(0－50 000)

＝－148 600(元)

该项目的计算涉及“应收票据”“应收账款”“预付账款”“其他应收款”等会计科目余额的增减变动。其中，当期转销的应收账款尽管减少应收账款的余额，但不带来现金的流入，因此，应当进行调整。

(12) 经营性应付项目的增加（减少以“－”号填列）＝(136 000－163 000)＋(785 000－752 000)

＋[(143 000－15 000)－(138 000－14 000)]

＋(134 000－176 000)＋(0－45 000)＋(0－2 000)

＝－79 000(元)

该项目的计算涉及“应付票据”“应付账款”“应付职工薪酬”“应交税费”“预收账款”“其他应付款”等会计科目余额的增减变动。其中，应付职工薪酬不包括在建工程人员的职工薪酬。

根据以上资料及有关分析计算的数据，甲公司可提供20×1年度的现金流量表补充资料如表14-10所示。

表 14－10 现金流量表补充资料

编制单位：甲公司 20×1 年度 单位：元

补充资料	本期金额	上期金额
1. 将净利润调节为经营活动现金流量		（略）
净利润	341 000	
加：信用减值准备	4600	
资产减值准备	22 000	
固定资产折旧、油气资产折耗、生产性生物资产折旧	409 000	
无形资产摊销	66 000	
长期待摊费用摊销		
处置固定资产、无形资产和其他长期资产的损失（收益以“－”号填列）		
固定资产报废损失（收益以“－”号填列）	－23 000	
净敞口套期损失（收益以“－”号填列）		
公允价值变动损失（收益以“－”号填列）	－15 000	
财务费用（收益以“－”号填列）	74 000	
投资损失（收益以“－”号填列）	－103 900	
递延所得税资产减少（增加以“－”号填列）	2 400	
递延所得税负债增加（减少以“－”号填列）		
存货的减少（增加以“－”号填列）	169 000	
经营性应收项目的减少（增加以“－”号填列）	－148 600	
经营性应付项目的增加（减少以“－”号填列）	－79 000	
其他		
经营活动产生的现金流量净额	718 500	
2. 不涉及现金收支的重大投资和筹资活动：		
债务转为资本		
一年内到期的可转换公司债券		
租入固定资产（不包含短期租赁和低价值资产租赁）	10 000	
3. 现金及现金等价物净变动情况：		
现金的期末余额	707 800	
减：现金的期初余额	641 500	
加：现金等价物的期末余额		
减：现金等价物的期初余额		
现金及现金等价物净增加额	66 300	

现金流量表的编制过程是全面将权责发生制下的日常记录结果转换为收付实现制下的结果。无论采用何种方法编制，现金流量表中的“现金及现金等价物净增加额”应当等于资产负债表中期末现金与现金等价物余额减去期初现金与现金等价物余额的差额。另外，现金流量表中的“经营活动产生的现金流量净额”应当等于现金流量表补充资料中的“经营活动产生的现金流量净额”。这是相关报表之间的内在数字关系，也是验证现金流量表编制是否正确的一个基本标准。

第五节 所有者权益变动表

一、所有者权益变动表的概念和作用

所有者权益变动表是反映构成所有者权益各组成部分当期的增减变动情况及其原

因的财务报表。

所有者权益变动表的作用主要表现在以下几个方面：

（1）可以提供所有者权益总量增减变动的信息。财务报表使用者通过阅读所有者权益变动表，可以了解所有者权益的年初余额合计数额和年末余额合计数额，从而了解所有者权益总量增减变动的信息。

（2）可以提供所有者权益增减变动的重要结构性信息。财务报表使用者通过阅读所有者权益变动表，可以了解所有者权益增减变动的主要原因。例如，在所有者权益增减变动的数额中，多少是由综合收益的转入引起的，多少是由所有者投入资本引起的，多少是由对所有者的利润分配引起的等。除此之外，所有者权益的内部结转，如资本公积转增资本、盈余公积弥补亏损等，也都在所有者权益变动表中的实收资本、资本公积、盈余公积和未分配利润等专门项目中得到清晰的反映。

财务报表使用者通过对所有者权益变动表中相关数据的分析，以及通过将所有者权益变动表中的相关数据与资产负债表、利润表中的相关数据或其他数据进行结合分析，还可以得出很多有用的信息。例如，通过将前后两个会计期间所有者权益数额的比较，可以了解企业资本保值增值的情况；通过净利润与所有者权益的比例关系，可以了解企业的净资产收益率等。

二、所有者权益变动表的格式和列报方法

（一）所有者权益变动表的格式

所有者权益变动表采用矩阵的格式，即一方面列示所有者权益的各组成部分，如列示实收资本或股本、其他权益工具、资本公积、库存股、其他综合收益、盈余公积和未分配利润等项目，另一方面列示所有者权益各组成部分增减变动的具体原因，如列示综合收益总额、所有者投入资本、提取盈余公积、资本公积转增资本等项目，所有者权益各组成部分的增减变动原因与所有者权益的相应组成部分形成对应。例如，综合收益总额项目对应未分配利润和其他综合收益项目，提取盈余公积项目对应盈余公积和未分配利润项目等。所有者权益变动表采用矩阵的格式，可以清楚地反映所有者权益各组成部分增减变动的具体情况或原因。所有者权益变动表的格式可如表 14－11 所示。

表 14－11　所有者权益变动表

编制单位：　　　　20×1 年度　　　　单位：元

项目	本年金额									上年金额
	实收资本（或股本）	其他权益工具	资本公积	减：库存股	其他综合收益	专项储备	盈余公积	未分配利润	所有者权益合计	同“本年金额”的栏目
一、上年年末余额										（略）
加：会计政策变更										
前期差错更正										
其他										
二、本年年初余额										
三、本年增减变动金额（减少以“－”号填列）										

续表

项目	本年金额									上年金额
	实收资本（或股本）	其他权益工具	资本公积	减：库存股	其他综合收益	专项储备	盈余公积	未分配利润	所有者权益合计	同"本年金额"的栏目
（一）综合收益总额										
（二）所有者投入和减少资本										
1. 所有者投入的普通股										
2. 其他权益工具持有者投入资本										
3. 股份支付计入所有者权益的金额										
4. 其他										
（三）利润分配										
1. 提取盈余公积										
2. 对所有者（或股东）的分配										
3. 其他										
（四）所有者权益内部结转										
1. 资本公积转增资本（或股本）										
2. 盈余公积转增资本（或股本）										
3. 盈余公积弥补亏损										
4. 设定受益计划变动额结转留存收益										
5. 其他综合收益结转留存收益										
6. 其他										
四、本年年末余额										

（二）所有者权益变动表的列报方法

1. 所有者权益变动表列报的总体要求

所有者权益变动表列报应当遵循的总体要求主要有：

（1）按上年年末余额、本年年初余额、本年增减变动金额、本年年末余额分项目列报。其中，本年增减变动金额项目下，再按综合收益总额、所有者投入和减少资本、利润分配、所有者权益内部结转分项目列报，以分别反映所有者权益增减变动的具体原因。

（2）比较信息的列报。所有者权益变动表各项目的信息应当分别列示本年金额和上年金额，以便于报表使用者将本年金额和上年金额进行比较，分析企业所有者权益的变动情况和变动趋势。

2. 所有者权益变动表中本年金额的列报方法

所有者权益变动表中本年金额各项目的数字一般应当根据“实收资本（或股本）”“其他权益工具”“资本公积”“其他综合收益”“盈余公积”“未分配利润”“库存股”“以前年度损益调整”等科目的发生额分析填列。具体填列方法如下：

（1）上年年末余额。该项目反映企业上年资产负债表中实收资本（或股本）、其他权益工具、资本公积、其他综合收益、盈余公积、未分配利润等的年末余额，应根据上年资产负债表中相应项目的金额填列。

（2）会计政策变更。该项目反映企业采用追溯调整法处理的会计政策变更的累积影响金额。单独设置该项目是为了单独反映企业会计政策变更对所有者权益余额的影响。该项目可根据“盈余公积”“利润分配”等科目的发生额分析填列。

（3）前期差错更正。该项目反映企业采用追溯重述法处理的会计差错更正的累积影响金额。单独设置该项目是为了单独反映企业前期差错更正对所有者权益余额的影响。该项目可根据“盈余公积”“利润分配”“以前年度损益调整”等科目的发生额分析填列。

（4）本年年初余额。该项目反映企业本年年初所有者权益中实收资本（或股本）、其他权益工具、资本公积、其他综合收益、盈余公积、未分配利润等的余额。该项目应当在上年年末余额的基础上，通过调整会计政策变更和前期差错更正的累积影响金额，计算得出相应的数额。

（5）综合收益总额。该项目反映企业当年实现的综合收益总额。该项目应根据当年利润表中“其他综合收益的税后净额”和“净利润”项目填列，并对应列在“其他综合收益”“未分配利润”栏。

（6）所有者投入的普通股。该项目反映企业接受投资者投入形成的实收资本或股本以及资本溢价或股本溢价，对应列在“实收资本（或股本）”和“资本公积”栏。

（7）其他权益工具持有者投入资本。该项目反映企业发行的除普通股以外分类为权益工具的金融工具的持有者投入资本的金额。该项目应根据金融工具类科目的相关明细科目的发生额分析填列。

（8）股份支付计入所有者权益的金额。该项目反映企业处于等待期中的权益结算的股份支付当年计入资本公积的金额，对应列在“资本公积”栏。

（9）提取盈余公积。该项目反映企业按规定提取的盈余公积，对应列在“盈余公积”和“未分配利润”栏，并且金额相等。

（10）对所有者（或股东）的分配。该项目反映企业对所有者（或股东）分配的利润（或股利）的金额，对应列在“未分配利润”栏。

（11）资本公积转增资本或股本。该项目反映企业以资本公积转增资本或股本的金额，对应列在“实收资本（或股本）”和“资本公积”栏，并且金额相等。

（12）盈余公积转增资本或股本。该项目反映企业以盈余公积转增资本或股本的金额，对应列在“实收资本（或股本）”和“盈余公积”栏，并且金额相等。

（13）盈余公积弥补亏损。该项目反映企业以盈余公积弥补亏损的金额，对应列在“盈余公积”和“未分配利润”栏，并且金额相等。

（14）其他综合收益结转留存收益。该项目反映企业指定为以公允价值计量且其变动计入其他综合收益的非交易性权益工具投资终止确认时，之前计入其他综合收益的累计利得或损失从其他综合收益中转入留存收益的金额；以及企业指定为以公允价值计量且其变动计入当期损益的金融负债终止确认时，之前由企业自身信用风险引起而计入其他综合收益的累计利得或损失从其他综合收益中转入留存收益的金额等。该项目应根据“其他综合收益”科目的相关明细科目的发生额分析填列。

3. 所有者权益变动表中上年金额的列报方法

所有者权益变动表中的“上年金额”栏通常应当根据上年所有者权益变动表中“本年金额”栏内所列的数字填列。如果企业上年所有者权益变动表规定的项目名称和内容与本年不一致，应当对上年所有者权益变动表相应项目的名称和数字按照本年的规定进行调整，并以调整后的项目名称和数字填入“上年金额”栏。所有者权益变动表中“本年金额”栏中的项目和数字与“上年金额”栏中的项目和数字应当具有可比性。

三、所有者权益变动表编制示例

例 14 - 23

沿用例 14 - 1、例 14 - 2 和例 14 - 22 的资料，甲公司 20×1 年度其他有关资料为：提取盈余公积 69 200 元。

根据以上资料，甲公司可编制 20×1 年度的所有者权益变动表如表 14 - 12 所示。在表 14 - 12 中，“上期金额”栏省略。如果甲公司 20×0 年度所有者权益变动表规定的项目名称和内容与 20×1 年度一致，“上期金额”栏中的数字即为 20×0 年度所有者权益变动表中“本期金额”栏的数字。

表 14 - 12　所有者权益变动表

编制单位：甲公司　　　　20×1 年度　　　　单位：元

项目	本年金额								
	实收资本（或股本）	其他权益工具	资本公积	减：库存股	其他综合收益	专项储备	盈余公积	未分配利润	所有者权益合计
一、上年年末余额	5 018 000						849 600	325 000	6 192 600
加：会计政策变更									
前期差错更正									
其他									
二、本年年初余额	5 018 000						849 600	325 000	6 192 600
三、本年增减变动金额（减少以“一”号填列）									
（一）综合收益总额					1 000			341 000	342 000
（二）所有者投入和减少资本									
1. 所有者投入的普通股									
2. 其他权益工具持有者投入资本									
3. 股份支付计入所有者权益的金额									

续表

项目	本年金额								
	实收资本（或股本）	其他权益工具	资本公积	减：库存股	其他综合收益	专项储备	盈余公积	未分配利润	所有者权益合计
4. 其他									
（三）利润分配									
1. 提取盈余公积							69 200	－69 200	
2. 对所有者（或股东）的分配								－138 800	－138 800
3. 其他									
（四）所有者权益内部结转									
1. 资本公积转增资本（或股本）									
2. 盈余公积转增资本（或股本）									
3. 盈余公积弥补亏损									
4. 设定受益计划变动额结转留存收益									
5. 其他综合收益结转留存收益									
6. 其他									
四、本年年末余额	5 018 000				1 000		918 800	458 000	6 395 800

第六节　财务报表附注

一、财务报表附注的概念和作用

财务报表附注是对资产负债表、利润表、现金流量表和所有者权益变动表等财务报表中列示项目的文字描述或明细资料，以及未能在这些报表中列示项目的说明等。财务报表附注是企业财务报表不可或缺的组成部分。

财务报表附注的作用主要表现在以下几个方面：

（1）可以对财务报表中数字的形成基础进行解释和说明。财务报表中的数字是依据相应的会计政策和会计估计等核算形成的。采用不同的会计政策和不同的会计估计方法可以得出不同的财务报表数字。因此，财务报表中的数字只有与附注中的解释和说明配合在一起阅读，才更加富有意义，财务报表才更能发挥相应的效用。

（2）可以对财务报表中的重要项目作较为具体详细的信息披露。财务报表中的数字是经过分类与汇总后形成的高度浓缩的数字。财务报表使用者有时需要知道财务报表中有关重要项目的具体详细情况，如需要知道应收账款的账龄结构、存货和固定资产的组成结构、应付职工薪酬的具体构成等，此时，就需要依赖财务报表附注中的信息披露。

（3）可以对未能在财务报表中列示的项目做出说明。财务报表中列示的项目都是可以以货币计量的项目，因此，都是以数字进行反映的项目。企业的有些信息尽管不能以货币计量，但也属于重要的相关信息。如企业的注册地和总部地址、企业所处的行业和所提供的主要产品或服务、本企业母公司或控制公司的名称和注册地、本企业所属子公司的名称和注册地以及本企业对其拥有的股权比例等。这些信息也是理解企业财务报表所需的重要相关信息，企业应当按照规定进行披露。

由此，企业在向财务报表使用者提供资产负债表、利润表、现金流量表和所有者权益变动表时，应当同时提供财务报表附注。只有这样，财务报表使用者才能全面正确地了解企业的财务状况、经营成果和现金流量，从而做出正确的经济决策。

二、财务报表附注披露的总体要求和主要内容

（一）财务报表附注披露的总体要求

企业在披露财务报表附注信息时，应当遵循如下总体要求：

（1）与财务报表项目相互参照。财务报表附注披露的相关信息，应当与资产负债表、利润表、现金流量表和所有者权益变动表等报表中列示的项目相互参照，以有助于使用者联系相关联的信息，从整体上更好地理解财务报表。

（2）按照一定的结构对附注信息进行排列和分类。企业在披露财务报表附注信息时，应当采用定性和定量相结合的方法，按照一定的结构对附注信息进行系统合理的排列和分类，以便于使用者理解和掌握。

（二）财务报表附注披露的主要内容

财务报表附注一般应当按照下列顺序至少披露有关的内容。

1. 企业的基本情况

企业的基本情况应当披露如下主要内容：

（1）企业注册地、组织形式和总部地址。

（2）企业的业务性质和主要经营活动。如企业所处的行业、所提供的主要产品或服务、客户的性质、销售策略、监管环境等。

（3）母公司以及集团最终母公司的名称。

（4）财务报告批准报出者和财务报告批准报出日。

2. 财务报表的编制基础

财务报表的编制基础是指财务报表是在持续经营的基础上编制的，还是在非持续经营的基础上编制的。一般情况下，企业的财务报表是在持续经营的基础上编制的。企业在清算和破产的情况下编制的财务报表属于在非持续经营的基础上编制的财务报表。

3. 遵循企业会计准则的声明

企业应当声明编制的财务报表符合企业会计准则的要求，真实、完整地反映了企业的财务状况、经营成果和现金流量等有关信息，以此明确企业编制财务报表所依据的制度基础。如果企业编制的财务报表只是部分地遵循了企业会计准则，附注中不得做出这种表述。

4. 重要会计政策和会计估计

企业应当在附注中对使用的重要会计政策和会计估计进行披露，不重要的会计政策和会计估计可以不披露。

重要会计政策披露的内容包括财务报表项目的计量基础和会计政策的确定依据等。其中，财务报表项目的计量基础是指企业在计量该项目时采用的是历史成本、重置成本、可变现净值、现值还是公允价值。例如，资产负债表中的投资性房地产项目采用的是历史成本计量基础还是公允价值计量基础，存货项目采用的是历史成本计量基础还是可变现净值计量基础等。披露相应项目的计量基础，有利于报表使用者更好地理解相应项目数字的含义。会计政策的确定依据主要是指企业在运用会计政策过程中所作的对报表中确认的项目金额最具影响的判断。例如，企业为何判断持有的该项金融资产是交易性金融资产而不是其他债权投资，为何判断此次租赁是使用权资产租赁而不是采用简化处理的短期租赁或低价值资产租赁，为何对存货发出时的计价方法采用先进先出法或个别计价法等。披露会计政策的确定依据有助于报表使用者理解企业选用会计政策的背景，增强财务报表的可理解性。

企业应当在附注中披露会计估计中使用的关键假设和不确定因素的确定依据。这些关键假设和不确定因素可能会对当期资产和负债的账面金额产生重要影响，并且可能会在下一个会计年度内做出重大调整。例如，企业应当披露为正在进行中的诉讼确认预计负债的原因及其最佳估计数额的确定依据，应当披露对无形资产确定经济寿命时考虑的相关因素等。披露会计估计的确定依据有助于报表使用者更好地理解财务报表的内容。

5. 会计政策和会计估计变更以及差错更正的说明

企业应当按照《企业会计准则第 28 号——会计政策、会计估计变更和差错更正》的规定，披露会计政策和会计估计变更以及差错更正的有关情况。

6. 报表重要项目的说明

企业应当以数字和文字描述相结合的方式对财务报表中的重要项目进行说明。对财务报表重要项目进行说明的信息，应当与财务报表中列示的项目相互参照。一般情况下，附注中对财务报表重要项目的披露顺序应当按照资产负债表、利润表、现金流量表和所有者权益变动表的顺序及其所列项目的顺序依次披露。

财务报表中重要项目的明细金额，如重要项目的构成情况及其金额、重要项目的当期增减变动情况及其金额等，应尽可能以列表的形式进行披露。列表中相应明细金额的合计数应当与财务报表中对应项目的金额相互衔接。通常情况下，重要项目明细金额的信息以列表的形式进行披露，可以使信息使用者一目了然地了解到相应的明细信息。

7. 或有和承诺事项、资产负债表日后非调整事项、关联方关系及其交易等需要说明的事项

企业应当按照相关会计准则的规定披露相应信息。

8. 有助于财务报表使用者评价企业管理资本的目标、政策及程序的信息

第七节 中期财务报告

一、中期财务报告的概念和构成

（一）中期财务报告的概念

中期财务报告是指以中期为基础编制的财务报告。其中，中期是指短于一个完整的会计年度的报告期间，它可以是一个月、一个季度或者半年，也可以是其他短于一个会计年度的期间，如1月1日至9月30日的期间等。一个完整的会计年度自公历1月1日起至12月31日止。因此，中期财务报告包括月度财务报告、季度财务报告、半年度财务报告，也包括年初至本中期末的财务报告。

编制中期财务报告的目的，主要是为了满足投资者、债权人、监管部门等会计信息使用者对会计信息及时性和相关性的质量需求。中期财务报告可以帮助投资者、债权人等及时了解企业的财务状况、经营成果和现金流量等会计信息，并及时做出相应的经济决策；还可以帮助监管部门及时了解企业存在的问题，并及时采用措施进行监督和管理。目前，我国上市公司要求编制的中期报告包括半年度报告和季度报告。

（二）中期财务报告的构成

根据我国《企业会计准则第32号——中期财务报告》的规定，中期财务报告至少应当包括资产负债表、利润表、现金流量表和附注。其中，中期资产负债表、利润表和现金流量表应当是完整的报表，其格式和内容应当与上年度财务报表相一致。当年新施行的会计准则对财务报表格式和内容作了修改的，中期财务报表应当按照修改后的报表格式和内容编制，上年度比较财务报表的格式和内容，也应当作相应调整。

在中期财务报告的构成中，所有者权益（或股东权益）变动表是否提供由企业根据需要自行决定。但如果企业提供中期所有者权益（或股东权益）变动表，其格式和内容也应当与上年度的所有者权益（或股东权益）变动表相一致。

二、中期财务报告编制的基本要求

（一）中期财务报告编制应遵循的原则

中期财务报告的编制应当遵循如下原则：

（1）应当遵循与年度财务报告相一致的会计政策。企业在编制中期财务报告时，应当将中期视同为一个独立的会计期间，所采用的会计政策应当与年度财务报告所采用的会计政策相一致。

（2）应当遵循重要性原则。企业在编制中期财务报告时，应当遵循重要性原则。即对于重要的会计信息应当进行重点反映和披露，对于不重要的会计信息可以适当简化。企业对于会计信息重要性程度的判断应当以中期财务数据为基础，不能以预计的年度财务数据为基础。其中，中期财务数据既包括本中期的财务数据，也包括年初至本中期末的财务数据。

（3）应当遵循及时性原则。企业提供中期财务报告的目的是向会计信息使用者提供比年度财务报告更加及时的信息，以提高会计信息的决策有用性。企业应当按照有关规定，在规定的时间内及时提供中期财务报告。在我国现行实务中，上市公司应当在每个会计年度上半年结束后的2个月内编制半年度财务报告，在会计年度前3个月、9个月结束后的1个月内编制季度财务报告。上市公司应当在会计年度结束后的4个月内编制年度财务报告。

（二）中期财务报告编制中的确认和计量

中期财务报告编制中对会计要素的确认和计量原则应当与年度财务报告相一致。

对于季节性、周期性或者偶然性取得的收入，企业应当在其发生时予以确认和计量，而不可以在中期财务报告中进行预计或者递延。例如，供暖企业的营业收入主要来自冬季，冷饮企业的营业收入主要来自夏季，旅游企业也有旺季和淡季，这些企业的营业收入仍然需要在发生时予以确认和计量，而不可以在各季度之间进行预计或者递延。

对于在会计年度中不均匀发生的费用，企业也应当在其发生时予以确认和计量，而不可以在中期财务报告中进行预提或者待摊。例如，企业的员工培训费用等往往集中在会计年度的个别中期内发生。对于这些费用，企业仍然应当在其发生时予以确认和计量，而不可以为了使各中期之间的利润平滑而将其在各中期之间进行分摊。

（三）中期比较财务报表的编制

为了提高财务报表信息的可比性，企业在中期末除了需要编制中期末资产负债表、中期利润表和现金流量表外，还需要提供前期比较财务报表。企业应当按照如下要求提供中期比较财务报表：

（1）本中期末的资产负债表和上年度末的资产负债表。

（2）本中期的利润表、年初至本中期末的利润表以及上年度可比期间的利润表。其中，上年度可比期间的利润表包括：上年度可比中期的利润表和上年度年初至上年度可比中期末的利润表。

（3）年初至本中期末的现金流量表和上年度年初至上年度可比中期末的现金流量表。

例 14-24

甲公司按照规定需要提供季度财务报告，20×1 年第二季度结束时，即 20×1 年 6 月 30 日，甲公司需要提供的中期财务报表种类可如表 14-13 所示。

表 14-13　甲公司 20×1 年第二季度结束时需要编制的中期财务报表种类

报表种类	本年度中期财务报表时间（或期间）	上年度可比财务报表时间（或期间）
资产负债表	20×1 年 6 月 30 日	20×0 年 12 月 31 日
利润表（本中期）	20×1 年 4 月 1 日至 6 月 30 日	20×0 年 4 月 1 日至 6 月 30 日
利润表（年初至本中期末）	20×1 年 1 月 1 日至 6 月 30 日	20×0 年 1 月 1 日至 6 月 30 日
现金流量表	20×1 年 1 月 1 日至 6 月 30 日	20×0 年 1 月 1 日至 6 月 30 日

（四）中期财务报表附注

中期财务报表附注是对中期资产负债表、利润表、现金流量表等报表中列示项目的文字描述或明细阐述，以及对未能在这些报表中列示项目的说明等。相对于年度财务报表附注而言，中期财务报表附注是适当简化的。企业在提供中期财务报表附注时，应当遵循重要性原则和成本效益原则。

中期财务报表附注应当以年初至本中期末为基础披露，而不应当仅仅披露本中期所发生的重要交易或者事项。这与中期财务报告中的中期财务报表编制时间或期间要求是一致的，即中期财务报表的编制时间或期间也不仅仅是本中期，它还包括本年初至本中期末的期间。编制中期财务报告的目的，是为了向报告使用者提供上年度资产负债表日后至本中期末所发生的重要交易或者事项，以帮助报告使用者了解情况并及时做出相应的经济决策。

第八节 财务报表分析

一、财务报表分析的目的和方法

（一）财务报表分析的目的

财务报表分析是以企业财务报告及其他相关资料为依据，应用专门的分析方法，对企业的财务状况、经营成果和现金流量等进行剖析、解释和评价的过程。财务报表分析是为了反映企业在生产经营过程中取得或发生的利弊得失以及未来发展趋势，进而为企业改进财务管理工作和优化经济决策提供重要的依据。财务报表分析是财务会计工作的一个组成部分，是财务报告编制工作的延续。

（二）财务报表分析的方法

1. 比较分析法

财务报表分析的方法主要有比较分析法和比率分析法。比较分析法是将财务报表中的数据在不同期间、不同企业或者与计划或预算进行比较的方法。将不同期间相同报表项目进行比较的方法，也称横向比较分析法、水平比较分析法或趋势比较分析法。例如，将两期以上的利润表进行比较，可以了解企业过去的业绩增长情况。将本企业的财务报表与同行业、同规模的其他企业财务报表进行比较，可以了解企业在同行业中所处的水平。将企业的实际财务数据与计划或预算数据进行比较，可以了解企业计划或预算的完成程度或执行情况。

比较分析法既可以采用绝对数比较，也可以在绝对数基础上将增减变动按百分比进行比较。在绝对数基础上将增减变动按百分比进行比较的方法也可称为相对数比较。绝对数比较的例子如今年的营业收入比去年增加455 000元；相对数比较的例子如今年的营业收入比去年增加12%。

企业还可以通过编制共同比财务报表的方法对财务报表作比较分析。共同比财务报表的编制方法，是在财务报表中选择一个关键项目，将其金额作为100%，将报表中的其余各有关项目的金额分别换算成对这个关键项目的百分比。例如，在利润表中，通常将营业收入作为关键项目，将其金额作为100%，之后，开始分别计算营业成本占营业收入的百分比、营业利润占营业收入的百分比、净利润占营业收入的百分比等。在资产负债表中，通常将资产总额作为关键项目，将其金额作为100%，之后，开始分别计算流动资产占资产总额的百分比、非流动资产占资产总额的百分比、负债占资产总额的百分比、所有者权益占资产总额的百分比等。相对于企业将不同期间的财务报表作横向比较的方法而言，企业通过编制共同比财务报表对财务报表作比较分析的方法称为纵向比较分析法。

例 14－25

甲公司编制的20×1年度利润表如表14－6所示。甲公司采用比较分析的方法编制的利润表横向比较分析表、利润表共同比分析表可分别如表14－14和表14－15所示。

表 14－14　利润表横向比较分析

编制单位：甲公司　　　　20×1年度　　　　金额单位：元

项目	本期金额	上期金额	增加（减少）	
			金额	百分比
一、营业收入	1 837 700	1 685 000	152 700	9.1%
减：营业成本	995 000	925 000	70 000	7.6%
税金及附加	54 000	49 000	5 000	10.2%
销售费用	68 000	63 000	5 000	7.9%
管理费用	185 000	169 000	16 000	9.5%
研发费用	110 000	100 000	10 000	10.0%
财务费用	74 000	66 000	8 000	12.1%
加：其他收益				
投资收益（损失以“－”号填列）	103 900	97 000	6 900	7.1%
净敞口套期收益（损失以“－”号填列）				
公允价值变动收益（损失以“－”号填列）	15 000		15 000	
信用减值损失（损失以“－”号填列）	－4 600		－4 600	
资产减值损失（损失以“－”号填列）	－22 000		－22 000	
资产处置收益（损失以“－”号填列）				
二、营业利润（亏损以“－”号填列）	444 000	410 000	34 000	8.3%
加：营业外收入	23 000	15 000	8 000	53.3%
减：营业外支出		18 000	－18 000	－100.0%
三、利润总额（亏损总额以“－”号填列）	467 000	407 000	60 000	14.7%
减：所得税费用	126 000	102 000	24 000	23.5%
四、净利润（净亏损以“－”号填列）	341 000	305 000	36 000	11.8%
（一）持续经营净利润（净亏损以“－”号填列）				
（二）终止经营净利润（净亏损以“－”号填列）				
五、其他综合收益的税后净额	1 000		1 000	
（一）不能重分类进损益的其他综合收益				
1. 重新计量设定受益计划变动额				
2. 权益法下不能转损益的其他综合收益				
3. 其他权益工具投资公允价值变动				
4. 企业自身信用风险公允价值变动				
…				
（二）将重分类进损益的其他综合收益	1 000		1 000	
1. 权益法下可转损益的其他综合收益	1 000		1 000	
2. 其他债权投资公允价值变动				
3. 金融资产重分类计入其他综合收益的金额				
4. 其他债权投资信用减值准备				
5. 现金流量套期储备				

续表

项目	本期金额	上期金额	增加（减少）	
			金额	百分比
6. 外币财务报表折算差额				
…				
六、综合收益总额	342 000	305 000	37 000	12.1%
七、每股收益	（略）	（略）		
（一）基本每股收益				
（二）稀释每股收益				

表 14-15　利润表共同比分析

编制单位：甲公司　　　　20×1 年度

项目	本期	上期	增（减）百分比
一、营业收入	100%	100%	0.0%
减：营业成本	54.1%	54.9%	−0.8%
税金及附加	2.9%	2.9%	0.0%
销售费用	3.7%	3.7%	0.0%
管理费用	10.1%	10.0%	0.1%
研发费用	6.0%	5.9%	0.1%
财务费用	4.0%	3.9%	0.1%
加：其他收益			
投资收益（损失以“—”号填列）	5.7%	5.8%	−0.1%
净敞口套期收益（损失以“—”号填列）			
公允价值变动收益（损失以“—”号填列）	0.8%	0.0%	0.8%
信用减值损失（损失以“—”号填列）	−0.3%	0.0%	−0.3%
资产减值损失（损失以“—”号填列）	−1.2%	0.0%	−1.2%
资产处置收益（损失以“—”号填列）			
二、营业利润（亏损以“—”号填列）	24.2%	24.3%	−0.1%
加：营业外收入	1.3%	0.9%	0.4%
减：营业外支出	0.0%	1.1%	−1.1%
三、利润总额（亏损总额以“—”号填列）	25.4%	24.2%	1.2%
减：所得税费用	6.9%	6.1%	0.8%
四、净利润（净亏损以“—”号填列）	18.6%	18.1%	0.5%
（一）持续经营净利润（净亏损以“—”号填列）			
（二）终止经营净利润（净亏损以“—”号填列）			
五、其他综合收益的税后净额	0.1%	0.0%	0.1%
（一）不能重分类进损益的其他综合收益			
1. 重新计量设定受益计划变动额			
2. 权益法下不能转损益的其他综合收益			
3. 其他权益工具投资公允价值变动			
4. 企业自身信用风险公允价值变动			
…			
（二）将重分类进损益的其他综合收益	0.1%	0.0%	0.1%
1. 权益法下可转损益的其他综合收益	0.1%	0.0%	0.1%

续表

项目	本期	上期	增（减）百分比
2. 其他债权投资公允价值变动			
3. 金融资产重分类计入其他综合收益的金额			
4. 其他债权投资信用减值准备			
5. 现金流量套期储备			
6. 外币财务报表折算差额			
…			
六、综合收益总额	18.6%	18.1%	0.5%
七、每股收益	（略）	（略）	
（一）基本每股收益			
（二）稀释每股收益			

2. 比率分析法

比率分析法是将财务报表中有意义的两个相关项目进行比较，计算其比率，以反映其特定含义的方法。例如，将资产负债表中的负债总额除以资产总额得出的比率称为资产负债率，它可以反映企业资产对债权人权益的保障程度；将利润表中的净利润数额除以资产负债表中的所有者权益平均余额得出的比率称为净资产收益率，它可以反映企业自有资金投入与收益的相关水平。比率分析法中涉及的各种比率或财务比率，通常构成企业的各种财务指标。对企业的主要财务指标进行设计和分析，是企业常用的财务报表分析方法。

二、主要财务指标分析

企业财务报表分析的主要财务指标包括偿债能力指标、运营能力指标、获利能力指标、发展能力指标和综合指标。其中，偿债能力指标又可以分为短期偿债能力指标和长期偿债能力指标。

（一）偿债能力指标

1. 短期偿债能力指标

短期偿债能力是指企业偿还短期债务的能力。短期偿债能力是企业会计信息使用者非常关心的问题，也是企业债务风险控制的重要内容。企业一旦丧失短期偿债能力，就会陷入财务困境。企业的短期债务表现为流动负债。企业偿还短期债务的资产保证可以是流动资产、速动资产或者现金等。由此，衡量企业短期偿债能力的财务指标主要有流动比率、速动比率和经营活动净现金比率等。

（1）流动比率。流动比率是指流动资产与流动负债的比率，或是流动资产除以流动负债的比率。用公式表示如下：

$$流动比率=\frac{流动资产}{流动负债}\times 100\%$$

流动比率可以反映企业每100元流动负债有多少流动资产作为偿还保证。一般情况下，流动比率越高，企业的短期偿债能力越强，债权人的权益越有保障。但流动比率过高，则表明企业占用在流动资产上的资金过多，这可能会影响企业的资金使用效率。例如，流动资产中的货币资金过大，就可能会失去将其投入生产经营活动中而产生的营业利润。流动比率究竟应当保持在一个怎样的水平上，这主要取决于企业对待风险与收益的态度。国际上通常认为，流动比率的下限为100%，保持在200%比较适当。

（2）速动比率。速动比率是指速动资产与流动负债的比率，或是速动资产除以流动负债的比率。用公式表示如下：

$$速动比率=\frac{速动资产}{流动负债}\times 100\%$$

速动比率可以反映企业每100元流动负债有多少速动资产作为偿还保证。其中，速动资产是指流动资产减去变现能力较差且不稳定的存货、预付账款、一年内到期的非流动资产和其他流动资产后的余额，或者是指流动资产中变现能力较强、周转速度较快的货币资金、交易性金融资产、应收账款、应收票据等资产。应收利息、应收股利和其他应收款等可视情况归入速动资产。

与流动比率的情况一样，速动比率越高，企业的短期偿债能力越强。国际上通常认为，速动比率保持在100%比较适当。如果速动比率小于100%，企业可能会面临很大的偿债风险。如果速动比率过高，则会影响企业的资产利用效益。

（3）经营活动净现金比率。经营活动净现金比率是指经营活动净现金流量与流动负债的比率，或是经营活动净现金流量除以流动负债的比率。用公式表示如下：

$$经营活动净现金比率=\frac{经营活动净现金流量}{流动负债}\times 100\%$$

经营活动净现金比率可以反映企业在经营活动中产生的净现金流量对流动负债的保障程度。与流动比率和速动比率的情况一样，经营活动净现金比率越高，企业的短期偿债能力越强。

2. 长期偿债能力指标

长期偿债能力是指企业偿还长期债务的能力。企业偿还长期债务的能力越强，表明企业的财务状况越稳定，安全程度也越高；反之，企业偿还长期债务的能力越弱，表明企业的财务状况越不稳定，安全程度也越低。衡量企业长期偿债能力的财务指标主要有资产负债率、产权比率和利息保障倍数等。

（1）资产负债率。资产负债率也称负债比率，是指企业负债总额与资产总额的比率。用公式表示如下：

$$资产负债率=\frac{负债总额}{资产总额}\times 100\%$$

资产负债率可以反映企业资产总额中由债权人提供的资金所占的比重，以及企业资产对债权人权益的保障程度。一般情况下，资产负债率越低，企业的长期偿债能力越强；反之，资产负债率越高，企业的长期偿债能力越弱。资产负债率过高，企业的债务负担就会过重，这不仅对债权人不利，而且企业自身也有濒临破产倒闭的危险。反之，资产负债率过低，表明企业对财务杠杆的利用不够，即在利用债权人提供的资金扩大生产经营规模并获得较多的营业利润方面做得不够。国际上通常认为，资产负债率保持在60%比较适当。保守的观点认为，资产负债率不应高于50%。

(2) 产权比率。产权比率也称负债与所有者权益比率，是指企业负债总额与所有者权益总额的比率。用公式表示如下：

$$产权比率=\frac{负债总额}{所有者权益总额}\times 100\%$$

产权比率可以反映企业所有者权益对债权人权益的保障程度。一般情况下，产权比率越低，企业的长期偿债能力越强，债权人权益的保障程度越高，企业承担的财务风险也越小。但与资产负债率的情况一样，产权比率过低，企业就不能充分发挥负债的财务杠杆作用。因此，企业应当在保障债务偿还安全的前提下，尽可能提高产权比率。

(3) 利息保障倍数。利息保障倍数也称已获利息倍数，是指企业获得的息税前利润与利息费用的比值。用公式表示如下：

$$利息保障倍数=\frac{本期净利润+所得税费用+利息费用}{利息费用}$$

或 $$利息保障倍数=\frac{本期利润总额+利息费用}{利息费用}$$

利息保障倍数可以反映企业偿付债务利息的能力。如果计算较长时间的利息保障倍数，将能充分反映企业稳定偿付债务利息的能力。一般情况下，利息保障倍数越大，企业的长期偿债能力越强；反之，则表明企业越不能通过生产经营活动赚得足够的资金来偿还债务利息，偿还债务的本金可能更成问题，长期偿债能力也就越弱。利息保障倍数如果小于100%，则表明企业可能无法保证偿付债务利息。

(二) 运营能力指标

运营能力也可称营运能力，是指企业运作、经营的能力，通常是指企业运作、经营生产资料或者运作、经营有关资产的能力。企业运营能力越强，获利能力和偿债能力相应也就越强。衡量企业运营能力的财务指标主要有应收账款周转率、存货周转率、流动资产周转率、固定资产周转率、总资产周转率、资产现金回收率等。

1. 应收账款周转率

应收账款周转率也可称为应收账款周转次数，是指营业收入与平均应收账款余额的比值。用公式表示如下：

$$应收账款周转率=\frac{营业收入}{平均应收账款余额}$$

$$平均应收账款余额=(应收账款年初余额+应收账款年末余额)/2$$

在以上计算公式中，应收账款项目包括会计核算中使用的“应收账款”“应收票据”等用以核算企业赊销业务的会计科目内容。只有这样，分子和分母中的数据才具有对应性。

与应收账款周转率配套使用的财务指标为应收账款周转期。应收账款周转期也称应收账款周转天数或应收账款平均收账期，是指360天与应收账款周转率的比值。用公式表示如下：

$$应收账款周转期=\frac{360天}{应收账款周转率}$$

应收账款周转率可以反映企业应收账款的变现速度。一般情况下，应收账款周转率越高，应收账款收账越迅速，账龄也越短，应收账款的管理效率也就越高。

2. 存货周转率

存货周转率也可称为存货周转次数，是指营业成本与平均存货余额的比值。用公式表示如下：

$$存货周转率=\frac{营业成本}{平均存货余额}$$

$$平均存货余额=(存货年初余额+存货年末余额)/2$$

与存货周转率配套使用的财务指标为存货周转期。存货周转期也称存货周转天数或存货从取得至出售的平均天数，是指360天与存货周转率的比值。用公式表示如下：

$$存货周转期=\frac{360天}{存货周转率}$$

存货周转率可以反映企业生产经营各环节中存货的运营效率。一般情况下，存货周转率越高，存货的变现速度越快、周转额越大、资金占用水平越低，存货从采购、储存、生产至销售等各环节的运营效率也就越高。

3. 流动资产周转率

流动资产周转率也可称为流动资产周转次数，是指营业收入与平均流动资产余额的比值。用公式表示如下：

$$流动资产周转率=\frac{营业收入}{平均流动资产余额}$$

$$平均流动资产余额=(流动资产年初余额+流动资产年末余额)/2$$

与流动资产周转率配套使用的财务指标为流动资产周转期。流动资产周转期也称流动资产周转天数，是指360天与流动资产周转率的比值。用公式表示如下：

$$流动资产周转期=\frac{360天}{流动资产周转率}$$

流动资产周转率可以反映企业流动资产的周转速度。一般情况下，流动资产周转率越高，流动资产的周转速度越快、周转额越大，流动资产的利用效率也就越高。

4. 固定资产周转率

固定资产周转率也可称为固定资产周转次数，是指营业收入与平均固定资产净值的比值。用公式表示如下：

$$固定资产周转率=\frac{营业收入}{平均固定资产净值}$$

$$平均固定资产净值=(固定资产净值年初余额+固定资产净值年末余额)/2$$

$$固定资产净值=固定资产原值-累计折旧$$

与固定资产周转率配套使用的财务指标为固定资产周转期。固定资产周转期也称固定资产周转天数，是指360天与固定资产周转率的比值。用公式表示如下：

$$固定资产周转期=\frac{360天}{固定资产周转率}$$

固定资产周转率可以反映企业固定资产的周转速度。一般情况下，固定资产周转率越高，固定资产的周转速度越快，固定资产的利用效率也就越高。

5. 总资产周转率

总资产周转率也可称为总资产周转次数，是指营业收入与平均总资产的比值。用公式表示如下：

$$总资产周转率=\frac{营业收入}{平均总资产}$$

$$平均总资产=(总资产年初余额+总资产年末余额)/2$$

与总资产周转率配套使用的财务指标为总资产周转期。总资产周转期也称总资产周转天数，是指 360 天与总资产周转率的比值。用公式表示如下：

$$总资产周转期=\frac{360天}{总资产周转率}$$

总资产周转率可以反映企业全部资产的周转速度。一般情况下，总资产周转率越高，全部资产的周转速度越快，全部资产的利用效率也就越高，企业的运营能力相应也就越强。

6. 资产现金回收率

资产现金回收率是指经营活动净现金流量与平均总资产的比率。用公式表示如下：

$$资产现金回收率=\frac{经营活动净现金流量}{平均总资产}\times100\%$$

$$平均总资产=(总资产年初余额+总资产年末余额)/2$$

资产现金回收率可以反映企业全部资产从投入到产出再到收回现金的流转速度。一般情况下，资产现金回收率越高，全部资产从投入到产出再到收回现金的流转速度越快，全部资产的利用效率也就越高，企业的运营能力相应也就越强。

（三）获利能力指标

获利能力也称盈利能力，是指企业获取利润的能力。企业开展生产经营活动的目的是获取利润。企业获利能力的高低将直接影响其偿债能力，影响企业的未来发展。衡量企业获利能力的财务指标主要有营业利润率、成本费用利润率、总资产报酬率、净资产收益率、每股收益、市盈率、现金利润率等。

1. 营业利润率

营业利润率是指营业利润与营业收入的比率。用公式表示如下：

$$营业利润率=\frac{营业利润}{营业收入}\times100\%$$

营业利润率可以反映企业每百元营业收入获得的营业利润数额。一般情况下，营业利润率越高，即企业每百元营业收入获得的营业利润数额越大，企业的获利能力也就越强。

在实务中，企业也经常使用营业毛利率和营业净利率来衡量获利能力。营业毛利率是指营业毛利与营业收入的比率。用公式表示如下：

$$营业毛利率=\frac{营业毛利}{营业收入}\times 100\%$$

营业毛利＝营业收入－营业成本

营业净利率是指净利润与营业收入的比率。用公式表示如下：

$$营业净利率=\frac{净利润}{营业收入}\times 100\%$$

营业毛利率可以反映企业每百元营业收入获得的营业毛利数额。营业净利率可以反映企业每百元营业收入获得的净利润数额。与营业利润率的情况一样，营业毛利率和营业净利率越高，企业的获利能力越强。

2. 成本费用利润率

成本费用利润率是指利润总额与成本费用总额的比率。用公式表示如下：

$$成本费用利润率=\frac{利润总额}{成本费用总额}\times 100\%$$

成本费用总额＝营业成本＋税金及附加＋销售费用＋管理费用＋财务费用

成本费用利润率可以反映企业每百元成本费用总额获得的利润总额数额。一般情况下，成本费用利润率越高，即每百元成本费用总额获得的利润总额越大，企业的获利能力也就越强。

3. 总资产报酬率

总资产报酬率是指息税前利润总额与平均总资产的比率。用公式表示如下：

$$总资产报酬率=\frac{息税前利润总额}{平均总资产}\times 100\%$$

息税前利润总额＝利润总额＋利息支出

平均总资产＝(总资产年初余额＋总资产年末余额)/2

总资产报酬率可以反映企业全部资产获取息税前利润的水平，是企业所有者和债权人共同关心的财务指标。一般情况下，总资产报酬率越高，企业对全部资产的利用效益越好，企业的获利能力越强。

4. 总资产净利润率

总资产净利润率是净利润与平均总资产的比率。用公式表示如下：

$$总资产净利润率=\frac{净利润}{平均总资产}\times 100\%$$

平均总资产＝(总资产年初余额＋总资产年末余额)/2

总资产净利润率可以反映企业全部资产获取净利润的水平，也是企业所有者和债权人共同关心的财务指标。一般情况下，总资产净利润率越高，企业的获利能力越强。

5. 净资产收益率

净资产收益率也称股东权益收益率或股东权益报酬率，是指净利润与平均净资产的比率。用公式表示如下：

$$净资产收益率=\frac{净利润}{平均净资产}\times 100\%$$

平均净资产=(净资产年初余额+净资产年末余额)/2

净资产=所有者权益(股东权益)=资产-负债

净资产收益率可以反映企业自有资本获取收益的水平。这是一项综合性和具有代表性的获利能力指标，在国际上的企业综合评价中经常使用。一般情况下，净资产收益率越高，企业自有资本获取收益的能力越强，运营效益越好，对企业投资者和债权人利益的保证程度也越高。

6. 每股收益

每股收益是企业一项重要的获利能力指标。每股收益的含义及计算方法如本章前面的内容所述，此处不再重述。一般情况下，每股收益越高，即每一普通股股份获得的收益越大，企业的获利能力越强。我国企业会计准则规定，企业每股收益的信息应当纳入利润表中进行报告。

7. 市盈率

市盈率是指普通股每股市价与普通股每股收益的比值。用公式表示如下：

$$\text{市盈率}=\frac{\text{普通股每股市价}}{\text{普通股每股收益}}$$

市盈率可以反映普通股每股市价是普通股每股收益的倍数，或者可以反映投资者对每股净利润所愿意支付的购买价格。显然，市盈率越高，表明市场对企业的未来越看好。但市盈率越高，也表示每股收益相对于每股市价越低，投资风险也就越大，投资报酬率相应也就越小。

8. 现金利润率

现金利润率是指经营活动净现金流量与营业利润的比率。用公式表示如下：

$$\text{现金利润率}=\frac{\text{经营活动净现金流量}}{\text{营业利润}}\times 100\%$$

现金利润率可以反映企业营业利润的质量。一般情况下，现金利润率越高，即每百元营业利润产生的经营活动净现金流量越大，企业的营业利润质量也就越高。

(四) 发展能力指标

发展能力是指企业在生存的基础上，扩大生产经营规模、壮大生产经营实力的能力。衡量企业发展能力的财务指标主要有营业收入增长率、资本保值增值率、总资产增长率和营业利润增长率等。

1. 营业收入增长率

营业收入增长率是指本年营业收入增长额与上年营业收入总额的比率。用公式表示如下：

$$\text{营业收入增长率}=\frac{\text{本年营业收入增长额}}{\text{上年营业收入总额}}\times 100\%$$

本年营业收入增长额=本年营业收入总额-上年营业收入总额

营业收入增长率可以反映企业营业收入的增减变动情况。一般情况下，营业收入增长率越高，表明企业营业收入增长越快，企业的市场前景越好，发展能力也越强。

2. 资本保值增值率

资本保值增值率是指扣除客观因素后的本年末所有者权益总额与年初所有者权益总额的比率。用公式表示如下：

$$资本保值增值率=\frac{扣除客观因素后的本年末所有者权益总额}{年初所有者权益总额}\times 100\%$$

资本保值增值率可以反映企业当年资本在企业自身努力下实际增减变动的情况。一般情况下，资本保值增值率越高，表明企业资本的保全情况越好，企业的发展能力越强。该指标通常应当大于100%。如果该指标小于100%，表明企业的资本受到侵蚀，所有者的权益受到损害，企业进一步发展壮大的能力受到威胁。

3. 总资产增长率

总资产增长率是指本年总资产增长额与年初资产总额的比率。用公式表示如下：

$$总资产增长率=\frac{本年总资产增长额}{年初资产总额}\times 100\%$$

$$本年总资产增长额=本年期末资产总额-本年期初资产总额$$

总资产增长率可以反映企业本期总资产规模的增长情况。一般情况下，总资产增长率越高，表明企业总资产经营规模扩张的速度越快，后续发展能力越强。

4. 营业利润增长率

营业利润增长率是指本年营业利润增长额与上年营业利润总额的比率。用公式表示如下：

$$营业利润增长率=\frac{本年营业利润增长额}{上年营业利润总额}\times 100\%$$

$$本年营业利润增长额=本年营业利润总额-上年营业利润总额$$

营业利润增长率可以反映企业营业利润的增减变动情况。一般情况下，营业利润增长率越高，表明企业营业利润增长越快，企业的发展能力也越强。

（五）综合指标体系

财务报表分析的目的是要全方位地评价企业的经营理财情况，为企业的经济和财务决策提供有力的支持。任何个别的财务指标都难以对企业的经营理财情况做出一个全面系统的评价。为此，需要在个别财务指标的基础上，建立一个综合指标体系，对企业的财务报表进行综合分析。

企业财务报表综合指标分析的方法很多，其中，应用比较广泛的有杜邦财务分析法。杜邦财务分析法是一个综合的财务指标体系，它是指利用各个主要财务比率指标之间的内在联系，综合地分析企业经营理财情况的一种分析方法。该体系以净资产收益率为核心，将其分解为若干财务指标，通过分析各分解指标的变动对净资产收益率的影响来揭示各分解指标与净资产收益率这一总指标之间的相互关系，进而对企业的财务报表作出全面系统的分析。该分析方法最先由美国杜邦公司创立并成功运用，故称为杜邦财务分析法。

杜邦财务指标体系中各主要财务指标之间的关系如下：

$$净资产收益率=\frac{净利润}{平均净资产}\times100\%$$
$$=\frac{净利润}{平均总资产}\times\frac{平均总资产}{平均净资产}\times100\%$$
$$=\frac{净利润}{营业收入}\times\frac{营业收入}{平均总资产}\times\frac{平均总资产}{平均净资产}\times100\%$$

式中，“平均总资产/平均净资产”称为权益乘数。即

$$权益乘数=\frac{平均总资产}{平均净资产}=\frac{1}{1-资产负债率}$$

由此，杜邦财务指标体系中各主要财务指标之间的关系还可表示如下：

净资产收益率＝总资产净利润率×权益乘数

＝营业净利率×总资产周转率×权益乘数

式中，“总资产净利润率＝营业净利率×总资产周转率”被称为杜邦等式。

从以上主要财务指标的关系可以看出，决定净资产收益率高低的因素有三个方面：营业净利率、总资产周转率和权益乘数。通过分别分析营业净利率、总资产周转率和权益乘数的变动对净资产收益率的影响，企业可以将净资产收益率这一综合性指标产生升降变化的原因进行具体化。

例 14－26

甲公司编制的 20×1 年度的资产负债表和利润表分别如表 14－3 和表 14－6 所示。甲公司计算 20×1 年度的净资产收益率、总资产净利润率、营业净利率、总资产周转率、权益乘数和资产负债率如下：

净资产收益率＝(净利润/平均净资产)×100%

＝(341 000/6 294 200)×100%＝5.42%

式中，　平均净资产＝(6 395 800＋6 192 600)/2＝6 294 200(元)

总资产净利润率＝(净利润/平均总资产)×100%

＝(341 000/8 643 100)×100%＝3.95%

式中，　平均总资产＝(8 759 600＋8 526 600)/2＝8 643 100(元)

营业净利率＝(净利润/营业收入)×100%

＝(341 000/1 837 700)×100%＝18.56%

总资产周转率＝营业收入/平均总资产

＝1 837 700/8 643 100＝0.21(次)

权益乘数＝平均总资产/平均净资产

＝8 643 100/6 294 200＝1.37

资产负债率＝(负债总额/资产总额)×100%

＝(平均总负债/平均总资产)×100%

＝(2 348 900/8 643 100)×100%＝27.18%

式中，　平均总负债＝(2 363 800＋2 334 000)/2＝2 348 900(元)

说明：为使权益乘数、资产负债率与净资产收益率、总资产净利润率、营业净利率、总资产周转率具有可比性，权益乘数和资产负债率中的资产、负债和净资产都使

用了年度平均数额。另外，由于小数点保留两位的原因，“净资产收益率”与“营业净利率×总资产周转率×权益乘数”之间可能会略有差异。为使“净资产收益率＝营业净利率×总资产周转率×权益乘数”这一杜邦等式相等，权益乘数的数值可以取1.39。

例14－27

沿用例14－26的资料，假设甲公司20×0年度的净资产收益率、营业净利率、总资产周转率和权益乘数的数据如下：净资产收益率4.64％，营业净利率18.10％，总资产周转率0.19次，权益乘数1.35。甲公司运用连环替代法对20×1年度的净资产收益率作进一步分析如下：

（1）20×0年度的净资产收益率＝18.10％×0.19×1.35＝4.64％

（2）第一次替代（替代营业净利率）：18.56％×0.19×1.35＝4.76％

（3）第二次替代（替代总资产周转率）：18.56％×0.21×1.35＝5.26％

（4）第三次替代（替代权益乘数）：18.56％×0.21×1.39＝5.42％

通过以上三次替代，甲公司将20×0年度的净资产收益率4.64％转换成了20×1年度的净资产收益率5.42％。其中，营业净利率、总资产周转率、权益乘数的变动对20×1年度净资产收益率的影响依次为：

营业净利率上升的影响＝(2)－(1)＝4.76％－4.64％＝0.12％

总资产周转率上升的影响＝(3)－(2)＝5.26％－4.76％＝0.50％

权益乘数上升的影响＝(4)－(3)＝5.42％－5.26％＝0.16％

甲公司还可以对营业净利率中的净利润和营业收入的变动对20×1年度净资产收益率的影响进行具体分析。同样，还可以对总资产周转率中的营业收入和平均总资产，以及权益乘数中的资产负债率的变动对20×1年度净资产收益率的影响进行具体分析。这样，通过杜邦体系自上而下的分析，甲公司可以揭示出各项财务指标之间的结构关系，查明各项主要财务指标的增减变动对净资产收益率这一核心财务指标的影响方向和影响程度，从而为决策者做出相应的经济决策提供思路和依据。

思考题

1. 什么是财务报告？它由哪些内容组成？一套完整的财务报表至少应当包括哪些内容？
2. 财务报表列报的基本要求主要有哪些？
3. 什么是资产负债表？资产负债表的作用主要表现在哪些方面？
4. 什么是利润表？利润表的作用主要表现在哪些方面？
5. 什么是每股收益？它分为哪两类？分别是什么含义？
6. 什么是现金流量表？现金流量表的作用主要表现在哪些方面？
7. 现金流量表中经营活动产生的现金流量采用什么方法反映？现金流量表补充资料中经营活动产生的现金流量采用什么方法反映？两种方法有什么主要不同？
8. 什么是所有者权益变动表？所有者权益变动表的作用主要表现在哪些方面？
9. 什么是财务报表附注？财务报表附注的作用主要表现在哪些方面？财务报表附注应当披露哪些主要内容？

10. 什么是中期财务报告？编制中期财务报告的目的是什么？中期财务报告的编制应当遵循哪些原则？

11. 什么是财务报表分析？财务报表分析的目的是什么？

12. 什么是杜邦财务分析法？杜邦财务指标体系中各主要财务指标之间的关系是怎样的？

练习题

练习一

一、目的：练习资产负债表的编制。

二、资料：甲公司20×1年末和20×1年初结账后的总账科目余额表如表14-16所示。

表14-16　科目余额表

单位名称：甲公司　　　　20×1年　　　　单位：元

科目名称	借方余额		科目名称	贷方余额	
	20×1年末	20×1年初		20×1年末	20×1年初
库存现金	22 000	16 000	短期借款	135 000	
银行存款	321 000	296 000	应付票据	88 000	54 000
交易性金融资产	72 000		应付账款	186 000	214 000
应收票据	85 000	78 000	应付职工薪酬	45 000	56 000
应收账款	268 000	312 000	应交税费	66 000	75 000
坏账准备	—23 000	—27 000	应付股利	48 000	34 000
原材料	153 000	245 000	长期借款	600 000	700 000
库存商品	368 000	378 000	实收资本	2 136 000	2 136 000
债权投资	42 000	63 000	盈余公积	315 000	285 000
长期股权投资	228 000	228 000	利润分配（未分配利润）	226 000	198 000
固定资产	2 726 000	2 317 000			
累计折旧	—568 000	—365 000			
无形资产	156 000	156 000			
累计摊销	—72 000	—34 000			
递延所得税资产	67000	89000			
合计	3 845 000	3 752 000	合计	3 845 000	3 752 000

在表14-16中，甲公司“坏账准备”总账科目的明细账科目情况均为“坏账准备——应收账款”科目；“长期借款”总账科目贷方余额中均有100 000元将于一年内到期。

三、要求：根据以上资料，为甲公司编制20×1年末的资产负债表。

练习二

一、目的：练习利润表的编制。

二、资料：沿用练习一的资料，甲公司20×1年度有关损益类总账科目本年度累计借贷方发生额相抵后的发生净额如表14-17所示。

表14-17　损益类总账科目发生净额表

单位名称：甲公司　　　　20×1年度　　　　单位：元

科目名称	借方发生额	贷方发生额
主营业务收入		986 000

续表

科目名称	借方发生额	贷方发生额
主营业务成本	575 000	
税金及附加	72 000	
销售费用	32 000	
管理费用	150 000	
财务费用	48 000	
信用减值损失	22 000	
公允价值变动损益		6 000
投资收益		62 000
营业外支出	3 000	
所得税费用	46 000	
合计	948 000	1 054 000

在“管理费用”科目借方发生额150 000元中，“研发费用”明细科目的发生额为20 000元。除研发费用外的管理费用合计为130 000元（150 000—20 000）。

甲公司没有发生其他综合收益的相关业务。

三、要求：根据以上资料，为甲公司编制20×1年度的利润表。上期金额从略。

练习三

一、目的：练习现金流量表的编制。

二、资料：沿用练习一和练习二的资料，甲公司20×1年度的其他有关资料如下：

1. 20×1年度利润表中有关项目的明细资料。

（1）财务费用的组成：本期支付借款利息48 000元。

（2）管理费用的组成：职工薪酬31 000元，无形资产摊销38 000元，折旧费用42 000元，支付的其他管理费用39 000元。

（3）所得税费用的组成：当期所得税费用24 000元，递延所得税费用22 000元。递延所得税费用是由递延所得税资产的减少形成的。

（4）销售费用的组成：本期发生的销售费用32 000元全部已经支付。

（5）投资收益的组成：均为由投资而形成的股利和利息收入62 000元。

（6）信用减值损失的组成：当期计提坏账准备22 000元。

（7）营业外支出的组成：本期发生营业外支出3 000元，具体为本期处置固定资产原值50 000元，被处置固定资产的累计折旧45 000元，取得出售收入2 000元，相应款项已存入银行。

2. 20×1年末资产负债表中有关项目的明细资料。

（1）应交税费的组成：本期增值税进项税额32 000元，本期增值税销项税额88 000元，本期已交增值税63 000元；应交所得税期末余额15 000元，应交所得税年初余额17 000元。甲公司除增值税、所得税外的其他有关应交税费都恰当地记录在税金及附加中，并已全部上交，也没有年初余额。

（2）存货中生产成本和制造费用的组成：当期计入的职工薪酬143 000元，当期计入的折旧费用206 000元。

（3）债权投资的组成：本期收回部分债权投资，收到现金25 000元。其中，4 000元为收到的利息，记录在投资收益中；21 000元为收回的本金。

(4) 固定资产的组成：本期用现金购买了固定资产 459 000 元。

(5) 交易性金融资产的组成：本期用现金购买了交易性金融资产 66 000 元，期末公允价值上涨至 72 000 元，产生公允价值变动收益 6 000 元。

(6) 短期借款的组成：本期取得短期借款收到现金 135 000 元。

(7) 长期借款的组成：本期偿还一年内到期的长期借款 100 000 元。

(8) 应付股利的组成：本期宣告分派现金股利 48 000 元，本期分派现金股利支付现金 34 000 元。

(9) 坏账准备的组成：年初余额 27 000 元，期末余额 23 000 元，当期计提坏账准备 22 000 元，当期转销应收账款坏账 26 000 元。

(10) 甲公司年初和期末都没有现金等价物。

三、要求：根据以上资料，为甲公司编制 20×1 年度的现金流量表，并编制相应的现金流量表补充资料。上期金额从略。

练习四

一、目的：练习所有者权益变动表的编制。

二、资料：沿用练习一至练习三的资料。甲公司 20×1 年度其他有关资料为：提取盈余公积 30 000 元。

三、要求：根据以上资料，为甲公司编制 20×1 年度的所有者权益变动表。上期金额从略。

练习五

一、目的：练习财务报表的分析。

二、资料：沿用练习一至练习四的资料。

三、要求：根据以上资料，为甲公司作如下财务报表分析：

1. 对 20×1 年末与 20×1 年初的资产负债表作横向比较分析。

2. 将资产总额作为 100%，对 20×1 年末的资产负债表作共同比分析。

3. 将营业收入作为 100%，对 20×1 年度的利润表作共同比分析。

4. 计算如下偿债能力财务指标：流动比率，速动比率，经营活动净现金比率，资产负债率。

5. 计算如下运营能力财务指标：应收账款周转率，应收账款周转期，存货周转率，存货周转期，固定资产周转率，总资产周转率。

6. 计算如下获利能力财务指标：营业净利率，总资产净利润率，净资产收益率，现金利润率。

7. 计算如下发展能力财务指标：总资产增长率。

练习六

一、目的：练习每股收益的计算。

二、资料：甲公司 20×1 年度归属于普通股股东的净利润为 48 000 万元。期初发行在外普通股股数为 30 000 万股，20×1 年 10 月 1 日购回普通股 1 000 万股。20×1 年 1 月 1 日，甲公司发行 100 万张五年期可转换公司债券，发行价格为 10 200 万元。该批债券每张面值为 100 元，票面固定年利率为 6%，利息自发行之日起每年年末支付一次。该批可转换公司债券发行 1 年后可转换为甲公司的普通股股票。债券转换时，每 100 元债券面值可转换为 20 股普通股股票。甲公司普通股股票的面值为每股 1 元。该批债券的利息不符合资本化条件，直接计入当期损益。甲公司适用的所得税税率为25%。甲公司发行该批可转换公司债券时，二级市场上与之类似的没有转换权的一般公司债券的市场利率为8%。甲公司按月数计算每股收益的时间权数。

三、要求：根据以上资料，为甲公司计算20×1年度的每股收益。

练习七

一、目的：练习资产负债表项目的列报。

二、资料：甲公司20×1年末有关资产、负债和所有者权益类会计科目的账面记录情况如下：

(1)“应收账款”科目借方余额235 000元，“坏账准备——应收账款”科目贷方余额4 700元。

(2)“预付账款”科目贷方余额21 000元，“应付账款”科目贷方余额133 000元。

(3)“预收账款”科目贷方余额15 000元。

(4)“其他应收款”科目借方余额16 000元，“应收利息”科目借方余额8 500元，“应收股利”科目借方余额11 500元，“坏账准备——其他应收款”科目贷方余额200元。

(5)“原材料”科目借方余额135 000元，“库存商品”科目借方余额158 000元，“委托加工物资”科目借方余额23 000元，“存货跌价准备”科目贷方余额4 500元。

(6)“合同结算（A合同）”科目贷方余额78 500元，甲公司预计该部分履约义务将在次年完成。

(7)“合同结算（B合同）”科目借方余额45 200元，甲公司预计该部分金额将在次年结算完成。

(8)“合同负债（C合同）”科目贷方余额134 500元，根据合同约定，甲公司将于2年后交货，并在交货时完成履约义务，确认收入。

(9)“债权投资”科目借方余额145 000元，其中1年内到期的账面价值为25 000元，与“债权投资”项目相关的“债权投资减值准备”科目贷方余额1 300元。

(10)“其他债权投资”科目借方余额223 000元，其中1年内到期的账面价值为35 600元。

(11)“应收退货成本”科目借方余额3 800元，预计相关退回货品将在1年内出售。

(12)“预计负债——应付退货款”科目贷方余额4 900元，预计相关应付退货款将在1年内清偿。

(13)“其他权益工具投资”科目借方余额337 200元。

(14)“长期应付款”科目贷方余额289 000元，“未确认融资费用”科目借方余额22 400元。

(15)“长期待摊费用”科目借方余额153 000元，其中将于1年内摊销的数额为49 600元。

(16)“固定资产”科目借方余额2 586 000元，“累计折旧”科目贷方余额498 500元，“固定资产减值准备”科目贷方余额31 200元，“固定资产清理”科目借方余额1 200元。

(17)“长期股权投资”科目借方余额612 000元，“长期股权投资减值准备”科目贷方余额 32 200 元。

(18)“交易性金融资产”科目借方余额 26 300 元，其中不含指定以公允价值计量且其变动计入当期损益类别的交易性金融资产。

(19)“在建工程”科目借方余额 195 500 元，“工程物资”科目借方余额 10 600 元。

(20)“使用权资产”科目借方余额 256 000 元，“使用权资产累计折旧”科目贷方余额 78 800 元。

(21)“租赁负债”科目贷方余额 203 000 元，其中，1 年内到期应予以清偿的租赁负债的期末账面价值为 41 200 元。

(22)“递延所得税资产”科目借方余额 62 300 元，“递延所得税负债”科目贷方余额 43 200 元。

(23)“研发支出——资本化支出”科目借方余额 215 000 元。

(24)“投资性房地产”科目借方余额 423 000 元，“投资性房地产累计折旧（摊销)”科目贷方余额 146 000 元。

(25)“应交税费”科目贷方余额 379 000 元。

(26)“应付利息”科目贷方余额 26 300 元，“应付股利”科目贷方余额 58 500 元，“其他应付款”贷方余额 13 400 元。

(27)“应收票据”科目借方余额 68 000 元，“坏账准备——应收票据”科目贷方余额 350 元。

(28)“应付票据”科目贷方余额 46 200 元。

(29)“应付职工薪酬”科目贷方余额 759 000 元。其中，“短期薪酬”688 000 元；“离职后福利”均为设定提存计划负债，金额为 56 600 元；“辞退福利”均为将于 12 个月内支付，金额为 1 200 元；“其他长期职工福利”为一项递延奖金计划，符合设定受益计划条件，金额为 13 200 元。

(30)“长期借款”科目贷方余额 500 000 元，其中，100 000 元将于 1 年内到期。

(31)“应付债券”科目贷方余额 630 000 元，其中，1 年内到期应予清偿的账面价值 116 000 元。

(32)“无形资产”科目借方余额 458 000 元，“累计摊销”科目贷方余额 132 000 元。

(33)“实收资本”科目贷方余额 3 212 000 元。

(34)“其他综合收益”科目贷方余额 96 200 元。

(35)“利润分配——未分配利润”科目贷方余额 388 600 元。

三、要求：根据以上资料，分别说明相关会计科目的账面记录在资产负债表中的列报方法。

练习八

一、目的：练习利润表项目的列报。

二、资料：甲公司 20×1 年末有关收入、费用、营业外收入、营业外支出和其他综合收益类会计科目的账面记录情况如下：

(1)“主营业务收入”科目贷方余额 856 000 元，“其他业务收入”科目贷方余额 24 000 元。

(2)“主营业务成本”科目借方余额 465 000 元，“其他业务成本”科目借方余额

10 500 元。

(3)“税金及附加”科目借方余额 74 200 元。

(4)“销售费用”科目借方余额 89 300 元。

(5)“管理费用”科目借方余额 121 000 元。其中，“管理费用——研发费用”科目借方发生额 19 500 元，“管理费用——无形资产摊销（自行开发无形资产摊销）”科目借方发生额 20 600 元。

(6)“财务费用”科目借方余额 25 400 元。

(7)“其他收益”科目贷方余额 30 000 元。

(8)“投资收益”科目贷方余额 46 800 元。

(9)“公允价值变动损益”科目借方余额 7 800 元。

(10)“信用减值损失”科目借方余额 65 200 元。

(11)“资产减值损失”科目借方余额 59 100 元。

(12)“资产处置损益”科目贷方余额 80 600 元。

(13)“营业外收入”科目贷方余额 1 200 元。

(14)“营业外支出”科目借方余额 3 400 元。

(15)“所得税费用”科目借方余额 168 900 元。

(16)“其他综合收益——其他债权投资公允价值变动”科目贷方余额 15 000 元。

(17)“其他综合收益——其他权益工具投资公允价值变动”科目借方余额 3 600 元。

(18) “其他综合收益——权益法下可转损益的其他综合收益”科目贷方余额52 500 元。

(19)“其他综合收益——其他债权投资信用减值准备”科目贷方余额 200 元。

(20) “其他综合收益——权益法下不能转损益的其他综合收益”科目借方余额4 500 元。

三、要求：根据以上资料，分别说明相关会计科目的账面记录在利润表中的列报方法。

练习九

一、目的：练习现金流量表项目的列报。

二、资料：甲公司 20×1 年度发生的有关经济业务如下：

(1) 销售一批商品，售价为 50 000 元，增值税税额为 6 500 元，收到价款 30 000 元，其余款项 26 500 元（56 500－30 000）尚未收到。

(2) 采用预收款销售方式销售一批商品，收到客户预付的商品价款 250 000 元，剩余款项在交付商品时支付。

(3) 收到采用分期收款销售方式销售商品的分期应收货款 200 000 元及其相应的增值税销项税额 26 000 元，同时摊销未实现融资收益 57 590 元。

(4) 收到投资性房地产的租金收入 5 000 元及其相应的增值税税额 450 元，款项合计 5 450 元（5 000＋450）存入银行。

(5) 诉讼案件结案，收到应收赔款 520 000 元。

(6) 购入一批原材料，价款 100 000 元，增值税税额 13 000 元，款项合计 113 000 元（100 000＋13 000）以银行存款支付，原材料尚在运输途中。

(7) 以银行存款支付之前购买原材料产生的应付账款 33 900 元。

（8）订购一批货品，预付货款 25 000 元。

（9）购入的一批原材料运输到达，验收时发现有部分原材料不合格，予以退回，收到退款 11 300 元，其中原材料价款 10 000 元，增值税税额 1 300 元。

（10）以银行存款向职工支付工资薪酬 450 000 元，并代职工缴纳个人所得税 46 000 元，同时为职工缴纳社会保险费 52 000 元。相关职工均为经营管理人员。

（11）以银行存款缴纳上月企业所得税 98 000 元，缴纳上月未交增值税 245 000 元，同时缴纳当月增值税 33 000 元。

（12）以银行存款支付公司办公费 3 800 元。

（13）购入一项专利权，价款为 125 000 元，增值税税额为 7 500 元，款项合计 132 500 元（125 000＋7 500）以银行存款支付。

（14）以银行存款支付包含交易费用在内的价款合计 146 000 元购入债券 125 份，债券票面价值总额为 125 000 元。甲公司将该债券分类为以摊余成本计量的金融资产。

（15）以银行存款支付公司宣传广告费 82 500 元。

（16）以银行存款购入股票 1 000 股，每股市价 15 元，价款合计为 15 000 元，其中包含已宣告但尚未发放的现金股利共计 500 元。甲公司另外以银行存款支付交易费用 25 元。甲公司将该股票分类为以公允价值计量且其变动计入当期损益的金融资产。

（17）收到购入股票时的内含股利 500 元。

（18）以银行存款支付委托加工物资的加工费 3 500 元及其相应的增值税税额 455 元。

（19）收到债券投资利息 20 000 元，该债券投资利息确认为投资收益。

（20）向银行借入一笔短期借款 50 000 元，供开展日常生产经营活动使用，款项存入开户银行。

（21）以银行存款 886 000 元购入 A 公司 60%的股权，准备长期持有，归类为长期股权投资。甲公司在购入 A 公司 60%的股权后，对 A 公司的财务和经营政策实施控制，即 A 公司为甲公司的子公司。

（22）出售一台不需用的机器设备，该机器设备原价为 65 000 元，已计提累计折旧 33 000 元，固定资产净值为 32 000 元，实际出售价格为 38 000 元，相应的增值税税额为 4 940 元，款项合计 42 940 元（38 000＋4 940）已存入开户银行。

（23）取得 B 公司 30%的股权，以银行存款实际支付价款 700 000 元，甲公司由此可以派代表参加 B 公司的财务和经营决策，可以对 B 公司的财务和经营决策施加重大影响。甲公司长期股权投资的初始投资成本 700 000 元大于应享有 B 公司可辨认净资产公允价值的相应份额。

（24）经批准增发普通股股票 50 000 股，每股面值 1 元，每股发行价格 8 元，共收到增发股票的款项 400 000 元，款项已存入银行。

（25）以银行存款发放宣告的现金股利 235 000 元。

（26）出售持有的一项交易性金融资产，收到出售价款 22 000 元，该项交易性金融资产的成本为 14 500 元，确认的公允价值变动为涨价 1 500 元。

（27）与所在地地方政府签订合作协议，根据协议约定，当地政府向甲公司提供 150 000 元奖励资金，用于公司的人才激励和人才引进奖励，款项已经收到并存入银行。根据约定，甲公司必须按年向当地政府报送详细的资金使用计划并按规定用途使用资金。

(28) 以银行存款偿还应付债券到期本金800 000元。

(29) 发行一批债券，债券面值合计为800 000元，发行价格合计为845 000元，支付给债券代售机构的手续费、佣金等各种交易费用合计为5 000元，实际收到的款项为840 000元（845 000—5 000），款项已存入银行。

(30) 分摊确认当年租赁负债的未确认融资费用26 497元，并以银行存款支付当年应支付的租赁付款额100 000元。

三、要求：根据以上经济业务，为甲公司编制有关的会计分录，同时分别说明相关会计记录在现金流量表中的列报方法。

练习十

一、目的：练习所有者权益变动表项目的列报。

二、资料：甲公司20×1年度发生的有关经济业务或经济事项如下：

(1) 年末结转“本年利润”科目贷方余额560 000元至“利润分配——未分配利润”科目。

(2) 提取盈余公积56 000元。

(3) 宣告发放现金股利100 000元。

(4) 发行普通股股票4 000 000股，每股面值为1元，每股发行价格为5元，共收到款项20 000 000元（4 000 000×5），款项已存入开户银行。

(5) 计算股份支付中的费用和资本公积262 500元。

(6) 将155 000元资本公积转增股本。

(7) 出售一项其他权益工具投资，收到银行存款200 000元，该项其他权益工具投资的成本为145 250元，确认的公允价值变动为上升54 750元，由累计其他综合收益转出而需调整的留存收益数额为54 750元，由此需要调整的盈余公积为5 475元，需要调整的未分配利润为49 275元。

(8) 将88 000元盈余公积转增股本。

(9) 发行一批可转换公司债券，面值合计为1 000 000元，获得发行收入998 000元，款项已存入银行。经计算，该批可转换公司债券中权益份额的公允价值为38 988元。

(10) 以银行存款18 000元回购本公司股票，准备减少公司注册资本。

(11) 一项其他债权投资的成本为236 000元，公允价值上升为248 000元，即公允价值上升12 000元（248 000—236 000）。甲公司适用的所得税税率为25%，由此确认的递延所得税负债为3 000元（12 000×25%）。

三、要求：根据以上经济业务，为甲公司编制有关的会计分录，同时分别说明相关会计记录在所有者权益变动表中的列报方法。

附录　终值和现值

一、复利终值和复利现值

如果企业将 1 000 元存入银行，存期为 1 年，当年的年利率为 5%，那么，1 年后，银行将给企业 1 050 元 [1 000+1 000×5%，或 1 000×(1+5%)]，而不是 1 000 元。在这种情况下，1 000 元的终值为 1 050 元，1 050 元的现值为 1 000 元，条件是时间为 1 年，年利率为 5%。在概念上，终值是指现在一定数量的货币在一定期间后即未来到期日，其本金与利息之和；现值是指一定期间后一定数量的货币即其终值，在现在的价值。显然，在两个不同的时间点上，相同数量的货币，其实际价值是不同的。由此，货币是有时间价值的。

固定数量的货币，其时间价值的大小取决于时间的长短和利率两个因素。其中，利率又有单利和复利两种。单利是指以本金为基础计算的利息。复利是指以本金和前期利息之和为基础计算的利息，即计算利息的基础不仅有本金，还有前期利息。在实际工作中，复利应用较为广泛，因此，如果不加特别说明，利率通常均指复利。

假设 F 代表复利终值，P 代表本金或复利现值，r 代表利率，n 代表年数或期数，那么，复利终值和复利现值的计算公式可推导如下：

第 1 年年末：$F=P(1+r)$

第 2 年年末：$F=P(1+r)(1+r)=P(1+r)^2$

…………

第 n 年年末：$F=P(1+r)(1+r)\cdots(1+r)=P(1+r)^n$

由此，复利终值的计算公式为：

$$F=P(1+r)^n$$

复利现值的计算公式为：

$$P=\frac{F}{(1+r)^n}=F(1+r)^{-n}$$

式中，$(1+r)^n$ 称为复利终值系数或 1 元的复利终值系数；$(1+r)^{-n}$ 称为复利现值系数或 1 元的复利现值系数。复利终值也可以用符号（F/F，n，r）表示，复利现值也可以用符号（P/F，n，r）表示。

二、年金终值和年金现值

如果企业每年年末在银行存入1元，连续存4年，年利率为r，那么，4年后，银行将给企业的货币数额可计算如下：

$$(F/A,4,r)=1+(1+r)+(1+r)^2+(1+r)^3$$

将以上等式两边均乘以（$1+r$），得出新的等式，然后将两个等式相减，整理后可以得出如下等式：

$$(F/A,4,r)=\frac{(1+r)^4-1}{r}$$

将以上等式进行一般化，可得出如下年金终值系数的计算公式：

$$(F/A,n,r)=\frac{(1+r)^n-1}{r}$$

式中，（F/A，n，r）可代表年金终值系数。其中，年金终值是指在一定期间内，每期期末等额收入或支出的本利和，也就是将每期期末的金额按复利计算到最后一期期末的终值，然后进行加总，这就是年金终值。

如果企业每年年末在银行存入1元，连续存4年，年利率为r，那么，4年后，该年金在现在的价值即现值可计算如下：

$$(P/A,4,r)=(1+r)^{-1}+(1+r)^{-2}+(1+r)^{-3}+(1+r)^{-4}$$

将以上等式两边均乘以（$1+r$），得出新的等式，然后将两个等式相减，整理后可以得出如下等式：

$$(P/A,4,r)=\frac{1-(1+r)^{-4}}{r}$$

将以上等式进行一般化，可得出如下年金现值系数的计算公式：

$$(P/A,n,r)=\frac{1-(1+r)^{-n}}{r}$$

式中，（P/A，n，r）可代表年金现值系数。其中，年金现值是指在一定期间内，每期期末等额收入或支出的现值之和，也就是将每期期末的金额按复利计算到现在的价值即现值，然后进行加总，这就是年金现值。

在会计上，终值系数和现值系数广泛运用于债券投资与发行、分期付款购买固定资产、租赁等业务。在实务中，终值系数和现值系数通常通过查阅终值系数表或现值系数表取得。1元复利终值系数表、1元复利现值系数表、1元年金终值系数表和1元年金现值系数表分别如附表1、附表2、附表3和附表4所示。

附表 1

1 元复利终值系数表

$(F/F,\ n,\ r) = (1+r)^n$

期数	1%	2%	3%	4%	5%	6%	7%	8%	9%	10%
1	1.010 0	1.020 0	1.030 0	1.040 0	1.050 0	1.060 0	1.070 0	1.080 0	1.090 0	1.100 0
2	1.020 1	1.040 4	1.060 9	1.081 6	1.102 5	1.123 6	1.144 9	1.166 4	1.188 1	1.210 0
3	1.030 3	1.061 2	1.092 7	1.124 9	1.157 6	1.191 0	1.225 0	1.259 7	1.295 0	1.331 0
4	1.040 6	1.082 4	1.125 5	1.169 9	1.215 5	1.262 5	1.310 8	1.360 5	1.411 6	1.464 1
5	1.051 0	1.104 1	1.159 3	1.216 7	1.276 3	1.338 2	1.402 6	1.469 3	1.538 6	1.610 5
6	1.061 5	1.126 2	1.194 1	1.265 3	1.340 1	1.418 5	1.500 7	1.586 9	1.677 1	1.771 6
7	1.072 1	1.148 7	1.229 9	1.315 9	1.407 1	1.503 6	1.605 8	1.713 8	1.828 0	1.948 7
8	1.082 9	1.171 7	1.266 8	1.368 6	1.477 5	1.593 8	1.718 2	1.850 9	1.992 6	2.143 6
9	1.093 7	1.195 1	1.304 8	1.423 3	1.551 3	1.689 5	1.838 5	1.999 0	2.171 9	2.357 9
10	1.104 6	1.219 0	1.343 9	1.480 2	1.628 9	1.790 8	1.967 2	2.158 9	2.367 4	2.593 7
11	1.115 7	1.243 4	1.384 2	1.539 5	1.710 3	1.898 3	2.104 9	2.331 6	2.580 4	2.853 1
12	1.126 8	1.268 2	1.425 8	1.601 0	1.795 9	2.012 2	2.252 2	2.518 2	2.812 7	3.138 4
13	1.138 1	1.293 6	1.468 5	1.665 1	1.885 6	2.132 9	2.409 8	2.719 6	3.065 8	3.452 3
14	1.149 5	1.319 5	1.512 6	1.731 7	1.979 9	2.260 9	2.578 5	2.937 2	3.341 7	3.797 5
15	1.161 0	1.345 9	1.558 0	1.800 9	2.078 9	2.396 6	2.759 0	3.172 2	3.642 5	4.177 2
16	1.172 6	1.372 8	1.604 7	1.873 0	2.182 9	2.540 4	2.952 2	3.425 9	3.970 3	4.595 0
17	1.184 3	1.400 2	1.652 8	1.947 9	2.292 0	2.692 8	3.158 8	3.700 0	4.327 6	5.054 5
18	1.196 1	1.428 2	1.702 4	2.025 8	2.406 6	2.854 3	3.379 9	3.996 0	4.717 1	5.559 9
19	1.208 1	1.456 8	1.753 5	2.106 8	2.527 0	3.025 6	3.616 5	4.315 7	5.141 7	6.115 9
20	1.220 2	1.485 9	1.806 1	2.191 1	2.653 3	3.207 1	3.869 7	4.661 0	5.604 4	6.727 5
21	1.232 4	1.515 7	1.860 3	2.278 8	2.786 0	3.399 6	4.140 6	5.033 8	6.108 8	7.400 2
22	1.244 7	1.546 0	1.916 1	2.369 9	2.925 3	3.603 5	4.430 4	5.436 5	6.658 6	8.140 3
23	1.257 2	1.576 9	1.973 6	2.464 7	3.071 5	3.819 7	4.740 5	5.871 5	7.257 9	8.954 3
24	1.269 7	1.608 4	2.032 8	2.563 3	3.225 1	4.048 9	5.072 4	6.341 2	7.911 1	9.849 7
25	1.282 4	1.640 6	2.093 8	2.665 8	3.386 4	4.291 9	5.427 4	6.848 5	8.623 1	10.834 7
30	1.347 8	1.811 4	2.427 3	3.243 4	4.321 9	5.743 5	7.612 3	10.062 7	13.267 7	17.119 4

续表

期数	11%	12%	13%	14%	15%	16%	17%	18%	19%	20%
1	1.110 0	1.120 0	1.130 0	1.140 0	1.150 0	1.160 0	1.170 0	1.180 0	1.190 0	1.200 0
2	1.232 1	1.254 4	1.276 9	1.299 6	1.322 5	1.345 6	1.368 9	1.392 4	1.416 1	1.440 0
3	1.367 6	1.404 9	1.442 9	1.481 5	1.520 9	1.560 9	1.601 6	1.643 0	1.685 2	1.728 0
4	1.518 1	1.573 5	1.630 5	1.689 0	1.749 0	1.810 6	1.873 9	1.938 8	2.005 3	2.073 6
5	1.685 1	1.762 3	1.842 4	1.925 4	2.011 4	2.100 3	2.192 4	2.287 8	2.386 4	2.488 3
6	1.870 4	1.973 8	2.082 0	2.195 0	2.313 1	2.436 4	2.565 2	2.699 6	2.839 8	2.986 0
7	2.076 2	2.210 7	2.352 6	2.502 3	2.660 0	2.826 2	3.001 2	3.185 5	3.379 3	3.583 2
8	2.304 5	2.476 0	2.658 4	2.852 6	3.059 0	3.278 4	3.511 5	3.758 9	4.021 4	4.299 8
9	2.558 0	2.773 1	3.004 0	3.251 9	3.517 9	3.803 0	4.108 4	4.435 5	4.785 4	5.159 8
10	2.839 4	3.105 8	3.394 6	3.707 2	4.045 6	4.411 4	4.806 8	5.233 8	5.694 7	6.191 7
11	3.151 8	3.478 5	3.835 9	4.226 2	4.652 4	5.117 3	5.624 0	6.175 9	6.776 7	7.430 1
12	3.498 5	3.896 0	4.334 5	4.817 9	5.350 3	5.936 0	6.580 1	7.287 6	8.064 2	8.916 1
13	3.883 3	4.363 5	4.898 0	5.492 4	6.152 8	6.885 8	7.698 7	8.599 4	9.596 4	10.699 3
14	4.310 4	4.887 1	5.534 8	6.261 3	7.075 7	7.987 5	9.007 5	10.147 2	11.419 8	12.839 2
15	4.784 6	5.473 6	6.254 3	7.137 9	8.137 1	9.265 5	10.538 7	11.973 7	13.589 5	15.407 0
16	5.310 9	6.130 4	7.067 3	8.137 2	9.357 6	10.748 0	12.330 3	14.129 0	16.171 5	18.488 4
17	5.895 1	6.866 0	7.986 1	9.276 5	10.761 3	12.467 7	14.426 5	16.672 2	19.244 1	22.186 1
18	6.543 6	7.690 0	9.024 3	10.575 2	12.375 5	14.462 5	16.879 0	19.673 3	22.900 5	26.623 3
19	7.263 3	8.612 8	10.197 4	12.055 7	14.231 8	16.776 5	19.748 4	23.214 4	27.251 6	31.948 0
20	8.062 3	9.646 3	11.523 1	13.743 5	16.366 5	19.460 8	23.105 6	27.393 0	32.429 4	38.337 6
21	8.949 2	10.803 8	13.021 1	15.667 6	18.821 5	22.574 5	27.033 6	32.323 8	38.591 0	46.005 1
22	9.933 6	12.100 3	14.713 8	17.861 0	21.644 7	26.186 4	31.629 3	38.142 1	45.923 3	55.206 1
23	11.026 3	13.552 3	16.626 6	20.361 6	24.891 5	30.376 2	37.006 2	45.007 6	54.648 7	66.247 4
24	12.239 2	15.178 6	18.788 1	23.212 2	28.625 2	35.236 4	43.297 3	53.109 0	65.032 0	79.496 8
25	13.585 5	17.000 1	21.230 5	26.461 9	32.919 0	40.874 2	50.657 8	62.668 6	77.388 1	95.396 2
30	22.892 3	29.959 9	39.115 9	50.950 2	66.218 8	85.849 9	111.064 7	143.370 6	184.675 3	237.376 3

附表 2

1 元复利现值系数表

$(P/F, n, r) = (1+r)^{-n}$

期数	1%	2%	3%	4%	5%	6%	7%	8%	9%	10%
1	0.990 1	0.980 4	0.970 9	0.961 5	0.952 4	0.943 4	0.934 6	0.925 9	0.917 4	0.909 1
2	0.980 3	0.961 2	0.942 6	0.924 6	0.907 0	0.890 0	0.873 4	0.857 3	0.841 7	0.826 4
3	0.970 6	0.942 3	0.915 1	0.889 0	0.863 8	0.839 6	0.816 3	0.793 8	0.772 2	0.751 3
4	0.961 0	0.923 8	0.888 5	0.854 8	0.822 7	0.792 1	0.762 9	0.735 0	0.708 4	0.683 0
5	0.951 5	0.905 7	0.862 6	0.821 9	0.783 5	0.747 3	0.713 0	0.680 6	0.649 9	0.620 9
6	0.942 0	0.888 0	0.837 5	0.790 3	0.746 2	0.705 0	0.666 3	0.630 2	0.596 3	0.564 5
7	0.932 7	0.870 6	0.813 1	0.759 9	0.710 7	0.665 1	0.622 7	0.583 5	0.547 0	0.513 2
8	0.923 5	0.853 5	0.789 4	0.730 7	0.676 8	0.627 4	0.582 0	0.540 3	0.501 9	0.466 5
9	0.914 3	0.836 8	0.766 4	0.702 6	0.644 6	0.591 9	0.543 9	0.500 2	0.460 4	0.424 1
10	0.905 3	0.820 3	0.744 1	0.675 6	0.613 9	0.558 4	0.508 3	0.463 2	0.422 4	0.385 5
11	0.896 3	0.804 3	0.722 4	0.649 6	0.584 7	0.526 8	0.475 1	0.428 9	0.387 5	0.350 5
12	0.887 4	0.788 5	0.701 4	0.624 6	0.556 8	0.497 0	0.444 0	0.397 1	0.355 5	0.318 6
13	0.878 7	0.773 0	0.681 0	0.600 6	0.530 3	0.468 8	0.415 0	0.367 7	0.326 2	0.289 7
14	0.870 0	0.757 9	0.661 1	0.577 5	0.505 1	0.442 3	0.387 8	0.340 5	0.299 2	0.263 3
15	0.861 3	0.743 0	0.641 9	0.555 3	0.481 0	0.417 3	0.362 4	0.315 2	0.274 5	0.239 4
16	0.852 8	0.728 4	0.623 2	0.533 9	0.458 1	0.393 6	0.338 7	0.291 9	0.251 9	0.217 6
17	0.844 4	0.714 2	0.605 0	0.513 4	0.436 3	0.371 4	0.316 6	0.270 3	0.231 1	0.197 8
18	0.836 0	0.700 2	0.587 4	0.493 6	0.415 5	0.350 3	0.295 9	0.250 2	0.212 0	0.179 9
19	0.827 7	0.686 4	0.570 3	0.474 6	0.395 7	0.330 5	0.276 5	0.231 7	0.194 5	0.163 5
20	0.819 5	0.673 0	0.553 7	0.456 4	0.376 9	0.311 8	0.258 4	0.214 5	0.178 4	0.148 6
21	0.811 4	0.659 8	0.537 5	0.438 8	0.358 9	0.294 2	0.241 5	0.198 7	0.163 7	0.135 1
22	0.803 4	0.646 8	0.521 9	0.422 0	0.341 8	0.277 5	0.225 7	0.183 9	0.150 2	0.122 8
23	0.795 4	0.634 2	0.506 7	0.405 7	0.325 6	0.261 8	0.210 9	0.170 3	0.137 8	0.111 7
24	0.787 6	0.621 7	0.491 9	0.390 1	0.310 1	0.247 0	0.197 1	0.157 7	0.126 4	0.101 5
25	0.779 8	0.609 5	0.477 6	0.375 1	0.295 3	0.233 0	0.184 2	0.146 0	0.116 0	0.092 3
30	0.741 9	0.552 1	0.412 0	0.308 3	0.231 4	0.174 1	0.131 4	0.099 4	0.075 4	0.057 3

续表

期数	11%	12%	13%	14%	15%	16%	17%	18%	19%	20%
1	0.900 9	0.892 9	0.885 0	0.877 2	0.869 6	0.862 1	0.854 7	0.847 5	0.840 3	0.833 3
2	0.811 6	0.797 2	0.783 1	0.769 5	0.756 1	0.743 2	0.730 5	0.718 2	0.706 2	0.694 4
3	0.731 2	0.711 8	0.693 1	0.675 0	0.657 5	0.640 7	0.624 4	0.608 6	0.593 4	0.578 7
4	0.658 7	0.635 5	0.613 3	0.592 1	0.571 8	0.552 3	0.533 7	0.515 8	0.498 7	0.482 3
5	0.593 5	0.567 4	0.542 8	0.519 4	0.497 2	0.476 1	0.456 1	0.437 1	0.419 0	0.401 9
6	0.534 6	0.506 6	0.480 3	0.455 6	0.432 3	0.410 4	0.389 8	0.370 4	0.352 1	0.334 9
7	0.481 7	0.452 3	0.425 1	0.399 6	0.375 9	0.353 8	0.333 2	0.313 9	0.295 9	0.279 1
8	0.433 9	0.403 9	0.376 2	0.350 6	0.326 9	0.305 0	0.284 8	0.266 0	0.248 7	0.232 6
9	0.390 9	0.360 6	0.332 9	0.307 5	0.284 3	0.263 0	0.243 4	0.225 5	0.209 0	0.193 8
10	0.352 2	0.322 0	0.294 6	0.269 7	0.247 2	0.226 7	0.208 0	0.191 1	0.175 6	0.161 5
11	0.317 3	0.287 5	0.260 7	0.236 6	0.214 9	0.195 4	0.177 8	0.161 9	0.147 6	0.134 6
12	0.285 8	0.256 7	0.230 7	0.207 6	0.186 9	0.168 5	0.152 0	0.137 2	0.124 0	0.112 2
13	0.257 5	0.229 2	0.204 2	0.182 1	0.162 5	0.145 2	0.129 9	0.116 3	0.104 2	0.093 5
14	0.232 0	0.204 6	0.180 7	0.159 7	0.141 3	0.125 2	0.111 0	0.098 5	0.087 6	0.077 9
15	0.209 0	0.182 7	0.159 9	0.140 1	0.122 9	0.107 9	0.094 9	0.083 5	0.073 6	0.064 9
16	0.188 3	0.163 1	0.141 5	0.122 9	0.106 9	0.093 0	0.081 1	0.070 8	0.061 8	0.054 1
17	0.169 6	0.145 6	0.125 2	0.107 8	0.092 9	0.080 2	0.069 3	0.060 0	0.052 0	0.045 1
18	0.152 8	0.130 0	0.110 8	0.094 6	0.080 8	0.069 1	0.059 2	0.050 8	0.043 7	0.037 6
19	0.137 7	0.116 1	0.098 1	0.082 9	0.070 3	0.059 6	0.050 6	0.043 1	0.036 7	0.031 3
20	0.124 0	0.103 7	0.086 8	0.072 8	0.061 1	0.051 4	0.043 3	0.036 5	0.030 8	0.026 1
21	0.111 7	0.092 6	0.076 8	0.063 8	0.053 1	0.044 3	0.037 0	0.030 9	0.025 9	0.021 7
22	0.100 7	0.082 6	0.068 0	0.056 0	0.046 2	0.038 2	0.031 6	0.026 2	0.021 8	0.018 1
23	0.090 7	0.073 8	0.060 1	0.049 1	0.040 2	0.032 9	0.027 0	0.022 2	0.018 3	0.015 1
24	0.081 7	0.065 9	0.053 2	0.043 1	0.034 9	0.028 4	0.023 1	0.018 8	0.015 4	0.012 6
25	0.073 6	0.058 8	0.047 1	0.037 8	0.030 4	0.024 5	0.019 7	0.016 0	0.012 9	0.010 5
30	0.043 7	0.033 4	0.025 6	0.019 6	0.015 1	0.011 6	0.009 0	0.007 0	0.005 4	0.004 2

附表 3

1 元年金终值系数表

$$(F/A, n, r) = \frac{(1+r)^n - 1}{r}$$

期数	1%	2%	3%	4%	5%	6%	7%	8%	9%	10%
1	1.000 0	1.000 0	1.000 0	1.000 0	1.000 0	1.000 0	1.000 0	1.000 0	1.000 0	1.000 0
2	2.010 0	2.020 0	2.030 0	2.040 0	2.050 0	2.060 0	2.070 0	2.080 0	2.090 0	2.100 0
3	3.030 1	3.060 4	3.090 9	3.121 6	3.152 5	3.183 6	3.214 9	3.246 4	3.278 1	3.310 0
4	4.060 4	4.121 6	4.183 6	4.246 5	4.310 1	4.374 6	4.439 9	4.506 1	4.573 1	4.641 0
5	5.101 0	5.204 0	5.309 1	5.416 3	5.525 6	5.637 1	5.750 7	5.866 6	5.984 7	6.105 1
6	6.152 0	6.308 1	6.468 4	6.633 0	6.801 9	6.975 3	7.153 3	7.335 9	7.523 3	7.715 6
7	7.213 5	7.434 3	7.662 5	7.898 3	8.142 0	8.393 8	8.654 0	8.922 8	9.200 4	9.487 2
8	8.285 7	8.583 0	8.892 3	9.214 2	9.549 1	9.897 5	10.259 8	10.636 6	11.028 5	11.435 9
9	9.368 5	9.754 6	10.159 1	10.582 8	11.026 6	11.491 3	11.978 0	12.487 6	13.021 0	13.579 5
10	10.462 2	10.949 7	11.463 9	12.006 1	12.577 9	13.180 8	13.816 4	14.486 6	15.192 9	15.937 4
11	11.566 8	12.168 7	12.807 8	13.486 4	14.206 8	14.971 6	15.783 6	16.645 5	17.560 3	18.531 2
12	12.682 5	13.412 1	14.192 0	15.025 8	15.917 1	16.869 9	17.888 5	18.977 1	20.140 7	21.384 3
13	13.809 3	14.680 3	15.617 8	16.626 8	17.713 0	18.882 1	20.140 6	21.495 3	22.953 4	24.522 7
14	14.947 4	15.973 9	17.086 3	18.291 9	19.598 6	21.015 1	22.550 5	24.214 9	26.019 2	27.975 0
15	16.096 9	17.293 4	18.598 9	20.023 6	21.578 6	23.276 0	25.129 0	27.152 1	29.360 9	31.772 5
16	17.257 9	18.639 3	20.156 9	21.824 5	23.657 5	25.672 5	27.888 1	30.324 3	33.003 4	35.949 7
17	18.430 4	20.012 1	21.761 6	23.697 5	25.840 4	28.212 9	30.840 2	33.750 2	36.973 7	40.544 7
18	19.614 7	21.412 3	23.414 4	25.645 4	28.132 4	30.905 7	33.999 0	37.450 2	41.301 3	45.599 2
19	20.810 9	22.840 6	25.116 9	27.671 2	30.539 0	33.760 0	37.379 0	41.446 3	46.018 5	51.159 1
20	22.019 0	24.297 4	26.870 4	29.778 1	33.066 0	36.785 6	40.995 5	45.762 0	51.160 1	57.275 0
21	23.239 2	25.783 3	28.676 5	31.969 2	35.719 3	39.992 7	44.865 2	50.422 9	56.764 5	64.002 5
22	24.471 6	27.299 0	30.536 8	34.248 0	38.505 2	43.392 3	49.005 7	55.456 8	62.873 3	71.402 7
23	25.716 3	28.845 0	32.452 9	36.617 9	41.430 5	46.995 8	53.436 1	60.893 3	69.531 9	79.543 0
24	26.973 5	30.421 9	34.426 5	39.082 6	44.502 0	50.815 6	58.176 7	66.764 8	76.789 8	88.497 3
25	28.243 2	32.030 3	36.459 3	41.645 9	47.727 1	54.864 5	63.249 0	73.105 9	84.700 9	98.347 1
30	34.784 8	40.568 1	47.575 4	56.084 9	66.438 8	79.058 2	94.460 8	113.283 2	136.307 5	164.494 0

续表

期数	11%	12%	13%	14%	15%	16%	17%	18%	19%	20%
1	1.000 0	1.000 0	1.000 0	1.000 0	1.000 0	1.000 0	1.000 0	1.000 0	1.000 0	1.000 0
2	2.110 0	2.120 0	2.130 0	2.140 0	2.150 0	2.160 0	2.170 0	2.180 0	2.190 0	2.200 0
3	3.342 1	3.374 4	3.406 9	3.439 6	3.472 5	3.505 6	3.538 9	3.572 4	3.606 1	3.640 0
4	4.709 7	4.779 3	4.849 8	4.921 1	4.993 4	5.066 5	5.140 5	5.215 4	5.291 3	5.368 0
5	6.227 8	6.352 8	6.480 3	6.610 1	6.742 4	6.877 1	7.014 4	7.154 2	7.296 6	7.441 6
6	7.912 9	8.115 2	8.322 7	8.535 5	8.753 7	8.977 5	9.206 8	9.442 0	9.683 0	9.929 9
7	9.783 3	10.089 0	10.404 7	10.730 5	11.066 8	11.413 9	11.772 0	12.141 5	12.522 7	12.915 9
8	11.859 4	12.299 7	12.757 3	13.232 8	13.726 8	14.240 1	14.773 3	15.327 0	15.902 0	16.499 1
9	14.164 0	14.775 7	15.415 7	16.085 3	16.785 8	17.518 5	18.284 7	19.085 9	19.923 4	20.798 9
10	16.722 0	17.548 7	18.419 7	19.337 3	20.303 7	21.321 5	22.393 1	23.521 3	24.708 9	25.958 7
11	19.561 4	20.654 6	21.814 3	23.044 5	24.349 3	25.732 9	27.199 9	28.755 1	30.403 5	32.150 4
12	22.713 2	24.133 1	25.650 2	27.270 7	29.001 7	30.850 2	32.823 9	34.931 1	37.180 2	39.580 5
13	26.211 6	28.029 1	29.984 7	32.088 7	34.351 9	36.786 2	39.404 0	42.218 7	45.244 5	48.496 6
14	30.094 9	32.392 6	34.882 7	37.581 1	40.504 7	43.672 0	47.102 7	50.818 0	54.840 9	59.195 9
15	34.405 4	37.279 7	40.417 5	43.842 4	47.580 4	51.659 5	56.110 1	60.965 3	66.260 7	72.035 1
16	39.189 9	42.753 3	46.671 7	50.980 4	55.717 5	60.925 0	66.648 8	72.939 0	79.850 2	87.442 1
17	44.500 8	48.883 7	53.739 1	59.117 6	65.075 1	71.673 0	78.979 2	87.068 0	96.021 8	105.930 6
18	50.395 9	55.749 7	61.725 1	68.394 1	75.836 4	84.140 7	93.405 6	103.740 3	115.265 9	128.116 7
19	56.939 5	63.439 7	70.749 4	78.969 2	88.211 8	98.603 2	110.284 6	123.413 5	138.166 4	154.740 0
20	64.202 8	72.052 4	80.946 8	91.024 9	102.443 6	115.379 7	130.032 9	146.628 0	165.418 0	186.688 0
21	72.265 1	81.698 7	92.469 9	104.768 4	118.810 1	134.840 5	153.138 5	174.021 0	197.847 4	225.025 6
22	81.214 3	92.502 6	105.491 0	120.436 0	137.631 6	157.415 0	180.172 1	206.344 8	236.438 5	271.030 7
23	91.147 9	104.602 9	120.204 8	138.297 0	159.276 4	183.601 4	211.801 3	244.486 8	282.361 8	326.236 9
24	102.174 2	118.155 2	136.831 5	158.658 6	184.167 8	213.977 6	248.807 6	289.494 5	337.010 5	392.484 2
25	114.413 3	133.333 9	155.619 6	181.870 8	212.793 0	249.214 0	292.104 9	342.603 5	402.042 5	471.981 1
30	199.020 9	241.332 7	293.119 2	356.786 8	434.745 1	530.311 7	647.439 1	790.948 0	966.712 2	1 181.881 6

附表 4

1 元年金现值系数表

$$(P/A,\ n,\ r)=\frac{1-(1+r)^{-n}}{r}$$

期数	1%	2%	3%	4%	5%	6%	7%	8%	9%	10%
1	0.990 1	0.980 4	0.970 9	0.961 5	0.952 4	0.943 4	0.934 6	0.925 9	0.917 4	0.909 1
2	1.970 4	1.941 6	1.913 5	1.886 1	1.859 4	1.833 4	1.808 0	1.783 3	1.759 1	1.735 5
3	2.941 0	2.883 9	2.828 6	2.775 1	2.723 2	2.673 0	2.624 3	2.577 1	2.531 3	2.486 9
4	3.902 0	3.807 7	3.717 1	3.629 9	3.546 0	3.465 1	3.387 2	3.312 1	3.239 7	3.169 9
5	4.853 4	4.713 5	4.579 7	4.451 8	4.329 5	4.212 4	4.100 2	3.992 7	3.889 7	3.790 8
6	5.795 5	5.601 4	5.417 2	5.242 1	5.075 7	4.917 3	4.766 5	4.622 9	4.485 9	4.355 3
7	6.728 2	6.472 0	6.230 3	6.002 1	5.786 4	5.582 4	5.389 3	5.206 4	5.033 0	4.868 4
8	7.651 7	7.325 5	7.019 7	6.732 7	6.463 2	6.209 8	5.971 3	5.746 6	5.534 8	5.334 9
9	8.566 0	8.162 2	7.786 1	7.435 3	7.107 8	6.801 7	6.515 2	6.246 9	5.995 2	5.759 0
10	9.471 3	8.982 6	8.530 2	8.110 9	7.721 7	7.360 1	7.023 6	6.710 1	6.417 7	6.144 6
11	10.367 6	9.786 8	9.252 6	8.760 5	8.306 4	7.886 9	7.498 7	7.139 0	6.805 2	6.495 1
12	11.255 1	10.575 3	9.954 0	9.385 1	8.863 3	8.383 8	7.942 7	7.536 1	7.160 7	6.813 7
13	12.133 7	11.348 4	10.635 0	9.985 6	9.393 6	8.852 7	8.357 7	7.903 8	7.486 9	7.103 4
14	13.003 7	12.106 2	11.296 1	10.563 1	9.898 6	9.295 0	8.745 5	8.244 2	7.786 2	7.366 7
15	13.865 1	12.849 3	11.937 9	11.118 4	10.379 7	9.712 2	9.107 9	8.559 5	8.060 7	7.606 1
16	14.717 9	13.577 7	12.561 1	11.652 3	10.837 8	10.105 9	9.446 6	8.851 4	8.312 6	7.823 7
17	15.562 3	14.291 9	13.166 1	12.165 7	11.274 1	10.477 3	9.763 2	9.121 6	8.543 6	8.021 6
18	16.398 3	14.992 0	13.753 5	12.659 3	11.689 6	10.827 6	10.059 1	9.371 9	8.755 6	8.201 4
19	17.226 0	15.678 5	14.323 8	13.133 9	12.085 3	11.158 1	10.335 6	9.603 6	8.950 1	8.364 9
20	18.045 6	16.351 4	14.877 5	13.590 3	12.462 2	11.469 9	10.594 0	9.818 1	9.128 5	8.513 6
21	18.857 0	17.011 2	15.415 0	14.029 2	12.821 2	11.764 1	10.835 5	10.016 8	9.292 2	8.648 7
22	19.660 4	17.658 0	15.936 9	14.451 1	13.163 0	12.041 6	11.061 2	10.200 7	9.442 4	8.771 5
23	20.455 8	18.292 2	16.443 6	14.856 8	13.488 6	12.303 4	11.272 2	10.371 1	9.580 2	8.883 2
24	21.243 4	18.913 9	16.935 5	15.247 0	13.798 6	12.550 4	11.469 3	10.528 8	9.706 6	8.984 7
25	22.023 2	19.523 5	17.413 1	15.622 1	14.093 9	12.783 4	11.653 6	10.674 8	9.822 6	9.077 0
30	25.807 7	22.396 5	19.600 4	17.292 0	15.372 5	13.764 8	12.409 0	11.257 8	10.273 7	9.426 9

续表

期数	11%	12%	13%	14%	15%	16%	17%	18%	19%	20%
1	0.900 9	0.892 9	0.885 0	0.877 2	0.869 6	0.862 1	0.854 7	0.847 5	0.840 3	0.833 3
2	1.712 5	1.690 1	1.668 1	1.646 7	1.625 7	1.605 2	1.585 2	1.565 6	1.546 5	1.527 8
3	2.443 7	2.401 8	2.361 2	2.321 6	2.283 2	2.245 9	2.209 6	2.174 3	2.139 9	2.106 5
4	3.102 4	3.037 3	2.974 5	2.913 7	2.855 0	2.798 2	2.743 2	2.690 1	2.638 6	2.588 7
5	3.695 9	3.604 8	3.517 2	3.433 1	3.352 2	3.274 3	3.199 3	3.127 2	3.057 6	2.990 6
6	4.230 5	4.111 4	3.997 5	3.888 7	3.784 5	3.684 7	3.589 2	3.497 6	3.409 8	3.325 5
7	4.712 2	4.563 8	4.422 6	4.288 3	4.160 4	4.038 6	3.922 4	3.811 5	3.705 7	3.604 6
8	5.146 1	4.967 6	4.798 8	4.638 9	4.487 3	4.343 6	4.207 2	4.077 6	3.954 4	3.837 2
9	5.537 0	5.328 2	5.131 7	4.946 4	4.771 6	4.606 5	4.450 6	4.303 0	4.163 3	4.031 0
10	5.889 2	5.650 2	5.426 2	5.216 1	5.018 8	4.833 2	4.658 6	4.494 1	4.338 9	4.192 5
11	6.206 5	5.937 7	5.686 9	5.452 7	5.233 7	5.028 6	4.836 4	4.656 0	4.486 5	4.327 1
12	6.492 4	6.194 4	5.917 6	5.660 3	5.420 6	5.197 1	4.988 4	4.793 2	4.610 5	4.439 2
13	6.749 9	6.423 5	6.121 8	5.842 4	5.583 1	5.342 3	5.118 3	4.909 5	4.714 7	4.532 7
14	6.981 9	6.628 2	6.302 5	6.002 1	5.724 5	5.467 5	5.229 3	5.008 1	4.802 3	4.610 6
15	7.190 9	6.810 9	6.462 4	6.142 2	5.847 4	5.575 5	5.324 2	5.091 6	4.875 9	4.675 5
16	7.379 2	6.974 0	6.603 9	6.265 1	5.954 2	5.668 5	5.405 3	5.162 4	4.937 7	4.729 6
17	7.548 8	7.119 6	6.729 1	6.372 9	6.047 2	5.748 7	5.474 6	5.222 3	4.989 7	4.774 6
18	7.701 6	7.249 7	6.839 9	6.467 4	6.128 0	5.817 8	5.533 9	5.273 2	5.033 3	4.812 2
19	7.839 3	7.365 8	6.938 0	6.550 4	6.198 2	5.877 5	5.584 5	5.316 2	5.070 0	4.843 5
20	7.963 3	7.469 4	7.024 8	6.623 1	6.259 3	5.928 8	5.627 8	5.352 7	5.100 9	4.869 6
21	8.075 1	7.562 0	7.101 6	6.687 0	6.312 5	5.973 1	5.664 8	5.383 7	5.126 8	4.891 3
22	8.175 7	7.644 6	7.169 5	6.742 9	6.358 7	6.011 3	5.696 4	5.409 9	5.148 6	4.909 4
23	8.266 4	7.718 4	7.229 7	6.792 1	6.398 8	6.044 2	5.723 4	5.432 1	5.166 8	4.924 5
24	8.348 1	7.784 3	7.282 9	6.835 1	6.433 8	6.072 6	5.746 5	5.450 9	5.182 2	4.937 1
25	8.421 7	7.843 1	7.330 0	6.872 9	6.464 1	6.097 1	5.766 2	5.466 9	5.195 1	4.947 6
30	8.693 8	8.055 2	7.495 7	7.002 7	6.566 0	6.177 2	5.829 4	5.516 8	5.234 7	4.978 9

图书在版编目（CIP）数据

中级财务会计/赵建勇编著. --3版. --北京：中国人民大学出版社，2020.4
教育部经济管理类主干课程教材. 会计与财务系列
ISBN 978-7-300-27999-2

Ⅰ.①中… Ⅱ.①赵… Ⅲ.①财务会计-高等学校-教材 Ⅳ.①F234.4

中国版本图书馆CIP数据核字（2020）第048907号

教育部经济管理类主干课程教材·会计与财务系列
中级财务会计（第3版）
赵建勇　编著
Zhongji Caiwu Kuaiji

出版发行	中国人民大学出版社		
社　　址	北京中关村大街31号	**邮政编码**	100080
电　　话	010－62511242（总编室）		010－62511770（质管部）
	010－82501766（邮购部）		010－62514148（门市部）
	010－62515195（发行公司）		010－62515275（盗版举报）
网　　址	http://www.crup.com.cn		
经　　销	新华书店		
印　　刷	涿州市星河印刷有限公司	**版　　次**	2013年2月第1版
规　　格	185 mm×260 mm　16开本		2020年4月第3版
印　　张	39.25 插页1	**印　　次**	2022年11月第3次印刷
字　　数	920 000	**定　　价**	85.00元

教师教学服务说明

中国人民大学出版社财会出版分社以出版经典、高品质的会计、财务管理、审计等领域各层次教材为宗旨。

为了更好地为一线教师服务，近年来财会出版分社着力建设了一批数字化、立体化的网络教学资源。教师可以通过以下方式获得免费下载教学资源的权限：

在中国人民大学出版社网站 www.crup.com.cn 进行注册，注册后进入“会员中心”，在左侧点击“我的教师认证”，填写相关信息，提交后等待审核。我们将在一个工作日内为您开通相关资源的下载权限。

如您急需教学资源或需要其他帮助，请在工作时间与我们联络：

中国人民大学出版社　财会出版分社

联系电话：010-62515987，62511076

电子邮箱：ckcbfs@crup.com.cn

通讯地址：北京市海淀区中关村大街甲 59 号文化大厦 1501 室（100872）